피해자학

VICTIMOLOGY

이민식 옮김
LEAH E. DAIGLE 지음

박영사

역자 서문

흔히 범죄의 4대 요소라고 하면, 범죄자 또는 가해자, 피해자, 증인 또는 목격자, 그리고 상황 또는 맥락이 그것이다. 범죄학자 데이비드 러켄빌(David Luckenbill, 1977)은 범죄를 연극에 유추하여, 가해자와 피해자가 극 중 배우로서 특정 상황(무대)에서 역할극을 수행하는데, 이들의 행위는 관객, 즉 증인이나 목격자의 반응에 따라서 그리고 무대 즉 상황의 바뀜에 따라서 달라진다는 것이다. 그래서 러켄빌은 범죄 특히 폭력과 살인을 "특정 상황 속에서의 거래"라고 말했다. 전통적으로 범죄학(Criminology)은 범죄의 발생 원인을 규명하는 것이 핵심적 과제이며, 미시적 수준에서는 범죄자의 범죄성향, 동기와 의도, 자기통제력 등 범죄자의 측면에 초점을 두는 경향이 있는 반면, 피해자학(Victimology)은 범죄와 피해의 발생에 있어서 피해자의 특성과 역할에 초점을 두는 경향이 있다.

피해자학의 역사를 보면, 초기의 피해자학은 이렇게 범죄 및 피해의 발생 원인을 이해하려는 노력에서 피해자의 역할과 책임을 중시하였으며, 자연히 피해촉발이나 피해도발 등 피해자에 대한 비난 가능성을 내포하는 개념을 발전시키면서 피해자를 그들의 유책성 정도에 따라 유형화하는 경향이 있었다. 그러나 이러한 경향은 1900년대 중반 이후에 미국 등 서구에서 일어난 여성운동, 아동권리운동 등 각종 인권 및 민권 운동을 계기로 극적인 전환을 맞이하였다. 이제, 여성, 아동, 소수계, 장애인, 성적소수자 등은 사회적 약자로서 인식되었으며, 사회운동가와 실무전문가를 중심으로 특히 이들의 피해에 관심을 갖고 그들의 어려운 처지를 개선하며, 나아가 형사사법제도 내에서 다양한 권리를 보장하기 위한 여러 가지 피해자 운동이 동시다발적으로 일어났다. 그래서 피해자는 이제 더는 "주변이" 또는 "잊혀진 존재"가 아니라, 형사사법제도 속에서 당당히 자신의 목소리를 드러내는 등 형사사법제도에 재통합되는 변화를 가져왔다.

요컨대, 피해자학은 피해의 원인과 결과, 형사사법제도가 피해자를 수용하고 돕는 방법, 언론과 같은 사회의 다른 요소들이 범죄 피해자를 다루는 방식 등을 종합적으로 연구하는 하나의 과학이다. 우리나라에 피해자학이 본격 도입되기 시작한 것은 한국형사정책연구원의 창립(1989), 한국피해자학회의 창립(1992), 그리고 국내에 범죄 및 경찰 관련 학과들이 개설되기 시작한 무렵이다. 그동안 관련 연구기관, 각종 피해자 지원단체(KOVA 등), 학계와 실무계의 노력으로 피해자학의 저변이 굉장히 넓어졌다. 특히, 최근에는 우리나라에도 범죄피해조사제도, 국민참여재판, 회복적 사법 및 가해자－피해자 조정 프로그램 등 영미법계의 제도와 피해자의 권리와 참여를 중시하는 새로운 제도들이 속속 도입되고 있는 상황이다. 그렇기에, 레아 E. 다이글(Leah E. Daigle)의 교재 피해자학(*Victimology: The Essentials, 2ⁿᵈ Ed., Sage Publications*)을 번역, 소개하게 되어 기쁘게 생각한다.

원저의 저자는 조지아주립대학교(Georgia State Univ.) 앤드류 영 정책연구학부(Andrew Young School of Policy Studies)의 형사사법 및 범죄학 교수이다. 이 책은 모두 14개의 장으로 구성되어 있는데, 제1장부터 5장까지는 피해자학의 총론에 해당하고, 이후 제6장부터 14장까지는 다양한 피해유형을 다루는 것으로서 각론에 해당한다고 하겠다. 특별히 이 책은 두 가지 장점을 갖고 있다. 첫째, 이 책은 기존 피해자학 교재들과는 차별성 있게 총론에서 '반복 피해'의 문제를 따로 한 장을 할애하여 상세히 다루고 있고, 각론에서는 다른 책들에서는 미처 다루고 있지 않은 살인피해, 재산피해, 신용정보도용피해, 특별한 인구집단(장애인, 정신질환자, 교정시설에 구금된 자)의 피해, 증오범죄·인신매매·테러리즘의 피해를 다루고 있으며, 나아가 미국 외 다른 나라에서의 피해자 연구 또는 피해자 지원제도 등을 비교론적 시각에서 소개하는 장을 따로 두고 있다. 둘째, 제6장 이후 각론 부에서는 하나의 공통된 틀을 사용하고 있다. 즉, 각 장은 특정 피해 유형에 대해 그것의 정의, 측정과 정도, 위험인자(원인), 피해의 결과, 그리고 그것에 대한 반응 또는 대응을 검토하는 형식이다. 이러한 일관된 형태는 독자들이 각 피해유형별 유사점과 차이점을 쉽게 식별할 수 있게 하며, 따라서 전체 내용의 이해에 도움이 될 것이다.

이 책은 학부생과 대학원생에게 피해자학을 소개하는 기본 교재로 적합하다.

다만 대학원생에게는 이 책의 분량과 깊이가 다소 부족하기 때문에, 대학원에서 이 책을 교재로 사용할 때에는 이 책과 한 세트라고 할 수 있는 *Victimology: A Text/Reader, Sage Publications*와 함께 사용할 것을 권장한다. 이 후자의 책은 각 장별로 그 장의 주제/내용과 관련한 중요한 논문을 3~4편씩 수록하고 있기 때문에, 이 번역서로 대략의 내용을 파악하게 한 다음 수록된 논문으로 보다 깊이 있는 논의를 진행하는 방식으로 수업을 진행하면 좋을 것으로 생각한다.

비록, 이 책이 미국 사회의 상황, 데이터, 정책과 제도를 소개한 것이지만, 피해자학의 총론을 구성하는 범주와 내용은 우리 사회와 다를 바가 없으며, 각론인 피해유형별 논의도 세부적인 사항에서의 차이는 존재하지만 골조는 크게 다를 바 없다고 생각한다. 모쪼록, 이 책이 법학, 범죄학, 경찰행정학, 교정보호학, 사회복지학 등 형사사법 및 형사정책 관련 학문을 전공하는 학생들의 교재로서의 기능을 넘어, 범죄자 위주의 형사사법시스템 속에서 소외받고 있는 피해자의 입장과 권리에 대한 국민적인 공감대를 넓히고, 나아가 보다 피해자 친화적인 형사사법 정책에로의 변화에 조금이라도 보탬이 되기를 기원한다. 끝으로, 어려운 출판업계의 여건에도 불구하고 번역서 출간에 선뜻 응해주신 박영사에 감사드린다.

2022년 광교산 자락의 연구실에서
이민식 교수

저자 서문

범죄자의 행동과 범죄의 영향은 오랫동안 연구되어왔지만, 범죄피해가 피해자의 삶에 미치는 영향은 최근까지 많이 연구되지 않았다. 이제는 정책 입안자, 실무자, 학계 및 활동가 모두가 범죄자－피해자 양자 관계의 나머지 절반을 연구하는 것의 중요성을 인식하고 있다. 실제로, 피해자학(Victimology)은 최근 빠르게 성장하고 있는 학문 분야의 하나이다. 그러나 피해자학을 체계적, 종합적으로 소개하고 있는 교재는 범죄학 대비 많이 부족한 것이 현실이다. 이 책은 그러한 공백을 메꾸고자 한다. 이 책은 피해자학 분야를 최신 주제 및 자료와 함께 일관된 틀을 사용하여 체계적, 종합적으로 소개하려고 한다.

나는 이 책의 각 장에서 하나의 일반적인 틀을 사용하려 하였다. 즉, 특정 유형의 피해에 대해 그것의 원인과 결과, 그리고 그것에 대한 반응 또는 대응을 검토하는 형식이다. 나의 의도는 유사점과 차이점을 쉽게 식별할 수 있도록, 공통의 틀에서 다양한 유형의 피해를 검토하는 포괄적이면서도 접근 가능한 작품을 만드는 것이다.

이 틀 내에서 나는 피해자와 사건의 특성을 파악하는 데 주력하였고, 이를 바탕으로 이론을 적용하여 왜 어떤 사람들은 피해를 당하고 다른 사람들은 피해를 당하지 않는지 이해하려 애썼다. 초기의 피해자학 연구가 피해자의 유형을 분류하고 범죄의 발생에 대한 피해자의 역할을 파악하는 데 중점을 두었지만, 이 분야의 이론 개발은 범죄학에 비해 뒤쳐져 왔다. 일상활동 및 생활양식 이론 외에 피해의 원인을 명시적으로 밝히는 이론은 거의 없다. 이는 피해자학 분야에 이론이 없다는 뜻이 아니라, 피해에 적용해 온 이론들이 대부분 다른 연구 분야에서 파생되었다는 의미이다. 그래서 나는 이러한 이론들을 논의하는 장을 따로 두었다. 또한 특정 유형의 피해를 다루는 각 장에서는 그 피해의 원인을 파악하고 이론을 적용할 수 있는 방안을 추구했다. 이처럼 피해의 원인과 이론을 이해하는 것은 피해와 재 피해를 방지하는 중요한 첫 단계가 될 것이다.

나는 또한 이 책 전반에 걸쳐 피해자학 분야의 새로운 이슈들을 포함하고 싶 었다. 이를 위해 각 장에서는 특정 주제에 대한 최신의 연구 및 그와 관련된 현안 들을 논의하였다. 예를 들어, 동성 간의 친밀한 파트너 폭력과 사이버 괴롭힘, 신 원도용 피해, 그리고 가해자-피해자 중첩과 같은 이슈들을 심층적으로 다루었다. 전적으로 새로운 문제를 다루는 장도 추가하였다. 특히 증오범죄, 테러범죄, 인신 매매 피해자를 다루는 별개의 장을 두었다. 또한 반복되는 피해를 다루는 장과 정 신 질환을 앓고 있는 피해자, 구금된 피해자, 장애가 있는 피해자를 다루는 별개의 장도 포함하였다. 나는 피해자학 분야의 이런 최신 이슈들을 포괄함으로써 독자들 이 앞으로 몇 년 동안 가장 주목받게 될 주제들을 미리 접할 수 있기를 바란다.

이 책은 학부생에게는 기본 교재로, 대학원생에게는 보충 자료나 기본 교재로 적합하다. 길이가 비교적 짧기 때문에, 다른 보충 자료와도 잘 어울리고 빠른 속도 로 진행되는 수업에 적합하다. 이 책은 형사사법 및 범죄학 프로그램(피해자학, 범죄 피해자, 성별 및 범죄 등)의 수업에 적합하지만, 여성 연구, 사회사업, 심리학 및 사회 학 과정과도 관련이 있다.

이 책은 피해자학 과정에서 일반적으로 다뤄지는 주제들을 포함하여, 아래와 같이 모두 14개의 장으로 구성되어 있다:
- 피해자학 개관
- 피해의 정도, 이론 및 요인
- 피해의 결과
- 피해의 재발
- 피해자의 권리와 구제
- 살인피해
- 성적 피해

- 친밀한 파트너 폭력
- 인생 초기 및 황혼기의 범죄피해: 아동학대와 노인학대
- 학교 및 직장에서의 범죄피해
- 재산 및 개인정보 절도 피해
- 특별한 인구집단의 피해
- 비교적 시각에서 본 피해자학
- 피해자학의 현대적 이슈들: 증오범죄, 인신매매, 테러리즘의 피해자들

또한, 이 책에는 교수와 학생 모두에게 도움이 되는 다양한 참고자료도 포함되어 있다.

- 거의 모든 장에는 "연구의 초점" 등 참고자료 상자들이 포함되어 있다.
- 각 장은 주요 항목들로 요약된다.
- 각 장의 끝에 "토의 문제"가 포함되어 있다.
- 주요 용어의 목록도 각 장의 끝에 포함되어 있다.
- 각 장과 관련된 인터넷 자원을 연결해 준다.

Georgia State University

Leah E. Daigle

차 례

제 1 장

피해자학 개관

제 2 장

피해의 정도, 이론 및 요인

제 3 장

피해의 결과

제 4 장

피해의 재발

제 5 장

피해자의 권리와 구제

제 6 장

살인 피해

살인 피해의 정의 ──────────────────── 146

제 7 장

성적 피해

제 8 장

친밀한 파트너 폭력

제 9 장

인생 초기 및 황혼기의 범죄피해:
아동학대와 노인학대

제10장

학교 및 직장에서의 범죄피해

제11장

재산 및 개인정보 절도 피해

제12장
특별한 인구집단의 피해

제13장

비교적 시각에서 본 피해자학

제14장

피해자학의 현대적 이슈들:
증오범죄, 인신매매, 테러리즘의 피해자들

제 1 장

피해자학 개관

제 1 장

피해자학 개관

피해자학이란?

피해자학이라는 용어는 새로운 것이 아니다. 사실, 벤자민 멘델손(Benjamin Mendelsohn)은 범죄피해자들에 대한 과학적 연구를 지칭하기 위해 1947년에 처음으로 그 용어를 사용했다. 피해자학은 흔히 범죄학의 하위 분야로 간주되며, 두 분야는 공통점이 많다. 범죄학이 범죄자들에 대한 연구(그들이 무엇을 하는지, 왜 그것을 하는지, 그리고 형사사법제도가 그들에게 어떻게 반응하는지에 대한 연구)인 것처럼, 피해자학은 피해자들을 연구하는 것이다. 구체적으로, **피해자학**(Victimology)은 피해의 원인(또는 원인론)과 결과, 형사사법제도가 피해자를 처우하고 돕는 방법, 언론과 같은 사회의 다른 요소들이 범죄피해자(문제)를 다루는 방식 등을 연구하는 것이다. 피해자학은 하나의 과학이다. 피해자학자들은 피해자에 관한 질문에 답하기 위해 과학적인 방법을 사용한다. 예를 들어, 왜 젊은 사람들이 나이 든 사람들보다 피해자가 될 가능성이 더 큰지 단순히 궁금해하거나 가정하는 대신, 피해자학자들은 왜 젊은 사람들이 더 취약해 보이는지 그 이유를 알아내기 위한 연구를 수행한다.

피해자학의 역사: 피해자 권리 운동 이전

앞서 언급했듯이, 피해자학이라는 용어는 1900년대 중반에 만들어졌다. 물론 범죄는 이 시기 이전에도 존재했기 때문에, 범죄피해자에 대한 과학적 연구가 시작되기 훨씬 이전에도 사람들은 범죄로 희생되고 있었다. 과학적으로 연구된 것은 아니지만, 피해자들은 범죄로 인해 고통받는 것으로 인식되었고, 형사사법 과정에서 그들의 역할도 시간이 지남에 따라 진화해왔다.

중세 이전과 중세기(약 5~16세기) 동안에 형사사법의 부담은 비공식적으로 피해자에게 떨어졌다. 사람이나 재산이 피해를 입었을 때, 정의(justice)를 되찾는 것은 피해자와 피해자 가족의 몫이었다. 이것은 일반적으로 보복을 통해 달성되었다. 사법제도는 '눈에는 눈'이라는 **렉스 탈리오니스**(lex talionis)의 원리에 따라 운영되었다. 범죄자는 마땅히 받아야 하는 벌을 받을 것이고, 그 처벌은 범죄자의 행위로 인해 야기된 해악과 맞먹게 될 것이다. 이러한 관념에 근거한 처벌은 **응징** 또는 **보복**(retribution)과 일치한다. 이 시대 동안, 범죄는 국가가 아니라 피해자에게 해를 끼친 것으로 여겨졌다. 배상과 보복의 개념이 범죄자들에 대한 대응을 지배했다. 범죄자들은 피해자에게 **배상금**(restitution)을 지불할 것이 기대되었다. 이 시대 동안 남의 소를 훔친 범인은 훔친 소를 돌려주고 또 다른 소를 주는 것으로 주인(피해자)에게 보상해야 했다.

초기의 형법들은 이러한 원칙을 반영했다. **함무라비 법전**(Code of Hammurabi)은 고대 바빌론에서 질서와 확실성의 근거였다. 이 법령에서는 범인과 피해자 사이의 형평성 회복이 강조되었다. 범죄에 대한 초기의 대응이 국가가 아닌 피해자를 중심으로 이뤄졌다는 점에 주목하라. 피해자에 대한 이러한 초점은 산업혁명 때까지 계속되었는데, 이 시대에는 이제 형법이 범죄를 피해자보다는 국가에 대한 위반으로 간주하는 쪽으로 바뀌었다. 일단 피해자가 범죄로 인해 피해를 입은 당사자로 보이는 것이 중지되자, 피해자는 이차적인 존재가 되었다. 이러한 변화는 확실히 국가에게는 이익을 가져다주었지만 ―이렇게 새롭게 정의된 채악으로부터 벌금과 돈을 징수하도록 허용함으로써― 피해자에게는 그러한 이익을 제공하지 않았다. 범죄피해자는 사법제도의 초점이 되기보다는 오히려 그것의 형식적인 측면으로부터 결과적으로 배제되었다.

그 이후, 이 국가 중심적 시스템은 대체로 제자리에 머물러 있었지만, 적어도 연구자들과 사회운동가들의 관심은 1940년대 동안 범죄피해자에게 되돌아왔다. 이 시기부터 범죄피해자에 대한 관심이 나타났지만, 이 관심이 전적으로 피해자를 동정해서는 아니었다. 대신, 학자들과 다른 사람들은 범죄피해자가 자신의 피해에 어떻게 기여하는지에 몰두하게 되었다. 이 시기 동안 학자들의 연구는 범죄피해자들의 니즈가 아니라, 피해자들이 자신들의 피해에 대해 어느 정도까지 책임이 있는지를 확인하는 데 초점을 맞추었다. 이러한 과정에서 범죄자들이 초래한 피해는 무시되었다. 대신 피해촉발, 피해용이, 피해도발 등의 개념들이 출현하였다.

범죄에서 피해자의 역할 : 피해촉발, 피해용이, 피해도발

피해자가 자신의 희생에 스스로 얼마나 기여하는지를 단순히 조사하는 것으로부터는 대체로 벗어났지만, 범죄피해자에 대한 적어도 초기의 연구방법은 그러한 조사에 집중되었다. 예컨대, 범죄피해자에 대한 첫 연구는 희생자들을 범죄자의 손에 부당하게 당한 무고한 사람으로 묘사하지 않았다. 오히려 피해촉발, 피해용이, 피해도발과 같은 개념들이 이러한 조사로부터 발전되었다. **피해촉발**(Victim precipitation)은 피해자가 자신의 피해에 대해 책임이 있는 정도로서 정의된다. 피해촉발의 개념은 어떤 피해자들은 그들의 희생에 전혀 책임이 없지만, 다른 피해자들은 책임이 있다는 관념에 뿌리를 두고 있다. 이처럼, 피해촉발의 개념은 범죄피해에 적어도 두 사람 —범죄자와 피해자— 이 관련되며, 사건 전후에 쌍방이 서로에게 행동하고 종종 반응한다는 것을 인정한다. 피해촉발을 확인하는 것이 반드시 부정적인 결과를 초래하는 것은 아니다. 그러나 가해자의 역할을 무시한 채 피해자를 책망하는 데 이용되는 것은 문제가 있다.

피해촉발과 유사한 것으로 피해용이의 개념이 있다. **피해용이**(Victim facilitation)는 피해자가 의도치 않게 범죄자로 하여금 범죄를 저지르기 쉽게 만들 때 발생한다. 피해자는 이런 식으로 피해의 촉매제가 될 수 있다. 사무실에서 지갑을 훤히 보이는 곳에 두고서 화장실을 다녀오는 사이 지갑을 도둑 맞은 여성은 자신의 피

해를 용이하게 한 피해자
일 것이다. 이 여성이 비난
받을 일을 한 것은 아니다.
지갑이 뻔히 보이는지 여
부에 관계없이 범인은 도
둑질을 해서는 안 된다. 하
지만 그녀의 행동은 확실
히 자신을 표적이 되게 만
들었고, 범인이 그녀의 지
갑을 훔치는 것을 쉽게 만

사진 1.1 어떤 사람이 차 키를 문에 꽂아 둔 채로 쇼핑을 갔다. 이 사람은 무심코 가해자가 차를 훔치기 쉽게 만들었기 때문에 자신의 피해를 촉발하고 있는 것이다.

들었다. 촉발과 달리, 용이
는 왜 어떤 사람이 다른
사람보다 피해를 당할 가능성이 더 크지만, 비난 가능성과 책임을 수반하지 않는
지 그 이유를 이해하는 데 도움이 된다.

이제, 피해용이와 피해도발을 비교해 보자. **피해도발**(Victim provocation)은 어
떤 사람이 다른 사람을 부추겨 불법적 행동을 하도록 자극할 때 발생한다. 도발은
피해자의 행동이 없었다면, 그 범죄가 일어나지 않았을 것이라는 점을 시사한다.
그렇기에, 도발은 확실히 비난 가능성을 내포하고 있다. 사실 가해자는 전혀 책임
이 없다. 피해 도발의 예로는, 어떤 사람이 직장에서 집으로 걸어가는 남자를 강탈
하려고 하자, 그 남자가 순순히 범인에게 지갑을 주지 않고, 총을 꺼내 강도에게
총을 쏜 경우이다. 이 시나리오에서 범인은 결국 피해자지만, 먼저 강도짓을 하려
하지 않았다면 총에 맞지 않았을 것이다. 여러분들이 아마 알아차렸겠지만, 피해
촉발, 용이, 도발 사이의 구별이 항상 명확하지는 않다. 이 용어들은 1900년대 중
반에 몇몇 학자들에 의해 다소 다른 방식으로 개발, 기술, 연구, 사용되었다.

한스 폰 헨티그

그의 저서 「범죄자와 그의 피해자: 범죄의 사회생물학 연구」에서, **한스 폰 헨
티그**(Hans von Hentig, 1948)는 범죄학이 범죄성을 말생시키는 요소들을 규명하려
고 시도하는 것처럼, 특정 사람들을 피해자가 되도록 만드는 요인들을 조사하는

것의 중요성을 인식했다. 그는 범죄를 일으키는 특성들 중 일부는 피해도 유발한다고 판단했다. 제2장에서 피해자들과 범죄자들 간 바로 이 연결고리에 대해 자세히 다루게 되겠지만, 현재로서는, 범죄피해에 대한 첫 번째 논의의 하나가 그것을 가해와 연결 짓는다는 사실을 인식하자.

　피해를 연구함에 있어서 폰 헨티그는 피해자와 범죄자를 함께 고려하는 것의 중요성을 인식했기 때문에, 범죄자−피해자 양자 관계를 검토하였다. 그는 피해의 위험을 증가시키는 데 효과적으로 기여할 수 있는 피해자의 특성을 파악하려고 시도했다. 그는 피해자들이 그들의 특성에 따라 −도발자(agent provocateurs)로 행동함으로써− 피해를 도발할 수 있다고 생각했다. 그는 범죄피해자들이 그들의 피해 성향을 기준으로 13가지 범주로 구분될 수 있다고 주장했다: (1) 어린이, (2) 여성, (3) 노인, (4) 이민자, (5) 우울증 환자, (6) 정신적 결함을 가진 사람, (7) 탐욕스러운 사람, (8) 우둔한 사람, (9) 소수자들, (10) 바람둥이, (11) 외롭고 비통한 사람, (12) 학대자, (13) 폐쇄된, 면책된, 호전적인 사람. 이 모든 피해자는 그들이 가지고 있는 특성으로 인해 범행의 표적이 되고 자신의 피해에 기여한다. 예를 들어, 어린이, 노인, 여성들은 그들의 무지함이나 위험 감수 때문에 희생당하거나, 여성들이 성폭행을 당할 때처럼, 이용당할 수 있다. 이민자, 소수자, 우둔한 사람들은 그들의 사회적 지위 때문에 그리고 지역사회의 지원을 활성화할 수 없어서 희생당할 가능성이 크다. 정신적 결함이나 정신 이상이 있는 사람은 환경에서의 위협을 인식하지 못하거나 그것에 적절히 대응하지 못하기 때문에 희생될 수 있다. 우울하거나, 탐욕스럽거나, 방탕하거나, 외롭거나, 비탄에 잠긴 사람들은 그들의 정신 상태, 상실한 관계에 대한 슬픔, 교제에 대한 욕망, 또는 탐욕 때문에 위험을 인식하지 못하는 상황에 자신들을 처하게 할 수도 있다. 남을 괴롭히는 이는 타인에 대한 폭력과 공격성을 통해 자신의 피해를 유발하는 사람이다. 마지막으로, 폐쇄되고 면제되고 호전적인 피해자들은 잘못된 결정에 휘말려 있고, 피해를 당해도 자신을 방어하거나 도움을 구할 수 없는 사람들이다. 그런 피해자의 예로는 자신의 행동 때문에 협박을 받는 사람이 있는데, 그가 경찰에 협박을 신고하면 스스로 위태로운 상황에 처하게 된다(Dupont−Morales, 2009).

벤자민 멘델손

피해자학의 아버지로 알려진 **벤자민 멘델손**(Benjamin Mendelsohn)은 1940년대 중반에 이 연구 분야를 위한 용어를 만들었다. 변호사로서, 피해자 및 목격자와의 면담을 실시하면서 피해자와 범죄자 간 관계에 관심을 갖게 되었고, 피해자와 범죄자는 종종 서로 아는 사이고 어떤 종류든 일정한 관계를 갖고 있다는 사실을 깨닫게 되었다. 그래서 그는 피해자들을 그들의 과실, 즉 비난 가능성(culpability)의 정도에 기반하여 분류하는 하나의 체계를 만들었다. 그의 분류는 다음과 같다.

1. **아무런 책임이 없는 피해자** : 피해에 대한 책임이 전혀 없는 피해자. 어린아이와 같이 단순히 그들이 가진 특성 때문에 희생되는 경우.
2. **경미한 책임이 있는 피해자** : 무지로 인해 피해를 보는 피해자, 무심코 자신을 해치는 피해자
3. **가해자만큼 책임이 있는 피해자 / 자발적 피해자** : 예컨대, 자살 계약을 맺은 사람
4. **가해자보다 책임이 큰 피해자** : 자신의 피해를 조장하거나 자극하는 피해자
5. **가장 책임이 큰 피해자** : 범죄를 저지르는 동안 또는 범죄의 결과로 희생되는 피해자
6. **의태적 또는 가상적 피해자** : 전혀 피해 입은 바 없지만, 피해를 당한 척하는 사람

멘델손의 분류는 어떤 피해자들은 그들의 행동에 근거하여 자신들의 피해에 전혀 책임이 없는 반면에, 또 다른 피해자들은 분명 책임이 있다는 점을 인식함으로써 죄과의 정도를 강조하였다.

스티븐 섀퍼

초기 피해자학자 중 한 명인 **스티븐 섀퍼**(Stephen Schafer, 1968)는 「피해자와 그의 범죄자: 기능적 책임에 관한 연구」라는 책을 썼다. 폰 헨티그나 멘델손과 마한가지로, 섀피도 피해사 유형본을 제안했다. 그의 유형론은 사회적 특성과 행동을 모두 이용하여, 피해자들이 자신의 피해에 얼마나 책임이 있는가 하는 점에 근

거하여 피해자들을 몇 가지 집단으로 분류한다. 이처럼, 섀퍼의 유형론은 개인의 특징에 기반한 폰 헨티그의 유형론과 행동에 근거한 멘델손 유형론의 특성들을 모두 포함한다. 그는 사람들이 타인들로 하여금 자신에게 해를 끼치도록 도발하지 않아야 하며, 또한 그러한 일이 발생하지 않도록 적극적으로 예방해야 할 기능적 책임을 갖는다고 주장하였다. 그는 피해자의 7가지 범주를 확인하고 다음과 같이 그들의 책임 수준을 표시했다.

1. 무관한 피해자 – 무책임
2. 도발적 피해자 – 책임의 공유
3. 촉발적 피해자 – 일부의 책임
4. 생물학적으로 약한 피해자 – 무책임
5. 사회적으로 약한 피해자 – 무책임
6. 자기 피해 – 전적인 책임
7. 정치적 피해자 – 무책임

마빈 볼프강

피해촉발 현상을 최초로 경험적으로 조사한 사람은 **마빈 볼프강**(Marvin Wolfgang, 1957)으로, 그는 1948년부터 1952년 동안 미국 필라델피아에서 발생한 살인사건을 연구하였다. 그는 558건의 살인사건을 조사하여 피해자들이 얼마나 자신들의 죽음을 촉발시켰는지 알아보았다. 볼프강은 피해자가 살인의 직접적이고 긍정적인 촉진자였을 경우 그 사건을 피해자가 촉발한 것으로 규정했다. 예를 들어, 그러한 사건에서 피해자는 먼저 무기를 휘두르거나 사용하고, 먼저 주먹을 날리며, 먼저 물리적 폭력을 개시할 것이다. 볼프강은 연구대상 기간 동안 필라델피아에서 발생한 모든 살인사건의 26%가 피해자가 촉발한 사건이라는 것을 발견했다.

볼프강은 단순히 살인이 촉발된 정도를 확인하는 것 외에도, 그러한 살인에서 공통적이었던 요소들을 식별했다. 그는 이런 종류의 살인사건에서 피해자와 가해자는 종종 서로 아는 사이라고 판단했다. 그는 또한 대부분의 피해촉발 살인은 남성 가해자와 남성 피해자를 포함하며, 피해자는 그 자신 폭력 범죄의 전력을 갖는 경향성이 있음을 발견했다. 특히 볼프강이 이러한 살인이 종종 사소한 말다툼에서 시작되었다고 판단한 점을 고려하면, 알코올은 피해촉발 살인에서 중요한 역할을 했을 것으로 판단된다.

볼프강의 피해촉발 살인에 대한 연구 이래, 다른 이들은 그의 정의를 중범죄에 관련된 살인 및 고의적인 살인에로 확대시켰다. **준의도적 살인**(subintentional homicide)은 피해자가 나쁜 판단을 하거나, 스스로 위험에 처하게 하거나, 위험한 생활양식을 갖거나, 술이나 마약을 사용함으로써 자신의 죽음을 용이하게 할 때 발생한다. 그렇게 놀라운 것은 아니지만, 준의도적 살인에 관한 한 연구에 의하면, 전체 피해자의 4분의 3 정도가 실제로 그러했던 것으로 밝혀졌다(N. H. Allen, 1980).

사진 1.2 마빈 볼프강(Marvin Wolfgang)은 필라델피아에서 살인사건을 연구하여, 약 4분의 1의 사건이 피해자가 촉발한 것임을 발견하였다. 그는 영미권 세계에서 가장 영향력 있는 범죄학자 중 한 사람으로 인정되고 있다(Kaufman, 1998).

메나헴 아미르

강간범죄도 피해자 비난으로부터 자유롭지 않다. 과거에도 그랬지만 지금도 그러하다. 볼프강의 제자인 **메나헴 아미르**(Menachem Amir)는 경찰에 신고된 강간 사건에 대한 실증적 조사를 실시하였다. 볼프강처럼 그도 필라델피아의 자료를 사용했지만, 1958년부터 1960년까지 발생한 강간 사건들을 검토하였다. 그는 피해자들이 자신의 강간을 촉발하는 정도를 조사했고, 피해자 촉발 강간의 일반적 속성들을 확인했다. 아미르는 5건 중 1건의 비율로 피해자가 강간을 촉발한 것으로 분류하였다. 그는 이러한 강간이 술과 관련될 가능성이 높고, 피해자는 유혹적인 행동을 하고, 노출이 심한 옷을 입고, 음란한 언어를 쓰고, 평판이 나쁜 경향이 있음을 발견했다. 아미르는 또한 중요한 것은 피해자의 실제 행동보다 피해자의 행동에 대한 가해자의 해석이라고 판단하였다. 가해자는 피해자의 행동, 말, 옷 등이 그가 적절하다고 생각하는 여성의 행위에 반하는 것으로 볼 수 있다. 이런 식으로 피해자는 여성이 성적으로 어떻게 행동해야 하는가의 맥락에서 "나쁜" 것으로 보일 수 있다. 그러면, 가해자는 여성이 어떻게 행동해야 하는지에 대한 그의 오도된 견해와 그녀는 "당할 만하다"라거나 혹은 그녀 자신이 그 일을 "유발하였다"라고 생각하기 때문에 그녀에 대한 강간을 선택할 수 있다.

아미르의 연구는 상당히 논쟁적이었다. 그것은 피해자 즉, 여성들을 자신의 피해에 책임이 있는 것으로 비난하였다는 이유로 공격을 받았다. 제7장에서 알게 되겠지만, 오늘날에도 강간과 성폭행 피해자들은 여전히 여성이 (성범죄 피해자들은 대개 여성이기 때문에) 그러한 피해에 상당 부분 책임 있다고 하는 이런 관점을 극복해야 한다.

연구의 초점

피해촉발과 살인을 검토한 최초의 연구가 1957년에 발표되었지만, 이 현상은 현대에서도 조사되고 있다. 텍사스주 댈러스에서 발생한 895건의 살인사건을 조사한 최근 조사에서 리자 무프틱과 도널드 헌트(Lisa Muftić and Donald Hunt, 2013)는 48.9%(n = 438명)의 피해자가 피해를 촉발하였다는 사실을 발견하였다. 그들은 또한 범죄 전과가 있는 피해자가 그렇지 않은 피해자에 비해 살인에서 더 피해를 촉발하는 경향이 있다는 것을 발견하였다.

SOURCE: Muftić, L. R., & Hunt, D. E. (2013). Victim precipitation: Further understanding the linkage between victimization and offending in homicide. Homicide Studies, 17, 239–254.

피해자학의 역사 : 피해자 권리 운동

피해자들이 자신의 피해에 얼마나 기여하는지에 기초하여 관심을 받기 시작한 것을 넘어서, 연구자들과 사회단체들은 1900년대 중반에 피해자들과 그들이 받는 곤경에 관심을 기울이기 시작했다. 이는 일반 대중과 형사사법시스템이 피해자를 바라보는 방식에 있어서 변화의 계기가 됐다. 지적한 바와 같이, 비록 학자들이 범죄사건에서 피해자의 역할을 조사하기 시작하였지만, 범죄피해자들에게는, 주로 다른 사회운동들의 파생물로서, 더욱 동정적인 관심 또한 주어졌다.

1960년대에는 범죄에 대한 우려가 커지고 있었다. 이 기간동안 미국에서는 범죄가 크게 증가하였다. 범죄율이 치솟자 범기에 의해 시사적으로 피해를 보는 사람도 늘어났다. 1966년, 증가하는 범죄 문제에 대응하여 '법 집행 및 사법행정에 관한 대통령위원회(President's Commission on Law Enforcement and the Administration of Justice)'가 구성되었다. 그 위원회의 책무 중 하나는 사상 최초로 정부 지원 피해조사인 '**국가범죄조사(National Crime Survey)**' ─ 나중에 '국가범죄피해조사(National Crime Victimization Survey: NCVS)'가 되었다 ─ 를 수행하는 것이었다. 이 조사는 제2장에서 심도 있게 논의된다. 중요한 것은, 비록 공식적인 범죄율이 증가하고 있었으나, 그것들이 피해자 조사를 통해 밝혀진 피해의 양과 비교하면 보잘 것 없다는 것이다. 이러한 불일치는 공식 범죄데이터가 경찰에 신고되거나 알려진 범죄에 기반하고 있는 반면에, 국가범죄조사는 피해자들의 피해 경험에 대한 회상에 기초하기 때문에 발생하는 것이다. 또한, 그 조사에서는 피해자들에게 자신들의 피해를 경찰에 신고했는지 여부와 그렇지 않다면 왜 신고하지 않았는지 그 이유를 물었다. 최초로 범죄피해에 대한 묘사가 이루어진 것인데, 이러한 그림은 과거에 묘사되었던 것과는 크게 달랐다. 피해의 규모는 당초 생각보다 광범위했고, 피해자들의 신고 거부감도 드러났다. 이러한 초기의 데이터 수집 노력은 진공 상태에서 발생하지 않았다. 그 대신 범죄피해자들을 미국인들의 집합의식 속으로 더 많이 옮기는 몇 가지 사회운동이 진행중이었다.

여성운동

피해자들에게 가장 큰 영향을 미친 사회운동 중 하나는 **여성운동**(women's movement)이었다. 성폭력이나 가정폭력 같은 피해는 성차별, 전통적 성역할, 전통적 가족가치의 강조, 여성의 경제적 예속 등의 부산물임을 인식하여, 여성운동은 여성 범죄피해자를 돕는 것을 그 임무의 일환으로 설정하였다. 여성운동가들은 부분적으로 여성 피해자들이 형사사법제도에 의해 처우받는 방식에 대해 우려했고, 강간과 가정폭력의 희생자들에게 특별 관리와 서비스를 제공할 것을 주장했다. 그 결과 1970년대부터 가정폭력 쉼터와 강간 위기 센터가 등장하기 시작했다. 또한, 여성운동과 밀접한 관련이 있는 것은 아이들에게 권리를 부여하기 위한 노력이었다. 범죄피해자로 간주되지 않으면, 아이들은 아동 학대의 피해자가 될 수 있고 가출자가 될 수 있으며 성인들과 거의 같은 방식으로 희생될 수 있기 때문에, 그들 역시 서비스가 필요한 존재로 확인되었으나 피해가 어린이들에게 미치는 영향은 이 시기에 특히 우려되었다.

여성과 어린이를 피해자로 인식하는 것과 특별히 그들을 위해 마련된 피해자 서비스의 개설에 의해 세 가지 중요한 발전이 이루어졌다. 첫째, 여성운동은 범죄 피해가 신체적인 부상이 없더라도 종종 감정적이고 정신적인 피해를 수반한다는 인식을 가져왔다. 이 해악을 해결하기 위해, 피해자들을 위한 상담이 주창되었다. 둘째, 형사사법시스템은 더 이상 피해자들의 삶을 재건하는 데 도움을 주는 것으로 의존되지 않게 되었고, 따라서 형사사법제도에 의한 추가적인 피해는 줄이거나 아예 피할 수 있게 되었다. 셋째, 이러한 쉼터와 센터는 주로 자원봉사자에 의존하기 때문에, 서비스는 상당한 예산 지원 없이도 운영되고 개방될 수 있었다(M. A. Young & Stein, 2004).

민권운동

또한 피해자 권리의 발달에 필수적인 것은 **민권운동**(civil rights movement)이었다. 이 운동은 모든 미국인들이 헌법에 의해 보호되는 권리를 가지고 있다는 점을 언급하면서 인종주의와 차별에 반대할 것을 주창했다. 민권운동은 소수민족 학대에 대한 경각심을 심어주었기 때문에, 소수자들이 범죄자와 피해자로서 형사사법 체계에 의해 차별받는 방식을 규명했다는 점에서 **피해자 권리운동**(victim rights movement)의 배경막이 되었다. 여성운동과 민권운동의 이념이 합쳐져 여성, 소수자, 청년들이 주로 지지하는 피해자 권리운동을 만들었는데, 이들은 형사사법제도의 운영에 있어서 절차적 변화를 만드는 일에 집중하는 피해자 어젠다를 추진하였다(Smith, Sloan, & Ward, 1990).

피해자 권리 운동의 공헌

우리는 제5장에서 오늘날 범죄피해자들이 이용할 수 있는 프로그램과 서비스의 세부사항에 대해 논의하지만, 피해자 권리 운동의 중요성을 이해하기 위해서는 그 기여점을 개략적으로 설명해야 한다.

범죄피해자를 위한 초기 프로그램

미국에서는 1965년 캘리포니아에서 최초의 범죄피해자 보상 프로그램이 시작되었다. 피해 보상 프로그램은 피해자들이 피해로 인한 공공연한 비용에 대해 재정적으로 보상받을 수 있도록 한다. 얼마 후인 1972년, 미국 최초의 피해자 지원 프로그램 3개(그 중 2개는 강간위기센터이다)가 자원봉사자들에 의해 설립되었다. 오늘날 지방검찰청에 설치된 피해자/증인 원조프로그램의 최초 프로토타입이 1974년 연방 법집행지원청에 의해 기금 지원되었다. 이 프로그램들은 피해자들에게 그들의 사건에 중요한 날짜들을 알려주고 그들을 위한 법정 내 별도의 대기 장소를 만들어 주기 위해 고안되었다. 일부 프로그램들은 피해자들에게 사회서비스 기관을 추천해 주고, 가해자의 보석이나 유죄 인정 협상과 같은 중요 형사 사법 결정과 관련하여 의견이나 우려의 표명을 돕고, 그들의 소송에서 중요한 점에 대해 통지해주고, 그들과 함께 법정에 가는 등의 서비스를 제공하기 시작했다. 피해자/증인 지원프로그램들은 오늘날에도 유사한 서비스를 계속 제공한다.

피해자 조직의 발전

여성 및 아동 피해자와 그들의 요구가 피해자 권리 운동의 선두에 자리하는 동안, 다른 범죄피해자들은 그러한 특별한 서비스가 자신들에게는 가용하지 않다는 것을 발견하였다. 1970년대 동안 목소리를 높였던 한 무리의 피해자들은, 흔히 2차 피해자라고 불리는, 사랑하는 사람을 살인범죄로 잃은 사람들이다. 사랑하는 사람을 잃은 후, 많은 생존자는 주변 사람들이 자신들에 대해 어떻게 행동해야 할지, 어떻게 도와야 할지 모른다는 것을 알게 되었다. 아들이 살해된 한 여성은 곧 살인이 우리 사회에서 금기시되는 대상이라는 사실을 알게 되었다. "나는 놀랍게도, 좋은 사람들은 분명히 죽임을 당하지 않는다는 것을 발견했다"라고 말했다(M. A. Young & Stein, 2004, p. 5에서 인용함). 살인 생존자들의 특별한 요구에 대응하여, 1974년에 '실종자 가족과 친구들(Families and Friends of Missing Persons)'이란 단체가 결성되었고, 1978년에는 '살해된 아이들의 부모들(Parents of Murdered Children)'이란 단체가 결성되었다. '음주 운전을 반대하는 어머니들(Mothers Against Drunk Driving: MADD)'은 1980년에 결성되었다. 이 단체들은 회원 등을 위한 지원을 제공하지만, 그 단체의 임무를 반영하는 법과 정책 변화를 주창하기도 한다. 전국피해자지원조직(National Organization for Victim Assistance: NOVA)는 1975년 피해자 운동의 목적을 공고히 하고, 학술회의 등을 통해 범죄피해자를 위해 일하는 사람들에게 교육과 훈련을 제공하기 위해 결성되었다.

입법 및 정책

1980년에 위스콘신주는 '피해자 권리 법안(Victims' Bill of Rights)'을 통과시킨 최초의 주가 되었다. 또한, 1980년에 전국피해자지원조직은(NOVA)은 로널드 레이건 당시 대통령이 시행한 '국가 피해자 권리 주간(National Victims' Rights Week)'을 포함하는 새로운 정책 플랫폼을 만들었다. 당시 법무장관이었던 윌리엄 프렌치 스미스(William French Smith)는 '폭력 범죄 특별 위원회'를 창설했는데, 이 위원회는 '범죄피해자에 대한 대통령 특별 위원회(President's Task Force on Victims of Crime)'의 설치를 권고하였다. 레이건 대통령은 그 권고를 따랐다. 대통령 특별 위원회는 전국적으로 6번의 청문회를 열었는데, 이 청문회에서는 범죄피해자들을 어떻게 더 잘 도울 수 있을 것인지에 대한 68건의 권고안이 제시되었다. 이 권고안들로부터 몇 가지 주요 조치들이 도출되었다.

1. 주(州) 피해자 보상 프로그램 및 지역 피해자 지원 프로그램에 자금을 지원하기 위한 연방 법률의 제정
2. 범죄피해자를 더 잘 처우하는 방법에 대해 형사사법 전문가 및 기타 전문가를 대상으로 권고함
3. 가정폭력 전담 조직의 창설
4. 범죄피해자의 권리를 규정하기 위한 미국 헌법의 개정(아직 통과되지 않음)

첫 번째 시책의 일환으로 '범죄피해자법(Victims of Crime Act: VOCA)'이 1984년에 통과되었으며, 법무부 내에 범죄피해자사무국(Office for Victims of Crime)을 신설하고, 주 피해자 보상 및 지역 피해자 지원프로그램에 자금을 지원하는 범죄피해자기금(Crime Victims Fund)을 설립하였다. 범죄피해자기금 및 피해 보상은 세5장에서 자세히 논의된다. 범죄피해자법(VOCA)은 피해 보상 자격에 가정폭력 및 음주

운전 사고 피해자를 포함시키기 위해 1988년에 개정되었다. 또한 비거주 통근자와 방문자에 대해서도 피해 보상이 가능하도록 하였다.

법률 및 정책은 1980년대와 1990년대에 걸쳐 계속 시행되었다. 1994년 의회가 통과시킨 '폭력 범죄 통제 및 법 집행법(Violent Crime Control and Law Enforcement Act)'에는 '여성폭력 대책법(Violence Against Women Act)'이 포함됐다. 이 법은 여성에 대한 폭력 문제를 해결하기 위한 연구와 전문적 파트너십 개발을 위한 자금을 제공한다. 매년, 법무장관은 수여된 돈의 액수와 보조금 건수를 포함하여 이 법에 따라 수여된 돈의 상태를 의회에 보고한다. 이 법은 또한 연방기관들이 특히 여성에 대한 폭력을 다루는 연구에 참여하도록 의무화하고 있다.

1998년에는 「현장으로부터의 새로운 지침: 21세기 피해자의 권리와 서비스」라는 제목의 출판물이 당시 검찰 총장 자넷 리노(Janet Reno)와 범죄피해자사무국에 의해 발표되었다. 본 간행물은 레이건 대통령 특별위원회가 제시한 권고안 및 시책의 현황을 검토하였다. 그것은 또한 피해자 권리, 피해자 옹호 및 서비스에 관한 250여 건의 새로운 권고 사항도 확인했다. 또한 전체적으로, 1990년대 동안에는 연방정부와 많은 주가 범죄피해자에게 보장되는 특정 권리들을 열거한 피해자 권리 입법을 실행하였다. 이러한 권리는 제5장에서 상세히 논의되지만, 몇 가지 기본적 권리는 다음과 같다. 일반적으로 피해자에게 부여되는 권리에는 재판에 출석할 권리, 형사사법 과정에서 가해자 및 그 주변인들과 분리되는 대기 구역을 제공받을 권리, 소송 절차상 주요 사건에 대해 통지받을 권리, 가석방 청문회에서 증언할 권리, 피해자가 갖는 권리를 통보받을 권리, 보상 프로그램에 대해 통지받을 권리, 존엄과 존경으로 처우받을 권리 등이 포함된다. 이러한 권리는 2004년 당시 대통령 조지 W. 부시가 서명한 '만인을 위한 정의법(Justice for All Act)'의 일부인 '범죄피해자 권리법(Crime Victims' Rights Act)'과 같은 다양한 법안을 통해 계속 시행되고 확대되고 있다. 여러 입법부에서의 이러한 노력에도 불구하고, 연방의 피해자 권리 헌법 개정안은 아직 통과되지 않았다. 일부 주에서는 범죄피해자의 권리를 보호하기 위해 헌법을 개정하는 데 성공했지만, 미국 헌법은 이와 유사하게 개정되지 않았다. 이러한 입법을 통해 범죄피해자들에게 부여되는 다양한 권리는 제5장에 설명되어 있다.

피해자학의 현재

오늘날 피해자학 분야는 범죄피해자, 피해의 원인, 피해의 결과, 피해자와 형
사사법시스템의 상호작용, 피해자와 다른 사회서비스 기관 및 프로그램과의 상호
작용, 피해의 예방 등 광범위한 주제를 다루고 있다. 이 주제들은 본문 전체에 걸
쳐 논의된다. 아래에서는 본문의 서막으로서, 각 주제에 대한 간략한 개요가 제시
된다.

범죄피해자

피해를 연구하기 위해, 피해자학자들이 가장 먼저 알아야 할 것 중 하나는 누
가 범죄에 의해 희생되는가 하는 것이었다. 피해자가 어떤 사람들인지를 파악하기
위해, 피해자학자들은 공식 데이터 출처, 즉 표준범죄보고서(Uniform Crime Reports:
UCR)를 조사했지만, 그것은 범죄피해자에 대한 자세한 정보를 포함하지 않기 때문
에, 피해자의 정보에 대한 완전한 출처가 되지 못한다는 것을 발견했다. 그 결과,
사람들이 피해를 당하는 정도, 피해자의 전형적 특징, 피해사례의 특성을 파악하
기 위해 피해자 조사가 개발되었다. 가장 널리 인용되고 이용되는 피해자 조사는
제2장에서 자세하게 논의되는 '국가범죄피해조사(National Crime Victimization Survey:
NCVS)'이다.

NCVS와 다른 피해 조사로부터, 피해자학자들은 피해가 원래 생각했던 것보
다 훨씬 광범하게 발생한다는 사실을 발견했다. 또한, '전형적인(typical)' 피해자는
도시 지역에 거주하는 젊은 남성으로 밝혀졌다. 이것이 다른 사람들은 희생되지
않는다고 말하는 것은 아니다. 실제로 어린이, 여성, 노인들은 모두 희생되기 쉽
다. 이들 집단은 후장에서 자세히 논의된다. 게다가, 피해자학자들은 다른 취약한
집단들을 발견했다. 노숙자, 정신질환자, 장애인, 수감자 모두 그들의 피해율을 감
안할 때 특별한 관심을 받을 만한 것으로 인식되어 왔다. 피해에 취약한 특수 인
구집단들은 제12장에서 논한다.

피해의 원인

왜 특정한 사람이 표적으로 지목되고 희생되는지 그 이유를 알기는 어렵다. 그가 한 짓 때문인가? 범인은 특정 여성이 쉬운 표적으로 보였기 때문에 그녀를 선택했는가? 아니면 누군가가 단순히 잘못된 시간에 잘못된 장소에 있었기 때문에 희생양이 되었는가? 아마도 '불행'이나 우연이라는 요소가 관련되어 있을 것이지만, 피해자학자들은 피해를 설명하기 위한 몇 가지 이론을 발전시켰다. 이론은 현상을 설명하는 일련의 명제들이다. 피해자학과 관련하여, 피해이론은 왜 어떤 사람들은 다른 사람들에 비해 희생될 가능성이 더 높은지를 설명한다. 제2장에서 읽게 될 것이지만, 가장 널리 사용되는 피해이론은 '일상 활동 이론'과 '위험한 생활양식 이론'이다. 그러나 지난 20여 년 동안, 피해자학자와 범죄학자들은 공히 추가 이론을 개발하였고, 일반적으로 그리고 아동학대와 같은 특수한 유형의 피해가 발생하는 이유를 설명하기 위해 피해와 관련된 다양한 인자들을 확인해 왔다.

피해의 비용

피해자학자들은 특히 범죄피해가 유발하는 엄청난 비용 때문에 피해자를 연구하는데 관심을 갖는다. 이러한 **피해의 비용**(costs of victimization)은 도난 또는 파손된 재산비용이나 응급실에서의 치료비와 같이 유형화할 수도 있지만, 또한 수량화하기가 훨씬 어려울 수도 있다. 범죄피해자들은 정신적 고통이나 외상 후 스트레스 장애와 같은 다른 심각한 정신건강 문제를 경험할 수 있다. 비용은 또한 범죄예방 및 대응을 위해 형사사법시스템이 부담하는 돈과 범죄피해자를 돕기 위해 지출되는 돈을 포함한다. 피해의 추가적 결과는 희생자가 되는 것에 대한 두려움이다. 이 두려움은 피해자가 될 수 있는 실제적인 위험이나, 제3장에서 읽게 될 것처럼 피해의 다른 결과들과 연관되어 있을 수 있다.

반복 피해

추가적인 상당한 피해비용은 실제로 많은 피해자가 직면하는, 반복해서 피해당할 실제적 위험성이다. 불행히도, 일부 피해자는 단 한 번의 피해만 겪는 것이 아니라, 오히려 다시, 그리고 때로는 여러 차례 반복해서 피해를 당하기도 한다.

이같이, 피해자의 특정 부분집합은 반복 피해에 특별히 취약해 보인다. 연구들은 어떤 피해자들이 반복적인 피해의 위험에 처해있는지 설명하기 시작했다. 또한, 반복되는 피해에 대한 이론적 설명도 제공되었다. 반복되는 피해를 설명하기 위해 사용되는 두 가지 주요 이론은 '상태 의존성'과 '위험 이질성'이다. 반복 피해는 제 4장에서 논한다.

범죄피해자와 형사사법제도

범죄피해자들의 또 다른 중요한 경험은 그들이 형사사법시스템과 상호작용하는 방식이다. 제3장에서 상술되지만, 범죄피해를 당한 많은 사람들이 그들의 피해를 경찰에 신고하지 않는다. 피해자들이 미신고로 침묵하는 이유는 다양하지만, 종종 경찰에 대한 의심과 불신의 요소를 포함한다. 일부 피해자들은 경찰이 그들을 진지하게 받아들이지 않거나 그들에게 일어난 일이 자기들의 시간을 들일 가치가 없다고 생각할 것이라고 우려한다. 또 다른 사람들은, 피해자가 도중에 형사사법 절차의 중단을 원하더라도, 경찰을 부르는 것은 결과적으로 지울 수도, 멈출 수도 없는 시스템 대응을 가져올 것이라고 우려할 수도 있다. 이런 피해자의 한 예는 파트너에게 폭력을 당한 여성이 경찰이 자동적으로 그리고 의무적으로 그를 체포할 것을 두려워하여 경찰에 전화 걸기를 원하지 않는 경우이다. 이유야 무엇이든, 신고가 없으면, 피해자는 공식적인 형사사법시스템을 활성화하지 못할 것이며, 이것은 범죄자의 체포를 방해하고 피해자들이 명백하게 신고를 전제로 하는 피해자 서비스를 받지 못하게 할 수도 있다.

피해자들은 범죄를 신고하면, 미국의 형사사법체계가 범죄를 국가에 대한 해악으로 인식하고 있다는 점에서 그들을 피해자로서 보다는 증인으로서 바라보는 형사사법의 세계에 진입하게 된다. 이러한 경우, 비록 피해자 권리 운동이 그토록 중요성을 강조하더라도, 피해자는 존엄과 존중으로 처우받지 못할 수 있다. 피해자들이 싸워야 하는 것은 경찰만이 아니다. 만약 범죄자가 체포되어 기소된다면, 피해자는 또한 검사와 아마도 판사와 상호작용할 것이다. 다행히도, 많은 경찰관서와 검찰청이 피해자들에게 이용 가능한 서비스 및 정보를 포함한 피해자 지원프로그램을 제공하고 있다. 이 프로그램들은 피해자와 함께 법정에 참석하거나 피해영향 진술서 제출을 돕는 것과 같은 개인적인 지원과 지지를 제공한다. 이 제도가 시행된 이후의 범죄피해자의 경험은 학자들의 연구가 필요한 부분이다. 피해자들이 형사사법시스템과의 상호작용을 바라보는 방식을 이해하는 것은 피해자의 만족도를 극대화하고 피해자에게 발생할 수 있는 추가 피해를 최소화하기 위해서 중요하게 인식되어야 한다. 특히 피해(자) 유형에 따라 경찰과의 경험이 다르기 때문에 피해 유형별 형사사법 대응이 본문 전반에 걸쳐 논의된다.

범죄피해자와 사회서비스

범죄피해자들이 접촉할 수 있는 조직은 형사사법체계만이 아니다. 피해를 당한 후, 피해자들은 의사의 치료가 필요할 수도 있다. 결과적으로, 응급 의료인, 병·의원 직원, 간호사, 의사, 임상의 등은 모두 피해자가 상호작용하는 사람일 수 있다. 이러한 전문가들 중 일부는 훈련을 받거나 피해자를 다루는 데 전문적이겠지만, 다른 사람들은 피해자들이 필요로 하는 주의와 감수성을 갖고 그들을 돌보지 않을 수도 있다. 이에 대처하기 위해, 때때로 피해자들은 경찰이나 검찰청 직원들의 조력을 받는데, 그들은 피해자와 함께 병원에 가서 중재자 역할을 하고 조언을 제공하기도 한다. 또한, 최근 많은 병원과 클리닉이 성폭행 피해자들을 돕기 위해 법의학 및 건강 검진에 전문화된 성폭행 전담간호사들을 두고 있다.

의료 전문가 외에, 정신건강 임상의들도 종종 피해자들을 위해 봉사한다. 많은 피해자가 피해 후에 정신건강 서비스를 받기 때문이다. 정신건강 관리 외에도, 피해자들은 사회복지사나 다른 사회서비스 종사자들의 서비스를 이용할 수 있다. 그러나 피해자가 피해의 결과로서 상호 작용하는 모든 사람들이 피해자에 봉사하는 일에 익숙한 사회봉사 기관의 사람인 것은 아니다. 범죄피해자들은 보험사 직원과 수리 및 유지보수 직원에게 도움을 청할 수도 있다. 범죄피해자들은 그들의 고용주나 학교로부터의 특별한 편의가 필요할지도 모른다. 요컨대, 피해자가 되는 것은 한 개인의 삶의 다양한 측면에 영향을 미칠 수 있으며, 따라서 기관, 기업, 조직 모두 미처 준비되지 않은 채로 그 부정적 파장을 다루는 위치에 있게 될 수 있는 것이다. 사람들이 범죄피해와 그것이 피해자에게 미치는 영향에 대해 더 많은 지식을 가질수록, 피해자들은 더욱 만족스럽게 처우될 것이다

예방

얼마나 많은 사람이 피해를 당하는지, 어떤 사람들이 표적이 되는지, 그리고 사람들이 피해를 당하는 이유가 무엇인지를 아는 것은 예방 노력의 발전에 도움이 될 수 있다. 예방 프로그램 및 정책이 효과적이기 위해서는 피해의 알려진 원인을 목표로 삼아야 한다. 비록 범죄자가 궁극적으로는 범죄피해에 책임이 있지만, 범죄자의 행동을 바꾸기는 어렵다. 범죄자의 행동변화에 전적으로 의존하는 것은 완전한 피해 예방을 제한한다. 왜냐하면, 피해는 가해자와 피해자라는 두 가지 요소를 모두 포함하기에, 이 둘 모두 범죄피해를 막기 위해 다루어져야 하기 때문이다. 게다가, 학자들이 지적한 바와 같이, 범죄의 동기를 줄이기 보다는 기회를 줄이는 것이 더 쉽다(Clarke, 1980, 1982). 그럼에도 불구하고, 비공식적 사회통제 메커니즘을 통해 범죄자들의 행동을 억제해야 한다. 예컨대, 대학들은 학생 단체의 지도자들에게 그들의 회원이 공격행위를 하거나, 마약이나 술을 사용하거나, 피해를 초래할 수 있는 다른 행위에 관여하는 것을 만류하는 방법을 가르치는 범죄 인식 세미나를 제공할 수 있다.

범죄자들을 단념시키는 것 외에, 잠재적 피해자들 또한 피해를 예방하는 데 중요한 역할을 한다. 피해자를 위험에 처하게 하는 요소들은 피해자들이 그것을 바꿀 수 있는 정도까지는 해결될 필요가 있다. 예컨대, 일상활동 및 생활양식 이론은 일상생활과 위험한 생활양식을 피해의 주요 위험 요소로 식별하기 때문에, 사람들은 스스로 할 수 있는 변화를 함으로써 자신들의 위험을 줄이려고 노력해야 한다. 피해와 관련된 다른 이론과 위험 요소들 역시 대상으로 삼아야 한다(이 이론들은 제2장에서 논의된다). 피해의 유형에 따라서 위험 요소도 다르고 위험 감소 전략도 다르기 때문에, 피해의 예방 역시 특정 피해자 유형을 다루는 각 장에서 논의될 것이다.

오늘날 피해자학은 피해자, 피해의 원인, 피해의 결과, 그리고 피해자가 형사사법시스템 내외부에서 다루어지는 방식에 초점을 맞추기 때문에, 이 교재는 다양한 유형의 범죄피해자 각각에 대해 이러한 문제들을 다룬다. 이런 식으로, 성희롱, 친밀한 파트너 폭력과 같은 특정 유형의 피해를 나누는 각 장에는 사람들이 피해를 당하는 정도, 어떤 사람들이 피해를 당하는지, 왜 피해를 당하는지, 피해의 결과는 무엇인지, 피해자에게 제공되는 서비스와 그들이 직면하는 도전은 무엇인지 등에 대한 개요가 포함되어 있다. 범죄피해자에 대한 구체적인 구제 조치들도 독립된 각 장에서 논의된다.

요 약

- 피해자학 분야는 1900년대 초반부터 중반까지 시작되었으며, 초기의 피해자학자들은 피해자들이 자신의 피해에 어떻게 기여하는지를 확인하려고 시도했다. 이 목적에서 피해촉발, 피해용이, 피해도발과 같은 개념들이 검토되었다.
- 한스 폰 헨티그, 벤자민 멘델손 및 스티븐 섀퍼는 각각 피해자를 자신의 피해에 대한 책임이나 역할의 관점에서 분류하는 피해자 유형론을 제안했다.
- 마빈 볼프강과 메나헴 아미르는 피해촉발에 대한 최초의 경험적 연구를 수행하였다. 볼프강은 필라델피아에서 살인사건을 연구했고, 아미르는 강제 강간사건에 초점을 맞췄다. 볼프강은 살인의 26%가 피해촉발된 것임을 발견했고, 아미르는 강간의 19%가 피해자에 의해 촉발되었다고 결론지었다.
- 피해자 권리운동이 1960년대에 탄력을 받았다. 그것은 민권운동과 여성운동에 자극 받았다. 이 시기에는 아동과 여성이 폭력의 희생자로 인식되었다. 최초의 피해자 서비스 기관들이 1970년대 초에 설립되었다.
- 피해자 권리운동은 '음주 운전을 반대하는 어머니들', '실종자 가족과 친구들', '살해된 아이들의 부모들' 등과 같은 여러 옹호 단체의 발전에 영향을 미쳤다.
- 범죄피해자법, 여성폭력 대책법, 범죄피해자 권리법 등 피해자 권리 운동에서 중요한 입법 조치들이 나왔다. 많은 주가 피해자 보호를 보장하는 피해자 권리 개정 또는 법률을 마련하였다.
- 오늘날 피해자학은 사람들의 피해 정도, 피해의 종류, 피해의 원인과 결과, 형사사법시스템의 피해자에 대한 대응, 그리고 다른 기관과 사람들의 반응 등에 관심을 갖는다. 피해자학은 하나의 과학이다. 피해자학자들은 이러한 분야를 연구하기 위해 과학적 방법을 사용한다.
- 피해자학자들이 누가 희생될 가능성이 높은지 그리고 그 이유를 알게 되면, 위험

저감 및 예방 전략을 개발할 수 있다. 이 전략은 범죄자의 행동뿐만 아니라 기회도 목표로 삼아야 한다. 이런 식으로 피해자들은 스스로 피해의 가능성을 줄이는 데 중요한 역할을 할 수 있다.

토의 문제

1. 피해촉발, 피해용이, 피해도발을 비교하고 대조해 보라.
2. 사람들이 범죄피해를 당하는 이유가 무엇인지 규명하려는 최초의 시도들이 가해자의 행위가 아닌 피해자의 행위에 집중한 이유가 무엇이라고 생각하는가?
3. 범죄를 피해자가 아닌 국가에 반하는 행위로 규정하는 이유는 무엇인가?
4. 피해자 권리운동이 가해자에 대한 처우 및 가해자에게 부여된 권리와 어떻게 상응하는가?
5. 피해의 원인을 확인하기 위해 피해자의 행동을 조사하는 것이 피해자에 대한 비난을 유발하는가? 피해자의 역할을 고려하는 것은 잘못된 일인가?

주요 용어

피해자학(Victimology)

렉스 탈리오니스(lex talionis)

응징; 보복(retribution)

배상금(restitution)

함무라비 법전(Code of Hammurabi)

피해촉발(victim precipitation)

피해용이(victim facilitation)

피해도발(victim provocation)

한스 폰 헨티그(Hans von Hentig)

벤자민 멘델손(Benjamin Mendelsohn)

스티븐 섀퍼(Stephen Schafer)

마빈 볼프강(Marvin Wolfgang)

준의도적 살인(subintentional homicide)

메나헴 아미르(Menachem Amir)

국가범죄조사(National Crime Survey)

여성운동(women's movement)

민권운동(civil rights movement)

피해자 권리운동(victim rights movement)

피해의 비용(costs of victimization)

인터넷 자원

미국 피해자학회:

http://www.american-society-victimology.us

이 조직은 증거 기반 관행을 촉진하고 연구와 교육에 대한 리더십을 제공함으로써 피해자학이란 학문을 발전시킨다. 이 웹사이트는 피해자학 및 피해자학자에 대한 정보를 포함하고 있다. 이 조직은 연구, 실습, 교육 등을 통해 피해자학이 진보하는 모습을 보여준다.

미국의 범죄:

https://ucr.fbi.gov/crime-in-the-u.s/2015/crime-in-the-u.s.-2015

연방수사국(Federal Bureau of Investigation: FBI)은 표준범죄보고서(Uniform Crime Reports)와 국가사건기반보고시스템(National Incident-Based Reporting System)을 위한 모든 정보를 수집한다. 그런 다음 이 정보는 미국의 범죄나 증오 범죄 통계와 같은 몇 개의 년산 간행물에 게재된다. 이 통계자료들은 미국 전역의 거의 17,000개 법 집행 기관들에 의해 제공되는 것이다.

범죄예방 팁:

http://www.crimepreventiontips.org

이 웹사이트는 범죄피해자가 될 가능성을 줄이는 방법에 대한 많은 팁을 제공한다. 당신이 범죄피해자였는지를 판단하는 데 도움이 되는 섹션도 있다. 몇몇 예방 요령들은 대중교통과 대학 캠퍼스를 이용할 때 어떻게 하면 더 안전할 수 있는지에 대해 구체적으로 다루고 있다.

범죄피해자 지원 현장 영상 및 오디오 자료:

http://vroh.uakron.edu/index.php

이 웹사이트에는 범죄피해자 운동의 발전과 진화를 포착하기 위한 '피해자 운동 역사 프로젝트(Victim Oral History Project)'의 정보가 들어 있다. 당신은 이 운동에서 중요한 50명 이상의 사람들을 인터뷰하는 동영상을 발견할 것이다. 그들은 이 분야에서 그들의 기여와 관점에 대해 토론한다.

제 2 장

피해의 정도, 이론 및 요인

제 2 장

피해의 정도, 이론 및 요인

폴리(Polly)에게 그날 밤은 보통과 달랐다. 그녀는 평소처럼 도서관에서 공부하는 대신 동네 술집에서 친구 두 명을 만나기로 했다. 그들은 집으로 향하기 전에 맥주를 몇 잔 마시며 저녁 시간을 보냈다. 폴리는 술집에서 가까운 거리에 살았기 때문에 친구들과 헤어지고 집으로 걸어가기 시작했다. 밖은 어두웠고 비록 큰 도시의 범죄가 많은 지역이었지만 그동안 동네에서 문제에 직면해 본 적이 없었기 때문에, 비교적 안전하다고 느꼈다. 폴리가 골목길을 지나갈 때, 전에 보지 못했던 두 명의 젊은 남자가 다가섰고, 그들 중 한 명이 그녀의 팔을 잡고 지갑, 컴퓨터, 열쇠, 전화기가 들어있는 그녀의 책가방을 줄 것을 요구했다. 폴리가 거절하자, 다른 남자가 그녀를 밀어서 벽에 머리를 부딪치게 했고, 첫 번째 남자는 그녀의 가방을 움켜잡았다. 할 수 있는 한 꽉 붙잡고 있었음에도 불구하고, 남자들은 그녀의 가방을 낚아채고 어둠 속으로 달아났다. 순간 망연자실해서, 폴리는 마음을 가라앉히려고 그 자리에 서 있었다. 전화기와 열쇠가 든 가방 없이 집으로 계속 걸어가면서, 폴리는 룸메이트들이 자신을 들여보내 주기를 바라는 것 외에는 할 수 있는 일이 거의 없다고 느꼈다. 집으로 가면서 그녀는 왜 그런 불운을 겪었는지 의아해했다. 왜 그녀가 표적이 되었을까? 그녀는 단순히 "잘못된 시간에 잘못된 장소"에 있었던 것일까? 아니면 그녀가 자신을 위험에 빠뜨리는 무언가를 했을까? 폴리가 당한 이유를 알기는 어렵지만, 다른 피해지들과 비교해 볼 때, 폴리가 그들과 얼마나 비슷한지는 알 수 있다. 이를 위해 '전형적인' 범죄피해자에 대한 설명이

이 장에 제시되어 있다. 하지만, 여전히, 왜 그녀가 표적이 되었을까? 다행히
도, 우리는 폴리가 왜 그날 밤 희생자가 되었는지를 이해하기 위해 이 장에 제
시된 이론들을 활용할 수 있다.

피해의 측정

왜 어떤 사람들은 범죄의 피해자가 되고 다른 사람들은 그렇지 않은지를 이해
하기 전에 우리는 먼저 얼마나 자주 피해가 발생하는지 알아야 한다. 또한, 중요한
것은 전형적인 범죄피해자가 어떤 사람인지 아는 것이다. 다행히도 이러한 피해의
특성은 기존 데이터 출처로부터 쉽게 파악할 수 있다.

표준범죄보고서

1929년에 시작된 **표준범죄보고서**(Uniform Crime Report: UCR)는 매년 경찰에
알려진 범죄의 총량을 보여준다. 전국의 경찰서는 그들에게 신고되었거나 아니
면 다른 방법으로 인지한 범죄에 대한 월례
법집행보고서를 연방수사국(Federal Bureau of
Investigation: FBI)에 제출한다. 그러면, FBI는
이러한 데이터를 집계하여, 그것을 매년 "미
국의 범죄(Crime in the United States)"라고 불
리는 보고서로 발행하는데, 이 보고서는 당해
연도에 미국에서 발생한 범죄를 상세히 기
술해준다. 이 보고서는 '제1부 지표범죄(Part I
index offenses)'로 알려진 8가지 범죄에 대한
정보를 포함하고 있다: 살인 및 비과실 살인,
강간, 강도, 가중 폭행, 침입 절도, 경 절도,
자동차 절도, 방화. 또한, 체포자료는 21가지
추가적 범죄 범주를 포함하는 '제2부 비지표범
죄(Part II non-index offenses)'에 대한 보고에

사진 2.1 바에서 집으로 가고 있는 폴리.

서 제시된다.

장점과 단점

UCR은 범죄 및 피해에 관한 정보를 위한 귀중한 데이터 소스이다. 전체 인구의 97% 이상이 UCR 프로그램에 참여하는 기관들에 의해 대표되기 때문에, 거의 모든 미국인이 경험하는 범죄의 총량에 대한 근사치를 제공해준다(FBI, 2014a). 그것은 지역, 주, 시, 시내의 지구, 부족 법 집행 하의 지역, 그리고 대학 단위에서 발생하는 범죄 수를 보여준다. 그것은 국가 및 이들 지리적 단위에서의 범죄 추세를 파악할 수 있도록 매년 그렇게 한다. UCR의 또 다른 장점은 범죄 특성도 보고된다는 것이다. 체포된 사람에 대한 인구학적 정보(연령, 성별, 인종)와 범죄발생 장소 및 시간 등의 정보를 포함한다.

이러한 장점에도 불구하고, UCR은 범죄피해자에 대한 자세한 정보는 제공하지 못하고 있다. 또한 고려해야 할 중요한 것은, UCR은 경찰에 신고되거나 경찰이 인지하고 있는 범죄에 대한 정보만 포함하고 있다는 점이다. 곧 논의되겠지만, 이처럼 범죄피해자들이 종종 경찰에 피해 신고를 하지 않기 때문에, 발생하는 모든 범죄가 대표되는 것은 아니다. 범죄 데이터 출처로서의 UCR의 또 다른 한계는 제1부 지표범죄가 단순 폭행이나 강간 외 성폭행 같은 다른 범죄 유형들을 광범위하게 포괄하지 않으며, 또한 연방 범죄는 집계하지 않는다는 점이다. 게다가, UCR은 **위계 규칙**(hierarchy rule)을 사용한다. 예컨대, 만일 동일 사건 보고 내에서 한 건 이상의 1종 범죄가 발생하면, 법집행기관은 보고 과정에서 가장 엄중한 범죄만 계상한다(FBI, 2009). 이러한 배제 역시 UCR이 범죄의 정도를 과소평가하는데 기여한다. UCR 데이터의 정확성은 또한 법집행기관의 의지(그들이 알고 있는 모든 범죄를 FBI에 보고함으로써 그 프로그램에 기꺼이 참여하려는)에 의해 영향받는다.

UCR이 측정한 범죄

일부 한계점에도 불구하고 UCR은 미국에서 발생하는 범죄의 양상을 파악하는데 사용될 수 있다. 2015년에 경찰은 1,197,704건의 강력범죄와 7,993,631건의 재산범죄를 인지하였다. 그림 2.1에 보이는 UCR 데이터에 따르면, 가장 흔히 발생하는 범죄는 경미한 절도이다. 가중 폭행은 경 절도보다 수적으로 훨씬 적지만, 가장 흔한 폭력 범죄다. 체포되는 전형적인 범죄자는 젊은(30세 미만) 백인 남성(젊은 흑인 남성의 위반율이 가장 높지만)이다(FBI, 2015a).

국가사건기반보고시스템

앞서 언급했듯이 UCR은 범죄사건의 특징에 대한 정보를 거의 포함하고 있지 않다. 이러한 부족함을 극복하기 위해, FBI는 범죄에 대한 자세한 정보를 포함하는 확장된 데이터 수집 노력인 국가사건기반보고시스템(National Incident-Based Reporting System: NIBRS)을 가동하였다. NIBRS에 참여하는 기관들은 49개의 특정 범죄를 포괄하는 23개의 범죄 카테고리(그룹 A 범죄)에서 각각의 범죄사건과 체포에 대한 정보를 수집한다. 추가로 11가지 범죄(그룹 B 범죄)에 대한 체포 데이터도 보고된다. 가해자, 피해자, 상해, 장소, 재산손실, 무기에 관한 정보가 포함된다(FBI, 2015a). 또한 중요한 것으로, NIBRS는 범죄를 분류하거나 셀 때 위계 규칙을 사용하지 않는다(FBI, n.d-a).

그림 2.1 2015년에 발생한 범죄의 총수: UCR과 NCVS의 비교

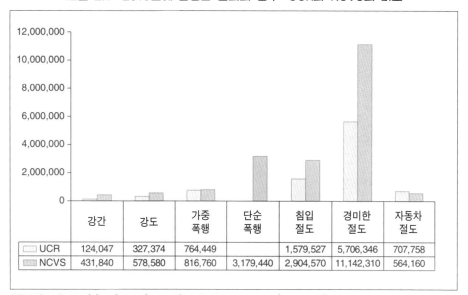

	강간	강도	가중 폭행	단순 폭행	침입 절도	경미한 절도	자동차 절도
UCR	124,047	327,374	764,449		1,579,527	5,706,346	707,758
NCVS	431,840	578,580	816,760	3,179,440	2,904,570	11,142,310	564,160

SOURCE: Created by the author with U.S. Department of Justice data.
UCR은 강제강간만 포함하는 반면, NCVS는 강간피 성폭행을 모두 포함하나, 또한, UCR은 가중폭행만 측정하는 반면, NCVS는 가중폭행과 단순폭행 모두를 포함한다.

비록 NIBRS가 UCR 프로그램의 발전을 나타내지만, 모든 법집행기관이 이 시스템에 참여하는 것은 아니다. 그래서 UCR이 산출하는 전국 데이터에 기반한 것과 유사한 범죄 추세 정보가 NIBRS에서는 아직 생산되지 않는다. 더 많은 기관이 온라인에 접속함에 따라, 장기적으로 NIBRS 데이터는 범죄피해의 패턴과 추세를 이해하는 훨씬 더 가치 있는 도구가 될 것이다.

이러한 한계를 감안하여, 2015년에 NIBRS에 참여한 6,648개의 법집행기관(전체 법집행기관의 36.1%)은 6,668,103건의 범죄, 5,979,330명의 피해자, 4,607,928명의 확인된 범죄자를 포함하는 4,902,177건의 사건을 보고하였다. 이 중 62.9%는 재산 범죄, 23.2%는 대인 범죄, 14.0%는 사회를 대상으로 한 범죄(피해자 없는 범죄라고도 한다)였다. 2015년 NIBRS가 추적한 범죄에 대해서는 3,081,609명의 체포가 있었다.(FBI, 2015a)

NIBRS는 또한 범죄피해자와 사건에 대한 정보의 원천이다. 피해자의 4분의 1 미만이 21세에서 30세 사이의 나이였고, 피해자의 51%는 여성이었다. 피해자의 거의 4분의 3은 백인(72%), 20.8%는 흑인 또는 아프리카계 미국인, 1.4%는 아시아계, 0.6%는 미국계 인디언 또는 알래스카 원주민이었고, 0.1% 미만이 하와이 원주민 또는 태평양계 섬주민이었다(FBI, 2015b). 강도 및 대인 범죄의 절반 이상 (52.3%)에서 피해자는 가해자와 무관하지만 가해자를 알고 있었고, 대인 범죄의 10.2%에서는 가해자가 낯선 사람이었다(FBI, 2015c). 대부분의 대인 범죄가 피해자의 집(62.8%)에서 발생하는 반면, 재산 범죄는 10건 중 4건이 약간 넘는 비율로 피해자 집에서 발생한다(집의 비중이 가장 큼)(FBI, 2015d).

국가범죄피해조사

앞서 언급했듯이, UCR과 NIBRS는 범죄 데이터의 출처로서, 특히 피해에 관한 정보가 관심 있는 경우는 일부 제한사항이 있다. 개인이 다양한 범죄피해를 경험하는 정도에 관한 정보를 제공하기 위해, 사법통계국(Bureau of Justice Statistics: BJS)은 1973년 미국 가구에 대한 전국적인 조사를 시작했다. 이 조사는 원래는 국가범죄조사(National Crime Survey)로 불렸으며, 범죄사건과 피해자에 관한 정보를 제공해주었다. 그러다 1993년 BJS가 광범위한 방법본적 변경과 함께 그 조사를 재설계했고, 이를 **국가범죄피해조사**(National Crime Victimization Survey: NCVS)로 개

칭했다.

　NCVS는 미국 인구조사국에 의해 전국적으로 대표성을 갖는 95,000가구 표본에 대해 시행된다. 참여 가구에서 12세 이상의 각 가구원이 조사 대상이며, 결과적으로 약 163,000명이 면접을 보게 된다(Truman & Morgan, 2016). 군 막사와 기관 시설(교도소 및 병원)에 거주하는 개인과 노숙자는 NCVS에서 제외된다. 선정된 각 가구는 3년간 연구에 머무르며, 6개월 간격으로 모두 7차례 면접을 받게 된다. 각 인터뷰는 응답자에게 다음 인터뷰의 질문에 답할 때 참조할 수 있는 구체적인 이벤트(즉, "직전 인터뷰 이후")를 제공함으로써 일종의 (조사 대상 기간의) **묶음**(bounding) 기능을 수행한다. '묶음' 즉, 바운딩은 기억력을 향상시키기 위해서 사용된다. 일반적으로, 1차 면접은 대면 면접이고, 후속 면접은 대면 또는 전화 면접 방식으로 실시된다(Truman & Morgan, 2016).

　NCVS는 두 단계로 진행된다. 첫 번째 단계에서, 개인들은 지난 6개월 동안 7가지 유형의 범죄피해에 대해 경험한 적 있는지 질문받는다. 7가지 피해 유형은 강간 및 성폭행, 강도, 가중 및 단순 폭행, 대인 절도, 가구 침입 절도, 자동차 절도, 그리고 절도이다. 첫 번째 단계에서의 개시 질문은 **스크린 또는 필터 문항**(screen or filter questions)이라고 하는데, 이는 지난 6개월 동안 이들 범죄피해를 경험한 적 있는지 응답자에게 기억할 단서를 주거나 기억을 향상시키는데 사용된다. 스크린 질문의 예는 표 2.1에 나와 있다. 두 번째 단계에서, 응답자가 스크린 문항(들)에 긍정적으로 대답했으면, 응답자는 경험한 각 피해에 대한 **사건보고서**(incident report)를 작성한다. 이런 식으로, 예컨대 어떤 사람이 절도 1건과 가중 폭행 1건을 경험했다고 진술할 경우, 절도 1건과 가중 폭행 1건 등 2건의 사건 보고서를 작성하게 된다. 사건 보고서에서는 사건 발생 장소, 경찰에 신고했는지, 신고 또는 미신고한 이유가 무엇인지, 가해자가 누구였는지, 사건 당시 피해자가 자신을 보호하기 위해 어떤 행동을 했는지 등 그 사건에 대한 구체적인 질문이 쏟아진다. 표 2.2는 사건보고서에 있는 질문의 예를 보여준다. 보다시피, 사건보고서의 질문에 대한 대답은 피해의 맥락을 밝히는 데 도움이 될 수 있다.

표 2.1 NCVS 스크린 질문의 예

(앞서 언급된 특정 사건들과는 달리,) 누군가가 아래의 수단을 사용하여 귀하를 공격하거나 위협한 적이 있습니까(전화상 위협은 배제함)?
(a) 무기, 예컨대 총이나 칼을 사용
(b) 야구 배트, 프라이팬, 가위, 막대기와 같은 것을 사용
(c) 돌이나 병과 같은 물건을 던짐
(d) 움켜잡거나, 주먹으로 치거나, 목을 조름
(e) 강간, 강간 시도, 기타 유형의 성폭행을 함
(f) 대면적 협박
또는
(g) 기타 공격, 위협 또는 완력의 사용. 그것이 범죄인지 분명치 않더라도 언급해주세요.

SOURCE: Bureau of Justice Statistics(2015a).

표 2.2 NCVS 사건보고서상 질문의 예

가해자가 총이나 칼 같은 무기를 가지고 있었습니까, 아니면 병이나 렌치 등 무기로 사용할 수 있는 어떤 것을 가지고 있었습니까?

SOURCE: Bureau of Justice Statistics(2015b).

　　이 두 단계 절차의 또 다른 장점으로, 사건보고서가 있다면 그것은 정확히 어떤 사건이 발생했는지를 결정하는 데 사용된다는 것이다. 논의한 바와 같이, 이 사건보고서는 사건의 적절한 피해 유형을 분류하는 데 사용되는 질문을 포함하여, 무슨 일이 일어났는지에 대한 상세한 질문을 포함하고 있다. 예컨대, NCVS에서 강간을 정확하게 강간으로 집계하기 위해서는 제7장에서 논의되는 강간의 구성요건(완력, 삽입)에 관한 사건보고서상 질문들에 대해 긍정적인 대답이 있어야 한다. 이 과정은 특정 범죄피해가 그 유형의 범죄피해 추정치에 포함되려면 그 범죄를 구성하는 모든 요소가 발생했어야 하다는 점에서 상당히 보수적이다.

　　NCVS는 범죄피해의 척도로서 몇 가지 장점을 가지고 있다. 첫째, 그것은

UCR의 제1종 범죄에 포함되지 않은 몇 가지 범죄를 피해의 추정치에 포함한다. 예를 들어, 단순 폭행과 성폭행은 모두 NCVS의 피해 추정치에 포함된다. 둘째, NCVS는 UCR처럼 경찰에 신고된 범죄만을 측정하지 않는다. 셋째, NCVS는 개인에게 지난 6개월 동안 발생한 사건만 기억할 것을 요청하는데, 이는 비교적 짧은 회상 기간이다. 또한, 두 단계의 측정 프로세스는 사건들이 포함 기준을 충족하는 경우에만 집계된다는 점에서, 매년 발생하는 피해의 양을 보다 보수적으로 추정하는 방법을 제공한다.

이러한 장점에도 불구하고 NCVS에 한계가 없는 것은 아니다. 범죄피해 추정치는 응답자들이 지난 6개월 동안 자신에게 일어났던 일을 정확하게 상기할 수 있는 능력에 달려 있다. 비록 NCVS가 조사 대상 기간을 6개월 단위로 짧게 하고, 직전 조사의 시행을 통해 그 기간의 묶음을 제공함으로써 응답자들의 기억을 도우려고 애쓰지만, 여전히 개인이 사건의 세부사항을 기억하는 데 있어서 완전히 정확하지는 않을 가능성은 있다. 조사 대상 기간을 짧게 하고 묶어주는 것은 또한 면접관을 기쁘게 해주기 위해 의도적으로 거짓말을 하거나 대답을 꾸며대는 사람을 막아주지는 못한다. NCVS의 또 다른 가능한 한계는 고빈도의 반복 피해를 처리하는 문제이다. **연쇄 피해**(series victimizations)라 불리는 이 사건들은 6개월의 회상기간 동안 동일한 유형의 피해를 각 사건의 세부사항(혹은 각 사건 자체)을 기억하지 못할 정도로 높은 비율로 경험하는 경우이다. 이 경우, 가장 최근의 사건에 대해서만 사건보고서가 작성되며, 사건 수는 최대 10건까지만 집계된다(Truman, Langton & Planty, 2013). 이처럼 연쇄 피해 집계의 상한이 10이기 때문에, 피해 추정치는 실제 발생 건수보다 낮을 수 있다. 한편, 구체적인 내용을 기억하지 못하더라도, 이러한 사건들은 피해의 추정치에 포함된다. 이러한 방식으로 연쇄 피해를 포함하면 피해추정치 파악에 별로 도움이 되지 않는다(Truman & Morgan, 2016). 게다가, NCVS의 피해 추정치에는 매춘이나 마약 사용과 같은 '피해자 없는' 범죄와 살인은 포함되지 않는다. 또 다른 한계는 상업시설에서 발생하는 범죄도 포함되지 않는다는 점이다. NCVS 샘플은 미국 가구에서 선정된다. 이 표본은 재소자와 같이 기관에 수용된 사람들을 배제하고 노숙자들을 포함하지 않기 때문에 대표성이 약할 수 있다. 또한, 12세 이상의 사람들만 포함된다는 것을 기억하라. 그 결과, 아동 피해에 대한 추정치는 파악되지 않는다.

범죄피해의 정도

매년, 사법통계국(BJS)은 NCVS가 측정한 범죄피해에 관한 보고서인 "미국에서의 범죄피해(Criminal Victimization in the United States)"를 발표한다. 이 보고서를 통해 우리는 가장 전형적인 피해가 무엇이며 누가 피해를 당할 가능성이 가장 높은지 알 수 있다. 2015년에는 전국의 가구에서 19,600,000건 이상의 피해가 발생하였다(Truman & Morgan, 2016). 재산 범죄는 폭력 범죄에 비해 훨씬 더 경험할 가능성이 높았고, 5백만 건의 폭력 범죄피해가 발생한 데 반해, 1,460만 건의 재산 범죄피해가 발생하였다. 보고된 가장 흔한 유형의 재산 범죄는 절도였고, 단순 폭행은 가장 흔히 발생하는 폭력 범죄였다(그림 2.1 참조).

전형적인 피해 및 피해자

전형적인 범죄피해자 또한 NCVS에서 확인할 수 있다. 강간과 성폭행을 제외한 모든 폭력피해에 대해서 남성과 여성의 피해 가능성은 거의 동일하다. 흑인과 24세 미만은 다른 사람보다 피해 비율이 높다. 피해사례의 특성도 뚜렷하다. NCVS에서 개인이 경험하는 전체 피해의 절반 미만(47%)이 경찰에 신고되고 있다. 재산 범죄는 폭력 범죄보다 신고될 가능성이 적으며, 일부 범죄는 다른 범죄보다 경찰의 주목을 받을 가능성이 훨씬 높다. 예를 들어 강간과 성폭행은 모든 강력범죄 중 신고될 가능성이 가장 낮은 반면, 강도는 신고될 가능성이 가장 높다. 자동차 절도사건은 70%가 경찰에 신고되지만, 전체 절도사건의 29%만 경찰에 신고된다 (Truman & Morgan, 2016). 신고에 있어서의 이러한 불일치는 피해의 특징과 신고의 동기와 관련이 있을 가능성이 높다. 예를 들어, 신고의 부족은 대부분의 폭력 범죄 피해자들이 그들의 가해자를 알고 있다는 사실과 일부 관련이 있을 수 있다. 대부분의 경우, 피해자들은 그들의 공격자를 친구나 지인으로 지목했다. 낯선 사람이 범행한 것은 NCVS에서 폭력 범죄의 약 3분의 1에 불과하였다(Truman et al., 2013). 한편, 신고는 재산, 특히 자동차를 되찾고 싶어하는 것과 관련이 있을 수 있다. 게다가, 차량을 도난당했을 때 보험을 청구하기 위해서는 신고가 필수적이며, 따라서 특히 이런 유형의 피해자는 경찰에 신고하려는 동기를 가질 가능성이 크다. 이제 사건의 특성으로 돌아가 보면, 여성은 남성보다 친밀한 파트너에 의해 희생될 가능성이 더 높다. 약 58%의 사건에서 범인은 무기를 가지고 있었고, 약 55%의 강력 범죄는 피해자에게 신체적 상해를 입혔다(Truman et al., 2013). 이제 전형적인 피해와 전형적인 범죄피해자의 특징을 알게 되었으니, 앞에서 본 폴리와 그녀의 피해는 어떻게 비교되는가?

국제범죄피해조사

여러분이 상상할 수 있듯이, 성적 피해와 미국 외부에서 발행하는 것과 같이 보다 구체적인 형태의 피해를 이해하는 데 사용되는 많은 다른 자기 보고식 피해 조사들이 있다. 이들 중 다수는 뒤의 장들에서 논한다. 한 가지 자주 인용되는 국제 조사는 국제범죄피해조사(International Crime Victims Survey: ICVS)인데, 이것은 국가별 범죄피해 경험을 비교하는 표준화된 조사를 제공하기 위해 만들어졌다(van Dijk, van Kesteren, & Smit, 2008). 그것의 첫 번째 조사는 1989년에 실시되었고, 1992, 1996, 2000, 2004/2005년에 반복되었다. ICVS 프로그램의 일환으로, 78개국 이상에서 총 34만 명 이상이 조사되었다(van Dijk et al., 2008). 응답자들은 자동차 절도, 자동차 내외부로부터의 도난, 오토바이 절도, 자전거 절도, 침입절도(기수 및 미수), 성적 피해(강간과 성폭행), 협박, 폭행, 강도, 개인 재산 절도 등 10가지 유형의 피해에 대해 질문을 받는다(van Dijk et al., 2008). 만약 어떤 사람이 이러한 범죄를 경험했다고 하면, 그 사람은 사건에 대한 후속 질문에 대답하게 된다. 이 조사는 세계의 많은 나라와 지역에서 발생한 범죄피해의 정도에 대한 추정치를 제공해 왔다. 또한, 이러한 조사에서는 범죄피해자와 사건의 특성들이 산출되었다.

잉글랜드-웨일즈 범죄조사

NCVS 및 ICVS와 유사하게, 잉글랜드 및 웨일즈에서는 피해의 정도와 특성을 측정하기 위해 **잉글랜드 – 웨일즈 범죄조사**(Crime Survey for England and Wales: CSEW)가 실시된다. 이 조사는 잉글랜드와 웨일즈에 살고 있는 16세 이상의 사람들에 대한 피해 조사이다. 1982년부터 시작하여 2001년까지 매 2년마다 CSEW가 실시되었는데, 2001년 조사부터는 이전 12개월 동안의 피해를 반영하기 위해 질문의 내용이 일부 변경되었다. CSEW는 2012년 4월 1일부터 원래 명칭인 영국범죄조사(British Crime Survey)에서 잉글랜드 – 웨일즈 범죄조사로 명칭이 변경되었다. 이 조사는 인터뷰의 편리를 위해 컴퓨터 지원 대면 인터뷰 방식을 사용하며, 약 3

만 5천 명의 성인들과 3천 명의 아이들(10세에서 15세까지)을 대상으로 하는 국가적으로 대표성 있는 조사이다. 사람들은 그들의 가구와 그들이 경험한 피해에 대해 질문을 받는다. 데이터를 구하기 위해 각 경찰 관할 구역에서 약 1,000건의 인터뷰를 진행한다. 개인이 화면의 질문에 나타난 피해에 대해 "예"라고 대답하면, 그 사건에 대한 상세한 질문이 포함된 피해 모듈을 완성하게 된다. 2015년 말 CSEW의 조사결과는 가구와 16세 이상에 대한 범죄는 640만 건, 폭력사건은 130만 건인 것으로 나타났다(Office for National Statistics, 2015).

피해이론과 설명

전형적인 범죄피해자가 어떤 사람인지 알게 된 지금, 여러분은 왜 어떤 사람들은 다른 사람들보다 범죄의 피해자가 될 가능성이 더 큰지 그 이유를 궁금해하고 있을 것이다. 폰 헨티그와 그의 동시대 사람들이 생각했던 것처럼, 그 사람들이 피해를 도발했기 때문일까? 범죄피해자들이 가해자들에게 다른 사람들보다 더 취약하다고 인식되기 때문일까? 피해의 위험에 영향을 미치는 어떤 성격적 특성이 있는가? 이러한 모든 요인이 왜 특정 사람들에게 피해가 발생하는지 그 이유를 설명하는데 최소한 일정한 역할을 할 수 있다. 다음 장들은 이러한 가능성을 다룬다.

피해와 가해 사이의 연결

피해와 관련하여 간과할 수 없는 한 가지 양상은 가해와 피해 그리고 가해자와 피해자 사이의 연계 문제이다. 제1장에서 언급했듯이, 피해자에 대한 최초의 연구는 피해자들이 자신의 피해에 어떠한 기여를 하는지 면밀히 관찰하는 것을 포함했다. 이처럼, 피해자들이 항상 무고한 것으로 여겨진 것은 아니다. 오히려, 일부 피해자들은 적어도 부분적으로 자신의 피해를 초래한 책임이 있는 것으로 보였다(예컨대, 피해자들의 반격에 의해 피해를 입은 가해자처럼). 비록 피해자학 분야가 피해자들을 비난하는 경향에서 벗어났지만, 가해자와 피해자가 종종 연관되어 있다는 인식은 왜 사람들이 범죄로 희생되는지를 이해하는데 도움을 수었다.

피해자 및 가해자의 특성

전형적인 피해자와 전형적인 범죄자는 많은 공통점을 가지고 있다. 앞서 NCVS에 대한 논의에서 언급했듯이, 폭력피해의 비율이 가장 높은 그룹은 젊은 사람들과 흑인들이다. UCR 또한 범죄자들에 대한 정보를 제공한다. 폭력적 가해의 비율이 가장 높은 이들도 젊은 흑인 남성들이다. 그러면 전형적인 피해자와 전형적인 범죄자는 공통의 인구학적 특성을 갖는다. 또 피해자와 가해자 모두 도시지역에 거주할 가능성이 높다. 따라서 범법자의 특성을 가진 사람과 시간을 보내는 개인은 다른 사람보다 피해를 당할 가능성이 더 높다.

피해와 가해 사이의 연관성에 대한 설명

어떤 사람들은 심지어 피해자와 범죄자가 종종 하나이고 같은 사람이라고 주장하기도 하는데, 범죄자는 피해자가 될 가능성이 크고, 그 반대도 그렇다. 왜 이런 일이 일어나는지 이해하기는 어렵지 않다. 가해는 위험한 생활 방식의 일부로 간주될 수 있다. 범죄를 행하는 개인은 피해가 발생할 가능성이 높은 사람과 상황에 더 자주 노출된다(Lauritsen, Laub & Sampson, 1992).

또한, 소위 '폭력 하위문화 이론(subculture of violence theory)'이 암시하는 바와 같이, 폭력의 수용 가능성 그리고 때로는 필요성에 대한 광범위한 문화적 신념의 일부로서 피해와 가해 간 연계가 있을 수도 있다. 이 이론은 인구의 특정 하위 집단 및 특정 영역에서는 폭력이 특히 무례에 대응하는 가치체계의 일부라고 제안한다(Wolfgang & Ferracuti, 1967). 이런 식으로 폭력을 뒷받침하는 하위문화가 존재할 때 피해자들은 보복으로 대응할 가능성이 높다. 예컨대, 범죄자들은 분쟁을 해결하기 위해 몸싸움을 벌임으로써 그들의 피해를 초래하는 폭력을 시작할 수 있다. 최근의 연구는 피해자-가해자 중첩이 실제로 근린에 따라 다르며, 이러한 변이는 **'거리의 코드(code of the streets)'**에 대한 근린의 애착 강도와 구조적 박탈의 정도와 관련이 있다는 것을 보여준다(Berg & Loeber, 2012; Berg, Stewart, Schreck, & Simons, 2012).

피해당하는 것은 보복과 직접 관련되지 않는 방식으로 가해에 연결될 수 있으나, 사실, 인생이 한 시점에서 피해를 당하는 것은 나중에 그 사람이 비행 및 범죄에 연루될 가능성을 증가시킬 수 있다. 이 연관성은 특히 어린 시절에 학대를 당한 사람들에게서 발견되었다. 제9장, '인생 초기 및 황혼기의 범죄피해: 아동학대와 노인학대'에서 논의되지만, 아동기에 피해를 당한 사람들은 성인기에는 아동학대를 경험하지 않은 사람들보다 훨씬 더 체포되거나(Widom, 2000) 폭력과 재산 범죄에 휘말릴 가능성이 더 높다(Menard, 2002).

피해가 범죄 참여로 이어질 수 있는 이유는, 완전히 파악되지는 않지만, 피해를 경험하는 것이 우울증, 불안감, 외상 후 스트레스 장애 등의 심리적 결과를 가져오고, 이에 대한 대응으로서 술이나 약물 남용을 초래할 수 있기 때문이다. 피해는 또한 나중에 성공을 더 방해할 수 있는 뇌 손상과 같은 신체적 결과를 가져올 수 있다. 인지능력 또한 학대에 의해 약화될 수 있으며, 특히 어린 시절에 학교 수행을 방해할 수 있다. 피해의 결과로 행동이 바뀔 수도 있다. 사람들은 대인관계에 문제가 생기거나 폭력적이거나 공격적이 될 수 있다. 이유야 어떻든 피해와 가해가 밀접하게 얽혀 있는 것은 분명하다.

피해와 가해가 연관되어 있기 때문에, 다음 장에서 볼 수 있듯이, 가해에 영향을 미치는 요인들이 피해에도 동일한 영향을 미칠 수 있고, 따라서 피해와 가해 사이의 연관성을 설명할 수 있다는 것은 이치에 맞다. 이것은 단지 피해에 대한 설명만이 가해에 대한 설명과 연결되거나 그것의 연장이어야 한다고 말하는 것이 아니다. 단지 당신이 피해를 설명하기 위해 범죄학 이론들을 사용한 연구에 대해 읽을 때, 그것은 주로 피해와 가해 사이의 연관성 때문이라는 것을 기억하라.

일상활동 및 생활양식이론

1970년대에는 두 가지 이론적 관점 즉, **일상활동이론**(routine activities theory)과 **생활양식이론**(lifestyles theory)이 제시되었는데, 두 가지 관점 모두 범죄피해의 위험을 피해자가 잠재적 범죄자와 접촉해야 한다는 사실에 연결지었다. 이 이론들을 자세히 논의하기 전에, 우선, **피해이론**(victimization theory)이 무엇인지를 이해하는 것이 중요하다. 피해이론은 일반적으로 왜 사람들이 희생되는지를 설명하기 위해 고안된 일련의 검증 가능한 명제들이다. 일상활동과 생활양식 이론 모두 피해지의 일상활동이나 생활양식이 동기화된 범죄자가 범행할 기회를 만들어 주는 정도로써 개인의 피해 위험을 가장 잘 설명할 수 있다고 제안한다.

일상활동 이론을 개발하면서, 로렌스 코헨과 마커스 펠슨(Lawrence Cohen and

Marcus Felson, 1979)은 개인의 일상활동 또는 일상생활 패턴이 범죄피해자가 될 위험성에 영향을 준다고 제안하였다. 개인의 일상활동이 **동기화된 범죄자들**(motivated offenders)과 접촉하게 하는 한 범죄피해의 위험은 풍부하다. 코헨과 펠슨은 동기화된 범죄자들은 풍부하며, 그들의 범행동기는 설명할 필요가 없다고 생각했다. 오히려 이들의 특정 피해자 선정이 더 흥미로웠다. 코헨과 펠슨은 특정한 표적(개인과 장소 모두)에는 이러한 동기 부여된 범죄자들의 선택을 장려하는 무언가가 있을 것이라고 언급했다. 사실, 그러한 개인들은 그들이 가진 매력에 근거하여 범죄자들에 의해 **적절한 범행 대상** 또는 **표적**(suitable targets)으로 선택될 것이다. 매력성은 이동의 용이성과 같이 범행 대상이 가진 특성을 말하는데, 이것이 도둑이 집에 침입하여 소파가 아닌 아이팟이나 노트북 컴퓨터를 가지고 가는 이유이다. 타겟이 **가용한 보호력**(capable guardianship)을 갖지 못할 때 매력도는 더욱 뚜렷해진다. 가용한 보호력이란 어떤 개인이나 범행 대상이 피해의 발생을 예방하고 보호받기 위해 효과적으로 이용할 수 있는 수단으로 생각된다. 보호력은 타인의 존재가 누군가를 덜 매력적인 타겟으로 만든다는 점에서 일반적으로 *사회적인*(social) 것으로 간주된다. (그러나) 보호력은 또한 도난경보기가 있는 집이나 자기보호를 위한 무기를 소지한 사람과 같이 *물리적인*(physical) 수단을 통해서도 제공될 수 있다. 도난 경보기가 있는 집과 무기를 소지한 사람은 확실히 덜 매력적인 범죄 대상이다! 동기화된 범죄자, 적절한 표적, 그리고 가용한 보호력의 부족이라는 이 세 가지 요소가 특정한 시간과 공간에서 수렴할 때, 피해가 발생할 가능성이 높다.

코헨과 펠슨(1979)이 원래 그들의 이론을 발전시켰을 때, 그들은 약탈적 범죄, 즉 표적과 범죄자의 접촉을 수반하는 범죄에 초점을 맞췄다. 그들은 원래 시간이 지남에 따라 이런 유형의 범죄의 비율이 변화하는 것을 설명하는데 관심이 있었다. 그렇게 함에 있어서, 그들은 제2차 세계대전 이후 사람들의 일상이 변화하였고, 그러한 변화가 사람들을 집에서 떼어내어 그들의 집을 매력적인 범행 대상으로 만들었다고 주장했다. 사람들은 집 밖에서, 여가 활동으로, 그리고 직장과 학교를 오가며 더 많은 시간을 보내기 시작했다. 사람들이 다른 사람들과 상호작용하는 데 더 많은 시간을 할애하면서, 그들은 동기화된 범죄자들과 더 많이 접촉하게 되었다. 가용한 보호력은 부재하기 쉽기 때문에, 범죄피해의 위험이 증가하였다. 코헨과 펠슨은 또한 범죄의 증가를 내구재의 생산과 연관시켰다. 전자제품이 휴대

가능한 크기로 생산되기 시작하자 그것을 훔치기가 쉬워졌다. 마찬가지로, 훔치고, 재사용하고, 재판매할 수 있는 자동차와 다른 비싼 물건들도 범행 대상이 되었다. 코헨과 펠슨이 보았듯이, 사회의 번영은 범죄피해를 감소시키기 보다는 증가시킬 수 있었다! 또한 중요한 것은, 그들이 피해를 가난과 같은 사회적 병폐보다는 일상적인 활동과 연관지었다는 점이다.

마이클 힌델랑, 마이클 갓프레드슨, 제임스 가로팔로(Michael Hindelang, Michael Gottfredson, and James Garofalo, 1978)의 생활양식 이론은 일상활동 이론과 밀접한 관련이 있다. 힌델랑과 그 동료들은 특정한 생활양식이나 행동이 사람들을 피해가 일어나기 쉬운 상황에 놓이게 한다고 추측했다. 밤늦은 시간에 술집에 가거나 혼자 밤늦게까지 일하는 것과 같은 당신의 생활양식은 다른 사람들보다 당신을 더 범죄피해의 위험에 처하게 한다. 비록 생활양식 이론의 저자들이 기회구조가 위험에 처하게 하는 방식을 일상활동 이론가들만큼 명확하게 특정화하지는 않았지만, 그것의 핵심에서 생활양식 이론은 일상활동 이론 및 그 명제들과 매우 유사하다. 어떤 사람이 생활양식과 행동을 통해 잠재적인 범죄자들과 접촉함에 따라, 그는 범죄피해가 발생할 수 있는 기회를 창출하기 쉽다. 힌델랑과 그 동료들에 의해 피해의 기회를 만들어 내는 것으로 확인된 생활양식 요인은 우리가 집 밖에서 일하고 여가 활동을 하면서 교제하는 사람들이다. 이와 같이 범죄자와 교제하고, 집 밖에서 일하고, 특히 야간에 바깥에서 타인들과의 활동에 참여하는 사람은 다른 사람들보다 대인 범죄피해의 대상이 될 가능성이 더 높다. 힌델랑과 그 동료들은 개인의 생활양식이 사회적 제약과 역할 기대에 의해 구조화된다는 점에 주목했다. 즉, 개인의 인구통계학적 특성 때문에 특정 활동에 참여할 수 있는 기회가 줄어들 수 있다. 여성이 남성과 다르게 사회화된다는 사실을 고려해보자. 여성은 아마도 가사를 돌볼 것으로 기대되며, 어릴 때는 남자 아이들보다 더 밀접하게 감독받을 수 있다. 따라서, 여성들은 집에서 아마도 부모나 다른 보호자들의 감독하에 더 많은 시간을 보낼 것이다. 이러한 사회적 제약과 역할 기대치를 고려할 때, 여성들은 피해의 위험에 처하게 하는 가정 밖의 활동에 덜 관여할 수 있으며, 따라서 이것이 여성들이 남성들보다 피해 위험이 낮은 이유를 설명해 준다.

힌델랑 등(1978)은 나아가 일부 사람늘에게 왜 피해의 위험이 다른 사람들보다 더 높은지를 **동류교배의 원리**(principle of homogamy)를 이용하여 설명했다. 이 원리에 따르면, 어떤 사람이 우범자가 많은 인구집단의 사람들과 접촉을 더 빈번히 할수록, 그 사람이 피해를 당할 가능성도 커진다. 이 빈도는 인구학적 특성이나 생활양식의 결과일 수 있다. 예를 들어, 남성은 여성보다 범죄자일 가능성이 더 크다. 그러면 남성은 다른 남성과 시간을 보낼 가능성이 더 크기 때문에 더 큰 피해의 위험에 처하게 된다. 이제 일상활동이론에 대해 알게 되었으니, 당신은 폴리의 일상이나 생활양식이 그녀를 희생당할 위험에 처하게 했다고 생각하는가? 오늘날, 연구자들은 대개 일상활동이론과 생활양식이론을 상호 교호적으로 다루며, 종종 그것들을 일상활동 및 생활양식이론 시각들로 언급한다.

　일상활동 및 생활양식이론이 30년 이상 동안 보편적인 피해이론의 역할을 해 온 이유 중 하나는 연구자들이 그것들을 검증하며 발견한 광범위한 경험적 지원이다. 개인의 일상활동과 생활양식은 성범죄 피해의 위험에 영향을 미치는 것으로 나타났다(Cass, 2007; Fisher, Daigle, & Cullen, 2010a, 2010b; Mustaine & Tewksbury, 1999, 2007; Schwartz & Pitts, 1995). 이러한 관점은 또한 자동차 절도(Rice & Smith, 2002), 스토킹(Mustaine & Tewksbury, 1999), 사이버 범죄(Holt & Bossler, 2009), 청소년 폭력(Lauritsen et al., 1992), 절도(Mustaine & Tewksbury, 1998), 직장에서의 피해(Lynch, 1997), 그리고 거리 강도 피해(Groff 2007)를 설명하기 위해서도 적용되었다.

　최근의 일상에 대한 연구는 사람들이 피해를 당한 후에 자신들의 일상을 바꿀 수 있다는 것을 보여준다. 피해를 당한 사람은 가구 침입 피해 이후에 도난경보기를 설치하거나 야간 강도피해 이후에 밤에 혼자 걷는 것을 피하는 것처럼 보호행동을 더 많이 할 것으로 예상할 수 있다. 연구자들은 그러한 행동의 변화가 일어나는지 여부를 조사해왔다. 이러한 연구들 중 일부 초기의 작업들은 피해자들이 방어적인 (특정 지역이나 사람들을 피하는 것 같은) 행동을 더 많이 했고, 재산범죄 피해자들은 조명이나 타이머 설치와 같은 가구 보호 노력을 더 많이 했다는 것을 보여주었다(Skogan, 1987). 피해는 또한 이사와도 관련 있는데, 그것은 사람들의 일상을 확실히 변화시킬 것이다(Dugan, 1999; Xie & McDowall, 2008). 예컨대, 잭슨 번치와 동료들(Jackson Bunch, Jody Clay − Warner, and Jennifer McMahon − Howard, 2014)은 NCVS 자료를 사용하여, 피해자들이 피해를 당한 후 비피해자에 대비하여 더 많이 행동의 일부를 변화시켰지만(야간 외출 빈도를 줄이는 등), 이러한 차이는 피해사건에 기인하는 것이 아니라, 피해자와 비피해자 사이에 존재하며 피해에 영향을 미치는 기존의 차이점들에 기인할 수 있다는 것을 발견했다.

구조적 및 사회적 과정 요인들

일상활동 및 생활양식이론 외에 다른 요인들도 개인의 범죄피해 위험을 증가시킨다. **근린의 맥락**(neighborhood context), 가족, 친구, 개인적 상호작용과 같은 삶의 핵심 요소들도 피해에 일정한 역할을 한다.

근린의 맥락

우리는 이미 어떻게 특정 개인이 다른 사람들보다 범죄피해자가 될 위험이 더 높은지에 대해 논의했다. 지금까지, 우리는 이 위험을 사람들의 생활양식 관련 요소들과 연관시켜왔다. 그러나 사람이 거주하고 시간을 보내는 장소 또한 그를 피해의 위험에 처하게 할 수 있다. 사실, 당신은 특정 지역이 다른 지역들보다 더 높은 피해율을 보인다는 것을 알고는 놀라지 않을 것이다. 어떤 지역은 범죄가 발생하기 쉬워서 범죄의 **핫 스팟**(hot spots)으로 간주된다. 셔먼, 가틴, 뷰어거(Sherman, Gartin, and Buerger, 1989)가 강조해 온 핫스팟은 범죄가 집중된 지역이다. 그들은 미니아폴리스 경찰의 콜 데이터에 대한 조사를 통해, 그 콜의 거의 대부분이 모든 지역의 단 3%에서 걸려온 것임을 발견하였다. 핫 스팟 지역에 살거나 자주 가는 사람은 자신을 위험에 빠뜨릴 것이다. 이러한 핫 스팟 및 기타 고위험 지역의 특성은 개인의 생활양식이나 인구학적 특성과는 무관하게 피해의 가능성을 높이는 기회들을 창출할 수 있다.

지역의 어떤 특성들이 피해의 가능성을 높이는가? 일군의 연구가 특히 근린의 많은 특성을 확인해 주었다(우리가 핫 스팟을 구체적으로 논의하는 것은 아니다). 피해와 관련된 한 가지 요인은 **가족구조**(family structure)다. 로버트 샘슨(Robert Sampson, 1985)은 근린과 범죄에 관한 영향력 있는 작업에서, 여성 가장 가구의 비율이 높은 근린들이 절도나 폭력피해의 비율도 높다는 것을 발견했다. 그는 또한 5개 이상의 구성부분으로 이루어지는 단위의 비율로 측정한 **구조적 밀도**(structural density)가 피해와 정적으로 관련되어 있다는 것을 발견했다. 5년 전과 다른 집에 사는 5세 이상의 인구 비율을 나타내는 **주거 이동성**(residential mobility)도 피해를 예측해 주었다.

근린의 구조가 그 지역의 피해율에 영향을 미친다는 발견 외에도, 근린의 특징들이 개인의 위험에 영향을 미친다는 것이 밝혀져 왔다. 예컨대 열악한 근린에 사는 것은, 비록 사람들이 피해와 관련된 위험한 생활양식이나 다른 특성을 가지고 있지 않더라도, 그들을 피해의 위험에 처하게 한다(Browning & Erickson, 2009). 근린의 열악함과 주거의 불안정성은 친밀한 파트너의 손에 폭력적 피해를 경험하는 것과 관련이 있다(Benson, Fox, DeMaris & Van Wyk, 2003). 집합효율성(collective efficacy)이란 개념을 생각하면, 열악한 근린이 비공식적 사회통제의 효과적 자원을 동원하는 능력이 부족한 것은 당연해 보인다(Sampson, Raudenbush, & Earls, 1997). 비공식적 사회통제는 종종 근린의 질서, 안정성, 안전을 유지하기 위한 메커니즘으로 사용된다. 지역사회가 강력한 비공식적 메커니즘을 갖추지 못할 때, 폭력과 다른 일탈들이 풍부해지기 쉽다. 그러한 지역사회는 덜 안전하다. 그러므로 그곳의 거주자들도 사회적으로 잘 조직된 지역의 거주자들보다 피해를 당할 가능성이 더 크다.

비행 동년배에의 노출

근린의 맥락은 피해의 위험과 관련된 한 가지 요인일 뿐이다. 또래나 가족과 같은 사회적 과정 요인도 범죄피해를 이해하는 데 중요하다. 일반적으로 젊은이들에게 가장 큰 영향을 미치는 것 중 하나는 또래들이다. 동년배의 압력은 사람들, 특히 청소년들로 하여금 평상시와는 다르게 행동하게 하고, 평소

사진 2.2 이 지역은 밤에 많은 사람이 돌아다니기 때문에 핫스팟이 될 수 있다.

에는 하지 않을 행동에 참여하도록 이끌 수 있다. **비행 동료**(delinquent peers)를 갖는 것은 청소년들을 비행에 휘말릴 위험에 처하게 한 뿐 아니라(청소년 범죄는 대게 집단으로 발생하기 때문), **피해를 당할** 위험에 빠지게도 한다(Lauritsen, Sampson, &

Laub, 1991; Schreck & Fisher, 2004). 비행 동년배들과 함께 하는 것은 동기화된 범죄자들이 있는 곳에서 시간을 보내는 것이 위험을 증가시키기 때문에(생활양식 및 일상활동 이론의 주장), 사람들을 피해당할 위험에 처하게 만든다. 이 우범자들이 당신의 친구들이라는 건 중요치 않다. 비행 동년배를 갖는 사람이 피해와 관련될 수 있는 또 다른 이유는 그 사람이 피해의 발생이 농후한 위험한 상황(패싸움 등)에 자신을 둘 수 있다는 것이다. 이러한 상황에서, 당신을 해치는 것은 본질적으로 당신 친구들이 아니라, 그 싸움에 연루된 다른 사람들일 수도 있고, 혹은 당신이 친구들을 돕기 위해 개입하는 동기일 수도 있다. 테일러, 피터슨, 에스벤슨, 그리고 프렝(T. J. Taylor, Peterson, Esbensen, and Freng, 2007)은 갱단의 일원이 되면 젊은이들이 폭력을 경험할 위험이 증가한다는 점에 주목한다.

가족

특히 청소년기에는 가족도 개인의 경험에 중요한 역할을 한다. 가족 구성원, 특히 부모에 대한 강한 애착을 갖는 것은 피해당하는 것을 포함한 많은 부정적인 사건으로부터 사람을 차단해줄 가능성이 있다. 놀랄 것도 없이, 여러 연구가 가족 구성원들 사이의 약한 감정적 애착이 피해의 강력한 예측 변수라는 것을 발견했다(Esbensen, Huizinga & Menard, 1999; Lauritsen et al., 1992). 이것은 아마도 부모들이 아이들의 행동에 대한 통제력을 발휘할 수 없거나 발휘할 의도가 없기 때문이며, 따라서 아이들은 위험한 상황에 치달을 가능성이 더 커진다. 가족은 또한 강한 애착이 있을 때 더 많은 시간을 함께 보낼 수 있고, 따라서 동기화된 범죄자에 대한 노출도 줄일 수 있다. 아이들은 또한 부모들을 실망시키고 싶지 않기 때문에 위험한 상황에 처할 가능성이 덜 할 수 있다. 왜냐하면 그들은 부모와의 관계에 높은 가치를 두기 때문이다. 이런 식으로 가족 구성원에 대한 정서적 애착은 위험한 행동을 줄이는 역할을 한다. 이 시점에서, 여러분은 가족에 대한 애착이 생활양식 및 일상활동 이론과 관련된다는 사실을 알아차릴 것이며, 여러분의 생각이 맞을 것이다! 가족적 애착과 피해 간 연관성을 조사한 연구는 사람들이 자신의 가족에 대해 더 좋게 느낄수록 그들이 희생될 가능성이 더 적다는 것을 발견했다(Schreck & Fisher, 2004).

사회학습이론

사회학습이론(Akers, 1973)에 따르면, 범죄행위는 학습된 행동이다. 구체적으로는 행동의 모방이나 모델화가 일어나는 차별적 교제(비행자 또는 범죄자와 시간을 보내는 것)를 통해 학습된다. 사람은 행동뿐만 아니라, 범죄에 관여하는 것이 수용 가능한지 등 행동에 대한 정의도 배운다. 행동이 지속될 가능성은 보상이나 처벌의 정도에 따라 달라진다. 이런 식으로 행동은 차별적으로 강화되고, 사람들은 보상받은 행동은 계속하고, 처벌받은 행동은 멈추게 된다. 행동이 보상을 받을 때는 그 행동에 우호적인 정의가 결국 그 행위에 반하는 정의보다 더 우세할 것이다. 이러한 사회적 학습과정은 본래 비행을 설명하기 위해 마련된 것이었지만, 가정 내 부모들 간 폭력에 노출된 아이들이 나중에 다른 아이들보다 친밀한 파트너 폭력의 피해자가 될 가능성이 더 높다는 점에서, 특히 친밀한 파트너 폭력피해를 설명하는 데도 마찬가지로 사용되어 왔다(더 상세한 논의는 제8장 참조). 다른 연구에서는 사회학습이론을 스토킹 피해와 연계시켰다(Fox, Nobles & Akers, 2011).

이민과 피해: 서로 관련 있는가?

만약 당신이 이 주제에 관심을 가지고 있었다면, 사람들이 미국의 범죄 문제를 합법적이든 아니든 간에 우리 국경을 넘어온 이민자들에게 뒤집어씌우는 것을 들었을 것이다. 이 논쟁은 2016년 6월 12일, 49명이 숨지고 53명이 부상한, 플로리다주 올랜도의 펄스 나이트클럽에서 발생한 총기난사 사건 이후 더욱 두드러졌다. 비록 총격범이 미국 시민이었음에도 불구하고, 일부 사람들은 더 엄격한 국경 보안과 이민자 감소정책을 요구하였다(역자 주: 범인 오마르 마틴은 뉴욕에서 아프가니스탄계 부모님에게서 태어났으며, 무슬림이었다). 이런 우려는 미국에 들어오는 사람들이 저지를 수 있는 범죄와 관련이 있지만, 이민이 피해와 관련된다는 우려도 있다. 이민자들이 피해에 대해 우려해야 할 이유는 많이 있다. 전국의 형사사법 직원들을 대상으로 한 조사에서는 최근의 이민자들은 언어장벽, 보복의 두려움, 형사사법제도에 대한 지식 부족 등으로 다른 사람들보다 피해 경험을 경찰에 신고할 가능성이 낮다고 생각하는 것으로 나타났다(Davis & Erez, 1998). 다른 연구에서는 이민의 증가가 범죄피해의 증가와 관련이 없는 것으로 밝혀졌다(이 연구는 서유럽의 이민을 조사했다). 일부 연구는 이민 청소년들이 학교에서 따돌림을 당할 특별한 위험에 처해 있다는 것을 입증한 반면, 다른 연구는 높아진 위험을 발견하지 못했다. 다른 연구에서는 동화(의 부족)가 피해위험 증가의 동인이며, 생활양식과 일상이 이러한 관계를 이해하는 데 도움이 될 수 있다고 제안하였다(Peguero, 2013). 이민과 이민자의 지위가 피해위험 증가에 어떠한 역할을 하는지를 이해하기 위해서는 더 많은 연구가 필요하다.

통제-균형이론

일탈에 대한 일반이론(general theory)인 **통제균형이론**(control-balance theory)은 범죄피해에도 적용될 수 있다. 찰스 티틀(Charles Tittle, 1995, 1997)에 의해 발전된 이 이론은 한 사람이 다른 사람에 대해서 가지는 통제력의 양과 그 사람이 다른 사람으로부터 받는 피통제의 양이 그가 일탈에 관여할 위험에 영향을 미친다고 제안한다. 둘을 함께 고려할 때, 개인에 대한 **통제 비율**(control ratio)을 결정할 수 있다. 통제균형이론은 어떤 사람이 행사하는 통제의 양이 그를 종속시키는 피통제의 양을 초과할 때 그 사람은 **통제 잉여**(control surplus) 상태에 있다고 가정한다. 반대로, 한 사람이 행사하는 통제의 양이 그 사람이 받는 통제의 양보다 적을 때, 그 사람은 **통제 결핍**(control deficit) 상태에 있다. 통제 잉여나 결핍이 있을 때 그 사람은 일탈 행위로 기울기 쉽다. 그가 하게 되는 일탈 행동의 유형은 통제비에 달려 있다. 통제 잉여는 타인에 대한 착취와 같은 자치적 형태의 일탈과 연결된다. 반면에, 통제 결핍은 반항과 같은 억압적 형태의 일탈과 연결된다.

비록 명백히 피해의 설명을 의도한 이론은 아니지만, 통제균형이론은 알렉스 피케로와 매튜 힉맨(Alex Piquero and Matthew Hickman, 2003)에 의해 피해를 설명하기 위해 사용된다. 그들은 통제 잉여나 통제 결핍을 갖는 것이 통제 균형을 갖는 것에 비해 피해의 위험을 증가시킬 것이라고 제안하였다. 통제 잉여를 갖는 개인은 그들의 욕구와 욕망을 충족시키기 위해 그것을 사용하고 또한 그들의 통제력을 더 확장하려는 바램을 갖는다. 요컨대 그들의 행동을 억제할 수 있는 것이 거의 없기 때문에 (피해자의 입장에서) 위험한 행동을 한다. 그들은 통제 결핍 상태에 있는 다른 사람들을 무례하게 대할 수 있으며, 그래서 그늘이 반말하고 결국 그늘노부터 피해를 당할 수 있는 것이다. 통제 결핍이 있는 사람들은 다른 이유로 피해의 위험에 처한다. 행사할 통제력이 부족한 상태에 익숙해 있기 때문에 그들은 스스로를 보호할 수 있다는 자신감이나 믿음이 부족하며, 따라서 취약한 타겟들이다. 그들은 또한 자신들에게 통제력을 행사하는 사람들을 은밀히 공격하거나 희생시킴으로써 통제력 부족을 극복하려고 노력할 수도 있다. 피케로와 힉맨은 피해를 예측하는 통제 – 균형의 능력을 검증했으며, 통제 결핍과 통제 잉여 모두가 일반적 피해 및 절도 피해를 예측해 주는 것을 발견했다.

사회적 상호작용주의자의 관점

마커스 펠슨(Marcus Felson, 1992)은 고통이 피해와 관련 있을 수 있다고 주장했다. 스트레스를 경험할 때, 사람들의 행동과 태도는 영향을 받는다. 사람들은 규칙을 어기고 일반적으로 다른 사람들을 짜증나게 할 가능성이 더 많다. 따라서 고통받는 사람들은 그들의 열악한 태도와 규칙을 어기는 행동을 감안할 때, 다른 사람들로부터 어떤 공격적 반응을 불러오기 쉽다. 수업에 가는 한 학생이 앞 수업에서 시험을 망쳤으며, 결과적으로 그 수업을 완수할 수 없게 되었다는 사실을 막 알게 된 상황을 생각해 보자. 이 학생은 수업 중에 자신의 행동에 부정적인 영향을 미칠 정도의 스트레스를 경험하고 있다. 그러면 수업 중에 동료 학생이 자기에게 불합리하다고 생각되는 발언을 하면 폭발할 수도 있다. 폭발의 '피해자'인 학생은 그 학생의 행동을 용납할 수 없고 모욕적이라고 생각할 수 있다. 그러면 공격당한 학생은 결과적으로 공격적으로 반응하며 결과적으로 공격적인 교환을 시작하게 된다. 이 고통 – 반응의 연쇄가 **사회적 상호작용주의 시각**(social interactionist perspective)의 핵심이다.

펠슨(1992)은 좀 더 공식적으로, 공격적 조우는 고통받는 사람들이 사회적 규칙을 어기고, 그러한 규칙 위반으로 고통당한 사람들이 공격적으로 반응할 때 일어난다고 주장한다. 그러면 고통받는 개인은 공격에 대응해야 하는 상황에 놓이게 된다. 만약 이 사람이 만족스럽지 않게 대응한다면, 원래 고통당한 사람은 처벌, 즉 가해를 실행할 가능성이 있다. 그러면 고통받은 사람은 보복할 수 있고, 이처럼 공격의 순환이 계속될 수 있다. 이런 식으로 고통은 피해의 원이이 된다

인생경로 시각

1990년대에 범죄학 분야에서 새롭게 떠오른 **인생경로 시각**(life-course perspective)은 시간의 경과에 따른 범죄의 발전을 고려한다. 그렇게 함에 있어서, 이 시각은 생물학, 사회학, 심리학의 요소들을 통합적으로 사용하여, 왜 사람들이 범죄의 삶을 시작하고, 계속하며, 그만두는지를 설명한다. 피해자학자들은 대개 피해자-가해자 중첩 현상에 의거하여 이 분야의 성장에 기여하는데, 최근에는 인생경로 범죄학의 원리를 피해에 적용하고 검증하기 시작했다. 이들 이론의 개요가 표 2.3에 제시되어 있다.

표 2.3 피해의 설명에 적합한 인생경로 범죄학 이론들

이 론	학 자	결과와 관련된 핵심 요인
범죄의 일반이론	Gottfredson and Hirschi(1990)	낮은 자기통제력
성인기 사회적 유대의 연령등급이론	Sampson and Laub(1993)	사회적 유대: 결혼과 고용

범죄의 일반이론

1990년에 마이클 갓프레드슨과 트래비스 허쉬(Michael Gottfredson and Travis Hirschi)는 「범죄의 일반이론」을 출판하였다. 이 획기적인 작업에서 그들은 범죄행위가 단 하나의 요인, 즉 사람들의 '낮은 자기통제력(low self-control)' 때문에 발생한다고 제안하는 **범죄의 일반이론**(general theory of crime)을 제시했다. 그들은 자기통제력이 낮은 사람은 기회가 주어지면 범죄와 과도한 음주 등 다른 유사한 행동을 할 것이라고 주장했다. 자기통제력이 낮은 사람들의 특성을 검토할 때, 이러한 특성이 범죄행위를 이끄는 이유는 분명하다. 자기통제력이 낮은 사람은 6가지 요소(특징)들을 보일 것이다. 첫 번째는 욕구충족을 지연시키지 못한다는 것이다. 즉, 자기통제력이 낮은 사람은 충동적이고 만족을 지연시키지 못하거나 지연시키려 하지 않을 것이다. 둘째로, 그 사람은 결과를 생각하지 않고 스릴을 추구하는 행동을 하는, 즉 위험을 감수하는 사람일 것이다. 셋째, 자기통제력이 낮은 개

인은 뚜렷한 장기적인 목표가 없는 근시안적인 사람일 것이다. 넷째, 자기통제력이 낮은 사람은 정신적 활동보다는 육체적 활동을 선호한다. 이러한 선호는 개인이 타인으로부터 무례를 당할 때 그 문제를 논의를 통해 해결하기보다는 폭력적으로 대응하도록 이끌 수 있다. 다섯째, 낮은 자기통제력은 좌절에 대한 인내력 부족으로 입증되며, 따라서 사람이 화를 잘 내는 결과를 낳는다. 여섯째, 무감각성과 자기중심성은 낮은 자기통제력의 특징이다. 자기통제력이 낮은 사람은 타인에 대한 공감을 잘 나타내지 않을 것 같다.

갓프레드슨과 허쉬(1990년)는 자기통제력은 초기 아동기 동안 발달하는데, 일단 발달하면 상당히 불변하는 것이라고 주장한다. 그들은 비록 자기통제력이 개인 수준의 특성일지라도, 그것은 타고난 것이 아니라, 부모의 사회화를 통해 발전된 것이라고 믿는다. 일단 그 수준이 정해지면(8세 전후), 사람들은 자기 행동을 절제할 수 있는 더 큰 능력을 개발하도록 압박을 받게 될 것이다. 자기통제력이 없으면, 사람은 충동적으로 행동하고 개인적인 만족을 추구하며, 종종 범죄를 저지른다. 중요한 것은 지적한 바와 같이, 자기통제력이 낮으면 개인은 범죄와 유사한 다른 행동에도 관여하게 된다는 것이다.

1999년 크리스토퍼 슈렉(Christopher Schreck)은 범죄의 일반이론을 피해에 적용했다. 그는 범죄이론으로 여겨졌던 것을 피해에 적용한 최초의 연구자 중 한 명이었다. 이런 혁신적인 접근은 우리가 나중에 다시 다루게 될 점인, 범죄에 관여하는 사람들은 피해를 당할 가능성도 있다고 하는 그의 인식에서 비롯되었다. 그는 또한 범죄와 피해는 밀접하게 연관될 수 있기 때문에, 종종 같은 사람들이 두 가지 모두에 관여하게 되고, 따라서 범죄 참여를 설명하는 동일한 요인들이 범죄피해도 마찬가지로 설명할 수 있다고 지적했다. 그는 자신의 이론을 검증하고서, 낮은 자기통제력은 '범죄행위에의 참여' 변수를 통제(control)할 때조차도 개인이 대인피해와 재산피해 모두를 경험할 가능성을 높인다는 사실을 발견했다. 이 발견은 범죄에 관여하는 것만이 피해의 위험을 증가시키는 것이 아니라, 낮은 자기통제력도 피해에 중대한 독립적인 영향을 미친다는 것을 암시한다. 최근의 한 메타 분석 (특정 주제, 이 경우, 낮은 자기통제력과 피해 사이의 관계에 대해 수행된 모두 연구를 검토하여 자기통세력의 효과 크기를 집합적으로 산출하는 형태의 연구)에서는, 자기통제력이 피해에 대해 일정한 영향을 미치는 것으로 밝혀졌다. 낮은 자기통제력의 피해에 대한 효과 크기의 전체 평균은 .154인데, 이는 낮은 자기통제력에서의 1 표준편차 증가가 피해에서의 .154 표준편차 증가를 가져옴을 의미한다. 온라인 피해와 같이 본질적으로 접촉이 없는 피해에 있어서는 그 관계가 더욱 강력했다(Pratt, Turanovic, Fox, & Wright, 2014). 최근의 연구는 자기통제력을 근린의 열악함 및 피해 위험과 연관시켰다.

성인기 사회적 유대의 연령등급이론

모든 범죄학자가 낮은 자기통제력이라 불리는 범죄(혹은 피해)의 단일 원인이 존재한다는 데 동의하는 것은 아니다. 다른 이들은 사람들이 범죄활동을 들락날락 하고 있는데, 이것은 한 가지 지속적인 특성, 즉 낮은 자기통제력으로 설명하기 어 려운 현상이라고 지적했다. 로버트 샘슨과 존 로브(Robert Sampson and John Laub, 1993)는 그 대신에 개인의 사회적 유대가 범죄 활동으로부터 자신을 격리시키는 역할을 할 수 있다고 믿었다. 그들의 **성인기 사회적 유대의 연령등급이론**(age-graded theory of adult social bonds)에서 샘슨과 로브는 결혼과 고용이라는 두 가지 핵심 사회적 유대를 확인했는데, 이 두 가지는 사람들이 초기 성인기에 접어들 때 범죄와 일탈의 삶으로부터 벗어나는데 도움을 줄 수 있다. 어떤 사람이 결혼해서 벌이가 되는 직업을 가지고 있다면, 그 사람은 가치 있는 사회적 자본을 개발하고 있는 것이다. 환언하여, 이 두 가지 사회적 유대를 가진 사람은 범죄에 관여함으로 써 잃을 것이 많을 것이며, 따라서 이전에 범죄에 연루되었을지라도 이제는 범죄 를 그만두게 될 것이다. 만약 그 사람이 범죄에 연루된적 없다면, 사회적 자본은 그가 범죄 없는 삶을 계속 살 수 있게 해줄 것이다.

이것은 분명히 피해이론이 아니지만, 피해와 가해의 연관성 때문에, 연구자들 은 결혼해서 일하는 사람들이 잃을 것이 거의 없는 사람들보다 범죄피해자가 될 가능성이 적다는 점에서 성인기 사회적 유대의 달성을 피해와 연결시키려고 시도 했다. 리아 다이글, 케빈 비버, 제니퍼 하트만(Leah Daigle, Kevin Beaver, and Jennifer Hartman, 2008)은 결혼하는 것이 개인이 초기 성인기에 들어갈 때 피해를 실제로 막아준다는 사실을 발견했다. 그러나 고용은 비슷하게 보호적이지 않았다. 오히려, 고용은 한 사람이 피해로부터 벗어날 기회를 줄였다. 그러니 일상활동과 생활양식 이론을 살펴보면 이 발견은 그리 놀라운 것이 아니다. 사람이 집 밖에서,

직장에서, 또는 다른 활동에서 더 많은 시간을 보낼수록, 피해의 가능성은 더 커지는 것이다.

유전자와 피해

범죄학에서 인생경로 관점은 가해를 조장하는 유전자와 같은 개인적 요인에도 초점을 맞추었다. 이 부류의 연구들은 범죄 연루, 알코올 및 약물 사용과 같은 범죄학 관련 행동과 다양한 유전적 다형성(genetic polymorphisms) 사이의 연관성을 발견했다. 유전자 다형성은 유전자의 변형이다. 연구는 때때로 이러한 변형이 폭력, 공격, 비행과 같은 특정한 행동에 관여할 가능성에 영향을 미친다는 것을 보여주었다. 범죄성과 연관되는 것으로 확인된 유전자는 모노아민 산화효소, 세로토닌, 도파민 등 신경전달물질을 암호화하는 것들이다. 신경전달물질은 정보전달을 담당하는 화학적 메신저들이다. 범죄행동의 맥락에서 관련 있는 신경전달물질은 행동억제, 기분, 보상, 주의력 결핍과 관련된 것들이다. 유전자와 범죄 사이 연결의 한 중요한 측면은 유전자 변형을 갖거나 혹은 특정 신경전달물질에 대한 특정 다형성을 갖는 것은 특정 환경에서만 '문제'로 나타난다는 것이다. 이것은 **유전자와 환경의 상호작용**(gene X environment interaction)이라고 알려져 있다. 유전자는 모든 상황에서 모든 사람이 아니라, 특정한 맥락에서 특정한 개인에게 중요한 경향이 있다. 예를 들어, 유전적으로 알코올 중독에 빠지기 쉬운 사람은 알코올에 처음 노출되었을 때에만 이러한 알코올 성향을 표출할 것이다.

다른 인생경로 접근방식에서 언급했듯이, 피해 연구에서 유전적 요인의 적용 가능성이 조사되었다. 사실, 특별히 한 가지 유전자 ─도파민─ 에 대한 유전자 × 환경 상호작용이 피해위험을 증가시키는 것으로 밝혀졌다. 도파민은 뇌의 보상 및 처벌 체계와 연결된 신경전달물질이다. 도파민은 우리가 즐거운 활동을 할 때 분비되기 때문에 그러한 행동을 강화한다. 하지만 과도한 양의 도파민은 나쁜 것일 수 있다. 높은 수준의 도파민은 향상된 문제 해결 능력 및 주의력과 관련 있지만, 그것의 과잉 생산은 문제가 될 수 있다. 사실, 그것은 폭력 및 공격성과 연관되어 왔다. 도파민을 암호화하는 하나의 유전자는 도파민 수용체 유전자인 DRD2 유전자다. 일부 연구는 DRD2와 비행 친구를 갖는 것 사이에서 유전자 × 환경 상호작용의 증거를 발견했다. 비행 동료들의 질이 낮고 DRD2에 대해 특정한 유전적 다형성을 갖는 백인 남성들은 다른 남성들보다 폭력피해를 당할 가능성이 더 크다(Beaver, Wright, DeLisi, Daigle, et al., 2007). 유전자는 또한 피해자－가해자 중첩에도 연관되어 있다. 연구는 유전적 요인이 비행과 피해 사이 공변이의 54%에서 98%를 설명하는 것을 발견했다(Barnes & Beaver, 2012). 유전자와 피해 사이의 연관성은 새로운 연구 영역이므로, 유전자가 피해에 어떻게 영향을 미치는지 완전히 이해하기 위해서는 추가 연구가 확실히 필요하다.

피해에 있어서 알코올의 역할

피해과정에서 나타나는 공통적인 요소 중 하나는 술이다. 2008년 NCVS 자료에 따르면, 36%의 피해자가 사건 당시 범인이 술에 취한 상태라고 기억했다(Rand, Sabol, Sinclair, & Snyder, 2010). 알코올 사용은 범죄자들 사이에서 흔한 일이지만, 많은 피해자 또한 그들이 희생되기 직전에 술을 마셨다고 보고한다. 패트리샤 티자덴과 낸시 토엔스(Patricia Tjaden and Nancy Thoennes, 2006)는 전국적 규모의 여성 대상 폭력에 관한 연구(National Violence Against Women Study)에서, 성인기에 강간을 경험한 여성의 20%, 남성의 38%가 피해 직전에 술이나 마약을 복용한 사실을 발견했다. 알코올 사용은 신체적 폭행과 같은 다른 형태의 피해와도 관련이 있다. 알코올이 개인에게 미치는 영향을 고려할 때, 이 사실은 놀라운 것이 아니다. 일반적으로 알코올은 억제력을 감소시키고 위험한 상황을 인식하여 효과적으로 대처하는 사람들의 능력을 방해하기 때문에 피해와 연결되어 있다. 또한 가해자들은 이러한 이유로 술에 취한 사람들을 특히 취약한 대상으로 볼 수 있다. 술을 마시는 장소도 중요하다. 집에서 혼자 또는 가족과 함께 술을 마시는 사람은 밤에 술집에서 술을 마시는 사람보다 희생당할 가능성이 적다. 후자는 가용한 보호자 없이 동기화된 범죄자들과 상호작용하고 있으며, 따라서 적절한 범행 대상으로 인식될 수 있다.

알코올 사용은 개인을 피해의 위험에 처하게 할 수 있지만, 또한 피해자가 그 사건에 대응하는 방식에 영향을 줄 수도 있다. 루백과 그 동료들(R. Barry Ruback, Kim Ménard, Maureen Outlaw, and Jennifer Shaffer, 1999)의 연구는 피해자들이 흔히 자신의 피해를 경찰에 신고하지 않는 이유와 알코올 사용이 어떻게 관련 있는지를 보여준다. 그들의 연구에서 대학생들은 피해를 묘사한 다양한 가상 시나리오를 평가했다. 연구 참가자들은 주어진 시나리오에 따라 피해당한 친구에게 경찰에 신고할 것을 권유할 것인지에 대해 질문받았다. 시나리오에서 친구가 술을 마시고 있었던 경우에는 경찰에 신고할 것을 권유하지 않는 경향이 있었으며, 이러한 관계는 피해자가 미성년자로서 음주한 것으로 묘사될 때 특히 강했다.

이처럼, 피해에 대한 설명은 다양하고 많다. 대표적인 피해이론이 일상활동 및 생활양식이론인데, 이는 개인의 사회적 조건이 아닌 일상과 생활양식이 그를 위험에 빠뜨린다는 관념에 기초한다. 그러나 당신이 읽었듯이, 피해에 대한 설명은 이것을 넘어 사회적 과정과 구조적 요인들로까지 확대되었다. 당신이 선호하는 설명은 검토하는 데이터와 연관될 수 있으며, 그것은 이제 방법론에 의해 영향받는다는 것을 안다. 피해의 원인을 이해하려면 먼저 '전형적인' 피해자가 누구인지, 전형적인 피해의 특징이 무엇인지 알아야 한다. 다음의 일부 장에서는 구체적인 피해자 유형들을 검토한다. 그들의 피해를 설명하는데 어떤 이론이 사용될 수 있는지 생각해 보라.

요 약

- 표준범죄보고서(UCR)는 경찰에 알려진 범죄의 양에 대한 공식 측정이다. 연방수사국(FBI)이 매년 발간하는 이 보고서에 따르면, 가장 흔한 범죄 유형은 경 절도이다. 가장 흔한 유형의 폭력 범죄는 가중 폭행이다. 범죄율은 젊은 흑인 남성들에게서 가장 높다.
- 국가범죄피해조사(NCVS)는 미국 가구에 대한 전국적 대표성을 갖는 표본을 사용한다. 선정된 가구에서 12세 이상의 가구원에게 지난 6개월 동안 겪었던 피해 경험에 대한 질문을 한다. NCVS에 따르면, 흑인들이 다른 인종 또는 민족 집단보다 피해율이 높고, 여성들이 남성들과 비슷한 비율로 피해를 경험하지만, 전형적인 피해자는 어리고 백인이다.
- 전형적인 피해 사건은 피해자가 아는 누군가에 의해 지질러지고, 경찰에 신고되지 않으며, 흉기를 수반하지 않는다.
- 피해자와 범죄자 사이뿐만 아니라 피해와 범죄 사이에도 분명한 연관성이 있다. 위

험한 생활양식을 갖는 사람들은 범죄나 비행을 하고 범죄의 희생자가 될 가능성이 더 높다. 피해자와 범죄자는 또한 비슷한 인구학적 프로파일을 공유한다.

- 일상활동이론은 동기화된 범죄자, 가용한 보호력의 부재, 및 적절한 범행 대상이 특정한 시간과 공간에서 수렴할 때 범죄피해가 발생할 가능성이 높다고 제안한다. 생활양식이론은 위험한 생활양식을 갖는 사람이 희생될 위험이 있다고 제안하기 때문에 일상활동이론과 밀접하게 연관되어 있다.

- 근린마다 안전한 정도가 다르다. 피해 위험은 지리적 영역에 따라 다르며, 위험한 생활양식과 같은 개인 수준의 요인을 통제하는 경우에도, 근린의 열악함은 피해를 예측해준다.

- 비행에 참여하는 친구들과 시간을 보내면 피해당할 위험이 높다. 이러한 '친구들' 은 그들의 비일탈적인 동료들을 희생시키고, 그들의 피해를 이끌 수 있는 위험한 행동에 참여하도록 부추길 수 있다.

- 가족에 대한 강한 애착은 피해로부터 개인을 보호하는 역할을 하는 반면, 약한 애착은 피해 위험을 증가시킬 수 있다.

- 피해는 또한 학습된 과정일 수 있으며, 피해자는 피해의 동기와 정의, 행동을 학습하고 이를 강화한다.

- 통제균형이론에 따르면, 불균등한 통제균형비율(통제 잉여 또는 통제 결핍)을 갖는 개인은 균형 잡힌 비율을 갖는 개인보다 희생되기 쉽다. 통제 결핍 상태의 사람들은 쉬운 타겟으로 여겨질 수 있다. 그들은 또한 표적이 되는 것에 염증을 느끼고 남을 공격함으로써 폭력적 피해와 관련된 상황에 자신들의 노출을 증가시킬 수 있다. 통제 잉여 상태의 사람들은 처벌받지 않고 위험한 행동을 할 수 있는데, 이것이 그들을 피해당하거나 보복당하는 상황에 둘 수 있다.

- 범죄의 일반이론에 대한 연구는 자기통제력이 낮은 사람들이 더 높은 수준의 자기 통제력을 가진 사람들보다 피해를 당할 가능성이 더 크다는 것을 보여준다.

- 성인기 사회적 유대는 한때 피해를 경험한 사람들이 초기 성인기에 들면 다시 피해를 당하지 않는 이유를 설명할 수 있다. 결혼은 개인들을 피해로부터 보호하는 것처럼 보인다.

- 유전적 요인 또한 피해에 있어서 어떤 역할을 할 수 있다. DRD2 유전자의 특정 뉴선석 나형싱은 비행 **동료**를 갖는 **백인** 남선들이 위험을 증가시키는 것으로 밝혀 졌다. 특정 환경 조건에서만 일어나는 유전적 효과를 유전자 × 환경 상호작용이라

고 한다.

- 알코올과 피해는 서로 손을 맞잡고 가는 것으로 보인다. 알코올은 인지능력에 영향을 미치며, 술을 마신 사람들은 상황을 위험하다고 평가하고 인식할 가능성이 낮다. 게다가, 알코올은 행동 억제와 관련되어 있어서, 사람들이 그렇지 않으면 하지 않을 방식으로 행동할 수 있게 만들고, 이것이 다른 사람들의 공격을 부추길 수 있다. 알코올은 또한 범죄자들이 만취한 사람들을 쉬운 타겟으로 보기 때문에 피해와 관련이 있다.

토의 문제

1. UCR과 NCVS를 비교하고 대조하라. 각각의 장점과 단점은 무엇인가? 어느 것이 피해를 더 잘 측정해 주는가?
2. 일상활동 및 생활양식 이론의 개념을 적용하여 당신 자신의 피해 위험을 평가해 보라. 위험을 줄이기 위해 무엇을 바꿀 수 있을까?
3. 범죄피해의 위험에 처하게 하는 개인 수준의 요인들은 무엇인가? 또한 개인을 범죄피해의 위험에 두는 구조적 요인과 사회 과정적 요인은 무엇인가?
4. 알코올과 피해 간의 관계가 왜 이렇게 강할까? 피해자의 알코올 사용이 제1장에서 논의된 유형론에 어떻게 들어맞을 수 있는가?
5. 범죄피해에 영향을 미치는 요인과 이론에 대해 읽었으므로, 이제 어떻게 피해를 예방할 수 있을까? 당신의 예방 아이디어를 피해 유발 요인들과 연관시켜보라.

주요 용어

표준범죄보고서(Uniform Crime Report: UCR)

위계 규칙(hierarchy rule)

국가범죄피해조사(National Crime Victimization Survey: NCVS)

묶음(bounding)

스크린 또는 필터 문항(screen or filter questions)

사건보고서(incident report)

연쇄 피해(series victimizations)

잉글랜드-웨일즈 범죄조사(Crime Survey for England and Wales: CSEW)

거리의 코드(code of the streets)

일상활동이론(routine activities theory)

생활양식이론(lifestyles theory)

피해이론(victimization theory)

동기화된 범죄자들(motivated offenders)

적절한 범행 대상 또는 표적(suitable targets)

가용한 보호력(capable guardianship)

동류교배의 원리(principle of homogamy)

근린의 맥락(neighborhood context)

핫 스팟(hot spots)

가족구조(family structure)

구조적 밀도(structural density)

주거 이동성(residential mobility)

비행 동료(delinquent peers)

통제균형이론(control-balance theory)

통제 비율(control ratio)

통제 잉여(control surplus)

통제 결핍(control deficit)

사회적 상호작용주의 시각(social interactionist perspective)

인생경로 시각(life-course perspective)

범죄의 일반이론(general theory of crime)

성인기 사회적 유대의 연령등급이론(age-graded theory of adult social bonds)

유전자와 환경의 상호작용(gene X environment interaction)

인터넷 자원

알코올과 범죄:

http://bjs.ojp.usdoj.gov/content/pub/pdf/ac.pdf

법무부 통계국의 이 보고서는 미국 법무부와 연계하여 술과 범죄의 연관성을 살펴본다. 여기에는 범죄, 특히 폭력 범죄와 술의 연관성을 보여주는 여러 그래프와 그림이 포함되어 있다. 이 통계들은 또한 알코올 관련 범죄가 일반적으로 감소하고 있다는 것을 보여준다.

법무부 통계국: 피해자 특성:

http://bjs.ojp.usdoj.gov/index.cfm? ty＝tp&tid＝92

NCVS는 연령, 인종, 민족, 성별, 결혼 여부, 가계 소득 등 피해자의 특성에 대한 정보를 제공해준다. 강력범죄(강간, 성폭행, 폭행, 강도)의 경우 범행을 경험한 피해자를 기준으로 한 것이 특징이다. 재산 범죄(가구침입절도, 자동차절도, 재산절도)의 경우 이러한 범죄에 대한 정보를 제공한 응답자의 가구에 근거하는 특징을 갖는다. 재산 범죄는 전체 가구에 영향을 미치는 것으로 정의된다.

미국의 범죄: 국가의 두 가지 범죄 측정:

http://www.fbi.gov/about−us/cjis/ucr/crime−in−theu.s/2010/crime−in −the−u.s.−2010/the−nations−two−crime−measures

이 웹사이트는 다양한 범죄에 대한 FBI의 연구의 일부분이다. 이것은 구체적으로 UCR과 NCVS의 차이, 장점 및 단점을 검토한다. 두 가지 형태의 측정은 모두 범죄 연구에 중요하다.

기회가 도둑을 만든다: 범죄예방을 위한 실용적인 이론:

http://webarchive.nationalarchives.gov.uk/20110218135832/rds.homeoffice. gov.uk/rds/prgpdfs/fprs98.pdf

이 글은 범죄의 '기회'에 초점을 맞춘 몇 가지 이론을 결합한 것이다. 여기에는 일상활동 접근, 합리적 선택 관점, 범죄 패턴 이론 등이 포함된다. 이 출판물은 범죄의 근본 원인이 기회라고 주장한다. 이를 통해 범죄 발생의 기회를 줄이는 방식의 예방 기법이 제시될 수 있다.

시카고 근린의 인간개발 프로젝트:

http://www.icpsr.umich.edu/PHDCN/about.html

시카고 근린의 인간개발 프로젝트(The Project on Human Development in Chicago Neighborhoods)는 가족, 학교, 이웃이 아동과 청소년 발달에 어떤 영향을 미치는지에 대한 학제간 연구다. 그것은 인간의 긍정적 사회 행동과 부정적 사회행동의 발달 경로에 대한 이해를 증진시키기 위해 고안되었다. 특히 이 사업은 청소년 비행, 성인 범죄, 약물 남용, 폭력에 이르는 경로를 조사했다. 동시에, 이 프로젝트는 인구, 제도, 자원을 포함한 시카고에 대한 상당한 양의 데이터를 수집함으로써 이러한 사회적 행동이 일어나는 환경에 대한 상세한 정보를 제공했다.

제 3 장

피해의 결과

제 3 장

피해의 결과

제2장에서 언급된 젊은 여성 폴리(Polly)의 범죄피해를 다시 살펴보자. 폴리는 밤에 혼자 술집을 나와 집으로 돌아가던 길이었고, 두 남자에게 강도당하고 폭행당했다. 사건 자체는 끝났지만, 폴리의 스토리는 거기서 끝나지 않았고, 그녀는 꽤 오랫동안 그 사건 때문에 힘들었다. 폴리는 무사히 집에 돌아왔다. 그녀는 자기 방에 들어가 문을 잠그고 울기 시작했다. 그녀는 두려움과 외로움을 느꼈고, 머리가 아팠다. 그녀는 룸메이트에게 자신에게 일어난 일에 대해 말했다. 그녀의 룸메이트인 레이첼(Rachel)은 그녀에게 경찰에 신고하고 다친 머리를 치료해야 한다고 말했다. 폴리는 무슨 일이 일어날지 몰라 망설였지만, 그 남자들을 잡기 원했기 때문에 경찰에 신고하였고, 출동한 경찰관들에게 그날 밤 발생한 일에 대해 말하였다.

응급요원도 도착했으며, 그녀는 병원으로 옮겨져 머리 상처에 10바늘을 꿰맸다. 그러나 그녀가 집에 돌아가기 전에 경찰은 그녀의 진술을 받아내고 싶어했다. 그들은 그녀에게 일어난 일과 가해자들에 대한 상세한 정보를 물어보며 한 시간 이상 심문했다. 그들은 또한 그녀에게 왜 늦은 밤에 혼자 집으로 걸어갔는지도 물었다. 경찰관들은 그녀를 공격한 사람들을 체포하기 위해 할 수 있는 모든 일을 할 것이라는 확약을 그녀에게 주었다.

그날 이후로, 폴리는 자신에게 일어난 일을 잊기 위해 힘든 시간을 보냈다. 그녀는 침대에서 일어나는데도 어려움을 겪었다. 사실, 그녀는 며칠 동안 수업을 빼먹었다. 그녀는 밤에 혼자 외출하는 것을 피하는 자신을 발견했다. 그녀는 예기치 못한, 원치 않는, 그리고 무서운 변화를 맞은 것같이 느꼈으며, 그래서 그러한 걱정이 자신의 삶을 영원히 바꾸어 놓을 것 같은 기분이었다. 다른 사람들과 마찬가지로, 폴리의 우려는 근거 없는 것이 아닐 가능성이 크다.

신체적 피해

사람들이 대인적 피해를 겪을 때는 명백히 **신체적 부상**(physical injury)의 위험이 있다. 이 부상에는 멍, 상처, 긁힘, 베임, 골절, 감염, 자상, 총상 등이 있다. 이러한 부상 중 일부는 일시적이거나 오래 가지 않는 것일 수 있으나, 다른 부상은 오래 지속되거나 영구적일 수도 있다.

2008년 국가범죄피해조사(NCVS) 자료에 따르면, 폭행 피해자의 21%가 신체적 부상을 입었다. 강도를 당한 사람들은 부상을 입을 가능성이 더 높았으며, 강도 피해자의 37%가 신체적 부상을 입었다. 차이는 크지 않았지만, 여성 피해자가 남성 피해자보다 더 큰 비율로 상해를 입었다. 예컨대, 남성 폭행 피해자의 19%에 비해 여성 폭행 피해자의 24%가 부상을 입었다고 보고했다(Bureau of Justice Statistics [BJS], 2011). 인종 그룹들 사이에서도 부상의 차이가 있는 것으로 보인다. 폭행과 강도 모두에서 백인 피해자보다 흑인 피해자의 부상 비율이 더 높았다(BJS, 2011). 피해자−가해자 관계 또한 부상과 관련이 있다. 아는 사람에 의해 저질러진 사건들은 낯선 사람에 의해 저질러진 사건보다 부상을 초래할 가능성이 더 높았다(폭행은 27%이고 강도는 39%)(BJS, 2011). 또한, 영국에서 폭행에 따른 병원 입원에 관한 최근의 국립보건서비스(National Health Service [NHS]) 데이터는 2014~2015년 한해 동안 모두 28,992명의 폭행에 따른 병원 입원이 있었다는 것을 보여준다(Office for National Statistics, 2015).

가장 심각한 신체 부상은 물론 사망이다. NCVS는 기본적으로 사람들에게 자신의 피해 경험을 물어보는 것이기에 살인을 측정하지 않지만, UCR은 살인 및 비과실 치사에 의한 사망의 정도를 알아내는 데 사용될 수 있다. 2015년 UCR 수치에 따르면, 15,696건의 살인이 경찰에 신고되거나 알려졌다(FBI, 2015f). 살인 피해자의 대다수는 남성(79%)이었다(FBI, 2015g). 살인 피해자의 절반 이상이 흑인이었고, 44%가 백인이었으며(FBI, 2015h), 21%가 지인에 의해 살해되었다(FBI, 2015i). 무기와 관련된 살인의 거의 4분의 3이 총기 관련이었다(FBI, 2015j). 살인을 둘러싼 가장 일반적인 상황은 언쟁이다. 상황이 밝혀진 살인사건의 23%가 언쟁에서 비롯되었다(FBI, 2015k).

정신건강 결과 및 비용

사람들은 피해를 포함한 트라우마에 차별적으로 반응한다. 어떤 사람들은 자신의 느낌과 감정을 내면화함으로써 대처할 수 있는 반면, 다른 사람들은 외면화하는 반응을 경험할 수 있다. 사람들이 피해를 다루는 방식은 그들의 생물학적 구성, 상호 작용 방식, 대처 방식과 자원, 그리고 사건이 발생한 이후 그들이 대응한 맥락과 연관 있을 가능성이 크다. 반응의 일부는 상당히 심각하고 오래 가는 반면, 다른 반응들은 일시적일 수 있다.

범죄피해자 사이에서 흔히 볼 수 있는 세 가지 정서적 반응은 우울증, 자존감 저하, 불안감이다. **우울증**(depression)이 발현하는 방식은 개인에 따라 크게 다르다. 그것은 수면장애, 식습관의 변화, 죄의식과 무가치함의 감정, 짜증과 같은 증상을 포함할 수 있다. 일반적으로, 우울증이 있는 사람은 한때 즐겼던 활동에 대한 관심이 감소하거나, 침울함, 또는 둘 모두를 경험할 것이다. 청소년에게 우울증은 따돌림과 같이 또래에게 피해를 당한 경우에 흔한 결과다(Sweeting, Young, West, & Der, 2006). 기술의 발전과 인터넷의 광범위한 사용으로, 최근의 연구는 온라인 피해와 그 효과를 탐구했다. 온라인 피해는 피해자들의 억압적 반응과 관련이 있다(Tynes & Giang, 2009).

피해는 범죄피해자가 자신을 바라보는 방식을 바꿀 만큼 강력할 수 있다. 일부 범죄피해자들, 특히 여성피해자들의 경우 자존감과 자부심이 모두 떨어지는 것으로 밝혀졌다. 버지니아의 젊은이들을 대상으로 한 연구에서, 아미 그릴스와 토마스 올렌딕(Amie Grills and Thomas Ollendick, 2002)은 여자 아이들에게 있어서, 또래로부터 피해를 입는 것은 전체적인 **자부심**(self-worth)의 감소와 관련이 있으며, 또한 그들의 자부심 저하는 높아진 불안감과 관련된다는 것을 발견했다. 또한 자기 인정에 대한 피해의 영향은 범죄유형별로도 차이 있을 수 있다. 예컨대, 어린 시절 성적 학대의 피해자들은 **자존감**(self‒esteem)에 장기적으로 부정적인 영향을 받을 가능성이 있다(Beitchman et al., 1992). 성적 피해 또한 자존심 저하와 관련 있다(Turner, Finkelhor, & Ormrod, 2010). 여성의 피해를 넘어, 기성세대(50세 이상) 흑인 미국인들 가운데서도 피해는 자존감 및 자기효능감 감소와 관련 있다는 연구도 있다(DeLisi, Jones‒Johnson, Johnson, & Hochstetler, 2014).

불안감(anxiety)은 피해와 관련된 또 다른 결과다. 불안감에 시달리는 사람은 다양한 감정적, 육체적 증상을 경험하기 쉽다. 그러나 우울증과 마찬가지로 불안은 사람에 따라 다른 영향을 미친다. 가장 뚜렷하게, 불안감은 흔히 비이성적이고 과도한 공포와 걱정으로 경험되는데, 이것은 긴장과 안절부절함, 경계, 성마름, 집중력 저하 등의 느낌과 결부될 수 있다. 게다가, 불안감은 신체의 공격‒도피반응의 산물이기 때문에 육체적인 증상도 있다. 여기에는 심장의 두근거림, 발한, 배탈, 두통, 수면 및 호흡 곤란, 떨림, 근육 긴장 등이 포함된다(Dryden‒Edwards, 2007).

범죄피해자들이 겪는 불안감이 정신과 의사로부터 불안장애 판정을 받을 정도로 증폭되지는 않을지 몰라도, 피해는 정말 불안 증상과 연관이 있는 것으로 보인다. 예를 들어, 또래에 의한 피해를 경험한 청소년들은 피해를 경험하지 않은 청소년들에 비해 높은 수준의 불안을 경험한다(Storch, Brassard & Masia‒Warner, 2003). 불안과 피해 간 관계는 피해가 불안을 이끌 수 있지만, 불안과 괴로움 또한 피해의 전조가 될 수 있다는 점에서 복잡할 가능성이 높다(R. S. Siegel, La Greca, & Harrison, 2009). 일부 피해자들은 과도한 불안으로 정신건강 진단을 받고, 실제로 정신건강상 결과를 경험한다.

연구의 초점

피해가 신체적, 정신적 건강에 미치는 영향에 관한 연구는 피해가 장, 단기적 영향을 미칠 수 있다는 것을 밝혀냈다. 레이나 부파드와 마리아 코펠(Leana Bouffard and Maria Koeppel, 2014)은 최근 12세 이전 어린 시절에 반복적인 왕따를 경험하는 것은 성년 초반의 열악한 결과와 관련이 있다는 사실을 발견했다. 그들은 또한 18세에서 23세 사이에 이러한 특정 유형의 피해를 경험했던 응답자들은 현재는 정신건강이 더 악화되었고, 직전 5년 동안 노숙자가 될 가능성과 신체 건강이 나쁘거나 좋지 않을 가능성이 더 크다는 것을 발견했다. 이러한 발견이 정책에는 어떤 의미를 갖는가? 이러한 발견을 감안할 때, 교사, 의료 전문가, 또는 아이들과 교류하는 다른 사람들은 따돌림을 경험하는 사람들을 위해 무엇을 해야 하는가?

SOURCE: Bouffard, L. A., & Koeppel, M. D. H. (2014). Understanding the potential longterm physical and mental health consequences of early experiences of victimization. Justice Quarterly, 31, 568-587.

외상 후 스트레스 장애

피해와 같은 트라우마에 대한 유형화된 반응과 관련하여 인정된 장애 중 하나는 **외상 후 스트레스 장애**(post-traumatic stress disorder: PTSD)이다. 전쟁과 전투에서 귀환한 사람들과 종종 연관되는 PTSD는 최근에 범죄피해와 같은 다른 외상성 사건의 가능한 결과로서 인식되고 있는 정신 질환이다. 현재 DSM-V에서 미국 정신의학협회에 의해 불안장애로 분류된 PTSD는 표 3.1에서 상세히 기술된 몇 가지 기준에 근거하여 진단된다. 어떤 사람이 PTSD로 진단되기 위해서는 자신이나 타인의 실제적이거나 위협적인 죽음이나 심각한 부상, 또는 자신이나 타인의 신체적 무결성에 대한 위협을 수반하는 외상성 사건을 경험하거나 목격했어야 한다. 그 사람은 사건에 반응하여 두려움, 무력감 또는 공포를 경험하고 나서, 환각의 재현, 악몽, 이미지 또는 사건의 회상을 통해 장기간 그 외상을 다시 경험했어야 한다. 그 사람은 외상성 사건과 관련된 자극을 회피해야 하며, 감정 결여와 활동에 대한 관심 저하와 같은 반응의 마비를 경험할 수 있다. 마지막으로, PTSD는 초각성으로 특징지어진다.

PTSD가 진단되기 위해서는 증상이 1개월 이상 나타나야 하며, 사회적, 직업적 또는 기타 기능적 영역에서 임상적으로 유의미한 고통이나 장애를 초래해야 한다(American Psychiatric Association, 2000). 당신이 상상할 수 있듯이, PTSD는 사람을 쇠약하게 만들고, 피해 이후에 치유하고, 극복하고, 번창하는 피해자의 능력에 영향을 줄 수 있다. 전체적으로 약 8%의 미국인들이 PTSD를 경험하지만, 여성들이 남성들보다 이 장애를 경험할 가능성이 더 크다(Kessler, Sonnega, Bromet, Hughes, & Nelson, 1995). 남성들에게 있어서 PTSD를 유발할 가능성이 가장 큰 외상성 사건은 전투에서 심각한 부상이나 폭력적 사망을 목격하는 것이다. 반면에 여성은 강간 및 성희롱 사건과 관련하여 PTSD 진단을 받을 가능성이 가장 높다(Kessler et al., 1995).

범죄피해자들 사이에서 PTSD가 얼마나 흔한지 알기는 어렵지만, 일부 연구는 PTSD가 이 집단의 진짜 문제라는 것을 암시한다. 피해자의 PTSD 추정치는 약 25%이다. 피해 경험이 없는 사람이 평생 PTSD를 경험할 가능성은 9%이다. 우울증 또한 PTSD를 앓고 있는 피해자들에게 공통적으로 발생한다(Kilpatrick & Acierno, 2003). 조사결과, 성폭행 피해자, 가중 폭행 피해자, 살인 피해로 가족 성원을 잃은 사람들이 다른 범죄피해자들보다 PTSD를 보일 가능성이 더 높은 것으로 나타났다(Kilpatrick & Tidwell, 1989). 이를 뒷받침하여, 강간 피해자의 PTSD 발생은 거의 3명 중 1명꼴로 추정되었다(Kilpatrick, Edmunds, & Seymour, 1992).

표 3.1 외상 후 스트레스 장애에 대한 DSM-V 진단 기준

6세 이상에서,

1. **외상성 사건에 대한 노출**: 최소한 다음 중 한 가지 방법으로 죽음 또는 죽음의 위협, 부상 또는 성폭력에 노출됨:
   a. 사건을 직접 경험함
   b. 다른 사람에게 일어난 사건을 직접 목격함
   c. 가까운 가족이나 친구가 외상성 사건을 경험했다는 것을 알게 됨. 만약 그 사건이 가족이나 친구의 실제 죽음이나 죽음의 위협이라면, 그것은 폭력적이거나 급작스러운 것이어야 한다.
   d. 사건의 혐오스러운 세부사항에 대한 반복적이거나 극단적인 노출을 경험함. 이 기준은 일을 통해 발생하지 않는 한 전자 매체, 텔레비전, 영화 또는 사진을 통한 노출에는 적용되지 않는다.

2. **침투(intrusion) 증상**: 사건을 경험한 후 시작된, 외상성 사건과 관련된 침투 증상이 하나 이상 존재함:
   a. 그 사건에 대한 반복적이고 무의식적이며 거슬리는 고통스러운 기억들

b. 내용이나 영향이 사건과 관련되는 고통스러운 꿈이 반복됨

c. 사건이 반복되는 것처럼 느끼게 하는 과거 회상과 같은 분열적 반응

d. 사건의 구성요소를 상징하거나 닮은 내부 또는 외부 단서에 노출될 때 심하거나 장기적인 심리적 고통

e. 외상성 사건의 구성요소를 상징하거나 닮은 내부 또는 외부 단서에 대한 뚜렷한 생리적 반응

3. 사건 발생 후 시작되거나 악화되는 외상성 사건과 관련된 **인식과 기분에서의 부정적 변화**

다음 중 적어도 두 가지를 경험해야 한다:

a. 사건의 중요한 측면을 상기할 수 없음

b. 자기, 다른 사람 또는 세상에 대한 지속적이고 과장된 부정적 신념 또는 기대

c. 개인이 자신이나 타인을 비난하도록 이끄는 사건의 원인이나 결과에 대한 지속적이고 왜곡된 인식

d. 중요한 활동에 대한 관심이나 참여가 현저하게 감소함

e. 타인들로부터의 이탈감 또는 소외감

f. 긍정적인 감정을 장기간 경험하지 못함

4. 사건 후 시작되거나 악화되는 외상성 사건과 관련된 **각성 및 반응도에서 현저한 변화**

다음 중 적어도 두 가지를 경험해야 한다.

a. 무모하고 자기 파괴적인 행위

b. 행동이 거칠고 화를 잘 냄

c. 과잉 각성

d. 과장된 놀라운 반응

e. 집중 문제

f. 수면 장애

PTSD로 진단되기 위해서는 섹션 2, 3, 4의 증상이 1개월 이상 경험되어야 하며, 사회적, 직업적, 기타 기능적 영역에서 임상적으로 상당한 고통 또는 손상을 유발해야 한다. 이러한 장애가 약물이나 다른 의학적 조건의 생리적 효과에 기인해서는 안된다.

자기 비난, 학습된 무력함, 뇌

범죄피해자는 자신의 피해에 대해 스스로 책망할 수 있다. **자기 비난**(self-blame)의 한 종류는 **성격적 자기 비난**(characterological self-blame)인데, 이는 어떤 사람이 자신의 성격과 같이 바꾸기 어려운 근원에 책임을 물을 때 발생한다 (Janoff-Bulman, 1979). 이런 식으로, 성격적 자기 비난은 피해가 마땅하다고 믿는 것을 포함한다. 또 다른 종류의 자기 비난은 **행동적 자기 비난**(behavioral self-blame)인데, 이는 개인이 수정할 수 있는 근원, 즉 행동에 책임을 물을 때 발생한다(Janoff-Bulman, 1979). 개인이 자신의 행동을 자책하는 상황이라면, 행동이 바뀌기만 하면 미래의 피해는 모면될 수 있다.

자기 비난에 더해, 사람들은 피해에 따른 학습된 무력감을 경험할 수도 있다. **학습된 무력감**(learned helplessnes)은 자신의 대응이 헛되고 피동적이고 무효하다는 것을 피해자들이 알게 되어 보이는 피해에 대한 반응이다(Seligman, 1975). 이런 식으로, 피해자들은 위험에 처했을 때 스스로 보호하기 위해 행동하지 않을 수 있고, 대신에, 후속적인 피해를 초래하는 위험한 상황에 머물게 될 수도 있다. 셀리그만(Seligman)에 의해 처음 제안된 학습된 무력감은 그것만으로는 피해를 설명하는데 충분하지 않지만, 동물을 대상으로 한 연구는 피할 수 없는 역행성 자극(쥐의 꼬리에 충격을 가하는 것과 같은)에 노출되는 것이 두려움과 관계된 행동적 변화(음주 및 식습관의 변화, 수면 패턴의 변화, 미래의 혐오스러운 자극을 피할 수 있는데도 그렇게 하지 않는 것 등)와 관련 있다는 것을 보여준다. 이러한 행동적 변화는 뇌 화학작용의 변화와 연결되어 있으며, 연구자들은 이러한 변화가 심각한 우울증을 앓고 있는 인간에게 나타나는 신경 화학적, 행동적 변화들과 유사하다고 가설을 세웠다(Hammack, Cooper & Lezak, 2012). 이런 식으로, 심각한 트라우마에 노출된 적이 있고 이 트라우마를 피할 수 없는 것으로 해석하는 사람들은 우울해지고, 그 후 미래의 피해 위험과 연계된 행동 변화를 경험할 수 있다.

경제적 비용

피해자학자들은 범죄피해가 개인에게 미치는 건강상의 영향뿐만 아니라, 피해자와 일반 대중 모두가 부담하는 **경제적 비용**(economic costs)에 대해서도 우려하고 있다. 이런 의미에서, 피해는 공중 보건의 문제이다. 경제적 비용은 재산 손실, 의료와 관련된 돈, 직장·학교·가사 일에서의 시간 손실, 고통·고난과 삶의 질 저하, 그리고 법적 비용에서 발생할 수 있다. 2008년 NCVS는 범죄로 인한 총 경제적 손실을 17조 4천억 달러로 추산했다. NCVS는 또한 범죄 한 건당 손실액의 중위수(median)가 125달러라는 것을 보여준다(BJS, 2011). 비록 이 수치가 낮은 것으로 보일 수 있지만, 그것은 대체로 전형적인 재산 범죄가 단순한 경 절도라는 사실을 반영한다. 특정 피해 유형별 비용을 추정한 다른 연구에서는 피해의 총비용(2010년 기준)이 자동차 절도의 경우 평균 9,540달러, 강간의 경우 157,500달러에 이르는 것으로 추정했다(Chalpin, 2016).

직접적 자산손실

범죄피해자들은 종종 자산을 훼손당하거나 빼앗기는 등 실질적인 손실을 경험한다. 일반적으로 **직접적 자산손실액**(direct property losses)을 결정할 때에는 손상되거나 잃거나 회수되지 않은 자산의 가치와 보험 청구 및 행정 비용들을 고려한다. NCVS에 따르면, 2008년 재산 범죄의 94%가 경제적 손실을 가져왔다(BJS, 2011). 미국 국립법무연구원(National Institute of Justice: NIJ)이 후원한 가장 포괄적인 피해비용 보고서 중 하나에서, 테드 밀러, 마크 코헨, 브라이언 위어세마(Ted Miller, Mark Cohen, and Brian Wiersema, 1996)는 각 범죄피해 사건당 발생하는 자산 손실 및 손해를 추정했다. 이러한 추정치는 브랜던 웰시(Brandon Welsh)와 동료(2008)의 도시지역 청소년 범죄 비용에 관한 논문에서 사용되었다. 그들은 방화 피해로 인해 회당 약 15,500달러의 비용이 발생했다는 것을 발견했다. 자동차 절도는 사건당 약 3,300달러가 든다. NCVS의 결과는, 대인 범죄피해는 일반적으로 그렇게 많은 직접적 재산 손실을 초래하지 않는다는 것을 보여준다. 예컨대, 대인 범죄피해의 18%만이 경제적 손실을 초래했다. 강간과 성폭행은 전형적으로 100달러의 재산 손실이나 재산피해를 초래했다. 폭력 또는 재산 범죄의 피해자가 손실을 회복하는 경우는 드물다. 대인 범죄피해자의 약 29%와 재산 범죄피해자의 약 16%만이 전체 또는 일부 재산피해를 회복한다(BJS, 2011).

의료 보호

많은 피해자가 기왕에 범죄가 발생하였지만 어떠한 신체적 부상도 겪지 않을 것이 전제된다면, 기꺼이 재산 손실을 감수할 것이다. 즉, 물건은 교체하고 손상은 수리할 수 있다. 그러나 신체적 상해로 피해자는 치료를 받게 되며, 이는 피해와 관련된 비용을 유발하는 첫 번째 단계가 될 수 있다. **의료비**(Medical care costs)에는 피해자를 병원으로 이송하는 비용, 의사의 진료, 약 처방, 제휴 의료서비스, 의료기기, 검시관 지급금, 보험금 청구 처리비, 장례비 등의 비용들이 포함된다(T. R. Miller, Cohen, & Wiersema, 1996).

NCVS의 결과는 2008년에 542,280명의 폭력 범죄피해자들이 다양한 형태의 의료 처치를 받았다는 것을 보여준다. 의료 보호를 받은 피해자 중 3분의 1 이상이 병원 응급실이나 응급 진료소에서 치료를 받았고 9%는 병원에 입원했다. 의료 보호를 받는 것은 흔히 피해자에게 의료비를 발생시킨다. 폭력피해자의 거의 6%가 피해의 결과로서 의료비를 부담했다고 보고했다. 다친 피해자 중 약 63%가 건강보험에 가입했거나 공공 의료서비스를 받을 자격이 있었다(BJS, 2011).

비용은 피해의 유형에 따라 다르다. 예컨대, 아동학대 피해자의 연간 입원비는 62억 달러로 추산된다(Prevent Child Abuse America, 2000). 구타당한 여성에 대한 치료비는 연간 18억 달러로 추산된다(Wisner, Gilmer, Saltman, & Zink, 1999). 범죄피해 한 건당 의료비 또한 추산되었다. 상해가 발생한 폭행은 사고당 1,470달러가 들었다. 부상당한 음주 운전 피해자들은 사고당 6,400달러의 의료비를 지출했다(T. R. Miller et al., 1996).

총기 폭력은 피해자들에게 엄청난 의료비를 부담지운다. 대부분의 범죄피해자에게 입원이 필요한 것은 아니지만, 범죄피해자사무국(Office for Victims of Crime)이 발간한 총기폭력보고서에 따르면, 총상 피해자는 입원이 필요한 사람의 3분의 1을 차지한다고 한다(Bonderman, 2001). 총에 맞아 병원에 입원한 사람들은 평생 동안 여러 차례 재입원할 가능성이 높기 때문에 의료 부담이 크게 가중된다. 이 보고서

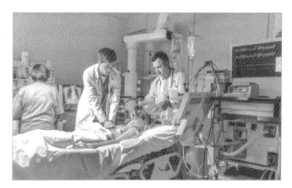

사진 3.1 총상을 입은 한 피해자가 응급실에서 심폐소생술을 받고 있다.

에 따르면, 1994년에 모든 총기 피해자들의 평생 의료비는 총 17억 달러에 달했다. 척추 손상은 특히 비싸며, 1년 차 의료비만 평균 277,000달러가 넘는다. 폭력 관련 척수 부상 피해자 1인당 평균 비용은 60만 달러가 넘는다(Bonderman, 2001).

정신건강 관리비용

피해자들이 정신건강 관리를 받을 때, 이것 또한 그들의 총비용을 증가시킨다. 미국의 총 **정신건강 관리비용**(mental health care costs) 중 10%에서 20%가 범죄와 관련된 것으로 추정된다(T. R. Miller et al., 1996). 이 비용의 대부분은 범죄피해자들이 피해로 인해 치료를 받은 결과다. 강간 및 아동 성폭행 피해자의 4분의 1에서 2분의 1 사이는 정신건강 관리를 받는다. 결과적으로, 성인과 어린이 모두의 성적 피해는 피해자들에게 가장 큰 정신건강 관리비용을 초래한다. 강간 및 성폭행 사건당 평균 정신건강 관리비는 2,200달러이고, 아동학대의 경우 평균은 5,800달러이다. 부상당한 방화 피해자들은 피해 한 건당 약 1만 달러의 정신건강 관리비용을 부담한다. 나중에 상세히 논의되겠지만, 이차적 피해 또한 정신건강 관리비용과 관련이 있다. 살인사건은 평균적으로 1.5명에서 2.5명 사이의 정신건강 상담을 받는 결과를 낳는다(T. R. Miller et al., 1996).

생산성 손실

범죄피해를 당한 사람들은 직장에서 일하거나, 가사를 돌보거나, 학교에 다니는 것이 어렵게 될 수도 있다. 이런 일을 할 수 없는 것은 범죄피해자들이 경험하는 총체적인 **생산성 손실**(lost productivity)에 기여한다. 2008년 NCVS에 의하면, 폭력피해를 당했다고 말한 사람의 약 7%가 일정 시간 일을 할 수 없었나 재산 범죄 피해자도 거의 같은 비율로 일정 시간 일을 할 수 없었다. 어떤 피해자들은 다른 피해자들보다 일을 하기가 더 어려울 수 있다. 예를 들어, 침입 절도 피해는 거의 10분의 1의 피해자들이 적어도 하루의 일을 놓치게 한다. NCVS 자료에 따르면, 강도 피해의 9%가 평균 10일 이상의 결근을 유발하는 반면, 친밀한 파트너 폭력 피해자들은 전체적으로 연간 약 800만 유급 근무일을 상실한다(Centers for Disease Control and Prevention, 2003). 고용주들 또한 직원들의 피해로 일정한 비용을 부담한다. 피해당한 직원들은 생산성이 떨어질 수 있고, 그들의 고용주들은 대체 인력 채용과 관련된 비용을 부담하거나, 피해입은 직원들의 정서적 반응을 다루는 비용을 경험할 수 있다. 부모들은 또한 자녀가 피해를 당하면 아이를 의사에게 데려가거나 아이와 함께 집에 머무르는 등의 일로 직무상 책임을 다하지 못하는 비용을 겪을 수 있다(T. R. Miller et al., 1996).

고통, 고난, 삶의 질 상실

수량화하기 가장 어려운 비용은 범죄피해자들이 경험하는 고통, 고난, 삶의 질 손실이다. 이러한 요소들이 의료 보호, 소득 손실, 피해자 지원프로그램 관련 비용에 추가되면 범죄피해자에 대한 비용은 4배가량 증가한다. 즉, 이것이 범죄피해자가 부담하는 비용 중 가장 큰 규모라는 얘기다. 예컨대, 한 연구는 강간 피해자들의 현금지불 경비가 5,100달러에 약간 못 미치는 것으로 추정했다. 그러나 강간 범죄는 삶의 질에 미치는 영향을 고려할 때 평균 87,000달러의 비용이 든다(T. R. Miller et al., 1996).

범죄피해자들이 경험할 수 있는 또 다른 비용은 그들의 일상과 생활양식의 변화다. 많은 피해자가 피해 후 그들의 행동을 변화시켰다고 보고한다. 예를 들어, 스토킹 피해자들은 전화번호를 바꾸거나, 이사하거나, 그들의 일상을 바꿀 수 있다. 다른 사람들은 혼자 외출하는 것을 그만두거나, 외출할 때 무기를 소지하기 시작할 수 있다. 이러한 변화들이 재차 피해당할 위험을 줄일 수는 있지만, 피해자들이 그런 식으로 범죄비용을 부담하는 것은 다소 불공평해 보인다. 폴리는 이러한 비용 중 어떤 것을 부담하였는가?

체계의 비용

경제적으로 범죄의 영향을 받는 것은 피해자만이 아니다. 미국은 형사사법에 엄청난 돈을 쓴다. 법 집행, 법원, 교정을 위한 **시스템 비용**(system costs)을 포함할 때, 형사사법체계의 직접 지출은 연간 2,140억 달러 이상이다(BJS, 2006b). 형사사법시스템은 240만 명 이상을 고용하고 있으며, 이들의 총급여는 최대 90억 달러가 넘는다. 명백히, 범죄는 미국에서 큰 사업이다.

보험회사들은 범죄로 인해 매년 450억 달러를 지불한다. 연방정부 또한 범죄 피해자들을 위한 회복 및 응급 서비스에 매년 80억 달러를 지불한다. 범죄의 결과로 사회가 부담해야 할 다른 비용들이 있다. 예를 들어, 보험에 가입하지 않았거나 공적 보장을 받고 있는 사람들이 피해를 입어 치료를 받을 때 미국인들에게 비용이 발생한다. 미국 정부는 범죄피해자들에 대한 건강보험 지출의 약 4분의 1을 부담하고 있다. 총상을 입은 피해자만 연간 45억 달러 이상을 납세자에게 부담지운다(Headden, 1996). 이러한 비용은 사회 전체에 균등하게 배분되지 않는다. 일부 지역사회는 특히 총기 폭력에 의해 심한 타격을 받았다. 로스앤젤레스 킹/드류 메디컬센터에서의 총기 폭력 관련 병원비의 약 96%는 공적 자금으로 지급된다(Bonderman, 2001년 인용). 우리는 제5장에서 이러한 비용이 어떻게 지불되고, 누가 부담하는지에 대해 논의한다.

대리 피해

피해자와 시스템만이 비용을 부담하는 것은 아니다. 피해가 피해자와 가까운 사람들에게 미치는 영향도 범죄의 전체적 영향을 이해하는 데 매우 중요하다. 지금까지 우리는 피해자가 어떻게 의료 보호를 요구하고, 정신건강 상담을 구하고, 노동 시간을 상실하고, 피해 후 삶의 질이 저하될 수 있는지에 대해 논의해 왔다. 하지만 이 피해자들을 사랑하고 아끼는 사람들에게는 무슨 일이 발생할까? 사랑하는 사람이 피해당하는 것을 목격하는 것 또한 대가를 요구하는가?

피해가 다른 사람들에게 미치는 영향은 **대리 피해**(vicarious victimization)로 통칭한다. 대리 피해에 대해서는, 살인 피해가 일반적 죽음과는 달리 가족 구성원들에게 엄청난 영향을 미친다는 점에서, 사랑하는 사람을 범죄로 상실한 **살인 생존자**(homicide survivors)와 관련하

사진 3.2 살해당한 사람들의 가족을 위한 지원 그룹이 트라우마 치료를 도울 수 있다.

여 가장 널리 연구되어 왔다. 살인에 의한 사망은 거의 전적으로 갑작스럽고 폭력적이다. 생존한 가족(또는 유족)들은 종종 죽음을 막지 못했다는 죄책감을 경험한다. 형사사법시스템의 개입은 또한 다른 사람들이 종종 그 죽음을 적어도 부분적으로는 피해자의 잘못으로 볼 수 있다는 느낌 때문에 가족 구성원들이 가지는 반응에 한 가지 요소(즉, 이차적 피해)를 더한다.

살인 생존자들에 대한 연구는 그들이 범죄피해자 본인이 경험하는 것과 같은 외상 후 증상들을 경험한다는 것을 밝혀냈다. 한 연구는 살인 생존 가족의 거의 4분의 1이 가족의 피해 후 PTSD를 보였다는 것을 발견했다(Kilpatrick, Amick, & Resnick, 1990). 살인 후 최대 5년 동안 살인 생존자들이 PTSD 증상을 보이는 등, 이러한 장애와 PTSD 증상은 일시적인 것이 아니다(Redmond, 1989년). 살인 생존자가 되는 것은 또한 강간과 같은 범죄의 피해자가 되는 것보다 더 큰 PTSD 증상과 관련이 있을 수 있다(Amick–McMullan, Kilpatrick, & Veronen, 1989). 또한 흥미로운 것은, 살인의 생존자들은 우발적 살인과 같은 다른 방법으로 사랑하는 사람을 잃은 가족들보다 더 높은 수준의 PTSD를 경험한다는 것이다(Applebaum & Burns, 1991). PTSD가 살인의 생존자들이 보여주는 유일한 심리적 반응은 아니다. 그들은 또한 트라우마를 경험하지 않은 사람들보다 더 높은 수준의 고통, 우울, 불안, 적개심을 가지고 있다(Thompson, Kaslow, Price, Williams, & Kingree, 1998).

심리적인 반응 외에도, 살인 생존자들은 행동적인 결과를 보일 수도 있다. 아이가 살인을 저지르거나 사고로 사망한 부모보다, 아이를 살인으로 잃은 부모가

자살 충동을 보이는 경우가 더 많다(Murphy, Tapper, Johnson, & Lohan, 2003). 다른 살인 생존자들은 특정 장소와 활동을 피함으로써 생활양식에 변화를 보일 수 있다. 왜냐하면, 그들은 이제는 사망한 사랑하는 사람과 함께 보낸 시간을 기억나게 하는 활동에 더 이상 참여할 수 없다고 느끼고, 두렵고 불안하기 때문이다. 살인 생존자들은 또한 취약함, 통제력 상실, 의미 상실, 자기 비난의 감정을 드러낸다. 이제 당신이 확신할 수 있듯이, 범죄피해는 피해자와 시스템 그리고 다른 사람들에게 실로 광범위한 영향을 미친다.

또 다른 형태의 대리 피해는 심각한 폭력적 행위에 대한 미디어나 다른 정보 출처의 보도로 인해 사람들이 외상을 입을 때 발생한다. 이러한 유형의 대리 피해는 다음과 같은 7가지 요소가 존재할 때 발생할 가능성이 있다: (1) 공동체 구성원 전체에 대한 실질적인 죽음의 위협, (2) 특별한 대학살, (3) 강력한 지역사회 소속감, (4) 지역사회 성원들에 의한 사건의 목격, (5) 피해자가 지역사회에 대해 갖는 상징적 중요성, (6) 구조 인력의 필요성, (7) 중대한 미디어의 관심(M. A. Young, 1989). 이러한 요소들을 고려하면, 어떤 사람이나 그가 사랑하는 사람에게 직접 영향을 미치지 않는 외상성 사건도 PTSD와 같은 해를 끼칠 수 있다. 2001년 9·11 테러와 같은 사건은 테러에 노출된 사람들에게 지속적이고 해로운 결과를 초래할 수 있는 트라우마의 대표적인 예다. 지역사회에서 발생하는 연쇄살인과 같은 다른 사건들도 지역사회의 구성원들에게 PTSD를 유발하는 대리 피해의 한 형태가 될 수 있다(Herkov & Biernat, 1997). 당신은 제6장에서 살인 피해자들에 대한 더 많은 것을 읽게 될 것이다.

신고

지금까지 우리가 논의했던 모든 결과는 피해자가 경찰에 범죄를 **신고함**(reporting)으로써 영향을 받는다. 신고는 이러한 결과의 일부를 강화하거나, 영향을 일부 완화하거나, 사건 발생 이후의 피해자 경험과 다소 무관할 수도 있다. 신고는 몇 가지 이유로 중요하다. 신고에 있어 중요한 한 가지 요소는 그것이 공식적인 형사사법시스템을 활성화하는 데 있어서 가장 중요한 첫 번째 단계라는 점이다. 경찰에 신고하지 않으면 피해자는 다른 채널을 통해 여파를 수습해야 되고, 경찰은 결코 수사 절차에 착수하지 않을 것이다. 이 첫 번째 중대한 조치가 없다면, 범죄자가 잡힐 가능성은 극히 낮다. 범죄자가 도주할 때, 그것은 중요한 결과를 초래할 수 있다. 이런 경우, 범죄자는 −심지어 동일한 사람이나 가구에 대해서도− 계속해서 자유롭게 범죄를 저지를 수 있다는 것을 배운다. 반대로, 체포나 실질적인 체포 위협은 잠재적 범죄자들을 저지할 수 있다.

피해자들은 신고하지 않으면 부정적인 영향을 받을 수도 있다. 제5장에서 논의되듯이, 많은 피해자 서비스가 그들의 사건을 경찰에 신고한 피해자들에게만 제공된다. 예를 들어, 많은 지방 검찰청에 피해자 옹호자들이 있는데, 그들의 임무는 형사 절차 및 소송과정에서 피해자를 조력하고 보상과 같은 여러 프로그램으로 피해자들을 지원하는 것이다. 이러한 서비스를 이용할 수 있는 능력은 일반적으로 신고 여부에 따라 결정되는데, 그것은 신고가 먼저 이루어지지 않으면 지방검찰청이 범죄피해자에 대해 알지도 못할 것이기 때문이다.

이러한 신고의 많은 이점에도 불구하고, 폭력 범죄피해자의 절반 미만이, 그리고 재산 범죄피해자의 3분의 1 약간 넘는 수만이 경찰에 신고한다는 사실은 망각하기 쉽다(Truman & Morgan, 2016). 2016년에는 전체 강도 및 가중 폭행 피해자의 60% 이상, 강간 및 성폭행 피해자의 3분의 1 미만이 그들의 사건을 경찰에 신고했다.

신고는 범죄 유형에 따라 다르지만, 다른 특성들에 따라서도 다르다(Langton, Berzofsky, Krebs, & Smiley−McDonald, 2012). 일반적으로, 여성에 대한 폭력과 노인에 대한 폭력은 남성과 젊은 사람들에 대한 폭력보다 경찰의 주목을 끌기 쉽다. 피해자에게 상해를 입힌 피해는 부상을 초래하지 않은 피해에 비해 신고될 가능성이 더 높다. 범죄자가 무장한 경우나 낯선 사람인 경우는 피해자가 경찰에 신고할 가능성이 더 높다(Langton et al., 2012).

이러한 사건 특성 외에도, 피해자들은 그들의 사건을 경찰에 신고하지 않은 분명한 이유를 제시한다. 전체적으로, 폭력피해자들이 신고하지 않는 가장 일반적인 이유에는 피해가 사사로운 일이나 개인적인 일이라는 점, 다른 관계자에게 신고하는 등 다른 방식으로 처리된 점, 피해가 경찰에 신고할 정도로 중요치 않다는 점, 경찰이 실질적 도움이 되지 않을 것이라는 점, 보복의 두려움이나 가해자가 곤경에 빠질 것에 대한 두려움 등이 포함된다(Langton et al., 2012). 표 3.2는 피해자들이 다른 유형의 피해들에 대해서도 경찰에 신고하지 않은 이유를 보여준다. 하지만 일부 피해자들은 실제로 그들의 사건을 경찰에 신고한다. 폭력피해자들은 가장 흔하게 미래의 폭력을 막기 위해, 범죄를 저지하기 위해, 그리고 다른 사람들을 보호하기 위해 그들의 사건을 신고한다(BJS, 2006a). 표 3.3은 피해자들이 다양한 유형의 피해를 경찰에 신고하는 일반적인 이유를 보여준다.

표 3.2 경찰에 피해를 신고하지 않은 이유(%)

신고하지 않은 이유	범죄의 유형							
	강간/성폭행	강도	가중폭행	단순폭행	대인경 절도	가구침입절도	자동차절도	절도
다른 식으로 해결했기 때문에 / 개인적 문제라서	20%	20%	31%	38%	17%	12%	16%	16%
신고할 만큼 중요한 것이 아니어서	6	13	16	21	24	27	26	31
경찰이 도움이 되지 않을 것 같아서	13	34	17	14	43	40	30	35
보복 또는 가해자를 곤경에 빠뜨리는 것의 두려움 때문에	28	10	22	11	2	4	7	3
다른 이유로	33	23	15	17	14	17	21	16

SOURCE: Langton, L., Merzofsky, M., Krebs, C., & Smiley−McDonald, H. (2012). Victimizations not reported to the police, 2006−2010. Washington, DC: Bureau of Justice Statistics, U.S. Department of Justice.

재산 범죄의 피해자들이 사건을 경찰에 신고하지 않은 가장 흔한 이유는 물건이 회수되었거나, 범행이 성공하지 못했거나, 경찰이 귀찮아 할 것 같다고 느꼈거나, 증거가 부족했기 때문이다. 반대로 재산 범죄피해자가 신고를 한 이유는 '도둑 맞은 재산을 되찾기 위해서', '그것이 범죄이기 때문에', '가해자에 의한 추가 범죄를 막기 위해서' 등이었다(BJS, 2006a).

표 3.3 경찰에 피해를 신고한 이유(%)

신고한 이유	범죄의 유형						
	강간/ 성폭행	강도	폭행	소매 치기	가구 침입 절도	자동차 절도	절도
사건을 중지시키거나 예방하기 위해	15.4%	8.6%	28.5%	10.3%	11.3%	5.3%	9.3%
부상 때문에 도움이 필요해서	7.3	1.6	2.9	6.0	0.1	0.0	0.6
자산을 되찾기 위해	2.4	15.2	0.3	30.9	18.0	35.5	23.6
보험금을 받기 위해	0.0	1.5	0.5	0.0	3.0	6.2	4.0
자신에 대한 추가 범죄를 예방하기 위해	16.8	20.0	21.9	10.7	12.3	5.4	8.0
타인에 대한 범죄를 예방하기 위해	2.5	13.2	8.2	3.3	7.9	6.8	6.5
가해자를 처벌하기 위해	13.8	5.9	6.6	0.0	5.5	5.0	4.5
가해자를 체포하기 위해	11.6	9.3	4.2	9.9	8.6	6.7	6.6
경찰의 감시력을 향상시키기 위해	4.1	3.3	2.7	8.4	9.3	5.3	7.1
경찰에 신고하는 것은 시민의 의무이기 때문에	4.1	7.4	4.8	5.7	6.8	4.9	7.3
범죄이기 때문에	12.8	11.1	14.2	14.8	15.2	19.1	20.7
기타	4.1	2.1	3.9	0.0	1.5	0.9	2.1

SOURCE: Bureau of Justice Statistics (2006a).

범죄의 두려움

피해와 관련된 또 다른 비용은 두려움이다. 두려움은 지각된 위협에 대한 감정적인 반응이다(Ferraro & LaGrange, 1987). 생리학적으로 볼 때, 사람들이 공포를 경험하면 그들의 몸은 자신에게 위협을 경계하는 사건을 한다. 이러한 신체 반응은 심장박동수 증가, 동공 팽창, 소화기능 저하, 근육에 대한 혈액공급 증가, 호흡률 증가, 땀 증가 등 자율신경계가 활성화되는 것과 관련 있다(Fishbein, 2001). 이러한 생리적 변화는 위험에 직면할 때 사람이 싸우거나 도망칠 수 있도록 함이다. **범죄의 두려움**(fear of crime)은 피해자가 될 **위험의 지각**(perceived risk)과는 다른 것이다. 지각된 위험은 범죄피해자가 될 것이라고 느끼는 인지된 가능성이다. 위험의 지각은 일반적으로 자신의 피해 위험이 높다고 인식하는 사람이 그렇지 않은 사람에 비해 더 범죄를 두려워한다는 점에서 두려움과 관련이 있다(May, Rader, & Goodrum, 2010; Warr, 1984).

당신이 생각할 수 있는 것처럼, 두려움은 측정하기 어렵다. 누군가가 다른 사람보다 범죄를 더 두려워하는지 어떻게 알겠는가? 당신은 단순히 누군가에게 물어보고 싶은가, 아니면 다른 두려움의 징후를 찾는 것이 더 나을 것이라고 생각하는가? 범죄의 두려움을 측정하는 가장 흔한 방법 중 하나는 설문조사에서 개인들에게 "당신은 동네에 혼자 나와 있을 때 얼마나 안전하다고 느끼는가 또는 느낄 것 같은가?"라고 묻는 것이다(Ferraro & LaGrange, 1987). 이 질문이 갖는 한 가지 문제는 응답자에게 두려움에 관해 또는 두려워하는지에 대해 구체적으로 묻지 않는다는 것이다. 게다가, 밤에 자신의 이웃에 혼자 있는 것이 얼마나 안전하다고 느끼는지를 묻는 것은 그 사람이 두려워하는 범죄 행위의 유형을 포착하지 못할 수도 있다. 또 다른 흔한 질문은 "이 근처에 밤에 혼자 걷기를 두려워하는 지역이 있는가?"이다. 이 질문은 두려워하는 것에 대해 구체적으로 질문하기는 하지만, 범죄를 두려워하는지 묻는 것은 아니다. 또한, 이 질문은 "이 근처 … 1마일 이내"라고 애매하게 언급하고 있는데, 이것은 넓은 범위를 포괄한다. 마지막으로, 많은 사람이 밤에 혼자 걸을 것 같지는 않고, 따라서 이 질문은 개인이 직면할 가능성이 높은 사건들을 포착하는데 실패할 수도 있다. 연구에 보다 빈번히 사용되어 온 더 좋은 질문은 "당신은 일상 생활에서 [개별 범죄들]의 피해자가 되는 것을 얼마나 두려워하는가?"이다(Warr & Stafford, 1983). 이 질문은 응답자가 얼마나 두려운지에 대해 묻고, 범죄에 대해 구체적으로 언급하며, 응답자가 일상과 현실을 참조할 수 있도록 "당신의 일상 생활에서"라는 문구를 사용한다.

이제 당신은 두려움이 어떻게 측정되는지 알았으니, 누가 범죄의 피해자가 되는 것을 두려워하는지 생각해 보자. 한 가지 고려해야 할 것은 사람들이 두려워하기 위해 범죄의 피해자가 될 필요는 없다는 것이다. 실제로 다른 집단보다 피해

가능성이 낮은 집단이 피해 위험이 높은 집단보다 범죄를 더 두려워 한다는 연구
결과가 나왔다. 예를 들어, 일반적으로 여성은 남성보다 범죄에 대한 두려움이 더
높다고 보고된다(Feraro, 1995, 1996; Haynie, 1998; May et al., 2010; Rountree, 1998).
노인들 또한 더 많은 두려움을 보이지만, 이것은 질문 문구에 달려있다. 특정 범죄
유형에 대한 구체적인 우려에 대해 질문할 때는 젊은 사람들이 더 큰 두려움을 표
출하는 경향이 있다(Jackson, 2009).

　여성들의 높은 범죄 두려움은 성폭력에 대한 그들의 뿌리 깊은 두려움에서 기
인한다. 흥미로운 것은 일반적으로 여성들이 강간이나 성폭행 피해를 당할 위험이
실제로 다른 범죄의 경우에 비해 낮지만, 강간을 더 두려워한다는 것이다. '그림자
가설(shadow hypothesis)'로 알려진 이 성폭행에 대한 두려움은 실제로 다른 유형의
범죄에 대한 여성들의 두려움을 증가시키는 역할을 한다(Ferraro, 1995, 1996; Warr,
1985; P. Wilcox, Jordan, & Pritchard, 2006). 물론 모든 여성이 두려워하는 것은 아니
다. 강간과 성폭력으로부터 자신을 방어할 수 없을 것처럼 느끼는 여성들, 성폭력
이 심각한 부정적 결과를 초래한다고 믿는 여성들, 그리고 성폭력의 피해자가 될
가능성이 높다고 생각하는 여성들은 다른 여성들보다 더 두려움을 느낀다(Custers
& Van den Bulck, 2013).

　다른 요인들도 범죄의 두려움과 관련이 있다. 두려움과 연관되는 한 가지 요
소는 지역의 **무질서**(incivilities) 수준이다. 무질서란 관습적으로 수용되는 규범과
가치의 침식을 나타내는 공동체 표준에 대한 낮은 수준의 위반이다(LaGrange,
Ferraro, & Supancic, 1992). 이것들은 쓰레기, 잡동사니, 방치된 자산과 같은 무질서
한 물리적 환경, 즉 **물리적 무질서**(physical incivilities)일 수 있다. 또한, 그것들은
사회적 무질서(social incivilities)일 수도 있는데, 이는 난폭한 젊은이들, 어슬렁거리
는 사람들, 공공장소에서 음주하는 사람들과 같이 통제되지 않은 사람들이거나 행
동이다. 무질서에 대한 연구는 무질서가 사람들이 범죄 위험 지각과 관련 있고, 범
죄의 위험은 두려움과 관련이 있다는 것을 보여준다(LaGrange et al., 1992). 무질서
에 대한 다른 연구는 무질서가 침입 절도, 기물 파손, 구걸 행위에 대한 두려움을
예측한다는 것을 보여준다(Ferraro, 1996). 범죄의 두려움에 영향을 미치는 것은 범
죄 그 자체일지도 모른다. 연구에 따르면, 특정 근린의 침입 절도율이 미국 전체의
범죄 두려움에 영향을 미친다고 한다(R. B. Taylor, 2001). 이러한 소위 나비효과는

뉴질랜드에서도(Breetzke & Pearson, 2014), 영국에서도(Brunton–Smith & Sturgis, 2011) 확인되었다. 무질서는 또한 사람들이 그들의 피해 위험을 인지하는 방식에도 영향을 미친다. 범죄와 사회해체를 모두 조사하는 연구에서, 침입 절도율과 근린의 무질서는 범죄의 위험지각에 직접적인 영향을 미쳤다(Rountree & Land, 1996).

두려움이 사람들이 삶을 즐기는 가운데서도 자신을 보호하도록 이끈다면 좋은 일이다. 범죄의 두려움에 대한 연구는 사람들이 두려움에 반응하여 회피적 행동을 할 수 있다는 것을 보여준다. **회피적 행동**(avoidance behaviors; **삼가는 행동이라고도 함**)은 사람들이 밤에 집에 머무르는 것과 같이 위해로부터 자신을 보호하기 위해 자신의 행동에 가하는 제약이다. 다른 사람들은 총기 구입이나 보안등 설치와 같이 피해로부터 자신을 보호하기 위한 **방어적 행동**(defensive behaviors)이나 **보호적 행동**(protective behaviors)을 취할 수 있다(Ferraro & LaGrange, 1987). 실제로, 연구에 의하면 총기 소유자의 절반 이상이 자기 보호를 위해 총을 소지하고 있다고 보고한 것으로 나타났다(Hauser & Kleck, 2013 참조). 흥미롭게도, 윌 하우저와 게리 클렉(Will Hauser and Gary Kleck, 2013)의 연구는 총을 사는 것이 두려움의 수준을 감소시키지는 않는다는 것을 보여준다. 어느 정도의 두려움을 갖는 것은 위험에 직면할 때 사람들을 적절히 활성화시키고 보호 행동을 하도록 주의를 주는 역할을 하기 때문에 좋을 수 있지만, 지나친 수준의 공포는 문제가 될 수 있다. 사람들은 결과적으로 스스로를 외부 세계와 단절시키고 그들이 즐기던 활동도 그만둘 수 있다. 요컨대, 두려움은 어떤 사람들을 마비시킬 수 있다. 또한 회피적 행동을 하는 것이 사람들의 두려움을 증가시킬 가능성도 있다(Ferraro, 1996). 이것은 사람들이 자신을 위해로부터 보호하기 위해 하는 행동들이 실제로는 그들을 덜 안전하다고 느끼게 하는 역할을 할 수 있다는 것을 의미한다.

요 약

• 범죄가 피해자에게 끼치는 잠재적 결과와 비용은 풍부하고 사·나기간에 길쳐 발생한다. 이러한 비용에는 기능성 및 건강에 대한 비용뿐만 아니라 경제적 비용도 포

함된다.

- 일부 범죄피해자는 신체적 부상을 경험하지만, 대부분은 치료를 받지 않는다. 폭력, 특히 총기 폭력의 피해자들은 의료 지원이 정말 필요할 것 같다. 여성 피해자, 흑인 피해자, 그리고 지인에 의해 희생된 사람들은 다른 피해자들보다 부상을 경험할 가능성이 더 크다.

- 신체적 부상 외에, 피해자는 정신건강 관리가 필요할 수 있다. 피해자들은 피해에 이어 우울증, 불안감, 외상 후 스트레스 장애 등 정신건강상의 문제를 자주 겪는다. 성폭력, 강간, 아동학대 피해자들은 피해의 직접적인 결과로 정신건강 관리를 받을 가능성이 가장 크다. 정신건강 문제에 대한 대응은 피해자들이 직면하는 또 다른 비용이다.

- 피해자에게 직접적인 경제적 비용이 발생할 수도 있다. NCVS 자료에 따르면, 재산범죄의 90% 이상이 피해자에게 일정한 경제적 손실을 끼친다고 한다. 이러한 경제적 비용에는 피해자의 자산이 도둑맞거나 훼손당하는 등 직접적 재산 손실이 포함된다. 여기에는 의료 관련 비용도 포함된다. 폭력피해자 10명 중 1명 미만이 의료비를 부담한다. 피해자들은 또한 일을 못하거나 학교를 빼먹거나 가사 일을 보지 못함으로써 돈과 생산성을 잃는다. 강간 및 성폭행 피해자의 거의 20%가 10일 이상 결근한다. 마지막으로, 피해자들은 고통, 고난, 삶의 질 감소를 경험할 수 있는데, 이 모든 것들은 정량화하기 어렵다.

- 범죄와 피해는 형사사법체계에도 부담을 지운다. 미국은 형사사법시스템을 운영하기 위해 매년 2,140억 달러 이상을 직접 지출한다. 경제의 다른 요소들도 범죄로 타격받는다. 보험회사들은 범죄로 인해 매년 많은 돈을 지불한다.

- 사건으로 고통받는 것은 피해자 자신만이 아니다. 친구와 가족들도 사랑하는 사람들이 피해를 입을 때 비용을 경험할 수 있다. 이것은 이차적 피해 또는 대리적 피해로 알려져 있다. 살인 생존자들은 다른 사람들보다 외상 후 스트레스 장애, 고통, 우울증, 불안감을 경험할 가능성이 더 크다. 그들은 평소에 하던 활동에 더 이상 참여할 수 없거나 참여하기를 꺼려할 수도 있다.

- 대부분의 범죄피해는 경찰에 신고되지 않으며, 범죄 신고도 범죄 유형에 따라 다르다. 강도와 가중 폭행은 경찰에 신고되는 가장 흔한 대인피해이다. 여성, 노인, 부상자는 다른 피해자보다 경찰에 신고할 가능성이 더 크다.

- 무기의 사용, 가해자가 음주 또는 약물 상태였는지, 갱 멤버였는지 등과 같은 사건

특성이 신고와 관련 있다.

• 신고의 일반적인 이유는 '사건을 중지시키기 위해서', '범죄자의 재범을 막기 위해서', 그리고 '그것이 범죄였기 때문에'이다. 신고를 하지 않는 이유는 그 사건이 개인적인 문제로 여겨지고, 경찰이 귀찮아 할 것이라고 느끼고, 보복에 대해 걱정하고 있는 것과 관련이 있다.

• 피해의 또 다른 잠재적 비용은 범죄피해자가 되는 것을 두려워하는 것이다. 여성이나 노인들은 일반적으로 남성이나 젊은 사람들보다 더 높은 수준의 두려움을 갖는다. 여성들은 성폭행에 대한 두려움으로 인해 더 높은 수준의 두려움을 갖는 경향이 있는데, 이것은 범죄에 대한 그들의 두려움을 일반적으로 더 심화시킨다. 피해의 위험성이 높다고 인식하는 사람들 또한 높은 수준의 두려움을 가지는 경향이 있다. 어느 정도의 두려움은 그것이 회피적 또는 방어적 행동을 하게 하여 사람들이 자신을 보호하도록 이끈다는 점에서 아마도 좋을 것이다. 하지만 두려움이 심화되어 불안이나 고립으로 이어진다면 그것은 나쁜 것일 수 있다.

토의 문제

1. 피해의 비용은 누가 부담하고 피해자는 어떻게 보상받을 수 있는지는 뒷 장에서 논의된다. 당신은 우리가 피해자들을 위해 무엇을 해야 한다고 생각하는가? 그들의 의료비는 지불되어야 하는가? 다른 비용은? 누가 그 돈을 지불해야 하는가?

2. 왜 사람들은 피해를 경찰에 신고하지 않는가? 범죄피해자들에게 어떤 신고 장벽이 존재하는가? 신고 또는 신고 실패의 의미는 무엇인가?

3. 폴리는 피해로 인해 어떤 대가를 치렀는가? 그녀가 다루어야 할 장기적인 결과는 무엇인가?

4. 여러분 자신의 삶을 생각하고 자신이 피해당했던 때를 떠올려 보라. 피해로 인해 발생한 모든 비용을 파악해보라. 어떤 단기 및 장기 비용을 경험하였는가? 그 사건을 경찰에 신고하였는가?

5. 여러분은 범죄가 얼마나 두려운가? 구체적으로 어떤 유형의 범죄로 피해자가 되는 것을 두려워하는가? 당신의 두려움이 실제적 위험에 기반한 합리적인 것이라

고 생각하는가, 아니면 다른 무엇과 연결되어 있다고 생각하는가? 그 이유는 무엇인가?

주요 용어

신체적 부상(physical injury)

우울증(depression)

자부심(self-worth)

자존감(self-esteem)

불안감(anxiety)

외상 후 스트레스 장애(post-traumatic stress disorder: PTSD)

자기 비난(self-blame)

성격적 자기 비난(characterological self-blame)

행동적 자기 비난(behavioral self-blame)

학습된 무력감(learned helplessnes)

경제적 비용(economic costs)

직접적 자산손실액(direct property losses)

의료비(medical care costs)

정신건강 관리비용(mental health care costs)

생산성 손실(lost productivity)

시스템 비용(system costs)

대리 피해(vicarious victimization)

살인 생존자(homicide survivors)

신고(reporting)

범죄의 두려움(fear of crime)

위험의 지각(perceived risk)

무질서(incivilities)

물리적 무질서(physical incivilities)

사회적 무질서(social incivilities)

회피적 행동(avoidance behaviors)

방어적 행동(defensive behaviors)

보호적 행동(protective behaviors)

인터넷 자원

여성 대상 폭력 사건의 처분 전 기간 재피해 문제:

http://www.nij.gov/topics/crime/violence−against−women/workshops/pages/revictimization.aspx

이 웹사이트에는 국립법무연구원이 주최하는 워크숍에 대한 요약 정보가 포함되어 있다. 본 워크숍은 2005년에 시행된 전략, 정책 및 원칙을 검토하고, 처분 전 기간(체포 후 그리고 재판 및 판결 전) 동안의 피해 연구에 집중하기 위해 개최되었다.

트라우마와 슬픔에 대처하기:

http://www.victimsofcrime.org/help−for−crime−victims/coping−with−trauma−and−grief

이 웹사이트는 미국범죄피해자센터(National Center for Victims of Crime)의 일부로서 특히 피해와 관련된 트라우마와 슬픔에 대처하기 위한 최근의 정보를 담고 있다. 그것은 아이들이 학교 총기 난사나 사랑하는 사람을 잃는 것과 같은 비극에 어떻게 대처하는지와 같은 문제들을 논의하고, 피해자들에게 회복에 관한 정보를 포함하여 가용한 자원과 연결고리를 제공한다.

범죄피해자를 위한 도움말:

http://www.ovc.gov/pubs/helpseries/pdfs/HelpBrochure_Homicide.pdf

범죄피해자사무국은 살인 생존자 등에게 지원과 격려를 제공하는 웹사이트 목록을 수집했다. 또한 살인에 관한 정보와 사랑하는 사람이 살해될 경우 무슨 일이 일어날 것인지에 관한 정보도 있다.

국립 PTSD 센터:

http://www.ptsd.va.gov/index

이 웹사이트에는 미국 보훈처와 관련된 외상 후 스트레스 장애(PTSD)에 대한 정보가 들어 있다. 이 센터는 트라우마와 PTSD를 중심으로 한 연구, 교육, 훈련을 통해 미국 참전용사 등을 돕는 것을 목표로 하고 있다. 이 웹사이트는 또한 PTSD에 대한 치료제공자, 연구자, 일반 대중을 위한 정보를 가지고 있다.

제 4 장

피해의 재발

제 4 장

피해의 재발

잘 논의되거나 알려지지 않은 또 다른 피해의 비용은 한번 피해를 당한 사람이 다시 피해당할 실제적 가능성이다. 사실, 피해를 당한 적이 있는 사람들은 어떠한 피해도 경험하지 않은 사람들보다 재차 피해당할 가능성이 더 크다. 예를 들어, 침입 절도를 당한 적이 있는 집은 침입 절도 피해 경험이 없는 집보다 두 번째 침입 절도를 당할 확률이 4배 더 높다(Forrester, Chatterton, & Pease, 1988). 얼핏보면, 이러한 현실은 아마도 이치에 맞지 않을 것이다. 결국, 만약 당신이 피해당했다면, 당신은 범죄 감소 전략을 실행할 가능성이 있다. 예를 들어, 만약 당신이 주차한 차에 귀중품을 눈에 띄게 두어 차를 망가뜨렸다면, 당신의 차에 귀중품을 다시 방치해두겠는가? 당신은 아마 고개를 가로젓고 있을 것이다. 그렇다면, 왜 어떤 사람들은 한 번이 아니라 몇 번이고 계속해서 피해당하는 경향이 있는 것일까? 우리가 그 질문을 다루기 전에, 먼저 재발하는 피해와 관련된 용어들을 정의하고 사람들이 어느 정도로 반복 피해를 많이 당하는지 알아보기로 한다.

재발하는 피해의 유형

사람들이 두 번 이상의 피해를 경험하는 정도를 알기 위해서, 우선 재발하는 피해가 의미하는 바가 무엇인지 확인해보자. 표 4.1에서 볼 수 있듯이, **재발 피해**(recurring victimization)는 특정 개인이나 장소가 *어떠한*(any) 형태의 피해에 의하든 두 번 이상 피해를 당할 때 발생한다. **반복 피해**(repeat victimization)는 특정 개인이나 장소가 *동일한*(same) 유형의 피해로 인해 두 번 이상 피해당할 때 발생한다. **재피해**(revictimization)는 일반적으로 특정인이 *어떠한*(any) 유형의 피해이든 간에 두 번 이상 피해당하지만, '어린 시절부터 성인기까지' 같이 비교적 *긴 기간*에 걸쳐 반복해서 피해당하는 경우를 말한다. 재피해는 아동기 성학대와 성인기 성폭력의 맥락에서 가장 폭넓게 연구되어 왔다. **복합 피해**(polyvictimization)는 또 다른 형태의 재발 피해이다. 복합 피해는 일반적으로 어떤 개인이 *아동기* 때 *복합적* 형태의 피해를 반복해서 경험할 때 사용되는 용어이다(Finkelhor, Ormrod, & Turner, 2007a, 2007b). 예를 들어 부모에게 매 맞고 이웃에게 성적 학대를 경험하는 아이는 복합 피해자이다.

마지막으로 익숙해져야 할 용어는 **근접 – 반복 피해**(near – repeat victimization)이다. 근접 – 반복 피해는 이전에 피해를 당한 장소와 근접한 어떤 장소가 피해당할 때 발생한다. 근접 반복은 상대적으로 작은 지리적 영역 내에서 최초의 피해가 발생한 이후에 범죄 전이(crime displacement)가 일어나서 발생한다(S. D. Johnson et al., 2007). 근접 반복은 흔히 침입 절도 사건과 관련하여 연구된다. 침입 절도를 경험한 집을 생각해 보라. 집주인은 침입 절도 피해 이후 경보장치와 보안조명을 설치함으로써 미래의 침입 절도를 예방하기 위해 집을 '강화'하기로 결정한다. 그러나 경보기가 없는 다른 집들은 동일 수준으로 보호되지 않는다. 그 결과, 같은 장소에 되돌아온 침입 절도범은 첫 번째 집이 매력 없는 대상임을 알게 되고, 대신에 근처의 집을 터는 것으로 결정할 수도 있다. 이같이 근접 반복 피해는 새로운 장소에서 발생하지만, 재발하는 피해로 간주된다. 왜냐하면, 희생된 최초의 장소가 표적 강화(target hardening)를 하지 않았다면 재차 대상이 되었을 것이라고 생각되기 때문이다.

표 4.1 　재발하는 피해와 관련된 용어들

피해의 유형	경험된 사건의 유형	사건들 간 시간 간격
재발 피해 (recurring victimization)	피해 유형과는 상관없이 두 번 이상의 피해가 이어지는 경우(예컨대, 절도 피해 이후에 폭력피해를 당하는 경우)	사건 간 경과 기간에는 제한이 없음(예컨대, 19세 때 무장강도 피해를 당하고, 20세 때 애인에게 폭행을 당하는 경우)
반복 피해 (repeat victimization)	동일한 유형의 피해가 두 번 이상 이어지는 경우(예컨대, 절도 피해가 이어지는 경우)	일반적으로 사건들이 동일한 발달 단계(기간)에서 서로 시간적으로 근접하여 발생함(예컨대, 한 대학생이 5월에 폭행 피해를 당하고, 같은 해 6월에 폭행 피해를 당하는 경우)
재피해 (revictimization)	피해 유형과는 상관없이 두 번 이상의 피해가 이어지는 경우(예컨대, 절도 피해 이후에 폭력피해를 당하는 경우)	사건 간 경과 기간에는 제한이 없으나 일반적으로 서로 다른 발달 단계(기간)에서 발생하는 사건들을 말함(예컨대, 아동기 때 학대 피해를 당하고, 성인기 때 강간 피해를 당하는 경우)
복합 피해 (polyvictimization)	다른 유형의 피해가 두 번 이상 이어지는 경우(예컨대, 성적 학대 피해 뒤에 폭행 피해가 이어지는 경우)	일반적으로 아동기 때, 그러나 동일한 발달 단계(기간) 동안이어야 함(예컨대, 아이가 부모로부터 학대를 당하고, 학교에서는 친구로부터 따돌림을 당하는 경우)
근접-반복 피해 (near-repeat victimization)	한 장소에서 발생한 피해와 동일한 유형의 피해가 근접한 장소에서 이어지는 경우(예컨대, 한 집에서 침입 절도 피해가 발생하고, 이웃집에서도 침입 절도 피해가 발생하는 경우)	사건 간 경과 기간에는 제한이 없으나, 일반적으로 비교적 가까운 시점에 발생함. 더 중요한 것은 사건 간 지리적 근접성임(예컨대, 한 집이 침입 절도 피해를 당하고, 6개월 후 바로 이웃 집이 침입 절도 피해를 당하는 경우)

반복 피해의 정도

이제 관련 용어들의 의미를 알게 되었으므로, 얼마나 자주 사람과 장소가 두 번 이상 피해를 당하는지 알아보자. 비록 주어진 한 해 동안 대부분의 사람과 가구는 전혀 피해입지 않지만, 일부는 한 번 이상의 피해를 경험한다. 대규모 전국적 피해조사들의 결과는 많은 사람이 반복되는 피해를 경험할 만큼 불행하다는 것을 보어준다. 미국의 범죄피해조사(NCVS)와 유사하며 제2장에서 보았던, 잉글랜드 및 웨일즈의 범죄자료에서는 지난 12개월 동안 어떤 유형이든 폭력피해를 경험한 사람들 중에서 23%가 2건 이상의 사건을 경험한 것으로 나타났다(Office for National Statistics, 2015). 가정폭력피해자의 44%와 지인 폭력피해자의 19%가 두 건 이상의 사건을 경험했다(Home Office, 2011). NCVS의 결과 또한 반복적인 피해가 발생하고 있음을 나타낸다. 예를 들어, 2015년에는 피해의 약 1%가 연쇄 피해였다(Truman & Morgan, 2016). 캐나다에서 실시된 피해에 관한 일반사회조사(General Social Survey)의 결과도 반복되는 피해의 발생을 강조한다. 2004년 조사 결과, 피해자의 38%가 둘 이상의 사건을 경험한 것으로 나타났다(Perrault, Sauvé, & Burns, 2010).

당신은 모든 유형의 피해가 두 번 이상 발생할 가능성이 있는지 궁금해 할 것이다. 일부 유형이 다른 유형보다 재발할 가능성이 크지만, 조사결과, 친밀한 파트너 폭력, 강간, 폭행, 재산 범죄의 피해자는 모두 초기 피해에 이은 후속 피해를 경험할 위험이 있는 것으로 나타났다. 예컨대, 1992년과 2004년 사이에 NCVS에서 조사된 가구의 약 15%가 동일한 피해자를 갖는 복수의 가정폭력사건을 경험했다(Goodlin & Dunn, 2010). 친밀한 파트너 폭력에 대한 다른 연구도 이 발견을 뒷받침한다. 전국여성폭력피해조사(National Violence Against Women Survey)의 결과(제8장에서 자세히 설명됨)에 따르면, 친밀한 파트너 폭행의 여성 피해자는 동일한 파트너에 의해 평균 6.9회 폭행을 당했다고 보고한 반면, 남성은 동일한 친밀한 파트너(Tjaden & Thoennes, 2000a)에 의해 평균 4.4건의 폭행을 경험했다고 한다.

강간과 다른 성적 피해도 재발한다. 전국여성폭력피해조사에서, 강간을 당한 적이 있는 여성들은 지난 12개월 기간 동안 평균 2.9건의 강간 피해를 경험했다. 게다가 대학생들에 대한 연구는 그들 역시 반복되는 성적 피해를 경험할 위험에 처해 있다는 것을 보여준다. 실제로 전국여성성적피해연구(National Women Sexual Victimization Study)에서는 대학생 중 7%가 직전 학년 동안에 한 건 이상의 성적 피해를 경험하였다(Daigle, Fisher, & Cullen, 2008). 어린 시절의 성적 피해와 성인기의 성적 피해 사이에는 강한 상관관계가 있다. 아동기에 성학대를 경험한 성인 여성은 아동 성학대 피해 전력이 없는 여성보다 현재의 친밀한 파트너에 의한 성학대를 경험할 가능성이 6배 높았다(Desai, Arias, Thompson, & Basile, 2002). 다른 연구들은 아동기 성학대 피해가 성인기 성적 피해의 위험을 2~3배 증가시킨다고 추정했다(Fleming, Mullen, Sibthorpe, & Bammer, 1999; Wyatt, Guthrie, & Notgrass, 1992).

폭행 및 재산피해도 재발할 수 있는 피해 유형들이다. 전국청소년조사(National Youth Survey)의 결과는 폭행을 당한 적이 있는 청소년의 거의 60%가 실제로 반복적인 피해자라는 것을 보여주었다(Lauritsen & Davis Quinet, 1995). 영국범죄조사(British Crime Survey: BCS)에서는 상당한 비율(2004년에 14%)의 침입 절도 피해자들이 반복 피해자였던 것으로 나타났다(Nicholas, Povey, Walker, & Kershaw, 2005).

반복 피해의 또 다른 흥미로운 특징은 이러한 반복 피해자들이 모든 피해 사건에서 불균형적으로 큰 몫의 피해를 경험한다는 것이다. 예컨대, 과거 10년 동안의 영국범죄조사(BCS)에서는 응답자의 6%가 발생한 모든 절도 사건의 68%를 경험했다(Pease, 1998). 재산피해에 대한 다른 연구도 이러한 발견을 뒷받침한다. 영국 동부 미드랜드(East Midlands)의 대학생들에 대한 연구는 재산 범죄의 피해자 중 10%가 전체 재산 범죄피해의 56%를 경험했다는 것을 보여주었다(Barberet, Fisher, & Taylor, 2004). 반복 폭력 범죄피해자들 역시 '공평한 몫' 이상의 피해를 경험한다. 캐나다 일반사회조사에서는 반복 폭력피해자였던 응답자의 2%가 모든 폭력피해의 60%를 경험했다(Perrault et al., 2010). 유사하게, BCS에서 대인 범죄피해자의 3%가 모든 대인 범죄피해의 78%를 경험했다(Pease, 1998). 자넷 로리슨과 케나 데이비스 퀴넷(Janet Lauritsen and Kenna Davis Quinet, 1995)의 청소년 관련 연구는 연구대상자의 18%가 전체 폭행 중 거의 90%를 경험했다는 것을 발견했다. 마지막으로, 반복 성폭력 피해자들 역시 모든 성적 피해 사건 중 과도한 양의 사건을 경험한다. 리아 다이글, 보니 피셔, 프랜시스 컬렌(Leah Daigle, Bonnie Fisher, and Francis Cullen, 2008)은 여대생 대상의 한 연구에서, 그들 중 7%가 직전 학년 동안 한 건 이상의 성적 피해를 경험했으며, 또한 이들은 발생한 모든 성적 피해 사건 중 거의 4분의 3을 경험했다는 사실을 밝혀냈다.

반복 피해의 특성

반복 피해가 어느 정도까지 발생하는지 파악하는 것 외에, 반복되는 피해의 두 가지 다른 특징, 즉, 사건 사이의 경과 기간 그리고 사람들이 최초 피해 후 재차 당하기 쉬운 피해의 유형도 검토되었다. 첫 번째 특징은 반복 피해의 **시간 경로**(time course)로 불리는 반면, 후자는 **범죄 전환**(crime-switching) 패턴과 **피해 경향성**(victim proneness)으로 지칭된다.

반복 피해의 시간 경로

연구자들은 피해자가 얼마나 빨리 후속 피해를 경험하는 경향이 있는지 파악하고자 했다. 이러한 연구들이 일반적으로 밝혀낸 것은 반복적인 피해가 상당히 빨리 일어나는 경향이 있다는 것이다. 연구자들은 종종 사건 사이의 경과 기간이 의외로 짧다는 것을 발견했다. 구체적으로, 주거 침입 절도에 관한 연구는 후속 사건이 최초 침입 절도 사건이 발생한 지 한 달 이내에 발생할 가능성이 크다는 것을 보여준다. 실제로, 한 연구는 캐나다에서 경찰에 신고된 주거 침입 절도 중 절반이 첫 번째 사건 발생 후 7일 이내에 발생했다는 것을 보여주었다(Polvi, Looman, Humphries, & Pease, 1991). 미국 내에서 이루어진 연구 역시 첫 번째 침입 절도의 발생 직후가 가장 위험한 기간이라는 사실을 확인시켜 준다. 예컨대, 플로리다주 탈라하시에서 경찰의 호출 데이터를 조사한 연구에서는 반복 침입 절도 사건의 25%가 일주일 이내에 발생했고, 절반 이상은 한 달 이내에 발생했다(M. B. Robinson, 1998).

이 '고조된 위험 기간'은 가정폭력, 성적 피해, 그리고 근접 반복 피해의 경우도 마찬가지다. 가정폭력을 경찰에 신고한 가구 중 35%가 5주 이내에 다시 동종 사건을 신고했다(G. Farrell & Pease, 2006 인용). 여대생들의 성적 피해를 다룬 한 연구는 대부분의 후속 사건이 최초 사건과 같은 달이나 이후 1개월 이내에 일어났다는 것을 발견했다(Daigle, Fisher, & Cullen, 2008). 근접 반복 피해는 2주 이내에 일어날 가능성이 가장 크다. 첫 번째 침입 절도가 발생한 후 도둑맞은 집으로부터 반경 200미터 이내에 있는 집들은 2주 동안 침입 절도 피해를 당할 가능성이 가장 크다(S. D. Johnson et al., 2007). 또한 흥미로운 것은 피해 유형 전반에 걸쳐 이러한 고조된 위험 기간은 시간이 지날수록 감소한다는 것이다. 예를 들어, 여대생이 성적 피해 경험에 대한 연구(Daigle, Fisher, & Cullen, 2008)에서는 강간 사건의 21%만이 처음 강간 사건 이후 3개월 이상 동안 발생하였다.

다른 이들은 잇따른 피해사례 사이의 시간 간격을 연구했다. 피해자들이 재차 피해당하지 않고 얼마나 오래 가는지 알아보기 위해 친밀한 파트너 폭력이 이러한 방식으로 조사되었다. 마리 멜레(Marie Mele, 2009)는 반복적인 친밀한 파트너 폭력을 연구하여, 시간이 지남에 따라 연속적인 사건들 사이의 중간 일수가 줄어든다는 점을 발견했다. 첫 번째와 두 번째 사건 사이의 중간 일수는 62일이었고, 세 번째와 네 번째 사건 사이의 중간 일수는 37일이었다. 이러한 발견은 반복되는 친밀한 파트너 폭력의 빈도가 실제로 시간이 지남에 따라 가속된다는 것을 보여준다.

당신은 반복 피해의 시간 경로에 관한 연구가 또한 이 현상에 대한 공간적 요소를 정확히 지적해 주었다는 것을 알아차렸을 것이다. 실제로, 근접 반복 사건들이 최초 피해 대상을 중심으로 비교적 작은 지리적 영역 내에서 재발하는 경향이 있다는 점에서 어떤 사건들의 묶임이 있는 것 같다. 즉, 근접 반복 피해의 위험은 무작위가 아니라, 도시나 근린 내의 특정 지역에 집중된다. 이러한 패턴은 총기 폭력뿐만 아니라 근접 반복 침입 절도 사건에도 적용된다(Wells, Wu, & Ye, 2011). 중요한 것은, 반복 피해가 가까운 곳에서 재발할 가능성이 크다는 것을 아는 것이 예방 노력에 도움을 주어야 할 것이다(S. D. Johnson & Bowers, 2004).

범죄-전환 패턴과 피해 경향성

반복 피해자들이 두 건 이상의 피해를 경험할 때는 항상 같은 유형의 피해를 당하는가? 두 번 이상 피해를 당한다면 어떤 유형의 피해를 경험할지 궁금할 것이다. 이 문제를 검토한 연구들은 대개, 어떤 사람이 나중에 재피해당할 때는 이전에 경험했던 것과 같은 유형의 피해를 경험할 가능성이 가장 높다고 결론짓는다(Reiss, 1980). 예컨대, 절도 피해자는 두 번째 피해를 당한다면, 또 다른 절도를 경험할 가능성이 있다. 범죄-전환 (또는 경향성) 패턴에 대한 초기의 조사 중 하나는 경 절도, 침입 절도, 가구 절도, 폭행의 피해자에게서 피해 경향성의 증거를 발견했다(Reiss, 1980). 성범죄 피해 유형 내에서의 범죄 전환을 조사한 최근의 연구에서도 피해 경향성의 증거가 발견되었다. 예를 들어, 여대생들 사이에서 발생하는 성적 피해 사건의 표본에서는, 강간 사건에는 또 다른 강간사선이 뒤따를 가능성이 크고, 성적 강제사건에는 또 다른 성적 강제사건이 뒤따를 가능성이 컸다

(Daigle, Fisher, & Cullen, 2008).

반복 피해의 위험인자

우리는 반복적인 피해가 빨리 일어날 가능성이 크고, 같은 유형의 피해일 가능성이 크다는 것을 알게 되었다. 그러면 어떤 요인들이 사람이나 장소를 반복적인 피해의 위험에 빠뜨리는가? 이러한 위험 인자는 개인 수준의 위험 요인일 수도 있고, 지역이나 가구의 특성이 될 수도 있다.

개인-수준의 위험인자

먼저 한 사람을 두 번 이상 피해당할 위험에 빠뜨리는 개인과 관련된 요인들을 생각해 보자. 인구통계학적 특성은 사람을 반복 피해의 위험에 처하게 할 수 있는 개인 수준의 위험 요인의 예다. 실제로, 반복 피해 관련 문헌은 남성이 성적 피해를 제외한 모든 유형의 피해에 있어서 여성보다 반복적으로 피해자가 될 가능성이 더 크다는 것을 발견했다(Lauritsen & Davis Quinet, 1995; Mukherjee & Carcach, 1998). 또한, 젊은 사람들은 나이가 든 사람들보다 반복 피해의 위험에 더 많이 노출되어 있다(Gabor & Mata, 2004; Lauritsen & Davis Quinet, 1995; Mukherjee & Carcach, 1998; Outlaw, Ruback, & Britt, 2002; Perrault et al., 2010; Tseloni, 2000; Wittebrood & Nieuwbeerta, 2000). 미혼(Lasley & Rosenbaum, 1988; Perrault et al., 2010), 별거(Mukerjee & Carcach, 1998), 이혼(Tseloni, 2000) 상태의 사람들은 다른 사람들보다 반복적인 피해의 위험에 더 많이 직면한다. 사회경제학적 지위와 고용상태도 반복 피해와 연계된 추가적인 인구통계학적 특성이다. 낮은 사회경제적 지위는 높은 수준에 비해, 대인적 반복 피해의 위험을 높이는 요인인(Lauritsen & Davis Quinet, 1995) 반면, 높은 사회경제적 지위는 실제로 당신을 반복적인 재산피해의 더 큰 위험에 처하게 한다(Lauritsen & Davis Quinet, 1995년; Outlaw et al., 2002). 실업자는 고용된 사람보다 한 번 이상 피해당할 가능성이 더 크다(Mukerjee & Carcach, 1998). 심각한 정신질환 진단을 받은 사람 중에서는, 흑인들이 정신병원에서 퇴원한 백인들에 비해 반복적인 피해를 경험할 위험이 더 크다(Policastro, Teasdale, & Daigle, 2016).

인구학적 특성만이 반복 피해의 위험을 증가시킬 수 있는 개인 수준의 요소인 것은 아니다. 제2장에서 다룬 일상활동 및 생활양식이론을 다시 생각해 보라. 이러한 이론적 관점이 피해의 위험에 대해 알려주는 것을 생각할 때, 어떤 다른 요인들이 반복 피해의 위험을 증가시킬 수 있는가? 연구에 따르면, 집 밖에서 밤을 보내는 사람들은 밤에 집 밖에서 보내는 시간이 적은 사람들보다 반복적으로 피해당할 가능성이 더 크다고 한다(Lasley & Rosenbaum, 1988; Tseloni, 2000). 오후 6시 이후 대중교통을 이용하는 것 또한 사람들을 반복 피해의 위험에 빠뜨린다 (Mukherjee & Carcach, 1998). 생활양식이론의 반복 피해 관련 다른 특징으로는 비행 친구들과 시간을 보내고 비행에 관여하는 것이 있다(Lauritsen & Davis Quinet, 1995). 위험한 활동에 참여하는 것은 성인의 반복적인 피해와 연관되어 있으며 (Outlaw et al., 2002), 가해의 빈도는 특히 네덜란드 사람들의 반복적인 피해와 관련 있었다(Wittebrood & Nieuwbeerta, 2000). 알코올 사용도 반복 피해와 관련이 있다. 구체적으로는, 성적 피해에 있어서 알코올 사용과 반복 피해 사이의 연관성이 발견되었다. 여자 청소년들 사이에서는, 지난 1년 이내에 음주한 것이 성적 재피해를 예측해 주었다(Raghavan, Bogart, Elliott, Vestal, & Schuster, 2004). 다른 이들은 아동기 성폭행 피해 이력이 있는 사람들 사이에서 알코올 사용과 성적 재피해 사이의 연관성을 발견했다(Messman-Moore & Long, 2002; J. A. Siegel & Williams, 2003). 이러한 요소들을 함께 고려할 때, 위험한 생활양식이나 일상활동에 참여하는 것은 개인이 두 번 이상의 피해를 경험할 가능성을 증가시키는 것 같다.

왜 어떤 사람들은 이런 위험한 생활양식이나 일상활동에 관여할까? 일부 연구는 위험한 행동에 관여하는 것을 쉽게 하는 유전적 요인과 반복적인 피해를 연관시켰다. 제2장에서 우리는 유전자가 그 자체로 범죄행위를 유발하는 것이 아니라, 사람이 자신의 환경에 반응하는 방식에 영향을 미친다는 것을 알게 되었다. 유전적 요인은 피해, 그리고 최근에는 반복적인 피해와 관련 있는 것이 밝혀졌다. 최근의 한 연구에서는 유전적 요인이 반복 피해에 있어서의 변이(variance)의 64%를 설명한다는 사실이 밝혀졌다(Beaver, Boutwell, Barnes, & Cooper, 2009). 반복적인 피해에 대한 또 다른 연구는 구체적으로 어떤 유전적 요인이 반복 피해와 연관되어 있는지 확인하려고 시도했다. 이 연구는 도파민 수용체 D4 유전자(DRD4)의 7-반복 대립유전자가 한 번 피해당한 사람들과 두 번 이상 피해당한 사람들을 구별해 주는 것을 발견했다(Daigle, 2010). DRD4는 시냅스후신경 세포에 위치한 도파민 수용체의 생산을 위해 유전암호를 지정한다(DeYoung et al., 2006). 7-복제 대립유전자는 효율적이지 못한 수용체를 생산하고, 주의력 관련 문제(Faraone, Doyle, Mick, & Biederman, 2001), 새로움의 추구(Benjamin et al., 1996; Ebstein et al., 1996) 및 행동장애(Rowe et al., 2001)와 관련 있다. DRD4는 또한 DRD2의 A1 대립유전자를 가진 남성의 공격성(L. A. Schmidt, Fox, Rubin, Hu, & Hamer, 2002) 및 심각한 폭력(Beaver, Wright, DeLisi, Walsh et al., 2007)과도 관련 있다. 이러한 특성들에 미치는 영향 때문에, DRD4는 개인이 위험에 덜 민감하고 심지어 피해를 당한 이후에도 참신하거나 위험한 상황을 계속 추구할 가능성이 크기 때문에 반복적인 피해와 관련될 수 있다.

마지막 개인 수준의 위험 요인은 심리적 및 인지적 요인들이다. 이 부류의 많은 연구가 여성의 성적 재피해에 초점을 맞추었다. 연구결과에 따르면, 재피해당한 여성들은 종종 높은 수준의 심리적 고통과 외상 후 스트레스 장애(PTSD) 증상을 경험하고 있으며, 그 정도는 단 한 번의 성적 피해사건을 경험한 여성들보다 더 높은 것이었다(Banyard, Williams, & Siegel, 2001; L. E. Gibson & Leitenberg, 2001; S.M. Murphy et al., 1988). PTSD는 위험을 신속하게 식별하는 여성의 능력을 억제할 수 있다는 점에서 재피해에 중요한 역할을 할 수 있다. 실제로, 한 연구는 PTSD가 재피해당한 여성들 가운데서, 오디오로 들려준 데이트 강간 상황을 묘사한 가상 상황에서 위험을 인식하는 잠재력을 감소시킨다는 사실을 발견했다(A. E. Wilson, Calhoun, & Bernat, 1999). 다른 연구들은 정신질환과 반복 피해 사이의 연관성을 보여주었다. 최근의 한 연구에 따르면, 심각한 정신질환으로 진단된 피해자의 거의 3분의 2가 다음 해까지 이어진 추적조사 기간 동안 반복 피해를 경험하였다고 한다. 또한, 조병이나 정신분열성 스펙트럼 장애 진단을 받은 사람들은 연구기간 동안 반복 피해의 궤적이 평평했던 반면, 약물 남용 장애나 심각한 우울증을 진단받은 사람들은 궤적이 감소하는 것으로 나타났다(Teasdale, Daigle, & Ballard, 2013).

근린 또는 가구 수준의 위험인자

반복 피해와 관련하여 마지막으로 고려해야 할 위험 요인은 근린이나 가구에 관련된 것들이다. 위험한 근린은 거주민들을 반복 피해의 위험에 노출시킨다. 즉, 도시지역에서 사는 것은 사람들을 반복 피해의 위험에 처하게 하고(Tseloni, 2000; Wittebrood, & Nieuwbeerta, 2000), 결손 가정의 비율이 높은 지역에서 사는 것도 사람들을 반복 피해로 이어질 위험에 놓이게 한다(Osborn, Ellingworth, Hope, & Trickett, 1996). 세 번째 특징인 근린의 무질서도 반복되는 피해와 관련 있다. 그것은 청소년(Lauritsen & Davis Quinet, 1995)이 경험하는 폭행, 경 절도, 공공 기물 파손 피해의 증가와 성인(Outlaw et al., 2002)이 경험하는 재산피해의 반복과도 관련이 있다. 그러면 이러한 요인들이 반복적인 피해의 위험에 영향을 미치는 이유는 무엇인가? 도시 지역이 단순히 범죄가 더 많이 발생하고 그래서 반복 피해의 위험을 높이는 지역이기 때문인가? 또한, 결손 가정이 많은 지역은 사회경제적으로 열악하고, 청소년들을 위한 높은 수준의 감독이나 가용한 보호력을 가지지 못할 수 있다. 마지막으로, 매우 무질서한 지역은 사회경제적 지위가 낮고, 가용한 보호력이 부족하며, 동기화된 범죄자들에게는 '봉화(beacon)'와 같은 역할을 할 수 있다.

저소득층 생활, 자녀 갖기, 4대 이상의 차량 보유, 이웃 감시 참여, 가정 내 보안기기 설치 등과 같은 가구의 특성은 대인 범죄피해의 증가와 관련이 있다(Tseloni, 2000). 그러나 고소득은 반복적인 재산피해와 연관되었다(Perrault et al., 2010 참조). 또한, 영국범죄조사(BCS) 자료에 대한 분석결과, 젊은 가구, 2인 이상의 성인이 있는 가구, 아이가 많은 가구, 1대 이상의 차량을 갖는 가구가 범죄피해를 증가시킨 것으로 나타났다(Osborn & Tseloni, 1998). 거주 시간이 짧을수록 반복 피해의 가능성도 크다(Mukherjee & Carcach, 1998; Osborn & Tseloni, 1998). 임대 주택에 사는 것도 반복 피해와 관련된다(Mukherjee & Carcach, 1998; Osborn et al., 1996; Osborn & Tseloni, 1998; Perrault et al., 2010).

반복 피해에 대한 이론적 설명

지금까지 우리는 반복 피해가 많은 피해자가 직면하는 현실이고, 그런 일이 발생한다면 오히려 빨리 발생할 가능성이 높으며, 같은 유형의 피해가 뒤따를 가능성이 크다는 것을 알게 되었다. 그러나 반복 피해가 어떤 모습인지를 묘사하는 것은 왜 어떤 사람들은 단 한 번의 피해를 당하는데 반해, 다른 사람들은 재차 피해를 당하는지는 설명하지 못한다.

반복되는 피해를 설명하기 위해 제시된 두 가지 이론적 설명이 있다. 첫 번째 는 **위험 이질성**(risk heterogeneity) 또는 "**플래그**" 설명(flag explanation)이라고 불린다. 이 설명은 피해자의 특성 또는 특징에 초점을 맞춘다. 처음에 피해자를 위험에 빠뜨린 그러한 특성이나 특징이 변하지 않는다면, 그 사람은 후속 피해를 경험할 위험에 처하게 될 것이다(G. Farrell, Phillips, & Pease, 1995). 예컨대, 폴리(Polly)가 기억나는가? 골목에서 두 남자를 마주치는 위험에 처하게 한 어떤 특성이나 특징이 그녀에게 있는가? 당신은 아마도 그녀가 밤에 집으로 걸어간 것이 그녀에게 위험 요인이 되었을 것이라고 생각하고 있을 것이다. 이것은 생활양식과 일상활동을 다룬 제2장에서 논의되었다. 폴리는 적어도 부분적으로는 그 두 남자에 의해 취약한 대상으로 보였기 때문에 희생된 것 같다. 이렇게 밤에 혼자 집으로 걸어간 것이 그녀를 위험에 빠뜨렸다. 만일 폴리가 다른 날 밤에 혼자 집으로 걸어간다면, 그녀는 다시 피해당할 위험에 처할 것이다. 이런 식으로, 폴리는 밤에 혼자 집으로 걸어간 것이 그녀를 처음에 피해의 위험에 빠뜨렸고, 그것은 또한 그녀가 미래에도 피해자가 될 위험에 처하게 할 것이다. 만약 그녀가 차를 살 여유가 없어서 집으로 걸어갔다면? 즉, 그녀의 사회적 지위나 계급이 그녀를 자차로 가기보다는 밤에 걸어서 집에 가게 함으로써 범죄피해에 대한 취약성을 증가시키는 위치에 둔다면 어떻게 될까? 이러한 특성이나 특징은 또한 위험 이질성의 설명에 부합한다. 또한, 제2장에서 개인을 보다 일반적으로 피해의 위험에 처하게 하는 것으로 논의된 다른 요인들(예컨대, 열악한 근린에 살고 비행 또래에게 노출되는 것 등)도 기억하라. 이러한 요인들을 변하지 않은 채로 내버려 두면, 개인들은 후속 피해의 위험에 처하게 될 것이다.

위험 이질성 주장과는 대조적인, 반복 피해에 대한 두 번째 이론적 설명은 **상태 의존성**(state dependence), **사건 종속성**(event dependence) 또는 "**부스트**" 설명 (boost explanation)으로 불린다. 상태 의존성에 따르면, 반복 피해에 있어서 중요한 것은 피해자의 특성이나 특징이 아니라, 피해 발생 중 및 그 이후에 어떤 일이 발생했는가 하는 것이다(G. Farrell et al., 1995). 피해자와 가해자가 어떻게 행동하고 피해 사건에 어떻게 반응하는가 하는 것이 반복 피해자가 될 위험을 예측할 것이다. 이같이 피해자와 가해자는 후속 피해의 가능성에 영향을 줄 핵심 정보를 배우고 있다. 예컨대, 저항하거나 자기 보호적 행동을 한 성범죄 피해자는 그렇게 하지 않은 피해자에 비해 다시 피해당할 가능성이 작다(Fisher et al., 2010b). 이러한 위험의 감소는 피해자가 자신은 힘을 가지고 있고 스스로 삶을 통제할 수 있다는 것을 배우기 때문일 수 있다. 자신을 보호하는 것은 미래에 그녀가 위험을 식별하고 피할 수 있도록 그녀에게 힘을 실어주는 역할을 할 수도 있다. 마찬가지로, 범인은 그녀가 '쉬운' 대상이 아니라는 것과 그녀를 범행 대상으로 삼는 것이 앞으로 성과를 거두지 못할 것이라는 점을 배우게 될 것이다. 두 가지 시나리오 모두에서, 피해자는 자신을 범죄자의 표적으로 만들 가능성이 작다. 반복 피해가 발생한다면, 그것이 "부스트" 때문인지 "플래그" 때문인지가 항상 명확한 것은 아니다. 브렌던 랜츠와 배리 루박(Brendan Lantz and R. Barry Ruback, 2015)은 반복 주거침입 절도가 부스트와 플래그 둘 중 어느 것으로 더 잘 설명될 수 있는지를 조사하기 위해 침입 절도범들의 범죄 연결망을 확인하였다. 그들은 동일한 범죄자가 반복 범죄를 저지르기 위해 되돌아온다는 사실을 발견했다. 그들은 또한 후속 범죄는 동일한 범인이 하지 않을 때에는, 공동 연결망에 있는 다른 범죄자들에 의해 저질러지는 경향이 있음을 발견했다.

만약, 사람들이 피해를 당한 후 일상적인 활동을 바꾼다면 어떻게 될까? 그렇게 하는 것이 아마도 당신에게 이치에 맞을 것이다. 즉, 사람들은 다시 피해당하는 것이 두려워 집에 머물면서 밤에 나가지 않기로 결심하거나, 지하철에서 피해당한 적이 있는 사람은 밤에는 우버를 타기로 결심할 것이다. 최근의 연구는 사람들이 범죄피해를 당한 후에 무엇을 하는지 탐구해 왔다. 놀랍게도, 적어도 한 연구는 피해자들이 피해 후에 더 낮은 수준이 아니라, (야간에 쇼핑을 하거나 집 밖에서 시간을 보내는 등) 더 높은 수준의 위험한 행동을 한다는 것을 발견했다. 그러나 이 연구자들이 발견한 것은 그러한 행동이 피해 자체에 대한 반응이 아니라, 그 사람의 기존 특징과 관련 있다는 것이다(Bunch, Clay-Warner, & McMahon-Howard, 2014). 왜 사람이 위험한 행동을 바꾸지 않는지에 대한 한 가지 가능한 설명은 낮은 자기통제력에 근거한다. 질리언 투라노비치와 트래비스 프랫(Jillian Turanovic and Travis Pratt, 2014)은 자기통제력이 낮은 피해자들은 높은 자기통제력을 갖춘 사람들에 비해 위험한 행동을 바꿀 가능성이 낮다는 사실을 발견했다. 다른 연구는 사람들이 자신의 위험한 행동을 바꾸는 것을 제한할 수 있는 구조적 제약조건을 발견하였다 (Turanovic, Pratt, & Piquero, 2016).

폴리의 경우, 그녀가 상태 의존성 설명에 근거하여 다시 희생될 가능성이 있는지를 알기는 어렵다. 그녀는 저항하려고 했고 경찰을 불렀기 때문에, 그녀는 분명 자신의 삶에 대해 어느 정도 통제력을 가지고 있다는 것을 배웠을 것이다. 만약 그렇게 하는 것이 그녀에게 힘을 실어준다면, 그녀는 범죄자들의 표적으로써 덜 매력적일 것이고, 밤에 혼자 집으로 걸어가는 것과 같은 위험한 상황에 처할 가능성은 더 적을 것이다. 분명히, 이들 설명 중 어느 것도 피해자를 비난하거나 피해의 책임을 피해자에게 전가하는 데 사용되어서는 안 된다. 범인이 자기 행동에 대한 책임을 져야 하며, 책임은 거기에 있어야 한다. 그러나 이러한 설명은 왜 일부 사람들은 계속해서 범행의 대상이 되는지를 이해하는 데 도움이 되는 도구들이다.

최근에는 반복 피해와 관련하여 위험 이질성과 상태 의존성 사이의 상호작용을 더 잘 이해하려는 시도에서 몇 가지 이론적 발전이 이루어졌다. **복합적 취약성** (compounding vulnerability) 주장에 따르면, 가장 높은 수준의 피해 성향을 가진 사람들은 상태 의존성 프로세스 때문에 미래에 피해자가 될 위험에 처할 것이다. 예를 들어, 피해 이력이 있는 저소득층은 피해에 이어 우울증 증세를 보일 가능성이 더 크다. 이러한 우울증의 징후는 범죄자에게는 취약성의 신호로 여겨질 것이기에 미래 피해의 위험을 증가시킨다. 또 다른 관점은 **피해 돌출**(victimization salience)에 관한 것이다. 이 시각에서는, 상태 의존성 프로세스가 가장 낮은 위험 성향을 가진 사람들 중에서 가장 두드러질 것이다. 범행 대상의 위험 수준이 처음에는 낮기 때문에, 최초 피해 후에는 다른 대상들보다 위험이 증가할 잠재력을 더 많이 갖는 것이 통계학적으로 타당하다. 대상의 위험성이 처음에는 낮았기 때문에, 가해자가 대상에 대해 얻은 정보는 특히 유용하며(침입 절도범과 그가 성공적으로 훔친 집을 생각해보라), 향후 피해 위험을 증가시키는 역할을 한다. 이것을 처음부터 위험 수준이 아주 높았던 대상과 대조해보라. 어쨌든 대상이 훨씬 더 위험학 수는 없기 때문에, 얻은 정보가 그나시 유용하거나 필요하지 않을 수 있다. 세 번째 관점은 **부적 상태 종속성**(negative state dependence) 시각인데, 이는 낮은 위험 수준의 사람들이 부적인 상태 의존성을 경험한다는 것을 암시한다. 이같이, 피해사건은 개인이 자신의 위험을 더 잘 인식하고, 미래에 피해당할 가능성을 줄이기 위한 조치를 취하게 할 것이기 때문에 피해 위험을 줄이는 역할을 할 수도 있다(Clay-Warner, Bunch, & McMahon-Howard, 2016 참조).

반복 피해의 결과

제3장에서 보았듯이, 피해는 개인에게 비용을 초래한다. 그렇다면, 개인들이 다수의 피해사건을 겪게 되면 어떻게 되는가? 피해의 결과가 축적되고 피해자의 삶에 더 많은 파괴를 야기하는가? 두 번 이상의 피해를 경험하는 것이 반드시 피해자들에게 더 부정적인 결과를 초래하는지는 분명하지 않지만, 일부 연구는 둘 이상의 피해를 경험하는 것이 피해자들에게 특히 나쁠 수 있다는 것을 시사한다 (Finkelhor, Ormrod, & Turner, 2007a, 2009; Ford, Elhai, Connor, & Frueh, 2010; Snyder, Fisher, Scherer, & Daigle, 2012). 예를 들어, 데이비드 핀켈호와 그 동료들(David Finkelhor, Richard Ormrod, and Heather Turner, 2009)은 복합 피해를 경험하는 청소년들이 한 종류의 피해를 경험하는 청소년들에 비해 훨씬 더 많은 고통을 겪는다는 사실을 발견했다. 아래의 '연구의 초점' 박스에서 지적한 바와 같이, 복합 피해는 또한 2세에서 11세 사이의 아동들 사이에서 우울증, 불안감, 분노가 증가하는 것과 관련이 있다(Cyr, Clement, & Chamberland, 2014). 또한 '전국여성폭력피해조사' 자료를 사용한 연구는 두 번 이상의 피해를 경험하는 것과 더 악화된 결과 사이의 연관성에 대한 지지를 발견했다. 여성이 일생동안 경험한 성폭력의 횟수는 현재의 우울증 및 PTSD 증상, 건강 악화, 폭음을 예측해 주었다(Casey & Nurius, 2005). 이처럼, 둘 이상의 피해를 경험하는 것은 실제로 단일 피해는 하지 못하는 부정적 결과를 개인에게 초래할 수 있다.

연구의 초점

캐나다에서 복합 피해를 당한 청소년들도 부정적 결과를 경험하는 것으로 나타났다. 2세에서 11세 사이 어린이를 돌보는 사람들을 대상으로 한 연구에서, 연구대상자들은 어린이가 경험할 수 있었던 32가지 다른 형태의 직·간접적 피해에 대해 질문을 받았다. 절반에 가까운 아이들이 두 가지 이상 유형의 피해를 경험했다. 피해 경험의 가지 수(복합 피해)는 우울증, 불안감, 분노/공격의 증가와 관련이 있었다. 이러한 발견들을 고려할 때, 당신은 복합 피해의 부정적 영향을 줄이기 위해 아이들의 삶에 어떤 식으로 개입해야 한다고 생각하는가?

SOURCE: Cyr, K. Clement, M., & Chamberland, C. (2014). Lifetime prevalence of multiple victimizations and its impact on children's mental health. Journal of Interpersonal Violence, 29, 616-634.

반복 피해에 대한 대응

반복 피해가 식별할 수 있는 특정 위험 요인들과 연관되어 있기 때문에, 반복 피해를 줄이기 위해 이러한 위험 요인을 표적으로 하는 예방 노력을 수행할 수 있다. 반복 피해를 줄이기 위한 대부분의 노력은 특정한 유형의 반복 피해를 대상으로 하고 있다. 프로그램의 표적이 된 첫 번째 유형의 반복 피해는 침입 절도 사건이다. 반복 피해에 대한 설명 중 하나가 상태 의존성이고, 그것은 범죄자들이 범행 시 귀중한 정보를 습득한다는 의미임을 기억하라. 침입 절도의 경우, 침입 절도범은 집에 침투하는 방법, 어디에 어떤 귀중품이 있는지, 집에 알람이 설치되어 있는지, 경찰에 신고가 되어 자신에 대한 추적이 이루어질 것인지 등을 학습한다. 이 모든 정보는 그 집이 동일한 침입 절도범에 의해서건 그와 소통하는 동료 침입 절도범에 의해서건 재차 표적이 될 가능성을 다소간 높아지게 한다. 댈러스와 샌디에이고에서 반복 침입 절도 사건을 조사한 연구를 고려해보자. 본 연구에서는 **지연된 반복 피해**(delayed repeat victimizations), 즉 최초 사건 이후 30일 이상 경과하여 발생한 사건에서 동일한 물품들이 애싱보나 더 자수 절도 당한 것으로 알려졌다(Clarke, Perkins & Smith, 2001). 이 발견은 같은 범죄자가 되돌아오거나 혹은 동료 범죄자가 그 집에 훔칠 만한 물건이 있는 것을 알고 있다는 것을 암시한다. 그럴 경우, 도둑맞은 집들이 침입 절도의 좋은 대상이 된다는 것은 일리가 있다.

한 가지 성공적인 침입 절도 예방 프로젝트가 1980년대 후반 영국의 커크홀트(Kirkholt)에서 수행되었다(Kirkholt Burglary Prevention Project). 이 프로젝트는 침입 절도 피해자들을 대상으로 계획되었기 때문에 그 목표 중 하나는 반복 피해를 줄이는 것이었다. 그 프로그램에는 세 가지 요소가 포함되어 있었다. 첫째로, 당시 이 지역의 집들은 침입 절도의 주요 대상물이었던 선불 계량기를 가지고 있었다. 전력회사는 프로그램의 일환으로 주민의 요청 시 이 계량기를 토큰식 계량기로 교체해 주기로 하였다. 둘째, 침입 절도 피해자와 인근 이웃들 간에 '보호막'(cocoon) 이웃 감시가 시행되었다. 피해 가구와 인접한 여섯 내지 일곱 가구들이 주변의 의심스런 활동들을 서로 감시해 주도록 하였다. 보호막에 참여하는 이웃들은 이미 침입 절도를 당한 주민들에 주어진 것과 동일한 등급의 보안 장비를 제공받았다. 셋째, 집에 침입 절도가 든 사람에게는 보안이 강화되었다. 이 프로그램은 피해자들뿐만 아니라, 잠재적 가해자들과 지역사회를 대상으로 범행 동기를 줄이기 위한 2단계 사업을 포함했다. 이를 위해 신용조합, 업무프로그램, 학교기반 범죄예방프로그램, 범죄자들을 위한 단체모임, 보호관찰관 및 법원 대상 정보서비스 등이 시행되었다. 프로그램의 효과에 대한 연구결과, (실험) 처치 지역의 1단계 사업 이후 침입 절도 발생률은 이전보다 40%나 감소한 것으로 나타났다(Pease, 1992).

비록 이 프로그램이 커크홀트에서는 반복적인 침입 절도 방지에 효과적이었지만, 미국에서 시행된 프로그램들은 일반적으로 덜 성공적이었다. 실제로 댈러스, 샌디에이고, 볼티모어에서 시행된 침입 절도 예방 프로그램에 대한 검토결과는 어느 도시에서도 침입 절도 발생률이 감소하지 않는 것으로 나타났다. 대신에, 실제로 대상 지역 중 두 도시에서는 통제(비교) 집단들에 비해 침입 절도율이 오히려 증가했다(Weisel, Clarke, & Stedman, 1999). 이들 도시에서 침입 절도 감소를 위해 무엇이 행해졌는지 조사하고, 이를 Kirkholt에서 행해진 것과 비교하는 것은 유익하다. 이들 프로그램에서는, 침입 절도 피해 경험이 있는 사람들에게 경찰이 정보와 조언을 제공하는 방식의 예방이 시도되었다. 이 선술은 개인들의 집을 니 안전하게 만들기 위해 기금을 사용한 커크홀트 프로그램에서 했던 것과는 달랐다.

예방 노력의 표적이 되어 온 두 번째 유형의 반복 피해는 재발하는 성범죄이다. 이러한 예방 프로그램의 대다수는 대학생들을 대상으로 했는데, 그것은 아마도 대학생들이 반복적인 성적 피해를 당할 위험이 높기 때문이며, 대학 캠퍼스에서는 프로그램을 즉각 시행할 수 있다는 점에서 대학생들을 개입의 대상으로 하는 것이 쉽기 때문일 것이다. 이들 프로그램에 대한 평가결과, 여성들은 프로그램에 참여한 후 성폭력에 대해 더 잘 알게 되었으며, 심리적인 기능성도 개선된 것으로 나타났다(Gidycz et al., 2001; Marx, Calhoun, Wilson, & Meyerson, 2001). 그러나 이들 프로그램이 이후의 성적 피해 사건을 경험할 위험을 줄일 수 있을까? 비록 한 가지 개입 프로그램(Hanson & Gidycz, 1993)과 그것의 개정판에 대한 평가가 성적 재피해를 줄이지 못하는 것으로 밝혀졌지만(Breitenbecher & Gidycz, 1998), 동일한 개입이 나중에 2시간 세션으로 확장하여 시행한 프로그램에서는 효과적인 것으로 나타났다(Gidycz et al., 2001). 이 평가에서는 성적 피해 후 개입을 받은 여성이 개입을 받지 않은 여성보다 6개월간의 후속 조사에서 반복적인 성적 피해를 경험할 가능성이 낮은 것으로 나타났다. 이 개입은 나중에 위험 인식 기술을 강조하기 위해 확대되어 대학생들에게 시행되었다. 그것은 또한 프로그램 집단의 여성들이 통제집단의 여성들보다 강간 피해를 적게 신고하는 경향이 있었기 때문에 반복 피해 위험의 감소에도 효과가 있는 것으로 밝혀졌다(Marx et al., 2001). 당신은 아마 예방 프로그램들이 비대학 학생들에게도 시행될 수 있는지 궁금해 할 것이다. 앞서 언급했듯이, 그러한 프로그램들이 널리 퍼져있지는 않지만, 연구자들은 그렇게 하려고 노력하고 있다. 비록 프로그램의 평가에서 재피해 위험의 감소, 성폭행에 대한 지식, 성폭행에 대한 귀인, 자기효능감, 심리적 기능성 향상 등이 참여자에게서 발견되지는 않았지만, 막스와 동료들의 연구(Marx et al., 2001)에서 사용된 프로그램은 도시 표본에 맞게 수정되어 시행되었다(Davis, O'Sullivan, Guthrie, & Ross, 2006). 분명히, 대학생뿐만 아니라 지역사회 구성원들을 위해 그러한 프로그램을 개발하고 시행하는 것은 성적 피해를 입은 개인들이 지속적으로 요구하는 바이다.

예방 프로그램들이 목표로 삼는 세 번째 유형의 반복 피해는 친밀한 파트너 폭력이다. 이러한 예방 프로그램의 대부분은 피해자들에 개입하는 방법에 초점을 맞추기보다는 오히려 반복적인 가해를 줄이는 데 집중해 왔다. 예를 들어, 당신은 제8장에서 미니애폴리스 가정폭력 실험(Minneapolis Domestic Violence Experiment)

에 대해 읽게 될 것인데, 그것은 가정폭력 범죄자들의 재범에 대한 체포의 효과를 평가하기 위해 고안된 실험이었다. 즉, 반복되는 가정폭력을 막는 체포의 능력에 대한 평가였다. 가정폭력 법원과 분노 조절과 같은 다른 프로그램도 친밀한 파트너에 대한 폭력적 행동을 줄이자는 바램에서 범죄자들을 겨냥하고 있다. 피해자를 돕기 위해 고안된 프로그램의 한 종류는 2차 대응자(the second responder) 프로그램이다. 이 프로그램은 보통 경찰관과 피해자 옹호자가 참여하는 팀을 포함하는데, 이들은 경찰의 초동 대응 이후에 지속적으로 피해자를 돕는 일을 한다. 이 후속 조치 동안, 팀은 보호 명령 획득, 가정폭력의 주기적 성격에 대한 정보, 보호 시설의 이전 또는 배치에 대한 지원, 안전 계획 개발에 대한 지원 등과 같은 서비스 및 법적 옵션에 관한 정보를 피해자에게 제공한다. 일부 팀들은 또한 피해자들을 사회 서비스 기관에 추천하고 그들의 독립을 용이하게 하기 위해 직업 훈련과 공적 원조를 제공하는 것을 그들의 목표로 삼을 수도 있다. 그러나 2차 대응자 프로그램들에 대한 10개의 연구를 평가한 결과는 이러한 개입이 피해자가 추가적인 가정폭력 사건을 겪을 가능성에 영향을 미치지 않는다는 것이었다(Davis, Weisburd, & Taylor, 2008). 이러한 개입들을 함께 고려할 때, 반복 피해를 예방하기 위해서는 더 많은 작업이 필요하다는 것이 명백하다. 그렇게 하는 것은 반복 피해자가 모든 피해사건 중 불균형적으로 큰 몫을 경험하기 때문에, 반복 피해를 예방하는 것이 전체 피해를 대폭 감소시킬 수 있다는 점에서 특히 중요하다.

요 약

- 많은 피해자가 단 한 번의 피해로 고통받는 것이 아니라, 미래에 재차 피해당하여 반복 피해자가 된다는 것은 놀라운 현실이다. 피해자들은 시간이 흐르면서 축적되는 피해의 비용에 의해 특히 심한 타격을 받을 수 있다.
- 반복되는 피해와 관련된 용어가 많다. 피해자는 재발 피해자, 반복 피해자, 재피해자, 복합 피해자 또는 근접 반복 피해자일 수 있다.
- 소수의 사람이 특정 기간 동안 피해를 입는다. 이들 피해자 중 일부는 두 가지 이

상의 사건을 겪게 될 것이다. 주목할 만한 것은 이러한 반복 피해자들이 발생하는 모든 피해사건들의 대부분을 경험한다는 것이다.

- 반복 피해에 대한 연구는 피해가 상당히 빨리 재발할 가능성이 크고, 이전에 경험했던 것과 같은 유형의 피해를 경험하기 쉽다는 것을 보여준다.
- 반복 피해에는 많은 위험 요인이 있다. 개인 수준의 위험요소에는 인구통계학적 특성, 생활양식/일상활동 이론 변수 및 유전적 요인이 포함된다. 가구와 근린의 특성 또한 단일 피해자와 반복 피해자를 구별해 준다.
- 왜 사람들이 두 번 이상 피해를 당하는지 설명하기 위해 두 가지 이론이 개발되었는데, 그것은 바로 상태 의존성과 위험 이질성이다.
- 어떠한 피해도 피해자에게 정신적 충격을 줄 수 있지만, 복합적인 사고를 경험하는 것은 특히 해로울 수 있다. 연구에 따르면 두 가지 이상의 피해를 경험하는 것은 한 가지 사건이나 한 가지 유형의 피해를 경험하는 것보다 피해자들에게 더 심각한 결과를 가져올 수 있다고 한다.
- 예방적 노력은 반복 피해의 유발 요인을 표적으로 해야 한다. 대부분의 예방 프로그램은 반복적인 주거 침입, 성범죄, 가정폭력을 표적으로 하며 그 효과는 다양하다.

토의 문제

1. 일상활동/생활양식 이론이 반복 피해에 대한 상태 의존성 및 위험 이질성 설명에 어떻게 부합하는가? 또한 어떻게 다른가?
2. 반복 피해에 대해 확인된 위험인자들을 고려할 때, 위험을 줄이기 위한 개입 프로그램이 표적으로 삼아야 할 것은 무엇인가? 이러한 요소들이 변화의 좋은 대상인가? 왜 그런가? 혹은 왜 그렇지 않은가?
3. 당신이나 당신이 알고 있는 누군가가 피해자라고 생각해 보라. 당신이나 그 사람이 한 번 이상의 피해를 당한 적이 있는가? 만약 그렇다면, 어떤 유형의 반복 피해자인가? 그 이유는 무엇인가? 어떤 요인들이 당신이나 그가 이런 유형의 반복적인 피해자가 되게 했는가? 반복 피해자가 되는 것을 막기 위해 무엇을 할 수 있

었을까?

4. 반복 피해가 발생한다면 대개 왜 그렇게 빨리 일어날까? 지난 피해사건 이후 경
   과 기간이 길어질수록 반복 피해의 위험이 줄어드는 이유는 무엇인가?

주요 용어

재발 피해(recurring victimization)

반복 피해(repeat victimization)

재피해(revictimization)

복합 피해(polyvictimization)

근접 – 반복 피해(near – repeat victimization)

시간 경로(time course)

범죄 전환(crime – switching)

피해 경향성(victim proneness)

위험 이질성(risk heterogeneity)

"플래그" 설명(flag explanation)

상태 의존성(state dependence)

사건 종속성(event dependence)

"부스트" 설명(boost explanation)

복합적 취약성(compounding vulnerability)

피해 돌출(victimization salience)

부적 상태 종속성(negative state dependence)

지연된 반복 피해(delayed repeat victimizations)

인터넷 자원

커크홀트 침입절도 예방 프로젝트:

http://www.popcenter.org/library/scp/pdf/71−Kirkholt.pdf

Kirkholt 침입절도 예방 프로젝트의 실행과 효과에 대해 읽으려면 이 웹사이트를 방문하라. 특히 프로젝트에 대한 내무부 보고서를 참조하라.

반복 피해에 관한 옥스포드 문헌:

http://www.oxfordbibliographies.com/view/document/obo−97801953966
07/obo−9780195396607−0119.xml

이 웹사이트는 반복 피해에 관한 온라인 자원에 대한 간략한 설명과 링크를 제공한다. 여기에서는 반복 피해에 대한 역사적 개요와 반복 피해 관련 최근 주제들을 다룬다. 이것은 학생들이 연구 프로젝트를 시작할 때 도움이 되는 좋은 개관 자료들이다.

폭력적 반복 피해: 연구와 실천의 전망과 과제:

http://www.nij.gov/multimedia/presenter/presenter−lauritsen/pages/prese
nter−lauritsen−transcript.aspx

이 웹사이트를 방문하여 자넷 로리센(Janet Lauritsen) 박사가 국립법무연구원에서 발표한 논문 "폭력적 반복 피해: 연구와 실천의 전망과 과제"를 살펴보라.

제 5 장

피해자의 권리와 구제

제 5 장

피해자의 권리와 구제

앞에서 본 폴리(Polly)의 사건을 다시 살펴보자. 폴리는 밤에 집으로 걸어가는 도중 두 명의 낯선 남자로부터 강도 피해를 당한 어린 여대생이다. 그녀는 책가방을 빼앗기고 폭행을 당했다. 대부분의 피해자들과는 달리, 폴리는 경찰에 전화를 걸어 자신에게 일어난 일을 신고했다. 그녀는 병원에서 상처에 10바늘이나 꿰매야 했다. 명백히 피해자임에도 불구하고, 그녀는 왜 밤에 혼자 집으로 걸어갔는지 등에 대해 경찰의 심문을 받았다. 사건 후 여러 가지 감정적 어려움을 겪고 있었던 그녀는 이 조사로 인해 이차적 피해를 느꼈을지도 모른다. 그녀는 침대에서 일어나기가 어려웠고, 몇 개의 수업을 빼먹었다. 심지어 그녀는 스케줄을 바꾸고 밤에 혼자 외출하는 것을 중단했다.

제3장에서 당신은 이러한 피해가 폴리에게 끼친 다양한 비용(재정적 측면은 물론이고 그녀의 감정과 생활양식에 끼친 비용까지)을 고려했다. 당신도 알다시피, 폴리만이 이러한 비용으로 고생하는 것은 아니다. 많은 피해자가 실질적 비용과 결과를 경험한다. 그러면, 피해자들은 이러한 결과들을 어떻게 처리해 나갈까? 그들은 오롯이 스스로 피해를 회복하도록 남겨지는 것인가, 아니면 그들이 이용할 어떤 서비스가 있는가? 범죄피해자들을 돕는 것은 누구의 책임인가? 범죄피해자들이 그들이 필요로 하고 받을 만한 도움을 받지 못하면 어떻게 될까? 이 모든 질문이 이 장에서 다루어지는데, 당신도 보게 되겠지만, 오늘날 범죄피해자들은 다양한 권리와 자원을 이용할 수 있다.

피해자의 권리

과거, 형사사법제도와 법에 의해 근본적으로 무시되었던 피해자들은 이제 다양한 권리를 갖게 되었다. 이러한 권리는 입법을 통해서 그리고 미국의 32개 주에서는 주 헌법의 개정을 통해서 **피해자 권리**(victims' rights)를 규정함으로써 피해자에게 주어졌다(National Center for Victims of Crime, 2009). 피해자의 권리와 보호를 보장해주는 최초의 법이 1979년 위스콘신주에서 통과되었다. 현재 모든 주는 최소한 어떤 형태로든 피해자 권리 법안을 가지고 있다(Davis & Mulford, 2008). 각 주마다 피해자의 권리를 부여하는 법이 있긴 하지만, 법이 적용되는 대상, 권리의 시작 시기, 권리의 내용 및 시행 방법 등은 주마다 다소 다르다. 그러나 모든 주법에 공통적인 것은 피해자의 권리를 보호하는 목적, 즉 피해자의 사생활, 보호 및 참여를 강화하는 것이다(Garvin, 2010).

주가 공통으로 부여하는 피해자 권리

미국의 모든 주 중 절반에 약간 못 미치는 수가 피해자에게 권리를 부여한다(Howley & Dorris, 2007). 모든 주에서 대부분의 피해자는 보상받을 권리, 권리의 통보, 법정 출두 통보, 그리고 판결 전에 피해 영향 진술서를 제출할 수 있는 권리를 부여받는다(Deess, 1999). 대다수 주에서 피해자들에게 주어지는 다른 일반적인 권리는 배상을 받을 권리, 존엄과 존중을 받을 권리, 선고 공판 등 법정에 출석할 권리, 유죄인정협상이나 피고의 석방 전에 법원 직원으로부터 조언을 받을 권리 등이다(Davis & Mulford, 2008). 피해자에게 확장된 다른 권리로는 보호받을 권리와 신속한 재판을 받을 권리가 있다. 중요하게도, 일부 주들은 피해자들이 형사사법시스템에 참여하는 그들의 권리를 행사하는 동안 그들의 직업(고용)을 명시적으로 보호해준다. 이러한 보호 조치에는 검사가 피해자를 대신하여 고용주에게 개입하도록 하거나, 고용주가 결근 등을 이유로 피해자를 처벌하거나 해고하는 것을 금지하는 것이 포함될 수 있다(National Center for Victims of Crime, 2009). 이러한 권리 중 일부는 다음에 더 자세히 논의되고, 다른 권리는 이 장의 별도 부분에서 논의된다. 각 주가 어떤 권리를 부여하는지 그 예를 보려면, '버지니아주의 피해자 권리'를 정리한 박스 5.1을 참조하라.

박스 5.1 버지니아주의 피해자 권리

피해자 서비스 부서는 범죄피해자에게 다음과 같은 서비스를 제공한다:

- 범죄피해자에 대한 원호
- 수감자의 이전, 석방 날짜, 개명시 이름, 탈출, 체포에 관한 변경사항 통보
- 가석방 및 보호관찰 감독 프로세스의 설명
- 피해자의 요청 시 가석방 심사에 동행
- 지속적인 지원, 위기 개입, 정보 및 의뢰
- 범죄피해자를 위한 교육, 훈련 및 대중 인지 프로그램

피해자는 피해자 정보 및 통지 365(Victim Information and Notification Everyday: VINE) 시스템을 통해 통지받기 위해서 등록할 수 있다.

VINE은 범죄피해자에게 정보와 알림이라는 두 가지 중요한 기능을 제공하는 24시간 익명의 컴퓨터 기반 무료 전화 서비스이다. 피해자는 수감자의 상태를 확인하기 위해 언제든 어떤 터치 톤 전화로도 VINE에 접속할 수 있다. 수감자 정보는 1-800-467-4943으로 전화하고 안내에 따르면 된다.

피해자는 수감자가 가석방 자격이 되는 경우, 수감자의 석방, 이송, 도주 및 가석방 상태에 대해 알 수 있도록 VINE에 자동 통보 전화를 신청할 수 있다.

범죄피해자들은 가해자의 석방과 관련하여 우려할 사항이 있으면 가석방심사위원회(Parole Board)에 의견을 표명할 수 있다. 피해자들은 위원회에 직접 출석하거나 편지를 통해서 자신들의 우려를 표명할 수 있다.

만약 피해자들이 원한다면 교정 당국이나 피해자 서비스 부서 직원과 함께 가석방심사위원회에 출석할 수도 있다.

SOURCE: Virginia Department of Corrections, Victim services. Retrieved from
http://www.vadoc.state.va.us/victim.

통지

통지(notification)권은 피해자들이 자신의 사건과 관련하여 진행되는 사안에 대해 지속적으로 인지할 수 있도록 한다. 형사사법절차의 다양한 단계에서 통지는 피해자들에게 중요하다. 일부 사법권역에서는 가해자가 체포되거나 보석 등의 이유로 석방될 때, 피해자는 통지받을 권리를 갖는다. 피해자들은 또한 재판 절차의 시간과 장소 그리고 원래 예정된 절차의 변경에 대해 통지받을 권리를 가질 수 있다. 또한 가해자의 가석방 심리가 있는 경우나 형사제재가 끝나 석방될 때에도 통보를 받을 수 있다. 통지의 책임은 경찰, 검찰 및 교정 시스템에 부여될 수 있다. 통지를 보다 체계적이고 신뢰성 있게 하기 위해 일부 사법권역은 자동 통보 시스템을 사용하여 (서신이나 전화를 통해) 피해자에게 변경사항에 관해 업데이트해준다. 이러한 시스템은 종종 피해자가 업데이트를 받기 위해 전화를 걸 수 있도록 설정되기도 한다. 일부 주들은 또한 통지 목적으로 이메일 업데이트를 허용하기도 한다. 예를 들어, 메릴랜드주는 최근 2014년에 그러한 법안을 통과시켰다(Basu, 2014). 연방 범죄의 피해자는 국가자동피해자통지시스템(national automated victim notification system)에 참여하기 위해 등록할 수 있다.

참여 및 상담

피해자 권리 운동의 가장 중요한 목표 중 하나는 형사사법시스템의 모든 단계에서 피해자들의 **참여와 상담**(participation and consultation)을 늘리는 것이다. 피해자의 참여를 권장하는 한 가지 방법은 피해 영향 진술서를 제출할 수 있게 하는 것이다. 이 내용은 본 장 후반부의 '법원에서의 구제와 권리'에서 설명된다. 피해자가 참여할 수 있는 또 다른 방법은 유죄인정협상이 제안되거나 보석이 결정되기 전에 판사나 검사와 상의하는 것이다. 상담은 또한 가해자가 가석방되거나 형이 선고되기 전에도 이루어질 수 있다(Davis & Mulford, 2008).

보호받을 권리

피해자들은 또한 형사사법 과정이 진행될 때 보호가 필요할 수도 있다. 피해자들은 법인과 범인이 친구 및 가족을 두려워할 수 있다. 형사사법시스템에 침여하는 것은 사실 피해자들을 위험에 빠뜨릴 수 있다. 이러한 잠재적 위험에 대응하여, 많은 주는 **보호받을 권리**(right to protection)의 범주에 속하는 안전 조치를 피해자의 권리에 포함한다. 예를 들어, 피해자는 피고가 자신에게 접촉하는 것을 금지하는 비접촉 또는 보호 명령을 구할 수 있다. 피해자들은 또한 법원 건물 내에 안전한 대기시설을 제공받을 수도 있다. 피해자의 사생활은 각 주가 더 많이 보호하는 추세이며, 일부 주는 피해자에 대해서는 경찰 및 법원 기록에서 최소한의 정보만 공개한다(Davis & Mulford, 2008).

신속한 재판을 받을 권리

당신은 아마도 범법자들이 **신속한 재판을 받을 권리**(right to a speedy trial)를 가지고 있다는 것을 들어본 적이 있을 것이다. 하지만 모든 주의 약 절반이 피해자들에게도 이 권리를 제공한다는 것을 알고 있었는가? 피해자들에게 부여된 이 권리는, 비록 가해자의 권리만큼 명백하지는 않지만, 판사가 재판 진행에 관한 결정을 할 때는 피해자의 이익을 고려할 것을 보장해준다. 즉, 피해자에게 이런 권리를 부여하는 주에서는 피해자에 대한 배려 없이는 재판을 연기하는 결정을 내릴 수 없다는 것이다. 일부 주에서는 장애인, 노인 또는 미성년 아동 피해자가 관련된 사건에서는 신속한 처분을 명시적으로 제공한다(Davis & Mulford, 2008).

증거 관련 권리

일반적으로 범죄피해자들은 증거물로 채택된 그들의 자산 중 어떠한 것이라도 되돌려받을 권리가 있다. 이 일반적인 권리와 더불어, 최근에는 특히 성폭행 및 강간 사건 관련 증거의 보관과 검사에 관심이 쏠리고 있다. 일부 주에서는 피해자들이 강간 키트처럼 수집된 증거에 대해 돈을 지불하지 않아도 되도록 보호받고 있다. 그들은 또한 이 키트에 대한 테스트 비용도 지불할 필요가 없다. 다른 주들은 키트의 상태와 DNA 일치 여부 통지와 관련된 법안을 통과시켰다. 캘리포니아 성폭행 피해자들의 DNA 권리 법안(California's Sexual Assault Victims' DNA Bill of Rights, 2003)은 성폭행 피해자들에게 그들의 키트 상태와 DNA 일치 여부에 대해 통보받을 권리를 제공한다. 유사한 법안이 텍사스에서도 2013년에 통과되었다. 텍사스는 증거자료를 데이터베이스에 저장된 DNA 프로파일과 비교할 때 피해자들에게 통지받을 권리를 부여한다(National Center for Victims of Crime, n.d.-r)

피해자의 권리와 관련된 문제들

피해자 옹호자들은 피해자에게 권리를 부여하는 법안과 주 차원의 개정안의 채택을 환영했지만, 피해자 권리의 채택 또한 몇 가지 관련 이슈가 있다. 피해자들에게 공식적인 권리를 부여하는 것과 관련하여 주 및 연방정부에 대해 약간의 저항이 있었다. 형법은 범죄를 피해자가 아닌 국가에 대한 해악으로 받아들인다는 점을 기억하라. 또한, 미국 헌법이 범죄를 저지른 것으로 의심되는 사람들에게 어떻게 광범위한 권리를 제공하는지도 생각해 보라. 미국 헌법은 현재 피해자들에게 권리를 제공하는 어떠한 문구도 포함하지 않고 있지만, 반면 범죄를 저지른 것으로 의심되는 사람들에 대해서는 그렇지 않다. 비록 이러한 (피해자 권리에 관한 헌법 규정의) 누락이 일부 사람들에 의해 수정할 만한 가치가 있는 것으로 확인되었지만, 다른 사람들은 피해자의 권리를 헌법에 규정할 필요가 없다고 주장한다(R. Wallace, 1997). 또한, 피해자들에게 권리를 제공하는 것이 이미 과부하 상태에 있는 우리 형사사법시스템에 더 큰 부담을 줄 것이라는 우려도 표명되었다(Davis & Mulford, 2008).

또한, 문제는 피해자의 권리가 보호되지 않을 때는 무엇을 해야 하는가이다. 피해자가 통보를 받지 못하면 어떻게 되는가? 누구 책임인가? 권리가 침해되었을 때 피해자는 법적 또는 그 밖의 어떤 소구권을 가지고 있는가? 피해자 권리에 관한 헌법 규정을 갖는 많은 주가 소속 공무원이 피해자의 헌법상 권리를 침해하는 경우 일반적으로 시행 가능한 권리는 가지고 있지만, 그들 주의 피해자 권리 법안에 구체적인 시행 전략은 두고 있지 않다. 피해자들은 또한 해당 기관에게 법을 준수하도록 지시하는 법원 명령인 직무집행명령(a writ of mandamus)을 청구할 수도 있다(National Center for Victims of Crime, 2009). 일부 피해자들에게는 서류상의 권리가 주어지지만, 그들의 권리가 보호되지 않는다면 그들이 할 수 있는 일은 거의 없다. 이를 개선하기 위해 일부 주들은 캘리포니아의 마시법(Marsy's law)과 같은 법을 통과시켰는데, 이것은 더 포괄적이고, 피해자들에게 법정에서의 권리를 강제할 권리를 부여하는 문구를 포함하고 있다(National Victims' Consututional Amendment Passage, n.d.). 어떤 주들은 범죄피해자의 불만을 처리하기 위한 전담 기관을 설치했다(National Center for Victims of Crime, 2009). 이러한 발전에도 불구하고, 많은 주의 피해자 권리 법안은 피해자들의 권리가 침해되었을 때, 범죄피해자들이 정부기관이나 공무원을 민사적으로 고소할 능력이 없다는 점에 특별히 주목한다. 피해자들에게 어떤 구제책이 허용되든지 간에, 그들의 권리가 실질적으로 보호되지 않는다면, 피해자들은 마땅히 할 수 있는 일이 아무것도 없다고 하는 절망감 내지는 또 다른 피해의식을 느낄 것이라는 점을 당신은 알 수 있을 것이다.

연방 법률

지금까지 우리는 주 정부가 범죄피해자에게 부여하는 공통의 권리를 논의했지만, 연방정부도 범죄피해자 권리를 보호하는 것의 중요성을 인식해왔다(피해자 권리와 관련된 연방 법률들의 연대표와 간략한 설명은 표 5.1을 참조하라). 1982년, 범죄피해자에 대한 대통령 특별 위원회(President's Task Force on Victims of Crime)는 어떻게 하면 피해자들이 인정을 받고 그들이 필요한 권리와 서비스를 받을 수 있을 것인가에 대한 68건의 권고를 포함하는 보고서를 발표했다. 이러한 권고안은 부분적으로 피해자들에게 첫 번째 연방 권리를 부여하는 법안의 개발을 이끌었다. 그렇게 통과된 첫 번째 법률이 연방 **피해자 증인 보호법**(Victim Witness Protection Act, 1982)이었다. 이 법은 법무장관이 유관 공무원들에게 피해자와 증인에 대응하는 방법을 개괄적으로 설명하는 지침을 만들어 시행하도록 의무화했다. 2년 후에는, 범죄피해자사무국을 신설하고 주의 피해자 보상 프로그램을 지원하는 기금을 조성하기 위해 **범죄피해자법**(Victims of Crime Act, 1984)을 통과시켰다. 이 기금은 벌금과 과료 그리고 연방법 위반자들의 압류된 자산으로부터 조성되었다. 피해자 권리에 있어서 한 가지 중요한 조처가 **아동 피해자 권리 법안**(Child Victims' Bill of Rights, 1990)의 통과로 이루어졌는데, 이 법은 피해자의 권리를 아동 피해자와 목격자에까지 확장하는 것이었다. 아동 피해자와 목격자는 형사 절차에 대해 그들이 이해할 수 있는 언어로 설명받을 권리, 인터뷰, 청문회 및 재판에 변호인을 출석시킬 수 있는 권리, 재판에서 안전한 대기 장소를 가질 수 있는 권리, 아이 또는 보호자가 별도로 명시하지 않는 한 개인 정보를 비공개로 유지할 수 있는 권리, 형사절차에 대한 그들의 이해력과 관련하여 법원과 논의하기 위해 조력자를 가질 권리, 도움받을 기관에 대한 정보와 추천을 받을 권리, 그리고 경찰로부터 다른 필요한 서비스를 제공받을 권리를 부여받았다. **범죄통제법**(Crime Control Act, 1990)과

피해자 권리 및 배상법(Victims' Rights and Restitution Act, 1990)도 통과되어, 연방 범죄피해자를 위한 연방 권리장전을 만들고, 피해자의 배상받을 권리를 보장해주었다. 특히, 연방 범죄의 피해자들은 다음과 같은 권리를 부여받았다.

a. 피고로부터 합리적으로 보호되어야 한다.
b. 피고의 범죄나 석방 또는 도주를 포함한 모든 공적 절차에 대한 합리적이고 정확하며 시의적절한 통지를 받고, 그러한 절차에서 배제되지 않는다.
c. 석방, 탄원 또는 판결을 포함한 모든 공적 절차에서 합리적으로 들을 수 있다.
d. 사건과 관련하여 정부측 변호사와 협의한다.
e. 법률에 규정된 대로 완전한 적시의 보상을 받는다.
f. 부당한 지연이 없는 절차를 보장받는다.
g. 피해자의 존엄성과 프라이버시가 존중되어야 하고, 공정하게 처우되어야 한다.

이 법은 또한 법원이 범죄피해자들에게 이러한 권리를 부여하도록 보장한다.

표 5.1 피해자 권리 관련 연방 법률

법령(연도순)	주요 규정
피해자 증인 보호법 (Victim Witness Protection Act, 1982)	• 목격자, 피해자 또는 제보자와 뒷거래하는 사람에 대한 처벌 제공 • 피해자가 주소와 전화번호를 제공한 경우, 피고의 체포 사실, 피해자가 법정에 출두할 수 있는 일시, 피고의 석방 또는 구금, 그리고 피해자가 선고 법정에서 의견을 표명할 기회에 관해 통보 • 제안된 기각 및 유죄인정 협상과 관련하여 연방정부 당국자가 피해자 및 목격자와 상의 • 당국자는 피해자와 목격자의 이름과 주소를 공개하지 못함
범죄피해자법 (Victims of Crime Act, 1984)	• 주 및 지역 피해자 지원 및 보상 프로그램을 촉진하는 범죄피해자 기금의 설립 • 1998년, 주 정부 프로그램이 음주운전 및 가정폭력의 피해자 및 생존자를 연방기금 지원 자격에 포함하도록 요구하기 위해 개정됨
아동피해자 권리헌장 (Child Victims' Bill of Rights, 1990)	피해자 또는 증인이 되는 아동에게는 다음과 같은 권리가 부여된다. • 형사절차를 어린이가 이해할 수 있는 언어로 설명 • 인터뷰, 청문회 및 재판에 피해자 변호인의 참석

	• 재판 시 안전한 대기 구역 제공 • 아동 또는 보호자가 별도로 지정하지 않는 한 특정 개인 정보는 비밀로 유지할 것 • 형사절차에 대한 피해자의 이해력에 관해 재판부와 논의할 변호인 • 피해자지원 기관에 대한 정보 제공 및 해당 기관에 대한 의뢰
피해자 권리 및 배상법 (Victims' Rights and Restitution Act, 1990)	피해자에게 아래의 권리를 부여한다. • 피고로부터 합리적으로 보호되어야 한다. • 피고의 범죄나 석방 또는 도주를 포함한 모든 공적 절차에 대한 합리적이고 정확하며 시의적절한 통지를 받고, 그러한 절차에서 배제되지 않는다. • 석방, 탄원 또는 판결을 포함한 모든 공적 절차에서 합리적으로 들을 수 있다. • 사건과 관련하여 정부 측 변호사와 협의한다. • 법률에 규정된 대로 완전한 적시의 보상을 받는다. • 부당한 지연이 없는 절차를 보장받는다. • 피해자의 존엄성과 프라이버시가 존중되어야 하고, 공정하게 처우되어야 한다.
폭력 범죄 통제 및 법 시행법 (Violent Crime Control and Law Enforcement Act, 1994)	• 여성 대상 폭력에 맞서기 위해 16억 달러 배정 • 피해자 서비스 및 옹호자, 강간 교육 및 지역사회 예방 프로그램을 위한 비용 포함
여성폭력방지법 (Violence Against Women Act, 1994)	• 여성 대상 폭력을 줄이고 그에 대응하기 위한 프로그램에 10억 달러 제공 • 피해보상 프로그램을 위한 기금을 확대하고, 국가 성범죄자등록 시스템을 설립함
테러방지 및 효과적 사형법 (Antiterrorism and Effective Death Penalty Act, 1996)	• 강력범죄의 경우 배상을 강제함 • 테러 희생자에 대한 보상 및 지원 확대
피해자 권리 명시법 (Victims' Rights Clarification Act, 1997)	• 사형선고가 가능한 사건의 판결단계에서 피해자에게 피해영향진술권을 부여하고, 가해자에 대한 재판에 참석할 수 있는 권리를 명시함
여성폭력방지법 (Violence Against Women Act, 2000)	• 이민자의 가정폭력피해에 대한 추가 보호 제공 • 강간 예방 및 교육, 구타당한 여성 쉼터, 여성 폭력피해자에 대한 일시적 주거를 위한 자금지원 허용; 여성 노인과 장애인에 대한 폭력 해결
만인을 위한 정의법 (Justice for All Act, 2004)	• 범죄피해자의 권리에 대한 연방의 추가적 보호 제공 • 범죄 현장 및 유죄판결을 받은 범죄자로부터 수집된 DNA샘플의 재고 분량을 테스트하기 위한 자금 제공
여성폭력방지법 (Violence Against Women Act, 2013)	• 원주민이 아니더라도 지역사회에서 범죄자를 기소할 수 있는 권한을 부족법원에 부여 • 가정폭력 및 성폭력 생존자가 연방정부 보조금을 받는 주거프로그램에서 퇴출되는 것을 금지함 • 각급 대학이 데이트 폭력 사건을 기록하고, 그 발생을 방지하고, 피해자

	에게 자원을 제공하는 프로그램을 운영하도록 요구함 • 폭력 범죄피해를 당한 성소수자(lesbian, gay, bisexual, transgender, and queer: LGBTQ)가 도움을 구할 때, 그들에 대한 차별 금지 • 이민 생존자를 위한 규정 강화
성폭력 포렌식증거 보고법 (Sexual Assault Forensic Evidence Reporting Act, 2013)	• 검사 대기 중인 성폭행 증거 검체에 대한 감사를 제공 • 법 집행 기관에 의한 DNA의 수집과 처리가 적시에 확립된 프로토콜과 관행에 맞추어 이루어졌음을 보장 • DNA 증거가 정확하고, 시기적절하고, 효과적으로 수집되었는지를 식별하는 프로토콜과 관행을 수립하고 발표하도록 FBI에 요구

1990년대에는 **폭력 범죄 통제 및 법 집행법**(Violent Crime Control and Law Enforcement Act, 1994)도 채택되었는데, 이 법은 여성에 대한 폭력을 줄이고 대응하기 위해 만들어진 프로그램에 10억 달러 이상을 제공한 **여성폭력방지법**(Violence Against Women Act: VAWA, 1994)의 시행을 포함시켰다. 그것은 또한 피해보상 프로그램을 위한 기금을 확대하였고, 국가 성범죄자 등록부를 신설했다(Gundy-Yoder, 2010). **테러방지 및 효과적 사형법**(Antiterrorism and Effective Death Penalty Act, 1996)도 통과되어, 강력범죄의 경우 배상을 강제하고, 테러 피해자에 대한 보상과 지원을 더욱 확대하였다. 법정형으로 사형을 선고할 수 있는 사건의 선고단계에서 피해영향진술을 제출할 수 있는 권리가 피해자에게 주어졌으며, **피해자 권리 명시법**(Victims' Rights Clarification Act, 1997)을 통해 가해자의 재판에 참석할 수 있는 권리가 명시되었다.

피해자의 권리는 21세기 초에 더욱 확대되었다. **여성폭력방지법**(Violence Against Women Act, 2000)은 2000년 인신매매 및 폭력피해자 보호법(Victims of Trafficking and Violence Protection Act of 2000)의 일환으로 서명되었다. 그것은 이전의 VAWA(여성폭력방지법) 기금을 일부 재허가했다. 이 법은 또한 강간 예방과 교육, 구타당한 여성 쉼터, 폭력피해 여성들의 일시적 주거를 위한 자금지원을 승인했으며, 노인 여성과 장애인에 대한 폭력 문제를 다루었다. 이 법은 또한 인터넷을 통한 스토킹을 포함하도록 연방의 스토킹 법규를 확대했다. **여성폭력방지법**(Violence Against Women Act, 2013)이 13년 만에 재인가됐다. 다른 조항 중에서, 그것은 모든 연방정부 보조금을 받는 주거 프로그램에서 가정폭력피해자에 대한 주거 보호를 확대하고, 성폭행 피해자를 보호하며, 대학 캠퍼스에서의 데이트 폭력피해자에 대한 추가적인 보호를 제공하고, 성소수자((lesbian, gay, bisexual, transgender, and queer: LGBTQ) 폭력 생존자가 필요한 서비스를 받을 수 있도록 차별을 방지하고 보호를 확대한다. **만인을 위한 정의법**(Justice for All Act, 2004)은 연방 범죄피해자의 권리를 강화하고, 법이 준수되지 않을 때는 집행과 구제책을 제공한다. 그것은 또한 강간 키트의 재고분을 검사하기 위한 자금을 제공한다. 특히 연방 수준에서의 강간 키트 테스트에 더욱 주의를 기울였다. 여성폭력방지법 재인가의 일환으로 법률이 된 **성폭력 포렌식증거 보고법**(Sexual Assault Forensic Evidence Reporting Act: SAFER, 2013)은 성폭력 키트 재고 감사를 위한 자금을 조성하기 위해 데비 스미스법(Debbie Smith Act, 2004)을 개정했다(데비 스미스법은 실험실에 있는 키트의 재고분을 해결하기 위해 주와 지방정부에 연방 자금을 지원했다). 그것은 또한 배정된 자금의 최소 75%는 2018년까지 키트의 재고를 줄이고 실험실의 처리 능력을 키우는데 사용되어야 한다고 규정하고 있다(National Center for Victims of Crime, n.d.−a).

연방 수준에서의 피해자 권리 제공과 확대에도 불구하고, 아직 연방 헌법은 개정되지 않았다. 이러한 연방 헌법의 미비함은 전국 피해자 헌법개정 네트워크(National Victims' Constitutional Amendment Network)와 운영 위원회가 1987년에 결성되었고 연방의 피해자 권리 헌법 개정안이 1996년 상하 양원에 제출되었다는 점을 감안하면 다소 놀라운 일이다. 1997, 1998, 1999, 2000, 2003, 2004년에 추가적으로 피해자 권리 헌법 개정안이 제출되었다(Maryland Crime Victims' Resource Center, 2007). 그러나 그러한 개정안은 아직 채택되지 않았다.

재정적 구제

제3장에서는 피해자가 직면하는 상당한 비용에 대해 읽었다. 이 비용 중 일부는 재정적인 것이다. 피해자들은 근무 시간을 빼앗기고, 병원비를 내고, 정신건강 관리에 돈을 지불하고, 범죄 현장을 청소해야 하고, 사랑하는 사람의 죽음으로 소득을 상실할 수도 있다. 이러한 비용의 일부를 완화하기 위해 피해자들은 주 정부에 금전적 보상을 신청하거나, 가해자로부터 배상을 받거나, 민사적 구제책을 찾을 수도 있다.

피해 보상

피해자들이 경제적 손실에 대한 금전적 보상을 받을 수 있는 한 가지 방법은 주가 운영하는 **피해보상**(victim compensation) 프로그램을 통해서이다. 1965년 캘리포니아에서 처음 시작된 피해보상 프로그램은 현재 모든 주에서 운영되고 있다. 보상금은 다양한 소스에서 나온다. 자금의 많은 부분은 범죄자들로부터 나온다. 즉, 벌금과 과료가 기소된 범죄자들로부터 징수된다. 이 과료는 가해자들이 지불하게 되어 있는 일반 법정 수수료 금액에 부가된다. 게다가, 범죄피해자법(VOCA, 1984)은 주의 보상 및 원조 프로그램을 위한 자금지원을 허가했다. 오늘날 VOCA 범죄피해자 기금은 피해자를 돕기 위해 주 당국에 연간 7억 3천만 달러 이상을 지원하고 있으며, 각 프로그램의 기금 중 약 3분의 1을 구성한다(National Association of Crime Victim Compensation Boards, 2014). VOCA는 주의 프로그램을 위한 기금을 증가시켰을 뿐만 아니라, 주가 피해자의 거주 여부와 상관없이 주 경계 내에서 희생된 모든 미국 시민들을 커버하도록 요구하였다. 그것은 또한 각 주가 정신건강 상담을 제공하도록 요구하였고, 음주운전뿐만 아니라 가정폭력에 의한 희생자들도 지원 대상으로 포함할 것을 요구하였다. 2015년에 이루어진 2년 단위 예산협의에서 15억 달러가 범죄피해자 기금에서 삭감되었기 때문에, 앞으로 이 기금이 어떻게 운영될 것인지, 주 정부가 그들의 프로그램을 어떻게 지원할 것인지는 두고 봐야 한다(Sowyer, 2015).

그러나 모든 피해자가 범죄피해자 기금으로부터 보상을 받을 자격이 되는 것은 아니다. 강간, 폭행, 아동 성학대, 음주운전, 가정폭력, 살인 등의 피해자만이 대상인데, 그것은 이런 범죄는 피해자에게 과도한 고난을 초래하는 것으로 알려져 있기 때문이다(Klein, 2010). 어떤 주에서는 피해자의 신체적 부상이 전제되지만, 다른 주에서는 피해로 인한 심각한 정신적 외상을 경험했다면 보상의 대상이 된다(Evans, 2014). 피해자가 보상을 받기 위해서는 피해의 유형과 더불어 다음과 같은 요건을 충족해야 한다.

- 피해사가 아동이거나, 감금되었거나, 다른 이유로 무력화되는 것 같이 타당한 이유가 따로 있지 않은 한, 일반적으로 피해당한 지 72시간 이내에 피해

를 즉시 경찰에 신고할 것

- 사건의 수사 및 기소 과정에서 경찰 및 검찰에 협조할 것
- 일반적으로 특정 시간 내에, 즉 범죄 발생일로부터 1년 이내에, 비용의 증거를 첨부하여 보상 신청할 것
- 보험 또는 기타 프로그램과 같은 다른 출처에 의해 비용이 보상되지 않았음을 보여줄 것
- 피해를 발생시키거나 그 원인이 된 범죄행위 또는 중대한 위법행위에 관여하지 않았음을 확인시켜줄 것

피해자는 의료비, 정신건강치료비, 장례비, 임금손실분 등 다양한 비용을 보상받을 수 있다. 일부 프로그램은 범죄 현장 정리비용, 치료를 받기 위한 교통비, 이사비, 가사 관리비, 보육비 등으로 보상범위를 확대했다(Klein, 2010). 피해자가 보상받을 수 있는 다른 비용으로는 안경이나 교정 렌즈의 교체나 수리, 치과 진료, 인공 장구, 법의학적 성폭행 검사 비용 등이 있다. 재산피해와 손실은 보상받을 수 없는 비용이며(Office for Victims of Crime, 2012), 고통과 고난에 대해 보상하는 주는 현재 단 2개(하와이, 테네시)에 불과하다는 점을 주목하라(Evans, 2014). 주는 범죄피해자들이 피해자 기금에서 받을 수 있는 돈의 양을 제한하는 상한선을 두고 있는데, 일반적으로 사건당 1만 달러에서 2만 5천 달러에 이른다. 평균적으로 피해자가 받을 수 있는 최대치는 26,000달러다. 일부 주에서는 치명적인 부상과 영구적인 장애에 대해 5,000달러에서 15만 달러의 보상을 하기도 한다(Evans, 2014).

보상은 분명히 피해자들에게 혜택을 줄 수 있지만, 현재의 보상 프로그램에는 약간의 문제가 있다. 한 가지 문제는 보상을 받을 수 있는 피해자의 극히 일부만이 실제로 이러한 기금으로부터 돈을 받는다는 것이다. 게다가, 사람들이 보상을 신청할 때조차도, 그들이 보상을 받을 것이라는 보장은 없다. 2012년 피해자 보상 청구 자료를 보면, 청구 건수의 약 4분의 1이 거부된 것으로 나타났다(Office for Victims of Crime, 2013). 이 프로그램은 또한 피해자들이 형사사법시스템에 참여하는 것을 고무시키지도 않는 것 같다. 보상을 받은 사람이 다른 사람보다 더 만족하고 있다는 증거도(Elias, 1984), 형사사법절차에 더 참여할 가능성이 있다는 증거도 거의 없다(Klein, 2010).

배상

범죄피해자 기금에서 나오는 돈과 달리, 배상은 가해자가 피해자에게 지불하는 돈이다. 배상은 판결의 일부로서 법원 명령에 의해 이루어진다. 즉, 판사는 비용을 보상하기 위해 피해자에게 돈을 지불하라고 가해자에게 명령한다. 보상 프로그램과 마찬가지로, 배상을 통해 회복될 수 있는 비용에는 의료비와 치과 진료비, 상담비, 교통비, 임금손실분 등이 포함된다. 배상은 또한 피해보상 프로그램과는 달리 도난 또는 파손된 재산의 비용을 회복하기 위해서도 명령할 수 있다. 배상은 고통 및 고난과 관련된 비용을 회복하기 위해 명령할 수는 없다. 그것은 유형(tangible)의 입증할 수 있는 비용에 한정된다.

배상은 여러 가지 이점을 갖는다. 그것은 회복적 사법의 관념에 근거하며, 지역사회, 가해자, 피해자 모두를 형사사법체계에 참여시키려 한다. 배상금을 지불하는 것은 가해자와 피해자 모두를 범죄 이전 상태로 회복시키는 데 도움이 된다. 그러나 문제는 배상 명령을 내리기 위해서는 먼저 범인을 잡아야 한다는 점이다. 종종 범죄는 신고되지 않고 범죄자들은 체포되지 않는다. 가해자가 구속되더라도 법원이 배상금액을 결정하기 어려울 수 있다. 어머니의 약혼반지를 도난당한 피해자에게 배상금으로 얼마나 많은 돈을 지불해야 하는가? 피해자에게 있어서 그 반지의 가치는 판사가 가해자에게 배상금으로 지불하도록 명령하는 돈보다 훨씬 더 클 수 있다. 게다가, 많은 범죄자가 법원의 명령이 있어도 피해자들에게 즉시 지불할 충분한 돈을 갖고 있지 않다. 그 결과로 배상이 이루어지지 못할 수도 있다.

민사소송

비록 보상과 배상 프로그램이 범죄피해자들의 피해비용을 회수하는 데 상당한 도움이 될 수 있지만, 모든 경제적 비용이 커버되는 것은 아니다. 또한, 어떤 프로그램도 고통과 고난의 비용을 다루지는 않는다는 점을 상기하라(고통과 고난에 대한 보상을 허용하는 두 주는 제외). 이러한 보상되지 않은 비용을 회수하기 위해 피해자들은 가해자에 대한 **민사소송**(civil litigation)을 추진할 수 있다. 민사소송에는 원고(소송을 제기하는 사람)에게 주어지는 몇 가지 주요 이점이 있다. 원고는 소송의 당사자로서 국가 대 피고인의 재판, 즉 형사재판과는 달리 합의 여부를 주체적으로 결정할 수 있다(National Crime Victim Bar Association, 2007). 사람들은 신체적 손해뿐만 아니라 정서적 해악에 대해서도 배상금을 요구할 수 있다.

게다가, 민사재판에서는 요구되는 증거의 수준도 다르다. 형사재판에서의 증거 기준인 합리적 의심을 뛰어넘는 수준이 아니라, 적정한 우위에 의해 책임을 입증하면 된다. 만약 법원이 피고가 실제로 책임이 있다고 판단하면, 가해자는 원고가 입은 손해에 대해 재정적으로 책임을 져야 한다. 그러나 배상과 마찬가지로 피해자가 실제로 돈을 받을 가능성은 가해자의 확인 및 가해자의 지불 능력과 관련이 있다. 이에 따라 피해자의 배상금 회수는 상당히 어려울 수 있다. 또한, 민사소송에 들어가는 비용은 피해자가 부담해야 하며 상당히 비쌀 수 있다. 피해자는 변호사를 고용해야 할 수도 있고, 민사소송은 때로는 몇 년씩 질질 끌 수도 있다.

법원에서의 구제와 권리

범죄피해자들에게는 형사사법시스템의 다른 단계에서도 권리가 주어진다. 비록 이 장에서 자세히 논의되지는 않았지만, 경찰은 흔히 범죄피해자들이 상호작용하는 첫 번째 수준의 형사사법기관이다. 피해자들이 경찰로부터 받는 반응은 그들이 형사사법시스템을 전체적으로 보는 방식을 형성할 수 있고, 만일 재차 피해를 당한다면 그들의 향후 대응에도 영향을 미칠 수 있다. 경찰이 피해자들의 기대에 부응한다면, 피해자들은 높은 수준의 만족을 나타낼 것 같다. 그러나 피해자들의 기대가 충족되지 않는다면, 피해자들은 낮은 수준의 만족을 보일 것이다(Chandek & Porter, 1998). 즉, 경찰에 대한 전반적인 만족도에 영향을 미치는 것은 경찰이 하는 일과 관련되리라 기대한다. 더불어, 검찰과 법원도 범죄피해자에게 권리를 제공한다. 이러한 권리는 다음에 논의된다.

피해 영향 진술

앞서 논의한 바와 같이, 형사재판은 범죄를 국가에 대한 해악으로 보는 적대적 체계에 있는 두 당사자를 포함한다. 이처럼, 역사적으로 피해자들은 형사재판에서 증인의 역할 이상을 수행한 적이 거의 없었다. 1970년대까지만 해도 피해자들은 형사재판 과정에서 최소한의 목소리도 낼 수 있는 권리를 받지 못했다. 이들 권리 중 하나가 1976년 캘리포니아 프레즈노에서 처음 채택되었는데, 그것은 피해자에게 **피해영향진술**(victim impact statement: VIS)을 통해 법원에 의견을 표명할 기회를 주었다. VIS는 피해 당사자나 가족 등 범죄로 간접 영향을 받는 사람이 제출할 수 있다. VIS는 서면으로 제출되거나 구두로 표명(피해자 고유)된다.

VIS에서는 피해에 의한 정신적, 경제적, 사회적, 신체적 영향을 포함하여, 일반적으로 야기된 해악이 상세하게 설명된다. 사법권역에 따라서는 피해자나 VIS를 제출하는 다른 사람이 가해자에게 합당한 형량에 대한 기대치를 제시할 수도 있다. VIS의 예를 보려면, 박스 5.2, '스탠퍼드 강간피해 영향진술의 발췌문'을 참조하

사진 5.1 피해자가 선고 중에 법정에서 피해자 영향 진술을 하고 있다.

라. 이 사건에서는 강간을 당한 여성이 13쪽 분량 7천 단어의 VIS를 작성해 선고 과정에서 낭독했다. 그녀의 가해자는 의식불명인 사람에 대한 성폭행, 만취한 사람에 대한 성폭행, 강간을 의도한 성폭행 등 3가지 중죄로 유죄를 선고받았지만, 결국 징역 6개월에 집행유예 3년을 선고받았다(Murdock, 2016). 피해자는 형의 선고단계에서 VIS를 제출·표명할 수 있을 뿐만 아니라, 대부분 주에서 가석방 심리단계에서도 VIS를 할 수 있도록 허용하고 있다. 어떤 경우에는, 최초의 VIS가 가해자의 파일에 포함되어 가석방 과정에서 고려된다. 다른 경우, 피해자는 최초의 VIS를 업데이트하고, 가석방 심사에 필요한 정부를 추가하는 것도 허용된다. 흔하지는 않지만, 피해자는 보석 청문회, 재판 전 석방 청문회, 유죄인정협상 청문회 동안에도 VIS를 제출·표명할 수 있다(National Center for Victims of Crime, 1999). 중

요한 것은, 피해자의 바람에도 불구하고, VIS는 참조정보로만 사용되며, 법원의 결정에 영향을 미칠 수 있지만, 항상 그렇지는 않다. *미네소타주 대 존슨(State v. Johnson, 1993)* 사건에서 주 항소법원이 주목한 것처럼, 비록 피해자의 소망이 중요하긴 하지만, 그것이 검찰의 기소결정에서 유일한 고려사항이나 결정요소인 것은 아니다.

박스 5.2. 스탠퍼드 강간피해자의 피해 영향 진술의 발췌문

"어느 날, 나는 직장에서 핸드폰으로 뉴스를 스크롤하다가 우연히 한 기사에 빠졌습니다. 기사를 읽는 동안, 나는 처음으로 정신을 잃고 있는 나 자신을 발견하게 되었습니다. 그때 나의 머리가 흐트러졌고 긴 목걸이와 겉옷과 브래지어가 벗겨졌습니다. 나는 부츠까지 벗겨졌고, 다리는 벌려져 있었으며, 내가 알지 못하는 누군가의 무엇에 의해 관통당하고 있었습니다. 이것이 내가 직장에서 책상에 앉아 뉴스를 읽던 도중 나에게 발생한 일을 알게 된 방법입니다. 나는 내게 무슨 일이 일어났는지 알게 되었고, 동시에 세상 모든 사람도 나에게 일어난 일을 알게 되었습니다. 나는 머리핀에 찔려 정신을 차렸습니다. 그는 내 속옷을 벗기고, 내 안에 손가락을 집어넣었습니다. 나는 이 사람을 전혀 모릅니다. 아직도 이 사람을 모릅니다. 내가 이런 나에 관해 읽게 되었을 때, 나는 이렇게 말했습니다. 이건 내가 아니야! 이게 나일 수 없어! 나는 이 내용의 어떠한 것도 받아들일 수 없었습니다. 나는 우리 가족이 이 내용을 온라인에서 읽어야 한다는 것을 상상조차 할 수 없었습니다. 나는 계속 읽었습니다. 다음 단락에서, 나는 결코 용서할 수 없는 어떤 것을 읽게 되었습니다. 그는 내가 그것을 즐겼다고 반복해서 말했습니다. 다시 말하지만, 나는 나의 이 감정들을 표현을 말을 찾을 수 없습니다 …

우리가 이기지 못할 경우를 대비하라는 (검사와 변호사의) 말을 들었을 때, 나는 그럴 수 없다고 말했습니다. 내가 정신을 차린 그 순간 그는 유죄였습니다. 어느 누구도 그가 내게 끼친 상처로부터 벗어나라고 말할 수 없습니다. 가장 나쁜 것은, 내가 경고를 받았다는 것입니다. 왜냐하면, 그는 이제 여러분들이 기억하지 못한다는 것을 알고 있기 때문입니다. 그는 아마 대본을 쓰게 될 것입니다. 그는 하고 싶은 말을 다 할 수 있고, 어느 누구도 이의를 제기할 수 없습니다. 나는 힘도 없었고, 목소리도 작았고, 무방비 상태였습니다. 일시 기억상실은 나에게 불리하게 작용했을 것입니다. 나의 증언은 약했고, 불완전했습니다. 그리고 나는 아마도 내가 이기기에 충분하지 않다고 믿게 되었습니다. 그건 너무 심합니다. 그의 변호사는 지속적으로 배심원들에게 상기시켰습니다. 그녀가 기억을 못하기 때문에 우리가 믿을 수 있는 유일한 사람은 브락(Brock)이라고 … 그 무력감은 나에게 깊은 상처를 남겼습니다."

SOURCE: Stanford Rape Victim Statement, 2016. Retrieved from
https://assets.documentcloud.org/documents/2854755/Victimstatement.pdf

VIS가 피해자들에게 혜택을 줄 것으로 기대하는 데는 여러 가지 이유가 있다. 그것은 피해자들에게 법정에서 들을 수 있는 권리를 주고, 그들의 고통과 경험을 형사재판 과정에서 알릴 수 있도록 허용한다. 이같이 VIS는 특히 피해자의 진술을 검사나 판사가 진지하게 참고할 경우 그리고 피해자의 권고가 가해자가 받는 형량에 참작될 경우에는 피해로 인한 상처를 치유하는데 도움이 될 수 있다. 이러한 잠재적인 치료적 이익 외에도, VIS는 또한 범죄행위가 피해자에게 끼친 영향을 재판부와 형사사법 행위자들이 진정으로 이해하도록 귀중한 정보를 제공할 수 있다. 그것은 판사가 피해자에게 야기된 진정한 해악을 더 잘 반영하는 판결을 내리는 데 도움을 줄 수 있다. 또한, VIS를 통해 가해자들에게 그들의 범죄가 끼친 영향을 듣게 하는 것이 유익할 수도 있다. 그들의 행동이 다른 사람에게 얼마나 상처를 주었는지 듣게 하는 것은 가해자들이 자신들의 행위를 합리화하는 것을 어렵게 만든다.

이러한 제안된 혜택들에도 불구하고, 모든 피해자가 VIS 권리를 사용하는 것은 아니다. 예컨대, 텍사스의 최근 자료에 따르면, 범죄피해자들에게 배포된 VIS 신청서 중 22%만이 지방검찰청에 접수되었다. VIS가 제출된 피해의 유형은 미성년자 대상 성폭행이 가장 흔했고, 그 다음은 강도였다(Yun, Johnson, & Kercher, 2005).

그럼에도 피해자들이 일반적으로 VIS를 제출하지 않는 이유는 다양하다. 그들은 서면으로 감정을 표현하거나 법정에 가서 공개적으로 진술하는 것을 불편하게 느낄 수 있다. 그들은 가해자를 두려워하고 보복을 두려워할 수 있다. 다른 사람들은 VIS의 권리를 완전히 알지 못하거나, 이 권리를 사용하는 방법을 모를 수도 있다. 비록 VIS를 제출하거나 하지 않는 것은 확실히 피해자의 선택이지만, 그것은 범죄자가 받는 형량에 영향을 미칠 수 있다. 최근의 연구는 VIS가 사형을 선고할 수 있는 사건에서 이루어지면, 가해자에게 사형이 선고될 가능성이 증가한다는 것을 보여준다(Blumenthal, 2009). 덜 중한 범죄에 미치는 영향은 분명하지 않지만, 연구에 따르면, VIS가 양형에 영향을 미칠 경우, 그것은 징벌적 방식으로 영향을 미친다고 한다(Erez & Globokar, 2010). 비록 추측이기는 하지만, 이러한 영향의 이면에 있는 이유는 피해자와 그 가족으로부터 피해의 여파에 대해 듣는 것이 배심원들의 감정에 미치는 영향과 관련 있을 수 있다. 연구에 따르면, VIS에 노출되면 범죄자들에 대한 적개심, 분노, 복수심의 감정이 증가할 수 있다(Paternoster & Deise, 2011). 다른 연구에 따르면, 모든 배심원이 VIS에 대해 같은 반응을 보이는 것은 아니다. 적개심으로 반응하고 결과적으로 긴 형량을 추천하는 경향이 있는 배심원은 사안에 대해 감정적으로 접근하는 경향성을 갖는 사람들이다(Wevodau, Cramer, Kehn, & Clark, 2014).

VIS는 피해자에게 유리할 수 있지만, 범죄자들에 대한 공평한 정의란 문제를 제기한다. VIS가 이루어졌다는 이유로 범죄자가 더 엄한 처벌을 받아야 하는가? 역으로, 피해자들은 그들이 VIS를 할 수 없거나 할 의향이 없다고 하여 그들의 가해자를 최대한 엄격하게 처벌받게 할 자격이 없는 것인가? 이 문제는 VIS 사용을 둘러싼 논쟁의 근간을 이루고 있다. VIS의 합헌성 여부가 특별히 사형선고가 가능한 사건에서 문제시되어왔다. 현행 판례법은 사형선고가 가능한 사건에서도 VIS 사용을 합헌으로 규정한다. *페인 대 테네시*(Payne v. Tennessee, 1991) 사건에서 미국 대법원은 "피해자의 영향 진술이 피고인의 권리에 부정적인 영향을 미치지는 않으며, VIS는 피해자에게 초래된 해악을 법정에 알리는 한 가지 방법이다"라는 취지로 판결했다. 이 결정으로 각 주는 사형선고가 가능한 사건에서도 VIS를 허용할 수 있게 되었다.

VIS를 하는 것이 오히려 피해자에게 큰 충격을 줄 수 있다는 점에서 피해자에 주는 긍정적 혜택이 과장된 것 일 수도 있다(Bandes, 1999). 피해자들은 또한 VIS를 통한 그들의 권고가 받아들여지지 않을 경우 불만을 가질 수 있다(Davis, Henley, & Smith, 1990; Erez, Roeger, & Morgan, 1994; Erez & Tontodonato, 1992). 게다가, VIS를 한 피해자들이 그 과정에서 이차적 피해를 당하는 경우에는 이후의 형사소송 과정에 더 이상 참여하지 않으려 할 가능성도 있다. 이는 피해자에게 권리를 부여함에 있어서 중요하게 고려해야 할 사항 중의 하나이다(Erez & Globokar, 2010; Kennard, 1989).

피해자/증인 원조 프로그램

피해자/증인 원조 프로그램(victim/witness assistance programs: VWAPs)은 피해자들이 형사사법시스템을 이용할 때 도움을 준다. 이들 프로그램은 피해자들이 그들의 권리를 알고 이러한 권리를 행사하는데 필요한 자원을 갖도록 보장하기 위해 고안되었다. 그러나 그것의 핵심에는 피해자가 형사사법 직원들의 도움을 받으면 더욱 적극적으로 참여하고 만족해할 것이라는 생각으로, 형사사법 과정에 피해자와 증인의 참여를 높이려는 목적이 자리하고 있다.

이 프로그램들은 1970년대에 처음 시작되었고, 첫 번째 프로그램은 미주리주 세인트루이스에서 캐롤 비터트(Carol Vittert)에 의해 설립되었다(Davies, 2010). 정부의 후원이 없었지만, 비터트와 그녀의 친구들은 피해자들을 방문해서 그들에게 지원을 제공했다. 2년 후, 최초의 정부 피해자 지원프로그램이 위스콘신주 밀워키와 뉴욕 브루클린에서 설립되었다. 얼마 지나지 않아, 1982년에는 범죄피해자특별위원회(Task Force on Victims of Crime)가 검찰에게 피해자에게 더 나은 서비스를 제공할 것을 권고했다. 구체적으로, 특별위원회는 검찰이 범죄피해자들과 더욱 긴밀하게 공조하고 사건 처리과정에서 이들의 의견을 존중해야 한다고 지적했다. 위원회는 또한 피해자들은 보호가 필요하며 그들의 기여를 중시해야 한다(검찰은 사건 진행과정에서 피해자의 입장을 존중하고 가능한 한 빨리 피해자의 재산을 반환해야 한다)고 지적했다. VWAP는 이러한 목적을 위해 개발되어왔으며, 주로 검찰청을 통해 관리되지만, 때로는 법집행기관을 통해 운영되기도 한다. 연방 차원에서는, 각 미국 검찰청에 연방 범죄의 피해자들을 돕기 위한 피해자 증인 조정관을 두고 있다.

오늘날 이들 프로그램은 피해자에게 법정 절차와 피해자의 기본 권리에 관한 배경적 정보를 일반적으로 제공한다. 재판 날짜와 그것의 변경에 대한 통지도 제공된다. 그것은 또한 피해자들에게 피해보상 관련 정보를 제공하고, 그들이 자격이 된다면 보상을 신청할 수 있도록 돕는다. VIS를 하려는 피해자 역시 VWAP로부터 도움을 받을 수 있다. VWAP가 제공하는 또 다른 서비스는 피해자와 증인의 프라이버시를 위해 법원 내에 별도의 대기 장수를 갖추도록 하는 것이다. VWAP 담당자는 경우에 따라 피해자 및 그 가족과 함께 법정 절차와 재판에도 참석할 것이다.

VWAP의 노력에도 불구하고, 연구는 초기 프로그램 중 일부가 피해자들의 참여를 제고하는데 거의 도움이 되지 않았다는 것을 보여준다. 1970년대에 운영된 베라사법연구소의 피해자/증인 원조프로젝트(Vera Institute of Justice's Victim/Witness Assistance Project)는 피해자인 부모가 법정에 있는 동안 아이를 돌보는 일, 피해자에 대한 상담, 피해보상 지원, 모든 법정 일자에 대한 통지, 피해자의 증언이 필수적이지 않을 경우 법정 출두를 면제해주는 프로그램 등 폭넓은 서비스를 제공했지만, 별로 성공적이지 못했다(Herman, 2004). 이 프로젝트에 대한 평가는 피해자들이 이러한 서비스에 접근하지 않은 이들보다 법정에 나타날 가능성이 더 작다는 것을 보여주었다. 베라연구소가 피해자와 함께 법정에 참석하는 피해자 변호인을 제공하는 새로운 프로그램을 개발하고 나서야 비로소 긍정적인 결과가 나타났다. 실제로 이 프로그램은 법정 출석에 긍정적인 영향을 미쳤다(Herman, 2004). 연구문헌에서 가장 중요한 것으로 확인된 서비스를 제공하는 프로그램은 거의 없다. 대신에, VWAP는 범죄피해자들이 실제로 필요한 서비스를 제공하는 것보다, 주로 증인들이 협조하고 법정 절차에 참여하도록 유도하는 것을 목표로 하고 있다(Jerin, Moriarty, & Gibson, 1996).

가족 사법 센터

가족 사법 센터는 범죄피해자들에게 더 나은 서비스를 제공하기 위해 최근에 미국 전역에서 문을 열기 시작했다. 범죄피해자들은 대개 다양한 서비스를 필요로 하기 때문에, 가족 사법 센터는 '원스톱'으로 많은 서비스를 제공하도록 설계되었다. 이들 센터는 상담, 옹호, 법률 서비스, 의료, 금융 서비스, 주택 지원, 고용 상담 및 기타 서비스를 제공하는 경우가 많다(National Center on Domestic and Sexual Violence, 2011). 이러한 서비스를 한 곳에서 제공함으로써 얻을 수 있는 이점은 많다. 예컨대, 피해자들은 그들의 사법권역에 있는 복잡한 보건 및 사회서비스 기관들을 힘들게 헤매지 않고도 수많은 서비스를 받을 수 있다.

회복적 사법

전통적인 형사사법제도는 적대적이어서 한쪽에는 국가가 있고 다른 쪽에는 피고인이 있어서, 가해자가 실제로 국가에 대한 범죄를 저질렀는지 여부를 결정하게 된다. 그것은 대개 가해자 중심적이며(즉, 수사에서 판결에 이르는 동안 가해자의 권리가 보호되어야 한다) 범죄는 국가에 대한 해악으로 여겨지기 때문에, 피해자는 전통적으로 증인의 역할 이상을 하는 것으로 인식되지 않았다. 제1장에서 논의된 것처럼, 1970년대부터 피해자 권리 운동은 사법 절차에서 피해자들에게 더 큰 역할을 부여하고, 피해자들이 국가와 지역사회 기관들로부터 받아야 마땅한 서비스의 제공을 보장하기 위해 노력했다. 또한, 1970년대 동안에는 형사사법시스템에서 "범죄에 대해 좀 더 엄격하게 대응하자"는 움직임이 있었다. 그렇게 함으로써, 더 많은 사람이 더 장기의 징역형을 선고받았고, 우리의 교정 시스템은 갱생 모델(rehabilitation model)에서 정의 모델(justice model)로 옮겨갔다. 교정 시스템은 이제 범죄자들을 '교정'하는 데 전념하는 것이 아니라, 오히려 그 주된 초점은 범죄를 줄임으로써 공공의 안전을 도모하는 것이 되었다. 범죄의 감소는 가해자에 대한 처우보다는 강력한 형사제재를 사용함으로써 달성될 것으로 생각되었다. 비록 구금을 중요시하는 이 실험이 끝난 건 아니지만, 형사사법제도 내에서 범죄자들에 대한 처벌에 덜 초점을 맞춘 또 다른 운동도 1970년대에 나타났는데, 이것이 **회복적 사법**(restorative justice) 운동이다.

　회복적 사법 운동은 1970년대에 캐나다에서 공식적으로 시작되었지만, 그 원리 중 일부는 훨씬 이전부터 존재했었다. 우리의 최초의 사법 '제도들'은 범죄를 국가에 대한 해악으로 정의하지 않았다. 이처럼, 만약 어떤 사람이 피해를 당하면, 가해자로부터 배상을 받는 것은 피해자나 그 가족의 몫이었다(Tobolowsky, 1999). 그것은 본질적으로 피해자 중심의 접근이었다. 그러나 범죄가 국가(혹은 왕)에 대한 해악으로 재정의됨에 따라 나타난 사법체계는 더욱 가해자에 초점이 맞춰졌다. 이러한 제도는 미국에서 1970년대까지 시행되었는데, 이때부터 사람들은 피해자에게 더 많은 역할을 주고, 가해자에게 주어진 것과 유사한 권리를 피해자에게도 줄 것을 주장하기 시작하였다. 회복적 사법 운동은 피해자 권리의 필요성에 주어진 관심의 산물이었으며, 처벌 위주의 범죄통제 모델로부터의 후퇴였다.

　회복적 사법 운동은 범죄자를 무조건 처벌함으로써 피고와 국가를 맞붙게 하는 엄격한 적대적 체계를 고수하는 것에 의해서는 범죄가 줄어들지 않는다는 믿음에 기반하고 있다. 그 대신, 범죄에 영향을 받는 모든 실제가 테이블로 나와 범죄와 범죄자를 다루기 위해 함께 노력해야 한다. 이런 식으로, 회복적 사법 운동은 범죄를 국가, 공동체, 피해자에 대한 해악으로 바라본다(Johnstone, 2002). 따라서, 범죄자들이 피해자와 지역사회가 배제된 채 단순히 재판받고, 유죄판결 받고, 형을 선고받는 대신에, 이 시스템에 의하면 모든 관련 당사자들을 포함하여 범죄를 다루는 전략을 개발하고 채택해야 한다. 법관이나 배심원이 가해자에게 일어날 일을 결정하는 대신에, 회복적 사법 운동은 가해자가 초래한 피해를 치유하는 방법을 결정함에 있어서 가해자를 포함하여 그 범죄로부터 피해를 입은 피해자와 지역사회 구성원들의 입장을 적극적으로 수용한다. 이런 식으로, 사법은 그냥 위에서 아래로 전해지는 것도 단순히 "일어나는" 것도 아니며, 그것은 협력적 약속이다. 간단히 말해서, 회복적 사법은 "특정 범죄에 대해 이해관계가 있는 당사자들이 그 범죄의 여파와 미래의 함의를 어떻게 다룰지 집단적으로 결정하는 과정이다"(T. F. Marshall, 1999, p. 5).

어떤 유형의 프로그램들이 이 목표를 충족하는가? 오늘날 미국과 전 세계에서 사용되고 있는 많은 프로그램이 토착민들의 전통적인 관행에서 채택되거나 기반한 것인데, 토착민들은 그들의 공동생활 상황을 고려할 때, 종종 문제들을 협력하여 해결하는 능력을 가진다(Centre for Justice and Reconciliation, 2008). 가장 흔한 유형의 프로그램은 피해자-가해자 중재, 화해 프로그램과 배상 프로그램이다. 피해자-가해자 중재는 잠시 후 논의되며, 배상은 피해자에 대한 금전적 구제책으로 이 장의 앞부분에서 논의되었다. 본질적으로 회복적인 또 다른 프로그램은 공식적인 중재자 없이 피해자와 가해자가 직접 얼굴을 맞대고 하는 것이다. **가족 회합 또는 지역사회 집단 회합**(family or community group conferencing) 또한 회복적이다. 이런 유형의 프로그램에서, 먼저 피해자는 범죄가 자신에게 어떤 영향을 끼쳤는지 말하고, 이를 계기로 가해자는 자신의 범죄가 낳은 결과에 대해 더 잘 인식하게 되며, 나아가 피해자, 가해자, 가족, 친구, 그리고 피해자와 가해자 모두의 지원자들이 범죄의 여파를 집합적으로 다루게 된다. 양측의 지지자가 모두 참석하기 때문에, 그 과정과 결과에 이해관계가 있는 추가적 인원도 참석하여 의견을 표명할 수 있다. 피해자와 가해자 모두 집단회합에 대해 높은 만족도를 보고한다(Centre for Justice and Reconciliation, 2008). 회복적 사법은 또한 **평화유지 서클**(peacemaking circle)이나 **양형 서클**(sentencing circle)을 통해서도 해해진다. 서클은 피해자, 가해자, 지역사회 구성원, 피해자와 가해자의 지지자, 때로는 검사, 판사,

변호인, 경찰, 법원 직원 등 형사사법 공동체의 성원들로 구성된다. 서클의 목표는 "공유된 가치를 중심으로 공동체 구축", "가해자에게 수정할 기회를 제공함으로써 범죄로 영향받은 모든 당사자의 치유를 촉진", 그리고 모든 당사자가 "건설적인 해결책을 찾는데 목소리를 내고 책임을 공유할 것" 등이다(p.2). 이 서클들은 또한 범죄행위의 원인을 다루기 위해 고안되었다. 양형 서클에서는 당사자들이 힘을 합쳐 가해자에 대한 결과를 정하는 반면, 평화유지 서클은 치유에 더 초점을 맞춘다.

피해자-가해자 중재 프로그램

일부 피해자들은 뒤에 앉아서 형사사법시스템의 주변부에서만 상호작용하기를 원치 않을 수 있다. 대신에, 그들은 가해자들과 직접 대면하기를 원할 수도 있다. 그와 같이 피해자와 가해자 간 대화를 허용하는 한 방법으로서, **피해자-가해자 중재 프로그램**(victim-offender mediation programs)이 미국 전역에서 생겨났고, 오늘날 300개 이상의 그러한 프로그램들이 운영되고 있다. 미국 변호사 협회가 피해자-가해자 중재의 사용을 승인하고 이러한 프로그램에 대한 광범위한 대중적 지지가 나타남에 따라, 피해자-가해자 중재는 미국 법정에서 흔히 볼 수 있는 일이 될 것 같다. 피해자-가해자 중재는 이미 다른 나라에서도 널리 사용되고 있으며, 유럽에서는 700개 이상의 프로그램이 운영되고 있다(Umbreit & Greenwood, 2000).

형사 사건에서 중재는 기소로부터의 **전환**(diversion)으로 가장 흔하게 일어난다. 이는 가해자와 피해자가 조정을 완료하는 데 동의하고, 가해자가 조정 협정에 명시된 요건을 모두 이행하는 경우, 범죄자는 형사사법시스템에서 정식으로 기소되지 않는다는 것을 의미한다. 이런 식으로, 가해자들은 조정안에 동의하고 요건을 성공적으로 완수하면, 분명한 혜택을 받게 된다. 중재는 보호관찰 조건으로도 행해질 수 있다. 일부 범죄자의 경우, 정식으로 유죄를 인정하고 판결을 받는 경우, 중재에 참여하는 조건으로 판사에 의해 집행유예를 선고받을 수도 있다. 모든 경우에 있어서, 피해자-가해자 중재 프로그램에의 참여 여부를 결정하는 것은 결국 피해자의 몫이다. 피해자-가해자 중재에 참여할 기회가 주어진 대부분의 피해자는 그렇게 한다(Umbreit & Greenwood, 2000).

피해자-가해자 중재 프로그램은 일반적으로 재산 범죄 및 경미한 폭행 피해

자들에게 구조화된 환경에서 가해자들을 만날 수 있는 기회를 제공하기 위해 고안
되었다. 이 만남은 제3의 중재자가 주도하는데, 그의 임무는 피해자가 가해자와
직접 만나서 그 범죄가 자신의 삶에 어떠한 영향을 미쳤는지 말할 수 있는 대화를
용이하게 하는 것이다. 피해자는 또한 가해자에게 질문을 할 수도 있다. 회복적 사
법의 목적을 달성하기 위해, 형사사법의 중재 프로그램은 해결 주도가 아닌 대화
주도형인 인본주의적 중재를 사용한다(Umbreit, 2000). 공정한 중재는 개입은 최소
화하고, 양 당사자에 대해 무조건적인 긍정적 우려와 배려를 제공하는 것이다. 마
크 엄브레이트(Mark Umbreit, 2000)가 지적한 바와 같이, 인본주의적 중재는 문제
해결보다 치유와 평화를 강조한다. 그는 다음과 같이 쓴다.

> 갈등에 관해 서로의 이야기를 말하고 듣는 것, 서로 간 최대한의 직접 소
> 통할 기회의 제공, 침묵을 기리는 것의 중요성, 그리고 참가자들의 타고난 지
> 혜와 힘은 모두 인본주의적 중재 관행의 핵심이다(p. 4).

피해자-가해자 중재에서 자주 도출되는 한 가지 명확한 결과는 범죄자의
배상 계획이며, 그것의 작성에서 피해자는 중심적인 역할을 한다. 이 합의는 법
원에서 집행할 수 있으며, 이에 따라 요건을 충족하지 않는 가해자는 책임을 질
수 있다.

가해자와 피해자가 만난 후에는 어떻게 되는가? 가해자와 피해자 모두 이득을
보는가? 지역사회는 어떤가? 목표 달성에 대한 효과성 맥락에서 프로그램을 평가
하는 것이 중요하며, 실제로 피해자-가해자 중재 프로그램은 이러한 방식으로 평
가되어왔다. 종합적으로, 일군의 연구는 피해자-가해자 중재 프로그램에 이점이
많음을 보여준다. 피해자-가해자 중재에 참여하는 것은 범죄피해자들의 외상 후
스트레스 증상(Angel, 2005)을 포함하여 공포와 불안을 줄이고(Umbreit, Coates, &
Kalanj, 1994), 가해자에 대한 복수나 위해를 도모하고자 하는 욕구를 줄이는 것으
로 나타났다(Sherman et al., 2005; Strang, 2004). 게다가, 가해자와 피해자 모두가 중
세과정에 대한 높은 민족도를 보고한다(McCold & Wachtel, 1998; McGarrell, Olivares,
Crawford, & Kroovand, 2000; Umbreit & Greenwood, 2000). 가해사를 빈난 피해자들은

형사사법시스템에서 정식으로 처리된 유사한 범죄의 피해자들보다 더 높은 수준의 만족도를 보고한다(Umbreit, 1994). 만족도 외에도, 연구는 가해자들이 피해자-가해자 중재를 통해 요구된 배상을 완료할 가능성이 더 크다는 것을 보여준다(Umbreit et al., 1994). 피해자-가해자 중재 프로그램에 의한 배상 합의의 90% 이상이 1년 이내에 달성된다(Victim-Offender Reconciliation Program Information and Resource Center, 2006). 가해자의 재범률 감소도 발견되었다(Nugent & Paddock, 1995; Umbreit et al., 1994).

보다시피, 우리의 시스템은 피해자 중심에서 완전히 가해자 중심으로 바뀌었으나, 이제는 다시 피해자를 중심에 등장시키고 있다. 범죄피해자들은 형사사법시스템에서 많은 권리를 부여받는다. 하지만, 피해자들이 이러한 권리를 행사하는 것은 종종 어렵고, 그들의 권리가 보호되지 않는다면 그들은 거의 의지할 것이 없게 된다. 이러한 이슈들은 피해자들의 목소리가 들리고 그들의 요구가 충족됨에 따라 분명히 계속 다뤄질 것이다.

요 약

- 피해자들은 1979년에 처음으로 법적 권리를 부여받았다. 모든 주는 보상받을 권리, 통보받을 권리, 법정 출두 통보권, 그리고 판결 전에 피해영향진술을 제출할 수 있는 능력을 부여한다.
- 다른 주들은 배상받을 권리, 존엄과 존중으로 처우받을 권리, 법정에 출석하여 들을 권리, 그리고 피고인의 유죄인정 협상과 석방에 앞서 법원 직원과 상담할 권리를 부여한다. 다른 권리는 또한 피해자들이 법정에 출석하는 동안 그들의 고용상 지위를 보호해 줄 것이다.
- 주 및 연방정부가 피해자에게 공식적 권리를 부여하는 것에 대해 일부 저항이 있었다. 비록 많은 연방법들이 피해자들의 권리를 위해 통과되었지만, 미국 헌법에는 여전히 피해자들의 권리를 위한 개정이 없다.
- 범죄의 금전적 비용의 일부 완화를 돕기 위해 피해자는 국가로부터 금전적 보상을 신청할 수 있고, 가해자로부터 배상을 받을 수도 있고, 민사소송에서 구제책을 찾

을 수도 있다.

- 피해 영향 진술은 피해자 본인과 가족 등 범죄에 간접적으로 영향을 받는 사람이 제출할 수 있다. 피해 영향 진술에서는 일반적으로 피해의 심리적, 경제적, 사회적, 신체적 영향을 포함하여 야기된 위해가 상세하게 설명된다.
- 피해자/증인 원조 프로그램은 피해자가 형사사법시스템을 이용할 때 그들에게 지침을 제공한다. 이들 프로그램은 피해자들이 그들의 권리를 알고 이러한 권리를 행사하는데 필요한 자원을 갖도록 하기 위해 고안되었다. 이 프로그램의 또 다른 목적은 증인이나 피해자가 형사사법시스템과 상호작용을 할 가능성을 높이는 것이다.
- 회복적 사법 운동은 범죄를 줄이는 방법이 범죄자를 처벌하거나 국가와 피고 간의 엄격한 적대적 시스템을 고수하는 것만이 아니라는 믿음에 근거한다. 그 대신, 범죄의 영향을 받는 모든 실체가 테이블로 나와, 범죄와 범죄자를 다루기 위해 함께 노력해야 한다.
- 가해자와 피해자 간의 대화를 늘리기 위해 미국 전역에서 피해자-가해자 중재 프로그램이 등장했다.

토의 문제

1. 당신은 피해자에게 권리를 제공하는 것이 형사사법제도의 역할이라고 생각하는가? 그렇지 않으면 어떻게 피해자들이 도움받는 것을 확실히 할 수 있을까?
2. 당신이 거주하는 주는 범죄피해자에게 어떤 권리를 제공하는가? 어떤 권리가 가장 중요하다고 생각하는가?
3. 왜 범죄자들이 피해자-가해자 조정에서 보상을 완료할 가능성이 더 큰가? 다른 유형의 프로그램이 사용될 수도 있는가? 왜 그런가? 혹은 왜 그렇지 않은가?
4. 폴리는 어떤 종류의 서비스를 받을 자격이 있는가? 설명하라.

주요 용어

피해자 권리(victims' rights)

통지(notification)

참여와 상담(participation and consultation)

보호받을 권리(right to protection)

신속한 재판을 받을 권리(right to a speedy trial)

피해자증인보호법(Victim Witness Protection Act, 1982)

범죄피해자법(Victims of Crime Act, 1984)

아동 피해자 권리 법안(Child Victims' Bill of Rights, 1990)

범죄통제법(Crime Control Act, 1990)

피해자 권리 및 배상법(Victims' Rights and Restitution Act, 1990)

폭력 범죄 통제 및 법 집행법(Violent Crime Control and Law Enforcement Act, 1994)

여성폭력방지법(Violence Against Women Act: VAWA, 1994)

테러방지 및 효과적 사형법(Antiterrorism and Effective Death Penalty Act, 1996)

피해자 권리 명시법(Victims' Rights Clarification Act, 1997)

여성폭력방지법(Violence Against Women Act, 2000)

여성폭력방지법(Violence Against Women Act, 2013)

만인을 위한 정의법(Justice for All Act, 2004)

성폭력 포렌식증거 보고법(Sexual Assault Forensic Evidence Reporting Act: SAFER, 2013)

피해보상(victim compensation)

민사소송(civil litigation)

피해 영향 진술(victim impact statement: VIS)

피해자/증인 원조 프로그램(victim/witness assistance programs: VWAP)

회복적 사법(restorative justice)

가속 회합 또는 지역사회 집단 회합(family or community group

conferencing)

평화유지 서클(peacemaking circle)

양형 서클(sentencing circle)

피해자－가해자 중재 프로그램(victim-offender mediation programs)

전환(diversion)

인터넷 자원

정의와 화해를 위한 센터:

http://www.restorativejustice.org

회복적 사법 운동은 범죄로 인한 피해를 복구하는 것과 관련이 있다. 사법 조정센터(Centre for Justice & Reconciliation)는 형사사법 전문가, 사회 서비스 제공자, 학생, 교사 및 피해자들에게 정보를 제공한다. 그것은 더 일반적인 정보뿐만 아니라 연구에 대한 링크도 포함한다. 그것은 또한 전 세계의 회복적 사법에 관한 정보를 제공한다.

민감한 피해자를 위한 피해자－가해자 중재 지침:

https://www.ncjrs.gov/ovc_archives/reports/96517－gdlines_victims－sens/ncj176346.pdf

범죄피해자사무국이 발간한 이 문서는 피해자－가해자 조정 및 가족집단회합 등 회복적 사법과 관련된 문제를 다룬 6건의 문서를 정리한 것이다. 그것은 회복적 사법 프로그램들의 품질을 향상시키기 위한 지침과 기준을 제공한다.

전국범죄피해자보상위원회:

http://www.nacvcb.org/links.html

이 웹 사이트는 연방 기관과 자원, 전국의 피해자 조직, 국가 및 주 형사사법 피해자 관련 단체, 피해자 관련 교육 링크, 주 범죄피해자 보상위원회, 연방 및 주 교정기관, 피해자 서비스 부서, 성범죄자 등록부 및 기타 자원에 대한 링크를 제공한다. 이것은 범죄피해자 관련 링크를 위한 당신의 믿음직한 웹사이트다.

국립범죄피해자센터 자원도서관:
http://www.victimsofcrime.org/library
이 센터는 범죄피해자, 피해자와 함께 일하는 또는 정책 분야에서 일하는 사람들을 위해 온라인에서 정보를 보급한다. 자원도서관에서 당신은 피해영향진술에 관한 정보, 다양한 종류의 피해 정도에 관한 통계, 그리고 성소수자를 돕는 방법에 관한 정보 등을 찾을 수 있다.

제 6 장

살인 피해

제 6 장

살인 피해

겉으로 보면 저스틴 로페즈(Justin Lopez)는 전형적인 미국 대학생이다. 이혼한 부모의 자녀인 저스틴은 가족 중 유일하게 대학에 다니는 사람이다. 생계를 위해 그는 지방 주립대학에 다니면서 풀타임으로 일한다. 그는 한정된 자유시간에 축구를 보고 친구들과 노는 것을 즐긴다. 하지만 저스틴은 여느 친구들과는 달리 한 가지 중요한 책임을 맡고 있는데, 그것은 14살짜리 여동생 포르샤(Porsha)를 부양하는 것이다. 저스틴은 2012년 그의 어머니가 전 남자 친구에 의해 잔인하게 살해된 후 포르샤의 법적 보호자가 되었다. 그들의 이야기는 다음과 같다:

사진 6.1 저스틴과 포르샤 로페즈와 그들의 엄마 앤젤라(앤지) 로페즈. 앤지는 2012년 가정폭력 사건으로 살해되었고, 그 후 저스틴은 피해자 권리를 위한 적극적 옹호자가 되어 가정폭력피해자에 대한 지원을 늘리기 위해 "Angie's Awareness Angels"를 창설했다.

2012년 9월 15일, 22세의 저스틴은 미식축구 경기를 보기 위해 텍사스 6번 고속도로를 달리던 중에, 그의 어머니 이웃으로부터 전화로 충격적인 소식을 전해 들었다. 그의 어머니가 총에 맞아 병원으로 이송 중이라는 것이었다. 사건의 자초지종도 모른 채, 그는 차를 돌려 병원을 향해 200마일을 미친 듯이 달려갔다. 그가 도착했을 때, 12살짜리 여동생 포르샤가 밖에서 울고 있는 것을 보았다. 너무 늦었다. 어머니는 병원 도착 전 이미 사망한 상태였다. 어머니는 친밀한 파트너 살인사건의 피해자였다.

앤젤라(앤지) 레니 로페즈(Angela Renee Lopez)는 42세로 전 남자 친구 윌리엄(빌리) 레이 파커(William Ray Parker, 44세)에게 살해당했다. 사건이 발생하기 불과 몇 주 전에 앤지는 빌리와의 3년간 관계를 끝냈다. 앤지는 빌리가 자신을 학대하고 있다는 것을 전혀 내색하지 않았었다. 친구들은 그녀가 자녀 양육 방식의 차이 때문에 헤어진 것으로 알고 있었다.

그 비극적인 날, 빌리는 최근 앤지가 이사 들어 온 복식 아파트의 진입로에 트럭을 주차하고, 마시던 술병을 마저 비웠다. 약 30분 후, 그는 앤지의 현관에 올라가 노크를 했다. 앤지는 문을 열었고, 빌리가 취한 것을 보고는, 그냥 돌아가라고 했다. 그렇게 둘은 말다툼을 하기 시작했다. 2층에서 잠든 포르샤는 말다툼하는 소리에 잠을 깼고, 무슨 일인지 보려고 내려왔다.

빌리가 첫 발을 쏜 것은 그 직후였다. 총이 불발되자 포르샤는 빌리를 향해 달려들었고, 빌리는 균형을 잃고 넘어졌다. 이때를 틈타, 앤지와 포르샤는 문쪽으로 뛰쳐나갔다. 그러나 빌리는 따라 나오며 다시 총을 쏘아 앤지의 왼쪽 어깨를 맞혔다.

총을 맞고 겁에 질려 고통에 휩싸인 앤지는 현관문을 뛰쳐나와 이웃집 잔디밭으로 달려가며 도움을 청했다. 빌리는 쫓아가며 계속해서 총을 발사했다. 앤지는 세 발의 총을 더 맞고 땅에 쓰러졌다. 그러자 앤지의 딸을 포함한 7명의 목격자가 보는 앞에서, 빌리는 그녀를 밟고 두 발의 총을 더 쏘았다. 그 순간 이웃이 달려들어 빌리를 넘어뜨리고 제압하였으며, 출동한 경찰에 그를 인계하였다. 앤지는 갤버스턴에 있는 병원으로 옮겨졌으나, 헬리콥터 안에서 과다출혈로 목숨을 잃었다.

2013년 9월 27일, 빌리는 살인죄로 유죄판결을 받고 텍사스 주법이 허용하는 최고 형량인 99년 형을 선고받고 주 교도소에 수감되었다.

살인 피해의 정의

각종 법률 사전에 의하면, **살인**(homicide)은 "한 인간이 다른 인간을 죽이는 것"을 총칭하는 말이다. 살인에는 일반적으로 세 가지 유형의 살인이 있다: 변명할 수 있는 살인, 정당화할 수 있는 살인, 그리고 범죄적 살인.

변명할 수 있는 살인

변명할 수 있는 살인(excusable homicide)은 우발적이거나 의도하지 않은 살인으로 범죄행위가 아니다. 표준범죄보고서(Uniform Crime Reports: UCR)의 살인 정의는 범죄적 살인에만 집중하기 위해 "의도적(비과실) 살인"이라는 문구를 넣었기 때문에 우발적이거나 용서할 수 있는 살인은 집계하지 않는다(FBI, 2015l). 변명할 수 있는 살인의 한 예로, 강사에게 수영을 배우는 두 아이가 있다고 하자. 아이 중 한 명이 천식이 있어 급히 흡입기가 필요했다. 강사는 다른 아이에게 수영을 잘해도 수영장에 들어가지 말라고 했다. 그러나 강사가 흡입기를 가져오는 사이 그 아이가 수영장에 다시 들어가 익사했다.

정당화할 수 있는 살인

정당화할 수 있는 살인(justifiable homicides)은 생명이나 재산을 방어하는 과정에서 발생하기 때문에 받아들일 수 있는 것으로 판단된다. UCR은 정당화할 수 있는 살인을 "경찰이 직무를 수행하는 과정에서 중범죄자를 살해"하거나 "시민이 범행을 실행하고 있는 중범죄자를 살해"하는 경우로 한정한다(FBI, 2015l). UCR은 이처럼 범죄의 정의와 특정 법적 조치(action) 사이를 구분하며, 범죄의 정의는 자기방어의 '주장'이나 예컨대, 검사나 판사의 조치에 근거하지 않는다. 정당화할 수 있는 살인의 예로는 (침입자에 대한) 정당방위 하에서의 살인이 있을 것이다. **정당방위법**(stand-your-ground laws)은 개인이 자기방어를 위해 무력을 사용하기 전에 그의 위치에서 물러날 필요가 없다는 것을 명시하는 공식적으로 강제되는 법률이다. 구체적으로 이 법은 사건이 발생하는 장소(거주지, 공용도로 등)와 무관하게 시행될 수 있다. 정당방위법과 유사한 것이 **성(城)의 원칙** 또는 **캐슬 독트린**(Castle

Doctrine; Castle Law; Defence of Habitation Law)이다. 성의 원칙 또한 자위권을 행사하기 전에 퇴각할 의무가 없다고 명시하고 있지만, 이러한 사건은 개인의 사유지(집과 마당) 내에서 일어나는 것에만 한정된다. 정당방위법이나 성의 원칙이 적용되지 않는 주에서 개인은 가능하다면, 자기방어를 위해 무력을 사용하기 전에 안전을 위해 피신할 것이 법으로 요구된다.

범죄 살인

범죄 살인(criminal homicide)에 대한 법적 정의는 구체적으로, "사람이 다른 사람을 의도적으로, 인지하면서, 무모하게, 부주의하게 살해하는 것"이다("Model Penal Code," n.d.). 따라서 싸움, 다툼, 언쟁 또는 범죄의 실행에 따른 부상으로 인한 모든 죽음은 범죄 살인이라는 범주에 속하게 된다. 범죄 살인(특히 살인 또는 고살)은 정당화할 수 있거나 변명할 수 있는 살인, 살인미수, 사고와 교통 관련 사건으로 인한 사망 또는 자살은 포함하지 않는다. 더욱이, 범죄에 연루되거나 범죄를 목격하는 동안 의학적 문제(심장마비 등)로 개인이 사망하는 경우도 범죄 살인의 범주에 들어맞지 않는다. 다시 말하지만, 범죄 살인은 UCR이 통계자료에 포함하고 있는 유일한 형태의 살인이다. 범죄 살인에는 1급 살인, 2급 살인, 중범죄 살인, 고살 등 4가지 유형이 있다.

1급 살인

1급 살인(first-degree murder)은 '고의적인 사전 계획과 악의를 가지고 저지른' 살인이다. **사전계획**(premeditation)은 그 행위가 사전에 검토되었다는 것을 의미한다. **고의**(delibration)는 그 행위가 (충동이 아닌) 신중한 생각 끝에 계획된 것임을 나타낸다. 계획은 오랜 시간이 걸릴 필요가 없다. UCR의 정의에는 의도된 악의도 포함되어 있어, 사람이 해를 입히려고 의도했다는 것을 입증한다. **명시적 악의**(express malice)는 싸움에서 상대방을 쏘는 것과 같은 실제적 악의를 말하며, 심각한 부상을 입히려고 의도했음을 보여준다. **함축적/구성적 악의**(implied/constructive malice)는 사망이 의도보다는 부주의로 인해 발생할 때 존재한다. 1급 살인만이 사형을 선고받을 수 있는 유일한 형태의 살인이다. 이것의 대표적인 예가 서두에서 본 윌리엄 레이 파커가 저지른 살인이다.

2급 살인

2급 살인(second-degree murder)은 악의에 찬 살인이지만, '사전에 계획되지도 숙고되지도 않은' 살인이다. 즉, 범인은 위해를 가할 의도는 있었지만, 살인이 계획되지는 않았다는 것이다. 이런 유형의 살인은 덜 심각한 범죄로 간주된다. 예를 들어, 존(John)은 예정보다 일찍 집에 돌아왔고, 그의 아내 레베카(Rebecca)가 다른 남자와 정사를 나누고 있는 것을 목격하였다. 아무 생각 없이 존은 침실 탁자에 있는 반자동 권총을 집어 들어 레베카와 제프(Jeff) 모두를 총으로 쏘아 죽인다. 이 살인은 분노에 의해 인화되었고 사전에 계획된 것이 아니기 때문에, 2급 살인으로 간주될 것이다.

중죄 살인

중죄 살인(felony murder)은 예컨대 강도를 행하는 중에 피해자의 머리를 가격하였는데 나중에 피해자가 사망하는 경우와 같이, '다른 중죄를 저지르는 동안 발생하는 종종 의도치 않은' 살인이다. 이런 유형의 살인은 보통 1급 살인으로 간주된다. 예를 들어 설명해보자. 탐(Tom)이 메리(Mary)와 빌(Bill) 소유의 주택에 침입했다. 탐이 안방에서 보석을 훔치는데, 빌이 들어온다. 깜짝 놀란 빌이 탐에게 당장 나가라고 소리친다. 탐은 현장에서 도망치기보다 오히려 칼을 들고 빌을 쫓아와 찌른다. 만약 빌이 탐이 찌른 칼에 죽는다면, 이것은 탐이 침입 절도(중범죄)를 저지르는 중에 빌의 죽음을 초래했기 때문에, 중범죄 살인으로 간주될 것이다.

고살

고살(manslaughter: 살의 없는 또는 일시적 격정에 의한 살인)은 살인보다 책임의 정도가 덜하다고 생각되지만, 여전히 불법적인 살인이다. 이 살인에는 **자발적 고살**(voluntary manslaughter)이 포함될 수 있는데, 그것은 '사망을 유발할 가능성이 높고 실제로 사망을 야기하는 상해를 고의로 입히는 것'이다. 그것은 또한 '자기방어에서 과도하게 무력을 사용하는 것'도 포함할 수 있다. 그 예로는, 어느 날 저녁 파티에서 루이스(Luis)가 토니(Tony)와 말싸움을 하게 되었다. 토니는 루이스의 얼굴을 주먹으로 때렸지만 다른 물리력은 사용하지 않았다. 토니가 대치상황을 피해 밖으로 나가고 있을 때, 루이스가 일어나 총을 꺼내 들고 토니의 등에 죽을 때까지 반복해서 발사했다. 이 경우 루이스는 과도한 무력을 사용했기 때문에, 이 시나리오는 자발적인 고살로 분류될 것이다.

고살에는 **비자발적 고살**(involuntary/negligent manslaughter)도 있는데, 이는 중과실(다른 사람에 대한 가능한 위험 또는 잠재적 위해를 무시하는 것)로 인해 사망이 발생하는 경우(과실치사)이다. 연방수사국(FBI, 2015l)은 비자발적 고살을 "과실을 통한 타인 살해"로 규정하고 있다. 이 범죄에는 "사냥 사고, 총기 청소, 또는 총을 가지고 노는 어린이 등에 의한 살인"이 포함된다. 자신의 과실치사, 중과실로 인하지 않은 사고사, 교통사고 사망은 포함되지 않는다(FBI, 2015l). 그러한 한 가지 시나리오로서, 대학생인 케빈(Kevin)이 술에 취한 상태에서 술집에서 나와 집까지 운전하기로 마음먹었다. 집으로 오는 길에 케빈은 깜빡 정신을 잃고 길을 걷던 베로니카(Veronica)를 치어 그녀를 즉사시켰다. 이 사건은 케빈이 음주 상태에서 차량을 운전하고 있었기 때문에 베로니카를 살해할 의도는 없었지만 태만한 것으로 인정될 것이고, 따라서 비자발적 고살(과실치사)로 간주될 것이다.

살인 피해의 측정과 정도

미국에서의 살인 피해

살인 피해 데이터는 국가범죄피해조사와 같은 피해조사로는 확보할 수 없다. 하지만 미국에서는 살인을 측정하는 몇 가지 방법이 있다. 그 방법에는 표준범죄보고서, 보충살인보고서, 그리고 국립보건통계센터의 데이터가 포함된다.

표준범죄보고서

제2장에서 논의했듯이, 표준범죄보고서(UCR)는 미국 전역의 법 집행 기관에서 수집한 범죄 데이터의 연간 합산치를 제공한다. 이 측정 도구는 범죄 유형별로 총범죄율과 사건 해결률(clearance rate: 경찰이 해결한 범죄의 측정)을 알려준다. UCR은 2015년에 15,696건의 살인을 보고했다(FBI, 2015l)(표 6.1). 이는 인구 10만 명당 4.9건의 살인율이다. 살인은 경찰에 신고된 모든 폭력적 지표범죄의 약 1%를 차

지한다.

표 6.1 살인 피해자의 수(2004년 – 2015년)

연도	2004	2005	2006	2007	2008	2009	2010	2011	2012	2013	2014	2015
살인 건수	14,121	14,860	14,900	14,831	14,180	13,636	12,996	12,664	12,765	14,196	14,249	15,696

SOURCE: Federal Bureau of Investigation, 2016. Crime in the U.S. 2015. Expanded Homicide Data
　　　　Table 1.

보충살인보고서

　　1960년대부터 UCR에는 보고된 각 살인사건에 대한 사례별 정보를 제공하는
보충살인보고서(Supplemental Homicide Reports: SHR)가 포함되었다. SHR에는 피해
자와 가해자(체포되었을 경우)의 나이, 인종, 성별뿐만 아니라, 사용된 무기 관련 정
보, 피해자와 가해자의 관계, 살인에 이르게 된 정황과 같은 정보도 포함된다. 표
6.2는 SHR에서 사용하는 상황 코드를 보여준다.

표 6.2 SHR의 상황(정황) 코드

상 황	정 의
돈/재산 관련 언쟁	돈이나 재산을 둘러싼 분쟁, 다툼, 갈등이 살인으로 이어졌다.
(음주 영향의) 언쟁	술에 취한 가해자 및/또는 피해자의 분쟁, 다툼, 갈등이 살인으로 이어졌다.
(약물 영향의) 언쟁	마약에 취한 가해자 및/또는 피해자의 분쟁, 다툼, 갈등이 살인으로 이어졌다.
마약 관련 거래	마약 거래(구입 또는 판매)가 살인에 일정한 역할을 한 것으로 의심된다.
다른 언쟁	학대, 모욕, 원한, 개인적 복수와 같은 다툼이나 다른 대인적 갈등이 살인을 촉발하였다. 돈, 재산, 마약 관련 논쟁, 술 또는 약물 영향 아래에서의 논쟁, 또는 연인들의 삼각관계는 이러한 옵션들이 별도로 리스트되어 있기 때문에 제외한다.
방화	살인이 방화 행위에서 비롯되었다.
침입절도	살인이 침입 절도 행각 중에 일어났다.
베이비시터의 아동 살해	학대나 방치로 인한 살인. 피해자는 아동이고, 용의자는 부모나 보호자가 일시적으로 부재한 상황에서 아이를 돌보기 위해 고용된 사람이다.

부적절한 돌봄	관리가 필요한 피해자에 대한 학대나 방치로 촉발된 살인. 베이비시터를 제외한 모든 돌보는 사람(요양원 근로자, 가정 보건 조력인, 부모 등)을 포함한다.
갱/조직 범죄 관련	조직범죄나 갱 활동이 살인 사건을 초래한 것으로 의심된다.
청소년 갱 활동	청소년 갱 활동이 살인 사건을 초래한 것으로 의심된다.
도박	불법 도박이 살인에 일정한 역할을 한 것으로 의심된다.
경절도	절도 행각 중에 살인이 발생했다.
삼각 애정 관계	현재 또는 이전의 친밀한 파트너 관계에 대한 질투 또는 괴로움이나 다른 사람과의 의심스러운 관계가 살인으로 이어졌다.
자동차 절도	자동차 절도 행각 중 살인이 발생했다.
살인 후 자살	한 사람이 다른 사람을 살해하고 나서 스스로 목숨을 끊었다.
매춘/성거래	매춘이나 다른 상품화된 성적 부도덕이 살인으로 이어졌다(포주나 매춘 알선업자가 창녀를 죽이는 등).
강간	여성을 강간한 후 살해하는 것. FBI는 강간의 정의를 남성 용의자에 의한 여성 피해자의 강제 강간으로 한정하고 있다.
다른 성범죄	남자나 여자를 성폭행한 후 살해하였다.
강도	강도 행각 중 살인이 발생했다.
다른 중범죄 - 미상	위에서 열거되지 않은 중범죄 행각 중 살인이 발생했다.
기타	위의 다른 선택지가 상황에 맞지 않을 때 사용함.
미상	살인을 촉발한 상황이 알려지지 않았다(제방 아래에서 사체가 발견되었고 살인이 의심될 때 등).

SOURCE: New York Department of Criminal Justice (2016). Crime in the U.S. 2015. Expanded Homicide Data Table 1.

SHR은 범죄피해자에 대한 상세한 정보를 제공하는 몇 안 되는 공식 자료의 출처 중 하나이다. SHR에 따르면, 살인 피해자들은 그들의 가해자들과 어떤 특징을 공유한다. 구체적으로, 살인 피해자와 가해자는 남성(남성은 피해자일 가능성이 3.6배, 가해자일 가능성이 8.1배 크다), 청년(피해와 가해의 비율이 가장 높은 연령층은 18세에서 24세이다), 그리고 동일 인종(살인의 90%에서 피해자와 가해자는 동일 인종이다)일 가능성이 크다. 살인은 또한 일반적으로 서로 아는 사람들 사이에서 발생하는데, 이 관계는 피해자의 성별에 따라 다르다. 여성 살인 피해자는 거의 3분의 1(33%)이 남편이나 남자 친구에게 살해당했다. 이러한 현상은 친밀한 파트너 살인(그리고 이 장의 '친밀한 파트너 살인'에 관한 섹션에서 자세히 논의됨)으로 분류되는 반면, 남성 피해자는 3%만이 아내나 여자 친구에게 살해되었다.

국립보건통계센터

국립보건통계센터(National Center for Health Statistics: NCHS)는 1930년대 초부터 미국의 전체 사망률 데이터를 수집하였다. 이들 데이터는 검시관 및 의료검사관이 NCHS의 인구동태 통계과에 송달하는 사망 증명서들로부터 도출된다. 모든 유형의 사망이 보고되는 가운데, 살인에 대한 구체적인 코드들(정당화할 수 있는 살인과 범죄 살인 간 구분도 포함함)이 제시되는데, 이들 코드는 국가 수준에서 선정된 특성(연령, 성, 히스패닉 출신, 인종, 거주 상태)별 사망의 추세와 패턴에 대한 추정을 가능하게 해준다. 2010년에는 15대 주요 사망 원인 중 하나였던 살인이 1965년 이후 처음으로 감소하였다. 2010년부터 살인은 사망 원인 16위이다.

글로벌 살인 피해

다른 유형의 범죄피해와는 달리, 살인 피해는 국가별 비교가 가능한 몇 안 되는 범죄피해 유형의 하나이다. 이러한 비교 능력은 무엇이 살인을 구성하는지에 대한 국가 간의 일반적 합의가 있기 때문이다. 대부분 국가에서 살인사건에 대한 신고와 기록은 높은 비율로 이루어지는데, 그 이유는 (1) 살인이 발생했는지 여부(즉, 시체를 발견하였는지 여부) 확인의 용이함과, (2) 살인과 관련해서는 사회 전반에 비교적 단일한 도덕적 반감이 형성되어 있어, 정부 당국은 이러한 유형의 범죄에 관심을 집중하게 되기 때문이다.

유엔 마약 및 범죄 사무국(UNODC)

2000년 이후부터 유엔 마약 및 범죄 사무국(United Nations Office on Drugs and Crime)은 전 세계 219개 국가와 영토의 형사사법 및 공중보건 기관들로부터 살인 통계데이터 세트의 일부로서 의도적 살인에 관한 데이터를 수집해왔다. 이 데이터 세트의 정보는 현재 UNODC의 글로벌 살인 연구에 사용되고 있으며, 이는 세계적 관점에서 의도적 살인에 관한 정보를 제공해준다.

가장 최근의 보고서에 따르면, 2012년에 전 세계에서 437,000명이 살인의 피해자가 되었다(UNODC, 2013). 이는 인구 10만 명당 글로벌 평균 살인율 6.2에 해당한다. 전체 고의적 살인의 대략 3분의 1(36%)이 아메리카에서 발생했으며, 다음은 아프리카(31%), 아시아(28%), 유럽(5%), 오세아니아(0.3%)의 순이었다. 미국의 살인 패턴과 유사하게, 세계적으로 피해자는 불균형적으로 남성(전체 살인 피해자의 79%)과 젊은이(전체 살인 피해자의 거의 절반이 14세에서 29세)가 많았다.

세계보건기구

1951년 이후 사망률 데이터는 120개 국가에서 개인의 사망 증명서로부터 수집되며, 세계보건기구(World Health Organization: WHO)가 매년 집계한 형태로 보고하고 있다. 살인에 관한 정보가 수집되지만, 의도적 살인과 비의도적 살인이 구별되지는 않는다. 게다가, 시간이 지남에 따라 그 정의가 변하였고, 과거에는 살인 관련 사망에 전쟁 관련 사망자를 포함시켰고, 참여할 수 있는 국가별 능력 차이 때문에, 시간의 경과에 따라 WHO 데이터를 비교할 때는 주의가 요구된다.

살인 피해의 위험 인자와 특성

살인 피해의 위험은 사람마다 균등하게 분포되지 않는다. 오히려, 당신이 위험한 정도는 나이, 성별, 인종, 사는 곳, 그리고 얼마나 많은 돈을 버는가를 포함한 수많은 특성에 달려 있다. 전 세계적으로 살인은 조기 사망의 16번째 주요 원인이다(UNODC, 2013). 미국에서 살인은 젊은 아프리카계 미국인 남성들에게 가장 중요한 사망 원인 중 하나이다.

피해자와 가해자의 사회인구학적 특성

성별

앞서 말한 바와 같이, 살인 피해자와 가해자의 대부분이 남성이기 때문에, 성별은 살인 피해를 조사할 때 매우 중요한 특성이다(Muttic & Moreno, 2010). 미국에서는 경찰이 수집한 자료에 의하면, 남성이 여성보다 살해당할 확률이 거의 4배,

살인자가 될 확률은 7배 높은 것으로 나타났다(Cooper & Smith, 2011). 유사한 패턴이 세계적으로 발견된다. 살인의 연구 결과, 피해자와 가해자의 다양한 인구학적 특성은 말할 것도 없고, 피해자의 성별이 살인 유형(친밀한 파트너 살인 등), 동기 및 방법과 상관되는 것으로 일관되게 밝혀졌다. 예컨대, 리사 무프티치와 레베카 모레노(Lisa Muftić and Rebecca Moreno, 2010)는 텍사스주 댈러스에서 발생한 소년 피해자 관련 360건의 살인사건을 연구하여, 후기 청소년기 남성의 살인 피해가 범죄 네트워크에 대한 전반적인 관여와 관련이 있다는 것을 발견했다. 즉, 남성 살인 피해자는 동갑의 여성 피해자에 비해 다른 범죄(강도 등)를 저지르거나 분쟁이나 싸움을 하는 동안 살해될 가능성이 더 컸다. 또한, 남성 피해자들은 범죄경력자로서 폭력조직과의 관계가 있었고, 사망 직전에는 술이나 마약을 사용했을 가능성이 더 컸다. 대조적으로, 사춘기 후반의 여성 피해자들은 가정폭력이나 성폭력의 결과로 살해될 가능성이 가장 높았는데, 이것은 여성 살인 피해가 가정폭력의 연장임을 시사한다.

연령

살인은 청소년들이 흔히 저지르는 범죄로, 피해자와 가해자는 18세에서 24세 사이일 가능성이 높다(Cooper & Smith, 2011). 이같이, 살인은 미국에서 청소년 사망의 주요 원인 중 하나이다. 하지만, 청소년 살인 피해자들에 대해서는 알려진 것이 거의 없다. 그들은 어떤 사람들인가? 왜 그들이 살해당하는가? 아서 코플랜드(Arthur Copeland, 1985)는 청소년 살인 피해 현상을 조사한 연구 논문을 출판했다. 코플랜드는 플로리다주 메트로 데이드 카운티 의학검사소에서 입수한 데이터를 사용하여, 1973년부터 1982년 사이에 동 카운티에서 살해된 263명의 청소년 살인 피해자에 대한 기술적 프로파일을 제공하였다. 전체적으로 피해자의 대다수가 17~19세(70%), 남성(76.8%), 흑인(53.2%)이었고, 총기에 의한 피해(78.7%)가 대부분이었다. 알코올이나 약물이 부검을 통해 검출될 수 있었던 경우, 사망 당시 청소년 피해자의 3분의 1이 술을 마셨고, 4분의 1이 약간 넘는 피해 청소년들이 약물 검사에서 양성 반응을 보였다.

인종

살인은 압도적으로 동일 인종 내의 사건이다. 공식 기록에 따르면, 살인 피해와 가해는 인종에 따라 불균등하게 분포된다. 흑인은 백인보다 높은 피해율과 가해율을 갖는다(E. L. Smith & Cooper, 2013). 게다가, 피해자의 인종이 살인 피해의 유형과 관련될 수 있다는 주장도 제기되었다. 예컨대, 한 연구는 낯선 사람 간 살인은 흑인 여성들보다 백인 여성들 사이에서 훨씬 더 흔하고, 아시아 여성들은 백인이나 흑인 여성들에 비해 친밀한 파트너 살인의 피해자가 될 가능성이 훨씬 크다는 것을 발견했다(Frye, Hosein, Waltermaurer, Blaney, & Wilt, 2005).

지역과 사회경제적 지위

살인 피해율은 교외 및 시골 지역에 비해 도시 지역에서 훨씬 높다. 살인율은 지역사회 유형(대도시, 중소도시, 근교지역, 농촌지역)과 상관없이 전반적으로 감소하고 있지만, 인구가 가장 많은 지역은 여전히 그 비율도 가장 높은 수준을 유지하고 있다. 예컨대, 25만 명 이상의 인구를 갖는 대도시의 살인율은 2015년에 10만 명당 10.1명이었다. 같은 해, 50,000~99,999명의 인구를 갖는 도시에서는 살인율이 10만 명당 3.3명이었다(FBI 2015l). 게다가, 가장 높은 피해율은 일반적으로 가장 낮은 사회경제적 지역에 위치한 가정들에서 발견된다. 즉, 가구 소득이 증가함에 따라 피해율은 감소한다. 예를 들어, 스티븐 레빗(Steven Levitt, 1999)의 연구는 중위 가구 소득이 1,000달러 증가하면, 10만 명당 살인율은 0.7명 감소한다는 것을 보여주었다.

피해자-가해자 관계

경찰이 살인사건에서 피해자와 가해자의 관계를 확인할 수 있는 경우를 보면, 대부분의 살인(4건 중 3건 정도)이 서로 아는 사람 사이에서 발생하는데, 이를 지인 간 살해 또는 면식 살해라고 부른다. 지인 간 살해 사건에서는 피해자의 약 절반(40%)이 가해자의 지인이었고, 나머지의 3분의 1(20%)은 배우자나 다른 가족에 의해 살해됐다(FBI, 2015i). 비록 대부분의 살인이 서로 알려진 사람과 관련되지만, 사랑하는 사람에게 살해당할 위험은 당신이 여자라면 훨씬 더 높다. 여성 살인 피해자의 거의 4분의 1이 남편이나 남자 친구에게 살해당했다(FBI, 2015i). 대조적으로, 남성 살인 피해자는 3% 미만이 아내나 여자 친구에 의해 살해되었다(Cooper & Smith, 2011).

사건 특성
무기 사용
총기 관련성은 특히 살인사건에서 흔하며, 공식 통계에 따르면, 총기가 개입된 사건이 경찰에 알려진 전체 살인사건의 약 71.5%를 차지한다(FBI, 2015j). 흥미롭게도, 총기는 여성 피해자와 관련된 살인사건(35%)보다 남성 피해자와 관련된 살인사건(73%)에서 더 많이 사용되는 경향이 있다(E. L. Smith & Cooper, 2013). 총기가 사용되는 경우는 권총이 가장 일반적(68.5%)이다. 칼, 손발, 뭉툭한 물체와 같은 다른 무기들은 덜 흔하다.

상황
살인에는 많은 다른 이유가 있기 때문에, 살인사건을 둘러싼 정황을 이해하는 것은 살인 수사의 중요한 요소다. 경찰은 3건 중 1건(37.7%)꼴로 살인사건을 둘러싼 정황을 파악하지 못하고 있다. 상황을 파악할 수 있는 경우는 거의 40%가 언쟁 중 살인이다. 약 4건의 살인 중 1건꼴로 강간, 강도, 침입 절도 등 중범죄 상황에서 발생하였다(FBI, 2015k).

위치
살인이 발생한 위치는 살인사건 수사에서 또 다른 중요한 고려 사항이다. 살인은 특히 가정사에 근거하거나 노인 피해자와 관련된 경우, 피해자의 집과 같이 개인 주거지에서 발생할 가능성이 크다.

약물 사용
약물 사용과 살인의 관계는 복잡하다. 비록 모든 살인이 약물 사용을 수반하는 것은 아니지만, 연구는 살인자들과 그들의 피해자들이 살인이 일어나기 직전에 술, 마약 또는 두 가지 모두를 사용했을 가능성이 크다는 것을 발견했다. 한 연구는 그들의 친밀한 파트너를 죽이거나 죽이려고 시도했던 남자 중 2/3가 사건이 진행되는 동안 술이나 약물 또는 둘 다를 사용했다는 것을 발견했다(Sharps, Campbell, Campbell, Gary, & Webster, 2001). 또 다른 연구는 피해자의 3분의 1과 용의자의 4분의 1이 사건 당시에 술을 마셨다는 것을 발견했다(Muftić & Hunt, 2013).

살인 피해의 유형

자식살해

자식살해(filicide)는 부모나 보호자가 아이를 죽이는 것을 말한다. 자식살해의 일종인 **영아살해**(infanticide)는 피해자가 1세 미만일 때를 말한다. 자식살해와 영아살해는 모두 아동 학대의 일종이다. 아동 학대로 인한 사망자의 수를 결정하는 것은 어렵다. 어린이가 사망했을 때, 그 죽음은 사고나 갑작스러운 유아 사망 증후군(infant death syndrome: SIDS)의 결과로 설명될 수도 있다.

공식 보고서는 일반적으로 아이가 어릴수록 살인의 희생자가 될 위험이 크다는 것을 시사한다. 1980년부터 2008년 기간 동안, 1세 미만의 영아는 모든 5세 미만 아이들 가운데서 가장 높은 피해율을 보였다. 5세 미만의 어린이가 사망할 경우, 가해자는 부모(63%), 남자 지인(23%), 여자 지인(5%), 기타 친척(7%)의 순이다. 5세 미만의 어린이가 낯선 사람에게 살해되는 경우는 매우 드물며, 단지 3%만이 모르는 가해자에게 살해되는 것으로 나타난다(Cooper & Smith, 2011).

존속살해

존속살해(parricide)는 부모를 살해하는 것을 말한다. 존속살해 내에서, **아버지 살해**(patricide)는 아버지를 죽이는 것이고, **어머니 살해**(matricide)는 어머니를 죽이는 것이다. 둘다 희소한 사건이지만, 아버지 살해가 어머니 살해보다 더 흔하다(Dantas, Santos, Dias, Dinis-Oliveira, & Mahalhães, 2014). 존속살해는 역기능적인 가정, 즉 아이들이 부모에게서 학대를 받는 가정에서 더 흔히 발생한다(Heide, 2014).

노인살해

노인살해(eldercide)는 피해자의 연령에 의해 범주화되는 살인의 유형이다. 즉, 노인살해는 피해자가 65세 이상인 경우에 해당한다. 미국에서는 전체 살인 피해가 이 약 5%만이 노인이나(FBI 2015m). 다른 유형의 살인과 마찬가지로, 노인살해 피해자의 대부분(10명 중 거의 6명꼴)이 남성이다(Cooper & Smith, 2011). 노인살해가 65

세 이상의 노인 개인에 대한 살인이지만, 이 범주는 복수의 연령 범주들로 세분될 수 있다. 린 애딩턴(Lynn Addington, 2013)은 노인의 가장 젊은 범주를 "젊은 노인"(65–74세)으로 부른다. 이 범주 외에, 75세에서 84세 사이의 노인들은 "고령"으로, 그리고 85세 이상의 노인들은 "최고 고령"으로 분류한다.

중범죄 살인의 위험과 노인

우리 대부분은 나이를 먹을수록 살인의 피해자가 될 위험이 줄어든다. 그러나 지난 40년 동안 다른 연령대의 피해자에 비해 노인에 대한 중범죄 살인 비율은 증가해왔다(Cooper & Smith, 2011). '연구의 초점' 박스에서 중범죄 살인 위험과 노인들에 대해 읽어보라.

연구의 초점

위험에 처한 할머니들?

우리 대부분은 살인을 포함한 폭력피해의 위험이 일반적으로 나이가 들면서 감소한다는 것을 알고 위안을 느낀다. 그러나 최근의 연구는 노인들이 중범죄와 관련된 살인사건의 희생자가 될 위험성이 증가한다는 것을 발견했다. 일반적으로 고령자의 폭력피해 위험을 감소시키는 바로 그 요인(혼자 사는 등 고립된 생활양식)이 중범죄 살인의 희생자가 될 위험성을 증가시킬 수 있다. 실제로, 두 명의 연구자가 FBI의 보충 살인보고서에 포함된 195개 도시의 데이터를 사용하여 노인 피해자와 관련된 중범죄 및 언쟁 관련 살인사건들을 조사하였는데, 조사결과, 중범죄 관련 노인살해 비율은 인구 10만 명당 강도 발생률, 혼자 사는 노인의 비율, 그리고 장애를 가진 노인의 비율에 크게 영향을 받았다.

SOURCE: A. Roberts & Willits. (2013). Lifestyle, routine activities, and felony–related eldercide. Homicide Studies, 17(2), 184-203.

친밀한 파트너 살인

세계보건기구(2013년)에 따르면, 전 세계에서 7건의 살인 중 1건은 가정폭력의 결과다. 제8장에서 보게 되겠지만, 미국에서 친밀한 파트너 살인은 모든 살인의

14%를 차지한다(Catalano, Smith, Snyder, & Rand, 2009). **친밀한 파트너 살인**(intimate partner homicide)은 배우자, 전 배우자, 사실혼 관계에 있는 사람, 남자 친구나 여자 친구 또는 동성연애 파트너가 관련된 살인으로 정의된다.

　친밀한 파트너 살인은 대개 남성 가해자와 여성 피해자를 갖는 성차별적 범죄다. 현재 여성의 친밀한 파트너 살인 피해율은 전 세계 남성 피해자의 약 6배(Stöckl et al., 2013)와 미국 남성 피해자의 4~5배(Cooper & Smith, 2011)이다. 여성이 가해자일 때는 과거 자신을 학대하던 남편이나 남자 친구를 살해하는 경우가 많았다.

　지난 30년 동안 우리는 친밀한 파트너 살인이 전반적으로 감소하는 것을 목격했다. 그러나 이러한 감소가 모든 피해자에게 똑같이 경험된 것은 아니다. 피해자의 성별에 따른 친밀한 파트너 살인 비율을 보면, 남성 피해자의 수는 감소한 반면, 여성 피해자의 수는 비교적 안정된 상태를 유지하고 있는 것이 분명하다. 왜 이러한 차이가 있는가? 제8장에서 논의되겠지만, 1980년대 이후로 친밀한 파트너 피해자들이 이용할 수 있는 자원도 증가하였지만, 형사사법시스템이 가정폭력에 대응하는 방식에 있어서 정책적 변화가 있었다. 결과적으로, 더 많은 여성이 학대적인 관계를 끝내기 위해 살인에 의존하기보다, 지역사회 내에서 도움(사회서비스 기관, 프로그램, 가정폭력 쉼터 등)을 찾고 있다. 이러한 자원은 여성 가해자 및 남성 피해자와 관련된 친밀한 파트너 살인사건의 수도 줄였을 수 있다. 남성 가해자들의 경우, 그들의 친밀한 파트너 살인 동기는 대개 여성 피해자들을 위해 고안된 자원에 의해 해소되지 않으며, 이것이 여성 피해자들의 수가 그에 필적할 만한 감소를 보이지 못하는 이유일 수 있다.

　연구자들은 개인을 그들의 친밀한 파트너의 손에 살해당할 위험에 처하게 하는 요인들을 밝혀냈다. 이러한 연구의 결과는 여성들이 과거에도 파트너에 의한 폭력을 경험한 적 있는 경우, 특히 그 폭력이 목을 조르거나 질식시키려는 시도와 관련 있는 경우에 파트너에 의해 살해당할 가능성이 크다는 것을 시사한다. 여성들은 앞선 폭력적 사건 직후에 가장 큰 위험에 처한다. 시카고에서 파트너에 의해 살해된 여성 중 절반이 지난 30일 동안 폭력을 경험한 적이 있었다. 비록 이전의 폭력이 위험 요인이기는 하지만, 친밀한 파트너에 의해 살해된 여성의 20%는 이전의 폭력을 경험하지 않았다. 이들 여성의 경우, 그들의 파트너는 통제적이거나 질투심이 많거나 약물을 남용하거나 혹은 집 밖에서 폭력적인 그런 성향일 가능성이 크다(Block, 2003).

자살이 뒤따르는 친밀한 파트너 살인

일부 친밀한 파트너 살인은 가해자가 자신의 친밀한 파트너를 살해한 후 자살하는 특징이 있는데, 이를 자살이 뒤따르는 살인 또는 **살인-자살**(homicide-suicide)이라고 부른다. 미국에서는 살인-자살이 인구 10만 명당 0.19~0.46명꼴로 추산되는 비교적 드문 사건이다(Morton, Runyan, Moracco, & Butts, 1998). 가장 보편적인 유형의 살인-자살은 남성이 그의 친밀한 여성 파트너를 죽인 다음 자살하는 것이다. 2007년에 1,108건의 살인-자살 사망사건을 평가한 결과, 그러한 사건의 거의 3/4이 친밀한 파트너와 관련이 있는 것으로 나타났으며, 그 중 대부분은 가정에서 남성들이 화기를 사용하여 저지른 것이었다(J. V. Roberts & Manikis, 2011). 가해자의 자살로 마무리된 친밀한 파트너 살인의 주요 동기가 문헌을 통해 알려지는데, 여기에는 애정적 질투, 건강 저하(안락사의 주요 원인), 급박한 위기(실직, 이혼, 파산 등), 정신이상 등이 포함된다(Harper & Voigt, 2007).

여성살해

전세계적으로 여성과 소녀들은 그들의 성별 때문에 폭력의 위험에 처해 있다. 이것은 **젠더**(사회·문화적 성별)**에 근거한 폭력**(gender-based violence)이라고 불린다. 젠더에 기초한 폭력은 비교적 사소한 것(밀거나 붙잡는 것 등)에서부터 심한 것(발로 차거나 주먹질하거나 강간하는 것 등)에 이르기까지 다양한 형태를 취할 수 있다. 어떤 경우에는 친밀한 파트너나 가족이 피해자에게 가한 폭력이 그녀의 죽음을 초래하는데, 이러한 죽음을 행동 연구자나 행동주의자들은 **여성살해**(femicide)라고 부르기 시작했다.

여성살해가 사람들에 따라 다른 것을 의미할 수도 있지만, 다이애나 러셀(Diana Russell)이 가장 일반적으로 사용되는 정의를 제시한 것으로 인정받고 있다. 러셀은 여성살해를 "여성이 여성이기 때문에 남성에 의해 살해당하는 것"이라고 정의한다(Russell & Harmes, 2001, p. 3). 이 정의는 (1) 여성살해가 여성혐오증과 성차별의 최종 산물이라는 것과 (2) 피해자의 성별이 가해자에게 문제라고 하는 두 가지 일반적인 이해를 바탕으로 한다. 이같이, 여성을 포함하는 모든 살인이 여성살해 행위인 것은 아니다. 예를 들어, 강도사건 중에 살해된 여성이 반드시 여성살해의 피해자인 것은 아니다.

그렇다면 정확히 무엇이 여성살해를 구성하는가? 가장 기본적으로 여성살해는 여성 피해자의 죽음을 초래하는 모든 형태의 젠더에 기초한 폭력이다. 유엔은 '2013년 여성살해에 관한 비엔나 선언(2013 Vienna Declaration on Femicide)'에서 여성살해가 취할 수 있는 다양한 형태에 대해 개략적으로 설명했다. 박스 6.1에서 이 선언문을 읽어보라. 이들 다양한 젠더 기반 폭력들의 공통점은 피해자의 성별을 이유로 여성과 소녀를 살해한다는 것이며, 그렇기에 여성살해로 간주되는 것이다.

박스 6.1 여성살해에 관한 2013 비엔나 선언

여성살해는 여성과 소녀를 그들의 젠더를 이유로 죽이는 것이며, 그것은 특히 다음과 같은 형태를 취할 수 있다: (1) 친밀한 파트너 폭력의 결과로 인한 여성살해, (2) 여성에 대한 고문과 여성 혐오 살해, (3) "명예"라는 이름으로 여성과 소녀를 살해, (4) 무장 충돌의 맥락에서 여성과 소녀를 표적 살해, (5) 지참금 관련 여성살해, (6) 성적 성향과 성 정체성의 이유로 여성과 소녀 살해, (7) 성별 때문에 원주민 여성과 소녀를 살해, (8) 여성 영아살해 및 성별에 따른 선택적 낙태, (9) 성기 훼손 관련 사망, (10) 여성을 마법의 제물로 사용, (11) 갱, 조직범죄, 마약상, 인신매매, 소형무기 확산 등과 관련된 다른 여성살해.

SOURCE: Academic Council on the United Nations System (2013).

여성살해의 정도를 측정하는 것은 좀 더 어렵다. 앞에서 논했듯이, 우리가 친밀한 파트너에 의해 살해되는 여성(때때로 친밀한 파트너 여성살해라고 표기되기도 함)의 정도에 관해서는 더 잘 이해하게 되었지만, 미국과 그 밖의 다른 곳에서 발생하는 다른 형태의 여성살해(명예살인 등)의 크기를 측정하는 데이터는 별로 없다. 알려진 것은 여성살해가 다양한 주요 피해기 및 기해자의 특성에 따라 달라지는 복잡한 현상이라는 것이다. 전반적으로, 연구는 여성살해 피해자와 가해자가 인종,

학력, 고용 상태 면에서 전형적으로 서로 닮았다는 것을 보여준다(Frye et al., 2005; Moracco et al., 1998; Mouzos, 1999; Muftić & Baumann, 2012).

명예살인

문화적 관점에서 명예의 구성은 그것에 부가되는 중요성에 따라 다양하다. 대부분의 문화권은 "성실한 행동, 좋은 도덕적 품성, 성실성, 이타주의"로 정의되는 명예에 가치를 부여한다(Vandello & Cohen, 2003, p. 997). 그러나 어떤 문화권에서는 지위, 우월, 명성과 관련된 추가적인 사회적 의미가 있다. 그와 같이, 명예는 "다른 사람에게 자신의 의지를 강요하거나 차별적 처우를 명령하기 위한 한 개인(대개 남성)의 힘과 권력에 기초한다"(Vandello & Cohen, 2003, p. 998). 그러한 문화권에서는 폭력을 정당한 것으로 여기며, 그러한 폭력은 종종 '명예 폭력' 또는 '명예 살인'으로 불린다.

여성에 대한 명예 폭력은 대개 가해자가 자신의 명예 또는 가족이나 공동체의 명예를 보호하거나 되찾고 있다는 생각으로 자행한다. 명예 폭력의 희생자들은 그들이 행동하는 또는 행동하는 것으로 보이는 방식이 수치스럽거나 문화나 종교 규범을 위반하는 것으로 여겨지기 때문에 표적이 된다. 예를 들어, 국제인권단체인 휴먼라이츠워치는 "중매결혼을 거부하는 것, 성폭행의 피해자가 되는 것, 이혼을 요구하는 것(심지어 남편이 학대한 경우라도), 또는 간통을 저지르는 것"을 포함하는 다양한 이유를 명예 폭력의 동기로 열거하고 있다(Human Rights Watch, 2001). 남성들 종종 동성애자들도 명예살인의 피해자가 될 수 있지만, 여성과 소녀들이 희생자의 대다수를 구성한다.

어떤 사건이 정말로 **명예살인**(honor killing)인지 아닌지를 판단하기는 매우 어렵다. 이런 유형의 폭력에 대한 자료는 체계적으로 수집되지 않는다. 게다가, 그러한 살인은 가족들에 의해 자살로 허위 보고되고 그렇게 기록될 수 있다. 명예살인은 종종 아시아, 특히 남아시아 및 중동과 관련 있다는 생각에도 불구하고, 실제로는 전 세계에서 발생한다. 예를 들어, 캐나다에서는 명예살인이 '캐나다 시민권 연구 가이드'가 구체적으로 언급할 정도로 우려스러운 것이 되어, "캐나다의 개방성과 관대함이 배우자 학대, 명예살인, 여성 성기 훼손, 상세결혼 또는 기니 성별에 기초한 폭력을 용인하는 야만적인 관행에까지 확대되지는 않는다"고 말한다

(Weese, 2011).

다수의 피해자를 갖는 살인

최근의 역사에서 가장 악랄한 살인 피해 사례 중 하나는 아담 란자(Adam Lanza)에 의해 저질러진 샌디 후크(Sandy Hook) 대학살이다. 2012년 12월 14일, 아담 란자는 코네티컷주 뉴타운에 있는 그의 집에서 어머니를 살해했다. 나중에 20살의 이 소년은 창문을 깨고 샌디 후크 초등학교에 들어갔다. 그는 여러 가지 무기로 무장하고 있었다. 그는 교장 던 혹스프렁(Dawn Hochsprung)과 학교 심리학자 메이 셜라크(May Sherlach), 그리고 다른 직원 2명을 사살했다. 그는 결국 1학년 교실 2곳에 들어가 어린이 20명과 성인 4명을 사살했다. 그 후 응급구조원들이 도착하자 그는 자살했다(Sedensky, 2013).

이 살인을 특히 가중스럽게 만드는 것은 관련된 피해자의 수와 그들의 연령이다. 다수의 피해자를 발생시키는 살인은 흔히 연쇄 살인, 대량 살인 또는 연속 살인이라고 불린다.

- **연쇄 살인**(serial murder)은 연방법에 의해 다음과 같이 정의된다: "세 명 이상을 연쇄적으로 살해하는 것. 단 그중 한 건 이상은 미국 내에서 발생할 것. 그리고 그 범죄들이 동일한 행위자(들)에 의해서 저질러졌을 합리적 가능성을 시사하는 공통적 특성들을 가질 것"(대개 각 사건 사이에는 냉각기간이 존재한다)(Protection of Children from Sexual Predator Act of 1998, Title 18, US Code, Chapter 51, Section 1111).
- **대량 살인**(mass murder)은 한 사건, 한 장소에서 4명 이상의 피해자를 살해하는 것이다.
- **연속 살인**(spree murder)은 샌디 후크 대학살과 같이, 두 개 이상의 별도 장소에서 복수의 피해자를 살해하는 것이지만, 사건 사이에 냉각기간이 없으며, 각각의 사건은 감정적으로 연결되어 있다.

이 세 가지 사이의 핵심적 차이는 대개 시간과 장소다. 말하자면, 누가 어떤 범주에 속하는지, 특히 연쇄 살인과 연속 살인을 구분하는 것은 종종 어렵다. 미국에서 자행된 10건의 살인 중 대략 1건은 복수의 피해자를 수반한다(FBI, 2015n).

피해촉발

이제 다양한 유형의 살인에 관해 알아보았으니, 어떤 사람의 행위가 그가 다른 사람 손에 죽임을 당할 위험에 어떻게 영향을 미칠 수 있는지 생각해 보자. 앞서 제1장에서 정의한 바와 같이, 피해촉발은 일반적으로 피해자가 '자신의 피해에 대해 책임이 있는 정도'로서 정의된다. 피해촉발의 개념은 비록 "많은 피해자가 자신의 피해에 대한 책임이 없지만, 일부의 피해자는 책임이 있다"라는 관념에 뿌리를 두고 있다.

마빈 볼프강(Marvin Wolfgang)은 1957년 살인에 관한 그의 획기적 연구에서, 어떤 경우에는 피해자가 가해자의 행위를 시작시킬 수도 있다고 주장함으로써 소위 피해촉발이라는 용어를 주조한 것으로 인정받고 있다. 자신의 주장을 검증하기 위해 볼프강은 필라델피아에서 4년 동안의 공식적인 살인 자료를 수집했다. 수집된 588건의 살인사건 중 거의 26%가 피해촉발에 대한 볼프강의 정의에 부합하였다. 후속 연구에서는, 피해촉발된 폭력 범죄는 서로 면식 있는 피해자와 가해자 사이에서 그리고 사건 발생 전에 한 사람 또는 두 사람 모두가 술을 마신 상태에서 발생할 가능성이 크다는 것이 발견되었다(Muftić & Hunt, 2013).

피해촉발이론

피해촉발이론은 일반적으로 개인의 행동이 자신의 피해에 어떻게 기여할 수 있는지에 대한 설명이다. 예를 들어, 데이비드 러켄빌(David Luckenbill, 1977)은 폭력과 살인을 "특정 상황 속에서의 거래"라고 말한다. 그는 캘리포니아의 범죄 살인에 대한 연구에서 각각의 사건이 어떻게 작용했는지 자세히 검토했다. 대다수의 살인은 어떤 형태의 "인물(성격) 경쟁"(character contest) —또한 "명예 경쟁"이나 "혈대서 살인"이라고도 불린다— 을 포함하는데, 이 경쟁에서 관련 행위자들은 어떤 식별 가능한 형태의 "주고받기"(모욕, 언어적·물리적 도전, 폭력 사용 등)를 하는데, 결국에 둘 중 한 사람은 죽게 된다.

유사하게, 케네스 폴크(Kenneth Polk, 1999)는 적대적 살인(confrontational homicides)이 그가 "명예 경쟁"(honor contest)이라 부른 복잡한 상호작용에 관여하는 젊은 남성들을 포함하는 경향이 있는 것을 발견했는데, 이러한 상호작용은 모욕, 조롱, 떠밀기와 같은 일정한 도발로 시작하여 도전-도전의 수용-결투와 같은 일련의 연쇄적 결과를 낳는다. 그리고 그 싸움은 죽음을 초래할 수도 있고 그렇지 않을 수도 있다. 이러한 명예 경쟁은 레저 상황(술집 등)과 사회적 청중 앞에서 일어나기 쉬운데, 그것은 두 가지 목적에 봉사한다. 그것은 도전을 공개적인 것으로 만들고, 청중의 반응은 행위자들의 인식을 재확인시켜준다. 결국, 폴크는 술의 존재 역시 관련 당사자들의 판단과 충동성에 영향을 미친다는 점에서 명예 경쟁에 큰 기여를 했다는 사실을 알게 되었다.

이러한 이해는 살인과 관련하여 우리가 알고 있는 사실에 부합한다. 보충살인보고서(SHR)는 살인이 싸움이나 언쟁의 결과로 가장 자주 발생한다는 것을 보여준다. 살인사건의 거의 40%가 언쟁과 관련이 있다. 많은 살인이 어느 정도는 피해촉발을 포함한다. 피해자는 결국에는 자신의 죽음을 초래하게 되는 물리적 힘을 사용하거나 폭력을 행사한 최초의 사람이었을지도 모른다. 예컨대, 무프티치와 도널드 헌트(Muftić and Donald Hunt, 2013)는 텍사스주 댈러스에서 10년 동안 성인 피해자와 성인 가해자가 관련된 살인사건 중 1/4이 명백히 피해촉발된 사건이었음을 발견하였다.

흥미롭게도, 데이비드 러켄빌은 이러한 설명이 부모가 그들의 아이들을 살해하는 상황을 이해하는 데도 유용할 수 있다고 지적한다. 종종 아이는 부모의 권위에 도전하고, 부모는 체면을 살려야 한다고 생각한다. 피해자의 의도에 대한 어떤 질문도 필요없다. 오직 살인자의 해석만이 중요하다. 이런 상황을 피해촉발된 것으로 분류할 수 있을까?

마지막 질문이 증명하는 것처럼, 피해촉발에 대한 검토는 피해를 둘러싼 맥락의 이해에 중요하기는 하지만 논란이 없는 것은 아니다. 피해촉발이론은 피해자를 비난하기 위한 간접적 시도라는 비난을 받아왔다. 게다가, 피해촉발의 개념을 조사한 연구도 방법론적으로 미흡하다는 지적을 받아왔다.

간접적 또는 이차적 피해

이 장의 서문에서 본 앤지를 기억해 보라. 앤지는 친밀한 파트너 살인이라는 잔인한 범죄의 피해자였다. 하지만 앤지가 그 사건의 유일한 피해자는 아니다. 그녀의 죽음은 그녀가 남긴 아이들, 저스틴과 포르샤의 삶에 큰 부정적 영향을 끼쳤다. 살인 피해자의 생존자(유족)는 **간접적 또는 이차적 살인 피해자**(indirect or secondary homicide victims)로 불린다. 간접적 또는 이차적 피해는 저스틴과 포르샤와 같은 일차적 살인 피해자의 가까운 가족과 친구들에게 가장 흔히 적용되는 반면에, 그것은 또한 살인을 목격한 개인과 직업상 살인의 여파(법 집행 등)를 다루는 전문가들에게도 적용될 수 있다(Morall, Hazelton, & Shackleton, 2011).

살인에 대한 일반적 반응

사랑하는 사람의 피살 소식을 통보받을 때, 유족의 반응은 사건의 급작스러운 정도, 무슨 일이 일어났는지 이해하는 능력, 마음의 준비 상태, 그리고 살인의 유형(낯선 사람에 의한 살인, 가정폭력 살인, 테러 행위 등)을 포함한 여러 가지 요인에 따라 달라진다.

Angie's Awareness Angels
September 24, 2013 ·

I know a lot of you are dying to know how it is going! Well, ITS A EMOTIONAL HORRIBLE HORRIBLE EXPERIENCE FOR EVERYONE INVOLVED! I can not and will not post daily updates about what happened in court room! I just can't.... I'm very tired and overwhelmed! Thank you to everyone who came, you have no idea how much I appreciate all of your presence! The court room was PACKED! Also thank you to those of you who are thinking about us and praying and unable to be here! Love you all GOODNIGHT!

Like · Comment · Share

사진 6.2 저스틴 로페즈가 2013년 9월 24일에 작성한 소셜 미디어 게시물. 2012년 저스틴의 어머니 앤젤라 로페즈를 살해한 혐의로 유죄판결을 받은 윌리엄 레이 파커에 대한 재판 중.

비애

비애(bereavement)는 전형적으로 '아끼던 사람이 사망한 후에 슬퍼하는 상태'로 정의된다. 비탄에 빠진 사람들의 전형적인 반응으로는 울기, 불면증, 식욕 감퇴 등이 있다. 사별의 과정은 사람이 죽는 방식에 의해 영향을 받는다. 살인과 같은 갑작스럽고 예기치 못한 일로 사망했을 때는 사별 과정이 길어질 수 있다. 살인은 심각한 개인적 고통을 야기하기 때문에, 상실에 대한 반응은 "보통의" 애도보다 더 심각할 수 있다. 저스틴을 예로 들어보자. 그는 페이스북에서 살인사건 재판의 진행 과정에 대한 "업데이트" 요청에 격분해, 법정에서 특별히 긴 하루를 보낸 후 아래의 메시지를 페이스북에 게재했다.

> 여러분 중 많은 사람이 재판이 어떻게 되어가고 있는지 알고 싶어 한다는 것을 알고 있습니다! 흠, 그것은 관련된 모든 사람에게 감정적으로 끔찍한 경험입니다! 저는 법정에서 일어난 일에 대해 매일 근황을 올릴 수도 없고, 게시하지도 않을 것입니다! 전 그냥 못 합니다. 저는 너무 피곤하고 질렸습니다! 재판에 와주신 모든 분께 감사드립니다. 제가 여러분의 모든 것에 얼마나 감사하는지 모르실 겁니다. 법정이 꽉 찼습니다! 또한 우리를 생각하고 기도하지만, 여기 함께할 수 없었던 모든 분께 감사드립니다! 여러분 모두 사랑해요. 굿나잇!

살인 생존자들은 노여움, 격노, 공포, 환각, 그리고 악몽의 격렬한 감정을 경험하고 있는 그들 자신을 발견할지도 모른다. 연구는 또한 외상성 상실이 살인 생존자들에게 공황 공격, 불안, 우울증 또는 강박적인 행동을 유발할 수 있다는 것을 보여주었다(Morrall et al., 2011).

추가적 스트레스

사랑하는 사람의 피살에 대처하는 것은 특별히 고통스러우며, 대개 그 상황 특유의 다른 스트레스 요인에 의해 악화된다. 통지 과정의 예를 생각해 보자. 많은 살인 생존자들은 이 통지 과정을 심각한 외상성 사건으로 기억한다(Parents of Murdered Children, 2014). **사망 또는 사고 통지**(death or casualty notification)는 고인의 가족들이 사랑하는 사람의 죽음을 통보받는 과정이다. 가능하다면, 이것은 직접, 적시에, 그리고 적어도 두 명의 숙련된 법 집행관들로 구성된 팀에 의해 이루어진다. 전화를 통하거나, 불완전하거나 부정확한 정보가 있거나, 미디어를 통한 통보는 이미 어려운 상황을 더욱 복잡하게 만든다.

형사사법시스템은 살인 생존자들에게 또 다른 스트레스의 요인이 된다. 사랑하는 사람이 살해될 때, 형사사법시스템과의 관계는 불가피하지 부른다. 많은 이 차적 피해자들에게 이러한 경험은 그들이 형사사법 관계자들에 의해 부당하게, 무감각하게, 또는 부적절하게 처우되고 있다고 인식한다면 특별히 외상적일 수 있다. 예컨대, 이차적 피해자들은 증거를 보존하기 위해 범죄 현장에 들어가는 것이 금지될 수 있다. 그들은 살인이 발생했을 때 그들의 행적에 대해 질문받을 수도 있다. 경찰이 사건을 해결하지 못하면(실제로 3건 중 1건꼴로 해결되지 않음), 이차적 피해자들은 사건의 종결이 부족하다고 느낄 수도 있다. 만일 가해자의 신원이 밝혀져 재판이 진행되면, 법정에서 제시되는 살인의 세부 내용, 피해자를 보호하지 못한 점, 재판의 지속 기간, 재판의 결과(불일치 배심) 등이 살인 생존자에게 추가적인 불안 요소를 제공함으로써 그들의 원래 트라우마를 더욱 증폭시킨다.

살인 피해에 대한 법적 및 지역사회의 대응

역사를 통틀어, 살인은 사람이 경험할 수 있는 가장 중대한 형태의 피해 중 하나로 여겨져 왔다. 살인은 1, 2급 살인과 같이 다양한 방식으로 개념화되어온 도덕적, 사회적 규범을 위반하는 것으로 인식되어 왔다. 살인의 유형과 상관없이, 그 사건은 지역사회는 물론이고 피해자의 가족 구성원에게 중대한 영향을 미칠 수 있다. 개인적 차원에서, 사랑하는 사람을 살인 피해로 잃은 가족 구성원들은 살인에 의한 외상 후 스트레스 증후군과 관련된 중요한 문제를 경험했다(Amick-McMullan, Kilpatrick, & Resnick, 1991). 지역사회 또한 살인의 영향을 받는데, 심각한 폭력은 아이들의 정서적, 심리적 행복에 큰 타격을 주는 동시에, 약물 사용 및 인지적 기능과 관련된 문제의 위험성을 증가시킨다(Aisenberg & Herrenkohl, 2008). 이러한 문제들은 지역사회는 물론 형사사법체계도 살인 피해에 대응하는 특정한 책략을 사용함으로써 이익을 얻을 수 있음을 시사한다.

경찰의 대응

법 집행관들의 입장에서는 살인 피해를 줄이기 위해 몇 가지 다른 대응이 취해져 왔다. 살인을 감소시키기 위한 가장 인기 있는 방안은 1990년대에 보스턴과 뉴욕시에서 각각 "사격 중지 작전(Operation Ceasefire)"과 "컴스탯(CompStat)"이라는 이름으로 시행되었다(Rosenfeld, Fornango, & Baumer, 2005). 각 프로그램은 살인을 줄이기 위한 독특한 기법을 보여주었는데, 사격 중지 작전은 총기 관련 갱 폭력 문제를 다루었다. 한편, 범죄 데이터의 보급과 독특한 문제 해결 관행을 촉진하는 데 집중하는 조직체계로서 기능했던 컴스탯은 보다 일반적으로 범죄와 무질서를 줄이는 데 초점을 맞췄다(Weisburd, Mastrofski, McNally, Greenspan, & Willis, 2003). 연구는 두 프로그램 모두 살인 피해를 줄이는 데 완전히 성공하지는 못했다는 것을 보여주었다. 전반적으로 데이터는 사격 중지 작전이 개입(intervention) 기간 중 또는 이후에 발생한 총기 관련 청소년 살인율을, 조사된 95개 도시의 평균 추세에 대비해서, 유의미하게 낮추지 못했다는 것을 보여주었다. 한편, 컴스탯은 모든 도시의 평균 살인율과 비교하면, 개입이 이루어지는 동안에 살인율에서 작지만 유의한 감소를 달성했다. 그러나 인구밀도나 경찰 규모와 같은 다른 요인들이 통제될 때는, 그 감소 정도가 나머지 포함된 도시의 살인율과 비교해서 더는 유의미하게 다르지 않았다(Rosenfeld et al., 2005).

법원의 대응

법적 환경 내에서는 살인에 대응하기 위한 다양한 전술들이 통합되었다. 리차드 로젠펠드 등(Richard Rosenfeld et al., 2005)이 강조한 세 번째 개입은 버지니아주 리치몬드에서 "추방 프로젝트(Exile Project)"란 이름으로 이루어졌는데, 이는 총기 관련 마약 및 폭력 범죄에 대한 연방의 형량을 늘리는 데 초점을 맞췄다. 사격 중지 작전 및 컴스탯과 비교하면, 추방 프로젝트의 결과는 비교적 성공적이었다. 구체적으로, 개입은 이전에 영향력이 확인된 요인들을 통제한 후 표본 평균과 비교할 때 총기 관련 살인율을 낮추는 데 유의미한 영향을 미쳤다. 이처럼, 앞서 언급된 두 가지 법 집행전략(사격 중지 작전과 컴스탯)은 의도한 결과를 도출하지 못한 반면, 추방 프로젝트는 살인율을 유의미하게 감소시켰다.

유사한 예로서, 전문화된 살인전담 기소 부서에 집중하는 "하드코어 작전(Operation Hardcore)"은 1970년대 중후반 동안 로스엔젤레스에서 갱 관련 사건에 집중하여 긍정적인 결과를 낳았다(Pyrooz, Wolfe, & Spohn, 2011). 전문 부서를 합병한 이후의 결과는, 비전문부서에서 처리된 사건은 전문 부서를 통해 기소된 사건보나 기각될 가능성이 훨씬 크다는 것을 시사해 주었다. 전체적으로, 총기 및 갱 관련 살인사건에 대한 법원의 대응은 살인율을 낮추는 데 성공적이었다.

지역사회의 대응

살인 피해에 대해 점차 많이 사용되는 지역사회의 대응은 **사망 리뷰**(fatality reviews)이다. 일반적으로, 사망 리뷰는 사망의 원인을 더 잘 이해하기 위해 살인의 상황을 검토하는 지역사회 기반의 프로그램이다. 미국에서는 일반적으로 아동과 가정에 대한 두 가지 유형의 사망 리뷰가 있었다. 아동 사망 리뷰(child fatality reviews, 제9장에서도 설명됨)는 대부분의 아동 사망 유형에 대한 조사에 공통적으로 초점을 맞춤으로써, 거의 모든 주에서 사용되는 대중적인 도구가 되었다. 아동 사망 리뷰들에 관한 최근의 연구는 이들 프로그램의 다수가 다양한 형사사법 관료(경찰관, 검사 등), 의료 및 공중보건 커뮤니티(검시관, 공중보건 대표, 응급의료요원), 아동보호 서비스단체 회원 등을 포함한다고 밝혔다(Shanley, Risch, & Bonner, 2010). 비록 다수의 주가 아동 사망 리뷰와 관련한 법률을 가지고 있지만, 대부분은 청소년 사망 사례를 모두 검토하는 것은 아니고, 학대와 방치로 인해 발생했거나 예방할 수 있었던 사례만 검토한다.

두 번째 대중적인 유형의 사망 리뷰는 가정폭력의 결과로 발생한 살인사건에 초점을 맞추고 있다. 청소년 사망을 조사하기 위해 사용되는 사망 리뷰와 마찬가지로, 가정폭력에 초점을 두는 사망 리뷰는 "매 맞는 여성과 그들 아이의 안전을 해치는 사회적, 경제적, 정책적 현실"을 확인하는 데 집중하는 지역사회의 다양한 구성원들을 포함한다(Websdale, 2003, p. 27). 가정 사망 리뷰(domestic fatality reviews)는 다양한 형사사법 및 정치적 전략의 결함을 보여주는 데 도움이 될 수 있으며, 두 영역 모두에서 변화의 필요성을 강조한다. 전반적으로, 두 가지 사망 리뷰는 지역사회 구성원들이 함께 모여 특정 유형의 살인에 대한 더 포괄적인 조사를 수행하는 긍정적인 배출구를 제공한다.

살인사건을 조사하기 위한 지역사회 기반 프로그램의 한 가지 구체적인 예로 밀워키 살인검토위원회(Milwaukee Homicide Review Commission)의 작업을 들 수 있다. 이 위원회는 살인 방지 및 개입 시책에 초점을 맞춘 다기관 개입 노력으로서 구성되었다(Azrael, Braga, & O'Brien, 2013). 형사사법기관, 지역사회 봉사단체, 가정폭력 관련 기관 등 각계 각층의 단체들이 검토 위원회에 참여했다. 개입의 평가 결과, 개입이 있은 지역에서 개입기간 동안 살인 건수가 크게 감소(52%)한 것을 볼 수 있었다. 전반적으로, 이 검토 위원회는 개입을 받은 지역에서 살인을 줄이는 데 비교적 성공적이었다.

일부 지역사회에서는 **사별 센터**(bereavement centers)가 설립되었다. 사별 센터는 주로 살인 피해자의 사망으로 정서적 어려움을 겪는 살인 생존자들을 돕기 위해 설계되었지만, 일부 센터는 살인 피해와 관련하여 재정적, 사회적, 법적 지원을 제공한다. 예를 들어, 매사추세츠주 케임브리지에 있는 사별 센터는 위기 개입, 슬픔 치료, 피해자 옹호, 정신 질환 진단, 지역사회 봉사활동 등을 제공한다(Aldrich & Kallivayalil, 2013).

살인 피해자와 그 가족에 초점을 맞춘 지역사회 기반 프로그램의 마지막 예는 언론을 통해 잘 알려진, **음주 운전을 반대하는 어머니들**(Mothers Against Drunk Driving: MADD)이다. 이 조직은 음주 운전에 대해 포괄적으로 초점을 맞추고 있지만, 정서적 문제(슬픔, 죄책감, 애도, 치유 등), 금전적 우려(피해 보상 포함), 그리고 살인 피해로 영향을 받는 피해자와 그 가족의 법적 권리(범죄피해자법 등)에 관한 다양한 자료를 제공하고 있다. 또한, 이 조직은 음주 운전의 예방과 음주 운전과 관련된 가능한 죽음에 대한 정보도 제공한다. 서비스 측면에서 보면, 이 조직은 음주 운전 피해자들에게 정서적, 법적 지원을 제공하는 일에 주력하는 1,200명의 피해자 옹호자들을 통해 다양한 서비스를 제공하는 미국 내 최대 규모의 조직 중 하나이다. MADD는 다양한 이용 가능한 문헌과 서비스를 통해 음주 운전 살인 피해로 영향받는 가족(피해자와 생존자 포함)을 돕는 독특한 지역사회 차원의 대응을 대표한다.

회복적 사법 노력

비록 살인 피해자들에게는 회복적인 사법 노력이 비합리적으로 보일지 모르지만, 한 가지 방법은 살인 피해자의 가족과 가해자의 가족 사이의 피해자-가해자 조정 노력이다. 가장 설득력 있는 사례 중 하나로 텍사스에서 살인 피해자의 가족과 사형수로 수감 중이던 가해자의 가족 사이에서 일어난 중재과정을 볼 수 있다(Umbreit & Vos, 2000). 중재과정에 참여하는 이유는 양측이 명백히 달랐다. 일반적으로, 고인의 가족은 사건과 관련된 더 많은 정보를 얻고, 또한 가해자를 직접 석으로 보기 위해서였다. 대조적으로, 가해자들은 치유과정의 일환으로 참여했고 또한 종교적 이유가 컸다. 피해자 가족과 가해자를 포함한 모든 참여자가 그들이 경험한 중재과정이 유익했고 치유과정으로서 작용했다고 말했다.

요 약

- 살인은 "한 인간을 타인이 살해하는 것"으로 정의되며, 변명(용서)할 수 있는 살인, 정당화할 수 있는 살인, 범죄 살인으로 세분될 수 있다.
- 변명할 수 있는 살인은 의도하지 않았거나 우발적인 살인이다. 죄의식은 용서할 수 있는 살인의 구성요소가 아니다.
- 정당화할 수 있는 살인은 재산이나 생명을 방어하는 과정에서 일어나는 살인을 나타낸다. 그러나 UCR은 정당한 살인을 경찰관(직무집행 중)이나 민간인에 의한 중범죄자(중범죄를 저지르고 있는 경우)의 살해로 규정하고 있다.
- 범죄 살인은 "타인이 한 사람을 의도적으로, 인지하고서, 무모하게, 또는 부주의하게 살해하는 것"을 나타낸다. 이런 형태의 살인은 1급 살인(계획성과 범의 모두 있음), 2급 살인(범의는 있지만, 계획성은 없음), 중범죄 살인(중범죄를 저지르는 과정에서 저지른 살인), 그리고 고살(살인에 비해 책임이 적음)로 나눌 수 있다. 고살은 또한 자발적(의도적)인 경우와 비자발적(반드시 의도된 것은 아니지만 과실에 근거)인 경우로 세분될 수 있다.
- 미국에서의 살인 피해는 보충살인보고서(SHR)를 포함하는 표준범죄보고서(UCR)와 국립보건통계센터(NCHS)를 통해 측정된다. 2015년 미국에선 인구 10만 명당 평균 4.9건의 살인사건이 발생했다.
- 전 세계의 살인 피해는 유엔 마약 및 범죄 사무국(UNODC)과 세계보건기구(WHO)가 측정한다. 국제적 수준에서는 인구 10만 명당 6.2건의 살인사건이 발생했는데, 가장 큰 비율은 아메리카에서, 가장 적은 비율은 오세아니아 지역에서 나왔다.
- 사회인구학적 특성에 관한 정보는 살인범과 피해자가 인구학적으로 유사할 가능성이 있음을 나타낸다. 자료에 따르면, 남성이 여성보다 살인사건의 피해자나 가해자가 될 가능성이 더 크다. 젊은 사람(18~24세)이 살인 피해자나 가해자가 될 가능

성이 크다. 대부분의 살인은 인종 집단 내에서 발생한다(즉, 백인에 의한 백인의 살해). 살인율은 도시환경에서 가장 높다. 게다가, 대부분의 살인은 모르는 사람 사이에서 일어나는 것이 아니라, 서로 아는 피해자와 가해자 사이에서 일어난다.

- 사건의 특성은 대부분의 살인에 무기가 사용됨을 보여준다. 살인을 둘러싼 상황이 항상 완전히 명확하지는 않지만, 문헌은 살인이 언쟁이나 다른 중죄의 실행 중에 일어날 가능성이 크다는 것을 강조한다. 개인 거주지는 노인살인이나 가정폭력 살인의 일반적 장소이다. 게다가, 모든 살인이 마약이나 알코올을 포함하는 것은 아니지만, 피해자와 가해자의 일부가 사건 전에 이러한 약물을 사용한 것으로 밝혀졌다.

- 자식살해(filicide)는 부모나 보호자가 아이를 죽이는 것을 말하고, 영아살해는 피해자가 1세 미만일 때를 말한다. 5세 미만의 어린이를 살해했을 때, 부모가 범인일 가능성이 가장 크다.

- 존속살해(parricide)는 부모의 살해를 의미한다. 이것은 어머니 살해(matricide)와 아버지 살해(patricide)로 구분된다.

- 노인살해(eldercide)는 65세 이상 노인의 살해를 말한다.

- 노인의 중범죄 살인 피해 위험은 지역의 강도 발생률과 혼자 살고 장애가 있는 노인들의 비율에 크게 영향을 받는다.

- 친밀한 파트너 살인(IPH)은 성적 지향과 상관없이 현재 또는 이전 파트너 또는 배우자를 살해하는 것을 의미한다. 대부분 상황에서 범인은 남성이고 피해자는 여성이다.

- 여성 대상 친밀한 파트너 살인을 유발하는 많은 위험 요인이 존재하며, 특히 그들이 과거에 폭력피해를 당한 적이 있다면 더욱 그러하다. 여성의 IPH 가해는 폭력의 정도와 유형, 교육 및 재정 자원의 부족, 혼인 상태 및 자녀, 경찰에의 신고 여부 등의 요인에 근거하여 발생하는 경향이 있다.

- IPH의 발생 이후 가해자의 자살은 비교적 드문 사건이다. 살인-자살이 발생한다면 남성이 가해자이고 총기가 사용되었을 가능성이 크다.

- 여성살해(femicide)는 여성이 그냥 여성이라는 이유로 남성에 의해 살해된다는 것이다. 물론, 여성살해는 다른 이유(명예살인, 성적 지향, 제물 등)로도 발생할 수 있나. 비록 여성살해의 발생 정도는 추정하기 어렵지만, 그 관행은 많은 나라에서 존재해 왔다.

- 명예살인(honor killings)은 남성이 그 자신, 가족, 공동체의 명예를 지키기 위해 여성을 살해하는 것이다. 이러한 살인은 희생된 여성들이 문화적 또는 도덕적 가치를 위반했다는 이유로 정당화된다.
- 다수의 피해자를 포함하는 살인은 미국에서는 상대적으로 드물며, 2015년에는 전체 살인 10건 중 1건꼴로 발생했다. 복수의 피해자를 갖는 살인에는 연쇄 살인, 대량 살인, 연속 살인이 있다.
- 피해촉발은 피해자가 자신의 피해에 대해 어느 정도 책임이 있는지를 나타낸다. 촉발과정은 언어폭력에서 물리적 폭력에 이르기까지 다양하다.
- 간접적 또는 이차적 살인 피해는 일반적으로 살인 피해자의 친척 또는 친구에 해당한다.
- 살인에 대한 다양한 반응이 피해자의 가족에게서 발견되었다. 비애가 가족이나 친구의 죽음 후에 흔히 일어나는 반응인 반면, 개인들도 분노를 느낄 수 있다. 만약 피해자의 가족과 친구들이 정의가 구현되지 않았다고 느끼거나 그들이 부당한 처우를 받은 것처럼 느낀다면, 스트레스는 추가로 형사사법시스템에 의해 야기될 수 있다.
- 살인(그리고 갱 관련 총기 폭력)을 퇴치하기 위해 경찰의 전문적 대응이 이루어졌지만, 이러한 프로그램이 살인의 감소에 미친 영향은 대부분 미미했다.
- 살인 범죄와 싸우기 위한 다수의 법정 대응이 존재한다. 가장 효과적인 방법은 연방 형량을 늘리고, 갱 및 총기 폭력과 싸우기 위한 전문 부서를 설치하는 것이다.
- 살인을 줄이기 위한 다양한 지역사회 차원의 대응도 있다.
- 살인 피해자를 위한 회복적 사법 노력이 살인 피해자의 가족과 가해자 가족 사이의 중재 과정에서 이루어진다.

토의 문제

1. 살인이 용서받을 수 있는 (또는 정당화할 수 없는) 경우의 예를 제시해 볼 수 있는가?
2. 친밀한 파트너 살인을 줄이기 위한 합리적인 예방법은 무엇인가?

3. 피해촉발 살인이 피해자-가해자 중첩 현상에 어떻게 들어맞는가?
4. 살인 피해를 줄이는 데 도움이 될 수 있는 추가적인 경찰 및 법원의 대응은 무엇인가?
5. 살인 피해자 가족과 가해자 가족 사이의 조정과정이 가질 수 있는 장단점은 무엇인가?

주요 용어

살인(homicide)

변명할 수 있는 살인(excusable homicide)

정당화할 수 있는 살인(justifiable homicides)

정당방위법(stand-your-ground laws)

성(城)의 원칙; 캐슬 독트린(Castle Doctrine)

범죄 살인(criminal homicide)

1급 살인(first-degree murder)

사전계획(premeditation)

고의(delibration)

명시적 악의(express malice)

함축적/구성적 악의(implied/constructive malice)

2급 살인(second-degree murder)

중죄 살인(felony murder)

고살(manslaughter)

자발적 고살(voluntary manslaughter)

비자발적 고살(involuntary/negligent manslaughter)

자식살해(filicide)

영아살해(infanticide)

존속살해(parricide)

아버지 살해(patricide)

어머니 살해(matricide)

노인살해(eldercide)

친밀한 파트너 살인(intimate partner homicide)

살인－자살(homicide－suicide)

젠더에 근거한 폭력(gender－based violence)

여성살해(femicide)

명예살인(honor killing)

연쇄 살인(serial murder)

대량 살인(mass murder)

연속 살인(spree murder)

간접적 또는 이차적 살인 피해(indirect or secondary homicide victimization)

비애(bereavement)

사망 또는 사고 통지(death or casualty notification)

사망 리뷰(fatality reviews)

사별 센터(bereavement centers)

음주 운전을 반대하는 어머니들(Mothers Against Drunk Driving: MADD)

인터넷 자원

살인에 대한 글로벌 연구:

http://www.unodc.org/gsh

유엔 마약 및 범죄 사무국(UNODC)에서 수행하는 글로벌 살인 연구(Global Study on Homicide: GSH)는 살인에 초점을 맞춘 국제적 연구를 대표한다. 이 웹사이트는 살인에 대한 형사사법적 대응, 살인에 영향을 미치는 마약 및 총기 관련 요인, 그리고 살인율의 변화추세 등에 관한 정보를 담고 있다. 구체적 수준의 살인에 대한 그래픽과 기본적인 개요 외에도, 살인에 대한 포괄적인 검토를 제공하는 출판물을 이용할 수도 있다.

보충 살인 보고서:

http://www.fbi.gov/about−us/cjis/ucr/nibrs/addendum−for−submitting−cargotheft−data/shr; http://ojjdp.gov/ojstatbb/ezashr

연방수사국(FBI)의 보충살인보고서(SHR)는 살인 피해자와 범죄자에 대한 데이터를 나타낸다. 첫 번째 웹사이트에서 당신은 살인사건과 관련된 다양한 인구학적, 상황적 요인을 발견할 수 있다. 두 번째 웹사이트는 SHR 데이터에 쉽게 접근할 수 있도록 해준다.

NCHS의 생명 통계 부서:

http://www.cdc.gov/nchs/deaths.htm

국가생명통계시스템(질병통제센터[CDC] 내에 포함되어 있음) 안에서, 사망 원인과 사망률 추세와 관련된 요인에 대한 데이터를 이용할 수 있다. 또한, 통계는 국제적 수준에서 사망률과 관련된 더 나은 이해를 얻기 위해 국가 간 비교를 허용한다. 이 웹사이트는 일반적으로 사망률과 관련된 다양한 출판물을 열거하고 있다.

세계보건기구:

http://www.who.int/violence_injury_prevention/surveillance/databases/mortality/en

세계보건기구(WHO) 웹사이트도 CDC와 유사한 데이터를 포함하고 있지만, 보다 일반적으로 국제적인 수준에 초점을 맞추고 있다. 약 120개 국가에서의 사망 원인 및 인구통계 자료에 대한 정보가 이용가능하다. 더 좁게 보면, 이 웹사이트는 국제적 수준에서 사망률을 구체적으로 조사하기 위해 1979년까지 거슬러 올라가는 원시 데이터와 온라인 데이터베이스를 제공한다.

음주 운전을 반대하는 어머니들:

http://www.madd.org

음주 운전에 반대하는 어머니 모임의 웹사이트에는 음주 운전으로 사망한 사람들의 가족뿐 아니라, 음주 운전의 생존자들도 이용할 수 있는 많은 출판물과 서비스들이 있다. 출판물은 사별 과정, 슬픔, 대처, 생존자의 죄책감, 법적 우려에 초점을 맞춘다. 중요한 것은 감정적 문제를 다루는 것뿐만 아니라, 형사소송과정 전반에 걸친 지원에 초점을 맞춘 다양한 서비스들이다.

제 7 장

성적 피해

제 7 장

성적 피해

2010년 3월 5일, 한 여성이 경찰에 범죄피해를 신고했다.

우리는 다운타운에 있는 벨벳 엘비스(업소명)로 가서 친구들을 만났습니다. 그곳에서 우연히 벤 로에슬리스버거(Ben Roethlisberger)와 그의 친구와 경호원들을 보았습니다. 우리는 그와 함께 사진을 찍었고, 그러고는 그곳을 떠났습니다. 우리는 자리를 옮겨 더 브릭(업소명)에 갔는데, 거기서도 우연히 그들과 다시 마주쳤습니다. 우리는 가벼운 대화를 주고받았고, 그는 심지어 저속하고 성적인 농담까지 했습니다. 그들이 떠나자, 우리는 다시 캐피탈(업소명)로 옮겼는데, 그들 역시 그곳에 있었습니다. 벤은 우리에게 (캐피탈의 뒤쪽에 있는) 자기 "VIP" 구역으로 가자고 했습니다. 우리는 모두 그와 함께 갔습니다. 그는 그곳에 가면 바에 좋은 술이 많이 있으니 실컷 마시고 원하면 그것을 가져가도 된다고 말했습니다. 그의 경호원이 와서 내 팔을 잡고 함께 가자고 말하고는 나를 쪽문으로 안내하고 스툴에 앉혔습니다. 그가 떠나자, 바로 벤이 팬티를 벗은 채로 들어왔습니다. 나는 그에게 "나는 그것을 원치 않아! 아니, 우리는 이것을 할 필요가 없어!"라고 외치고, 자리에서 일어나 떠나려고 했습니다. 나는 눈에 보이는 첫 번째 문을 열었는데, 하필 화장실이었습니다. 그는 나를 따라 화장실로 들어와 문을 잠갔습니다. 나는 여전히 안된다고 외쳤으나, 그는 강제로 나와 섹스를 했습니다. 그는 괜찮다고 말하고는, 일이 끝나자 아무 말도 하지 않고 그곳을 떠났습니다. 나는 그곳에서 벗어나 친구들이 있는 쪽으로 갔습니다. 우리는 캐피탈을 떠났고, 처음 마주친 경찰차에 도움을 요청했습니다.

피츠버그 스틸러스의 쿼터백 벤 로에슬리스버거에 대한 강간 고소사건이 수사되었으나, 2주 후 이 여성의 변호사는 3월 5일 사건에 대한 수사를 중단할 것을 검사에게 요청했다. 그는 말했다.

앞으로 발생할 일을 내다볼 때 분명한 것은, 불가피한 비상한 언론의 관심을 감안할 때, 이런 상황에서 형사재판을 이어가는 것은 원고에게는 매우 거슬리는 개인적 경험이 될 것이라는 점이다. 지금까지의 언론 보도와 나의 고객에 접근하려는 미디어의 노력은 원고가 말할 용기를 완전히 상실하게 하는 것이었다("벤 로에슬리스버거의 나쁜 플레이", 2010).

결국, 벤 로에슬리스버거는 이 사건에서 형사 기소되지 않았다. 그런데 그날 밤 정말로 무슨 일이 일어났을까? 그 여성는 강간당했나? 그녀는 기꺼이 섹스를 했을까? 이 사건은 강간이나 다른 유형의 성적 피해가 발생할 때 그것을 알고, 정의하고, 입증하는 데 내재된 문제들을 보여주는 일반적인 사례이다. 피해자에 대한 경찰과 언론의 대응 방식도 피해자들이 용기를 가지고 앞으로 나올 때 직면하는 도전을 말해주고 있다. 이 장에서는 이러한 이슈들을 다룬다. 이 장은 성적 피해가 무엇인지 정의하고, 성적 피해의 정도와 결과를 기술하며, 형사사법시스템이 피해자들을 다루는 방식을 자세히 설명한다.

성적 피해란 무엇인가?

그 만연성과 부정적 효과 때문에 널리 연구되어 온 한 가지 독특한 형태의 피해가 성적 피해이다. **성적 피해**(sexual victimization)는 한 개인에 가해진 원치 않는 성행위와 관련된 모든 유형의 피해를 포괄한다. 이러한 행동들은 강제 삽입에서부터 탈의 모습을 은밀히 촬영하는 것까지 다양하다. 성적 피해는 신체적 부상에서부터 정신적 외상과 또 다른 성적 피해의 위협에 이르기까지, 피해자에게 나양한 비용을 초래할 수 있다.

강간

강간은 원래 관습법(common law)에서는 가해자가 아내가 아닌 여성과 강제로 또는 그녀의 의사에 반하여 불법적으로 성교(즉, 질에 삽입)하는 것으로 정의되지만, 보다 현대적인 성의가 세시되어 왔다. **강간**(rape)은 이제 남자와 여자 모두에 의해/대해 자행될 수 있으며, 구강, 손가락, 항문과 같은 다른 유형의 침투도 포함한다. 대부분의 주 법은 더는 남편을 가해자의 범주에서 배제하지 않는다.

각 주는 어떤 행동이 강간을 구성하는지에 대한 자체적인 법적 정의를 가지고 있지만, 대부분 주는 몇 가지 공통점을 공유하고 있다. 첫째, 강간은 음경과 외음부나 항문 사이에 합의에 의하지 않은 접촉이 있거나, 외음부나 항문에 대한 침투가 있을 때 발생한다. 강간은 또한 입과 음경, 외음부, 항문 사이에 접촉이 있거나, 손가락, 손 또는 물체로 다른 사람의 생식기나 항문을 침투할 때 발생한다. 둘째, 강간으로 간주되기 위해서는 완력의 사용이나 무력의 위협이 있어야 한다. 셋째, 접촉이나 삽입은 피해자의 동의 없이 또는 피해자가 잠들었거나 마약이나 술에 취해 동의를 할 수 없을 때 발생해야 한다.

강간에는 강제 강간, 마약 또는 알코올 촉진 강간, 무력화 강간, 법정 강간을 포함한 다양한 종류가 있는데, 이 모두가 독특한 상황을 내포한다. **강제적 강간**(forcible rape)은 가해자가 삽입을 위해 폭력을 사용하거나 무력의 위협을 가하는 강간이다(Fisher, Daigle, & Cullen, 2010a). 또 다른 형태의 강간은 **약물 또는 알코올 촉진 강간**(drug or alcohol facilitated rape)으로, 그것은 어떤 사람이 인지하거나 동의하지 않은 상태에서 은밀하게 알코올, 마약, 또는 다른 마취제에 취하게 되어 강간당할 때 발생한다(Fisher et al., 2010a). 세 번째 유형의 강간은 **무력화된 강간**(incapacitated rape)이다. 이러한 유형의 강간은 피해자가 스스로 사용한 알코올, 마약 또는 기타 마취제 때문에 동의할 수 없을 때 발생한다. 무력화된 강간은 어떤 사람이 의식을 잃거나 잠이 들어 동의할 수 없을 때도 해당한다(Fisher et al., 2010a).

또 다른 유형의 강간은 법정 강간인데, 이것은 폭력을 수반하지 않는다는 점에서 독특하다. 대신 **법정 강간**(statutory rape: 미성년자 대상 의제강간)은 동의 연령 미달자가 성행위를 할 때 발생한다. 그 사람은 법적으로 성관계에 동의할 수 없기 때문에, 그러한 행위는 불법이다. 대부분 주에서 정한 최소 연령은 14세에서 18세 사이이다.

일부 주에서는 법정 강간 여부를 결정할 때 가해자와 피해자의 나이 차이를 고려하기도 한다(Daigle & Fisher, 2010). 대개 법정 강간법이 작동하기 위해서는 가해자가 피해자보다 일정 연령 이상이어야 한다. 예를 들어 앨라배마주에서는 가해자가 최소한 16세가 되어야 하고, 피해자가 12세 이상 16세 미만이며, 가해자가 피해자보다 적어도 2살 더 나이가 많아야 법정 강간이 적용된다(Sexual Assault Laws of Alabama, n.d.). 고등학교에 다니는 남녀 학생 간처럼 피해자와 나이가 비슷한 가해자를 성범죄로 유죄평결할 수 있도록 한 법정 강간법이 최근 일부 주에서 성적 약탈자들을 대상으로 하지 않았다는 비난을 받고 있다. 예를 들어, 박스 7.1 에서는 제날로우 윌슨(Genarlow Wilson)의 사건이 논의된다. 조지아주는 윌슨 건과 같은 사건이 더는 같은 방식으로 처리되지 않도록 법을 개정했다. 이러한 새로운 법들은 일반적으로 "로미오와 줄리엣" 법(Romeo and Juliet laws)이라고 불린다.

박스 7.1 Genarlow Wilson의 사건

제날로우 윌슨은 17세의 스타 운동선수 겸 우등생이었는데, 2003년 조지아주 더글러스빌에서 열린 새해맞이 파티에 참석하였다가, 15세 소녀와 합의한 성관계를 가졌다. 이후 그는 중범죄인 아동 성추행 혐의로 유죄판결을 받고 징역 10년을 선고받았다. 이 사건은 대중의 분노를 불러일으켰고, 그래서 조지아주 국회는 법을 변경하였으며, 그 결과 이제 십대들 사이의 합의된 성관계는 경범죄가 되었다. 그러나 법 개정은 소급 적용되지 않았기 때문에, 윌슨은 여전히 수감 중이었다.

한 판사가 윌슨의 사건을 기각시켰기에 그는 곧 석방될 예정이었지만, 조지아 검찰 총장인 서버트 베이커(Thurbert Baker)는 그 결정에 항소하겠다고 발표했고, 이로 인해 윌슨은 계속 수감되었다. 베이커는 판사가 "재판부의 판단을 축소하거나 수정할 권한이 없다"고 하면서, "명백히 잘못된 법률적 문제"를 해결하기 위해 항소를 제기했다고 말했다.

2007년 7월 20일 조지아 대법원은 항소를 정취했다. 그 후 10월 27일에 법원은 4대 3의 결정으로 새 법은 "성관계에 대한 의사를 가진 두 명의 십대 사이의 구강성교의 진지함에 대한 입법부의 시각이 엄청나게 변화하였음을 나타낸다"고 판결했다. 판사들은 성에 관한 태도에 있어서 "엄청난 변화"에 대해 얘기했고, 그들은 10년 형이 "범죄의 심각성에 비추어 터무니없는" 것으로 결론지었다. 이것은 제날로우 윌슨이 아동학대 혐의로 2년을 살고 석방되는 계기가 되었다.

SOURCE: Munson(2007).

강간 외의 성적 피해

강간이 광범한 언론의 관심을 불러일으키는 성범죄지만, 다른 유형의 성적 피해들도 있다. 놀랍게도 이러한 다른 형태의 성적 피해는 강간보다 훨씬 더 흔하다. 성적 강요, 원치 않는 성적 접촉, 비접촉성 성적 학대 등이 그것이다. 이들 각각은 독특한 요소를 가지고 있지만, 모두 피해자에게 부정적인 결과를 초래하는 것으로 나타났다. 이 장에서 논의되는 주요 성적 피해 유형들에 대한 설명은 표 7.1을 참조하라.

성적 강제

강간과 유사하게, **성적 강제**(sexual coercion)는 가해자의 음경, 입, 혀, 손가락이나 물건으로 성교 또는 삽입하는 것과 관련이 있다. 강간과 성적 강제의 중요한 차이점은 범인이 사용하는 수단과 관련이 있다. 가해자는 폭력을 사용하거나 폭력을 위협하는 대신 피해자가 성관계를 갖도록 강요한다. 강제는 보상의 약속, 비신체적 처벌의 위협, 성관계를 위한 압박/괴롭힘과 같은 감정적, 심리적 책략을 수반한다(Fisher & Cullen, 2000). 예를 들어, 피해자가 성관계에 응하지 않으면 관계를 끝내겠다고 협박한다면, 가해자는 피해자를 성적으로 강요하고 있는 것이다. 어떤 교수가 학생이 성관계에 응하지 않으면 학점을 낮추겠다고 협박한다면, 그 학생은 성적으로 강요당하고 있는 것이다. 만약 어떤 사람이 지속적으로 "달콤한 이야기"와 성적 요구를 하며 피해자의 승낙을 강하게 압박한다면, 그 피해자는 성적으로 강요당하고 있는 것이다. 이러한 각 시나리오에서, 만약 가해자가 성공하지 못했다면, 그 행동은 성적 강제 미수로 분류될 것이다.

표 7.1 성적 피해의 정의

성적 피해의 유형	정의
강간	가해자는 삽입을 이루기 위해 폭력을 사용하거나 폭력 사용을 위협한다.
약물 또는 알코올 촉진 강간	어떤 사람이 인지하거나 동의하지 않은 상태에서 은밀하게 알코올, 마약, 또는 다른 마취제에 취해 있는 동안 강간당한다.
무력화된 강간	피해자가 스스로 사용한 알코올, 마약 또는 기타 마취제 때문에 동의할 수 없을 때 발생한다. 무력화된 강간은 어떤 사람이 의식을 잃거나 잠이 들어 동의할 수 없을 때도 발생한다.
법정 강간	동의 연령 미달자가 성행위를 할 때 발생한다. 그 사람은 법적으로 성관계에 동의할 수 없기 때문에, 그러한 행위는 불법이다.
성적 강제	가해자는 피해자가 성관계를 갖도록 강요한다. 강제는 보상의 약속, 비신체적 처벌의 위협, 성관계를 위한 압박/괴롭힘과 같은 감정적, 심리적 책략을 수반한다.
원치 않는 성적 접촉	한 사람이 성감대를 자극받지만, 그것이 시도되거나 완료된 삽입을 수반하지는 않는다. 그것은 완력을 수반할 수도 그렇지 않을 수도 있다.
강제된 성적 접촉	가해자는 피해자의 젖가슴, 엉덩이, 입술 또는 성기를 만지거나, 더듬거나, 문지르거나, 쓰다듬거나, 핥거나, 빨기 위해 심리적이거나 감정적인 강제를 이용한다.
완력에 의한 원치 않는 성적 접촉	가해자는 피해자의 성감대를 만지기 위해 폭력을 사용하거나 폭력을 위협한다.
시각적 학대	가해자는 시각적 수단을 사용한다. 피해자의 동의 없이 피해자에게 음란물을 보내거나, 피해자의 나체 사진이나 성관계 동영상을 찍어 보낼 수도 있다.
언어적 학대	가해자는 일부러 거들먹거리거나 성적인 또는 욕설적인 소리를 내거나 말한다.

원치 않는 성적 접촉

모든 성적 피해가 폭력이나 삽입과 관련된 것은 아니다. **원치 않는 성적 접촉**(unwanted sexual contact)은 피해자가 성감대를 자극받을 때 발생하지만, 그것이 시도되거나 완료된 삽입을 수반하지는 않는다. 그것은 완력을 수반할 수도 그렇지 않을 수도 있다. 어떤 종류의 행동이 원치 않는 성적 접촉으로 분류될 수 있는가? 젖가슴, 엉덩이, 입술 또는 성기를 만지거나, 더듬거나, 문지르거나, 쓰다듬거나, 핥기나, 빨거나 하는 등의 원하지 않는 접촉은 원지 않는 성적 접촉을 구성한다 (Fisher & Cullen, 2000). 이 접촉은 옷 위나 아래 모두 해당한다. 만약 가해자가 심리적이거나 정서적인 강요를 한다면, 원치 않는 성적 접촉은 **강제된 성적 접촉**(coerced sexual contact)이 된다. 만약 가해자가 폭력을 행사하거나 폭력을 행사하겠다고 위협한다면, 그 행동은 **완력에 의한 원치 않는 성적 접촉**(unwanted sexual contact with force)으로 분류된다.

비접촉성 성적 학대

사람들이 피해로 간주할 수 있는 모든 행동이 접촉이나 삽입과 관련된 것은 아니다. **비접촉성 성적 학대**(noncontact sexual abuse)로 범주화되는 다른 형태의 성적 피해는 시각적이거나 언어적이다. **시각적 학대**(visual abuse)는 가해자가 원치 않는 시각적 수단을 사용할 때 발생한다. 가해자는 문자메시지나 이메일을 통해 음란 사진 및 동영상을 보내거나 인터넷상의 SNS에 영상을 올릴 수도 있다(Fisher & Cullen, 2000). **언어적 학대**(verbal abuse)는 가해자가 의도적으로 거들먹거리거나, 성적인 또는 욕설적인 소리를 내거나 말할 때 발생한다(Fisher & Cullen, 2000). 예컨대, 가해자는 성차별적인 발언을 하거나, 피해자의 외모를 보고 야유를 보내거나 휘파람을 불거나, 성적인 신음소리를 낼 수도 있다. 타인의 성생활에 관한 부적절한 질문을 하는 것도 언어적 학대로 간주된다.

성적 피해의 측정과 정도

표준범죄보고서

앞서 논의한 바와 같이, 범죄와 피해에 관한 가장 폭넓게 사용되는 자료 출처 중의 하나는 표준범죄보고서(UCR)인데, 그것은 특정 한 해 동안에 경찰에 알려진 범죄의 양을 보여준다. UCR에 포함되려면 피해자가 자신의 피해를 신고하거나, 아니면 경찰이 범죄가 일어났다는 사실을 어떻게든 인지해야 한다. 곧 논의하겠지만, 강간과 다른 형태의 성적 피해는 종종 경찰에 신고되지 않는다. 게다가, UCR은 역사적으로 강간에 대해 상당히 제한적인 성의를 사용했나 UCR에서 강간은 강제적 강간에 한정되곤 했는데, 그것은 여성과 강제로 또는 그녀의 의사에 반하여 성교하는 것으로 정의된다(FBI, 2009). 폭력을 사용하거나 위협하여 강간을 범하려는 시도 즉 강간 미수는 2013년까지는 포함되지 않았다. 여성만이 강제 강간의 피해자가 될 수 있었으며, 강간 외의 다른 성폭행(강제추행 등)은 포함되지 않았다는 점에 주목하라. 그러나 2013년 1월부터는 강간을 새롭게 정의함으로써 UCR을 통해 수집되는 데이터가 확대되었다. 강간의 새로운 정의는 "피해자의 동의 없이, 성기나 다른 신체 부위 또는 물건을 사용하여, 그 정도와는 상관없이, 질이나 항문 또는 구강에 삽입(침투)하는 행위"이다. 이 새로운 정의는 남성과 여성 모두를 피해자로 포함하며, 질 삽입 외 다른 형태의 침투도 포함한다(FBI, 2011). 2015년에 이 개정된 정의를 적용한 강간은 124,047건이었는데, 이는 인구 10만 명당 38.6건에 해당한다(FBI, 2015o).

국가범죄피해조사

많은 사람이 경찰에 강간이나 성적 피해를 신고하지 않기 때문에, 강간과 다른 성적 피해의 발생 정도를 더 정확하게 파악하는 일은 국가범죄피해조사(NCVS)를 통해서 가능할 수 있다. 가구를 대상으로 하는 이 조사는 강간과 성폭행을 포함한 개인의 피해 경험에 관해 알아내는 데 사용된다. NCVS는 강간 및 성적 피해와 관련해서 UCR과는 몇 가지 면에서 다르다. 첫째, NCVS는 강간뿐만 아니라 성폭행의 정도에 대한 추정치도 포함하고 있다. 둘째, NCVS는 자기 보고식 조사로서, 추정치에는 경찰에 신고된 사건과 신고되지 않은 사건이 모두 포함된다. 셋째, 남녀 모두가 강간 및 성폭행 피해자로 포함된다. NCVS에 따르면, 2016년도에는 강간과 성폭행이 합쳐서 431,840건이었는데, 전체 사건의 절반가량이 강간 미수 또는 기수사건인 것으로 나타났다. 이는 12세 이상 인구 1,000명당 1.6건의 강간/성폭행률에 해당한다(Truman & Morgan, 2016).

NCVS는 또한 대학생들의 성적 피해 정도를 추정하는데도 사용될 수 있다. 1995년부터 2013년까지의 자료에 따르면, 대학에 다니지 않은 18세에서 24세 사이의 여성들이 대학에 다니는 동갑내기 여성들보다 강간과 성폭행 비율이 더 높았다. 18~24세 여성은 대학 재학 여부와 상관없이 다른 연령대에 비해 강간과 성폭력 피해율이 가장 높았다. 이 연령내의 비학생 여성들은 대학생들보다 집에서 강간 혹은 성폭행을 경험할 가능성이 더 컸고, 반면 여대생들은 다른 사람의 집에서 성적 피해를 당할 가능성이 더 컸다. 두 집단이 경험한 강간 및 성폭행 사건은 무기 포함(약 20%), 상해 발생(약 60%), 낯선 가해자(약 20%)의 맥락에서는 서로 비슷한 수준이었다(Sinozich & Langton, 2014).

전국여성폭력피해조사

강간의 발생 정도에 관한 또 다른 정보 출처는 전국여성폭력피해조사(National Violence Against Women Survey: NVAWS)이다. 1995년 11월과 1996년 5월 사이에 8,000명의 남성과 8,000명의 여성이 전화로 그들이 직전 12개월 동안에 그리고 그들의 생애 동안에 겪었던 학대에 대한 조사를 받았다. NVAWS에는 강간 관련 질문이 포함됐으며, 남성과 여성 모두가 강간 경험에 대한 질문을 받았다. 그 조사에서 강간은 "피해자의 동의 없이 발생하고", "폭력을 사용하거나 폭력을 위협하여 성기, 혀, 손가락 또는 물체로 피해자의 질이나 항문을 관통하거나 성기로 피해자의 입을 관통하는 사건"으로 정의되었다(Tjaden & Thoennes, 1998, p. 13). NVAWS의 결과는 18%의 여성이 생애 동안 강간(기수 또는 미수)을 당한 적이 있고, 0.3%는 직전 12개월 동안 강간을 경험했다는 것을 보여주었다. 남성은 강간 피해를 보고할 가능성이 작아, 생애 동안에는 3%, 직전 12개월 동안에는 0.1%만이 강간(기수 또는 미수)을 당했다고 보고하였다(Tjaden & Thoennes, 2000a).

성경험조사

다른 연구는 여대생들의 성적 피해 및 강간 경험을 조사했다. 여대생의 성적 피해에 대한 최초의 국가 수준의 연구는 메리 코스(Mary Koss)와 동료들에 의해 수행되었다(Koss, Gidycz, & Wisniewski, 1987). 여성의 성적 피해 정도를 조사하기 위해 코스는 강간, 성적 강제, 성적 접촉을 측정하는 10개 문항으로 구성된 **성경험조사**(Sexual Experiences Survey: SES)를 개발했다. 이 조사 항목들은 행동 특정적(behaviorally specific)이어서, 그 질문은 강간 또는 성적 피해를 구성하는 행동의 사례와 설명을 포함하였다. 예컨대, 조사대상자가 강간당한 적 있는지 여부를 알아내기 위해서, 이 조사는 응답자에게 강간 피해 여부를 직접적으로 묻는 대신에, 어떤 특정한 행동이 그들에게 발생했는지 여부를 묻었다. 코스는 연구에 참가한 여성들 중 절반 이상이 14세 이후에 어떤 형태든 성적 피해를 경험했다는 것을 발견했다. 그 여성들 중 27% 이상이 강간당했고(미수 또는 기수), 거의 15%가 성적 접촉을 경험했으며, 거의 12%는 성적으로 강제되었다. 코스는 또한 응답자의 16.6%가 지난 12개월 동안 강간당한 적 있다는 것을 발견했는데, 이는 여대생들이 강간을 당할 실제적인 위험에 직면해 있다는 것을 보여준다. SES는 2007년에 재설계되었다(Koss et al., 2007).

전국 여대생 성적 피해 연구

1997년 봄에 보니 피셔 등(Bonnie Fisher, Francis Cullen, and Michael Turner, 1998)이 실시한 **전국 여대생 성적 피해 연구**(National College Women Sexual Victimization Study: NCWSV)는 여대생들에 대한 전국적 대표성을 갖는 연구이다. 이 연구에서는 4,446명의 여대생이 1996년 가을 학기가 시작된 이후의 강간 및 성적 피해 경험에 대해 질문받았다. 조사된 성적 피해의 유형에는 미수의 경우를 포함하여, 강간, 성적 강제, 그리고 원치 않는 성적 접촉(폭력, 협박, 스토킹을 동반한 경우와 동반하지 않은 경우 모두 포함)이 포함되었다. 여기서 NCWSV의 두 가지 중요한 방법론적 특징에 주목해야 한다. 첫째, 이 연구는 NCVS에서 사용되는 것과 유사한 2단계 측정전략을 사용했다. 첫 번째 단계에서 개인들은 강간 및 성적 피해 경험을 포착하기 위해 고안된 일련의 행동적으로 특정한 스크리닝(필터링) 질문을 받았다. 예컨대, 여성들은 "1996년 가을 학기가 시작된 이래로, 누군가 당신에게 폭력을 사용하거나 당신 또는 당신과 가까운 누군가를 해치겠다고 위협함으로써 성관계(즉, 당신의 질에 페니스를 삽입하는 것을 의미함)를 갖게 한 적이 있는가?"라고 질문받았다(Fisher, Cullen, & Turner, 2000, p. 6). 만일 여성이 특정 스크리닝 질문에 긍정적으로 반응한다면, 이후 2단계로 넘어가 사건보고서를 작성하게 되었다. 사건보고서는 그 여성이 발생했다고 표시한 강간 또는 성적 피해의 모든 개별 사건에 대해서 작성되었다. 사건보고서는 NCVS와 유사하게 가해자와 피해자의 관계, 피해자나 가해자가 술이나 마약을 사용했는지 여부, 사건 장소, 신고 및 자기보호 조치 등 피해자의 대응과 같은 사건에 관한 상세한 정보를 포함했다.

전체적으로 15.5%의 여성들이 한 학년 동안 적어도 한 번의 성적 피해를 경험했다. 강간은 발생 가능성이 가장 낮았지만, 2.5%는 강간 기수 또는 미수를 경험했다. 원치 않는 성적 접촉이 가장 흔해서, 10.9%가 적어도 한 건의 사건을 경

험한 것으로 보고하였다. 여대생들은 또한 비접촉성 성적 학대를 경험했다고 보고
했다. 조사 대상 여성의 절반 이상이 대면 상황에서 일반적인 성차별적 발언을 들
었다고 보고했고, 5명 중 1명 이상은 음란 전화나 메시지를 받았다고 보고했다.
6% 이상은 동의하지 않은 상태에서 포르노 사진이나 동영상에 노출되었다.

전국 약물 또는 알코올 촉진, 무력화된, 강제적 강간 연구

딘 킬패트릭과 동료들(Dean Kilpatrick, Heidi Resnick, Kenneth Ruggiero, Lauren
Conoscenti, and Jenna McCauley, 2007)은 최근 세 가지 종류의 강간에 대한 전국 수
준의 연구 −**전국 약물 또는 알코올 촉진, 무력화된, 강제적 강간 연구**(National Study
of Drug or Alcohol Facilitated, Incapacitated, and Forcible Rape)− 를 수행하였다. 강
제적 강간은 원치 않는 구강, 항문 또는 질 삽입을 포함한다. 약물 또는 알코올 촉
진 강간 역시 원치 않는 구강, 항문 또는 질 삽입을 포함하지만, 가해자가 의도적
으로 허락 없이 자신을 술이나 약에 취하게 만든 것으로 생각한다고 피해자가 진
술해야 한다. 이러한 유형의 강간은 또한 피해자가 너무 취해서 자신의 행동을 통
제하지 못하거나 의식이 없는 경우에도 발생할 수 있다(Kilpatrick et al., 2007). 무력
화된 강간 또한 원치 않는 구강, 항문 또는 질 삽입을 포함하지만, 피해자가 자발
적으로 마약이나 술을 사용했거나, 인사불성이 되었거나, 너무 취해 자신의 행동
을 통제할 수 없었어야 한다.

이 연구는 18세에서 86세 사이의 성인 여성 거의 5,000명을 포함했으며, 두
개의 하위 표본을 가졌다. 하나는 3,000명으로 구성되는 미국 여성의 전국 표본(그
중 1,000명은 35세 이상이고, 2,000명은 18~34세임)이고, 또 다른 하나는 미국에서 각급
대학에 다니고 있는 2,000명의 18~34세 전국 여성 표본이다. 지난 해 및 생전에
발생한 사건에 대해 물어본 결과, 여성의 18%가 생전에 성폭행을 당한 적이 있는
것으로 나타났다. 강간의 큰 부분인 14.5%가 강제 강간이었고, 5%는 약물 또는
알코올 촉진 강간이거나 무력화된 강간이었다. 12개월 추정치는 강제 강간의 경우
0.52%, 약물 또는 알코올 촉진 강간이나 무력화된 강간은 0.42%로 나타났다.

전국 친밀한 파트너 및 성폭력 조사

2010년에 질병통제센터(Center for Disease Control)와 국가상해예방및통제센터

(National Center for Injury Prevention and Control)가 공동으로 수행한 전국 친밀한 파트너 및 성폭력 조사(National Intimate Partner and Sexual Violence Survey: NISVS)는 미국에 거주하는 성인 남녀를 대상으로 진행 중인 전국적 대표성을 갖는 조사이다. 데이터는 무작위 숫자 다이얼 전화 조사를 통해 여성 9,086명과 남성 7,421명으로부터 수집되었고, 친밀한 파트너 폭력, 스토킹, 성폭력의 발생 정도와 특징을 측정하였다. NISVS에서 측정된 성폭력의 종류는 강간, 타인의 몸을 침투하는 어떤 행위, 성적 강제, 원치 않는 성적 접촉, 그리고 원치 않는 비접촉성 성적 경험이었다. 조사대상자들은 지난 12개월 동안 그리고 평생 동안 겪은 이러한 경험들에 대해 질문을 받았다.

　　NISVS에 따르면, 거의 5명의 여성 중 1명이 사는 동안 강간당한 적 있고, 1%는 지난 12개월 동안 강간당한 적 있다고 한다. 남성들도 강간을 경험했지만, 낮은 수준이었다. 연구 대상 남성 71명 중 1명(1.4%)이 평생 동안 강간당한 적 있었다. 지난 12개월 동안의 강간 피해를 보고한 남성의 수는 신뢰할 수 있는 추정치를 내기에는 너무 적었다. 다른 유형의 성폭력도 조사대상자에 의해 경험되었다. 여성들은 평생 동안에 약 3분의 1이 원치 않는 비접촉 성폭력을 경험했고, 27%는 원치 않는 성적 접촉을 경험했으며, 13%는 성적 강제를 경험했다고 말했다. 지난 12개월 동안에 3%는 원치 않는 비접촉 성적 경험을 보고했고, 2.2%는 원치 않는 성적 접촉을 경험했으며, 2%는 성적 강제를 경험했다. NISVS에서는 남성들 또한 다른 형태의 성폭력보다 높은 수준으로 원치 않는 비접촉 성폭력을 경험했다고 보고했다. 구체적으로, 12.8%는 일생 동안에 이런 유형의 성폭력을, 그리고 2.7%는 지난 12개월 동안에 그것을 경험했다. 원치 않는 성적 접촉은 일생 동안에 남성의 11.7%가, 지난 12개월 동안에는 2.3%가 경험했다. 마지막으로, 남성의 6%가 일생 동안에 성적 강제를 경험했고, 1.5%는 이 일이 지난 12개월 동안에 일어났다고 말했다. 원치 않는 비접촉 성경험, 원치 않는 성적 접촉, 성적 강제에 대한 12개월간 발생 추정치는 남성과 여성 모두 상당히 유사하다는 점에 주목하라. 또한, 주목할 만한 것은 남성들의 4.8%가 일생 동안에 다른 사람으로부터 삽입을 당한 적 있고, 1.1%는 지난 12개월 동안에 이 행동을 강요당했다고 말했다는 것이다.

성폭행 및 성비행에 관한 AAU 캠퍼스 환경 조사

미국대학협회(Association of American Universities: AAU)는 회원 대학들을 대상으로 한 조사를 개발하고 시행하기 위해 위스탯(Westat)이라는 연구 회사와 계약을 체결하고, 대학생들이 캠퍼스에서 다양한 성적 피해를 경험하는 정도를 조사하였다. 이 조사는 AAU 소속 26개 대학을 포함한 27개 고등교육기관에서 2015년 늦봄에 실시되었는데, 모두 150,072명의 학생들이 조사에 참여했다. 총 11.7%의 학생이 고등교육기관에 등록한 이후 합의하지 않은 상태에서 폭력이나 무력화에 의한 삽입(음부나 항문 안에 성기, 손가락, 다른 물체를 집어넣거나, 입이나 혀로 성기를 접촉하는 등)이나 성적 접촉을 경험했다고 보고했다. 지난 한 해 동안에 약 5% 미만의 학생들이 4가지 책략(폭력이나 폭력의 위협, 무력화, 강제 또는 긍정적 동의의 부재) 중 하나에 의한 삽입 관련 행위를 경험한 것으로 보고하였으나, 반면에 여성의 6.9%와 자신을 성적 소수자(트랜스젠더, 게이 등)로 밝힌 이들의 9%는 이러한 결과에 의문을 제기하였고 자신들은 그러한 경험이 없다고 보고하였다(Cantor et al., 2015).

성적 피해의 위험인자와 특성

누구나 성적 피해를 당할 수 있지만, 어떤 사람들은 다른 사람들보다 더 큰 위험에 처해 있다. 당신도 추측하듯이, 여성들은 삶의 모든 단계에서 성적으로 희생될 가능성이 남성들보다 더 크다. 남성들은 상대적으로 성적 피해를 당하지 않을 가능성이 크지만, 피해를 당할 경우는 12세 미만일 가능성이 크다(Tjaden & Thoennes, 2006). 여성들은 10대 후반과 20대 초반에 성적 피해를 당할 위험이 가장 큰데, 종종 여성들이 대학에 다니는 기간까지 연장될 수 있다. 남녀 모두 성적 피해를 당할 위험은 시간이 흐를수록 줄어든다. 성별과 나이 외에 사회경제적 지위와 거주 장소 또한 성적 피해의 위험과 관련이 있다. 사회경제적 지위가 낮은 사람, 실업자, 대도시 지역에 사는 사람은 다른 사람들보다 성적으로 희생될 위험이 더 크다(Rennison, 1999). 2005년부터 2010년까지의 NCVS 데이터는 시골 지역에 사는 사람들이 도시나 교외 지역에 사는 사람들보다 더 큰 강간 및 성적 피해의 위험에 직면했음을 보여주었다. 흑인들은 다른 사람들보다 성적 피해 비율이 더 높다(Planty, Langton, Krebs, Berzofsky, & Smiley‒McDonald, 2013).

이러한 인구학적 특성을 넘어, 다른 요인들도 사람들을 성적 피해의 위험에 차별적으로 처하게 한다. 제2장에서 논했듯이, 지배적인 피해이론의 하나는 생활양식/일상활동 이론이다. 이 이론에 따르면, 피해는 동기화된 범죄자, 가용한 보호력의 부재, 그리고 적절한 범행대상이 특정 시간과 공간에서 수렴할 때 발생한다. 이 이론은 다른 약탈적 피해뿐만 아니라 성적 피해에도 적용된다. 동기화된 범죄자들은 어디에나 존재한다고 생각되지만, 사람이 피해를 당하기 위해서는 동기화된 범죄자들과 가까이 있어야 한다는 것을 기억하라. 성적 피해의 경우, 이 요건은 데이트를 하거나(잠재적 범죄자와 단둘이 있음) 파티에 가거나(특히 친목회 등 남성 집중도가 높은 파티) 단골 바에 가는 등을 통해 충족될 수 있다. 가용한 보호력의 결여 또한 사람들을 성적 피해의 위험에 처하게 한다. 가용한 보호력은 사회적 보호력과 물리적 보호력의 형태를 가질 수 있다. 사회적 보호력(social guardianship)은 어떤 사람을 성적 피해의 위험으로부터 보호해 줄 수 있는 사람이 존재하는 것을 의미한다. 룸메이트가 있거나 밤에 다른 사람과 함께 외출하는 것은 사회적 보호력을 제공할 수 있다. 최루가스, 후추 스프레이, 경보 시스템을 소지하는 것은 물리적 보호력(physical guardianship)을 제공할 수 있다. 사람들이 사회적 보호력과 물리적 보호력을 갖지 못할 때 그들이 피해당할 가능성은 더 커진다. 마지막으로, 범죄자들에게 적합하다고 여겨지는 피해자들은 다른 사람들보다 성적으로 피해당할 가능성이 더 크다. 당신은 어떤 요인들이 사람을 "적절하게(suitable)" 만들 것이라고 생각하는가? 여성이거나 눈에 띄게 만취했거나 혼자 있는 것과 같은 요인들이 성적 피해의 위험을 증가시킬 수 있다.

위험한 생활양식 또한 성적 피해 위험과 연관되어 있다. 위험한 생활양식을 구성하는 것이 무엇인지는 논쟁의 여지가 있지만, 특정한 활동에 참여하는 것은 확실히 성적 피해의 위험을 증가시킬 수 있다. 예를 들어, 알코올 사용은 성적 피해와 밀접하게 연관되어 왔다. NVAWS의 자료에 따르면, 성인기에 강간당한 여성의 거의 20%가 피해 당시에 알코올 또는 마약을 사용했다고 한다. 가해자들 또한 성적 피해를 저지를 때 술이나 약물의 영향 아래 있을 가능성이 크다(Tjaden & Thoennes, 2006). 여대생들에게도 술은 중요한 역할을 한다. 약물사용 성향이 큰 여대생들은 다른 여성들보다 성적으로 희생될 가능성이 더 크다(Fisher et al., 2010a). 알코올은 여성들을 잠재적 범죄자들에게 더 적절한 대상으로 만들기 때문에 피해의 위험에 처하게 한다(Abbey, 2002). 이런 범죄자들은 만취한 여성들을 보고 가해하기 쉬울 것으로 생각하고 그들을 특별히 표적으로 선택할 수 있다. 게다가, 알코올은 환경 속에서 위험 신호를 인지하는 사람의 능력을 약화시킨다. 따라서 술을 마시는 사람은 덜 기민하고 현존하는 위험을 인지하기 어렵다. 알코올은 또한 억제력을 약화시킨다(Abbey, 2002). 술을 마신 여대생은 보통 때는 하지도 않을 행동을 할 수도 있고, 그렇게 되면 피해의 위험을 증가시킬 수 있다. 예를 들어, 그녀는 파티에서 만난 남자와 함께 집에 가거나 합의한 성행위를 할 수도 있는데, 이런 것들이 그녀를 성적 피해의 위험에 처하게 한다.

한편, 성적 피해의 위험을 결정하는 것이 위험한 생활양식이 아닐 수도 있다. 대신에 인구학적 특성을 뛰어넘어 위험을 주는 다른 지속적인 개인 수준의 요인들이 있을 수 있다. 낮은 자기통제력이 일반적으로 피해와 관련하여 수행할 수 있는 역할에 관해 읽은 제2장을 생각해 보라. 최근에 학자들은 성적 피해를 포함한 다른 형태의 피해들에 대한 낮은 자기통제력의 효용성을 탐구했다. 한 연구에서는 위험한 생활양식과 같은 다른 요인들이 모델에 통제되었을 때에도, 낮은 자기통제력은 여대생들의 알코올 관련 성폭행 피해와 유의미한 관계가 있는 것으로 밝혀졌다(Franklin, 2011). 다른 연구도 낮은 자기통제력과 성적 피해 위험 사이의 관계를 확인해 주었다(Franklin, Franklin, Nobles, & Kercher, 2012).

위험 지각

인구학적 특성, 위험한 생활양식, 낮은 자기통제력과 무관하게 위험을 식별하고 인지하고 대처하는 능력이 떨어지는 사람도 있을 수 있다. 위험 인식을 조사한 연구들은 여러 가지 방식으로 그것을 연구했지만, 그 대부분은 다음과 같은 방법에 집중했다: (1) 여성들에게 녹음된 어떤 사건에 대한 짧은 묘사를 듣게 하는데, 그 속에서는 한 남자와 한 여자가 나와 가상의 시나리오를 연기하는데, 그 연기에서 남자는 점점 강압적으로 변하고, 여자의 언어적 저항은 점점 거칠어져 결국은 데이트 강간으로 끝나게 된다(Rinehart & Yeater, 2013, p. 2); (2) 여성들에게 나쁜 수준의 위험과 (성폭력이나 강간을 초래하지는 않는) 애매한 결과를 갖는 서면의 짧은 사건 묘사를 *읽게* 한다; (3) 여성들에게 성폭행을 초래할 것인지 여부가 모호한 결과를 갖는 비디오로 만들어진 짧은 사건 스토리를 *보게* 한다. 녹음된 묘사를 듣게 한 연구들의 경우, 여성들은 일반적으로 남자가 추가적인 성적 행위를 하지 말고 멈추어야 할 지점을 확인하도록 요청받는다. 서면의 묘사를 읽게 한 연구들의 경우, 여성들은 남자가 다양한 성적 강제 행위를 할 것 같아서 불편함을 느끼는 시점을 확인하거나 그들이 다양한 시나리오(경계 중이거나 심각한 위험에 처할 때 등)에서 어떻게 반응할 것인지를 확인해 주도록 요청받는다. 비디오 묘사를 사용한 연구들의 경우, 여성들은 다양한 시나리오들을 그 위험 수준에 따라 구분하거나 비디오에서 무엇이 그들을 불편하게 만들었는지 확인해 주도록 요청받는다.

이러한 일군의 연구는 주로 여성들이 피해를 경험하는 것으로 가정하여 위험 지각에 관한 몇 가지 흥미로운 사실들을 발견하였다. 이들 연구 중 일부는 피해 경험이 있는 여성이 피해 경험 없는 여성에 비해 그 사건 묘사에서 남성이 너무 나갔다는 것을 가리키는데 더 오랜 시간이 걸린다는 사실을 발견하였다(Soler-Baillo, Marx, & Sloan, 2005). 그것을 가리키는데 걸리는 시간을 **반응잠복기**(response latency)라고 한다. 다른 연구에서는 이전에 피해를 당한 적 있는 여성들이 피해 이력이 없는 여성들보다 경계심을 느끼기까지 더 큰 수준의 모호한 위험 요인들을 필요로 한다는 사실이 밝혀졌다(Norris, Nurius, & Graham, 1999). 이러한 연구들 모두가 피해와 반응잠복기 또는 위험 인식 사이의 연관성을 발견한 것은 아니지만, 적어도 일부 연구가 그 연관성을 발견했다는 것은 흥미롭다. 피해 경험이 있는 사람이 위험한 상황을 그렇게 파악하지 못하거나, 확인하는데 더 오랜 시간이 걸린다는 것이 말이 되는가?

연구의 초점

비록 연구가 위험한 생활양식을 성적 피해 위험과 연관시켰지만, 사람들이 이런 위험한 생활양식을 갖도록 이끄는 요소들은 이제 막 탐구되기 시작했다. 913명의 어머니와 대학생 딸들을 대상으로 한 연구에서, 마리아 테스타 등(Maria Testa, Joseph Hoffman, and Jennifer Livingston, 2011)은 14세 이후에 성적 피해를 경험한 어머니들이, 딸에 의해, 딸의 행동에 대한 감시를 낮추고 성관계를 더 용인하는 것으로 인식된다는 점과 이러한 요인들이 사춘기 딸들의 성적 피해 위험을 증가시킨다는 점을 발견했다. 그들은 또한 엄마의 의사소통 효과성, 엄마의 감시, 그리고 엄마의 어린 시절 성폭행 경험이 딸의 성적 피해 위험과 관련 있다는 것을 발견했다. 이러한 발견들은 엄마가 딸의 성적 피해 위험에 있어서 주요한 역할을 할 수 있다는 것을 암시한다.

SOURCE: Testa, M., Hoffman, J. A., & Livingston, J. A. (2011). Intergenerational transmission of sexual victimization vulnerability as mediated by parenting, Child Abuse & Neglect, 35, 363-371.

성적 피해의 특성

어떤 요인이 개인을 성적 피해의 위험에 처하게 하는지를 아는 것 외에, '전형적인' 성적 피해와 강간이 어떤 모습을 하고 있는지를 아는 것도 중요하다. 이는 그러한 피해의 심각성을 경시하기 위한 것이 아니라, 피해들이 공유하는 공통점을 이해하기 위한 것이다.

가해자

강간 및 성적 피해 가해자의 전형(template)은 없다. 누구라도 그러한 범죄의 가해자가 될 수 있다. UCR 자료에 따르면, 강제 강간을 한 혐의로 체포된 사람들은 가장 일반적으로 18세에서 24세 사이의 백인 남성들이다(FBI, 2015p, q, r). 강제 강간으로 체포된 사람 중 여성은 3% 미만에 불과하다(FBI, 2015p).

더 많이 연구된 것은 피해자-가해자 관계다. 연구자들은 강간 및 성적 피해 사건에서 가해자들이 낯선 사람일 가능성이 더 큰지, 아는 사람일 가능성이 더 큰지 알고자 했다. 연구자들은 강간과 성적 피해가 낯선 사람에 의해 저질러질 가능성이 상대적으로 낮다는 것을 발견했다. 실제로, 그들은 강간이 "진짜 강간"으로 인식되는, 예컨대 격리된 장소에서 전격적 공격을 위해 어둠 속에서 덮치는 가해자로 시작하는 경우는 거의 없다는 것을 발견했다(Estrich, 1988). 대신에 대부분의 강간과 성폭행은 피해자가 아는 사람에 의해 저질러진다. 2005년부터 2010년까지의 NCVS 데이터를 보면, 상간 및 성폭행 3건 중 의 1건은 친밀한 파트너에 의해 저질러졌고, 또 다른 3분의 1은 유명하거나 우연히 알게 된 지인에 의해 저질러졌다(Planty et al., 2013).

상해

강간이나 성적 피해를 당하는 것이 정신적 충격은 주지만, 다행히도 대부분 피해자는 심각한 신체적 부상을 입지는 않는다. NVAWS에서 강간 피해자의 3분의 1이 약간 넘는 사람들이 강간에 더해 뺨을 맞거나 주먹으로 맞는 등 어떤 형태의 신체적 폭행을 경험했다고 보고했다(Tjaden & Thoennes, 2006). 그러나 상해가 발생했을 때에도, 부상을 신고한 피해자의 약 3분의 1만이 치료를 받으려 했다(Rand, 2008).

무기 사용

가해자들은 또한 강간이나 성폭행을 저지르는 동안 무기를 소지하거나 사용할 가능성이 상대적으로 낮다. 그러나 강간과 성폭행의 약 3분의 1은 어떤 형태든 무기를 포함한다. 무기가 사용될 때는 총기일 가능성이 가장 크다(Rand, 2009).

성적 피해에 대한 대응

인정

강간 사건을 겪은 후, 피해자는 분노, 두려움, 슬픔 등 다양한 감정을 겪을 수 있다. 피해자가 강간에 대응할 때, 그(녀)가 할 수 있는 일 중의 하나는 사건 그 자체를 생각하고 그것을 정의하려고 하는 것이다. 피해자는 자기가 강간당했다는 것을 즉각적으로 느낄 수도 있고(인정하는 경우를 말함), 다른 한편으로는 그 사건을 끔찍한 오해로 볼 수도 있다. 강간당한 사람이 그것을 그렇게 규정하지 않을 수도 있다는 것은 말이 안 될 수도 있지만, 실제로 많은 피해자가 자신의 경험을 강간으로 규정하지 않는다는 연구결과가 있다. 사실, 앞서 논의된 NCWSV에 참여했으며 강간의 법적 정의에 부합한 여성들의 절반 이하(기수 강간 피해자의 47.4%)만 그 사건을 강간으로 규정했다(Fisher et al., 1998).

사건을 강간으로 규정하는 것은 몇 가지 이유에서 중요할 수 있다. 자신에게 일어난 일이 강간이라고 생각하지 않는다면, 피해자는 가족, 친구, 전문가로부터 도움을 구하지 못할 수 있다. 경찰도 피해자가 자신에게 일어난 일을 범죄라고 생각하지 않을 경우, 그 사건을 신고받지 못할 것이다. 그렇다면 왜 어떤 피해자들은 그들의 피해를 강간으로 규정하지 않는 것일까? 피해자들은 그 사건을 어떻게 규정해야 할지 모르거나(Littleton, Axson, Breitkopf, & Berenson, 2006), 잘못된 의사소통으로 보거나(Layman, Gidycz, & Lynn, 1996), 강간 이외의 범죄라고 생각(Layman et al., 1996)할 수 있다. 또한 여성들은 가해자가 남자친구처럼 자신이 아는 사람일 때는 자신의 경험을 강간으로 규정하지 않을 가능성이 있다(Koss, 1985). 코스의 연구(1988)에서는 강간당한 여대생의 10.6%가 자기는 피해당하지 않았다고 믿었다. 그러나 거의 모든 강간 피해자들이 자신에게 일어났던 일이 비록 그것을 강간으로 규정하지는 않더라도, "잘못됐다"거나 자신에게 피해를 준 것이라고 느꼈다.

경찰 등에의 신고

강간의 인정은 경찰에 강간이나 성적 피해를 신고하는 것과 밀접한 관련이 있다. 앞서 강간과 성적 피해의 정도에 관한 논의에서 언급한 바와 같이, 강간은 가장 미신고되는 범죄 중 하나이다. 실제로 NCVS의 결과는 강간이나 성폭행을 당한 사람의 절반 이하만이 경찰에 자신의 피해를 신고한다는 것을 시사한다(Rennison, 2002). 여대생의 강간 및 성폭행도 경찰의 관심에 도달하지 못할 것으로 보인다. NCWSV에서는 5% 미만의 강간사건만 경찰에 신고되었다(Fisher et al., 1998). 킬패트릭과 동료들(Kilpatrick et al., 2007)의 연구에서는 마약 또는 알코올 촉진 강간이나 무력화된 강간을 경험한 여대생의 10%만이 그들의 사건을 경찰에 신고한 것으로 나타났다. 강제 강간 피해자의 경우는 약간 많은 18%가 경찰에 일어난 일을 신고했다.

이런 중대한 범죄를 경험한 사람이 왜 사건을 경찰에 신고하지 않는가? 한 가지 이유는 인정(acknowledgment)과 관련 있을 수 있다. 그 사건이 범죄였는지 확신하지 못하는 피해자들은 신고하지 않을 것으로 보인다(Fisher, Daigle, Cullen, & Turner, 2003). 마찬가지로, 피해자들은 가해자가 위해를 의도한 것인지 확신하지 못할 수 있다. 피해자들이 신고하지 않는 또 다른 이유는 그 사건이 알려지는 것을 원치 않기 때문일 수 있다. 다른 피해자들은 범죄자가 보복할 것에 대한 두려움에 주목했다. 경찰에 대한 의심과 그들이 편견을 가질 수 있다는 두려움 또한 피해자들이 경찰에 신고하지 않도록 몰 수 있다(Rennison, 2002).

비록 피해자 중 다수가 자신의 피해를 사법 당국이나 다른 공무원들에게 신고 하지 않기로 결정하지만, 성적 피해를 당한 사람 중 다수는 누군가에게 자신에게 일어난 일을 말한다. 이러한 공개는 친구, 가족, 교사, 심지어 우연히 알게 된 사 람에게도 이루어질 수 있다. 예컨대, 연구에 의하면, 여대생들은 비록 경찰에게는 말하지 않더라도, 사실상 거의 항상 자신들의 성적 피해 경험을 누군가에게 말한 다고 한다(Fisher et al., 2003; Pitts & Schwartz, 1993). 여성들이 성적 피해 사실을 누 군가에게 말하면 종종 부정적인 반응을 받는다는 증거가 있다. 약 75%의 여성들 이 부정적인 반응을 받았다고 보고했다(Ahrens, Cabral, & Abeling, 2009). 이러한 반 응은 여성들이 피해를 신고하고 회복과 도움을 구하는 결정에 영향을 미칠 수 있 다는 점에서 특히 중요하다. 비난하는 사회적 반응을 받은 피해자들은 자존감이 낮아지고 문제해결 대응전략에 덜 관여하게 된다(Orchowski, Untied, & Gidycz, 2013). 성폭행 생존자의 공개에 대한 부정적인 반응은 PTSD 증상을 초래할 수도 있다(Ullman & Peter−Hagene, 2016).

저항 또는 자기보호 행위

모든 피해자의 대응이 사건이 완료된 후에 이루어지는 것은 아니다. 오히려, 강간 및 다른 성적 공격의 피해자들은 사건이 진행되는 동안 그것이 발생하거나 완성되는 것을 막거나 자신들을 보호하기 위해서 무언가를 하려고 했다고 보고한 다. 이럴 때 피해자는 **저항 전략**(resistance strategy)을 사용하거나 어떤 **자기 보호 적 행동**(self−protective action)을 했다고 한다. 자기 보호적 행동은 일반적으로 네 가지 유형 중 하나로 분류된다: 강력한 물리적, 소극적 물리적, 강력한 언어적, 소 극적 언어적. **강력한 물리적 전략**(forceful physical strategies)에는 가해자를 밀치거 나 때리거나 물어뜯는 등의 행동이 포함된다. **소극적 물리적 전략**(nonforceful physical strategies)은 도망가거나 벗어나는 것과 같은 수동적인 행동이다. 자기 보 호적 행동은 언어적일 수도 있다. 고함 지르는 것과 같은 **강력한 언어적 전략** (forceful verbal strategies)은 적극적이며, 가해자를 겁주거나 다른 사람의 주의를 끌 기 위해 사용된다. 가해자에게 탄원하고 대화하고 간청하는 것은 비공격적인, 소극적 언어적 전략(nonforceful verbal strategies)의 예이다(Ullman, 2007).

강간이나 성적 가해를 시도하는 공격자와 싸우는 것이 현명한지 궁금할 것이다. 비록 그것이 모든 상황에서 효과적이지는 않지만, 연구는 대부분 여성이 어떤 종류든 자기 보호적 행동을 사용한다는 것을 보여준다. 2007년 NCVS에 기록된 모든 강간 및 성폭행 피해의 약 3분의 2에서 피해자는 일정한 자기보호 조치를 사용했다(Bureau of Justice Statistics, 2010). 강간 및 성폭행 피해자들은 가해자에게 저항하거나, 겁을 주고 경고하거나, 가해자로부터 도망치거나 숨었다고 말하는 경우가 가장 많았다. 일반적으로 소극적인 언어적 전략은 강간이 완료될 가능성을 줄이는 데 효과가 없는 것으로 나타났다(Clay-Warner, 2002; Fisher, Daigle, Cullen, & Santana, 2007). 사용되는 자기보호 조치의 유형이 중요하다. 연구에 따르면, 피해자가 사건의 발생을 막고(즉, 사건이 완성되지 않도록 유지함) 부상을 방지하려는 경우, 자기보호 조치의 수준은 가해자의 범행 노력에 필적해야 한다(Fisher et al., 2007). **균형성 가설**(parity hypothesis)로 알려진 이 개념은 피해자의 자기보호 조치의 사용은 가해자의 공격과 균형을 이루어야 한다고 명시한다. 즉, 가해자가 물리적인 힘을 사용한다면, 피해자의 가장 효과적인 방어는 강제적 물리적 자기보호 행위가 될 것이다.

강간과 성적 피해의 경험은 피해자들이 사건이 진행되는 동안 물리적으로 대응할 수 없을 정도로 정신적 충격을 줄 수 있다는 점을 고려해야 한다. 이 경우, 사람은 운동 억제, 운동 떨림, 진통, 목소리의 억눌림, 시선 고정 및 응시 불가, 눈의 감김 등을 포함하는 **강직 부동성**(tonic immobility)을 경험할 수 있다(Bovin, Jager-Hyman, Gold, Marx, & Sloan, 2008). 흔히 동물들 사이에서 연구되고, 피할 수 없고 임박한 위험을 수반하는 사건에 반응하여 일어나는 것으로 생각되는데, 인간들 또한 극심한 공포와 장기간의 신체적 구속을 수반하는 사건이 진행되는 동안 강직 부동성을 드러낼 수 있다고 생각된다. 이처럼, 일부 학자들은 강간 피해자들의 "반격" 불능을 그들이 강직 부동성을 경험하고 있는 표시로서 받아들였다. 이 분야에서의 초기 연구는 강간 피해자의 40%가 폭행 중 부동성의 특성을 보이는 것을 확인하였다(Galliano, Noble, Travis, & Puechl, 1993). 다른 이들은 강직 부동성을 경험하는 것이 우울증, 불안, PTSD 증상과 같은 성폭행 피해자들의 무성적 결과와 관련 있다는 것을 발견했다(Heidt, Marx, & Forsyth, 2005).

성적 피해의 결과

강간과 성적 피해가 연구와 언론에서 많은 관심을 받아 온 한 가지 이유는 그것의 결과가 종종 치명적이기 때문이다. 피해자들은 흔히 심각한 결과를 경험하는데, 그러한 결과의 일부는 일시적이지만, 일부는 매우 오래 지속된다. 피해자가 성적 피해에 대응하는 방식은 피해자의 연령과 성숙도, 피해자에 대한 사회적 지원, 피해자와 가해자의 관계, 피해자가 사건을 정의하는 방식, 경찰에의 신고 여부, 사법 시스템의 대응방식, 피해자가 다른 사람에게 사건을 공개하는지 여부, 타인의 대응방식, 피해의 심각성, 부상의 정도, 성적 피해에 대한 공동체의 전반적 견해 등과 같은 많은 요인에 따라 다르다.

신체적, 정서적, 심리적 효과

앞서 언급했듯이, 성적 피해를 당한 사람의 대부분이 심각한 신체적 상해를 입는 것은 아니다. 그러나 가능한 신체적 영향에는 통증, 타박상, 베인 상처, 긁힌 상처, 생식기나 항문의 열상, 메스꺼움, 구토, 두통이 포함된다(National Center for Victims of Crime, 2008c). 피해자들은 사건 직후에 또는 장기적으로 이러한 결과를 경험할 수 있다.

신체적 영향 외에도, 피해자들은 성적 피해와 관련된 감정적, 심리적 영향을 경험할 수 있다. 일부 피해자들은 우울증을 겪는데, 이는 자살 충동으로 이어질 수도 있다(Stepakoff, 1998). 그들은 분노, 짜증, 죄책감, 무력감을 느낄 수도 있다. 외상 후 스트레스 장애 또한 성적 피해와 연관되어 있다. 피해자들은 악몽, 회상, 지나친 놀람 반응, 집중의 어려움을 겪을 수 있다. 피해자들은 또한 자존감의 저하를 경험하거나 더욱 부정적으로 고립될 수도 있다(McMullin, Wirth, & White, 2007).

행동 및 관계 효과

성적 피해는 사람의 행동에도 영향을 미칠 수 있다. 성적 피해는 비행과 범죄행위(Widom, 1989b), 충동적 행위, 약물 남용과도 관련된다(Knauer, 2002). 일부 피해자들은 점점 더 고립되고 더 많은 시간을 혼자 보내면서 그들의 생활양식을 바꾼다. 피해자들은 또한 자학적 행동을 보이거나 자살을 시도할 수도 있다(Minnesota Department of Health, 1998).

성적 피해를 당한 사람들은 원만한 대인 관계 유지에 어려움을 겪고 그들의 성적 기능성에 문제를 보일 수도 있다. 피해자들은 친밀한 관계를 맺거나 유지하고 육아와 다른 양육행위를 하는 것이 어렵다는 것을 알게 될 수 있다. 마지막으로, 피해자들은 성생활에 변화를 보일 수도 있다. 그들은 섹스를 회피하고, 흥분되기 어렵고, 거슬리는 생각을 경험하고, 오르가즘에 도달하는 데 어려움을 겪을 수도 있다(Maltz, 2001). 반대로, 어떤 피해자들은 그들의 성행위 수준을 높이기도 한다.

비용

범죄피해자가 부담할 수 있는 비용에 대한 상세한 설명은 제3장에서 제시되었으므로, 성적 피해와 관련된 모든 비용을 여기에서 검토하지는 않겠다. 그러나 성적 피해는 많은 비용을 수반한다는 점에 유의해야 한다. 피해자들이 경험하는 문제들(신체적, 정서적, 심리적, 행동적, 관계적 등)의 결과로서, 많은 피해자가 정신건강 전문가들에게 도움을 구한다. NVAWS에서 강간을 신고한 여성 피해자의 약 3분의 1과 남성 피해자의 4분의 1이 정신건강 상담을 신청했다(Tjaden & Thoennes, 2006). NCVS에서는 강간 및 성폭행 피해자의 약 12%가 피해로 인해 결근했다(Maston, 2010). NCVS의 자료(Klaus & Maston, 2008)에 따르면, 강간 및 성폭행 피해자의 18%가 사건 발생 후 10일 이상 일을 하지 못한 것으로 나타났다. 모든 강간 및 아동 성학대 피해자의 4분의 1에서 2분의 1은 정신건강 관리를 받는다. 그 결과, 성인과 아동 모두의 성적 피해는 피해자들에게 가장 큰 정신건강 관리 비용을 초래한다. 강간 및 성폭행 개별 사건당 평균 정신건강 관리 손실은 2,200달러이고, 아동학대의 평균 손실은 5,800달러다. 종합해서, 강간 피해자가 경험하는 총 경제적 손실의 추정치는 삶의 질에 미치는 영향을 고려할 때 평균 87,000달러에 달한다(T. R. Miller, Cohen, & Wiersema, 1996).

반복되는 성적 피해

제4장에서 언급한 바와 같이, 한번 피해를 당한 사람은 후속 피해를 경험할

위험이 증가한다. 이러한 관계는 성범죄 피해자들에게도 적용된다. 아동기에 성적 학대를 경험한 사람은 청소년기와 성인기에 성적 피해를 당할 위험이 있다는 연구 결과가 나왔다(Breitenbecher, 2001). 후속 피해는 비교적 빠르게 발생할 수 있다. 여대생에 대한 연구는 그들이 단 한 학년의 과정에서도 반복적으로 성적 피해를 당할 위험이 있음을 보여준다. 실제로, NCWSV의 자료에 따르면, 조사 대상 여대생의 7% 이상이 약 7개월의 회상기간 동안 두 건 이상의 성적 피해를 경험했다(Daigle, Fisher, & Cullen, 2008). 이 여성들은 표본에 의해 보고된 모든 성적 피해의 72% 이상을 경험했다. 특히 우려되는 것은, 후속 성적 피해가 발생했을 때, 그것은 처음 사건이 발생한 바로 그달이거나 그다음 달에 발생하는 경향이 있었다는 점이다.

특별사례 : 남성의 성적 피해

강간 피해자는 대부분 여성이지만 남성도 강간 피해자가 될 수 있다. 이러한 깨달음은 최근에서야 가능했는데, 이는 남성도 강간의 잠재적 피해자로 포함되도록 법이 개정되었고, 연구자들이 남성에 대한 강간에도 주의를 기울였기 때문이다. 남성 강간의 발생 정도에 대한 추정치는 다양하지만, 언급된 바와 같이, NVAWS는 남성의 약 3%가 일생 중 어느 시점에 강간당한다고 밝힌 반면(Tjaden & Thoennes, 2006), NCVS는 2010년에 강간 또는 성폭행 피해자의 8%가 남성이었다는 것을 보여주었다(Truman, 2011). 그러나 남성의 강간 피해 경험은 종종 여성의 그것과 다소간 유사하다.

남성들도 종종 강간 피해에 따른 심리적 트라우마를 경험한다. 그들 역시 우울증, 자책, 성적 장애, 외상후 스트레스, 분노를 경험할 수 있다. 하지만, 문제는 남성 피해자들은 그들의 경험을 친구와 가족에게 공개할 때 대개 도움이 되는 지원을 받지 못한다는 것이다. 오히려 남성 피해자들은 흔히 신뢰받지 못하고, 잘못의 원인이 가해자보다는 그들에게 돌아가는 경우가 많다(Brochman, 1991). 이에 따라 남성 피해자는 특히 강간 사실을 경찰에 신고하지 않을 것 같다(National Center for Victims of Crime, n.d.−b). 남성 피해자들은 또한 강간당했다는 이유로 동성애자라는 딱지가 붙는 것을 두려워할지도 모른다.

특히 남성에게 문제가 되는 것은 강간 중 생리적 반응이 있을 경우 경험할 수 있는 혼란이다(RAINN, 2009). 남성은 강간 피해 중에 성적으로 흥분될 수도 있는데, 이는 쾌락 때문이 아니라 통제할 수 없는 생리적 반응 때문이다. 이렇게 자신의 몸이 사건을 내적으로 경험하는 것과 상반되는 방식으로 반응하게 되면, 남성들은 수치심과 혼란을 느낄 수 있다(National Center for Victims of Crime, n.d.−b). 이럴 경우, 남성 피해자가 경찰로부터 도움을 구할 가능성은 줄어든다. 강간위기센터 또한 문제다. 강간 피해자들에게 긴급 지원을 제공하도록 설계된 강간위기센터는 페미니스트 철학을 중심으로 설계되었고, 여성 강간 피해자들의 요구를 해결하기 위한 것이었다. 물론, 이러한 정체성이 시간이 지나면서 더 많은 주류 단체들과 협력하는 과정에서 바뀌었지만(Maier, 2008), 남성 피해자들은 여전히 그러한 센터로부터 도움을 구하는 것을 꺼릴 수 있고, 만약 그들이 그렇게 하더라도 기존의 분위기는 쉽게 바뀌지 않을 것이다.

성적 피해에 대한 법적·형사사법적 대응

성적 피해의 법적 측면

1960년대 중반 내지 1970년대까지 강간에 대한 전통적 법적 정의는 그 범죄를 여성의 동의 없이 강압적이고 불법적으로 성교하는 것으로 한정했다. 그렇다면, 그러한 정의는 무엇을 빠뜨렸는가? 이러한 정의는 강간을 여성에 대해 자행되는, 질 침투와 관련된 사건으로 한정했다. 관습법상 남편들은 아내를 강간한 혐의로 기소될 수 없었다. 강간법 개정에 대한 요구가 다음과 같은 법적 변화를 가져왔다. 이제, 남성과 여성 모두가 강간의 피해자와 가해자가 될 수 있다. 그리고 손가락을 이용하거나 항문을 침투하는 것과 같은 다른 형태의 삽입도 포함되며, 결혼에 의한 면책도 50개 주 모두에서 삭제되었다. 이러한 법 개정의 움직임은 다른 형태의 범죄적 성적 피해에도 적용되었다. 그러면 범죄는 남녀 모두가 저지를 수 있고, 결혼한 사람들도 그들의 파트너에 가해한 책임을 지게 될 수 있는 것이다.

강간법의 개정 이전에는 사건을 기소하기 위해서 피해자들은 종종 법정에서 입증할 수 있는 확실한 증거를 제시해야 했다. 강간은 흔히 추가적인 증인이 없는 사적 공간에서 발생하는 범죄이기 때문에 피해자들이 성관계에 동의하지 않았다는 것을 입증하기 어려울 수 있다. 이런 이유로 피해자들은 종종 부상, 흉기의 존재, 정액의 존재, 경찰에 적시에 신고, 피해자가 최소한의 물리적 저항을 했다는 증거 등 확증 증거를 제시해 달라는 요구를 받았다. 그러나 상대적으로 적은 비율의 피해자가 중상을 입고, 흉기가 개입된 사건은 거의 없으며, 성범죄에서 가해자의 대부분이 지인이거나 피해자가 아는 누군가라는 점들을 상기해보라. 이러한 유형의 강간은 가장 입증하기 어려우며, 피해자는 강간이 실제로 일어났다는 것을 단순한 말을 넘어서는 다른 방법으로 입증하는 데 어려움을 겪을 가능성이 크다. 그러나 이제는 확증적 증거가 더는 요구되는 사항이 아니다.

피해자가 형사재판 과정에서 느낄 수 있는 스트레스를 더욱 줄이기 위해 강간보호법도 제정됐다. **강간보호법**(rape shield laws)은 법정에서 피해자의 과거 성적 행적을 사용하여 가해자를 변호하는 것을 금지한다. 어떤 상황에서는 피해자의 과거가 사용될 수도 있지만, 이것은 배심원들 앞에서가 아니라 비공개 심리에서 결정된다. 일반적으로 그러한 정보는 사건의 실체적 진실을 확립하기 위해 그렇게 하는 것이 필요한 경우에만 사용될 수 있다. 최근의 또 다른 변화에는 피해자들 대상의 거짓말탐지기 사용을 금지하는 것이 포함되어 있다. 일부 경찰서와 검찰은 강간 및 성폭행 피해자의 주장을 조사하거나 기소를 시작하기 전에 피해자들이 거짓말탐지 조사결과를 제출하도록 요구했었다. 몇몇 주에서는 경찰과 검찰이 이러한 테스트를 요구하는 것을 금지하는 법안을 통과시켰다.

여성폭력방지법(1994년)

1994년 옴니버스범죄법안(Omnibus Crime Bill)의 일환으로 의회는 성폭력을 포함한 체계적인 폭력으로부터 여성들을 보호하기 위해 여성폭력방지법(Violence Against Women Act: VAWA)을 통과시켰다. 이 법은 폭력피해 여성에 대한 교육, 연구, 치료와 국가 형사사법제도 개선을 위해 16억 달러를 기인했다. 또한, 피해자 서비스를 개선하고 가정폭력피해 여성들을 위한 더 많은 쉼터를 만들기 위해 기금을 제공했다. VAWA는 여성 대상 폭력에 관한 통계 수집은 물론, 대학 여성과 이

민 여성 및 아동 보호에 대해서도 강조하였다. 그리고 주(州)간 가정폭력 및 성폭
행 범죄를 기소 가능한 연방 범죄로 규정하고, 주(州)간 보호명령 집행의 보장도
포함하였다.

　　VAWA는 2000년에 개정되었다. 이 개정안은 데이트 폭력과 스토킹을 여성에
대한 추가적인 범죄로 확인하고, 가정폭력 및 성폭행 피해자를 위한 법적 지원 프
로그램을 만들고, 폭력으로 피해 입은 가족들을 위한 방문 프로그램을 장려하고,
친밀한 파트너 폭력, 성폭력, 스토킹을 경험한 이민자들에게 추가적인 보호를 제
공하였다. VAWA는 2005년에 몇 가지 주요 사항을 추가하여 재인가되었다. 그것
은 계속해서 이민 여성 및 장애 여성과 같이 소외된 인구를 위해 봉사하는 것에
초점을 맞추었고, 이를 위해 지역사회의 문화와 언어에 특화된 서비스들을 만들었
다. 또한, 어른들뿐만 아니라 어린이와 청소년도 포함하는 서비스를 확충하고, 강
간위기센터를 위한 최초의 연방 자금을 조성하고, 피해자들이 그들의 피해 상태에
따라 퇴거당하는 것을 보호하고, 폭력의 예방을 강조했다. 그리고 치안 및 기소와
관련해서 성폭력 피해자에게는 고소 및 기소의 조건으로 거짓말탐지 조사를 요구
하지 않도록 하는 조항을 포함했다. 비록 여성폭력방지 법안의 일부 요소들이 법
원의 저항에 부딪히긴 했지만, 형사사법제도가 여성에 대한 폭력에 대응하는 방식
에 미친 그것의 영향력은 명백하다.

HIV 및 성병 검사

　　강간 피해자들의 공통적인 두려움은 그들이 공격자로부터 HIV나 다른 성병에
걸릴 수도 있다는 것이다. 이 두려움은 낯선 사람에게 강간당했을 때 특히 고조된
다(Resnick, Monnier, & Seals, 2002). 이러한 두려움을 완화시키기 위해, 대부분의 주
는 유죄판결을 받은 성범죄자에게 HIV 테스트를 의무화하는 정책을 시행하고 있
다. 위스콘신, 조지아 같은 일부 주는 피해자가 요청할 경우 그리고 피해자의 감염
우려가 근거 있는 경우에 검사를 허용한다(RAINN, 2011; Ritsche, 2006). 범죄자 대상
HIV 검사에 관한 조지아주 정책에 대한 자세한 설명은 표 7.2를 참조하라. 다른
주들은 재판 전 테스트를 허용한다. 질병 통제 및 예방센터는 HIV 양성자로부터
HIV에 감염될 확률을 추정했다. 합의한 질 성교에 의해서 HIV에 삼엄될 확률은
0.1%에서 0.2%이다. 합의한 직장(항문) 성관계에 대한 추정치는 0.5%에서 3.0%로

더 높다(Centers for Disease Control and Prevention, 2006). 합의되지 않은 관계에서는 노출의 위험이 더 클 수 있지만, HIV에 감염될 가능성이 가장 높은 사람들(남자 동성애자, 정맥 마약중독자)은 강간범일 가능성이 낮다.

표 7.2 성범죄자 HIV 검사 관련 조지아 법

범죄와 범죄자	강간, 수간, 가중 수간, 아동 성추행, 근친상간 또는 법정 강간 또는 중대한 노출을 포함하는 기타 성범죄로 체포 또는 유죄판결된 개인
검사가 요구되거나 이용가능한가?	가해자를 체포하였고, 피해자가 그의 범죄 및 중대한 노출에 대한 개연 증거를 제시하며 검사를 요청할 경우 (필수는 아니지만) 검사가 가능하다. AIDS를 전파할 수 있는 범죄에 대한 평결이나 유죄인정협상 또는 피고인의 불항쟁의 답변이 있을 때 검사가 요구된다.
검사는 언제 이루어지나?	체포 후 법원의 명령이 있을 때. 또는 유죄 평결이나 청구 후 45일 이내
과정은 어떠한가?	가해자를 체포한 경우, 피해자나 미성년자 또는 무능력 피해자의 부모나 법적 후견인이 검찰에 요청하여 가해자로 추정되는 사람이 자발적으로 테스트 결과를 제출하도록 한다. 체포된 사람이 거부할 경우, 법원은 피해자가 개연성 있는 이유를 제시하면 테스트를 실시하도록 명령할 수 있다(그러나 요구되는 것은 아니다).
정보가 누구에게 통보되는가?	지역 보건소가 피해자에게, 또는 피해자가 미성년자인 경우 부모나 보호자에게
검사와 관련하여 다른 피해자 서비스도 이용 가능한가?	지정되지 않음
기타	검사비용은 법원의 재량으로 피해자 또는 체포된 자가 부담한다.

SOURCE: Reprinted by permission of RAINN, Rape, Abuse and Incest National Network.
출처: Ga. Code Ann. ㎜³ 17-10-15, 24-9-47, 31-22-9.1

성범죄자 등록 및 통보

1996년 미 의회는 연방법원에서 유죄판결을 받은 성범죄자들이 현재 주소지를 형사사법기관에 등록하도록 요구하는 메건법(Megan's Law)을 통과시켰다. 연방 수순에서의 법 제정에 따라, 모든 주는 현재 최소한 일부 유형의 성범죄자가 주의해당 기관에 등록해서 이들 기관이 성범죄자의 거주지를 상시 추적할 수 있도록 요구하는 법을 가지고 있다. 이러한 등록으로 성범죄자가 살 수 있는 장소도 제한된다. 등록된 성범죄자는 대개 아이들이 모이는 학교나 그 밖의 장소로부터 일정한 거리(예: 1,000피트) 내에서는 살 수 없다(Chon, 2010). 통지는 잠재적인 고용주, 지역 주민, 조직, 잠재적 피해자와 함께 일하는 사람들이 지역사회에 사는 특정인이 성범죄자라는 것을 알 수 있도록 해준다. 통지가 항상 공개적으로 이루어져야 하는 것은 아니다. 그것은 인터넷이나 법 집행기관을 통해서 즉시 이용할 수 있고 접근 가능한 등록부를 통해서도 가능하다. 또한 전단 배포, 직접방문 및 서신을 통해서도 이루어질 수 있다. 일반적으로 범죄자의 이름, 주소, 특징 및 범죄 혐의와 같은 정보가 제공된다(Chon, 2010). 성범죄자가 미국 외의 지역을 여행할 때 국제적으로 통지를 제공하는 법률(여행 중인 성범죄자에 관한 사전통지를 통해 아동착취 및 기타 성범죄를 예방하기 위함. 일명 국제 메건법이라 함)도 2016년에 통과되었다(42 USC 16901).

경찰의 대응

성폭력과 강간 피해자에 대한 경찰의 대응방식은 향후 피해자가 형사사법시스템과 상호작용할 방식에 영향을 미치는 중요한 요소이다. 앞서 언급한 바와 같이, 강간 및 성폭행 피해자는 그들의 피해를 경찰에 신고하지 않는 경우가 많다. 피해자들이 신고하지 않는 한 가지 일반적인 이유는 경찰에 대한 신뢰 부족이나 경찰이 그 사건을 진지하게 받아들이지 않을 것이라는 믿음이다. 불행히도, 미디어에서 보여지는 사건들은 이 두려움이 완전히 근거 없는 것은 아니라는 점을 암시한다. 예를 들어, 지나 바튼과 베키 베베아(Gina Barton and Becky Vevea, 2010)가 보도한 바와 같이, 그레고리 벨로우(Gregory Below)는 2010년 7명의 여성에 대한 성폭행, 스토킹, 납치, 폭행 관련 32건의 범죄 혐의로 체포되어 기소되었다. 피해 여성 중 한 명이 벨로우가 클럽에서 자기를 만나서 자기와 함께 크랙 코카인을 찾은 다음 빈 아파트로 가자고 명령했다고 경찰에 신고했다. 그녀는 경찰에게 벨로우가 아파트에 있는 동안 벽장의 쇠봉으로 자기를 때리고 성폭행했으며, 그의 명령에 따르지 않으면 자기를 죽여서 강에 던져버리겠다고 위협했다고 말했다. 경찰 중 한 명은 최근 마약 혐의를 받고 있는 그녀를 뒷조사했고, 그녀의 눈 주위 부상을 보고도 그녀의 주장을 믿지 않았다. 벨로우가 최종적으로 체포되기까지는 2년이 더 걸렸고 나중에 몇 명의 피해자가 더 나왔다. 만약 경찰이 앞선 피해자의 주장에 다르게 반응했다면, 그 사람들은 피해를 면했을지 모른다.

벨로우 사건은 경찰과 피해자들이 다루어야 하는 더 큰 이슈 −피해자가 **허위 진술**(false allegations)을 하고 있다고 의심하는 것− 에 대해 말해준다. 신고가 거짓으로 간주되기 위해서는 성폭행이 일어나지 않았다는 충분한 증거가 있어야 한다. 수사로 성폭행의 발생을 입증하지 못하거나 입증할 증거가 부족하다고 하여 그 진술을 거짓으로 간주하면 안된다. 그러한 경우는 허위가 아니라, **근거가 부족한 것**(baseless)으로 간주되어야 한다(Lonsway, Archambault, & Berkowitz, 2007). 불행히도, 허위 진술에 대한 통계는 종종 근거가 부족한 사례들을 증거로서 잘못 사용한다. UCR 프로그램에서 경찰 당국은 근거가 부족한 주장과 허위 진술을 **사실무근**(unfounded)이라는 한 용어로 통칭하여 분류한다. 강간과 성폭력 고소 중 몇 퍼센트가 실제로 거짓인지를 알기 위해서는 그 주장이 단지 근거가 부족한 것인지 아니면 실제로 거짓인지를 판단할 필요가 있다. 이 기준을 사용하여, 오리건주 포틀랜드에서 접수된 성폭행 고소 건들을 검토한 한 연구는 그것의 1.6%가 거짓이라는 것을 보여주었다. 이 비율은 도난 차량의 경우인 2.6%에 못 미쳤다(Raphael, 2008). 캘리포니아주 샌디에이고 경찰이 제공한 추정 자료는 성폭행 신고의 4%가 거짓임을 보여준 반면, 영국 경찰 자료를 대상으로 한 연구에서는 신고된 성폭행 사례 중 2%만이 허위인 것으로 나타났다(Lonsway et al., 2007). 이처럼, 강간과 성폭행에서 허위 신고는 전형적인 것이 아니다.

허위 진술보다 더 큰 문제는 경찰이 사건에서 취하는 조치의 부족이나 그들이 피해자들에게 민감한 방식으로 대응하지 않는다는 것이다. 피해자들의 근심을 해소하고 경찰의 긍정적인 대응을 장려하기 위해, 많은 경찰 관서들이 새로운 정책과 관행을 시행했다. 현재 많은 경찰서가 **성범죄 특별 수사팀**(sex crime units)을 두고 있다. 이 팀은 위기상담 및 성범죄 수사기법 훈련 등 성범죄 피해자에 대응하는 방법에 대해 특별히 훈련받은 경찰관들로 구성된다. 경찰서에는 때로 수사 및 형사 재판과정에서 피해자에게 지침을 제공하는 피해자/증인 원조 프로그램이 있다. 이들 프로그램에 종사하는 사람들은 피해자와 함께 병원에 가서 검사를 받고, 법정까지 동행하며, 법원에 가는 교통편을 제공하고, 보상청구서 제출을 돕고, 상담받는 것을 도울 수도 있다. 그들이 할 수 있는 또 다른 중요한 기능은 범죄자가 경찰에서 풀려날 때 통지를 제공하는 것이다. 피해자들이 공감 속에 처우받고 치료받으며 지원을 받을 때 형사사법기관에 더 잘 협조하고 사건의 세부 사항도 더 잘 기억하고 심리적인 혜택도 받을 가능성이 크다는 연구결과가 나왔다는 점에서 경찰이 피해자들에게 대응하는 방식은 특히 중요하다 할 것이다(Meyers, 2002).

의료-법적 대응

강간 및 성폭행 피해자들은 부상 치료를 받거나 법의학 검사를 받기 위해서 병원에 갈 수 있다. 이 과정은 상당히 힘들 수 있다. 과거에는 강간 피해자가 응급실에서 우선권을 부여받지 못했으며, 검사가 완료되기까지 먹지도, 마시지도, 소변을 보지도 못하고 혼잡한 대기실에서 오랜 시간 동안 기다릴 수밖에 없었다. 병원 직원들은 흔히 법의학적 증거수집방법을 훈련받지 못했고 때로는 성폭행 피해자들의 특별한 니즈에 대해 무감각했다(Littel, 2001). 이러한 문제에 대처하기 위해 **성폭행 간호검사관**(sexual assault nurse examiner: SANE) 프로그램이 1970년대 중후반에 개발되었다(R. Campbell, Patterson, & Lichty, 2005). SANE은 등록된 법의학 간호사다. 그들은 범죄에 관한 정보를 수집하고, 피해자의 몸 상태를 평가하기 위한 신체검사를 하고, 관련 증거를 수집하고 보존하며, 소변과 혈액 샘플을 수집하고, 피해자에게 성병 예방약을 제공하고, 관련 기관을 추천하는 등 성폭행 피해자들에 대한 법의학적 검사를 수행한다. 증거는 면봉 사용, 파편 수집 및 사진의 문서화를 통해 수집한다. 예컨대, 외부 부상에 대해서는 사진을 2장 이상 촬영하고, 피해자에게 체액이 남아있을 경우는 면봉으로 그것을 채취해야 한다(Buschur, 2010). 경찰에의 증거물 제출은 사건이 이미 경찰에 신고되었거나 피해자가 신고를 약속한 경우(아동학대 사건 등 의료기관 종사자가 의무적으로 신고해야 하는 경우는 제외), 피해자의 동의에 따라 이뤄진다. SANE은 또한 성폭행 및 강간 사건에서 용의자에 대한 증거 검사를 실시할 수도 있다. SANE의 효과성에 대한 연구는 피해자들이 존중받고 안전하다고 느꼈고, 전문지식을 가진 사람들의 보살핌을 받았고, 정보를 제공받았다고 보고하는 것을 보여주었다(Ericksen et al., 2002). 다른 연구에서는 SANE이 수집한 증거가 비 SANE에서 수집한 증거보다 더 철저하고 오류가 적었으며(Sievers, Murphy, & Miller, 2003), SANE 사건의 유죄판결률이 비 SANE 사건보다 더 높다는 것을 보여주었다(Crandall & Helitzer, 2003).

SANE 외에도, 많은 지역사회가 성폭행 및 강간 피해자에 대한 대응을 조정하는 역할을 하는 **성폭행 대응팀**(sexual assault response team: SART)을 가동하고 있다. 1970년대 초중반에 시작된 이들 팀은 대개 성폭행 피해자들이 의료 및 형사사법기관을 찾아 헤맬 때 도움을 주기 위해 함께 일하는 개인들로 구성된다. 대부분의 SART에는 검찰, 지방의 법 집행기관, 옹호 단체의 직원과 법의학 검사관이 핵심 멤버로 포함된다 (Howton, 2010). 피해자가 치

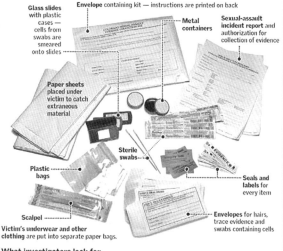

사진 7.1 강간 및 성폭행 사건에서 수사관과 의료진이 증거수집을 위해 사용하는 강간 키트의 내용물을 사진에 담았다.

료를 받으려 하거나 자신의 사건을 법 집행기관에 신고할 때, 해당 사법권역에 있는 SART(있는 경우)가 통지받고 가동된다. 그러면, SART에 소속된 사람들이 피해자가 법의학 검진 등 적절한 의료보호를 받고, 형사사법시스템 직원들로부터 존엄하고 존중한 처우를 받도록 하기 위해 일한다. 이들은 나아가 피해자가 상담 등 추가 서비스를 받을 수 있도록 도와준다.

강간 및 성폭행의 기소

검사는 범죄 사건을 기소하고 재판하는 데 있어서 핵심 역할을 하나. 검사는 어떤 사건을 기소할지, 피고에게 유죄인정 협상을 허용할지 결정할 재량권을 가지고 있다. 역사적으로 검찰은 법적으로 입증하기 가장 쉬운 사건들, 즉 피고의 유죄

를 입증할 명백한 피해자와 강력한 증거를 가진 사건들을 기소하는 경향이 있다. 그래서 검사들이 종종 증거는 부족하고 주장만 있는 사건 유형인 강간과 성폭행 사건을 기소하는 것을 꺼려왔다는 사실은 놀라운 일이 아닐 것이다. 기소 여부의 결정은 일반적으로 법률적 요인에 의해 주로 영향을 받지만, 피해자의 특성도 한 몫한다. 목격자와 물적 증거가 흔치 않은 강간이나 성폭행 사건에서는 더욱 그러할 것이다. 이같이 검찰은 배심원이나 판사가 피해자를 그의 배경, 성격, 행동 면에서 인지하는 방식을 평가할 수 있다.

카시아 스폰과 데이비드 홀러런(Cassia Spohn and David Holleran, 2001)은 성폭행 사건에 대한 검사들의 기소 결정에 관한 연구에서, 가해자가 면식이 있으며 사건 당시 피해자가 위험을 감수하는 행동을 한 경우에는 검찰이 기소할 가능성이 작다는 사실을 발견했다. 마찬가지로 검찰은 피해자의 성격이나 평판이 문제시되고, 피해자와 가해자가 과거 또는 현재에 친밀한 파트너인 경우에는 기소할 가능성이 작다. 반면에 가해자가 낯선 사람인 경우, 피해자의 특성과 행동은 기소 결정을 예측해 주지 못했다. 오히려 낯선 사람에 의한 성폭행은 물적 증거의 존재, 가해자가 총이나 칼을 사용했는지 여부 등 법적 요인에 근거해 기소 결정되었다. 주디 세퍼드(Judy Shepherd, 2002)가 지적했듯이, 강간사건에서 힘든 결정을 내리는 것은 검사들만이 아니다. 그녀는 알래스카에서 강간 재판의 배심원이 되었던 자신의 경험을 논한다. 그녀는 강간 신화에 대한 배심원들의 믿음이 재판에서 제시된 정보를 평가하고 유죄에 관한 결정을 내리는 방식에 영향을 미친다고 지적한다. 강간 신화(rape myths)는 일반적으로 강간범, 피해자, 강간에 대해 사람들이 갖고 있는 고정관념이나 거짓된 신념으로서, 여성에 대한 남성의 성적 공격성을 정당화하는 혁밀늘 힌니(Lonaway & Fitzgerald, 1994). 강간 신

사진 7.2 자기방어 수업을 보여주는 사신. 일부 헤빙 프로그램은 범죄에 저항하는 것이 성희롱의 완성을 방해한다는 지식을 바탕으로 자기방어를 포함한다.

화의 한 예는 여자들이 합의했던 성관계에 대해 나중에 거짓말을 하고 그것을 강
간이라고 부른다는 것이다.

예방 및 개입

강간과 성적 피해의 발생을 줄이기 위해 고안된 대부분의 프로그램은 대학생
들을 대상으로 한다. 그 한 가지 이유는 대학당국에 성폭력 예방 정책을 개발하도
록 요구하는 클러리법(Clery Act; 제10장에서 자세히 논의됨)이 있기 때문이고, 또 다른
이유는 대학생들의 성적 피해에 주어진 관심과 그 적용의 용이성 때문이다.

가장 효과적인 프로그램으로는 여성들에게 상황의 위험성을 평가하는 방법,
강간으로 이어질 가능성이 있는 상황을 파악하는 방법, 저항력을 가지고 행동하는
방법을 가르치는 것이 있다. 이런 프로그램은 종종 호신 훈련을 포함한다. 호신 훈
련은 여대생들이 강간당할 가능성을 줄여주는 것으로 나타났다. 그것은 또한 여대
생들의 자기 보호 행동의 사용, 단호한 성적 대화의 사용, 그리고 스스로 가해자를
저지할 수 있다는 믿음을 증가시킨다(Daigle, Fisher, & Stewart, 2009 참조). 위험을
인식하는 여대생들의 능력을 향상시키는 것도 강간을 줄이는 데 효과적인 것으
로 보인다(Marx, Calhoun, Wilson, & Meyerson, 2001). 방관자 프로그램(bystander
programs)은 또 다른 유형의 유망한 예방 프로그램이다. 이 프로그램들은 남녀가
변화의 주체가 되도록 훈련시키는 데 초점을 맞추고 있다. 사람들은 성차별적인
발언을 듣거나 위험한 행동을 볼 때 개입하는 법을 배우고, 강간 사건이 발생한
후 어떻게 반응할 것인지에 대해 배운다(Banyard, Plante, & Moynihan, 2007). 예방
프로그램의 발달로 성적 피해의 발생을 줄일 수도 있겠지만, 범법자들이 이런 유
형의 행위를 하는 이유에 표적을 맞추는 것도 필요할 것이다. 성적 피해의 개인적,
사회적 원인을 해결할 수 있을 때까지는 그 피해의 정도, 특성, 원인에 대한 이해
를 바탕으로 잠재적 피해자가 피해의 위험을 최소화하는 방식으로 대응하는 것이
중요하다.

요 약

- 성적 피해는 개인에게 가해진 성적 행위를 포함하는 모든 유형의 피해다. 강제 강간, 마약 또는 알코올 촉진 강간, 무력화 강간, 법정 강간, 성적 강제, 원치 않는 성적 접촉, 강요된 성적 접촉, 폭력을 동반한 원치 않는 성적 접촉, 시각적 학대, 언어적 학대 등 많은 종류의 성적 피해가 있다.

- 강간은 표준범죄보고서(UCR)와 국가범죄피해조사(NCVS)를 모두 사용하여 측정한다. UCR은 강간을 범죄로 신고하는 사람들에 의존하는데, UCR에 따른 강간의 정의는 여성의 의지에 반하는 불법적 성교이다. 따라서 남성의 성폭행 및 강간 피해는 UCR에 기록되지 않는다. UCR은 또한 원치 않는 성적 접촉이나 성적 강제와 같은 다른 형태의 성적 피해는 측정하지 않는다. 약 124,047건의 강간사건이 2015년에 법 집행기관에 신고되었다.

- NCVS는 남성과 여성 모두를 피해자로 다루고 강간과 성폭행을 모두 조사한다. NCVS는 범죄를 신고하는 피해자들에게 의존하지 않는다. NCVS에 따르면, 2016년에 강간과 성폭행은 431,047건이었다.

- 강간의 발생 정도에 관한 또 다른 정보원은 전국여성폭력피해조사(NVAWS)이다. 이 조사는 전화를 통해 실시되었으며, 8,000명의 남성과 8,000명의 여성을 인터뷰했다.

- 성적 경험 조사(Sexual Experiences Survey)는 강간, 성적 강제, 성적 접촉을 측정하기 위해 고안된 10개 문항의 조사다.

- 전국여대생성적피해연구(National College Women Sexual Victimization Study)는 여대생에 대한 전국적인 대표성을 갖는 연구다. 약 16%의 여대생이 한 학년 동안 특정 형태의 성적 피해를 경험했다고 보고했다.

- 마약 또는 알코올 촉진, 무력화, 강제 강간에 대한 전국적 연구(National Study of Drug or Alcohol Facilitated, Incapacitated, and Forcible Rape)는 이러한 세 가지 유형의 강간에 대한 국가 수준의 연구이다.

- 특정한 위험 인자들은 어떤 사람을 더 큰 피해의 위험에 처하게 할 수 있다. 여성은 남성보다 성적으로 희생될 가능성이 더 크다. 연령 또한 언제 사람이 희생될 위험이 가장 큰지를 결정할 수 있다. 개인의 사회경제적 지위와 거주 장소 또한 성적 피해의 위험과 관련이 있다. 흑인은 다른 사람들보다 성적 피해 비율이 높다.

- 생활양식/일상활동 이론은 성적 피해와 관련이 있다. 이 이론에 따르면, 피해는 동기화된 범죄자들, 가용한 보호력의 부재, 그리고 적절한 범행대상이 특정한 시간과 공간에서 수렴할 때 일어나기 쉽다. 성적 피해의 경우, 이 요건은 데이트(잠재적 범죄자와 단둘이 있음), 파티에 참석(특히 친목회 등 남성이 많이 있는 경우) 또는 술집에 자주 가는 것을 통해 충족될 수 있다.

- UCR과 NCVS에 따르면, 백인, 젊은, 남성들은 성적 피해의 가장 일반적인 가해자들이다.

- 성적 피해는 정신적 외상을 초래할 수 있지만, 대부분의 피해자는 심한 신체적 부상을 당하지 않으며, 부상을 당한 사람 중에서도 의료 지원을 구하는 사람은 거의 없다. 낯선 사람이 관련된 강간은 부상을 초래할 가능성이 더 크다. 또한 범죄자들은 강간이나 성폭행을 저지르는 동안 무기를 사용하거나 소지하지 않는 경향이 있다.

- 피해자는 자신이 강간 피해자임을 느끼고 인정하기 어려울 때가 많다. 그러나 피해자가 그 사건을 강간으로 규정하는 것은 가족, 친구, 전문가로부터 필요한 도움을 받을 수 있도록 해주는 중요한 첫 번째 조치이다.

- 강간은 가장 신고율이 낮은 범죄 중 하나이다. 여대생들에 대한 강간과 성폭행은 경찰의 주목을 끌기가 어려울 것 같다. 강간의 신고율이 이처럼 낮은 데는 보복의 두려움이나 경찰이 편파적일 것이라는 믿음 등 여러 가지 이유가 있다. 피해자들은 또한 그 문제를 비밀로 하고 싶어 하기 때문에 신고하지 않을 수 있다.

- 저항 전략 또는 자기 보호 조치는 강간이나 다른 성적 공격의 피해자가 사건이 발생하거나 완료되는 것을 막거나 자신을 보호하기 위해 사건이 진행되는 동안 행하는 것이다. 자기 보호적 행동에는 네 가지 유형이 있는데, 그것은 강력한 물리적 전략, 소극적 물리적 전략, 강력한 언어적 전략, 그리고 소극적 언어적 전략이다.

- 강간 및 성적 피해로 인한 신체적, 정서적, 심리적, 행동적, 관계적 영향이 많다. 강간과 관련된 상당한 금전적 비용도 있다.

- 반복 성범죄 피해는 한번 피해당한 사람이 후속 피해를 경험할 때 발생한다.

- 남성 또한 성적으로 희생될 수 있다. 그럴 경우, 그들은 비슷한 부정적 결과를 경험할 수 있다. 그러나 그들이 경험하는 것 중 일부는 남성에 독특한 것이다.

- 강간 피해자를 돕기 위해 몇 가지 법률 개혁이 이루어졌다. 강간보호법, 여성폭력방지법(1994), 성범죄 등록법, 성범죄자에 대한 HIV 검사법 등은 모두 성범죄 피해자들이 형사사법시스템에 관여하는 데 도움이 되는 법률이다. 성폭행 간호검

사관이나 성폭행 대응팀 등은 의료 및 법률 시스템과의 관계에서 피해자들을 돕기 위한 것이다.

토의 문제

1. 성범죄자들에게 HIV 검사를 요구하는 것과 관련하여 어떤 문제가 있는가? 당신은 이러한 개혁에 동의하는가?
2. 강간 및 성폭행과 관련해서 당신 주의 법을 조사해 보라. 강간과 성폭행은 어떻게 정의되는가? 누가 피해자가 될 수 있을까? 누가 가해자가 될 수 있을까? 이런 행위를 저지른 사람에 대한 처벌 규정은 어떠한가?
3. 강간과 다른 유형의 성적 피해의 정도를 추정할 때 측정이 왜 그렇게 중요한가?
4. 인터넷과 기술이 널리 보급됨에 따라 성적 피해의 성격은 어떻게 변할까?
5. 신고, 자기 보호 행동의 사용, 반복적인 성적 피해에 대한 당신의 지식을 토대로, 우리가 어떻게 하면 성적 피해를 막을 수 있을까?

주요 용어

성적 피해(sexual victimization)

강간(rape)

강제적 강간(forcible rape)

약물 또는 알코올 촉진 강간(drug or alcohol facilitated rape)

무력화된 강간(incapacitated rape)

법정 강간(statutory rape)

성적 강제(sexual coercion)

원치 않는 성적 접촉(unwanted sexual contact)

강제된 성적 접촉(coerced sexual contact)

완력에 의한 원치 않는 성적 접촉(unwanted sexual contact with force)

비접촉성 성적 학대(noncontact sexual abuse)

시각적 학대(visual abuse)

언어적 학대(verbal abuse)

성경험조사(Sexual Experiences Survey: SES)

전국여대생성적피해연구(National College Women Sexual Victimization Study: NCWSV)

전국 약물 또는 알코올 촉진, 무력화된, 강제적 강간 연구(National Study of Drug or Alcohol Facilitated, Incapacitated, and Forcible Rape)

반응잠복기(response latency)

저항 전략(resistance strategy)

자기 보호적 행동(self-protective action)

강력한 물리적 전략(forceful physical strategies)

소극적 물리적 전략(nonforceful physical strategies)

강력한 언어적 전략(forceful verbal strategies)

소극적 언어적 전략(nonforceful verbal strategies)

균형성 가설(parity hypothesis)

강직 부동성(tonic immobility)

강간보호법(rape shield laws)

허위 진술(false allegations)

근거가 부족한 것(baseless)

사실무근(unfounded)

성범죄 특별 수사팀(sex crime units)

성폭행 간호검사관(sexual assault nurse examiner: SANE)

성폭행 대응팀(sexual assault response team: SART)

인터넷 자원

안전한 데이트 프로젝트:

http://www.datesafeproject.org

이 웹사이트는 부모와 학생들에게 데이트를 하는 동안 안전해지는 방법에 대한 정보를 제공한다. 연애, 파티 등에 관한 커리큘럼과 교실 실습에 관한 정보도 있다. 성폭행 생존자 이야기도 있다. 안전한 데이트 프로젝트는 부모, 교육자, 교육 기관, 학생, 군사 시설, 지역 사회 단체, 주 기관 및 연방정부에게 동의, 건강한 친교, 성교육, 성폭행 인식, 방관자 개입 및 성폭행 생존자 지원을 다루는 자원, 교육 자료 및 프로그래밍을 제공한다.

남성 생존자: 소년 & 남성의 성적 피해 극복:

http://www.malesurvivor.org/default.html

성적 피해가 여성이 직면하는 문제로서 널리 연구되고 있지만, 이 웹사이트는 성적 피해를 당한 남성(아동, 청소년, 성인)들을 위한 자원과 지원들을 조사하여 제공한다. 남성은 성범죄의 피해자가 될 수 없고, 남성에 대한 성범죄는 항상 동성애자 남성이 저지른다는 믿음과 같은 성적 피해에 대한 일반적인 통념을 조사한다. 이 웹사이트에는 남성 성범죄 피해자의 주제를 다루는 연구자들이 내놓은 생존자 이야기와 출판물도 포함되어 있다.

국가성폭력자원센터:

http://www.nsvrc.org

이것은 성폭력 관련 정보, 통계, 자원을 종합적으로 수집·유통하는 센터이다. 그것은 강간 위기 센터, 연합 조직, 그리고 성폭행을 없애기 위해 일하는 다른 사람들을 위한 자원 역할을 한다. 이 센터는 성폭행 피해자들에게 직접적인 서비스를 제공하는 것이 아니라, 피해자 서비스 종사자들을 지원하는 것이다.

RAINN: **강간, 학대 및 근친상간 국가 네트워크:**
http://www.rainn.org
RAINN은 미국에서 가장 큰 성폭력 반대 조직이다. 이 웹사이트는 지역 상담센터와 성적 학대 피해자를 돕는 방법에 대한 정보를 제공한다. 이 웹사이트에는 성폭행이나 강간의 피해자가 될 위험을 줄이는 방법에 대한 통계, 보고, 팁도 열거되어 있다. RAINN에서의 자원봉사, 기부, 학생운동가가 되는 것에 대해서도 배울 수 있다.

여대생의 성적 피해:
http://www.ncjrs.gov/pdffiles1/nij/182369.pdf
성적 피해의 측면에서 가장 위험한 집단 중 하나는 대학 여성들인데, 보니 피셔 등(Bonnie Fisher, Francis Cullen, and Michael Turner)이 함께 작성한 이 보고서는 NCWSV의 조사결과에 대해 논의한다. 저자들은 또한 스토킹에 대해서도 다루는데, 그것은 스토킹 범죄가 대학 캠퍼스에서 자주 목격되기 때문이다. 이것은 여대생들의 성적 피해에 관한 종합적인 보고서로, 이 주제에 관한 폭넓은 정보를 제공한다.

피츠버그대학교(존스타운 소재): 성적 피해:
http://www.upj.pitt.edu/en/campus−life/campus−police/sexual−assault−services
이 웹사이트는 존스타운 소재 피츠버그대학교 상담센터의 것으로, 강간의 유형, 강간의 정의, 동의의 정의에 대한 정보를 제공한다. 또한 강간당했을 때 취해야 할 조치와 외상 후 스트레스 장애 등 강간으로 인한 부작용에 대해서도 논의한다. 이 웹사이트는 또한 대학 센터의 다른 기사들과도 연결되어 있다: 즉, 데이트 중 무력화 강간을 위한 약물로 사용되는 알코올에 관한 기사와 성폭력 예방에 관한 기사 등.

제 8 장

친밀한 파트너 폭력

제 8 장

친밀한 파트너 폭력

우리들 대부분은 친밀한 관계에서 비공개로 진행되는 일은 비밀로 남겨둔다. 우리가 다른 사람들과 공유하기로 마음먹은 사항들을 제외하면, 사적인 주고받기, 삶의 기복, 좋은 때와 나쁜 때는 대개 우리와 파트너끼리만 공유한다. 그러나 때로는 다른 사람들에게 이러한 세세한 일들이 공개되기도 하고, 어떤 상황에서는 세상 사람들이 알도록 널리 방송되기도 한다. 불행히도, 보통 싸움과 관련된 때가 공개의 소재가 된다. 오스카 상을 수상한 배우 겸 감독인 멜 깁슨(Mel Gibson)이 당시 동거녀 옥사나 그리고리바(Oksana Grigorieva)에게 한 "폭언"이 노출되었다. 그와 옥사나 사이에서 오간 몇 차례 전화통화가 녹음되어 인터넷에 올려졌는데, 인터넷으로 연결된 사람이라면 누구나 쌍방이 한 말을 들을 수 있었다. 다음은 그들의 대화 중 하나에서 나온 녹취록이다. 욕설과 모욕적 발언이 많아 가볍게 편집되었고, 일부 대사는 생략되었다.

M: 너의 잔소리가 지겨워! 우리가 무슨 관계라도 되는 거야? 아냐!

O: 내 말 좀 들어봐. 너는 나를 사랑하지 않아, 사랑하는 사람은 이런 식으로 행동하지 않으니까.

M: 닥쳐. 네가 나를 사랑하지 않는다는 거 분명히 알고 있어. 넌 나를 전혀 배려 없이 대하고 있어.

O: 잠깐, 잠깐만 내가 말 좀 할 수 있을까?

O: 넌 날 모욕하는 걸 즐기는 거야, 그게 다야.

M: 너, 나 정말 … 그래, 네가 나에게 너무 상처를 줘서.

O: 난 그러지 않았어. 아냐.

M: 넌 나를 볼 때마다 모욕해. 매 순간, 넌 이기적이고 성질이 더러워.

O: 난 아무 것도 하지 않았고, 아무것도 하지 않은 것에 대해 사과했어 …

O: 나는 평화를 원했어. 평화를 원했다고.

M: 평화를 유지해.

O: 왜냐하면 네가 균형을 잃었기 때문에!

O: 넌 약이 필요해! …

M: 난 여자가 필요해! 여자가 필요하다고. (헐떡거리며) 약은 필요 없어. 넌 머리를 방망이로 한 대 맞아야 해. 알았니? 그거 어때? 넌 의사가 필요해. 뇌 이식이 필요해. 넌 영혼이 필요해. 난 약이 필요해. 나를 남자로, 인간으로 대해주는 여자가 필요해. 친절하고 감사할 줄 아는 여자가 필요해. 왜냐하면 나는 그녀를 위해 OO 빠지도록 모든 것을 다 하려고 노력했기 때문이지 … 넌 나를 비열하다고 했어. 비열해? 그게 뭐야? 이게 비열한 거야! 알겠어? 이제 알겠어? 비열한 게 뭐야? 알겠어? (헐떡거리며) 넌 도대체 나를 배려하지 않아. 난 지금 어려운 시간을 보내고 있는데, 넌 갑자기 나를 배신하고 있어. 넌, 넌 이기적이야. (헐떡거리며) 전화 끊을 생각하지마.

O: 난 더는 이걸 들을 수 없어.

M: 너 전화 끊으면, 내가 거기로 간다.

O: 경찰 부를거야.

M: 뭐라고?

O: 경찰 부른다고.

M: 너 … 나는 내 집에 가는 거야. 너가 지금 내 집에 있는 거야, 여보.

O: 그래, 하지만 너, 여보, 나를 여보라고 부르지 마. 넌 그냥 …

M: (고함을 치며) 너가 지금 내 집에 있는 거야? 그래서 내가 경찰에 전화해서, 모르는 사람이 지금 내 집에 들어와 있다고 신고할 거야. 그거 어때?

이상 대화의 내용을 들었으니, 이제 그들의 대화를 다른 사람들에게 어떻게 표현할지 생각해 보라. 이것은 어떤 부부라도 가질 수 있는 전형적인 일상적 싸움인가? 욕설인가? 양쪽 다 똑같이 기여하고 있는가? 이런 종류의 대화가 옥사나에게 어떤 영향을 미칠까. 멜에게는? 또 그들의 어린 아이에게는?

이 장은 다양한 유형의 친밀한 파트너 폭력, 그 원인과 결과, 그리고 형사사법 시스템 및 다른 기관들이 피해자에게 대응하는 방식 등을 논의한다.

친밀한 파트너 폭력 및 학대의 정의

친밀한 파트너 폭력(Intimate Partner Violence: IPV)을 이해하기 위해서는 먼저 그 용어가 수반하는 것이 무엇인지 정의해야 한다. 첫째, 우리는 친밀한 파트너가 무엇인지 확인해야 한다. **친밀한 파트너**(intimate partner)는 남편이나 부인, 전 남편이나 전 부인, 남자친구나 여자친구, 또는 데이트 파트너가 될 수 있다. 이들 사이에서 발생하는 **폭력**(violence) －다른 사람을 의도적으로 물리적으로 가해함－ 은 때리기, 발차기, 주먹질, 목조르기 등과 같은 노골적인 **물리적 폭력**(physical violence)을 포함한다. 다른 사람에게 물건을 던지는 것도 물리적 폭력이다. 요컨대, 고통을 초래하는 어떠한 의도적인 신체적 해악도 물리적 폭력이다. 그러나 친밀한 파트너와의 관계에서 물리적 폭력은 피해자에게 가해지는 해악의 일부에 불과하다. 예컨대, 파트너에게 막 소리 지르고 말로 비하하는 것도 폭력적일 수 있으며, 아니면 최소한 **정서적 학대**(emotional abuse)에 해당한다(Payne & Gainey, 2009). 멜 깁슨의 전화통화 녹취록은 정서적 학대의 사례일 가능성이 크다. 이러한 정서적 형태의 폭력에는 해악의 위협, 정상적인 활동이나 자유의 제약, 자원에 대한 접근 거부도 포함된다(National Research Council, 1996). 친밀한 관계에서의 폭력은 성격상 성적인 것일 수 있다. **성폭력**(sexual violence)에는 원치 않는 성적 접촉, 성적 강제, 강간 등이 포함된다. 제7장에서 논의했듯이, 성폭력은 피해자가 알고 있는 현재 또는 과거의 친밀한 파트너와 관련되는 경우가 많다. 이처럼 IPV와 학대의 형태는 다양하기 때문에, 그러한 유형의 피해 사례들은 무수히 많다. 남편이 아내에게 어떠한 교통수단도 제공하지 않고, 종일 집에만 있으라고 강요하면서, 집에 혼자 있는지 확인하기 위해 계속 전화를 걸며 감시하면 그것도 학대인가? 많은 사람이 이처럼 고립시키고 통제하는 행동을 비록 폭력적이지는 않지만 학대적이라고 생각할 것이다. 한 커플이 서로 싸우던 중에 여자가 남자친구를 밀면 어떨까?

비록 밀치기가 남자친구에게 심각한 부상을 입히거나 다치게 하지는 않았을지라도, 그 여자는 실제로 물리적 폭력을 행사한 것이다.

IPV가 정의되고 설명되는 방식은 이것들만이 아니다. 예컨대, 마이클 존슨(Michael Johnson, 2006)은 IPV에는 크게 두 가지 유형이 있다고 주장한다. 첫 번째 유형은 **친밀한 테러리즘**(intimate terrorism)이라고 불리는 것인데, 이는 권력과 통제의 필요성에 뿌리를 두는 것으로 여기서 학대는 하나의 요소에 불과하다. 친밀한 테러리즘은 시간이 갈수록 심해지는 경향이 있는 심각하고 집요하며 빈번한 학대를 포함한다. 이러한 유형의 IPV는 심각한 부상을 초래할 수 있기 때문에 형사사법 전문가와 사회복지 기관의 관심의 대상이 되기 쉽다. 그것은 가장 문제적인 것으로 인식되어 온 IPV 유형이며, 따라서 그것의 발생과 해악을 줄이기 위해 많은 예산이 투입되고 학자들의 연구가 집중되어 왔다. IPV의 두 번째 유형은 **상황적 커플 폭력**(situational couple violence) 또는 일반적 커플 폭력이라고 불린다. 이것은 권력과 통제에 대한 욕망에서 비롯된 것이 아니라, 갈등이 걷잡을 수 없이 커져 폭력으로 발전할 때 발생한다. 그것은 "사소한" 의견 차이에서 시작하지만, 폭력적으로 변할 수 있다. 이런 유형의 IPV는 심각한 부상을 초래하거나 지속적이고 빈번한 학대의 패턴을 보이지도 않는 경향이 있다. 또한 형사사법기관과 사회복지 기관의 주목을 받을 것 같지도 않다. IPV의 두 가지 추가적 유형도 확인되었는데, 그것은 폭력적 저항과 상호 폭력적 통제이다. 폭력적 저항(violent resistance)은 커플 중 한 사람이 폭력적이지만 통제하지는 않을 때 발생한다. 대신에, 그 사람의 파트너가 그 관계에서 폭력적이고 통제하는 사람이다. 상호 폭력적 통제(mutual violent control)에서는 두 사람이 모두 폭력적이고 통제적이다.

이러한 설명과 정의는 IPV가 현재 어떻게 보이는지를 알려준다. 그러나 역사적으로 과거에는 IPV가 이런 식으로 보이지 않았다. 원래, IPV는 남편이 아내에게 가하는 물리적 폭력으로만 정의되었지만, 이 정의는 지난 40년 동안 진화하여 이제는 정서적, 성적 폭력도 포괄한다. 또한, 우리는 이제 IPV가 결혼한 부부에게만 국한되는 것이 아니라, 남성과 여성 모두 가해자와 피해자가 될 수 있다는 것을 인정한다. 하지만 우리가 어떻게 이 지점까지 이르게 되었는지는 토론이 필요하다. 남성의 아내 폭력에 관해 사회가 얼마나 관용적이냐 비관용적이냐 하는 것에 대해서는 약간의 논란이 있다. 일부 사람들은 남성 지배적인 사회임을 감안할 때 그러한 폭력이 용서는 되지 않더라도 본질적으로 용인되는 것이라고 주장해왔다 (Dobash & Dobash, 1979). 남성은 가장이기 때문에 그의 아내와 아이들을 통제하기 위해서 힘과 통제, 심지어 폭력까지도 사용할 수 있었다는 것이다. 아마도 사소한 형태의 폭력은 그것이 남성들의 지배적인 위치를 유지하는데 사용되는 한은 허용 되었을 것이다. 그러나 과거에 IPV가 얼마나 만연했는지는 분명치 않다. 당신이 상상할 수 있듯이, 사람들이 보고한 피해와 가해에 기반한 국가 수준의 연구는 전 혀 없었다. 대신, 우리는 이 시대 동안의 법과 그 용도를 하나의 가이드로 볼 수 있다. 중요한 것은, 미국에서는 1600년대 이후에야 부인에 대한 폭력을 특별히 금 지한 법률이 시행되었다는 점이다. 1870년대에 오면 대부분 주가 그러한 법을 채 택했다. 아내 학대자에 대한 처벌은 일반적으로 비공식적이어서, 자경단들은 흔히 그 문제를 그들 자신의 손에 맡겼다. 또 공개적인 수치심 주기와 같은 처벌도 자 주 사용됐다. 예를 들어, 20세기 초 포틀랜드에서 아내를 폭행한 남성은 태형에 처해지곤 했다(R. B. Felson, 2002).

　　이러한 법에도 불구하고, 일부 법정은 아내에 대한 남편의 경미한 형태의 폭력 은 용인하는 것으로 보인다(Pleck, 1987). 그러나 대부분 법정은 어떤 형태로든 물리 적 폭력은 용인하지 않았다(R. B. Felson, 2002). 법원이 아내를 학대했던 남성들에 대 해 유죄판결을 내리지 않거나 유죄판결을 유지하지 못할 때, 그것은 아내에 대한 폭 력이 허용된다는 뜻이 아니라, 사생활의 원칙에 입각하여 법원이 개입해서는 안 된 다는 관점에서 행해졌다(R. B. Felson, 2002). 같은 맥락에서, 여성들도 남편을 학대해 서 체포되거나 법정에 서는 일이 거의 없었다. 그렇기에 전체적으로 보면, 법정은 남자들이 아내를 물리적으로 폭행할 권리가 있다는 관념을 일상적으로 거부해 왔다.

　　많은 다른 형태의 피해와 마찬가지로, IPV는 1970년대에 정말로 정책과 연구 의 중심 무대를 차지했다. 여성 인권 운동은 IPV의 주된 피해자인 여성들에게 관 심을 집중하였다. 이 시기 동안 페미니스트들은 IPV가 여성의 예속을 반영한 것이 며, 남성이 지배하는 형사사법시스템은 여성을 보호하는 일을 거의 하지 않았다고 주장했다. 이러한 주장에 상응하여 여성 인권 운동가들은 구타당한 여성들을 위해 가정폭력 쉼터를 제공하고 여성들이 학대받는 관계에서 벗어나려 할 때 필요한 도 움을 제공하려 노력했다. 이후, IPV를 식별하고 기술하고 방지하고 그것에 대응하 기 위한 시도들은 획기적으로 확대되었다. 형사사법시스템 및 기타 사회봉사 기관의 구체적인 대응은 본 장 후반부에서 논의된다.

측정과 정도

이제 IPV가 무엇인지 알게 되었으니, 당신은 아마도 서로를 아껴야 할 파트너들이 서로에 대해 폭력을 행사하는 것이 얼마나 흔한 일인지 궁금할 것이다. 당신이 상상할 수 있듯이, 그러한 행동은 종종 사적인 자리에서 일어나기 때문에, 얼마나 자주 일어나는지 정확히 아는 것은 어려울 수 있다. 게다가, 사람들은 가해자가 자신들과 가까운 누군가일 때는 경찰을 부르는 것을 꺼릴 수 있다. 따라서, 공식적 출처의 자료는 친밀한 파트너들 사이에서 발생하는 폭력의 정도를 과소평가하기 쉽다. 다른 유형의 피해에서와 마찬가지로, 가장 널리 사용되는 연구방법론 중 하나는 사람들에게 그들의 피해와 가해를 스스로 보고하도록 요구하는 조사를 수행하는 것이다. 그러한 연구에서 나온 결과가 이 장에서 다루어진다.

국가범죄피해조사

제2장에서 본 바와 같이, 국가범죄피해조사(NCVS)는 미국 가구의 가구원들을 대상으로 지난 6개월 동안 자신이 경험한 피해에 대해 질문하는 조사이다. 피해 사건의 경험을 보고하는 개인은 매 사건에 대한 사건보고서를 작성한다. 이 상세한 사건보고에서 개인은 가해자와의 관계를 확인해 주도록 요청받는다. NCVS에서는 배우자 또는 전 배우자, 남자친구 또는 여자친구, 전 남자친구 또는 전 여자친구가 저지른 폭력적 사건은 IPV로 간주된다. NCVS의 데이터는 IPV 비율이 1994년에서 2012년까지 감소했음을 보여준다(Truman & Morgan, 2014). 그럼에도 불구하고, 이 기간 동안 IPV는 모든 폭력피해의 15%를 차지했다. 여성은 남성보다 더 큰 수준의 IPV를 경험하는 것으로 나타났다. 여성에게 가해진 폭력피해의 1/4 이상이 친밀한 파트너에 의해 저질러진 것인데 반해, 남성들의 경우 이 데이터는 6%에 불과했다. IPV가 발생할 경우, 그것은 일반적으로 단순한 폭행이다. 그럼에도 불구하고, 전체 IPV 사건의 거의 절반(48%)이 부상을 초래한다. IPV 사건의 대다수인 77%는 무기를 포함하지 않는다. IPV 사건의 절반을 약간 넘는 비율

(54%)이 경찰에 알려졌다(Truman & Morgan, 2016).

갈등 책략 척도

1970년대에 개발된 **갈등 책략 척도**(Conflict Tactics Scale: CTS)는 다양한 갈등 책략의 수준과 활용도를 측정하기 위해 고안된 것이다. 머레이 스트라우스(Murray Straus)에 의해 만들어진 이 척도는 친밀한 관계에서의 갈등을 조사하기 위해 구성되었다. 이후 CTS는 개정되어 CTS−2로 업데이트되었다(Straus, Hamby, Boney−McCoy, & Sugarman, 1996). 스트라우스(1979)에게 갈등은 밀접한 대인적 상호작용에서는 불가피한 것으로 보였지만, 중요한 것은 갈등 그 자체가 아니라, 커플들이 그것을 해결해 나가는 방식이다. 커플들이 갈등을 해결하는 방식을 갈등 책략이라고 하며, CTS−2는 갈등 책략의 사용을 물리적 폭행, 심리적 공격, 협상 등 세 가지 영역에서 조사한다. 그것은 또한 친밀한 파트너의 부상과 성적 강제를 측정하는 항목도 포함한다.

CTS−2는 이러한 영역들을 측정하는 78개의 질문으로 구성된다. 응답자들은 지난 1년 동안 각 항목이 발생한 빈도에 대해 질문을 받고, 이들 질문에 대한 응답 범주는 '전혀 없었다'에서 '20번 이상'에 이르기까지 8가지로 구성된다. 질문 항목은 응답자들이 동일한 항목에 대한 피해와 가해를 함께 답할 수 있도록 쌍으로 제시된다. CTS−2 문항의 예는 박스 8.1에 나와 있다. 응답자들은 그들의 파트너가 얼마나 자주 그들에게 ○○○하는지에 대해 질문을 받는다. 개발 이후, CTS 및 CTS−2는 IPV의 발생을 측정하는 가장 널리 사용되는 조사도구가 되었다.

스트라우스와 리차드 겔레스(Straus and Richard Gelles, 1990)는 1978년과 1985년 전국가정폭력조사(National Family Violence Survey)에서 CTS를 사용했다. 그들은 약 8쌍의 커플 중 1쌍에서 남편이 지난 12개월 동안 적어도 한 번의 폭력적인 행동을 저질렀다는 것을 발견했다. 여성 또한 폭력을 행사했는데, 이 연구에서는 커플의 12%에서 여성이 IPV를 행한 것으로 나타났다. 남성과 여성이 그들의 관계에서 본질적으로 똑같이 폭력을 행사할 가능성이 있다는 이 발견은 스트라우스와 겔레스 작업의 주요 기여 중 하나이다. 이 발견은 남성은 폭력적이고 여성은 그들의 관계에서 소극적이라는 일반적 통념에 반한다. 그렇기 때문에, 당신은 아마도 CTS가 비판받아 왔다는 것을 알고는 놀라지 않을 것이다. CTS는 배우자 살인은 포함하지 않는다(Payne & Gainey, 2009). 또 CTS 같은 체크 리스트는 폭력의 동기와 의미, 결과를 고려하지 않는다는 지적도 있다. 여성들은 남성들의 초기 폭력행위에 반응하여 폭력을 사용하는 것일 수 있다. 더욱이 여성이 파트너를 때릴 때도 남성이 여성을 때릴 때와 비교해서 중상을 입힐 가능성은 적다. 갈등의 맥락을 고려하지 않더라도, 또 갈등과 반응을 일으키는 근본적인 프로세스가 포착되지 않더라도, CTS는 파트너들이 다양한 갈등 책략을 사용하는 정도를 밝혀내는데 사용될 수 있다(Straus, 2007). 다른 우려는 남성 폭력의 과소 보고 및 여성 폭력의 과다 보고와 관련되는데, CTS를 사용한 연구들에 대한 메타분석 결과, 실제로 그러한 경향성이 발견되기는 했지만(Archer, 1999), 이는 한편으로 IPV의 발생과 관련하여 성별 균형에 기여하는 측면도 있다할 것이다(Dragiewicz, 2010). 아무튼, 이런 우려에도 불구하고 CTS는 IPV 분야에 큰 기여를 하였다.

박스 8.1 CTS-2 설문의 예

지난 1년 동안 당신이 이런 일들을 각각 몇 번이나 했는지, 그리고 지난 1년 동안 당신의 파트너는 몇 번이나 했는지 동그라미 쳐주십시오. 만약 당신이나 당신의 파트너가 지난 1년 동안 이런 일들을 하나도 하지 않았거나, 그 전에 일어난 일이라면, "7"을 동그라미 쳐주십시오.

얼마나 자주 이런 일이 일어났습니까?
1 = 지난 1년간 1번
2 = 지난 1년간 2번
3 = 지난 1년간 3~5번
4 = 지난 1년간 6-10번
5 = 지난 1년간 11~20번
6 = 지난 1년간 20번 이상
7 = 지난 1년간은 아니고, 그 전에 일어났던 일이다.
0 = 이 일은 한 번도 일어나지 않았다.

니의 파드니가 나를 밀쳤나.
1   2   3   4   5   6   7   0

나의 파트너는 나에게 주먹질하거나 다치게 할 수 있는 무언가로 나를 때렸다.

1   2   3   4   5   6   7   0

SOURCE: Straus et al. (1996).

전국여성폭력피해조사

제7장에서 본 **전국여성폭력피해조사**(National Violence Against Women Survey: NVAWS)는 18세 이상 여성 8,000명과 남성 8,000명을 대상으로 한 전화조사였다 (Tjaden & Thoennes, 2000b). 이 연구에서 참가자들은 그들이 경험한 폭력에 대해 질문받았다. 구체적으로는, 현재나 전 배우자 또는 동거하는 배우자 등에 의해 저질러진 심리적·정서적 학대, 강간, 물리적 폭행, 스토킹 등에 대해 질문을 받았다. 조사는 부분적으로 여성에 대한 폭력과 피해자－가해자 관계에 초점이 맞추어졌다. 조사 대상자 중 22%의 여성과 7%의 남성이 현재 혹은 이전의 친밀한 파트너에게 사는 동안 물리적 폭행을 당했다고 말했다. 응답자들은 또한 조사 전 12개월 동안 발생한 IPV에 대해서도 질문을 받았다. 이 기간 동안 여성(1.3%)이 남성 (0.09%)보다 더 많이 IPV를 경험하였다. NVAWS에서는 다른 성별 차이도 나타났다. 즉, 여성들은 남성들보다 피해와 부상을 경찰에 신고할 가능성이 더 컸다. 게다가, 여성들은 남성들보다 동일 파트너에 의해 더 많은 수의 물리적 폭행(반복 피해)을 경험했다고 보고했다. 여성은 동일 파트너에 의해 평균 6.9건의 물리적 폭행을 당한 데 비해, 남성은 평균 4.4건의 폭행을 경험했다.

전국 친밀한 파트너 폭력 및 성폭력 조사

2010년에는 질병통제및예방센터(Centers for Disease Control and Prevention)의 상해예방및통제센터(National Center for Injury Prevention and Control)가 **전국 친밀한 파트너 폭력 및 성폭력 조사**(National Intimate Partner and Sexual Violence Survey: NISVS)를 시작하였다(Black et al., 2011). 이것은 전국 규모의 대표성 있는 전화면접조사로서, 무작위 숫자 다이얼을 통해 수행된다. 2010년에는 18세 이상 개인 1만 6,507명(여성 9,086명, 남성 7,421명)이 면접을 마쳤다. 이 조사는 친밀한 파트너 폭

력, 스토킹, 성폭력에 대한 정보를 수집하기 위한 것이다. 2010년 조사의 결과에 따르면, 미국 여성의 35.6%, 남성의 28.5%가 사는 동안 친밀한 파트너에 의한 물리적 폭력, 강간 및/또는 스토킹을 경험했다고 한다. 심각한 물리적 친밀한 파트너 폭력은 한평생 여성의 24.3%, 남성의 13.8%가 겪는다.

어떤 사람이 피해를 당하는가?

IPV는 삶의 모든 영역에서 사람들에게 경험되지만, 어떤 사람들은 다른 사람들보다 더 큰 위험에 처해 있다. 예컨대, 연령은 IPV 위험에서 중요한 요인이다. 비록 나이 많은 여성에게 가해지는 IPV가 특별한 관심을 받아왔지만, 젊은 여성들이 나이든 여성들보다 IPV를 경험할 가능성이 더 크다. 인종도 중요하게 연구되어 온 특성이다. NCVS의 결과는 흑인과 여성이 백인 및 남성보다 IPV를 경험할 위험이 더 크다는 것을 보여준다. 또한, 비히스패닉 흑인과 비히스패닉 혼혈에 대한 IPV의 비율이 다른 사람들의 그것보다 더 크다는 것을 보여준다. 연령의 측면에서는 18세에서 24세 사람들이 IPV를 경험할 위험이 가장 크다(Truman & Morgan, 2014).

성과 친밀한 파트너 폭력

누가 IPV를 저지를 가능성이 더 크고, 누가 IPV에 희생될 가능성이 더 큰가? 남자인가 여자인가? IPV의 정도를 다룬 앞 섹션들을 자세히 보면 혼합된 결과를 볼 수 있다. NCVS, 경찰 기록, 응급실 데이터 및 NVAWS는 모두 여성이 남성보다 IPV의 피해자가 될 가능성이 더 크고, 남성이 지배적인 가해자라는 것을 보여준다. CTS를 사용한 다른 연구들의 결과는 IPV 가해와 피해의 성별 격차가 그다지 뚜렷하지 않다는 것을 시사한다. IPV의 성별 차이를 검토한 메타분석에서는 여성이 남성보다 IPV에 조금 더 많이 더 자주 관여하는 경향이 있는 것으로 나타났다(Archer, 2000). 그렇다면 어느 것이 옳은가? 결과를 좀 더 자세히 살펴보자.

범죄피해조사 자료, 경찰 기록, 응급실 데이터는 모두 IPV의 더 심각한 형태를 측정하는 반면, CTS는 부상을 일으킬 가능성이 상대적으로 낮은 뺨 때리기와

사진 8.1　제내이 라이스(Janay Rice)가 당시 볼티모어 레이븐스(Baltimore Ravens)의 러닝백이었던 남편 레이 라이스(Ray Rice)와 함께 기자 회견에 참석하고 있다. 레이는 아틀랜틱 시의 카지노에서 제내이를 폭행한 혐의의 중범죄로 기소되었다.

밀치기의 정도를 측정한다. 남성이 여성보다 더 많이 관여할 것 같은 심각하고 부상을 초래하는 IPV는 드물며, 조사를 통해서는 잘 드러날 것 같지 않다. 조사에 대한 의존, 특히 IPV를 측정하기 위해 CTS를 사용하는 연구들은 심각한 물리적 폭력을 과소평가할 수 있다. 게다가 남성들은 병원 치료를 받을 가능성이 적고, 자신들의 피해를 경찰에 신고할 가능성도 적다. 남성들은 또한 그들의 피해를 범죄로 규정할 가능성이 낮기 때문에, 이것이 신고를 방해한다. 기존 연구들이 남성이 자신의 경험을 범죄로 규정하거나 경찰에 신고하거나 의료 지원을 구하는 경우만을 대상으로 하기 때문에, 남성들의 IPV 피해 정도는 과소평가될 가능성이 높다.

그렇다면, 성별 차이가 분명하게 나타나는 곳은 어디일까? 첫째, 여성들이 폭력피해를 당할 때, 그것은 그들이 알고 있는 누군가나 친밀한 파트너에 의해 발생하기 쉽다. 이에 비해, 남성들은 낯선 사람 또는 친밀하지 않은 사람의 손에 폭력을 경험할 가능성이 더 크다(Truman & Morgan, 2014). 남성은 여성에 비해 폭력피해를 당할 가능성이 더 크지만, 가정 내에서나 데이트 상대로부터는 일반적으로 "안전하다"는 점을 명심하라. 반면에, 여성은 일반적으로 "안전하다". 즉, 여성은 어떤 형태의 폭력적인 피해도 경험할 가능성이 작다. 하지만 그들이 폭력피해를 경험할 때, 그것은 남성들의 경우보다 IPV일 가능성이 더 크다. 둘째, 심각한 IPV를 저지르는 것은 남성의 몫일 가능성이 크다. 남성은 IPV 사건에서 심각한 부상을 입힐 가능성이 더 크다(Catalano, 2013). 이는 남성이 일반적으로 여성보다 몸집이 크고 힘이 세며, 폭력을 행사할 때 배우자에게 신체적으로 더 쉽게 해를 끼칠 수 있기 때문일 것이다. 셋째, 남성은 폭력을 초래할 가능성이 높은 IPV 사건에서 책략을 사용할 수도 있다. 여성들은 그들의 파트너에게 물건을 던지거나 떠밀기 등을 하기 쉽다. 물론 부상을 초래하는 모든 행위를 할 수 있다. 그러나 이러한 행동들은 주먹으로 때리고 무기를 사용하는 것보다 심각한 피해를 초래할 가능성이 적다는 것을 명심하라. 넷째, 남성은 권력과 통제에 뿌리를 두고 종종 심각한 신체적 부상을 초래하는 폭력인 친밀한 '테러'에 더 많이 관여한다. 이에 비해, 여성은 상황적 또는 일반적 커플 폭력에 관여할 가능성이 더 크다. 실제로, 성별 차이는 물리적 공격에서 가장 크게 나타나고, 언어적 공격에서는 딜하다(Bettencourt & Miller, 1996).

특별한 경우: 동성 간 친밀한 파트너 폭력

지금까지 우리는 이성관계 내에서 IPV를 논의해 왔지만, 동성애 관계에 있는 사람들도 IPV를 경험할 위험이 있다. IPV로 분류되는 행동의 종류는 동성애자와 이성애자가 대체로 같다. 그러나 한 가지 행동, 즉 동성애자라는 비밀을 폭로하는 것은 동성애자들에게만 독특한 것이다. 예컨대, 학대자는 가족, 친구, 동료, 혹은 지역사회에 이 비밀을 폭로하겠다고 위협할 수 있다.

지금은 동성 간 IPV에 대한 인식이 있지만, 그것이 어느 정도로 발생하는지를 측정하기도 정확히 알기도 어렵다. 대부분의 연구는 대규모 대표성 있는 표본보다는 작은 편의(convenience) 표본에 의존한다. 클레어 렌제티와 찰스 밀리(Claire Renzetti and Charles Miley, 1996)는 레즈비언의 22%에서 46%가 학대적 관계에 있다고 추정했지만, 이는 레즈비언들이 일정 부분 이성애적 관계에서 IPV를 경험했다는 것을 의미할 수도 있다. NVAWS의 데이터는 레즈비언의 약 절반이 현재의 친밀한 관계에서 물리적 폭력을 경험했다는 것을 보여준다(Neeves, 2008). 남성 동성애자들도 IPV의 피해자가 될 위험이 있다. 일부 연구는 그들이 동성애 여성이나 이성애 남성보다 IPV를 경험할 가능성이 더 크고(Tjaden, Thoennes, & Allison, 1999), 이성애 여성과 비슷한 비율로 IPV를 경험하는 것으로 추정하였다(R. Baum & Moore, 2002).

동성간 IPV에 대한 인식에도 불구하고, 그 피해는 여전히 이성 간 IPV의 피해와는 다르게 취급될 수 있다. 동성애 피해자들 사이에는 경찰이 자신들을 신뢰하지 않고 비천하게 보고 모욕할 것이라는 실질적인 두려움이 존재한다(Jaquier, 2010). 이러한 이유로, 동성 IPV 피해자들은 다른 사람들보다 신고를 더 꺼릴 수 있다. 게다가, 현재 IPV의 피해자들, 특히 여성 피해자들에게 널리 이용 가능한 자원들이 동성 IPV 피해자들에게는 거의 도움이 되지 않는다. 일부 주에서는 '파트너'에 대해 반드시 이성이어야 하고, 결혼해야 하고, 민법에 의거해야 한다고 법으로 명시하고 있어서, 동거하거나 사귀고 있는 동성 커플들은 동일한 가정폭력방지법으로 보호받지 못할 수 있다(M. Allen, 2007). 동성간 IPV 피해자들도 보호명령을 확보할 수 있을지 모르지만, 그렇게 하기 위해서는 경찰의 보고서가 제출되어야 한다. 어떤 피해자들은 특히 그렇게 하기를 꺼릴 수 있고, 어떤 주에서는 레즈비언과 게이들에게 이 혜택을 주지 않기도 한다. 게이 피해자들은 IPV 쉼터를 찾기도 어려운데, 그것은 대부분의 가정폭력 쉼터가 여성들만 수용하기 때문이다. 마지막으로, 대부분의 가정폭력 프로그램은 동성 IPV를 다루기 위해 특별히 고안된 프로그램을 제공하지 않는다(M. Allen, 2007).

특별한 경우: 스토킹

최근 IPV의 논의와 관련해서 한 가지 특별한 피해 유형은 스토킹이다. 스토킹의 정의가 사법권마다 다르긴 하지만, 이 용어의 실행 정의는 "원치 않고 괴롭히는, 그래서 합리적인 사람을 두렵게 만드는 일련의 행동"이다(National Center for Victims of Crime, n.d.-b). 미국에서 스토킹은 1980년대까지는 범죄로 인정받지 못했지만, 현재는 50개 주 모두와 연방정부로부터 범죄행위로 인정받고 있다. 각 주의 스토킹 법은 서로 다르지만, 일반적으로 피해자는 그 행위가 '일련의' 행동을 구성한다는 것, 다시 말해, 그 위반 행동이 두 번 이상 발생했다는 것을 보여주어야 한다. 또한, 그 행동은 원치 않고 괴롭히는 것이어야 하며, 정당한 목적 없이 어느 정도의 정신적 고통을 초래해야 한다. 마지막으로, 가해자는 피해자나 피해자의 가족 또는 피해자의 친구들에게 확실한 위협이어야 한다(Mustaine, 2010). 이를 위해 스토커는 피해자의 집이나 직장에 나타나거나, 피해자를 추적하거나, 원치 않는 편지, 카드 또는 이메일을 보내거나, 피해자의 자산이나 집에 손해를 입히거나, 인터넷, 컴퓨터, 전화 사용을 감시하거나, 인터넷에 정보를 게시하거나, 소문을 퍼뜨리거나, 피해자, 피해자의 가족, 피해자의 애완동물을 해치겠다고 위협할 수도 있다(National Center for Victims of Crime, n.d.-b).

질병통제센터(CDC)의 전국 친밀한 파트너 폭력 및 성폭력 조사(NISVS)의 추정에 따르면, 여성은 6명 중 1명꼴로, 남성은 19명 중 1명꼴로 사는 동안 스토킹 피해를 경험한 적 있다고 한다(Black et al., 2011). 매년, 340만 명의 성인들이 스토킹을 당하는데, 이들 피해자 중 3/4 이상이 그들이 아는 누군가에게 스토킹을 당한다. 18세와 19세의 젊은 성인들은 스토킹의 가장 흔한 피해자이며, 20세에서 24세 사이의 개인들도 높은 비율의 스토킹을 경험한다(K. Baum, Catalano, Rand, & Rose, 2009). 이혼했거나 별거 중인 사람들은 가난한 사람들처럼 스토킹 당할 위험이 가장 높다. 스토커의 거의 30%는 현재 또는 이전의 친밀한 파트너들이다(K. Baum et al., 2009). 여성은 남성보다 현재 또는 이전의 친밀한 파트너에 의해 스토킹 당할 가능성이 더 높다. 예컨대, 여성은 2/3가 현재 또는 이전의 친밀한 파트너로부터 이런 피해를 당하고 있는 반면, 남성은 41%가 그러했다(Black et al., 2011). 스토킹은 장기간 지속할 수 있으며 빈번한 접촉을 수반할 수 있다. 스토킹 피해자의 거의 절반이 일주일에 한 번 이상 원치 않는 접촉을 경험했으며, 피해 기간은 대개 6개월 이하였지만, 피해자의 11%는 5년 이상 스토킹을 당했다(K. Baum et al., 2009).

스토커들이 하는 행동의 종류는 다양하다. 피해자의 거의 3분의 2가 원치 않는 전화, 음성 메일 또는 문자 메시지를 받았다. 피해자의 약 3분의 1은 자신에 관한 소문이 퍼지고, 원치 않는 편지나 이메일을 받았으며, 추적 및 감시당하고, 여러 장소에서 범인이 기다리거나 출현하는 등의 피해를 경험했다. 스토킹 피해자의 약 4분의 1은 이메일이나 메신저와 같은 IT 기술을 통해 스토킹 당하고 있다고 보고했다. 심지어 위성항법 시스템(GPS)이 피해자를 감시하는데 사용될 수 있으며(피해자 보고의 10%), 비디오, 디지털카메라 또는 청취 장치도 스토킹 사례의 일부(피해자 보고의 8%)에서 사용된다(K. Baum et al., 2009).

스토킹의 독특한 상황을 고려할 때, 그것은 종종 피해자들에게 중대한 결과를 초래한다. 많은 피해자가 순간순간 무슨 일이 일어날지 모르면서 스토킹이 수반하는 불확실성을 두려워한다. 또한 스토킹이 멈추지 않을 것이라는 두려움을 보고한다(K. Baum et al., 2009). 스토킹 피해자는 두려움 외에도 일반 인구보다 높은 수준의 불안, 불면증, 사회적 장애, 심각한 우울증을 경험한다(Blaauw, Winkel, Arensman, Sheridan, & Freeve, 2002). 다른 피해자들과 마찬가지로, 스토킹은 근무시간 손실과 행동의 변화를 초래할 수 있다. 예컨대, 스토킹 피해자는 약 8명 중 1명꼴로 근무

시간을 빼먹고, 7명 중 1명은 거주지를 바꾼다. 스토킹 피해자의 약 21%는 그들의 일상활동을 바꾸었고, 13%는 학교나 직장에 가는 경로를 변경했으며, 2.3%는 외모를 바꾸었다. 피해자들은 또한 자신을 보호하기 위한 행동에 나섰다. 17% 이상이 전화번호를 바꿨고, 8%는 발신자 ID나 전화 차단 장치를 설치했다. 13% 이상이 자물쇠를 바꾸거나, 보안시스템을 설치했다. 스토킹은 경제적 비용도 수반한다. 스토킹 피해자 10명 중 3명이 스토킹과 관련된 비용을 보고하고 있으며, 13%는 1,000달러 이상을 지출하였다(K. Baum et al., 2009).

친밀한 파트너 폭력의 위험 인자와 이론

당신은 이 지점에서 왜 사람들이 그들의 친밀한 파트너에 의해 피해당하는지 궁금할 것이다. IPV를 발생시키는 단 하나의 이유는 없지만, 연구자들은 IPV를 유발하는 많은 요인을 밝혀냈다. 가장 일반적인 요인들이 다음에서 논의된다.

스트레스

가족과 집은 성역처럼 보이지만, 가족은 스트레스를 유발할 수도 있다. 가족들이 공유하는 밀접한 물리적 상호작용을 고려할 때, 스트레스를 유발하는 시나리오를 상상하는 것은 아마도 어렵지 않을 것이다. 돈은 빠듯하고, 아이들은 성가시고, 스케줄은 빡빡하다. 스트레스가 항상 IPV를 유발하는 것은 아니지만, 그럴 가능성은 확실하다. 커플들이 스트레스와 갈등에 대처하는 방식이 그들이 IPV를 경험할 가능성을 결정지을 수 있다.

동거

IPV는 일반적으로 부부관계 내에서 발생하는 것으로 생각되지만, 가장 흔히는 **동거**(cohabitation) 관계에서 발생한다. 실제로 IPV의 비율은 동거하는 커플 중에서 가장 높고, 이들 커플은 보다 심각한 형태의 폭력을 경험한다(H. Wallace, 2007). 동거하는 커플이 더 빈번하고 더 심각한 IPV를 경험하는 데에는 몇 가지 이유가 있다. 하나는 이러한 관계에 있는 개인들은 덜 헌신적이고 안정감을 인식하기 어렵다는 점이다. 이러한 특성은 동거 관계에서 갈등의 양을 증가시킬 수 있다(Buzawa, 2007). 또 다른 설명은 이러한 커플들이 더 많은 사회적 고립을 느끼고, 따라서 가족과 친구의 도움이 없으면 학대가 발생하고 지속할 가능성이 크다는 것이다(Stets & Straus, 1990).

권력과 가부장제

권력(power)은 자신의 의지를 다른 사람에게 강요하는 능력이라고 정의할 수 있다. 커플들에게 이것은 일상적인 삶의 결정과 관련될 것 같다. 대개 남자와 여자 모두가 그 관계 속에서 일정한 권력을 갖는다. 예컨대, 남자는 돈을 더 많이 벌고, 여자는 가구에 대한 더 많은 결정을 내릴 수 있다. 권력이 남용될 때 IPV가 발생할 수 있다. 권력은 상대방을 고립시키고 겁주고 이득을 취하는데 이용할 수 있는데, 이것은 학대적이다. **가부장제**(patriarchy)는 남성이 우위에 있으며 여성과 아이들을 통제할 수 있는 사회조직의 한 형태로 정의된다. 가부장제는 남성들에 의한 IPV를 허용하고, 심지어 남성들에게 그들의 지배권을 행사할 수 있는 "허가"를 줌으로써 그것을 장려할 수도 있다. 권력과 가부장제, 그리고 그것들의 IPV와의 관련성에 대한 연구의 결과는 혼재되어 있다(Coleman & Straus, 1986). 가부장적 규범과 구조적 불평등이 IPV 비율과 정적으로 관련된다는 증거가 일부 있다(Yllo & Straus, 1990). 다른 연구에서는 가부장적 가치를 중시하는 남성이 여성에 대해 더 폭력적인 것으로 나타났다(Sugarman & Frankel, 1996). 일부 연구는 부부가 권력을 공유하고 평등할 때 IPV가 적다는 것을 보여준다. 반대로, 다른 연구는 전통적인 성 역할을 신봉하는 남성들이 그들의 친밀한 파트너를 덜 학대하는 경향이 있다는 것을 보여준다(Bookwala, Frieze, Smith, & Ryan, 1992; Rosenbaum, 1986). 사실, 리차드 펠슨(Richard Felson, 2002)은 가부장제는 친밀한 파트너 폭력에 거의 적용하기 어렵다고 주장한 바 있다.

사회적 학습

사회적 학습(social learning) 이론가들의 전통에 따르면, 범죄행위는 학습된 행동이다. 사람들은 다른 사람들이 범죄를 저지르는 것을 관찰하고 그들 자신의 범죄행동을 강화함으로써 학습할 수 있다. 사회학습이론은 왜 IPV가 발생하는지 이해하는 데 도움을 줄 수 있다. IPV가 잦은 가정에서 자란 사람들은 나중에 다른 사람들보다 IPV의 가해자나 피해자가 될 가능성이 더 높다(Foshee, Bauman, & Linder, 1999; Riggs, Caulfield, & Street, 2000). 그것은 단순히 나중의 행동에 부정적인 영향을 미칠 수 있는 IPV를 목격했기 때문만은 아니다. 어린 시절 학대받거나 방임되었던 개인은 나중에 IPV에 관여하거나(Heyman & Smith, 2002; Widom, 1989a; Widom, Czaja, & Dutton, 2014) 피해당할 가능성이 더 높은 것으로 나타났다(Riggs et al., 2000). 캐시 위덤과 그 동료들(Cathy Widom et al., 2014)은 11세 미만 아이들이 받는 학대와 방임은 그들이 성인기에 친밀한 파트너 폭력에 의해 상해를 당할 확률의 증가와 관련이 있다는 것을 발견했다. 폭력에 노출되고 폭력을 경험하는 것을 넘어, 사회학습이론은 또한 IPV에 우호적인 정의, 가치, 규범이 IPV의 발생에 어떤 역할을 하는지도 검토한다. 폭력의 사용에 대한 긍정적 기대를 가지고 있는 개인은 IPV를 저지를 가능성이 더 크다(Foshee et al., 1999).

장애 상태

제12장에서 읽게 되겠지만, 장애를 가지는 것은 개인을 높은 피해의 위험에 빠뜨린다. 최근의 연구는 이러한 피해 위험의 증가가 IPV 피해에도 마찬가지로 적용된다는 것을 발견했다. 전국 알코올 및 관련 조건 역학 조사(National Epidemiologic Survey on Alcohol and Related Conditions)의 두 차례 조사 데이터를 사용한 연구에서는 신체적 또는 정신적 장애를 가진 성인이 증가된 IPV 피해 위험을 갖는 것으로 나타났다(Hahn, McCormick, Silverman, Robinson, & Koenen, 2014). CDC가 실시한 다른 연구에서는 장애를 가진 여성들이 장애가 없는 여성들보다 IPV의 피해자가 될 가능성이 더 높다는 것이 확인되었다(Barrett, O'Day, Roche, & Carlson, 2009; D. L. Smith, 2008).

근린의 맥락

당신이 사는 장소가 당신이 친밀한 파트너 폭력을 경험할 위험에 영향을 미칠 수 있다. 제2장에서 우리는 열악한 근린에 사는 사람들이 다른 사람들보다 피해당할 위험이 더 크다는 점에서 근린의 맥락이 폭력에 영향을 미칠 수 있다는 것을 알게 되었다. 열악한 근린은 집합효율성이 낮아서 효과적인 비공식적 사회통제 자원을 동원할 능력이 떨어지기 쉽다. 연구자들은 IPV의 연구에 이러한 근린의 열악함 및 집합효율성의 개념을 적용했다. 근린의 열악함은 IPV와 정적으로 관련되며, 집합효율성은 IPV와 부적으로 관련되는 것으로 나타났다(E. M. Wright, & Benson, 2011).

위험한 생활양식

생활양식이론에 따르면, **위험한 생활양식**(risky lifestyles)을 갖는 사람들은 그들의 피해 위험을 증가시킬 가능성이 있는 사람들과 상황에 자신들을 노출시킨다(Hindelang, Gottfredson, & Garofalo, 1978). 이 이론이 피해의 위험을 설명하는 데 자주 사용되지만, IPV 연구자들에게는 그다지 폭넓게 채택되지 않았다. 위험한 생활양식이 IPV와 연계되는 두 가지 방식은 알려진 범죄자들과 교제하는 것과 술과 마약을 사용하는 것이다.

알려진 범죄자와의 교제

생활양식이론에 따르면, 사람들이 범죄자들과 함께 보내는 시간이 많을수록, 그들 스스로 피해자가 될 가능성이 더 커진다. 일반적으로 여성이 남성보다 피해당할 확률이 낮지만, 범죄자들과 함께 시간을 보내면, 그들의 피해 위험도 증가한다. 크리스틴 카르보네-로페즈와 캔디스 크루츠니트(Kristin Carbone-Lopez and Candace Kruttschnitt, 2010)가 지적한 바와 같이, 범죄자 친구를 갖는 여성은 친사회적인 친밀한 파트너를 가진 여성보다 IPV의 피해자가 될 가능성이 더 크다.

알코올 및 약물

제2장에서는 알코올이 피해에 미치는 역할에 대해 논의했다. 따라서 알코올이 IPV와 관련하여 연구되는 것은 놀랄 일이 아니다. IPV 가해자들이 다른 사람들보다 불법적인 마약을 사용하거나 과음하는 경우가 많다는 연구결과는 산재해 있다(Scott, Schafer, & Greenfield, 1999). NVAWS의 조사결과는 폭음자(한 자리에서 5잔 이상의 술을 마시는 사람)가 금주하는 사람보다 여성에 대한 IPV에 관여할 가능성이 3~5배 더 높다는 것을 보여준다(Tjaden & Thoennes, 2000b). 일부 연구자들은 알코올 사용과 IPV 가해 사이의 관계가 IPV 사용을 지시하는 태도에 의해 매개된다고 주장하기도 한다(Buzawa, 2007).

피해자의 알코올 사용도 중요하게 검토해야 한다. 알코올 사용은 여러 가지 면에서 IPV 피해와 관련이 있다. 첫째, IPV 피해 이력이 있는 여성은 그러한 이력이 없는 여성보다 약물 남용 비율이 더 높다(Coker, Smith, Bethea, King, & McKeown, 2000). 둘째, 많은 피해자가 피해당하기 전에 술이나 마약을 사용했다고 보고한다 (Greenfeld & Henneberg, 2000). 마약 및 알코올의 사용은 피해자들을 더 취약하게 만들고, 인지적으로나 행동적으로 영향을 미쳐 보통 때와는 다르게 스스로 갈등을 유발하거나 갈등에 반응하게 한다. 셋째로, 알코올과 약물의 사용이 IPV 피해 이후에 일어나기 쉽다. 이처럼, 알코올이나 약물의 사용은 IPV의 원인이 아니라, 그것의 결과일 수도 있다(Devries et al., 2014).

친밀한 파트너 폭력의 결과

부정적인 건강상 결과

IPV의 가장 명백한 신체적 영향 중 하나는 당연히 **부상**(injury)이다. IPV는 여성들이 응급실(ER)에 실려 가는 가장 일반적인 이유 중 하나이다. 폭력 관련 부상으로 응급실 치료를 받는 여성의 3분의 1 이상이 현재 또는 전 배우자, 남자친구 또는 여자친구에게 피해를 입었기 때문이다(Rand, 1997). 종종 여성들이 응급실을 찾게 하는 이러한 부상은 상당히 심각하다. 대도시 응급실에서 치료를 받은 여성들에 대한 연구에서는, 거의 10명 중 3명꼴로 입원이 필요했고, 10명 중 1명 이상이 중대한 의료 처치가 필요했다(Berios & Grady, 1991). 부상 외에도, 여성 IPV 피해자들은 빈번한 두통과 위장장애로 고생할 가능성이 크다(Family Violence Prevention Fund, 2010). 또한 IPV는 요통, 부인과 질환, 임신 장애, 성병, 중추신경계 장애, 심장 및 순환기 질환 (Centers for Disease Control and Prevention, 2010b)을 일으킬 수도 있다.

죽음

놀랍게 보일지 모르지만, 2007년에 친밀한 파트너들은 모든 살인사건의 14%를 범했다(Catalano et al., 2009). 친밀한 파트너에 의해 살해될 위험은 남성보다 여성이 더 크다. 친밀한 파트너에 의해 살해된 피해자의 70%가 여성이다. 여성 사망의 상당 부분이 IPV에 의해 발생한다. 최근 몇 년 동안, 여성 살인 피해자의 1/3에서 4/10가 친밀한 파트너에 의해 살해되었다. 대조적으로, 살해된 남성 중 3%만이 현재 또는 전 배우자 또는 동성애 남자 파트너에게 살해되었다(Catalano, 2013). IPV의 치명적인 결과는 또한 임신한 학대받은 여성들에게서 발견된다. IPV는 임산부들의 살인 및 상해 관련 사망의 주된 원인이다(Fry, 2001). 또한, 주목할 점은 흑인 여성이 백인 여성보다 배우자, 남자친구 또는 여자친구에게 살해당할 가능성이 더 크다는 것이다(Catalano et al., 2009).

심리적 · 정서적 결과

IPV는 일반적으로 중대한 심리적 · 정서적 결과를 가져온다. IPV는 정서적 또는 심리적 학대의 형태로 올 수도 있다는 것을 기억하라. 정의상, 그것은 정서적 · 심리적 해악을 초래한다. 물리적으로 학대받는 것도 그런 해악을 유발할 수 있다. IPV 피해자는 우울증, 불안증, 수면장애, 외상 후 스트레스 장애를 겪을 가능성이 크다(Centers for Disease Control and Prevention, 2010b). 심리적 결과 중 일부는 꽤 심각하다. 매 맞는 여성들은 그렇지 않은 여성들에 비해 더 높은 자살률을 보인다(Stark, 1984). 자살을 생각하고 시도하는 것은 다른 여성들보다 IPV를 경험하는 여성들 사이에서 더 흔하다(Coker et al., 2002). 데이트 상대에게 성적으로나 육체적으로 상처를 받은 사춘기 소녀들은 그런 피해를 보고하지 않은 소녀들에 비해 자살 상상과 시도를 약 6배에서 9배 더 많이 하는 것으로 나타났다(Silverman, Raj, Mucci, & Hathaway, 2001).

재피해

IPV 피해가 초래하는 결과 중 하나는 IPV 사건의 추가 발생인데, 이를 재피해라고 한다. NVAWS의 논의에서 언급한 바와 같이, 전형적인 IPV 피해자는 두 건 이상의 피해를 경험한다. 이 연구에 참가한 여성들은 동일 파트너에 의해 평균적으로 6.9건의 물리적 폭력을 경험했다고 보고했다. 남성들 또한 재피해를 성립했는데, 그들은 동일 파트너에 의해 평균 4.4건의 폭행을 경험했다. 재체포 기록, 피해자 인터뷰, 범죄자 인터뷰, 법원 기록, 보호관찰 기록, 보호시설 기록 등을 사용한 연구는 많은 피해자가 재차 학대를 당하고 많은 가해자가 재범한다는 발견을 뒷받침해주었다(Cattaneo & Goodman, 2005). 예컨대, 학대 피해자들을 조사한 한 연구에서는, 피해자의 28%가 3개월의 추적기간 동안 신체적 학대, 위협 또는 원치 않는 접촉을 다시 경험했다(Cattaneo & Goodman, 2003). 가정폭력으로 유죄판결을 받은 적 있는 남성들을 대상으로 한 연구에서는, 16%가 재체포되었거나 같은 피해자에 의해 재고소되었다(B. G. Taylor, Davis, & Maxwell, 2001).

이러한 재피해 패턴은 새로운 발견이 아니다. 레노어 워커(Lenore Walker)는 1979년에 "폭력의 순환(cycle of violence)"을 처음 제안하였다. 구타당한 여성들 대상의 인터뷰를 통해 그녀는 몇 가지 다른 단계들을 포함하는 학대의 일반적인 패턴을 알아냈다. 첫 번째 단계인 **긴장 조성 단계**(tension-building phase)에서, 학대자와 피해자는 학대자측이 긍정적이고 매력적인 행동을 유지하는 동안은 긴밀한 관계 속에서 상호작용한다. 그러나 이 평온의 기간은 일상의 압력과 더 심각한 사건들이 긴장을 유발하기 때문에 오래 지속되지는 않는다. 이러한 긴장과 스트레스의 기간에 사소한 폭력이 처음으로 발생할 수 있다. 그때 여성은 학대자를 달래려 할 가능성이 높고, 학대자의 폭력을 자극하지 않기 위해 매우 "조심"(tiptoeing)할 것이다. 그러나 이 긴장은 학대자가 발끈 화를 내며 폭발할 때까지 계속된다. 이렇게 되면 두 번째인 **심각한 구타 단계**(acute battering phase)가 시작된다. 이 단계에서 학대자는 중하고 때때로 심각한 물리적 폭행을 행사한다. 이 단계 다음에는 **밀월 단계**(honeymoon phase)가 뒤따른다. 학대자는 온화하고 사랑스러우며 아마도 그의 파트너에게 용서를 빌고 있을 것이다. 그는 아마 다시는 폭력을 행사하지 않겠다고 약속하고 있을 것이다. 그러나 워커는 그 관계가 계속되면, 폭력의 순환이 다시 시작될 가능성이 크다고 제안한다. 물론 모든 학대가 반복적인 것은 아니며, 대부분의 학대가 워커의 폭력 싸이클이 우려하는 그런 폭발적 형태의 폭력인 것은 아니라는 사실도 기억하라.

학대적 관계가 지속되는 이유

폭력의 순환은 사람들이 학대적 관계에 머무르는 한 가지 이유일 뿐이다. 이러한 관계의 기복은 가끔 긍정적인 "고점"도 갖기에 감정적으로 혼란스러울 수 있다. 학대를 당하는 사람도 가끔은 학대자에게서 긍정적인 면모를 보게 된다는 점을 기억하라. 그녀는 아마 그를 사랑했고 어쩌면 지금도 여전히 그를 사랑하고 있을 것이다. 심지어 여성들이 그 관계를 떠나기로 결정할 때도, 많은 경우 그들의 학대자에게로 되돌아간다. 실제로, 여성들은 그들의 관계를 영구히 단절하기 전에 평균 6번 정도 떠난다(Okun, 1986). 하지만 많은 여성이 결국은 떠난다.

그런데 왜 떠나는 것이 그렇게 어려운 것일까? 앞서 언급했듯이, 관계 속에 있는 사람들은 종종 그들이 중요하다고 정의하는 다른 사람에 대한 사랑과 헌신을 느낀다. 이러한 헌신은 만약 두 사람이 결혼했다면 훨씬 더 중요할 수 있고, 결혼과 관계는 특히 여성들에게는 자신의 안전보다 더 중요한 것으로 정의될 수도 있다(Barnett & LaViolette, 1993). 그들은 또한 아이들이 있을 수 있다. 그러므로, 떠나는 것은 가족을 갈라놓고 한 부모로부터 아이들을 빼앗아 가는 것을 의미할 수도 있다.

일부 여성은 그들의 학대자를 떠날 재정적 능력이 없을 수도 있다. 여성들은 경제적으로 그들의 학대자에게 의존하고 있어, 재정적 이유에서 떠날 수 없다고 느낄 수도 있다. 그들은 일자리를 못 구할 수도 있고, 독립하는 데 필요한 자원이 부족할 수도 있다. 게다가 학대받는 여성들은 대개 친구나 가족들로부터 유리되어 있어, 그들이 떠나려고 할 때 그들을 도울 수 있는 지원시스템이 부족할 수도 있다. 학대자들은 흔히 고의적으로 그들의 파트너를 사회적 연결망으로부터 고립시켜, 그들이 떠나는 것을 어렵게 만든다(National Center for Victims of Crime, 2008a). 마지막으로, 여성들은 당황하고, 부끄러워하고, 무서워할지도 모른다. 두려움을 느끼는 것은 당연하다. 학대당한 여성들은 종종 학대의 패턴으로 특징지어지는 삶을 살아왔다. 연구에 의하면, 여성들이 떠나고 싶어도, 함께 살 때 보다 남편을 떠난 뒤 살해당할 가능성이 더 크다고 한다(M. Wilson & Daly, 1993).

연구의 초점

학대적 관계의 역학을 이해하기 위해, 재클린 캠벨 등(Jacquelyn Campbell, Linda Rose, Joan Kub, and Daphne Nedd)은 학대적 관계에 있는 31명의 여성과의 인터뷰를 분석했다. 그들은 여성들이 궁극적으로 비폭력을 성취하려는 목표를 가지고 이러한 학대적 관계를 다루기 위한 다양한 전략을 사용한다는 것을 발견했다. 종종, 여성들은 그들의 관계에서 비폭력을 달성하기 위해 "적극적 대응"을 선택했다. 이런 식으로, 그 관계는 반드시 어느 한 지점에서 종결되는 것이 아니라, 오히려 어떤 전환점이 있어서 여성이 그 관계를 바라보는 방식의 변화를 촉발하게 된다. 그런 후, 그들은 떠나거나 바꾸는 과정을 시작한다.

SOURCE: Campbell, J., Rose, L., Kub, J., & Nedd, D. (1998). Voices of strength and resistance. A contextual and longitudinal analysis of women's responses to battering. Journal of Interpersonal Violence, 13, 743-762.

친밀한 파트너 폭력에 대한 형사사법시스템의 대응

지적한 바와 같이, IPV에 대한 인식과 대응에 있어서 주요한 발전은 1970년대에 처음 이루어졌다. 1975년부터 1980년까지 44개 주가 IPV 관련 법률을 통과시켰는데, 그것은 주로 IPV의 방지와 피해자에게 보호와 필요한 자원을 제공하는 데 초점을 두었다(Escobar, 2010). 현재, 모든 주가 어떤 형태든 IPV 관련 법을 가지고 있다. 이러한 법률과 그것이 형사사법 및 사회서비스 기관들의 대응에 미치는 영향이 다음 절에서 논의된다.

경찰의 대응

전통적으로 경찰은 IPV 사건에 연루되는 것을 꺼렸다. 그들은 흔히 이런 유형의 사건에서는 가해자를 체포하지 않았고, 대신에 경찰의 개입보다 프라이버시를 우선시했다. 이렇게 공식적 대응을 자제하는 이유는 다양하다. 경찰은 IPV 사건은 유죄판결로 잘 이어지지 않는다고 인식하기 때문에, 그러한 사건에 개입하는 것을 원치 않을 수 있다(Buzawa & Buzawa, 1993). 그들은 또한 닫힌 문 뒤에서 그리고 가정 내에서 일어나는 일은 형사사법 시스템의 범위를 벗어난 것으로 볼 수도 있다. 경찰은 또한 IPV 사건이 자기들에게 상당히 위험한 것으로 생각하기 때문에 (Kanno & Newhill, 2009), 그러한 사건에 대응하거나 가해자를 체포하는 것을 원치 않을 수 있다(J. Hirschel, Dean, & Lumb, 1994; Pagelow, 1997). 또한, 피해자들이 경찰관들에게 가해자를 체포하지 말 것을 요청하거나 가해자를 고소하지 않을 것이라고 말할 수도 있다(H. Wallace, 2007).

경찰이 체포할 용의가 있을 때라도, 체포할 수 있는 능력이 제한될 수도 있다. 역사적으로 경찰은 경범죄자조차도 영장 없이는 체포할 수 없었다. **경범죄**(misdemeanor)는 보통 중죄보다 덜 심각하고 최고 1년의 구치소 수감을 선고받는 범죄다. 경찰은 경범죄자라도 영장을 가지고 있거나 그 사건을 직접 목격하는 경우에만 체포할 수 있었다. 짐작하겠지만, 경찰은 폭력이 일어난 후에야 범죄 현장에 도착하기 때문에, 먼저 체포영장을 발부받지 않고는 체포를 할 수 없을 것이다. 경찰이 영장 없이 체포할 수 없다는 이 규정은 IPV사건에서 체포의 효용성에 대한 연구가 실시되었던 1980년대에 바뀌었다.

1984년에 로렌스 셔먼과 리차드 버크(Lawrence Sherman and Richard Berk)는 가정폭력 가해자에 대한 체포의 억제 효과를 검증하기 위해 **미니애폴리스 가정폭력 실험**(Minneapolis Domestic Violence Experiment)을 실시했다. 이를 고전적 실험(true experiment)으로 만들기 위해, 연구자들은 경찰이 가정폭력사건의 신고에 대해 세 가지 방식 — 체포하여 당일 밤 동안 구금하는 것, 당사자들을 8시간 동안 격리하는 것, 커플에게 경고와 충고를 하는 것 — 중 어느 한 가지로 무작위 대응토록 실험을 설계했다. 적격한 신고 전화에 대해 경찰관은 3가지 색상으로 구분되는 카드 중 하나를 받고 출동하게 되는데, 이는 그가 세 가지 대응 옵션 중 어느 것을 사용해야 하는지를 알려주는 것이다. 이 실험연구는 1982년 3월 17일부터 1982년 8월 1일까지 진행되었으며, 모두 314건의 유효한 가정폭력 신고 전화를 대상으로 했다. 각 신고에 대해, 피해자를 대상으로 2주

사진 8.2 미네소타주 미니애폴리스는 미국 전역에서 가정폭력사건을 조사하는 방식을 효과적으로 변화시킨 유명한 미니애폴리스 가정폭력 실험의 장소였다.

간격의 추적 인터뷰가 6개월간 실시되었다. 그러나 피해자의 62%만이 초기 추적 인터뷰에 참여했고, 12차례의 인터뷰에 모두 응한 피해자는 절반에 약간 못 미쳤다. 연구자들은 또한 가정폭력의 재발 여부를 확인하기 위해 6개월 후속 조사 기간의 경찰 보고서를 수집했다.

연구진은 무엇을 알아냈는가? 피해자 인터뷰와 경찰기록 모두로부터 연구자들은 체포된 사람들이 다른 사람들보다 추가적인 가정폭력을 저지를 가능성이 낮다고 결론지었다. 경찰기록에 따르면, 체포된 사람 중 10%만이 후속 범죄를 저질렀는데, 이는 격리된 사람의 24%와 충고를 받은 사람의 19%와 비교된다. 인터뷰 자료에서도 체포가 가장 효과적이어서, 체포된 사람 중 19%만이 가정폭력을 추가로 저지른 것으로 나타났다. 피해자 인터뷰에 따르면, 격리된 사람의 3분의 1과 경찰관들이 충고한 사람의 37%가 추가 범죄를 저질렀다고 한다.

이러한 연구결과와 여성 피해자들에 대한 태만 및 불공평한 처우를 이유로 경찰을 상대로 낸 소송들에 기반하여, 가정폭력사건에서 강제 체포를 주창하는 사람들은 그들의 입장에 대한 충분한 증거를 확보하게 되었다. 이에 얼마 지나지 않아, 많은 주가 그들의 가정폭력법을 개정하여 경미한 가정폭력사건에서도 경찰이 영장 없이 체포를 할 수 있도록 허용하기 시작했다. 다른 주에서는 강제 체포정책을 채택했다. **강제 체포정책**(mandatory arrest policies)은 범죄 발생의 개연적 이유가 있고 체포에 충분한 증거가 있을 때 경찰관에 의한 체포를 의무화하는 정책이다. 강제 체포정책은 피해자가 범인을 체포하는 것을 원치 않아도 경찰은 이와 상관없이 체포하는 상황을 만들 수 있다는 점에 유의하라. 1992년까지 7개 주에서 강제 체포정책을 채택했다(Dobash & Dobash, 1992). 현재는 20개 이상의 주에서 강제 체포정책을 시행하고 있다(Iyengar, 2007).

강제 체포정책이 미니애폴리스 가정폭력실험의 결과를 따라서 그렇게 빨리 채택되기 시작한 것은 흥미로운 일이다. 그것은 왜냐하면 5개의 사법권역(Charlotte, Dade County, Colorado Springs, Milwaukee, and Omaha)에서 수행된 반복 연구들이 서로 다른 연구결과를 낳았기 때문이다. 경찰기록에 의하면 단 한 장소인 데이드 카운티에서만 체포가 억제 효과를 보이는 것으로 나타났다. 오마하, 샤롯데, 밀워키에서는 체포가 처음에는 가해자들을 억제했지만, 시간이 지나면서 오히려 가정폭력의 증가를 가져왔다. 반복 연구에서 가장 중요한 발견 중 하나는 체포가 가해자들에게 차별적으로 영향을 미친다는 것이었다. 특히, 고용 상태의 가해자들을 체포하는 것은 억제 효과를 낳았다는 것이 밝혀졌는데, 이는 이 범죄자들이 잃을 것이 많기 때문일 가능성이 크다. 반대로, 실직 상태의 가해자들은 폭력에 더 많이 관여했다(Maxwell, Garner, & Fagan, 2001). 반복 연구결과, 강제 체포정책은 "일률적인" 해결책이 아닐 수 있다는 결론이 내려졌다. 대신에, 재범의 맥락에서 그것은 어떤 범죄자들에게는 유익할 수 있지만, 실제로 다른 범죄자들에게는 해로운 것일 수도 있었다.

각 주는 IPV에 대한 법 집행관들의 대응을 위한 합리적 정책을 채택하려 애쓰는 가운데, 강제적 체포를 요구하는 것 외의 다른 옵션들도 가지고 있다. 일부 주는 **체포를 찬성하는 정책**(pro-arrest policies)이나 **체포를 추정하는 정책**(presumptive arrest policies)을 가지고 있다. 이러한 정책은 체포를 요구하지만, 이 요건을 어떤 기준이 충족되는 특정 상황에만 한정한다. 즉, 체포의 추정이 있다. 이들 정책은 체포 결정이 피해자의 바람과 무관할 수 있다는 점에서 강제 체포정책과 유사하다. 즉, 피해자측의 동의는 필요하지 않다. 다만 체포를 하지 않기로 결정하면, 경찰관은 그렇게 한 데 대한 서면의 사유서를 제출하도록 요구될 수 있다(Payne & Gainey, 2009).

IPV 관련 치안에서 덜 엄격한 정책은 **관용적 체포정책**(permissive arrest policies)이다. 이 정책은 정당성이 있어도 경찰관에 의한 체포를 강제하거나 추정하지 않는다. 오히려, 그것은 IPV 상황에서 경찰이 어떻게 대응해야 할지 최상의 결정을 내릴 수 있게 그들의 재량권 사용을 허용한다.

경찰 관서에서 사용되는 이러한 정책 외에, IPV 사건을 다르게 처리하려는 또 다른 움직임은 경찰관이 양쪽 당사자를 모두 체포하는 것이다. 요컨대, **이중 체포**(dual arrest)에서는 가해자와 피해자 모두가 체포된다. 피해자와 가해자를 모두 체포하는 이러한 관행은 많은 가해자가 또한 피해자라는 믿음과 IPV가 쌍방 간 또는 커플 폭력의 일부라는 믿음과 결부되어 있다. 경찰관들이 현장에 도착하여 쌍방이 모두 폭력을 행사했다는 증거가 나오면, 이중 체포를 할 수 있다. 많은 주가 피해자들이 잘못 체포되지 않도록, 이중 체포가 어떻게 그리고 언제 이루어질 수 있는지에 대한 지침을 가지고 있다. 어떤 주들은 경찰관이 공격자만을 체포하도록 요구하는 정책을 가지고 있고, 다른 주들은 경찰관에게 이중 체포를 한 데 대한 서면의 사유서를 제출할 것을 요구한다(D. Hirschel, Buzawa, Pattavina, Faggiani, & Reuland, 2007). 이중 체포가 항상 발생하는 것은 아니지만, 이중 체포에 대한 한 대규모 연구는, 국가사건기반보고시스템 데이터를 사용하여, 동성 간 친밀한 파트너 사건에서 그리고 범인이 여성인 경우에 이중 체포가 더 흔하게 이루어지는 것을 발견했다(D. Hirchel, 2008). 당신이 상상할 수 있듯이, 피해자를 체포하는 것은 피해자가 앞으로 다시 체포될 것을 우려하여 도움을 요청하는 것을 두려워하는 상황을 만들 수도 있다. 더구나 피해자 역시 체포될 경우는 가해자를 기소하는 일에 가담하고 싶지 않을 수도 있다(Bui, 2001).

법원의 대응

사법경찰관만이 IPV 사건의 대응과 처리에 중요한 일을 하는 것은 아니다. 사건이 경찰에 신고되어 수사를 받은 후, 검찰은 가해자에 대한 공식 기소 여부를 결정하기 위해 경찰의 파일을 받게 된다. IPV와 관련한 검찰의 직무에 대한 초기의 비판들은 검찰이 IPV 범죄자들에 대해서는 심지어 체포가 이루어진 이후에도 공식 기소를 잘 하지 않는다고 하는 믿음과 실제 연구결과에 집중하였다(Chalk & King, 1998; Hartman & Belknap, 2003). 일부 연구자는 "가정폭력사건에 대해서는 불기소가 만연해 있다"라고 결론지었다(Sherman, 1992, p. 244). 이러한 유형의 사건들에 대한 현재의 기소율은 논쟁적이지만, 170개 이상의 사법권역에서 이루어진 135개 이상의 연구를 최근에 검토한 결과, 평균적으로 신고된 사건의 약 3분의 1과 체포된 범죄자의 60% 이상이 검찰에 의해 공식적으로 기소되는 것으로 나타났다. 또한, 체포된 자의 약 3분의 1과 기소된 자의 절반 이상이 유죄로 판명되었다(Garner & Maxwell, 2009). 연구자들은 기소율과 유죄율의 측면에서 사법권 전반에 걸쳐 많은 변이(variation)가 있다고 지적했는데, 이는 모든 IPV 사건의 기소 및 유죄판결에 관해 포괄적인 진술을 하는 것이 어렵다는 것을 의미한다. 기소율과 유죄율에 관한 상반된 견해를 해소하기 위해서는 이 분야에서의 추가적 연구가 분명히 필요하다.

검찰은 IPV 가해자에 대한 기소 여부를 결정할 때 주로 어떤 요인들을 고려하는가? 연구에 의하면, 검찰은 피해자가 눈에 띄는 부상을 입었을 때 기소쪽으로 나아갈 가능성이 가장 높은 것으로 나타났다(Jordan, 2004). 다른 연구에서는 검찰이 사건 당시 피해자나 피고인이 술을 마셨는지, 마약을 했는지 여부(Jordan, 2004; Rauma, 1984; J. Schmidt, & Steury, 1989)와 피해자와 가해자 사이의 이력(J. Schmidt & Steury, 1989)을 검토하는 것으로 나타났다. 마지막으로, 가해자를 처벌하려는 피해자의 의지가 IPV 사건의 기소 결정과 관련 있는 것으로 밝혀졌다(Dawson & Dinovitzer, 2001).

피해자의 참여와 그것이 기소에 어떤 영향을 미치는지 논의해보자. 기소와 그에 따른 유죄판결을 달성하기 어려운 한 가지 이유는 피해자의 참여 부족이다. 피해자는 가해자에 대해 증언하고 싶지 않을 수도 있다. 피해자는 여전히 가해자와 일정한 관계에 있을지 모른다. 그들은 아이들을 공유할 수도 있다. 피해자는 자신이 법정에서 증언하면 어떤 일이 벌어질지 두려워할 수도 있다. 피해자는 자신이 형사사법 과정을 계속 진행시킬 여력이 없다고 계산했을 수도 있다. 이유야 어떻든, 일부 사법권은 **중도취하 불가 기소 정책**(no-drop prosecution policies)을 갖고 있다. 즉, 피해자는 가해자에 대한 고소를 취하할 수 없고, 검찰의 기소 재량은 축소된다. 이러한 정책이 채택되자, 사건의 기각률이 떨어졌다(Davis, Smith, & Davies, 2001). 이러한 중도취하 불가 기소 정책의 긍정적 결과에도 불구하고, 가해자가 피해자에게 보복할 수 있고 강제된 형사 절차에의 참여가 이차적 피해를 줄 수 있다는 점에서 그 정책이 피해자들에게 오히려 해로울 수 있다는 우려도 있다. 또한, 피해자들이 만약 중도취하 불가 기소 정책을 알고 있다면, 경찰에 신고하는 것 자체를 꺼릴 수도 있다. 일부 주에서는 피해자가 가해자와 법적으로 혼인 관계를 유지하고 있다면, 가해자에 대해 증언하지 않을 수도 있다. 이러한 예외를 허용하는 법을 **배우자 또는 부부 면책법**(spousal or marital privilege laws)이라 한다. 이러한 법이 있는 주에서 학대자에 대해 증언하지 않는 옵션이 사용될 수 있는 횟수는 다양하다. 매릴랜드에서는 단 한 번만 사용할 수 있다(Bune, 2007).

보다 최근에는 법원 시스템이 가정폭력 사건을 다루는 특별법정을 채택함으로써 IPV에 대응하고 있다. 형사사법기관과 사회서비스 기관 사이의 조정을 강화하기 위해 만들어진 이 법정은 범죄자들에게 책임을 묻고 피해자들의 니즈를 고려한다. 이러한 법정은 대개 치료에 중점을 두어, 가해자가 학대 행위의 원인을 파악하고 양후 이러한 행동을 통제하는 데 도움을 받을 수 있도록 한다(Gover, MacDonald, & Alpert, 2003). 가정폭력 법정에 대한 평가는 많지 않지만, 증거에 따르면, 이러한 법정과 관련 프로그램에 참여하는 것이 일반적으로 동일 피해자에 대한 재범 (Goldkamp, Weiland, Collins, & White, 1996)과 가해자의 재체포(Gover et al., 2003)를 줄이는 것으로 나타났다.

법원 체계와 사법 절차가 공정하고 일관되며 피해자의 필요, 안전, 권리가 보호되는 것을 확실히 하기 위해 **법정 감시 프로그램들**(court watch programs)이 최근 전국의 여러 사법권에서 시행되고 있다. 숙련된 법정 감시자들이 법정에 앉아서 보호 명령을 포함하는 사건에서 최상의 관행을 준수하고 있는지에 대한 데이터를 수집한다. 사건들을 관찰한 후, 이러한 유형의 사건에 대한 정책과 관행의 일관성을 제고하기 위해서 보고서를 작성하고 사법 시스템에 배포한다(Network for Public Health Law, 2014).

법적 그리고 지역사회의 대응

형사사법 시스템만이 IPV 피해자들의 요구를 해결하는 유일한 실체는 아니다. 법률 및 지역사회 서비스도 피해자를 돕기 위해 개발되었다.

보호 명령

피해자들이 그들의 학대자로부터 보호를 받을 수 있는 한 가지 방법은 **보호 명령**(protective order)이나 금지 명령(restraining order)을 획득하는 것이다. 두 가지 유형의 명령은 범죄자들로부터 피해자들을 보호하기 위해 고안된 것이다. IPV 피해자들은 자신들의 보호를 확실히 하려는 바램에서 이 명령을 획득할 수 있다. 이러한 명령에는 접근금지 명령(stay-away orders), 비접촉 명령(no-contact orders) 또는 평화로운 접촉 명령(peaceful contact orders)이 포함될 수 있다. 일부 주는 보호 명령과 금지 명령을 구분하는데, 형사 법정은 보호 명령을 발하고, 민사 법정은 금지 명령을 발한다. 이러한 명령 제도와 관련한 모든 주의 규정을 여기서 구체적으로 비교하고 구분하는 것은 부적절하다. 그러나 그 공통점을 논의할 필요는 있다.

일단 범죄자가 제포되면, 형사법정의 판사는 범죄자의 신기단계나 첫 번째 법정 출두 시 접촉금지 명령을 내릴 수 있다. 일부 주는 IPV 사건에서 접근금지 명령의 발행을 의무화한다. 그 명령은 특정한 기간(일반적으로 2주) 동안 유효한데, 경우에 따라서는 피해자의 요청과 검사의 동의에 의해 법원이 따로 정한 날까지 효력을 유지한다(Hartman & Alligood, 2010). 만약 피해자가 가해자에 대한 금지 명령을 얻고자 한다면, 피해자는 일반적으로 법원에 가서 긴급 심리에서 임시 명령을 요청해야 한다. 그러면 판사가 명령을 내려야 할지를 결정한다. 만약 피해자가 명령의 유효기간 연장을 원하면, 두 번째의, 보다 포괄적인 심리가 이루어진다(Hartman & Alligood, 2010). 임시 명령을 위한 심리는 피고가 알지 못하는 상태에서 이루어질 수 있지만, 피해자가 보다 영구적인 명령을 요청할 시에는 가해자가 그 사실을 통보받게 된다. 주에 따라, 명령이 내려지면 그것은 법령에서 정한 기간 동안 유효하다. 예를 들어, 캘리포니아 고등법원에서는 IPV 상황의 민사적 금지 명령에 최대 5년까지의 유효기간을 부여한다.

각 주가 시행하고 있는 절차와 명령이 다른 것처럼, 보호 명령과 금지 명령의 집행도 주마다 다르다. 그럼에도 불구하고, 각 주의 법원은 1994년 여성폭력방지법에 의거하여 다른 주에서 발행한 명령에 대해서도 완전한 믿음과 신용을 부여해야 한다. 대부분의 주는 또한 다른 주의 보호 명령을 마치 그 주에서 발행된 것처럼 시행하도록 요구하는 그들 자신의 '충분한 신뢰와 신용법'(full faith and credit laws)을 통과시켰다. 그렇다면 어떤 사람이 보호 명령을 위반할 때 주에서는 무엇을 하는가? 대부분의 주는 범죄자가 명령을 위반할 때 시행할 수 있는 형사상 제재를 가지고 있다. 명령을 어긴 자는 중죄나 경범죄 또는 법정 모독으로 기소될 수 있다. 어떤 주는 명령의 위반을 별개의 범죄로 규정하는 법을 가지고 있으며, 또 다른 주는 보호 명령 위반으로 유죄판결받은 사람에게 실형을 선고할 것을 요구한다. 다른 주에서는 위반자가 보석금을 몰수당하거나 보석, 재판 전 석방, 집행유예의 취소처분을 받을 수도 있다(Office of Justice Programs, 2002).

IPV 피해자의 보호를 위해 모든 주에서 보호 명령이 발행되지만, 적격인 피해자의 대부분은 보호 명령을 획득하지 못하고 있다. NVAWS의 연구에서는 친밀한 파트너에게 폭행당한 여성 피해자의 17.1%와 친밀한 파트너로부터 스토킹 피해를 당한 여성의 36.6%가 보호 명령을 발급받은 것으로 나타났다(Tjaden & Thoennes, 2000b). 보호 명령을 발급받은 여성들은 그렇지 않은 여성들과 다를 수 있다. 그들은 성규칙으로 고용되고, 학대로 부상을 당했고, 성적 강제를 경험했고, 심각한 우울증 및 정신건강의 문제를 갖는 경우가 더 많았다(Wolf, Holt, Kernic, & Rivara, 2000). 연구는 여성들이 점점 더 심해지는 장기간의 학대를 당한 후에 보호 명령을 구하는 경향이 있다는 것을 보여준다. 여성들은 "충분히 인내했다"라고 판단할 때가 되어서야 보호 명령을 받기로 결정하는 경향이 있었다(Fischer & Rose, 1995).

또한 고려해야 할 중요한 것은 보호 명령의 효과다. 일군의 연구는 보호 명령이 재범을 감소시킨다는 것을 보여준다. 그럼에도 불구하고, 이들 연구는 보호 명령이 그 유효기간의 20%에서 40% 사이에서 위반된다는 것을 보여준다(Jordan, 2004). 피해자들은 또한 보호 명령에 관한 다양한 감정들을 보고하는데, 일부는 만족해하고 보호 명령을 받은 후 안전감을 느꼈다고 하였지만(Keilitz, Hannaford, & Efkeman, 1997), 다른 이들은 보호 명령을 획득하기 위해 거쳐야 했던 빠듯한 시간과 혼란스러운 프로세스에 좌절했다고 보고한다(Ptacek, 1999). 이런 느낌은 보호 명령이 위반되면 경찰에 신고해야 하는 당사자가 피해자라는 사실, 즉 의사결정과 그것의 집행이 주로 피해자의 몫이라는 의미와 관련이 있을 수 있다. 당연히 이것은 피해자들이 하고 싶지 않은 역할일 것이다.

가정폭력 쉼터

IPV 피해자들이 이용할 수 있는 또 다른 자원은 가정폭력 쉼터다. 1974년 미네소타에서 여성들을 위해 처음 문을 연 가정폭력 쉼터는 피해자들에게 피난처를 제공한다. 쉼터는 단기 숙식, 긴급 의류 및 수송, 상담, 법적 지원, 24시간 비상 회선, 아이들을 위한 프로그램, 취업 지원 등 다양한 서비스를 제공한다. 대부분의 가정폭력 쉼터는 피해자가 30일 이상 거주할 수 있도록 하고 있으며, 약 3분의 1은 60일 이상 체류할 수 있도록 허용하고 있다(Lyon & Lane, 2009). 가정폭력 쉼터는 실제로 피해자들의 요구를 충족시키고 있는 것으로 보인다. 최근의 한 연구에서는 가정폭력피해자의 거의 3/4이 쉼터에서 받은 지원이 매우 도움이 되었다고 보고한 것으로 밝혀졌다(Lyon, Lane, & Menard, 2008).

쉼터가 제공하는 서비스는 일부 피해자들에게는 부족할 수도 있다. 레즈비언 여성들은 쉼터가 이성애 여성들을 위한 곳으로 믿으며, 다른 여성들보다 쉼터에 대한 부정적 경험을 더 많이 갖는 경향이 있다(Lyon et al., 2008). 남성들은 또한 여성들에 비해 가정폭력 쉼터에 도움을 요청할 것 같지 않다. 최근 남성 피해자는 돕기 위한 노력이 이루어졌지만, 쉼터는 전통적으로 여성 피해자들에게만 서비스를 제공하도록 설계되었다. 남성 전용 가정폭력 쉼터는 1993년 미네소타에서 처음 문을 열었다. 이 쉼터는 개장 후 첫 6개월 동안에 50명의 남성을 수용했다(Cose, 1994). 소수계 여성들도 가정폭력 쉼터 이용을 꺼릴 수 있다. 그들은 특히 직원이 대부분 백인인 경우, 그들의 특별한 요구가 충족되지 않는다고 인식할 수 있다(Lyon et al., 2008). 더 일반적으로, 피해자들은 다른 거주자들과 문제를 경험할 수 있으며, 사생활의 보호가 어려울 수 있다(Lyon & Lane, 2009).

건강관리

보호 명령과 가정폭력 쉼터는 IPV 피해자들에게는 흔한 자원이지만, 의료 전문가들도 도움을 줄 수 있는 독특한 위치에 있다. IPV는 여성들이 응급실에서 의료 처치를 받게 하는 주요 이유 중 하나이며, 여성들이 살인의 피해자가 되는 중요한 이유라는 것을 기억하라. IPV로 인한 부상 때문에 그리고 여성들이 대개 정기적으로 의사의 진료를 받는다는 사실 때문에, 의료 전문가들은 여성이 병원을 찾은 이유가 폭력이 아니더라도 피해 여성을 도울 수 있는 위치에 있는 것이다. 이같이, 많은 의료기관에서는 여성이 병원에 오면 IPV 여부에 대한 체크를 먼저 하도록 권고한다(Waalen, Goodwin, Spitz, Petersen, & Saltzman, 2000). **선별 심사** (screening)을 통해 IPV 피해자 여부를 식별하고 이후 서비스 기관에 추천을 할 수 있다. 선별 심사는 일반적으로 의료 전문가가 환자에게 IPV 피해자인지 여부를 평가하기 위해 설계된 스크린 도구나 기타 도구를 사용하여 질문을 하는 형식으로 이루어진다. 이러한 혁신적인 접근법에도 불구하고, 심사율은 여전히 낮다. 한 연구에서는 응급실에 실려 온 심각한 IPV 피해자들의 13%만이 의사나 간호사로부터 폭력 여부에 관해 질문받은 것으로 나타났다(Krasnoff & Moscati, 2002).

의료 전문가들에 의한 선별 심사를 개선할 수 있는 방법이 없을까? IPV에 대한 개입에 있어서는 전체론인 접근이 중요하기 때문에, 특히 여성의 경우 의료 검진을 개선할 필요가 있다. 그것은 종종 숨겨진 채로 남겨지는 피해가 안전하고 통제된 환경에서 밝혀지는 방법일 수 있다. 그것은 피해자들이 폭력의 순환은 멈추기 위해 필요로 하는 도움과 자원을 구하기 위해 요구되는 조치일 수 있다.

가정폭력 예방 및 서비스법

1984년에 통과된 이후 7차례(2015년) 재인가된 **가정폭력 예방 및 서비스법**(Family Violence Prevention and the Services Act: FVPSA)은 가정폭력 피해자들에게 3가지 주요 서비스를 제공하고 있다. 첫째, 이 법에 의해 전국적인 가정폭력 핫라인이 만들어졌다. 핫라인으로 전화를 걸면, 미국 전역과 그 지역에서 이용할 수 있는 가정폭력 관련 서비스에 대한 추천을 받을 수 있다. 둘째, 이 법에 따라 각 주, 지역, 부족에 기금을 지원하면, 이들은 다시 가정폭력 서비스 제공자와 기관들에 기금을 배포하고, 이들로부터 피해자와 그 가족이 직접적인 서비스를 받을 수 있다. 셋째, '동맹을 통한 가정폭력 예방 및 리더십 강화 프로그램(Domestic Violence Prevention Enhancement and Leadership Through Allies program: DELTA)'을 통해 가정폭력 예방을 위한 기금을 조성한다. 2014 회계 연도 동안 FVPSA는 1억 4,320만 달러의 자금을 지원받았다(Fernandes-Alcantara, 2014).

요 약

- 친밀한 파트너 폭력(IPV)에는 두 가지 주요 유형이 있다. 즉, 친밀한 테러리즘과 상황적 커플 폭력이다. 이러한 유형 내에서 IPV는 신체적, 정서적/심리적 또는 성적일 수 있다.
- IPV는 은밀하게 발생하는 경우가 많기 때문에 측정하기가 어렵다. 그렇기 때문에, 사람들이 친밀한 파트너들에 의해 희생되는 정도를 정확히 알기는 어렵다.
- IPV 통계에 일반적으로 사용되는 세 가지 자원은 국가범죄피해조사(NCVS), 갈등책략척도(CTS), 전국여성폭력피해조사(NVAWS)이다. 자원에 따라서 IPV 추정치가 다르다. NCVS와 NVAWS는 둘다 남성보다 여성이 더 많이 피해당한다는 것을 보여준다. CTS를 이용한 연구는 성별 균형이 존재할 수 있다는 것을 보여준다.
- 젊은 층, 흑인 여성, 사회경제적 지위가 낮은 계층이 가장 피해당할 가능성이 크다.
- IPV는 동성애 관계에서도 발생할 수 있다. 일부 추정치에 따르면, 동성애 남성들은 동성애 여성이나 이성애 남성보다 더 높은 IPV 피해율을 보인다.

- 스토킹은 특별한 유형의 피해다. 스토킹은 원치 않는 괴롭히는 행동이며 합리적인 사람을 두려워하게 만드는 일련의 행동이다. 가장 흔한 세 가지 유형의 스토킹은 원치 않는 전화나 메시지, 원치 않는 편지나 이메일, SNS와 같은 신기술을 이용한 스토킹이다. 스토킹에 대한 가장 큰 두려움은 다음에 무슨 일이 일어날 것인지에 대한 불확실성이다.

- IPV의 여성 피해자는 남성 피해자보다 더 심각하고 빈번한 폭력을 경험하는 경향이 있다.

- 스트레스, 동거, 권력 및 가부장제, 사회 학습, 위험한 생활양식, 음주 또는 약물 사용은 모두 IPV 피해의 위험 요인이다.

- IPV의 피해자는 부상 및 사망 외에 심리적, 정서적 결과도 경험할 수 있다. 외상 후 스트레스 장애, 우울증, 자살 충동 및 시도, 자살, 불안, 수면 장애 등은 모두 IPV 피해와 관련이 있다.

- 재피해도 발생할 수 있다. 법원 보고서, 피해자 조사, 공식 기록은 모두 IPV 피해자가 추가적인 IPV 사건을 경험할 위험이 있음을 보여준다.

- 경찰은 역사적으로 IPV 사건의 처리를 꺼려왔다. 미니애폴리스 가정폭력 실험은 경찰이 IPV 사건에 대응하는 방식을 바꾸었다. 이 연구의 결과는, 비록 반복 연구가 다소 혼란스러운 결과를 내놓았지만, 가해자를 체포하는 것이 재범을 감소시킨다는 것을 보여주었다. 또한, 반복 연구는 체포가 가해자들에게 다른 식으로 영향을 미칠 수 있다는 것을 보여주었는데, 고용된 사람들은 재범 억제가 되었지만, 실업 상태의 사람들은 그렇지 않았다.

- 법원은 IPV의 문제에 대해 중도취하 불가 기소 정책의 시행과 가정폭력 법정 설치로 대응해왔다.

- 보호 명령을 획득하는 절차는 주마다 다르지만, 모든 주에서 가해자에 대한 보호 명령이 IPV 피해자에게 이용 가능하다.

- 가정폭력 쉼터 또한 안전한 생활 설비를 제공함으로써 IPV 피해자에게 봉사한다. 이 쉼터는 또한 피해자들이 학대받는 관계에서 벗어나도록 돕기 위해 다른 사회서비스 기관들과 연결시켜준다.

- 의료 전문가들도 IPV 피해자를 도울 수 있다. 의료 관계자들이 피해당한 환자들을 식별하고 기관에 추천하는 것을 돕기 위해 선별 신사 도구들이 개발되있다.

토의 문제

1. 당신은 IPV와 관련한 성별 균형 논쟁에서 어느 쪽 편에 서겠는가? 여성이 가해자일 때, 당신은 그것이 주로 남성의 공격성에 대응하는 것이라고 생각하는가? 여성 피해자들이 보호 명령을 신청하지 않을 때, 당신은 그것이 반복적인 IPV를 조장한다고 생각하는가? 왜 그런가? 혹은 왜 그렇지 않은가?
2. IPV 피해를 줄이기 위해 형사사법시스템, 사회서비스 기관, 의료계가 취해야 할 조치는 무엇인가.
3. 전통적으로 여성이 IPV의 "진짜" 피해자로 여겨져 왔다는 사실을 고려할 때, 남성들이 피해를 신고하면, 특히 눈에 보이는 신체적 부상이 없는 경우, 형사사법체계가 어떻게 반응할 것으로 생각하는가?
4. IPV에 대한 강제 체포 정책의 장단점은 무엇인가?

주요 용어

친밀한 파트너(intimate partner)

폭력(violence)

물리적 폭력(physical violence)

정서적 학대(emotional abuse)

성폭력(sexual violence)

친밀한 테러리즘(intimate terrorism)

상황적 커플 폭력(situational couple violence)

갈등 책략 척도(Conflict Tactics Scale: CTS)

전국여성폭력피해조사(National Violence Against Women Survey: NVAWS)

전국 친밀한 파트너 폭력 및 성폭력 조사(National Intimate Partner and Sexual Violence Survey: NISVS)

동거(cohabitation)

권력(power)

가부장제(patriarchy)

사회적 학습(social learning)

위험한 생활양식(risky lifestyles)

부상(injury)

폭력의 순환(cycle of violence)

긴장 조성 단계(tension-building phase)

심각한 구타 단계(acute battering phase)

밀월 단계(honeymoon phase)

경범죄(misdemeanor)

미니애폴리스 가정폭력실험(Minneapolis Domestic Violence Experiment)

강제 체포정책(mandatory arrest policies)

체포를 찬성하는 정책(pro-arrest policies)

체포를 추정하는 정책(presumptive arrest policies)

관용적 체포정책(permissive arrest policies)

이중 체포(dual arrest)

중도취하 불가 기소 정책(no-drop prosecution policies)

배우자 또는 부부 면책법(spousal or marital privilege laws)

법정 감시 프로그램들(court watch programs)

보호 명령(protective order)

선별 심사(screening)

가정폭력 예방 및 서비스법(Family Violence Prevention and the Services Act:
FVPSA)

인터넷 자원

멘웹:

http://www.menweb.org/battered

남자들도 친밀한 파트너 폭력의 피해자가 될 수 있다. 남성들을 위한 인터넷 자원의 하나는 친밀한 파트너 폭력을 경험한 남성들에게 정보를 제공하는 멘웹이다. 그것은 또한 여성들에 의한 남성 대상의 친밀한 파트너 폭력을 강조하는 뉴스 항목과 연구에 대한 링크도 포함하고 있다. 남성들의 피해에 관한 이야기들도 소개되어 있다.

여성 대상 폭력 사무국:

https://www.justice.gov/ovw

미국 법무부의 '여성 대상 폭력 사무국'은 가정폭력, 데이트폭력, 성폭력, 스토킹을 종식시킬 목표로, 지역사회가 프로그램, 정책, 관행을 개발할 수 있도록 재정적, 기술적 지원을 하고 있다. 이 웹사이트에서 당신은 다양한 여성 대상 폭력에 관한 정보, 보조금 기회와 자금 지원 프로젝트에 대한 정보, 그리고 피해당한 사람들을 위한 조력에 관한 정보를 찾을 수 있다. 또한 그것은 여성 대상 폭력과 관련한 연방 입법과 정책에 대한 최신의 정보도 제공한다.

청소년 데이트 폭력:

http://www.cdc.gov/violenceprevention/intimatepartnerviolence/teen_dating_violence.html

최근, 친밀한 파트너 폭력에 대한 연구는 십대들이 그들의 데이트 관계에서 폭력을 경험할 위험이 있다는 것을 밝혀냈다. 청소년 데이트 폭력의 정의, 사실과 내용, 발생 이유와 결과에 대한 정보를 원한다면, 10대 데이트 폭력에 관한 질병통제센터의 웹페이지를 방문하라. 또한 10대 데이트 폭력에 대한 더 많은 정보와 지원을 위한 다양한 자료에 대한 링크도 포함되어 있다.

여성과 법률:

http://www.womenslaw.org

이 웹사이트는 친밀한 파트너 폭력을 경험했거나 경험하고 있는 사람들을 위한 자료다. 그것은 피해자들이 어떻게 형사사법시스템을 더 잘 이해할 수 있는지 뿐만 아니라, 친밀한 파트너 폭력을 다루는 주 및 연방법에 대한 링크와 정보를 포함한다. 보호 명령을 신청하는 방법, 재판에 대비하는 방법, 그리고 지역사회에서 안전하게 도움을 찾는 방법에 대한 정보를 찾을 수 있다.

제 9 장

인생 초기 및 황혼기의 범죄피해:
아동학대와 노인학대

제 9 장

인생 초기 및 황혼기의 범죄피해:
아동학대와 노인학대

27세의 여성 로지넬 아담스(Rosienell Adams)는 최근 22개월 된 아들을 가중 학대한 죄로 유죄판결을 받았다. 아들은 흉터, 화상, 그 밖의 다른 부상을 입었지만, 특히 화상, 즉 손에 난 다리미 모양의 3도 화상을 입은 것이 소름끼쳤다. 법정에서 어린이 병원 개입 및 예방 서비스 클리닉(Children's Hospital Intervention and Prevention Services Clinic)의 한 여성이 증언했는데, 그녀는 만약 화상이 우발적인 것이라면, 그 흉터는 다리미의 윤곽이 아니라, "빗나가는" 화상의 증거를 보일 것이라고 증언했는데, 실제로 그 흉터는 증거로 제시된 다리미의 모양과 일치하였다. 화상을 입은 후, 아이의 아버지가 아이를 빨리 병원에 데려가라고 재촉하였음에도 불구하고, 엄마는 아들의 치료를 받지 않았다. 그녀는 단지 치료를 받는 척만 했다.

이 사건은 아동학대의 한 예다. 만약 60세 이상의 사람에게 이런 일이 일어났다면, 그것은 노인학대로 간주될 것이다. 이 장은 이처럼 특별한 피해자들, 즉 아주 어린 사람들과 나이 많은 사람들을 위한 것이다. 이러한 두 유형의 피해자는 생애과정상 위치에 의해 정의되기 때문에 동일한 장에서 논의된다. 따라서 정책 및 행위자들이 피해자와 피해에 대응하는 방식도 생애과정상의 단계와 관련된다. 또한 아동학대와 노인학대의 원인과 결과도 피해자의 생애과정상 단계와 직접적인 관련이 있다.

아동학대

만약 로지넬 아담스가 저지른 신체적 아동학대 사건이 19세기 말 이전에 일어났다면, 그것은 아마 사법당국의 개입 없이 그냥 지나갔을 것이다. 사실, 아동학대는 1875년의 9세 소녀 메리 엘렌(Mary Ellen) 관련 사건이 있기 전까지는 대중이나 사법체계의 큰 관심사가 아니었다. 엘렌은 보호자로부터 학대받고 방치되었지만, 이를 염려하던 이웃이 그녀를 돕기 위해 개입하였다. 그러나 이웃인 휠러(Wheeler) 부인은 아동학대 문제를 다루기 위한 어떠한 정책도 법률도 마련되어 있지 않다는 것을 곧 알게 되었다. 해서 그녀는 바라던 원조를 받지 못했다. 이에 그녀는 당시 동물학대 방지 협회(Society for the Prevention of Cruelty to Animals: SPCA)의 창립자 겸 회장인 헨리 버그(Henry Bergh)에게 도움을 요청했다. 그는 휠러를 대신하여 법정에 개입했고, 메리 엘렌을 학대자들의 양육권으로부터 구해 어린이집에서 보호할 수 있었다. 이 사건 이후 버그는 뉴욕 아동학대 방지 협회(New York Society for the Prevention of Cruelty to Children)를 결성했다(Payne & Gainey, 2009; Pfohl, 1977). 이러한 발전은 학대받는 아이들을 돌볼 기관의 설립을 요구하는 피난처 운동(House of Refuge movement) 및 1899년 일리노이주 쿡 카운티에서의 최초의 소년 재판소 설치와 맞물려서, 적어도 부분적이지만 학대받는 아이들의 문제를 다루는 서비스 영역을 만드는 데 기여했다.

1940, 1950년대에 아동학대가 다시 의미 있는 관심을 받기까지는 50년의 세월이 더 걸렸다. 이번에는 의료계로부터 이목이 집중됐다. 소아 방사선 전문의들은 엑스레이에서 아동학대가 원인으로 추정되는 부러진 뼈들에 주목하기 시작했다. 이 엑스레이들은 아동학대의 발생을 뒷받침하는 경험적 증거를 제공했다. 1960년대에 미국의학회 저널(Journal of the American Medical Association)은 '매 맞는 아이 증후군'에 관한 일련의 논문을 출간하였는데, 이것은 아동학대를 실재하는 의학적 이슈로 인식하는 데 더욱 기여하였다(Payne & Gainey, 2009). 1970년대 동안 이러한 발전은 아동학대에 관한 광범한 우려를 불러일으켰고, 이로 인해 아동학대를 다루는 최초의 연방법이 통과되기에 이르렀다.

아동학대란 무엇인가?

아동학대는 학대와 방임의 두 가지 주요 형태를 취할 수 있다. 학대는 어떤 사람이 아동(대부분 주에서 18세 미만)에게 해를 끼칠 때 발생한다. 그것은 한 사람이 아이를 위해 해야 할 일을 하지 않은 것보다는, 해서는 안 되는 일을 하는 것이다. 학대는 신체적일 수 있지만, 정서적이거나 성적인 것일 수도 있다. 무엇이 이 세 종류의 학대를 구별하는가? 신체적 학대는 일견 자명해 보이지만, 그것과 체벌을 구별하는 것은 논의할 가치가 있다. **신체적 학대**(physical abuse)는 어린이에게 상해나 물리적 해악을 입히는 것이다. 신체적 학대의 예로는 주먹질하기, 매질하기, 뺨때리기, 태우기, 자르기 등이 있다. 그것은 아이를 다치게 하려는 의도에서 시작될 수도 있지만, 벨트를 사용하여 어린이를 체벌하는 것과 같이 규율의 오용에서 비롯될 수도 있다. 물리적 훈육이 아이에게 옳고 그른 것을 가르치기 위해서가 아니라, 대신에 분노로 아이가 두려움 속에서 살도록 하기 위해 사용될 때, 그것은 규율에서 학대로 선을 넘어가는 것이다(Saisan, Smith, & Segal, 2011). 표 9.1은 신체적 학대의 예들을 보여준다.

정서적 학대는 물리적 흔적을 남기지 않을 수도 있지만, 그것 역시 아이들에게 상당히 해로울 수 있다. 정서적 학대를 생각할 때, 아마도 가장 먼저 떠오르는 것은 이름 부르기, 소리 지르기, 위협하기 또는 괴롭히기일 것이다. 이것들은 명백하고 공격적인 정서적 학대 행위들이다. 정서적 학대는 덜 공격적인 형태를 취할 수도 있다. 예를 들어, 어린이를 얕보고 챙피나 굴욕감을 주는 것도 정서적 학대의 일종이다. 또한, 아이와의 신체적 접촉을 무시하고 거부 또는 제한하는 것도 정서적 학대에 해당한다(Saisan et al., 2011). 이러한 행동들은 어린이에게 심리적 해악을 끼칠 수 있고 아이의 사회적 발달에 해로울 수 있다. 정서적 학대에 대한 자세한 설명은 표 9.1을 참조하라.

세 번째 유형의 학대는 아동에 대한 성적 학대다. **아동 성학대**(child sexual abuse)는 적극적(active)이고 물리적 접촉을 수반할 수 있지만, 반드시 그래야 하는 것은 아니다. 어린이를 성적인 내용이나 상황에 노출시키는 것도 아이들을 포르노나 매춘에 연루시키는 것처럼 성적 학대일 수 있다. 아동 성학대가 포함하는 것에 대한 설명은 표 9.1을 참조하라. 아동학대 방지 및 치료법(Child Abuse Prevention and Treatment Act, 1974)은 아동 성학대를 다음과 같이 규정하고 있다.

> 어떤 성적으로 노골적인 행위 -또는 강간이나 의제 강간, 학대, 매춘 또는 다른 형태의 아동 성착취, 혹은 근친상간- 에 대한 시각적 표현물을 생산할 목적에서, 아동에게 그러한 행위나 행위의 시뮬레이션에 참여하도록 -또는 그러한 행위에 참여하는 다른 사람을 돕도록- 고용, 사용, 설득, 유인, 유혹 또는 강제하는 것(Sec. 111.42 U.S.C. 5106g)

아동이 학대받는 또 다른 방식은 그것이 행동적이지 않고 어린이에 대한 직접적이고 의도적이며 적극적인 가해에서 비롯되지 않는다는 점에서 학대가 아니다. 즉, **방임**(neglect)은 아동의 기본적인 욕구가 충족되지 않을 때 발생한다. 아이들은 정의상 숙식, 교통, 사랑, 보살핌 등 거의 모든 것을 그들의 보호자에 의존한다. 법적으로 보호자는 이러한 기본적인 욕구를 충족해 주어야 하고, 아이들에게 일정한 수준의 보살핌을 제공해야 할 법적 의무가 있다. 그러나 이것이 이루어지지 않을 때, 아이들은 방임되고 있는 것으로 규정된다. 이처럼, 방임은 충족되지 않는 욕구가 무엇인가에 따라 육체적, 의료적, 교육적, 정서적일 수 있다. 예를 들어, 만약 어린이에게 음식이 제공되지 않는다면 그것은 육체적 방임이다. 아이가 부모 때문에 일상적으로 학교를 빼먹는다면 그것은 교육적 방임이다. 방임의 유형에 대한 설명도 표 9.1을 참조하라.

표 9.1 아동학대의 유형

신체적	아동을 해치려는 고의적 시도. 그것은 다음 하나의 질문으로 훈육과 구별될 수 있다: 그 행동이 아이에게 옳고 그른 것을 가르치기 위한 것인가, 아니면 아이에게 공포의 삶을 주기 위한 것인가? 사례: • 때리기 • 태우기 • 뺨때리기(Saisan et al., 2011)

정서적	아동의 정신건강 및 사회성 발달에 해를 끼치며, 종종 심리적 흔적을 남긴다. 사례: • 아이를 하찮게 보고, 부끄럽게 하고, 굴욕감을 주는 것 • 이름을 부르고 다른 사람과 부정적 비교를 하는 것 • 아이에게 너는 "좋지 않다", "가치 없다", "나쁘다" 또는 "실수다"라고 말하는 것 • 자주 소리 지르거나 위협하거나 괴롭힘 • 처벌로서 아이를 무시하거나 거부하는 것 - 무언의 처벌 사용 • 아이에 대한 포옹, 키스 및 기타 신체적 접촉을 보류하는 것 • 아이를 폭력이나 다른 사람의 학대에 노출시키는 것(Saisan et al., 2011)
방임	부모나 보호자가 적절한 음식, 옷, 위생 및 감독과 같은 아이의 기본적인 욕구를 충족시켜주지 않는다. 사례: • 물리적: 필요한 숙식 제공 실패 또는 적절한 감독 부재 • 의료적: 필요한 의료 또는 정신건강 치료 제공 실패 • 교육적: 아이를 교육하지 못하거나 특수한 교육적 요구를 준수하지 못함 • 정서적: 아이의 정서적 욕구에 무관심함, 심리적인 치료를 제공하지 못함, 아이에게 알코올 또는 기타 약물 사용을 허용함(Child Welfare Information Gateway, 2008b)
성적	아동에 대한 강간, 성폭행, 성추행, 매춘 또는 성 착취, 근친상간. 어떤 성적으로 노골적인 행위에 대한 시각적 표현물을 생산할 목적에서, 아동을 그러한 행위나 행위의 시뮬레이션에 참여시키는 것도 아동 성학대이다(Child Abuse Prevention and Treating Act, 1974).

아동학대의 측정과 정도

미국에서 아동학대의 진정한 정도를 파악하는 것은 어렵다. 아동학대는 몇 가지 이유로 탐지하기 어렵다. 아이들은 학대를 당하고 있다는 것을 이해할 능력이 있어도, 너무 어려서 그들에게 일어나고 있는 일을 말로 표현하지 못할 수 있다. 이것은 아동학대가 탐지되지 않는 이유 중 하나이다. 아이들은 그들이 피해를 입고 있다는 것을 아무에게도 말하지 않을 것 같다. 또 다른 이유는 부모나 보호자 또는 다른 가족들이 가해자인 경우가 많다는 것이나. 이 사람들은 만일 자기가 가해자라면 경찰이나 당국에 학대나 방임이 일어나고 있다고 말하지 않을 것이다.

또한, 아이를 걱정하는 이웃 등 다른 사람들은 대개 학대가 일어나고 있다는 것을 알지 못하기 때문에 신고하지 않을 것 같다.

우리가 아동학대의 정도에 대해 알고 있는 것은 주로 공식적인 자료에서 나온다. 왜냐하면, 이 장의 뒷부분에서 읽게 되겠지만, 모든 주는 특정한 사람들이 아동학대 혐의를 발견하면 당국에 신고하도록 요구하고 있기 때문에, 공식 통계는 이러한 신고들을 반영하고 있다. **전국 아동학대 및 방임 데이터 시스템**(National Child Abuse and Neglect Data System: NCANDS)은 콜롬비아지구 및 푸에르토리코를 포함한 각 주 아동 보호 서비스 기관에 신고된 아동학대 및 방임의 연간 데이터에 대한 분석을 제공한다. 일단 아동 보호 서비스 기관에 의뢰가 이뤄지면, 그 기관은 학대가 일어났는지 혹은 아이가 위험에 처해 있는지를 판단하기 위하여 그 사건에 대한 심사 여부를 결정한다. 또한, 그 기관이 학대가 발생하지 않았다거나 아이가 위험에 처해 있지 않다고 판단할 경우, 그 사건은 선별 배제될 수 있다(U.S. Department of Health and Human Services, 2010).

학대받는 아동에 관한 또 다른 자료출처는 **국가 발생률 연구**(National Incidence Study: NIS)이다. 가장 최근에 제4기 NIS (NIS-4) 자료가 발표되었다. 본 연구는 아동 보호 서비스 기관이 조사한 사건들의 정보뿐만 아니라, 지역사회 전문가들이 확인한 사건들의 정보도 포함한다. 이를 위해 10,791 명의 지역사회 전문가(보초라고 불림)가 그들이 연구기간(2005년 또는 2006년 중의 3개월) 동안 접촉했던

사진 9.1 페기 맥마틴 벅키(Peggy McMartin Buckey)와 그녀의 아들 레이 벅키(Ray Buckey)가 그들이 운영하는 맥마틴(McMartin) 유치원에서 아동을 성추행한 혐의로 재판을 받고 있다. 한 아이가 성폭행을 당했다고 주장하자, 경찰은 유치원에 다니는 다른 아이들의 부모에게 또 다른 피해가 있는지 확인하기 위해 편지를 보냈다. 결국, 벅키 모자(Buckeys)는 유치원의 다른 직원들과 함께 40명이 넘는 어린이를 학대한 혐의로 기소되었다. 페기는 재판에서 모든 혐의에 대해 무죄를 선고받았고, 배심원단은 레이에 대한 몇 가지 혐의점에서 교착 상태에 빠졌지만, 사건은 나중에 종결되었다. 아이들에게 사용된 인터뷰 기술이 문제가 되었고 이후 엄격한 조사를 받게 되었다.

학대 및 방임 피해 아동들에 관한 데이터 양식들을 제출했다(Sedlak et al., 2010).

NCANDS에 따르면, 2014년에 미국에서는 약 320만 건의 의뢰(referrals)가 있었다. 이 의뢰서들은 약 660만 명의 어린이에 대한 학대의 주장들을 담고 있었다. 의뢰 중 약 5분의 1(17.8%)이 구체적인 처분으로 귀결되었는데, 이것은 아이들이 어떤 형태든 학대의 피해자라는 것을 의미한다. 절반 이상의 사례에서 전문가가 아동학대 의심 신고를 했다(U.S. Department of Health and Human Services, 2014). NIS−4 연구의 결과는 2005−2006년 동안 125만 명 이상의 아이들이 명백한 위해를 초래한 학대를 경험했다는 것을 보여준다(Sedlak et al., 2010). 이는 덜 엄격한 정의를 사용하면, 25명 중 1명의 어린이가 학대를 경험한 것으로 추정하는 것이다(아직 학대로 피해를 입지는 않았지만, 전문가들이 학대가 아이를 위험에 처하게 했다고 생각했거나, 아동 보호 서비스 기관의 조사가 학대가 있었다고 표시했다)(Sedlak et al., 2010). 방임은 NCANDS에 보고된 사례의 대부분을 차지했다. 즉, 피해 아동들의 3/4이 방임으로 고통받았다. 다음으로 흔한 것은 신체적 학대(17%)였으며, 성적 학대(8.3%)가 그 뒤를 이었다(U.S. Department of Health and Human Services, 2014).

다른 공식 데이터 출처들과 마찬가지로, 아동학대에 관한 이들 추정치도 −아동학대와 방임이 잘 탐지되지 않고 아동 보호 서비스 또는 법 집행 기관에 잘 신고되지 않기 때문에− 아마 실제보다 많이 낮을 것이다. **암수범죄**(dark figure of crime), 즉 당국에 신고되지 않는 범죄를 일부라도 파악하는 한 가지 방법은 조사를 통하는 것이다. 그러나 언급한 바와 같이, 아이들은 자신이 피해를 당했는지 아닌지 확인할 수 없을 수도 있다. 이 문제를 해결하기 위해, 한 연구에서는 연구자들이 10세 이상의 어린이들에게는 직접 질문을 했지만, 10세 미만 어린이들의 피해 경험에 대해서는 "아이의 일상과 경험에 가장 익숙한" (부모가 아닌) 보호자에게 대신 질문했다(Finkelhor, Turner, Ormrod, & Hamby, 2009, p. 2). 이 연구의 결과는 10.2%의 아이들이 직전 한 해 동안 그들의 삶에서 중요한 어른에 의해 학대당했다는 것을 보여주었다(Finkelhor, Turner et al., 2009).

아동학대의 가장 심각한 결과는 죽음이다. 다행히도 대부분의 아동학대 사건은 사망을 초래하지 않지만, 학대자의 손에 너무 일찍 목숨을 잃는 어린이도 있다. 2014년에 아동학대로 사망한 아동은 1,546명으로 추산되었다. NCANDS에 신고된 학대와는 달리, 아동 사망자의 약 3/4이 적어도 부분적으로는 방임의 결과인 것으로 밝혀졌다(U.S. Department of Health and Human Services, 2014).

아동학대의 피해자는 누구인가?

아동 보호 서비스 기관에 신고된 사례를 토대로 볼 때, 아동학대의 "전형적인" 피해자는 상당히 어리다. 실제로 출생부터 1세까지의 피해자가 피해율이 가장 높았다. 아동학대로 사망한 어린이의 약 70%가 3세 미만이었다(U.S. Department of Health and Human Services, 2014). 피해자의 성비는 거의 비슷했다(여성 48.9% 대 남성 50.7%). 그러나 여자 아이는 남자 아이보다 아동 성학대의 피해자가 될 가능성이 더 높다(Sedlak et al., 2010). 반면 남자 아이는 여자 아이보다 아동학대로 사망할 위험이 더 크다(U.S. Department of Health and Human Services, 2014). 신고율을 기준으로 할 때, 백인 아이들에 대한 신고율(44.0%)이 가장 높았지만, 인구구성으로 보면 흑인(21.4%)과 히스패닉(22.7%) 아이들에 대한 신고율이 불균형적으로 높았다(U.S. Department of Health and Human Services, 2014). 유사하게, NIS−4 연구는 흑인 아이들의 학대 피해율이 백인 및 히스패닉 아이들의 비해율보다 더 높다는 것을 보여주었다(Sedlak et al., 2010).

아동학대의 가해자는 누구인가?

아동학대의 원인을 이해하기 위해서는 학대의 가해자를 파악하는 것이 특히 유익하다. NCANDS의 자료를 보면, 친부모가 아동 보호 서비스에 신고된 아동학대 사건의 가장 유력한 용의자다. 2014년 아동학대 피해자의 90% 이상이 부모 중한 명 또는 양부모 모두에게 피해를 당했다. 어머니는 아동 성학대의 경우를 제외하고는 아버지보다 아동학대의 가해자가 될 가능성이 더 크다. 이러한 차이는 엄마가 아이를 돌보는 책임의 대부분을 맡는다는 사실에 기인할 수 있다. 부모 이외의 사람에게 피해를 본 경우는 친척이 가장 큰 부분을 차지하고, 부모의 미혼 파트너가 그 뒤를 잇는다. 가해자는 대부분 백인(48.8%)이고, 연령은 18~44세(83.2%)이다(U.S. Department of Health and Human Services, 2014).

부모가 아이의 생명을 앗아갈 수 있다는 것은 상상하기 어려울지 모르지만, 사망을 초래한 아동학대 사건 중 약 4/5가 한 부모나 양부모에 의해 저질러졌다. 이 중 28%는 엄마 혼자서, 15%는 아버지 혼자서, 21.8%는 어머니와 아버지가 함께 저지른 것이다. 단지 3%의 아동 사망이 부모의 파트너에 의한 것이었다(U.S. Department of Health and Human Services, 2014).

아동학대의 위험인자

우리는 다른 유형의 피해에 대해서도 피해자 스스로가 더 큰 피해의 위험에 처하게 하는, 즉 피해자 관련 위험인자들을 검토하였다. 마찬가지로 아동학대에서 는 어린아이라는 바로 그 특성이 피해자를 위험에 빠뜨릴 수 있다. 즉, 아이들이 신체 크기 면에서 취약하고 자신을 보호할 수 없는 것이 그들을 표적으로 만들 수 도 있다. 게다가, "성가신" 아이나 기질이 까다로운 아이는 다른 아이들에 비해 학 대를 받기 쉽다(Rycus & Hughes, 1998). 아동학대 위험과 관련된 요인을 찾기 위해 가족구조와 보호자를 검토하는 것 또한 유익하다. 왜냐하면, 일상활동 및 생활양 식이론과 같은 전통적인 피해이론들은 아동의 경우에는 거의 적용되지 않기 때문 이다.

가족의 위험 요소

아이의 가족 관련 몇 가지 요인들이 학대의 위험 증가와 관계있다. 학대를 당 하는 아이들의 삶에서 일관되게 발견되는 한 가지 중요한 요소는 그들이 가난한 가정 출신이라는 것이다. 이 말이 학대받는 아이들은 모두 가난하게 산다는 의미 는 아니지만, 가난과 아동학대는 상관관계가 있다. 빈곤은 흔히 실업과 아이들의 요구를 충족시키는데 필요한 일반적인 자원의 부족과 관련되며, 종종 아동에 대한 폭력과 방임으로 이어지는 스트레스를 유발한다(P. G. Bond & Webb, 2010). NIS-4 연구에서는, 부모가 실직 상태에 있고 낮은 사회경제적 지위의 가구에서 사는 아 이들이 다른 아이들에 비해 학대의 비율이 높았다(Sedlak et al., 2010).

빈곤 외에도, 가족구조가 아동학대의 위험에 영향을 미친다. 두 명의 친부모 와 함께 사는 아이들은 학대를 당할 위험이 가장 낮은 반면, 동거 파트너를 둔 한 명의 부모와 함께 사는 아이들은 가장 큰 위험에 처한다. 동거 파트너를 둔 한 부 모와 함께 사는 아이는 다른 아이들에 비해 10배 이상 학대 피해의 비율이 높다 (Sedlak et al., 2010). 특히, 엄마들의 남자친구는 아동학대의 불균형적인 큰 몫에 책 임이 있다. 한 연구는 부모가 아닌 사람에 의해 저질러진 모든 아동학대의 절반을 엄마의 남자친구가 저질렀다는 것을 발견했다(Margolin, 1992). 게다가, 가족의 크기도 학대와 관련 있다. 자녀가 4명 이상인 가구에 사는 아이들은 자녀가 2명인 가구에 사는 아이들보다 학대의 위험이 더 크다. 특히, 아버지의 역할도 탐구되었다(Sedlak et al., 2010).

개인의 위험 요소

개인 특유의 요인도 아동학대의 위험과 관련이 있다. 사회학습이론에 따르면, 학대행위는 학습된 행동이다. 이런 식이면, 사람들은 어릴 때 학대행동을 경험하거나 목격했기 때문에 나중에 자기 아이를 학대하거나 방임한다. 나이도 한 요소이다. 연구에 따르면, 어린 아버지가 아동학대의 위험 요소인 것으로 나타났고 (Guterman & Lee, 2005), 십대 엄마는 특히 그들의 아이를 학대하고 방치하기 쉽다 (Afifi & Brownridge, 2008). 이런 관계는 젊은 엄마들이 자녀의 요구를 충족시킬 만한 자원이 없다는 사실 때문일 것이다. 또한, 그들은 전업 부모가 갖는 스트레스를 처리할 수 있는 성숙함을 갖지 못할 수도 있다. 두 가지 요인 모두 학대와 방임으로 이어질 수 있다.

특히 방임과 관련해서, 단순히 부모들은 아이가 무엇을 필요로 하는지에 관한 지식이 부족할 수도 있다. 이런 이유로, 그들은 필요한 양육, 식량, 의료 보호를 제공할 준비를 갖추지 못할 수 있다. 게다가, 부모들은 아이를 혼자 남겨두어도 될 만큼 자랐는지를 판단하는 것처럼, 좋은 양육 관련 선택을 할 수 있는 판단력이 부족할 수 있다(Cantwell, 1999). 이런 상황에서 부모의 행동은 방임의 정의를 충족할 수 있다.

다른 개인적 위험 인자로는 부모의 약물 사용이 포함된다. 범죄행위와 공격성처럼, 아동학대와 방임은 종종 약물 사용과 관련이 있다. 모든 아동학대 사례의 1/3에서 2/3가 약물 사용과 관련이 있다(U.S. Department of Health and Human Services, 1999). 약물 사용은 폭력적 행동과 관계있지만, 아이들에게 물리적, 정서적 지원을 제공할 수 없거나 그것을 꺼리는 결과와도 관련이 있다(W. B. Wilcox & Dew, 2008). 중독 상태의 부모들은 흔히 아이는 뒷전이기 때문에, 아이를 보호 또는 감독되지 않는 상태로 홀로 방치하거나 신뢰할 수 없는 사람들의 손에 맡긴다 (P. G. Bond & Webb, 2010). 약물 남용은 대개 정신 질환, 실업, 스트레스, 손상된 가족 기능 등과 같은 다른 문제와 함께 발생하며, 이 모든 것이 아동학대의 위험을 증가시킬 수 있다(Child Welfare Information Gateway, 2009). 부모의 정신 질환은 아이들을 위험에 빠뜨릴 수 있다. 특히 우울증은 아동학대와 관련이 있다(Conron, Beardslee, Koenen, Buka, & Gortmaker, 2009). 우울증을 앓고 있는 부모들은 아이들에게 정서적으로 도움이 되지 않기 때문에, 우울증은 부실한 양육을 초래할 수 있다(Weinberg & Tronick, 1998).

아이들은 또한 학대를 겪을 위험에 자신을 두는 어떤 특성들을 가지고 있을 수 있다. NCANDS의 자료는 장애를 가진 아이들이 다른 아이들에 비해 학대당하기 쉽다는 것을 보여준다. 행동적 문제와 의학적 문제가 있는 아이들 또한 학대의 위험이 증가한다(U.S. Department of Health and Human Services, 2012).

아동학대의 결과

아이들은 종종 회복 탄력성(resilient)이 있다고들 한다. 그들은 역경에서 회복하여 최악의 상황도 극복한다. 이는 흔히 있는 일이다. 그래서 일부 아이들에게는 학대받거나 방임되는 것이 지속적인 상처를 남기지 않을 것이다. 그러나 다른 아이들에게는 학대의 영향이 깊이 뿌리박히고 오래 지속되어서 그들 삶의 많은 영역에서 악영향을 미친다.

물리적, 인지적 및 발달적 영향

우리는 이미 학대와 방임이 죽음을 초래할 수 있다는 것을 논의했지만, 다른 신체적인 영향들도 존재할 수 있다. 최근 주목받은 한 가지 결과는 뇌출혈, 두개골 골절, 망막출혈 등을 일으키는 **흔들린 아기 증후군**(shaken baby syndrome)이다. 미국에서만 매년 1,200명에서 1,400명의 어린이들이 흔들림에 의해 다치거나 사망하는 것으로 추정된다(U.S. National Library of Medicine, 2011).

흔들린 아기 증후군은 아기를 흔드는 특정 행위의 특정한 결과이다. 그러나 학대의 다른 결과는 아이들의 발달에 영향을 미칠 수 있다. 학대와 방임이 심해짐에 따라 그것은 두뇌 발달에 장애를 일으키고, 따라서 인지력, 언어 구사력, 학업 능력에 악영향을 미칠 수 있다(Watts-English, Fortson, Gibler, Hooper, & De Bellis, 2006). 방임된 아이들은 그들의 기본적인 발달 욕구를 충족하지 못해 발달지체로 고생할 수 있다. 태만한 부모일수록 아이들의 발전을 돕는 풍요로운 환경을 제공할 가능성이 낮다는 것을 생각해보라. 게다가, 방임된 아이들은 뇌가 정상적으로 발달하는데 필요한 음식과 영양분을 덜 섭취하게 된다. 이에 따라 방임된 아동은 발달지체를 겪을 가능성이 더 크다(Child Welfare Information Gateway, 2008a).

심리적 영향

아동학대 피해자들이 그들의 피해에 반응하여 죄책감, 수치심, 두려움, 분노를 경험하는 것은 흔한 일이다. 아이들은 학대나 방임에 대해 또는 가족이 해체되면 가족의 붕괴에 대해 자신을 탓할 수 있다. 적어도 일부 아동에게서 학대와 방임은 공황장애, 불안감, 우울증, 외상 후 스트레스 장애, 주의력 결핍 과잉행동 장애, 반응성 애착 장애, 분노 및 해리성 장애와 관련 있다(Child Welfare Information Gateway, 2008a).

모든 유형의 학대가 심리적 해악을 끼칠 수 있지만, 학대의 유형에 따라 나타나는 결과도 다를 수 있다. 예컨대, 신체적 학대는 아이들의 감정표현을 막아 불안과 우울증을 초래할 수 있다. 방임은 일반적으로 아이들이 남을 신뢰하지 못하게 하고 사회적으로 위축되게 한다(Bond & Webb, 2010). 성적 학대의 심리적 영향은 인생 후반기의 대인관계에서 자주 나타난다. 성적으로 학대당한 아이들은 종종 건전한 성관계를 발전시키고 유지하는 데 어려움을 겪는다. 또 아동 성학대 피해자는 학대 경험 없는 아이들보다 불안, 우울증, 분노, 약물 남용 문제 등을 겪을 가능성이 크다(Browne & Finkelhor, 1986). 아동 성학대는 또한 자살 생각과도 관련 있다(G. Martin, Bergen, Richardson, Roeger, & Allison, 2004).

범죄성 및 기타 행동에 미치는 영향

제2장에서 논의한 바와 같이, 피해자인 사람이 흔히 범죄자이고 또 그 반대의 경우도 가능하다는 점에서 피해자−가해자 중첩 현상이 연구를 통해 종종 발견되었다. 이처럼, 범죄성의 위험 인자 중 하나는 범죄피해자가 되는 것이다. 이 관계는 아동학대의 피해자가 되는 경우도 마찬가지로 성립된다. 아동학대로 고생한 사람들이 다른 사람들보다 비행과 범죄행위에 관여할 가능성이 더 크다는 연구결과는 일관되게 제시되었다. 학대받고 방임되는 것은 폭력 범죄 및 일반적인 청소년 범죄로 인한 체포의 위험을 1.9배까지 증가시킨다. 이러한 영향은 성인이 될 때까

지 이어진다. 학대받고 방임된 아이들은 성인기에 체포될 가능성이 1.6배 더 높다 (Widom, 2000). 어릴 때 성적으로 학대받는 것은 인생 후반부에 범죄 가해의 가능성을 증가시킨다. 성범죄자는 다른 범죄자보다 성적 학대 피해의 이력을 가질 공산이 크다(Jesperson, Lalumiere, & Seto, 2009).

범죄자들에 대한 몇몇 회고적(retrospective) 연구에서 아동기 학대피해와 가해 간 관련성이 남성보다 여성에게서 더 크게 나타났다는 점에서, 다른 유형의 범죄와 비행에 대한 학대 피해의 영향은 성별 차이가 있을 수 있다. 사실, 여성 수감자들은 남성 수감자들보다 더 많은 아동기의 학대를 보고하였다(McClellan, Farabee, & Crouch, 1997).

범죄와 비행행위는 아동학대와 관련된 다양한 부적응 행위 중 한 가지에 불과하다. 많은 다른 행동적 결과들이 아동학대와 연관되어 있다. 예컨대, 어린 시절의 학대와 방임 그리고 나중의 알코올 및 불법 마약의 사용 사이에는 분명한 연관성이 있는 것으로 보인다. 그렇다면 약물치료 프로그램에 참여하는 많은 사람이 어린 시절에 학대를 당했다고 보고하는 사실은 놀라운 일이 아닐 것이다(Kang, Magura, Laudet, & Whitney, 1999; Rounds-Bryant, Kristiansen, Fairbank, & Hubbard, 1998). 일반적으로 학대받고 방치된 아이들은 학교에서 문제를 일으킬 가능성이 더 크다. 게다가 이런 아이들은 십대 임신을 경험할 가능성이 더 높다(Kelley, Thornberry, & Smith, 1997). 성적 학대를 받은 아이들은 위험한 성행위에 관여하고 성병에 걸릴 확률도 더 높다(R. J. Johnson, Rew, & Sternglanz, 2006). 아동 성학대 피해자는 성적 건강에 얽힌 결과를 넘어, 섭식장애(Smolak & Murnen, 2002), 자학행위(Fliege, Lee, Grimm, & Klapp, 2009), 재피해(Classen, Pales, & Aggarwa, 2005)를 경험할 가능성이 더 크다.

성인기 빈곤에 미치는 영향

아동학대와 나중의 비행 및 범죄행위 사이의 연관성이 탐구되었지만, 다른 결과들도 조사되었다. 일반적으로 이들 연구는 아동학대가 장기간 지속하는 부정적 영향을 미칠 수 있다는 것을 강조해왔다. 어릴 때 학대받는 것은 성인기에 가난하고 실업자가 될 가능성을 증가시키는 것으로 나타났다. 한 연구에서, 어린 시절에 학대를 경험한 성인들은 그렇지 않은 사람들에 비해 실직할 위험이 2배 높았다.

어린 시절의 신체적 학대는 성인기에 가난하게 살 위험의 60% 증가와 관련이 있었다(Zielinski, 2009).

연구의 초점

12세 이전에 학대 또는 방임된 아이들을 학대 경험 없는 아이들 표본과 비교한 후 이들을 초기 성인기까지 추적 조사한 한 전망적(prospective) 연구에서는, 학대를 당한 아이들이 그렇지 않은 아이들보다 친밀한 파트너 폭력(IPV)을 저지르는 비율이 더 높은 것으로 밝혀졌다. 또한, 성별 차이도 발견되었다. 어렸을 때 학대를 당한 남성들은 학대를 당한 여성들보다 IPV를 저지를 가능성이 더 높았다. 이러한 연구 결과가 사회학습이론에 대해 시사하는 바는 무엇인가? 왜 이런 효과가 남녀 간에 차이가 나는 걸까?

SOURCE: Millett, L. S., Kohl, P. L., Jonson–Reid, M., Drake, B., & Petra, M. (2013). Child maltreatment victimization and subsequent perpetration of young adult intimate partner violence: An exploration of mediating factors. Child Maltreatment, 18, 71-84.

아동학대에 대한 대응

입법

앞서 지적했듯이, 아동학대를 정의한 획기적인 연방법은 **아동학대 방지 및 치료법**(Child Abuse Prevention and Treatment Act, 1974)이다(Pub. L. 93–247). 이 법은 아동학대와 방임에 대한 정의를 제시하고, 각 주로 하여금 일정한 연방기금을 받기 위해 아동학대 의심 사례에 대한 의무적인 신고법을 통과시키도록 요구하였다. 그것은 또한 아동학대에 관한 국가정보센터를 설립하고, 아동학대와 방임에 관한 연구를 촉진하며, 아동학대를 다루기 위해 고안된 연구와 프로그램에 보조금과 기타 자금을 제공하였다.

아동학대는 적발하기 어렵다는 점을 감안할 때, 의무신고 요건이 특히 중요했다. 현재 미국의 모든 주는 아동학대 의심 사례에 대해 일종의 **의무신고법**(mandatory reporting law)을 갖고 있다. 이러한 법률은 특정 개인들에게 어떤 아이가 학대의 피해자로 의심될 경우 당국(경찰, 아동보호기관, 보건복지부서 등)에 신고할 것을 요구한다. 의무신고 대상자는 일반적으로 교사, 주간보호소 직원, 법 집행관, 정신건강 관리 제공자, 사회복지사, 학교 직원과 같이 아이들과 함께 일하는 개인들을 포함한다. 일부 주에서는 영화 제작자에게도 신고할 것을 요구한다. 강제적으로 신고해야 할 의무를 발동시키는 인지(knowledge)의 기준은 주마다 다르다. 어떤 주에서는 그것은 "합리적 의심"이고, 다른 주에서는 "믿을 만한 정당한 사유"이며, 또 다른 주에서는 "알거나 의심"할 것이 요구된다. 의무신고 대상자가 아동학대 의심 사례를 신고하지 않을 경우는 형사책임을 질 수 있다. 전형적으로 이것은 벌금형으로 처벌되는 경범죄다(Child Welfare Information Gateway, 2010b). 그러나 미신고시 민사책임이 부과될 수 있다. 아동학대 방지 및 치료법은 신고를 더욱 장려하기 위해, 각 주가 아동학대 의심 사례를 "선의"를 가지고 잘못 신고한 개인에 대해서는 형사적으로나 민사적으로 기소를 면제해주는 면책특권을 부여하는 법률을 제정하도록 요구하고 있다. 아동학대 의심 사례에 대한 켄터키주의 의무신고법은 표 9.2를 참조하라. 2014년에 대부분의 신고는 법 집행관(18.1%)과 교육 인력(17.7%)에 의해 이루어졌다. 다음으로 흔한 신고자는 사회복지사(11%)였다(U.S. Department of Health and Human Services, 2014).

입법을 통해 아동학대를 줄이는 또 다른 접근은 **안전한 피난처 법**(safe haven laws)을 통해서이다. 이 법은 위기에 처한 엄마나 보호자가 그들의 아기를 지정된 장소에 익명으로 양도하여, 아기가 영구적인 집이 발견될 때까지 보호되고 치료받을 수 있도록 허용한다. 엄마나 보호자는 안전한 피난처 법의 요건을 준수할 경우, 형사 기소로부터 면제된다. 2010년 5월 현재, 49개 주와 푸에르토리코가 이 법을 채택했다. 대부분 주는 병원, 의료시설, 법 집행기관, 응급서비스 제공자 또는 소방서에 영유아(일부 주에서는 생후 최대 72시간, 다른 주에서는 최대 1개월 이내 아기)를 두고 가는 것을 허용한다(Child Welfare Information Gateway, 2010a). 당신이 상상할 수 있듯이, 이 법의 목적은 영아 살해와 유기를 줄이고, 아기를 돌볼 능력이 없다고 느끼는 부모들이 법적 처벌 없이 아기를 다른 사람의 안전한 손에 맡길 수 있다는 것을 알게 하는 것이다.

표 9.2 켄터키주의 아동 관련 의무 신고 요건들

누가 신고해야 하는가?	누구든지 어린이에 대한 학대나 방임을 신고해야 한다.
인지의 기준	아이가 방치되거나 학대받고 있다고 믿을 만한 이유를 알고 있는 사람은 누구라도 신고해야 한다.
적용 가능한 피해(자)의 정의	"학대되거나 방임된 아동"은 18세 미만이고, 부모, 보호자 또는 다른 사람이 아이에 대한 보호적 통제나 감독을 할 때 건강이나 복지가 손상되거나 위해의 위협을 받는 사람을 말한다. • 신체적 또는 정서적 상해를 입히거나 그러한 상해를 입도록 내버려 둔다. • 신체적 또는 정서적 상해의 위험을 발생시키거나 발생하도록 내버려 둔다. • 부모가 아이의 요구를 돌볼 수 없도록 하는 행위(예: 알코올 또는 약물 남용)를 한다. • 아이의 나이에 상응하는 필수적인 부모의 보살핌을 지속적으로 또는 반복적으로 제공하지 못하거나 제공을 거부한다. • 아이에 대한 성적 학대, 착취 또는 매춘을 저지르거나 저질러지도록 허용한다. • 아이에 대한 성적 학대, 착취 또는 매춘의 위험을 발생시키거나 발생하도록 내버려 둔다. • 아이를 유기하거나 착취한다. • 아이의 복지에 필요한 적절한 보살핌, 감독, 음식, 옷, 주거, 교육 또는 의료보호를 제공하지 못한다(종교적 이유로 치료를 하지 않기로 선택한 부모는 면제됨). • 법원이 승인한 사건 계획(예컨대, 가장 최근의 22개월 중 15개월 동안 아이를 적절하게 양육 보호할 경우 아이에 대한 양육권을 돌려받도록 하는 내용)에 대해 충분한 진전을 이루지 못한다.
누구에게 신고 하는가?	• 지방 법 집행기관: 켄터키주 경찰서 • 인사 내각의 사회서비스 부서 • 주 또는 카운티 검사

SOURCE: Reprinted by permission of RAINN, Rape, Abuse and Incest National Network.

형사사법 시스템

아동학대를 적발하는 데 어려움이 있음에도 불구하고, 형사사법 시스템이 아동학대 의심 사례를 인지하게 되면 그 사건은 내개 심각하게 다루어진다. 아동학대 사건의 기소와 관련된 21개의 연구를 분석한 최근의 메타 연구는 그 사건들이 다른 강력 범죄와 유사하게 취급된다는 것을 보여주었다. 기소로 이어진 사건의 경우 유죄판결률은 평균 94%였다(Cross, Walsh, Simone, & Jones, 2003).

　유죄판결률이 높은 한 가지 이유는 법정에서 피해자들에게 주어지는 보호 때문이다. 학대받은 아이들은 형사사법 시스템의 특별한 보호가 필요하다는 점을 인식해서, 법정의 지원이 **소송후견인**(guardian ad litem: GAL)의 형태로 그들에게 제공된다. GAL은 아이를 대신해서 법정에 출두하여 아이의 최대 이익을 대변한다. 부모가 혐의를 받는 아동학대 및 방임 사건에서는 정의상 아이의 이해가 부모의 이해와 상충하기 때문에 GAL이 보통 필요하다. GAL은 대개 전국 법원 임명 특별 변호사협회(National Court Appointed Special Advocates Association, 2010)에서 자원한 변호사다. 법원이 지정한 변호사의 조력을 받는 것 외에도, 아이들은 용의자가 출석한 법정에서 증언하기보다는, 비디오 녹화, CCTV 또는 양방향 거울을 통해 증언할 수도 있다(K. J. Bennett, 2003). 판사는 아이가 증언하는 동안 법정에 있는 모든 방청객과 용의자를 일시 퇴장시킬 수 있다(National Center for Prosecution of Child Abuse, 2010). 또한, 이이가 학대자의 행위를 시연하는 등 증언을 할 때 도움을 주기 위해 해부학적 인형을 사용할 수도 있다(National District Attorneys Association, 2008). 그리고 법정의 가구는 아이가 증언할 때 더 편안함을 느끼도록 재배치될 수 있다(Chon, 2010).

노인학대

노인학대란?

　노인에 대한 학대는 아동에 대한 학대와 같은 장에서 다루어지는데, 그것은 이 두 집단의 피해가 여러 면에서 비슷하기 때문이다. 아이들과 노인들 모두 그들의 지위 때문에, 즉 그들의 보살핌을 다른 사람에게 의존하기 때문에 학대당할 수 있나 이러한 특별한 지위 때문에, 그들을 돌보는 사람은 특별한 책임을 진다. 그들이 이 책임을 다하지 않을 때는 학대나 방임을 시시드는 것이 될 수 있다.

　일반적으로 60세 이상의 사람에 대한 학대는 노인학대로 간주된다. 아동학대와 유사하게, 노인학대도 다양한 형태로 나타난다. **신체적 노인학대**(physical elder abuse)는 고통, 부상 또는 손상을 유발하는 노인에 대한 고의적인 해악이다. 때리기, 치기, 밀기, 뺨 때리기, 발길질, 주먹질, 화상 등이 신체적 학대의 예이다. 또한, 노인을 대상으로 강제로 먹이기, 부적절한 약물 투여, 부적절한 신체 속박, 체벌 사용 등도 신체적 학대이다(National Center on Elder Abuse, 2011). 노인을 정서적으로 학대하는 것도 노인학대다. **정서적 또는 심리적 노인학대**(emotional or psychological elder abuse)는 협박, 굴욕, 조롱, 비난, 언어폭력, 모욕, 괴롭힘으로 노인에게 정서적 고통이나 괴로움을 야기할 때 발생한다. 정서적 또는 심리적 노인학대의 좀 덜 직접적인 형태는 노인을 아기처럼 취급하는 것, 노인을 가족, 친구 또는 활동으로부터 고립시키는 것, 노인과 교감하거나 대화하는 것을 거부하는 것을 포함한다(National Center on Elder Abuse, 2011). 노인들은 또한 성적으로 학대당할 수 있다. 성관계에 동의할 수 없는 아이들과 달리, 어른들은 인지적으로 그렇게 할 수 있는 한 (동의나 반대를) 할 수 있다. **성적 노인학대**(sexual elder abuse)는 노인의 동의 없는 성적 접촉이 일어날 때 발생한다. 이 접촉은 신체적 접촉(삽입, 키스 등)일 수도 있지만, 노인에게 자신의 의사에 반하여 음란 이미지를 보게 하거나, 여성 노인에게 자신의 의사에 반하여 옷을 벗도록 강요하는 등 비물리적인 것일 수도 있다(National Center on Elder Abuse, 2011).

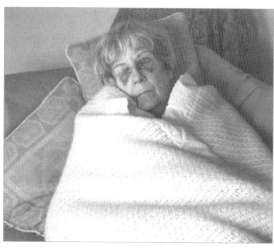

사진 9.2 가정 건강 조력자에게 신체적 학대를 당한 83세 여성이 퇴원 후 집에서 쉬고 있다.

노인에 대한 방임 또한 학대의 한 형태다. 노인이 누군가의 보살핌을 받고 있는데, 그 사람이 돌봐야 할 의무를 다하지 못하면 그것은 방임이다. 이러한 의무 중 하나는 특정 개인이 노인의 간호에 대한 대가를 지불할 책임이 있는 경우에는 신탁한 것일 수 있다. 또한, 가정 내 서비스 제공자는 그들이 필요한 보호를 제공하지 못할 경우 그것은 직무 태만일 수 있다(National Center on Elder Abuse, 2011). 방임은 가장 극단적으로는 유기의 형태로 나타난다. **유기**(abandonment)는 노인이 자신을 보살필 책임을 맡은 사람이나 노인에 대한 신체적 보호권을 가지고 있는 사람에 의해 버림당할 때 발생한다(National Center on Elder Abuse, 2011).

두 가지 추가적 유형의 학대는 노인들에게만 해당한다. 하나는 **재정적 착취**(financial exploitation)인데, 이것은 노인의 재산, 자산 또는 기금을 불법적이거나 부적절하게 사용하는 것을 포함한다. 이런 오용은 간병인만이 아니라 누구나 할수 있다. 재정적 착취의 예로는 허가 없이 노인의 수표를 현금으로 바꾸는 것, 돈을 훔치는 것, 유언장과 같은 문서에 강제로 서명하게 하는 것, 그리고 노인의 서명을 위조하는 것 등이 있다(National Center on Elder Abuse, 2011). 노인들은 또한 보호자나 후견인의 지위 또는 위임장을 남용 당할 위험에 있다. 위임장은 다른 사람을 대신하여 행동할 수 있는 능력을 부여하는 법적 문서다(Stiegel, 2008). **위임장 남용**(power of attorney abuse)의 예는 박스 9.1에 제시되어 있다. 노인들은 또한 의료 사기나 남용을 경계해야 한다. 이런 유형의 노인학대는 간호사, 의사, 의료 종사자, 전문 간호 종사자에 의해 자행된다. 그것은 제공하지도 않은 의료보호를 제공한 것처럼 청구하는 행위, 의료 서비스에 대한 이중 또는 과다 청구, 과잉 의료, 과소 처방, 부정 치료 권장, 메디케이드 사기 등의 행위들을 포함한다(L. Robinson, de Benedictis, & Segal, 2011).

한편, 다른 사람들이 저지르는 형태의 학대는 아니지만, 노인들은 자신을 방치할 수도 있다는 것을 알아야 한다. **자기 방임**(self−neglect)은 노인들이 자신에게 필요한 보호를 제공하지 않거나 적절한 안전 예방 조치를 취하지 않을 때 발생한다. 자기 방임의 예로는 식음을 전폐하거나, 필요한 약의 복용을 거부하는 것, 개인위생을 포기하는 것 등이 있다(National Center on Elder Abuse, 2011).

박스 9.1   지속적 위임장(Durable Power of Attorney) 남용의 예

헬렌(Helen)은 건강이 좋지 않은 85세의 여성이었다. 그녀의 딸 수잔(Susan)이 그녀의 지속적 위임권사로 지정되었지만, 수잔은 이 혜질을 오용했다. 그녀는 헬렌의 집을 팔고 매각한 돈을 헬렌 명의의 은행 계좌에 예치하였지만, 1년 후에 그녀는 모든 돈을 인출했다. 수잔은 그 돈을 헬렌의 보살핌에 쓰는 대신, 자신의 사업과 개인 비용으로 사용했다. 나중에 돈이 없어진 것을 알게 된 헬렌은 민사 법원에 연락을 취했지만, 민사 변호사를 선임할 여력이 없었고 노인들을 위한 무료 법률 서비스 프로그램에서도 큰 도움을 받지 못했다. 그녀는 또한 성인 보호 서비스 기관으로부터도 거의 도움을 받지 못했다. 헬렌은 모든 희망을 잃었다. 6주 후, 헬렌은 사망했다.

SOURCE: Stiegel. (2008). Durable power of attorney abuse: A national center on elder abuse fact sheet for consumers. Copyright © American Bar Association, 2008.

노인학대의 측정과 정도

미국에서 매년 노인들이 어느 정도 학대를 당하는지 알기는 어렵다. 노인학대의 진정한 모습과 정도를 파악하기 어려운 한 가지 이유는 많은 노인이 그들의 피해를 법 집행기관에 신고하지 않기 때문이다. 이러한 신고의 결여는 몇 가지 이유 때문이다(Hodge, 1999). 노인들은 가해자가 가족이거나 사랑하는 사람이라면 신고를 원치 않을 수 있다. 또 그들이 가해자의 보살핌에 의존하고 있는 상황이라면, 신고해서 그 사람이 보복할까 봐 두려워할 수도 있다. 진정한 고민은 그렇게 되면 자신들을 돌볼 사람이 없게 될 것이고, 따라서 요양원과 같은 시설에 수용되어 살도록 강요될 것이라는 점이다. 게다가, 노인들은 특히 재정적 또는 의학적 학대의 경우에는 학대를 알아차리지 못할 수도 있다. 노인들은 학대에 대해 수치심, 굴욕, 당혹감을 느낄 수 있는데, 이것은 그들이 도움을 찾는 것을 방해한다. 마지막으로, 그들은 구체적인 세부 사항을 기억하지 못할 수도 있고, 무슨 일이 일어났는지 혼란스러울 수도 있으며, 피해를 망각할 수도 있기 때문에, 제대로 된 증언을 하기가 어려울 수 있다(Hodge, 1999).

성인 보호 서비스 기관의 보고서

이처럼 경찰에 신고하는 것이 제한적이기 때문에, 노인 학대의 정도를 이해하기 위해서는 경찰보고서 외의 자원을 살펴야만 한다. 예를 들어, 아동학대에 대해 행해지는 것과 유사하게, 노인학대가 의심될 경우 일부 사람들은 자신의 사법권역에 있는 성인 보호 서비스 기관에 이 혐의를 신고해야 한다. 다른 사람들(관심 있는 이웃 등)도 신고가 의무적이지는 않지만, 성인 보호 서비스 기관을 신고 자원으로 사용할 수 있다. 1996년에는 **전국 노인학대 발생률 연구**(National Elder Abuse Incidence Study)가 15개 주의 20개 카운티에 있는 성인 보호 서비스 기관에 신고된 노인학대 사례들과 전문가들(보초라 불리며 노인과 자주 접촉하는 훈련받은 사람들)의 신고 사례들을 활용하여 수행되었다(Tatara, Kuzmeskus, Duckhorn, & Bivens, 1998). 그것은 1996년 한 해 동안 60세 이상 노인들에게 가정 내 노인학대(비시설 환경에서의 노인학대)가 발생한 정도를 측정하였다.

본 연구에서는 449,924명의 노인들이 학대 또는 방임을 경험한 것으로 추정되었다. 그러나 이들 피해자 중 일부(16%)는 성인 보호 서비스 기관으로부터 피해를 입증받지 못했다. 1996년에는 236,479건의 학대 의심 사례가 성인 보호 서비스 기관에 신고되었다(전문가에 의한 신고를 배제한 실제 신고). 성인 보호 서비스 기관의 조사 후 거의 절반의 사례가 학대나 방임으로 입증되었다. 이러한 사례의 대부분(62%)은 자기 방임이 아닌 타인에 의한 학대였다(Tatara et al., 1998).

또한, 파멜라 티스터 등(Pamela Teaster et al., 2006)은 성인 보호 서비스의 정보를 사용하여 2003 회계 연도의 노인학대 추정치를 산출했다. 이러한 추정치는 각 주의 성인 보호 서비스 기관에 노인학대를 신고한 사람들에 대한 조사를 바탕으로 산출되었다. 2003년에는 253,426건의 노인학대가 성인 보호 서비스 기관에 신고되었는데, 이 중 76%가 조사되었고 35%가 입증되었다(Teaster et al., 2006).

설문조사에서 도출된 추정치

노인학대 추정치는 조사연구를 통해서도 도출되었다. 노인학대에 대한 최초의 대규모 무작위 표본조사에서, 칼 필레머와 데이비드 핀켈호어(Karl Pillemer and David Finkelhor, 1988)는 노인학대의 유병률이 1,000명 당 32명인 것을 발견하였다. 국가범죄피해조사는 노인학대 피해 통계치를 위한 최상의 자원은 아니다. 그것은 표본에 노인을 포함하기는 하지만, 시설에 수용되지 않은 사람에게만 질문하고, 특정 연령 집단별 추정치만 보고하며, 범죄피해만 측정한다. 최근의 조사는 주로 65세 이상 노인의 피해에 대한 추정치를 제공한다. 이 데이터를 사용하면, 2015년에 65세 이상 인구의 폭력피해율은 1,000명당 5.2명이었다(Truman & Morgan, 2016). 연구는 노인들이 재산피해를 경험할 위험이 더 크다는 것을 보여준다. 2003년부터 2013년까지 재산 범죄피해율은 1,000명당 72.3명이었다. 노인 연령 범주의 사람들은 신분 도용을 제외한 모든 범죄에서 피해율이 가장 낮았다(R. E. Morgan & Mason, 2014).

　미국에서는 설문조사를 통해 노인 학대의 정도를 추정하는 다른 노력들도 이루어졌다. 한 가지 국가 수준의 조사가 **전국 사회생활, 건강, 고령화 프로젝트**(National Social Life, Health, and Aging Project)에서 이루어졌다. 이 조사에는 표본 지역에 사는 57세에서 85세 사이의 3,005명이 포함되었다. 그들은 전년도에 언어적, 재정적, 신체적 학대를 경험한 적 있는지 질문받았다. 연구결과는 가족이 아닌 사람이 저지른 학대에 대한 추정치는 제공하지 않았지만, 표본의 9%가 언어 학대를, 3.5%는 재정 학대를, 그리고 0.02%는 가족 구성원들에 의한 신체적 학대를 보고하였다(Laumann, Leitsch, & Waite, 2008).

특별한 경우: 시설에서의 노인학대

　65세 이상 인구의 약 5% 이상이 요양원이나 요양시설에 거주한다(Orel, 2010). 이러한 시설들은 자신의 집에서 보살핌을 받을 수 없는 사람들을 돌보는 책임을 지지만, 때때로 사람들은 그곳에서 학대를 받거나 방임되기도 한다. 성인 보호 서비스 기록에 따르면, 노인학대 사건의 대부분은 물론 가정환경에서 발생한다. 노인학대로 입증된 사례의 6%만이 장기 보호시설에서 발생했으며, 2%는 요양시설을 포함한 다른 장소에서 발생하였다(Teaster et al., 2006). 장기 보호시설에서의 노인학대에 관한 또 다른 자료 출처는 **장기보호 옴부즈맨 프로그램**(Long-Term Care Ombudsman Program)이다. 모든 주는 연방의 노인법(Older Americans Act)에 따라 옴부즈맨 프로그램을 갖출 것이 요구된다. 장기보호 옴부즈맨 프로그램은 장기 요양시설에서의 노인학대에 대한 불만을 접수한다. 2012년에는 장기요양에 대한 불만이 193,000건 이상 제기됐다. 이러한 불만 중 9,999건은 학대, 총체적 방임 또는 착취에 관한 것이었다(Administration on Aging, 2012). 노인학대의 위험은 치매 노인의 비율이 높고(Talerico, Evans, & Strumpf, 2002), 환자 대비 직원의 비율이 낮고, 직원의 이직이 잦은(Bachman & Meloy, 2008에서 인용) 기관에서 더 크다.

특별한 경우: 여성 노인에 대한 친밀한 파트너 폭력

　여성이 나이가 많아져도 학대적 관계를 유지한다면, 이러한 관계는 개입이 없으면 계속 학대적으로 남을 가능성이 크다. 여성이 새로운 학대적 관계에 들어갈 가능성도 있다. 조사에 따르면, 비록 나이 많은 여성들이 젊은 여성들보다 친밀한 파트너 폭력을 경험할 가능성이 낮다고 하지만, 나이 든 여성들도 여전히 어느 정도는 위험에 직면해 있다. 한 연구는 표본에서 55세 이상의 여성들 중 거의 2%가 친밀한 관계에서 신체적 학대를 받았다고 보고했다. 또 비슷한 비율의 사람들이 성적 학대를 경험했다고 보고했다. 가장 일반적으로 학대를 행사하는 사람은 여성의 배우자(Zink, Fisher, Regan, & Pabst, 2005)였다. 이 연구는 여성 노인들이 가족뿐만 아니라 그들의 친밀한 파트너에 의해서도 학대 피해의 위험에 처할 수 있다는 것을 시사한다.

특별한 경우: 노인에 대한 재정적 착취

나이가 많은 사람들은 그들의 나이를 고려할 때 재정적으로 착취당할 특별한 위험에 처할 수 있다. 애리조나와 플로리다에서 60세 이상 성인을 대상으로 한 최근 연구에서, 연구자들은 노인들이 사기 피해의 위험에 처해 있다는 것을 발견했다. 조사에 응한 응답자의 60%가 전년도에 사기의 대상이 되었다고 답했으며, 14%는 실제로 사기를 당했다고 말했다. 사기를 당한 노인 중 10%는 쇼핑이나 구매 사기를 당했다. 일부는 그들에게 잡지 등에 대한 가짜 구독권을 팔려고 시도했다. 금융사기도 당한 사람이 많았다. 16%가 약간 넘는 사람들이 속아서 금융 정보를 제공할 뻔했다. 많은 연구대상자가 소비자 사기의 표적이 되었다. 거의 1/4분의 노인에게 가짜 상을 미끼로 돈을 지불하도록 꾀었고, 22%의 노인에게는 가짜 자선단체나 종교단체에 돈을 기부하도록 속였다(Holtfreter, Reisig, Mears, & Wolfe, 2014).

노인학대 피해자는 누구인가?

성인 보호 서비스 기관의 신고 및 조사 데이터에 따르면, 여성 노인의 학대 피해 비율이 남성 노인보다 더 높지만(Tatara et al., 1998; Teaster et al., 2006), NCVS 데이터는 상반되게 남성 노인이 여성 노인보다 더 큰 폭력피해의 위험에 처해 있다는 것을 보여준다(R. E. Morgan & Mason, 2014). 피해 통계에서 여성이 불균형적으로 많이 집계되는 현상은 대부분의 다른 피해 유형과는 다르다. 그 이유가 무엇이라고 생각하는가? 몇 가지 이유가 있을 수 있다. 한 가지 이유는 사람들이 여성 노인의 피해에 대해 더 경계하고 학대가 의심되는 사례들을 더 잘 신고할 가능성이 있다는 것이다. 다른 이유는 여성의 기대 수명이 길기 때문일 수 있다. 여성은 남성보다 노인 인구의 더 큰 부분을 차지한다(Zink et al., 2005). 또 다른 이유는 피해자－가해자 관계와 관련 있을 수 있다. 다음 절에서 보게 되겠지만, 노인학대의 가해자는 배우자인 경우가 많고, 여성 노인들은 그들의 파트너의 손에 가정폭력을 경험할 위험이 있다. 통계자료에 제시된 학대의 일부는 사실 가정폭력일 수도 있다. 그러나 이러한 여성의 과다 대표는 금융사기 피해 연구에서는 발견되지 않았다. 이 연구에서 남성은 사기의 표적이 될 가능성이 더 컸다(Holtfreter et al., 2014).

노인학대는 60세 이상 개인에 대한 학대이다. 그러나 이 연령대의 모든 사람이 유사한 학대 피해의 위험을 갖는 것은 아니다. 성인 보호 서비스 기관의 신고 자료에 따르면, 나이가 더 많은 노인일수록 더 큰 위험에 처해 있는 것으로 보인다. 사실, 입증된 학대 사례의 절반에 약간 못 미치는 43%가 80세 이상의 노인에 대한 것이었다(Teaster et al., 2006). 성별 및 나이와 함께 고려해야 할 또 다른 인구학적 특성은 인종이다. 공식 성인 보호 서비스 신고 데이터에서는 백인 노인들이 피해자의 다수인 것으로 보이지만(Laumann et al., 2008; Teaster et al., 2006), NCVS 데이터에서는 노인들의 인종 간 폭력피해 비율에는 어떠한 유의미한 차이도 존재하지 않는다(R. E. Morgan & Mason, 2014).

노인학대 피해의 특성

대부분의 조사되고 입증된 노인학대 사례는 자기방임이다. 다음으로 흔한 것은 간병인의 방임 사건이고, 그 다음은 재정적 착취 사례이다(Teaster et al., 2006). 국가 발생률 연구의 결과는 약간 달랐다. 비록 자기방임 사례가 가장 흔했지만, 신체적 학대 사건이 다음으로 많이 입증되었으며, 그 다음은 유기, 정서적/심리적 학대, 재정적/물질적 학대, 그리고 방임의 순이었다(Tatara et al., 1998). 이러한 차이는 연구기간과 연구설계에서의 일시적 차이로 인해 발생할 수 있다. 국민 사회생활 건강 노화 프로젝트(National Social Life, Health, and Aging Project)에서는 노인에 대한 가족의 언어적 학대가 가족의 재정적 학대와 신체적 학대보다 더 흔하다는 것이 밝혀졌다. 신체적 학대는 조사된 세 가지 유형 중 가장 덜 경험되는 형태의 노인학대였다(Laumann etal., 2008).

누가 노인학대를 자행하는가? 성인 보호 서비스 데이터는 비록 그 통계가 11개 주의 신고 사례에 기초하고 있지만, 여성이 가해 용의자의 대다수를 차지한다는 것을 보여준다. 성인 자녀가 가장 흔한 가해자인데, 이들은 입증된 노인학대 사건에서 전체 가해자의 3분의 1을 차지하였다. 다른 가족 구성원은 22%의 사건에서 가해자였으며, 가해자의 11%는 배우자나 친밀한 파트너였다. 가해자의 4분의 3 이상이 60세 미만이었고, 약 4분의 1은 40~49세였다(Teaster et al., 2006). NCVS 데이터에서는 65세 이상의 개인에 대한 모든 폭력사건 중 절반 가까이가 피해자에게 알려진 사람에 의해 저질러지며, 14.3%는 가정 내 파트너(친밀한 파트너, 직계가족 또는 다른 친척)에 의해 저질러지고 있는 것으로 나타났다(R. E. Morgan & Mason, 2014).

노인학대의 위험 인자

사람이 어떻게 노인을 해치고 방치할 수 있을지 상상조차 하기 힘들지만, 어떤 위험 요인은 사람을 노인학대의 가해자 또는 피해자가 될 위험에 처하게 한다.

가해자의 위험 요소

만약 가족이 장기간 가정폭력으로 시달려왔다면, 노인학대는 이러한 가정폭력 패턴의 부산물일 수 있다. 사람이 나이를 먹고 역할이 변함에 따라, 한때 학대자였던 부모는 나중에 원한을 품은 자녀들에게 학대를 당할 수도 있다. 이같이, 아이들은 폭력의 순환을 계속하고 있을 수 있다(Fedus, 2010). 가족사에 학대가 없었다 하더라도, 보호자의 역할을 맡은 성인 자녀들은 그 역할로부터 상당한 스트레스를 받을 수 있다. 이러한 스트레스가 과도하다 보면 성인 자녀들은 늙은 부모를 학대하거나 방임할 수 있다(Bonnie & Wallace, 2003). 이 설명은 **의존성 이론**(dependency theory)에 뿌리를 두고 있다. 즉, 노인의 의존성이 증가함에 따라, 스트레스가 증가할 것이고, 따라서 학대와 방임의 위험성도 증가할 것이다(Bonnie & Wallace, 2003). 보호자 역할을 맡는 자녀들은 법적으로는 허용되지 않았지만, 부모의 재력에 접근할 수 있는 자격을 부여받았다고 생각할 수 있다. 이런 식으로 재정적 착취가 일어날 수도 있다.

시설 내 학대의 위험 요인도 가해자와 연결된다. 요양원에서의 힉내에 긴힌 연구는 간호조무사들이 가장 큰 학대자 집단을 구성한다는 것을 보여준다(Payne & Cikovic, 1995). 간호조무사들은 대개 적은 임금으로 장시간 교대 근무를 한다. 그들은 보통 최소한의 훈련만 받았을 뿐인데도, 근무 시간에 많은 감독이 필요하고 요구 수준도 높은 다수의 노인 환자들을 돌봐야 한다. 그들에게 주어진 요구는 실로 대단하다. 필요한 숙련과 기술이 없다면, 학대와 방임은 피하기 어려운 결과일지 모른다.

일상활동이론

노인들은 일반적으로 위험한 생활양식을 가지고 있지 않다. 그러나 그들은 취약하며 적절한 범행대상으로 보일 수 있다. 그들은 피해로부터 자신을 보호할 신체적 능력이 없을 것이고, 따라서 쉽게 피해당할 수 있다. 마찬가지로, 일부 노인은 그들의 약한 인지력이나 기술적 지식의 부족으로 사기 범죄자들에게는 적절한 타겟이 될 수 있다. 잠재적 가해자들은 노인의 그러한 특성들을 이용할 수 있다. 이러한 위험 요소들이 노인학대에 관한 연구에서 다뤄져 왔다. 자신을 돌볼 수 없는 노인들은 다른 사람들보다 학대당하기 더 쉽다. 유사하게, 입증된 노인학대 피해자의 약 60%는 어느 정도의 인지장애(confusion)를 겪었다(Tatara et al., 1998). 요양원에 있는 사람들도 인지적 결함을 경험할 가능성이 크고, 그중 절반 정도는 침대나 휠체어 신세를 지고 있다(Orel, 2010). 이러한 특징들은 노인을 학대에 더 취약하게 만들 뿐 아니라 그들을 돌보는 부담을 증가시킨다. 즉, 자신을 돌볼 수 없거나 인지장애가 있는 사람을 돌보는 스트레스가 일반적으로 크기 때문에, 이러한 사람들을 돌볼 수 있는 준비가 안된 보호자는 다른 사람들보다 더 좌절하고 학대적이고 공격적인 방식으로 반응할 가능성이 크다.

노인들이 특히 혼자 사는 경우는 가용한 보호력이 부재하기 쉽다. 그러나 가족 구성원이 노인학대 가해자의 상당 부분을 차지한다고 가정해 보자. 노인들이 보호력(가족)을 가지고 있다고 해도, 보호력을 제공할 것으로 기대되는 사람들이 오히려 그들을 학대하는 사람들이라면, 그것은 '가용한 보호력'이 아닐 것이다. 금융사기와 관련하여 상품을 원격으로 구매(온라인 구매, 텔레마케팅 구매, 정보 구매 등)하는 노인은 사기의 표적이 될 위험이 크다(Holtfreter et al., 2014). 이런 식으로 일상활동이론은 노인학대에도 적용될 수 있다. 동기화된 범죄자, 적절한 표적, 그리고 가용한 보호력의 부재가 시간과 공간에서의 수렴할 때 노인학대는 일어나기 쉽다.

노인학대에 대한 대응

노인학대를 법과 형사사법시스템이 특별하게 다루어야 할 심각한 형태의 피해로 인식하여, 여러 가지 특별법과 형사사법 프로그램들이 개발되었다.

입법

미국노인법(Older Americans Act of 1965) −2006년 개정(Pub. L. 109−365)− 은 무엇보다도 미국 노인들에게 권리를 보호해 주기 위한 것이다. 이러한 보호조치 중 하나는 앞서 논의한 주의 장기보호 옴부즈맨 프로그램의 창설을 포함한다. 또한, 주의 기관들이 특정 기금을 받기 위해서는 노인학대를 다루는 프로그램들을 개발하고 강화해야 한다. 이 법은 또한 각 주가 노인사법체계를 만들 수 있도록 보조금을 제공한다. 보다 최근에는, **노인정의법**(Elder Justice Act, 2010)(Pub. L. 111−148)이 법으로 서명되었다. 이 법은 노인학대를 탐지하고 예방하기 위한 자금, 노인학대 관련 법의학 센터를 설립하고 지원하는 자금, 장기보호 옴부즈맨 프로그램과 장기보호 인력을 강화하기 위한 자금을 포함하여, 성인 보호 서비스 기관들에 4년에 걸쳐 4억 달러를 제공했다.

주에도 노인들을 보호하기 위한 법률이 있다. 노인에게 가해지는 대부분의 학대는 모든 주에서 불법인데, 이는 기존의 법령이 피해자의 나이와 상관없이 이러한 행위들을 불법으로 규정하고 있기 때문이다. 정서적/심리적 학대와 방임도 가해자의 행동, 피해자에 끼친 결과, 가해자와 피해자 간 관계의 성격에 따라 불법적이다. 예를 들어, 대부분 주는 성인 자녀에게 나이 든 부모를 돌보고 보호할 법적 의무를 부과한다. 일단 어떤 사람이 보호자의 역할을 맡게 되면, 그 사람은 보호를 제공하거나 보호를 제공하기 위해 도움을 구할 의무가 있다. 그렇게 하지 않으면, 그 사람은 형사책임을 지게 될 수 있다(Stiegel, Klem, & Turner, 2007).

모든 주는 학대 및 방임을 범죄화하는 것과 함께, 사람들이 노인학대 의심 사례를 신고할 수 있는 성인 보호 서비스 기관을 둔다. 모든 주는 최소한 일부 사람들에게 노인학대 혐의를 발견하면 신고할 것을 요구한다. 신고 의무자의 범위는 주마다 다르지만, 의사나 의료 종사자와 같이 노인과 정기적으로 접촉하는 사람들이 주로 이에 해당한다. 신고는 성인 보호 서비스 기관이나 법 집행기관 등 다른 기관에 할 수도 있다. 노인학대 관련 앨라배마주의 의무신고법은 표 9.3을 참조하라.

표 9.3 노인 및 장애인 관련 앨라배마주의 의무 신고 요건

누가 신고해야 하는가?	• 의사 • 치료실무자 • 보호자
인지의 기준	어떤 보호받는 사람이 신체적 학대, 방임, 착취, 성적 학대 또는 정서적 학대를 당했다고 믿을만한 합리적 이유
관련 피해자의 정의	"보호받는 자"는 18세 이상의 사람이다. • 지적 장애나 발달 장애(노령화를 포함하지만, 이에 국한되지는 않음)를 가진 사람 • 자신이나 타인에게 심각한 결과를 초래하지 않고서는, 정신적으로나 신체적으로 자신과 자신의 이익을 적절히 돌볼 능력이 없는 사람
누구에게 신고하는가?	• 카운티 인적자원부 또는 시 및 카운티 경찰서 • 비편입 지역에서 발생한 사건의 경우 해당 카운티의 보안관 요양원 거주자를 학대, 방임하거나 그들의 재산을 유용한 요양원 직원에 대한 신고는 공중보건부(Department of Public Health)로 한다.

SOURCE: Reprinted by permission of RAINN, Rape, Abuse and Incest National Network.

형사사법제도

형사사법시스템도 노인학대 문제에 대응해왔다. 형사사법 공동체는 노인학대를 수사하고 기소하는 다영역적, 다기관적 팀을 개발하기 위해 힘을 보태왔다. 예를 들어, 북동부 의료보호 법집행 연합(Northeast Healthcare Law Enforcement Association: NHLEA)은 연방, 지역, 주의 노인학대, 환자학대, 의료보호사기 담당 법집행부서들의 관리자들로 구성된다. NHLEA는 노인에 대한 학대를 수사, 기소하고, 노인 및 환자학대 범죄자들을 추적하기 위해 노인학대 범죄자 데이터베이스를 개발했다(Hodge, 1999). 다른 사법권에는 노인들 대상의 재정 착취를 조사하기 위해 설치된 재정 학대 전문팀(Financial Abuse Specialist Teams)이 있다. 전문 기소팀 또한 설치되었다. 샌디에이고에는 노인학대에 대한 기소를 전문으로 하는 노인학

대기소팀(Elder Abuse Prosecution Unit)이 있어서, 경찰을 대상으로 노인학대를 수사하는 방법을 훈련하고, 은행을 대상으로 재정 착취를 확인하는 방법을 훈련한다 (Hodge, 1999).

당신이 보다시피, 아동학대와 노인학대 둘의 원인과 결과는 생애과정의 어느 상황과 관련 있지만, 아동학대가 노인학대보다 더 폭넓은 관심을 받아왔다. 그럼에도 불구하고, 노인정의법의 통과와 수명 연장에 의한 인구의 고령화로 인해 노인학대는 정책적으로나 프로그램적으로 더욱 핫한 이슈가 되고 있다.

요 약

- 아동학대의 두 가지 주요 형태는 학대 및 방임이다.
- 아동에 대한 신체적 학대와 훈육의 차이는 해를 입히려는 의도 대 옳고 그름을 가르치려는 의도다.
- 아이들은 그들이 어떻게 학대당하고 있는지 말로 표현하지 못하는 경우가 많고, 그들의 부모나 보호자가 학대자인 경우가 많기 때문에, 미국에서 아동학대의 정도를 알기는 어렵다.
- 전국 아동학대 및 방임 데이터 시스템(National Child Abuse and Neglect Data System) 및 전국 발생률 연구(National Incidence Study: NIS)와 같은 자료출처들이 아동학대에 관해 알려진 정보의 대부분을 제공한다.
- NIS-4의 결과에 따르면, 2005-2006년 동안 125만 명 이상의 어린이가 학대를 당해, 입증 가능한 위해를 입은 것으로 나타났다.
- 사망은 아동학대의 가장 심각한 결과인데, 2014년 아동 사망자의 거의 3/4이 최소한 부분적으로는 방임에 기인한 것이었다.
- 아동학대 피해자는 남녀의 비율이 거의 동등한데, 3세 미만의 아동이 2014년 사망자의 71%를 차지한다.
- 백인 아이들이 아동학대 신고에서 가장 큰 비중을 차지했지만, 흑인 및 히스패닉 아동은 인구 구성으로 볼 때 불균형적으로 많이 신고되었다.
- 아이의 생물학적 부모가 가해자일 가능성이 가장 크며, 아버지보다 어머니가 가해

자일 가능성이 더 크다.

- 아동학대 위험인자에는 아이의 기질과 취약성이 포함된다. 가족 위험 요소로는 가난, 스트레스, 편부모 가구, 동거 파트너가 있는 편부모와 함께 사는 것이 있다. 양육 위험 요소에는 아동기나 청소년기에 폭력을 목격하거나 경험하는 것, 약물 남용, 우울증 및 정신 질환이 포함된다.

- 아동학대는 여러 가지 결과를 낳는다. 학대받은 아이들은 인지장애 및 발달장애를 경험하고 심리장애를 겪을 위험이 높다. 그들은 또한 학교에서 문제를 경험하고 그들의 성관계에 문제가 있을 수 있다. 학대당한 아이들은 인생 후반기에 가난하게 살고 실업자가 될 위험이 있다.

- 학대 피해 아동은 범죄행위와 비행에 연루되고 술과 마약을 복용하기 쉽다.

- 아동학대 방지 및 치료법(Child Abuse Prevention and Treatment Act)은 주 정부가 특정 연방 기금을 받기 위해서는 아동학대 의심 사례에 대한 신고를 의무화하도록 만들었다.

- 의무신고법은 특정인이 아동학대 의심 사례를 인지하면 신고하도록 규정하고 있다.

- 안전한 피난처법은 엄마와 보호자들이 아이를 기를 수 없다고 느끼면 형사 기소당하지 않고 양도할 수 있도록 보호한다.

- 형사사법제도는 아이들이 법정에서 증언할 때는 특별한 관심과 법원이 지정한 변호사가 필요하다는 것을 인식하고 있다.

- 학대와 방임 외에, 재정 착취는 노인에 특유한 학대의 일종이다. 노인들은 또한 보호자나 후견인의 지위 또는 위임장을 남용 당할 위험이 있다.

- 노인들 또한 식음을 전폐하거나 필요한 약의 복용을 거부하거나 개인위생을 하지 않는 등 자신을 보호하지 않거나 보호를 거부함으로써 자기 방임을 할 수 있다.

- 장기보호 옴부즈맨 프로그램은 모든 주에서 의무적으로 실시되므로 노인학대 불만사항이 신고될 수 있다.

- 2003년에 성인 보호 서비스 기관들은 253,426건의 노인학대 신고를 받았다.

- 노인학대에 대한 입증된 신고 중 6%만이 장기 보호시설에서 발생했으며, 2%는 생활 보조 시설을 포함한 다른 장소에서 발생하였다.

- 여성은 남성보다 노인학대 피해의 비율이 더 높다.

- 여성은 노인학대의 가해자일 가능성이 크다. 성인 자녀가 노인학대의 가해자가 될 가능성이 가장 크다.

- 조사되고 입증된 대부분의 노인학대 사례들은 자기방임 사례들이다. 다음으로 흔한 것은 보호자의 방치사건이고, 그 다음은 재정 착취사건이다.
- 노인들의 의존도가 높아지면 스트레스가 증가하고, 따라서 학대 및 방임의 위험도 커진다.
- 요양원에서의 학대에 관한 연구 결과, 간호조무사들이 가장 많은 학대자 집단을 구성하고 있는 것으로 나타났다.
- 노인들은 피해로부터 자신을 물리적으로 보호하기 어렵기 때문에 쉽게 피해를 당할 수 있다. 일부 노인들은 인지능력이 약하거나 기술 지식을 결여하기 때문에 사기 범죄의 적합한 대상이 될 수 있다.
- 모든 주는 노인학대 의심 사례를 강제로 신고하게 하는 법을 가지고 있다.
- 2010년 법률로 서명된 노인정의법은 노인학대를 탐지하고 예방하기 위해 성인 보호 서비스 기관들에 4억 달러를 제공했다.
- 형사사법 시스템에는 북동부 의료보호 법집행 연합(Northeast Healthcare Law Enforcement Association: NHLEA)이 있는데, 이는 학대 범죄자들을 수사하고 기소하는 관료들로 구성된다.
- 전반적으로 아동학대와 노인학대는 학대의 유형과 위험 요인 등에 있어서 일부 유사성을 공유하고 있으나, 형사사법 시스템에 의한 대응과 전형적인 가해자에 있어서는 차이를 보인다.

토의 문제

1. 아동학대 및 노인학대의 정도를 정확하게 추정하는 것과 관련하여 어떤 문제가 있는가?
2. 왜 부모가 아동학대의 주된 가해자라고 생각하는가? 왜 성인 자녀들이 노인학대의 주된 가해자라고 생각하는가?
3. 아동학대와 관련한 피해자-가해자 중첩은 무엇인가?
4. 아동학대가 왜 섞이기 빈곤과 관련이 있다고 생각하는가?
5. 왜 여성이 남성보다 노인학대의 피해자가 될 가능성이 더 높다고 생각하는가? 왜

남자 아이들이 여자 아이들보다 아동학대를 통해 살해될 가능성이 더 클까?

주요 용어

신체적 학대(physical abuse)

아동 성학대(child sexual abuse)

방임(neglect)

전국 아동학대 및 방임 데이터 시스템(National Child Abuse and Neglect Data System: NCANDS)

국가 발생률 연구(National Incidence Study: NIS)

암수범죄(dark figure of crime)

흔들린 아기 증후군(shaken baby syndrome)

아동학대 방지 및 치료법(Child Abuse Prevention and Treatment Act, 1974)

의무신고법(mandatory reporting law)

안전한 피난처 법(safe haven laws)

소송후견인(guardian ad litem: GAL)

신체적 노인학대(physical elder abuse)

정서적 또는 심리적 노인학대(emotional or psychological elder abuse)

성적 노인학대(sexual elder abuse)

유기(abandonment)

재정적 착취(financial exploitation)

위임장 남용(power of attorney abuse)

자기 방임(self-neglect)

전국 노인학대 발생률 연구(National Elder Abuse Incidence Study)

전국 사회생활, 건강, 고령화 프로젝트(National Social Life, Health, and Aging Project)

장기보호 옴부즈맨 프로그램(Long-Term Care Ombudsman Program)

의존성 이론(dependency theory)

미국노인법(Older Americans Act of 1965)

노인정의법(Elder Justice Act, 2010)

인터넷 자원

아동복지 정보 게이트웨이:

http://www.childwelfare.gov

이 웹사이트는 아동학대에 관한 많은 정보를 제공한다. 여기에는 아동학대를 예방할 수 있는 방법에 대한 정보와 함께, 아동학대에 관한 데이터, 통계 및 법이 포함된다. 그것은 또한 스페인어로 된 자원에 대한 링크도 가지고 있다.

국립 아동 사망 리뷰 및 예방센터:

http://www.childdeathreview.org

주 및 지역 사망 검토팀을 위한 이 자원센터는 아동 사망 사건을 조사한다. 각 주의 아동 사망률 데이터에 대한 링크가 제공되므로, 아동학대로 인한 사망 원인을 포함하여 가장 일반적인 사망 원인을 확인할 수 있다.

국립 노인 학대 센터:

https://aoa.acl.gov/aoa_programs/elder_rights/ncea/index.aspx

이 웹사이트는 노인학대에 대한 정의와 통계를 포함한 노인학대의 배경 정보를 제공한다. 노인학대의 일종인 요양원 학대가 논의되고 있다. 노인학대를 신고하는 방법과 성인 보호 서비스에 대한 정보 링크도 제공된다.

국가 노인학대 예방위원회:

http://www.preventelderabuse.org

이 웹사이트는 성폭력, 가정폭력, 재정 착취를 포함한 다양한 유형의 노인학대에 대한 정보를 제공한다. 노인학대 관련 출판물 및 시사 뉴스 자료에 대한 링크도 포함되어 있다.

제10장

학교 및 직장에서의 범죄피해

제10장

학교 및 직장에서의 범죄피해

제2장에서 처음 소개된 젊은 여성 폴리(Polly)는 동네 술집을 나와 집으로 걸어가는 동안 두 남자로부터 강도 피해를 당했다. 둘 중 한 명이 그녀를 밀쳤고, 다른 한 명은 그녀의 가방을 낚아채 달아났다. 폴리는 그 사건으로 여러 가지 부정적 결과를 겪었다. 가장 분명하게는, 머리의 상처로 10바늘이나 꿰맸다. 하지만 그녀는 또한, 여러 가지 발생한 일에 대처하는 데 어려움을 겪었다. 그녀는 수업도 가지 못하고 침대에 누워 있었다. 대학생으로서, 이러한 부정적 결과는 그녀가 성공적으로 학기를 마치는 것을 방해할 수 있었다. 지금까지, 당신은 왜 폴리가 피해를 당했는지, 그녀가 "전형적인" 피해자의 기준을 충족하는지, 그리고 그녀가 접근해야 하는 서비스의 맥락에서 폴리의 피해를 고려하였다. 그러나 당신이 또한 고려해야 할 것은 폴리의 피해가 학교 피해 통계에 포함될 것인가 하는 것이다. 그녀는 결국 대학생이다. 이상의 내용이 그녀의 피해를 학교 피해로 분류하거나 집계하기에 충분한가? 그녀가 그 시간에 수업에 있지 않았다는 것이 중요한가? 학교 피해로 간주되려면 캠퍼스에 있어야 할까? 만약 이것이 학교 피해로 인정된다면, 대학은 무엇을 해야 할까? 이러한 이슈들이 근무 중인 사람들에게 발생하는 또 다른 특별한 피해 사례와 함께 이 장에서 논의된다.

학교에서의 피해

우리는 대개 학교를 안전한 곳으로 생각한다. 학교는 젊은이들이 함께 모여 배우고 성장하는 장소로 생각된다. 출석이 강제되는 것이 아니라도 아이들은 학교에 가야만 하고, 그곳은 그들이 삶의 많은 시간을 보내는 곳이다. 부모들이 자녀를 학교에 보낼 때는 아이들이 기꺼이 갈 것이라고 기대하며, 학교를 사랑하지는 않더라도 최소한 그곳에서는 안전하다고 생각한다. 대부분은 이것이 사실이지만, 모든 학생이 어떤 유형의 피해도 경험하지 않고 학교를 마치는 것은 아니다. 학생들이 학교 건물이나 운동장에서 또는 스쿨버스를 타거나 학교 행사에 참여하는 동안에 어떤 피해를 당할 때, 그것을 **학교 피해**(school victimization)라고 부른다. 이 유형의 피해는 절도, 강도, 단순 폭행, 중 폭행, 강간 및 살인 등 다른 형태를 취할 수도 있다. 또 다른 피해로는 최근의 연구가 많은 관심을 갖는 괴롭힘이나 따돌림이 포함될 수 있는데, 이는 곧 자세히 논의될 것이다.

학교에서의 피해: K-12 등급

흔히 학교에서 피해를 입는 아이들을 생각하면 바로 떠오를 것 같은 피해 유형은 학교 총기 난사사건이다. 1999년 콜럼바인(Columbine)에서 발생한 것과 같은 충격적인 사건이 발생하면, 그 사건에 관한 기사가 모든 언론에 도배되다시피 한다. 이처럼, 학교 총기 난사사건은 언론의 집중적인 관심을 받지만, 다행히도, 그런 사건은 사실 매우 드물게 발생한다. 그렇지만 우리가 그것을 어떻게 알 수 있는가? 학교에서 발생하는 피해에 대한 정보는 다양한 출처로부터 나온다. 국가범죄피해조사(NCVS)은 12세 이상의 개인을 대상으로 지난 6개월 동안의 피해 경험에 대해 질문한다는 사실을 기억하라. 만약 어떤 사람이 특정 피해를 당했다고 답하면, 그 사람은 그것이 어디에서 발생했는지를 포함하여 그 피해에 관한 상세한 질문을 받는다. 그러면, NCVS에서는 최소 12세 이상에 대해서는 학교에서 발생하는 피해의 정도에 관한 추정치를 산출하는 것이 가능하다. 또한, NCVS를 보완하기 위해 학교범죄보충조사(School Crime Supplement Survey)가 이루어지는데, 이는 미국의 학교에 등록된 12세에서 18세 사이 약 6,500명의 학생들을 대상으로 하는 전국 규모의 조사이다. 학생들은 지난 6개월 동안 겪었던 피해에 대해 질문을 받는다(Robers, Zhang, Truman, & Snyder, 2010). 여기서 12세 미만의 학생들은 조사에 포함되지 않는다는 점을 명심하라. 또한, 다른 전국적 대표성을 갖는 조사들이 학생, 직원 및 교사들이 학교에서 피해를 입는 정도를 파악하는데 흔히 사용된다. 예를 들어, 미국 학교에서의 안전성과 범죄를 평가하기 위한 조사가 수년간 실시되었으며, 학교장이나 규율에 정통한 사람들이 이 조사에 포함되었다('학교 범죄 및 안전에 관한 조사[School Survey on Crime and Safety]' 1999-2000, 2003-2004, 2005-2006, 2007-2008, 2009-2010 학년). 다른 조사로는 초·중·고 교사들 대상의 '학교 및 직원 조사(Schools and Staffing Survey)'(1993-1994, 1999-2000, 2003-2004, 2007-2008, 2011-2012 학년)와 공립 및 사립학교 9~12학년생들을 대상으로 한 '청소년 위험 행동 감시체계(Youth Risk Behavior Surveillance System)' 조사(1993-2011 격년)도 있다.

이러한 조사와 다른 공식 자료원을 사용하여 우리는 학교에서 발생하는 피해 양상에 대해 대략의 정보를 가질 수 있다. 2014년에는 학교에서 12세에서 18세 사이 어린이에 대해 약 850,100건의 비치명적 피해가 발생했다(Zhang, Musu-Gillett, & Oudekerk, 2016). 중요한 것은, 이 연령층을 대상으로 한 비치명적 폭력 범죄는 학교 외부에서보다 학교 내부에서 더 많이 발생했다는 것이다(Zhang et al., 2016). 2013년에는 3%의 학생이 지난 6개월 동안 어떤 유형의 피해를 경험한 것으로 추정되었다. 그들이 경험한 가장 흔한 유형의 피해는 절도였고(학생의 2%), 1%는 폭력피

사진 10.1 1999년 4월 20일 콜럼바인 고등학교는 미국 역사상 최악의 학교 총격 사건 중 하나를 경험했다. 학생 12명과 교사 1명이 스스로 목숨을 끊은 학생 2명의 총에 맞아 숨졌다. 총격의 원인은 확실하지 않지만 두 소년 모두 학교에서 왕따를 경험했다.

해를 경험했다(Zhang et al., 2016). 9~12학년 학생들에게는 폭력피해가 더 일반적이었다. 2013년에는 8%의 학생이 학교 시설에서 물리적 싸움을 벌였고, 7%는 학교 내에서 무기로 위협을 당하거나 부상을 입었다고 보고했다(Zhang et al., 2016). 비교적 드물지만, 학교에서도 폭력적 사망이 발생할 수 있다. 2012년 7월 1일부터 2013년 6월 30일 사이에 41명의 학생이 학교에서 피살되었고, 11명은 학교에서 자살하였다(Zhang et al., 2016). 학교에서의 폭력적 죽음은 '학교 관련 폭력적 사망 감시 연구(School−Associated Violent Deaths Surveillance Study)', 보충 살인보고서(Supplementary Homicide Reports), 그리고 '웹 기반 부상 통계 조회 및 보고 시스템(Web−Based Injury Statistics Query and Reporting System)'을 통해 추적된다.

누가 피해를 당하는가?

성폭력과 강간을 제외한 대부분의 다른 피해 유형과 마찬가지로, 학교에서의 피해도 남학생들이 여학생들보다 경험할 가능성이 더 크다. 9학년에서 12학년 남학생의 거의 8%가 전년도 동안 교내에서 흉기로 위협받거나 부상당했다고 보고한 반면, 여학생은 이 비율이 6%에 불과하였다(Zhang et al., 2016). 나이는 우리가 검토할 수 있는 학교 피해의 또 다른 설명변수이다. 폭력피해는 고등학교 학생들보다 어린 아이들 사이에서 더 흔한 것으로 보인다. 예를 들어, '청소년 위험 행동 감시체계 조사'에서는 9학년 학생들이 10학년에서 12학년 학생들보다 싸움을 더 많이 하는 것으로 밝혀졌다(Centers for Disease Control and Prevention, 2014). 또한, 12세에서 14세 사이의 학생들은 가장 높은 피해율을 보였다(Robers et al., 2014). 인종/민족성은 피해의 유형을 검토하는 데 있어서 또 다른 중요한 설명변수이다. 학교 피해의 절반 이상이 백인 청소년에 의해 경험되지만, 2014년 자료는 학교 피해 위험에 있어서 인종 간 차이가 없음을 보여준다. 학생들의 거주 장소 또한 학교 피해의 위험에 영향을 미친다. 시골에 사는 학생들은 도시나 교외 지역의 학생들보다 학교에서 피해당할 위험이 더 크다. 마지막으로 고려해야 할 요인은 학생의 가구 소득이다. 절도의 경우 가구 소득수준에 따른 피해율의 차이가 거의 없지만, 폭력피해는 연 소득 15,000달러 미만인 가구에 거주하는 아이들에게서 가장 높은 비율로 발생한다(Zhang et al., 2016).

학교에서는 학생들만 피해 위험이 있는 것이 아니라, 교사, 관리자, 직원들도 피해자가 될 가능성이 있다. 엄밀히 말하면, 이들의 피해는 소위 '직장에서의 피해'가 될 수도 있지만, 학교에서 발생하기 때문에, 우리는 그것을 여기에서 논하기로 한다. 다행스럽게도, 교사, 관리자, 그리고 직원들은 학교에서 일하는 동안 사실 피해당할 가능성이 거의 없다. 이 장의 후반부, 즉 직장 피해 부분에서 다루겠지만, 서비스업과 소매업, 법 집행 및 교정, 정신건강에 종사하는 사람들은 교육자나 학교에 고용된 사람들보다 훨씬 더 높은 직장 피해율을 보인다. 그럼에도 불구하고, 그들에게도 피해는 발생하고, 또한 모든 교직원에게 위험이 균등하게 분포되는 것도 아니다. 예컨대, 특수교육 교사는 다른 교사들보다 폭력피해를 당할 가능성이 더 크다(May, 2010). '학교 및 직원 조사' 자료에 따르면, 2011 – 2012년 동안 교사의 5%가 학생으로부터 물리적 공격을 받았다고 보고했으며, 9%는 이 기간 동안 학생으로부터 상해의 위협을 받았다고 말했다(Zhang et al., 2016). 초등학교 교사는 중등학교 교사에 비해 더 많은 물리적 공격을 받는다(Zhang et al., 2016). 피해 위험도 학교 형태에 따라 다르다. 공립학교에 고용된 교사들은 사립학교에서 일하는 교사들보다 부상을 당할 위험이 더 크다(Zhang et al., 2016). 학생들과 마찬가지로, 교사도 폭력 범죄보다 절도의 피해자가 될 가능성이 더 크다(Robers et al., 2010).

학교 피해의 위험 요인

피해자학자들은 다른 유형의 피해와 마찬가지로 학교 피해에 대해서도 그 유발 요인을 알아내려고 시도했다. 왜 어떤 학생들은 피해를 당하는 반면, 다른 학생들은 피해를 당하지 않는가? 왜 어떤 학교들은 안전한데, 다른 학교들은 범죄로 가득 차 있는가? 학교 피해가 발생하는 정확한 원인을 밝히기는 어렵지만, 그것은 개인적 요인뿐 아니라 구조적 힘이 조합된 것일 가능성이 크다. 예를 들어, 학교의 위치와 거기서 발생하는 피해의 양과의 관계에 많은 관심이 집중되었다. 당신이 예상할 수 있듯이, 범죄가 많은 근린에 위치한 학교들은 종종 높은 수준의 폭력과 다른 유형의 피해를 겪게 될 것이다(Laub & Lauritsen, 1998). 그러나 같은 근린에서도 교육실적이 좋고 안전한 학교도 있기 때문에, 안전하지 않은 학교를 식별해 내기 위해 단순히 "나쁜" 근린을 찾는 것만으로는 충분하지 않다. 또한, 청소년들을 학교 밖에서 피해의 위험에 빠뜨리는 요인들(예컨대, 낮은 자기통제력, 가용한 보호력의 부재, 비행 친구를 두는 것 등)은 학교 안에서 위험에 빠뜨리는 요인과 유사할 수 있다. 게다가, 청소년기는 생물학적 변화들로 특징되는 기간이다. 호르몬이 분출하고 몸이 변한다. 남녀 청소년 모두 신체적, 정서적 변화를 겪으며 새로운 사회적 상황을 경험한다. 이 시기는 압박감과 스트레스가 가득한데, 이는 폭발, 공격성, 괴롭힘, 그리고 다른 부적응 행동으로 이어질 수 있다.

결과

사회가 청소년들에게 학교 다닐 것을 요구하기 때문에 우리는 그들에게 안전하고 생산적인 학습환경을 제공해야 한다. 그러나 그렇게 하지 못해 학생들이 피해를 당할 때는 많은 부정적인 결과가 발생할 수 있다. 2013년 NCVS 학교범죄보충조사의 결과는 학생들의 3%가 학교에서 공격받거나 다치는 것을 두려워하고, 또 다른 3%는 학교 바깥에서 공격받거나 다치는 것을 두려워한다는 것을 보여준다(Zhang et al., 2016). 피해자들은 비피해자들보다 더 높은 수준의 두려움을 보였는데, 이것은 피해가 학령기 청소년들에게 미치는 강력한 영향을 암시해준다. 피해 학생들은 또한 학교를 빼먹거나 기피할 가능성이 크다. '청소년 위험행동 감시체계 조사'에 따르면, 6%의 학생이 학교에서 또는 학교로 가는 길이 안전하지 않다고 느껴서, 조사 전 30일 동안 적어도 하루 이상 학교에 출석하지 않은 것으로 나타났다(Centers for Disease Control and Prevention, 2015). 피해 학생들은 또한 교내 활동과 복도, 학교 입구, 식당, 화장실 등과 같은 교내의 특정 장소를 비피해자들보다 높은 수준으로 회피한다고 밝혔다(Robers et al., 2014). 2013년에는 약 5%의 학생이 피해를 우려해 교내 활동이나 특정 장소를 기피하는 사실을 인정했다(Zhang & Musu-Gillett, 2016).

괴롭힘

학교에서 자주 발생하며 최근에 많은 관심을 받아온 특정 피해 유형은 괴롭힘이다. **괴롭힘**(bullying)은 가해자와 피해자 사이에 힘의 불균형이 있을 때, 피해자에게 일정 기간 반복해서 고의적으로 상해나 불편함을 가하는 것이다(Olweus, 2007). 괴롭힘은 직섭적일 수도 간접적일 수도 있다. **직접적인 괴롭힘**(direct bullying)은 피해자에게 가하는 물리적, 언어적 행동을 모두 포괄한다. **물리적 괴롭힘**(physical bullying)에는 때리기, 주먹질, 밀치기, 앉아 있는 사람의 의자 빼내기, 넘어뜨리기, 기타 물리적 행동이 포함된다. **언어적 괴롭힘**(verbal bullying)은 직접 이름 부르기와 협박을 포함한다. **간접적인 괴롭힘**(indirect bullying)은 더 미묘하고 탐지하기 어려울 수 있다. 그것은 흔히 사회적 괴롭힘(social bullying)이라고 불리며, 개인을 고립시키거나, 음란한 몸동작을 보이거나, 어떤 활동에서 배제하거나 조종하는 등의 행위를 말한다. 흔히 "애들이 다 그렇지 뭐"라거나 괴롭힘은 아이들 간 상호작용의 자연스러운 한 부분이라고 말하기도 하지만, 연구는 괴롭힘이 해로운 영향을 미치고 학교에서 그러한 행위를 무시하는 것은 정말 위험할 수 있다는 것을 시사한다.

괴롭힘의 결과에 대해 논하기 전에, 먼저 학교에서 괴롭힘이 어느 정도 발생하는지를 알아보자. 괴롭힘은 다른 유형의 피해보다 더 흔한 것으로 보인다. 2013년 12~18세 아동 중 22%가 한 학년 동안 학교에서 괴롭힘을 당한 적이 있다고 답했다(Zhang et al., 2016). 국립아동건강및인력개발원(National Institute of Child Health and Human Development)이 발간한 보고서에 따르면, 160만 명의 아이들이 적어도 매주 괴롭힘을 당하며, 6~10학년 아이 중 17%가 괴롭힘을 당한 적이 있는 것으로 나타났다(Ericson, 2001). 학생들은 가장 일반적으로는(14%) 놀림을 당했다고 응답했지만, 6%가 밀치거나, 넘어뜨리거나, 침을 뱉거나 하는 일을 당한 적이 있으며, 4%는 위해의 협박을 당한 적이 있다고 대답했다(Zhang et al., 2016).

일반적으로 학교 피해와 마찬가지로, 괴롭힘도 일부 청소년들에게 차별적으로 영향을 미친다. 2001년 세계보건기구의 '학령 아동의 건전한 행동연구(Health Behavior in School-Aged Children Study)'에서는 흑인 아이들이 백인이나 히스패닉 아이들보다 괴롭힘을 당할 가능성이 더 적은 것으로 밝혀졌다(Nansel et al., 2001). 학교범죄보충조사 자료에서는 백인 학생들이(24%) 흑인(20%), 히스패닉(19%), 아시안 학생들(9%)보다 괴롭힘을 더 당한 것으로 나타났다. 여자 아이들은 남자 아이들보다 괴롭힘을 당할 가능성이 더 컸다. 연구는 여자 아이들은 언어적, 간접적 괴롭힘의 대상이 될 가능성이 더 큰 반면, 남자 아이들은 신체적 괴롭힘을 경험할 가능성이 더 크다는 것을 보여준다(Zhang et al., 2016). 다른 최근 연구들도 일부 집단이 다른 집단들보다 괴롭힘을 당할 위험성이 더 크다는 것을 보여주었다. 학습장애, 주의력 결핍 과잉행동 장애, 신체적 장애가 있는 아이들, 뚱뚱한 아이들,

말을 더듬는 아이들은 괴롭힘 피해를 당할 가능성이 더 크다. 최근에는 동성애 청소년들이 다른 청소년들보다 괴롭힘의 표적이 되기 쉽고 이런 괴롭힘이 일상적으로 일어나기 쉽다는 사실에 관심이 모아지고 있다(H. V. Miller & Miller, 2010). 가장 큰 피해자 집단은 대개 취약하거나 허약한 집단이다. 그들은 평균적이거나 가난한 학생인 경향이 있고 흔히 사회적으로는 수동적이다(Olweus, 1993a). 그렇다고 괴롭힘을 당하는 피해자들이 모두 똑같아 "보인다"는 뜻은 아니다. 다른 피해자들은 더 독단적이고 성미가 급한 경향이 있다. 그들은 괴롭힘을 당하면 공격적으로 반응하며, 싸움을 시작한다(Pellegrini, 1998). 괴롭힘을 당하는 두 가지 유형의 청소년 모두가 학교에서 "인기 있는" 집단은 아닌 것 같다.

다른 형태의 피해에서와 마찬가지로, 괴롭힘에 대한 연구도 괴롭힘을 당하는 피해자들의 일부가 남을 괴롭히는 자라는 사실을 밝혀냈다(Haynie et al., 2001). 이 청소년 집단에 관해서 중요한 것은 그들이 단순히 남을 괴롭히거나 괴롭힘을 당하는 사람들보다 심리 사회적 또는 행동적 기능성의 맥락에서 훨씬 더 나쁜 양상을 보인다는 것이다.

연구의 초점

핀란드의 어린이를 대상으로 한 연구는 사회적 불안감을 느끼고 학급 친구들로부터 거부당한 아이들이 괴롭힘을 당할 위험성이 크다는 것을 발견했다. 이 연구는 또한 괴롭힘에 대한 교실의 영향을 조사하고, 피해의 위험은 학생들이 괴롭힘 피해자를 방어하는데 성공하지 못했다고 믿는 교실에서 가장 높다는 것을 발견했다. 괴롭힘은 또한 학생들이 "우리 선생님은 괴롭힘을 적극적으로 반대하지 않는다"고 인식하는 교실과 학교에서 가장 흔했다.

SOURCE: Saarento, S., Karna, A., Hodges, E. V. E., & Salmivalli, C. (2013). Student, classroom, and school level risk factors for victimization. Journal of School Psychology, 51, 421-434.

괴롭힘 피해의 심리 사회적 영향

괴롭힘이 때때로 아이들에게는 "성상석인" 행위로 인식되기도 했지만, 그 영향은 꽤 심각할 수 있다. 그것은 열악한 심리 사회적 적응과 관련이 있어, 괴롭힘을 당하는 학생들은 흔히 더 많은 불행(Arseneault et al., 2006)과 낮은 자존감(Egan & Perry, 1998)을 보고한다. 사춘기 시절의 괴롭힘 피해는 현재와 나중의 삶에서 불안 및 우울증과 관련이 있다(L. Bond, Carlin, Thomas, Ruin, & Patton, 2001; Olweus, 1993b). 괴롭힘을 당하는 것은 아이들의 건강 증상과도 관련이 있는 것으로 밝혀졌다. 괴롭힘을 당했다고 신고한 아이들은 잠을 잘 자지 못하고, 오줌을 지리며, 두통과 복통을 앓는다고 보고하는 경우가 많았다(Williams, Chambers, Logan, & Robinson, 1996). 이런 결과 외에도, 괴롭힘을 당하는 것은 학교 적응과 성적에 부정적인 결과를 초래한다. 괴롭힘을 당한 청소년들은 그렇지 않은 청소년들에 비해 학교를 싫어한다고 말할 가능성이 더 크고(Kochenderfer & Ladd, 1996; Rigby & Slee, 1993), 학교를 빼먹는 경우가 더 많으며(Rigby, 1997; Zubrick et al., 1997), 학교를 회피하는 경향이 더 강하다(Kochenderfer & Ladd, 1996).

괴롭힘 피해의 폭력적 영향

괴롭힘을 당하는 것의 가장 심각한 결과는 그에 대한 반응으로서 바람직하지 않은 행동을 하는 것이다. 괴롭힘 피해는 *피해자*의 폭력적 행동과 관련이 있다. 비밀경호국(Secret Service)의 보고에 따르면, 학교 총기 난사범의 71%가 불량배(bully)들의 표적이었다고 한다(Espelage & Swearer, 2003). 하지만, 만약 괴롭힘이 학교 총기 난사를 유발했다면, 우리가 보는 것 이상으로 많은 총기 난사를 보게 될 것이라는 점에 주목해야 한다. 이같이, 어떤 경우에는 괴롭힘이 총기 난사의 기여 요인은 될 수 있지만, 어떠한 경우에도 충분 원인으로 간주될 수는 없을 것이다. 최근 언론은 동료들에게 다양한 방법으로 괴롭힘을 당한 후 자살한 몇몇 젊은이들에게 많은 관심을 보이고 있다. 인터넷과 휴대폰의 광범위한 사용으로, 괴롭힘 방법은 사이버 괴롭힘이라 불리는 것까지 포함하도록 확대되었다. **사이버 괴롭힘**(cyberbullying)은 휴대전화, 인터넷 또는 디지털 기술을 이용하는 괴롭힘 행위이다. 그것은 전화로 보낸 협박이나 괴롭힘, SNS에 올린 협박과 모욕적인 댓글, 저속하거나 무서운 문자메시지를 포함할 수 있다. 아이들은 스스로 괴롭힘을 행하거나 친구나 가족을 동참시킬 수도 있다. 사이버 괴롭힘은 실행의 편리함과 피해자가 있는 곳에 가지 않아도 피해가를 괴롭힐 수 있다는 사실을 고려할 때 특히 해로울 수 있다. 그들은 심지어 익명으로도 그것을 할 수 있다. 앱탭(Aftab)이 지적한 바와 같이, "학교

불량배들은 널 두들겨 패고는 집으로 돌아간다. (그러나) 사이버 불량배들은 너를 집에서, 할머니의 집에서, 그리고 기술과 연결된 곳이라면 어디서든 너를 때린다"(Nies, James & Netter, 2010에서 인용). 박스 10.1은 사이버 괴롭힘을 당한 후 자살한 어린 십대 피비 프린스(Phoebe Prince)의 가슴 아픈 사연을 다룬다. NCVS의 학교범죄보충조사는 2007년부터 전자적 수단을 통한 괴롭힘 행위에 대한 질문을 포함하기 시작했다. 2013년에는 조사 대상 학생의 거의 7%가 직전 학년 동안 사이버 괴롭힘을 경험했다고 보고했다(Zhang et al., 2016). 사이버 괴롭힘의 영향에 대한 연구는 그것이 비행, 자해, 자살 생각의 증가와 관련이 있다는 것을 보여준다(Hay, Meldrum & Mann, 2010).

박스 10.1 피비 프린스(Phoebe Prince)의 이야기

최근 아일랜드계 이민자인 피비 프린스가 남부 해들리 고등학교 학생들의 문자메시지와 페이스북을 통해 거의 3개월간 지속된 괴롭힘을 당한 끝에, 2010년 1월 14일 목을 매 자살했다. 경찰은 이 사건을 "그녀에 대해 불특정의 불만을 가진" 여학생들의 사이버 괴롭힘에 의한 피해로 보았다(Kotz, 2010). 그녀의 사건은 "거의 3개월간 계속된 언어폭력과 물리적 위협의 종국"이었다(Goldman, 2010에서 인용). 그녀는, 적어도 한 번은, 어떤 여학생이 던진 음료수 캔에 맞는 신체적 공격을 당했다. 2010년 1월 28일 현재, "9명의 학생이 의제 강간에서부터 민권 침해 및 스토킹에 이르는 혐의로 기소되었다. 피비는 마침내 그녀의 정의를 실현할 수 있을 것 같다" (Kotz, 2010). 피비 등의 사건을 통해 얻어낸 관심의 결과, "이제는 45개 주가 괴롭힘 방지법을 가지고 있다. 가장 엄격한 괴롭힘 방지 프로그램을 가지고 있는 매사추세츠주에서는 그 제도가 학교에서 의무적으로 시행되고 있다"(J. Bennett, 2010).

학교 피해에 대한 대응

학교에서의 피해와 괴롭힘에 대응하여 많은 학교가 보안 대책을 세웠다. 가장 보편적으로, 각 학교는 법 집행관을 고용하고, 금속탐지기와 보안 카메라를 설치하고, 학교 시간 동안 입구와 출구를 잠그고, 복도에 대한 감시를 강화했다(Devoe, Bauer & Hill, 2010). 교장들을 대상으로 한 조사에 따르면, 2009－2010년에 공립학교의 43%가 경비원, 법 집행관 또는 학교 자원 사무관(School Resource Officers)을 두고 있었다. 공립학교의 60% 이상이 보안카메라를 설치했고, 5%는 무작위로 금속탐지 검사를 실시하였다(Robers et al., 2014). 또한 학교범죄보충조사에서는 많은 학생이 학교가 보안 조치를 강화하고 있다고 응답하였다. 거의 4분의 1의 학생들이 학교에서 얼굴 사진이 포함된 명찰을 착용해야 한다고 보고했고, 95%는 방문객들이 학교 방문 시 서명해야 한다고 말했다(Robers et al., 2014).

학교보안 대책 외에도 교내 폭력에 대처하기 위한 법과 정책이 마련되어 있다. **총기 없는 학교법**(Gun−Free Schools Act, 2004)에 따라, 현행 연방법은 연방기금을 받는 각 주가 학교에 총기를 가지고 오는 모든 학생을 최소한 1년간 정학시켜야 한다고 규정하고 있다. 이같이, 대부분의 주는 학교에서 발생하는 왕따, 괴롭힘, 곯리기를 다루는 법을 가지고 있는데(Olweus Bullying Prevention Program, 2011), 그중 일부는 학교에 무기를 반입하는 것과 싸움과 폭력에 대한 구체적인 처벌을 의무화하는 **무관용 정책**(zero−tolerance policies)이며, 따라서 이는 학교 피해와 괴롭힘을 줄이는 역할을 할 수 있을 것으로 기대한다. 다행히, 대부분의 주는 학교 피해를 보다 전체론적으로 다루기 위해 광범위한 정책들을 시행해 왔다. 예를 들어, 박스 10.2는 플로리다의 관련 법에 대한 설명을 제공한다. 이러한 법이 학교에서 발생하는 피해의 규모를 줄이는 데 얼마나 효과적인지는 두고 봐야 하지만, 많은 법이 피해 의심 사례를 의무적으로 신고할 것을 요구하고, 학교 당국이 학교 피해를 줄이기 위한 프로그램과 자원을 갖추도록 의무화하며, 사람들이 현장에서 이러한 프로그램을 감독하도록 요구하고 있다(Limber & Small, 2003).

대부분의 학교 기반 프로그램은 특히 학교 폭력과 괴롭힘을 줄이는 것을 목표로 하고 있다. 이들 프로그램 중 가장 효과적인 것은 사전 예방적이며, 부모, 학생 및 지역사회와 함께 하는 것이다(Ricketts, 2010). 한 가지 흔한 유형의 폭력 감소 프로그램은 동료의 중재(조정)이다. 동료 중재 프로그램은 일군의 학생들에게 관심 기반 협상 기술, 의사소통 기술, 문제 해결 전략을 훈련시켜, 동료들이 폭력 없이 평화적으로 의견 불일치를 해결하도록 돕게 한다. 동료 중재 프로그램에 대한 평가연구의 결과는 시간이 지남에 따라 그러한 프로그램이 학교의 풍토를 바꿀 수 있다는 것을 보여준다(Ricketts, 2010). 구체적으로 괴롭힘을 다루기 위해 일부 학교들은 괴롭힘 방지 프로그램을 채택했다. 이러한 프로그램 중 가장 널리 개발된 것 중 하나인 올위어스 괴롭힘 방지 프로그램(Olweus Bullying Prevention Program)은 미국과 노르웨이에서 괴롭힘 가해와 피해를 의미 있게 감소시키는 것을 보여주었다(Olweus, 1991).

박스 10.2 플로리다주의 괴롭힘/희롱, 사이버 괴롭힘 및 괴롭히기 금지법

괴롭힘/희롱

법령 1006.147(2008)은 (1) 공립 K-12 교육 기관이 수행하는 어떤 프로그램이나 활동 동안에, 그리고 (2) 어떤 학교 관련 또는 학교 후원 프로그램이나 활동 동안에, 또는 (3) 공립 K-12 교육 기관의 컴퓨터, 컴퓨터 시스템, 네트워크를 통해 접근되는 자료나 컴퓨터 소프트웨어의 사용을 통해서, 공립 K-12 교육 기관의 학생이나 직원을 괴롭히거나 희롱하는 행위를 금지한다. 괴롭힘과 희롱의 구체적인 정의는 법령에 명시되어 있다.

법령 1006.147(2008)은 괴롭힘 또는 희롱 행위를 선의로 해당 학교 관계자에게 즉각 신고한 학교 직원, 학교 자원봉사자, 학생 또는 부모에게 그러한 행위의 원인에 대한 면책특권을 제공한다.

법령 1006.147(2008)은 학구들(school districts)이 공립 K-12 교육 기관의 학생이나 직원들을 괴롭히고 희롱하는 것을 금지하는 정책을 채택할 것을 요구한다. 이 정책은 실질적으로 주 교육부의 모델 정책에 부합해야 하며, 모든 학생에게 법에 따른 그들의 지위와 상관없이 동일한 보호를 제공해야 한다. 그 정책의 요구사항은 법령에 명기되어 있다.

법령 1006.07(6)은 지구 학교 위원회(district school boards)가 안전 및 보안 모범 관행(Safety and Security Best Practices)을 사용하여 해당 학구의 현재 안전 및 보안 관행에 대한 자체 평가를 수행함으로써 학생들에게 복지를 제공할 것을 요구한다. 자체 평가 지표에는 학구들이 주 및 연방법에 따라 반 괴롭힘, 반 희롱, 적법절차 권리에 관한 정책을 개발하고 시행하는 것이 포함된다. 이 평가에는 또한 학교들이 훈육, 괴롭힘, 학생들이 인지하는 위협, 그리고 다른 안전 및 보안 이슈에 관해 학생들을 대상으로 실시하는 학교환경조사와 관련된 지표들도 포함된다.

법령 1006.07(2)은 학생이 해당 학구의 선희롱 정책을 위반할 경우 학내 징학, 교외 정학, 제적 또는 학교에 의한 기타의 징계 및 형사처벌을 받도록 규정하고 있다.

주 교육위원회 행정규칙 6A-19.008(1985)은 학교가 괴롭힘 없는 환경을 조성하도록 요구하고, 인종, 민족적 배경, 성별 또는 불리한 조건을 반영하는 어떠한 중상모략, 빈정거림, 기타 언어적, 신체적 행위도 금지하는데, 그것은 이러한 행동들이 위협적이거나 적대적이거나 불쾌한 교육 환경을 조성하고 학생들의 학업 성적, 참여 또는 기타 교육적 기회를 방해하기 때문이다.

사이버 괴롭힘

법령 1006.147(2008)은 공립 K-12 교육 기관의 컴퓨터, 컴퓨터 시스템, 컴퓨터 네트워크를 통해 접근되는 자료나 컴퓨터 소프트웨어의 사용을 통해서, 공립 K-12 교육 기관의 학생이나 직원을 괴롭히거나 희롱하는 행위를 금지한다. 이 법령에서 "괴롭힘"의 정의는 학생이나 학교 직원을 대상으로 데이터나 컴퓨터 소프트웨어를 사용하여 위협적이거나 모욕적이거나 비인격적 행위를 하는 것, 또는 다음과 같은 서면의, 구두의 또는 신체적 행위를 포함한다: (1) 그(녀)의 사람이 해를 입거나 그(녀)의 재산이 손해를 입을 합리적 두려움에 처하게 하거나, (2) 학생들의 교육적 성취, 기회 또는 이익을 실질적으로 방해하거나, (3) 학교의 질서 정연한 작동을 실질적으로 방해한다. "괴롭힘과 희롱"의 정의는 지역 학교 시스템의 범위 내에 있는 컴퓨터, 컴퓨터 시스템 또는 컴퓨터 네트워크를 통해 데이터나 컴퓨터 소프트웨어에 접근하거나 고의로 접근을 유발하거나 제공함으로써 특정 학생이나 학교 직원에 대해 품위를 떨어뜨리거나, 인간성을 박탈하거나, 당황하게 하거나, 신체적 위해를 가하려는 의도를 가진 어떤 개인이나 집단의 지속적인 행위를 포함한다.

괴롭히기

채드 메러디스 법(Chad Meredith Act)으로 불리는 법령 1006.135(2005)는 괴롭히기 (hazing)을 정의하고, 9-12학년 고등학생들을 괴롭히는 것을 법령에 정의된 범죄행위로 규정한다. 이 법령은 괴롭히기 혐의에 대해 다음과 같은 식으로 방어하는 것을 금지한다: "피해자의 동의를 얻었다거나, 사망이나 부상을 초래한 행위나 활동이 공식적 조직적 사건의 일부가 아니다거나, 조직에서 금지되지 않는다거나 승인되었다거나, 조직에서 멤버십의 조건으로서 행해지지 않았다."

SOURCE: National Association of State Boards of Education (2010). The NASBE Healthy Schools Policy Database is a comprehensive set of state-level laws and policies from 50 states on more than 40 school health topics that includes hyperlinks to the actual policies whenever possible.

학교에서의 피해: 대학

당신은 아마 대학생들도 학교에 다니는 동안 유사한 피해의 위험에 처하는지 궁금했을 것이다. 부모는 대학이 안전할 것이라고 확신하면서 자녀들을 대학에 보내며, 실제로 대부분의 대학생은 학교에서 안전하다고 느낀다고 한다. 이러한 느낌은 정당한 것일까?

누가 피해를 입는가?

대학생들은 실제로 비슷한 연령대의 비대학생들에 비해 연평균 피해율이 더 낮다는 사실을 알고는 안도할 것이다(K. Baum & Klaus, 2005). 그러나 강간과 성폭행에서는 학생과 비학생의 차이가 크지 않았다. 대학생들이 피해당할 때는 절도와 같은 비폭력적 피해를 경험할 가능성이 가장 크다. 12개 고등교육기관에 등록한 대학생들을 대상으로 한 연구에서, 보니 피셔 등(Bonnie Fisher, John Sloan, Francis Cullen, and Chunmeng Lu, 1998)은 1,000명의 학생당 169.9건의 절도 피해를 발견했다. 폭력피해를 당한 학생 중에서 가장 흔한 피해는 단순 폭행(전체 폭력피해의 63%)이다. 대부분의 폭력피해는 낯선 사람에 의해, 밤에, 무기 없이, 그리고 캠퍼스 밖에서 가해진다(K. Baum & Klaus, 2005). 실제로 대학생들은 교내에서 경험하는 폭력의 20배에 달하는 폭력피해를 교외에서 경험한다(Hart, 2007). 대학생 폭력피해의 대부분(75%)은 신체적 부상을 초래하지 않는다(K. Baum & Klaus, 2005).

이러한 사건 수준의 특성 외에, 피해 대학생들은 공통적인 특성들을 공유하고 있다. 백인 대학생들은 다른 인종의 학생들보다 높은 폭력피해율을 보인다. 백인 학생과 다른 인종 학생들이 비학생들보다는 낮은 폭력피해율을 갖는 반면, 히스패닉 학생들은 히스패닉 비학생들과 비슷한 폭력피해율을 보인다. 폭력으로 희생되는 대학생들은 주로 남성이다. 남자 대학생들은 여대생보다 2배 정도 많은 폭력피해를 당한다. 여대생이 남자 대학생보다 높은 비율로 경험하는 유일한 폭력피해는 성적 피해이다. 18세에서 24세 사이 여대생들은 1,000명당 연평균 강간/성폭행률이 6명인데 비해, 남성은 1.4명이다. 반면 남자 대학생의 경우 연평균 폭력피해율이 80.2로, 여대생의 42.7과 비교된다(K. Baum & Klaus, 2005). 대학생들의 성적 피해에 대한 자세한 설명은 제7장을 참조하라.

대학생들의 재산피해에 대한 관심은 적었지만, 누가 "전형적인" 대학생 재산 피해자인지는 궁금하다. 남학생은 여학생보다 재산피해를 더 많이 당한다(Fisher, Sloan et al., 1998). 또한, 17세에서 20세 사이의 어린 학생들은 나이가 많은 대학생들보다 재산피해의 위험이 더 크다(Fisher et al., 1998). 취업한 학생들은 취업하지 않은 학생들이나 아르바이트를 하는 학생들보다 더 높은 수준의 재산피해를 보고한다(M. Johnson & Kercher, 2009).

대학에서의 피해 위험 요인

비록 대학생들의 폭력피해 위험이 비학생들보다 더 크지는 않지만, 그들도 여전히 많은 폭력피해를 경험한다. 2013년 25세 미만 대학생이 전국적으로 1,200만 명(National Center for Education Statistics, n.d.)인 상황에서, 1,000명당 23.2건의 강력범죄 발생률은 연 278,400여 건의 폭력피해에 해당한다. 그렇다면, 왜 이렇게 많은 피해가 발생하는 깃일까?

생활양식/일상활동

제2장에서 일상활동이론은 대표적인 피해이론의 하나였다. 이 시각에 따르면, 위험한 생활양식과 일상활동이 개인들을 피해의 위험에 처하게 한다. 사람들이 자신을 동기화된 범죄자들과 특정 시간과 공간에 함께 두는 위험한 생활양식과 일상에 종사할 때 그리고 가용한 보호력을 갖지 못할 때는, 자신을 적절한 범행대상으로 만들고 그래서 피해를 당하기 쉽다. 대학생들이 어떻게 자신을 위험에 빠뜨릴 수 있는 일상활동을 하고 위험한 생활양식을 갖게 되는지 생각해 보자.

잠재적 범죄자들이 있는 곳에서 시간을 보내는 것은 피해의 위험을 증가시킨다. 대학생들에게 있어서 가장 흔한 가해자는 또 다른 대학생이기 쉽다(Fisher et al., 1998). 저녁에 집을 떠나 바깥에서 많은 시간을 보내는 학생은 피해의 위험에 처하기 쉽다(Mustaine & Tewksbury, 2007). 주중에 캠퍼스에서 많은 밤을 보내는 것은 대학생들의 절도 피해를 증가시키는 것으로 밝혀졌다(Fisher et al., 1998). 여대생의 경우, 남성들이 있는 장소에서 시간을 보내는 것은 특히 성적 피해의 위험을 증가시키는 것으로 보인다. 즉, 남학생 사교모임에서 더 많은 시간을 보내는 여성들이 다른 여성들보다 성적으로 희생될 가능성이 더 크다(Stombler, 1994). 남학생 클럽이나 여학생 클럽의 일원이 되는 것은 재산피해의 위험 증가와도 관련이 있다 (M. Johnson & Kercher, 2009). 대학생들이 잠재적 범죄자들에게 노출될 수 있는 또 다른 경로는 가해행위에 관여하는 것이다. 그렇게 하는 사람은 다른 사람보다 피해당할 가능성이 더 크다.

적절한 타겟이 되는 것은 대학생들에게서도 피해의 위험을 높인다. 사람은 다양한 이유로 "적절한 대상"으로 여겨질 수 있다. 어떤 사람이 값비싸고 훔치기 쉬운 물품을 가지고 공개된 장소에서 다니면, 그(녀)는 다른 사람들보다 더 큰 피해의 위험에 처하게 된다(M. Johnson & Kercher, 2009). 그(녀)는 혼자 걸어갈 수도 있고 자신을 보호할 수 있을 것처럼 보이지 않을 수도 있다. 특히 대학생들과 관련 있는 것으로, 어떤 사람은 눈에 띄게 술에 취해서, 가해하기 쉽고 공격에 저항할 수 없을 것 같이 보일 수 있다. 그럴 경우, 가해자는 피해자가 저항할 것을 두려워하지 않고, 심지어 기억을 못해 사건을 경찰에 제대로 신고도 하지 못할 것으로 믿을 수 있다. 여기서 다시, 대학생들의 피해에 있어서 알코올이 하는 역할을 생각해 볼 수 있을 것이다.

일상활동이론과 관련된 마지막 요소는 가용한 보호력의 결여이다. 높은 수준의 유동성을 갖고 유대 수준이 낮은 환경에서 사는 대학생들(예컨대, 거주자들이 해마다 이사를 하고 룸메이트를 자주 바꾸는 학생 아파트)은 가정이나 캠퍼스 기숙사에 사는 학생들보다 피해의 위험이 더 크다(Mustaine & Tewksbury, 2007). 보호력은 무기, 최루가스, 또는 후추 스프레이를 휴대하는 등의 물리적 수단을 통해서도 만들어지고, 범죄 예방 및 지각 세미나에 참석하는 등의 활동을 통해서도 만들어질 수 있다. 실제로 범죄 예방이나 범죄 인식 세미나에 참석하는 것은 대학생들의 폭력피해 위험을 줄이는 것으로 밝혀졌다(Fisher et al., 1998). 한편, 어떤 연구에서는 물리적 보호력의 사용이 오히려 피해의 증가와 관련 있는 것으로 나타나기는 했지만, 이것은 피해를 당한 이후에 이러한 물품을 구입하는 사람들에 의한 것일 수도 있다(Fisher, Daigle, & Cullen, 2010b 참조).

알코올

일상활동이론의 세 가지 요소 외에도, 대학생들은 종종 피해의 위험을 증가시킬 가능성이 있는 행동을 한다. 우리가 고려해야 할 첫 번째 위험한 행동은 술과 마약의 사용이다. 잘 알다시피, 대학생들은 다른 연령층보다 음주가 잦은 편이다. 대학생의 음주에 관한 연구에 따르면, 대학생의 75%에서 96%가 술을 마신다고 한다(National Institute of Drug Abuse, 1995, 1998). 학생들은 또한 폭음(여학생은 한 자리에서 4잔 이상을 마시는 것으로, 남학생은 한 자리에서 5잔 이상을 마시는 것으로 정의함)도 자주 하는데, 대학생들의 거의 절반이 일부로 술에 취하기 위해 폭음을 하는 것으로 나타났다(O'Malley & Johnston, 2002). 대학생들 사이에서 알코올 사용의 가장 심각한 결과 중 하나가 범죄피해이다. 실제로 "과음하는 대학생들은 범죄자이거나 범죄피해자일 가능성이 더 크다"(Tewksbury & Pedro, 2003, p. 32).

왜 술이 대학생들의 피해 위험을 증가시키는가? 제2장에서 지적한 바와 같이, 알코올은 인지 기능을 손상시키고 상황을 위험한 것으로 평가하는 능력을 감소시킨다. 상황이 위험하다는 것을 알 수 있다 하더라도, 술에 취한 상태에서는 잠재적 공격자를 물리적으로 막지 못할 수 있다. 또한, 술에 취한 사람은 자제력이 약해져서 평소에는 하지 않을 말이나 행동을 할 수 있다. 따라서 그(녀)는 스스로 잠재적인 범죄자와 함께 하는 상황에 처할 수 있다. 알코올의 영향을 감안할 때, 술 취한 사람은 다른 사람을 화나게 하는 말이나 행동을 할 수 있기 때문에 의도치 않게 싸움이나 말다툼을 하게 된다. 피해자를 탓하는 것은 아니지만, 알코올이 관련되었을 때, 피해자의 행동이나 말이 피해로 이어지는 경우는 흔히 볼 수 있다.

캠퍼스 피해에 대한 대응

입법

아침에 학교에 데려다 준 아이가 학교에서 범죄피해를 당했다는 사실을 알리는 전화를 받고 싶은 부모는 이 세상에 없지만, 잔 클레리(Jeanne Clery)의 부모가 바로 그러한 일을 경험하였다. 그들은 생애 최악의 전화를 받았다. 그들의 딸은 리하이(Lehigh)대학에 다니는 동안 강간당하고 살해당했다. 클레리가 기숙사 방에서 자고 있을 때, 조셉 헨리(Joseph Henry)가 잠기지 않은 문을 통해 들어왔다(Clery & Clery, 2008). 딸의 죽음에 대한 대응으로, 클레리 부부는 대학이 기숙사의 문이 열린 상태에서 지지대로 받혀 있었고 잠기지 않는다는 사실을 알고 있으면서도 학생들에게 캠퍼스에 잠재해 있는 위험에 대해 알리지 않았다는 이유로 학교 당국을 고소하였다. 소송을 제기하는 것 외에도, 그들은 대학 캠퍼스가 학생들에게 범죄의 위험성에 대해 적극적으로 알릴 것을 요구하는 법안을 추진했다. 그 결과, 기존 (1990)의 '학생의 알 권리 및 캠퍼스 보안법'이 1998년에 **잔 클레리 캠퍼스 보안정책 및 캠퍼스 범죄통계 공개법**(Jeanne Clery Disclosure of Campus Security Policy and Campus Crime Statistics Act, 20 USC 1092f)으로 개명되어 통과되었다(이후에는 클레리법이라고 한다).

클레리 법은 1965년 고등교육법(Higher Education Act of 1965) 제4호에 따라 학생 지원(student aid)에 참여할 수 있는 모든 고등교육기관에 적용된다. 교육부에 의해 시행되는 이 법에는 세 가지 주요 요구사항이 있다. 첫째, 매년 10월 1일까지 각 학교는 성폭력 정책, 캠퍼스 보안관의 권한, 그리고 범죄 신고처에 관한 정보를 포함하는 범죄 통계 및 보안 정책을 담은 연례 캠퍼스 보안보고서를 발간해야 한다. 보안보고서는 가장 최근 3년 동안의 정보를 포함해야 하며, 모든 학생과 직원이 이용할 수 있도록 해야 한다. 보고서에 반드시 포함되어야 할 범죄는 살인, 성범죄, 강도, 가중 폭행, 침입 절도, 자동차 절도, 방화 등이다. 만약 체포나 징계 회부가 이뤄졌을 경우는, 보고서에 주류법 위반, 마약법 위반, 불법 무기 소지 등의 정보도 포함돼야 한다. 사건의 위치는 캠퍼스, 캠퍼스 내 학생 주거 시설, 비캠퍼스 건물, 또는 캠퍼스 내부나 캠퍼스에 인접한 공적 자산 등의 항목으로 제공되어야 한다.

둘째, 대학은 범죄 기록과 지속적인 위협에 대한 경고를 통해 사건을 적시에 공개하도록 되어 있다. 범죄 일지는 캠퍼스 경찰이나 보안 부서에서 보관해야 한다. 범죄를 인지하면 이틀 이내에 경찰이나 경비원은 범죄 일지에 그 범죄의 성격, 날짜, 시간, 장소 등을 기록해야 한다. 이 범죄 기록은 공적 기록이다. 그것은 일반 근무시간 동안 공개되고 60일 동안 공개되어야 한다. 범죄 일지와 함께, 공개가 요구되는 범죄와 학생과 직원에게 지속적인 위협으로 인식되는 범죄에 대한 경고 조치가 이루어져야 한다. 경고는 일반적으로 이메일, 전화, 문자메시지를 통해 전달된다.

셋째, 클레리 법은 캠퍼스에서 발생한 성폭력 사건에서 가해자와 피해자의 일정한 권리를 보호하도록 규정하고 있다. 양 당사자 모두 다른 사람들을 학교 징계 청문회에 참석시킬 수 있는 동일한 기회를 부여받는다. 양 당사자 모두 징계 청문회의 결과를 통보받을 권리가 있다. 피해자들은 법 집행기관에 통보할 권리가 있으며, 그들이 이용할 수 있는 상담 서비스와 학업 및 생활 상황의 변경을 위한 선택권에 대해서도 통지받을 권리가 있다.

이러한 요건에도 불구하고, 클레리 법에는 몇 가지 한계가 있다. 발생한 모든 범죄가 보안보고서에 공개되는 것은 아니고, 모든 범죄가 경찰에 신고되는 것도 아니며, 캠퍼스 자산이나 캠퍼스에 인접한 공공 자산에서 발생한 범죄만 보고서에 포함하도록 요구된다. 따라서, 캠퍼스의 안전에 관한 지침을 위해 보안보고서를 조회하는 사람들은 실제 발생한 범죄의 총량에 대한 부분적인 정보에만 접하는 것일 수 있다. 또한, 클레리 법은 대학이 그 요건을 준수하도록 강제하고 있지만, 모든 학교가 그렇게 하고 있는 것은 아니라는 연구 결과도 있다(Fisher, Karjane et al., 2007).

클레리 법 외에도, 유죄판결된 적 있는 성범죄자가 고등교육기관에 다니거나 캠퍼스 내 자원봉사활동에 관여할 경우 의무적으로 등록하게 하여 추적할 수 있게 해 주는 다른 연방 법률이 통과되었다(Carter & Bath, 2007). 또한, 적어도 19개 주가 클레리 법

사진 10.2 하워드 클레리와 코니 클레리(Howard and Connie Clery)가 리하이 대학(Lehigh University)에서 잔인하게 살해된 딸 잔 클레리(Jeanne Clery)의 침대에 앉아 있다. 하워드와 코니는 캠퍼스 보안회사(Security on Campus, Inc.)의 책임자이다.

과 유사한 법률을 가지고 있다(Sloan & Shoemaker, 2007).

보다 최근에는 클레리 법과 별개로 대학들이 연례 범죄보고서에 데이트 폭력, 가정폭력, 스토킹을 기록하고 공개하도록 요구하는 법안이 통과되었다. 여성폭력방지법 재인가 법률(Violence Against Women Reauthorization Act)의 일부인 2013년 캠퍼스 성폭력 소탕법(Campus Sexual Violence Elimination Act: SaVE)도 대학이 피해 신고자에게 그들의 권리, (가해자에 대한) 징계 절차, 피해자 지원, 안전 계획 등에 관한 서면 정보를 제공하도록 규정하고 있다. 또한, 신규 학생들과 직원들은 강간, 성폭행, 가정폭력, 데이트 폭력, 스토킹에 관한 일차적 예방 및 인식 프로그램을 제공받아야 한다.

캠퍼스 경찰과 보안 대책

학생 수 2,500명 이상의 4년제 대학 중 거의 2/3가 정식 법 집행관을 두고 있다. 거의 모든 공립대학이 정식 직원을 두고 있는 반면, 사립대학은 절반 미만만 정식 직원을 두고 있다(Reaves, 2015). 대신, 정식 직원이 없는 대학은 비정규직(또는 별정직) 보안 요원들을 두고 있다. 정규직 법 집행관들은 완전한 체포 권한을 갖는다. 캠퍼스는 그들이 고용하는 법 집행관의 수에 있어 매우 다르다. 당연히 학생 수가 많고, 대도시 지역에 위치한 고등교육 기관들이 상대적으로 작고 전통적인 시골 지역 학교에 비해 더 큰 경찰 및 보안 인력을 갖는 경향이 있다(Reaves, 2015). 가장 많은 수의 법 집행관이 있는 캠퍼스의 목록은 표 10.1을 참조하라.

표 10.1 캠퍼스 법집행기관들의 정규직 직원 수(상위 10개 대학): 2011-2012

학교	정규직 직원 수
Temple University	133
University of Pennsylvania	116
University of Southern California	102
University of Maryland-College Park	99
Howard University	94
University of Texas Health Science Center at Houston	92
George Washington University	90
Tulane University	90
Vanderbilt University	88
University of Chicago	86

SOURCE: Reaves (2015).

대학 캠퍼스의 거의 4분의 3은 사람들이 도움을 요청하거나 범죄를 신고할 수 있는 세 자리수의 비상 전화번호를 가지고 있다. 캠퍼스 안에서 도움이 필요한 사람은 캠퍼스 법 집행기관에 직접 연결되는 블루 라이트 비상 캠퍼스 전화를 사용할 수 있다. 학생 수 2,500명 이상인 4년제 고등교육기관의 90% 이상이 이 전화를 두고 있다. 이러한 보안 대책들 외에도, 고등교육 기관의 일부에는 지역사회 치안(21%), 피해자 지원(12%), 일반 강간 예방(14%)을 위한 전문 부서가 있다(Reaves, 2015).

직장에서의 피해

지금까지 우리는 학교가 학습을 장려하기 위해 안전한 환경을 제공해야 한다는 사실에도 불구하고, 학생들이 학교를 다니는 동안 겪을 수 있는 피해에 대해 논의해 왔다. 마찬가지로, 사람들이 일하는 직장 또는 작업 환경도 당신이 생각하는 것과 같이 안전해야 하기 때문에, 엄격한 법과 규칙이 마련되어 있으며, 다음에서 논의되는 바와 같이, 안전을 보장하기 위한 다양한 시도들이 이루어지고 있다. 그럼에도 불구하고, 사람들이 생계를 유지하려고 노력하는 동안 항상 위해로부터 안전한 것은 아니다. 하지만 사람들이 얼마나 자주 직장 또는 일과 관련하여 피해를 당하는가? 왜 그런 일이 발생하며, 어떻게 예방할 수 있을까? 이러한 질문과 관련한 문제들이 이 절에서 다루어진다.

직장 피해의 정의

직장인들에게 피해가 발생하는 정도를 다루기 전에, 직장에서의 피해가 어떤 것들을 포괄하는지에 대해 먼저 이야기해보자. 분명히, 어떤 사람이 (예컨대, 자신의 사무실에서) 육체적으로 일을 하는 동안 피해를 당한다면, 그것은 **직장 피해**(workplace victimization)를 구성한다. 하지만 만약 그 사람이 기관이 주차장에서 피해를 당한다면 어떻게 될까? 이것 역시 직장 피해로 간주될 것인가? 만약 어떤 사람이 일하러 가는 동안에 또는 배달과 같은 공식적인 직장 업무를 하는 동안에 피해가 발생한다면 어떻게 될까? 요컨대, 어떤 사람이 일을 하거나 근무 중에 피해를 당한다면, 그 사건은 직장 피해로 간주된다. 직장 피해는 위협 및 단순 폭행에서 살인에 이르기까지 폭력적일 수도 있으며, 또는 절도와 같이 비폭력적일 수도 있다.

직장 피해를 조사해 온 많은 연구가 비폭력적 피해보다는 직장에서 발생하는 폭력에 초점을 맞추었다. 직장 폭력이란 개념이 수년 동안 연구되어 왔다는 것을 알면 놀랄지도 모른다. 사실, 문헌에서 직장 폭력을 처음으로 논한 것은 1892년이다. 그러나 1970~1980년대까지는 직장 폭력에 관한 데이터가 수집되지 않았고, 따라서 범죄학자들도 직장 피해의 원인을 진지하게 고려하지 않았다(Jenkins, 2010). 그러나 그 이후부터는 직장에서 발생하는 폭력에 대해 광범위한 관심이 쏠리고 있다. 직장 폭력을 이해하기 위해 개발된 유용한 도구 중 하나는 직장 폭력의 유형론이다(Jenkins, 2010). 첫 번째 유형은 **범죄 의도가 있는 사건**(criminal intent incidents)인데, 이는 가해자가 범죄가 발생한 사업체와 어떠한 정당한 관계도 갖지 않는 경우이다. 이 유형에서의 가해자는 주유소를 털고 점원에게 총격을 가하는 것처럼 흔히 폭력을 수반하는 범죄를 저지른다. 두 번째 유형은 **손님/고객 사건**(customer/client incidents)이다. 이는 가해자가 그 사업체와 정당한 관계를 갖고 사업체로부터 서비스를 받는 동안 폭력적으로 돌변하여 발생하는 사건들이다. 이 유형의 예는 병원에서 흥분하여 의사에게 주먹을 날리는 사람이 될 수 있다. 세 번째 유형은 **근로자 대 근로자 사건**(worker-on-worker incidents)이다. 이들 사건에서 가해자는 그 사업체의 현재 또는 전 직원인데, 다른 직원에 대해 공격을 가한다. 넷째, 그리고 마지막 형태의 사건은 **개인적 관계 사건**(personal relationship incidents)으로서, 이는 가해자가 의도된 피해자와 개인적 관계를 맺고 있다가 (피해자의) 직장에서 피해자에게 범행하는 사건이다. 이런 유형의 예는 한 남자가 전처 직장에 나타나 그녀에게 총격을 가하는 가정폭력 사건이 될 수 있다. 이제 여러분이 직장 피해를 구성하는 피해의 유형들에 대해 알게 되었으므로, 이런 피해가 매년 얼마나 많이 발생하는지 알아보도록 하자.

직장 피해의 정도

학교에서의 피해와 마찬가지로, 대부분의 사람은 매일 안전하게 출근하고 피해로부터 자유롭다. 하지만 어떤 사람들은 피해를 경험한다. 우리는 다양한 데이터 출처로부터 직장 피해의 정도를 대략 파악할 수 있다. 대부분의 피해 유형과 마찬가지로, 한 가지 풍부한 데이터 소스는 NCVS이다. 어떤 사람이 NCVS에서 특정 피해를 경험했다고 표시하면, 직후 그 사건에 대한 보고가 이루어지게 된다는 점을 기억하라. 사건 보고에서 사람들이 피해 당시 직장에 있었다거나 근무 중이었다고 진술하는 경우, 그 사건은 직장 피해사건으로 집계된다. 1993년부터 1999년까지 연평균 170만 건의 폭력피해가 직장에서 또는 근무 중에 발생했는데, 이는 동 기간에 발생한 모든 폭력 범죄의 18%를 차지한다(Duhart, 2001).

그러나 NCVS 조사결과에 따르면, 직장인들이 겪는 가장 흔한 유형의 피해는 개인 절도라고 한다. 1987년부터 1992년까지, 매년 평균적으로 200만 건 이상의 개인 절도사건이 직장에서 발생하였다. NCVS에서 보고된 모든 절도의 거의 4분의 1이 직장에서 또는 근무 중에 발생했다(Bachman, 1994). NCVS에서 측정된 두 번째로 흔한 유형의 피해는 단순 폭행이다. 1993년부터 1999년까지 평균 1,311,700건의 단순 폭행사건이 직장에서 또는 근무 중에 발생했다. 가중 폭행까지 포함하면, 매 20건의 직장 폭력사건당 19건 가까이가 가중 폭행 또는 단순 폭행이었는데, 이는 다른 형태의 폭력적 직장 피해 사례는 상대적으로 드물다는 것을 말해 준다. 실제로, 같은 기간 동안, 전체 직장 폭력 범죄의 6%만이 강간/성폭행, 강도 또는 살인이었다(Duhart, 2001).

누가 직장에서 피해를 당하는가?

피해자의 인구학적 특성

당신은 아마도 남성이 여성보다 직장에서 또는 근무 중에 폭력피해를 당할 가능성이 더 클 것이라고 짐작하겠지만, 2009년에는 남성과 여성의 직장 폭력피해 비율에 차이가 없었다(Harrell, 2011). 그들은 똑같은 비율로 일하는 동안 절도 피해자가 될 가능성이 있다(Bachman, 1994). 직장 폭력피해율은 백인이 흑인이나 히스패닉, 아시아/태평양 도서지역 주민들보다 더 높고, 백인을 제외한 나머지 인종/민족 집단들 간에는 큰 차이가 없었다(Harrell, 2011).

고려해야 할 마지막 두 가지 인구학적 특성은 연령과 혼인상태이다. 20–34세의 젊은 성인들은 직장 폭력피해율이 가장 높았다. 결혼한 사람은 미혼, 사별,

이혼, 별거 상태의 사람들에 비해 직장 폭력피해율이 낮았다. 후자의 네 집단은 모두 유사한 피해율을 보인다(Harrell, 2011).

위험이 가장 큰 직업

인구학적 특성이 직장 피해와 관련 있다는 것은 알지만, 그것이 우리에게 어떤 직업이 가장 위험한지는 알려주지 않는다. 만약 당신이 특정 직업이 위험으로 가득하다고 생각한다면 그것이 틀리지는 않을 것이다. NCVS의 자료를 보면, 법집행직이 가장 위험하다는 것을 알 수 있다. 법 집행, 교정, 보안을 포함한 이 분야에 종사하는 사람들은 모든 직장 폭력피해 중 18%를 경험한다(Harrell, 2011). 대학 교직원들은 다행스럽게도 대체로 가장 낮은 피해율을 보인다. 가장 큰 위험에 직면하는 다른 직업 분야로는 정신건강, 소매판매, 교통, 의약업 등이 있다. 이러한 광범위한 범주 내에서, 경찰, 택시 운전사, 교정직 근로자, 사설 경비원, 바텐더, 정신건강 시설의 관리인과 전문가, 특수 교육 교사, 주유소 점원은 가장 높은 직장 폭력피해율을 보인다(Harrell, 2011). 당신이 상상할 수 있듯이, 소매판매업에 종사하는 사람들은 강도 피해율이 가장 높고, 법 집행에 종사하는 사람들은 폭력 피해율이 가장 높다(Duhart, 2001). 정부 직종에서 일하는 사람들도 직장 폭력의 위험에 처해 있다(Lord, 1998).

특별한 경우: 치명적인 직장 피해

물론 가장 심각한 피해의 결과는 사람이 목숨을 잃는 것이다. 불행히도 이런 일은 때때로 어떤 사람이 직장에 있을 때 발생한다. 그리고 이것은 단지 극도로 분노한 사람에 의해서만 일어나는 것이 아니다. 사실, 살인은 직장인들의 업무상 상해 사망의 주된 원인이 아니다(Jenkins, 2010). 이것을 어떻게 알 수 있을까? 다양한 직업별 치명적 상해 건수를 추적하기 위해 국가 치명적 직업 상해 조사(National Census of Fatal Occupational Injuries) 프로그램이 1992년에 시작되었다. 매년 노동통계국은 치명적인 직업 상해의 정도와 유형을 파악하기 위해 이 조사 프로그램으로부터 치명적 상해의 정도에 관한 조사결과를 추출, 출간한다(Bureau of Labour Statistics, 2011).

2014년에는 총 4,821명이 치명적인 업무상 상해를 입었다. 이 중 765명이 직장에서 또는 근무 중 사람이나 동물에 의한 폭력과 기타 부상으로 사망했다 (Bureau of Labour Statistics, 2016a). 이 765명 중 409명은 살인 피해자였으며, 280명 은 자해에 의한 부상으로 사망했다(Bureau of Labour Statistics, 2016b). 409명의 살인 피해자 중 대부분(75%)은 직장 내 총격 사건의 피해자였다(Bureau of Labour Statistics, 2016b). 가장 흔한 유형의 직장 살인은 범죄 살인이며, 2008년에는 강도 살인만 40%를 차지했다. 직장동료와 전 직장동료, 즉 근로자 대 근로자 사건 유형 은 같은 해에 발생한 사건의 12%만 차지했다(Bureau of Labour Statistics, 2010).

피해자의 인구학적 특성

일반적인 직장 폭력과 마찬가지로, 직장에서 살해당할 가능성도 남성이 여성 보다 더 크다. 그러나 주목할 만한 것은, 여성이 관련된 치명적인 직장 상해가 남 성이 관련된 치명적인 직장 상해보다 더 큰 비율로 살인사건에서 비롯된다는 점이 다. 2012년에 여성의 모든 치명적인 직장 부상 중 19%가 살인사건에서 비롯된 반 면, 남성은 살인사건으로부터 8%만 *비*치명적인 직장 부상을 입었다(Bureau of Labor Statistics, 2016c). 남성과 여성의 또 다른 흥미로운 차이점은 직장에서 살인사 건이 발생할 때 가해자가 누구냐는 것이다. 남성은 직장에 온 강도에 의해 살해될 가능성이 큰 반면, 여성은 직장에서 친척이나 파트너에 의해 살해될 가능성이 더 크다(Bureau of Labour Statistics, 2016d). 남성의 높은 직장 살인 피해율에 더해, 소수 계 사람들도 다른 사람들보다 직장 살인 피해자가 될 위험이 더 크다(Sygnatur & Toscano, 2000). 45세에서 54세 사이의 성인들이 직장 살인 피해의 가장 큰 비중을 차지하는 반면, 19세 이하의 사람들은 가장 낮은 비율을 차지한다(Bureau of Labour Statistics, 2016b).

가장 위험한 직업 및 직장

당신은 이미 특정 직업의 근로자들이 다른 직업 근로자들보다 더 큰 피해의 위험에 직면한다는 것을 배웠다. 당신은 동일 유형의 직업들은 치명적인 직장 폭 력의 매락에서 같은 정도의 위험을 내포하고 있다고 생각하는가? 당신은 법 집행 직이 치명적이지 않은 폭력에 있어서는 "위험"하지만, 치명적인 직상 폭력에 있어 서는 가장 위험하지는 않다는 것을 알면 놀랄지도 모른다. 택시 운전사들과 (고용된 자가용) 운전사들은 미국에서 다른 어떤 종류의 노동자들보다 살해당할 위험이 더 크다. 그들은 모든 고용된 사람들의 36배에 달하는 위험에 직면해 있다. 다음 사실을 생각해 보라. 택시 운전사와 운전사는 고용된 근로자의 0.2%에 불과하지만, 모든 업무 관련 살인 피해의 7%를 차지한다. 그들은 직장 살인의 불균형적인 큰 몫을 차지한다. 경찰관들의 직장 살인 피해율은 그 다음 순이다.

직업 관련 살인율이 높은 직장은 어떤 것들이 있을까? 판매 관련 분야는 직장 살인율이 매우 높은 반면, 보호 서비스와 운송은 다음으로 높은 비율을 보인다 (National Institute for Occupational Safety and Health, 2014). 살인이 가장 많이 발생하는 직장으로, 소매점에는 주류점, 주유소, 식료품점, 보석점, 식음료점 등이 있다. 서비스업은 예컨대 호텔과 모텔을 포함한다. 공공행정에는 형사 및 보호 명령 서비스와 사법 및 공공질서 시설이 포함된다. 마지막으로, 교통은 앞서 언급한 바와 같이, 직장 살인의 맥락에서 가장 위험한 직업인 택시업을 포함한다(National Institute for Occupational Safety and Health, 1995).

직장 피해의 위험 인자

직장 피해 및 직장 살인에 가장 취약한 직업과 직장의 종류를 알게 되었으므로, 다음으로 고려해야 할 것은 이러한 직업과 장소가 왜 그렇게 위험한지 그 이유를 파악하는 것이다. 예컨대, 소매업이나 법 집행업무를 하는 것이 위험을 야기하는 이유가 무엇인가? 일반적으로, 특정 직업의 다음과 같은 여러 특징이 근로자들을 피해의 위험에 처하게 한다(Jenkins, 2010; National Institute for Occupational Safety and Health, 1995; Sygnatur & Toscano, 2000):

- 금전 교환 관련 작업
- 소수의 사람과 함께 작업하거나 혼자 작업
- 늦은 밤에 또는 이른 아침에 작업
- 범죄율이 높은 지역에서 작업
- 지역사회에서 근무(예: 경찰 또는 택시 운전사)
- 범죄자, 불안정한 사람 또는 변덕스러운 사람과의 작업
- 여러 장소를 이동하며 작업
- 물품, 승객 또는 서비스 이송 작업

• 귀중품 또는 자산 보호

특별한 사례: 성희롱

직장 피해의 또 다른 특별한 유형은 성희롱이다. 법적으로 성희롱은 두 가지 방식으로 발생할 수 있다. 첫째로, **대가성 성희롱**(quid pro quo sexual harassment)은 성적 호의의 요청에 순응하는 것이 승진과 같은 고용 관련 (긍정적) 결과를 가져올 (dictate) 때 발생한다. 둘째로, **적대적 업무 환경 성희롱**(hostile work environment sexual harassment)은 성 관련 행위가 위협적이거나 적대적이거나 불쾌한 업무 환경을 조성하거나 개인의 업무 수행을 부당하게 방해할 때 발생한다(Sexual Harassment, 29 C.F.R. § 1604.11[a][2][3], 1999). 이것들은 성희롱의 법적 정의이지만, 사람이 괴롭힘을 당한 것처럼 느끼면 피해자로 간주될 수 있는데, 이는 심리적 정의를 충족하는 것이다. 성희롱의 행동적 정의는 심리적 불편함을 초래하거나 불법적인 성 관련 행동을 포함한다(O'Leary–Kelly, Bowes–Sperry, Bates & Lean, 2009). 한 가지 심리적 정의는 직장에서의 성 관련 행위가 당하는 사람에 의해 불쾌하고, 자신의 자원을 초월하고 복지를 위협하는 것으로 여겨지면 성희롱이 된다는 것이다(O'Leary–Kelly et al., 2009에서 인용). 연구에 따르면, 특히 남성적인 성향을 보이고 전통적으로 남성적인 분야에서 일하는 여성은 남성보다 성희롱의 피해자가 될 가능성이 더 높은 것으로 나타났다(Berdahl, 2007). 또한, 성희롱은 그것에 대한 높은 조직적 관용이 있고 상대적으로 여성의 비율이 낮은 직업에 종사하는 사람들에게 가장 흔하다는 연구 결과도 있다(Willness, Steel, & Lee, 2007).

직장 피해의 결과

직장 피해의 가장 명백한 결과 중 하나는 사람들이 더는 그 직장에 일하러 가지 못할 수도 있다는 것이다. 그들은 부상을 입을 수 있고, 의사의 치료를 받아야 하며, 그 결과 일을 쉬어야 할 수도 있다. 그들은 일터로 돌아가는 것을 두려워할지도 모른다. NCVS에 참여한 사람들은 직장 피해로 인해 매년 약 1,751,100일의 일을 놓쳤다고 말했다. 평균적으로, 각 직장 피해 사건은 3.5일의 결근을 유발했고, 이로 인해 병가와 연차 휴가를 빼고도 연간 5,500만 달러 이상의 임금 손실이 발생하였다(Bachman, 1994).

직장 살인은 막대한 비용을 초래한다. 의료비, 미래 소득 손실, 육아와 집안일을 포함한 가계 생산 손실 등을 검토할 때, 1992년부터 2001년까지 발생한 직장 살인사건은 65억 달러의 비용을 초래하였다. 각각의 직장 살인은 평균 80만 달러의 비용을 유발한다(Hartley, Biddle & Jenkins, 2005).

사진 10.3 택시 운전사는 가장 큰 폭력의 위험에 노출되기 때문에 하루하루가 매우 위험할 수 있다.

직장 피해에 대한 대응

우리는 지금까지 직장 피해가 발생하는 정도, 직장 피해의 위험이 가장 큰 직업과 직장, 그리고 직장 피해의 위험 인자에 관해 알아보았다. 그러면 이제 기업, 정부, 입법부가 직장 피해를 예방하기 위해서 무엇을 해왔는지 알아보자.

예방 전략

예방 전략이 효과적이려면 위험인자를 공략해야 한다. 즉, 직장 피해를 예방하기 위해서는 특정 직업이나 직장을 위험에 빠뜨리는 요인들을 대상으로 하고 그것들을 바꾸어야 한다. 그렇게 하는 과정에서, 직장 피해를 방지하는 일은 전형적으로 세 가지 주요 영역에서 진행되었다. 첫 번째 예방 전략은 **환경 설계**(environmental design)를 목표로 한다. 이러한 전략은 직장을 보다 안전하고 덜 매력적인 범행 대상으로 만드는 방법에 초점을 맞춘다. 이러한 예방유형의 예제는 표 10.2를 참조하라. 두 번째 유형의 예방 전략인 **조직 및 관리적 통제**(organizational and administrative controls)는 관리자와 기관이 자신의 조직에서 직장 피해의 위험을 줄이기 위해 구현할 수 있는 전략에 초점을 맞춘다. 이러한 통제는 다양할 수 있지만, 공통된 전략이 표 10.2에서 확인된다. 세 번째 유형의 예방 전략은 행동적이다. **행동적 전략**(behavioral strategies)은 근로자들이 직장 피해의 위험을 줄이기 위해 취할 수 있는 조치들이다. 표 10.2에 그러한 행위들이 예시된다.

표 10.2 직장 피해의 예방 전략

전략	정의	예
환경적	직장을 보다 안전하고 덜 매력적인 타겟으로 만드는 방법에 초점을 맞춘다	조명을 개선하고, 보안 카메라와 방탄 방호벽 및 울타리를 설치하고, 고액의 현금 소지 금지 표지를 부치고, 고위험 지역은 눈에 잘 띄게 만들고, 경보기를 설치하고, 경찰에게 직원들을 점검하도록 한다.
조직적 & 행정적	관리자 및 기관이 자기 조직에서 직장 피해의 위험을 줄이기 위해 구현할 수 있는 전략에 초점을 맞춘다.	안전한 근무환경 유지를 위한 교육 제공, 혼자 일하는 것 금지, 언어폭력 사건 및 의심스러운 행동 기록, 직장 피해/폭력으로 간주되는 행위와 위험한 상황 완화를 위한 방법을 규정하는 정책, 보안장비 사용법 교육, 심리상담지원 또는 직장에서 (폭력을) 실행할 가능성을 줄이기 위한 지원, 그리고 직장 피해에 따른 서비스에 대한 접근
행동적	근로자가 직장 피해의 위험을 줄이기 위해 취할 수 있는 조치	비폭력적 대응 및 갈등 해결 훈련, 잠재적 폭력 예측 및 대응 방법 교육, 강도 발생 시 저지 방법 교육

고용주들도 직원을 채용할 때 주의하고 그들의 의심스러운 행위를 세심하게 관찰함으로써 현재나 전 직원이 범하는 직장 폭력을 줄이는데 일정한 역할을 할 수 있다. 고용주들이 해야 할 일 중 하나는 직원들이 과거에 술이나 마약, 폭력, 또는 동료와 관련된 문제를 일으킨 적 있는지 세심하게 심사하는 것이다. 고용주들은 자신의 문제에 대한 책임을 외부로 돌리는 경향이 있고, 적대적이거나, 직업을 자주 바꾸는 사람들을 식별해 내기 위해 노력해야 하는데, 그것은 이 모든 특징이 직장에서 폭력적으로 돌변할 수 있는 사람의 지표이기 때문이다(P. Morgan, 2010). 고용주들은 또한 어떤 사람이 무기에 집착하거나 무기를 가지고 출근할 때, 최근에 투서를 당하거나 해고되었을 때, 다른 사람에게 협박이나 위협을 했을 때, 다른 동료에게 일방적으로 로맨틱한 관심을 보일 때, 편집증 증상을 보일 때, 자신에 대한 비판을 수용하지 못할 때, 개인적인 문제를 경험했을 때, 또는 근무 습관을 바꾸기 시작할 때(예: 정시에 출근하던 사람이 자꾸 늦게 출근할 때)는 그들의 폭력적인 징후를 경계해야 한다(P. Morgan, 2010).

법률 및 규정

직장 폭력 예방을 위한 특정한 국가 표준이 없다는 것을 알면 놀랄지도 모른다(Jenkins, 2010; Occupational Safety and Health Administration, n.d). 그러나 직장 안전과 보건을 위한 입법 지침을 제공하는 연방기관은 있다. 미국 노동부의 **직업안전보건청**(Occupational Safety and Health Administration: OSHA)은 직업 안전 및 보건 입법의 책임을 지고 있는 반면, 보건복지부의 국립직업안전보건연구원(National Institute for Occupational Safety and Health)은 이 분야의 연구를 담당하고 있다(Jenkins, 2010). 두 기관은 연방정부의 다른 기관들과 함께 직장 폭력 예방에 관한 출간물 및 권고안을 제공한다. 이러한 연방 지침 외에도, 25개 주, 푸에르토리코 및 버진 아일랜드에는 OSHA(n.d)가 승인한 계획뿐만 아니라, 직장 폭력을 다루기 위한 표준 및 시행 정책이 있다. 일부 주는 OSHA가 제시한 지침과는 다른 표준과 정책을 가지고 있다. 보다 일반적으로, 모든 고용주는 사망이나 심각한 상해를 유발할 가능성이 있는 인식 가능한 위험으로부터 자유로운 안전한 작업 환경을 직원에게 제공해야 한다(Occupational Safety and Health Act of 1970, Pub. L. 91–596). 근로자들이 근무 중에 피해를 입으면, 고용주들은 근로자들이 직면하는 위험을 공개하지 않았거나 직장 폭력의 위협을 무시했을 경우(Smith, Gambrell, & Russell, LLP, 2005) 그 책임을 지게 될 수 있다.

요 약

- 연구에 의하면, 대부분의 다른 범죄피해와 마찬가지로 학교 피해도 남성이 주된 타겟이다.
- 가장 흔히 발생하는 학교 피해 유형은 절도다.
- 폭력적 피해는 전형적으로 10~12학년보다 낮은 학년에서 발생한다.
- 개인, 학교 및 구조적 힘은 모두 학교 피해에 일정한 역할을 한다.
- 학교 총기 난사와 같은 극심한 학교 피해사건들이 발생하여 미디어의 관심을 끌지만, 이런 유형의 피해는 사실 매우 드물다.
- 학교 피해사건을 볼 때 일부 교사도 공격 및 범죄행위가 대상이 된다는 점에 유의해야 한다. 선형적인 교사-피해자는 특수교육반 강사다.
- 괴롭힘은 사람들에게 심각한 심리적 영향을 미칠 수 있지만, 종종 학생들 사이의

    사회화 과정에서 규범적인 행동으로 간주되기도 한다.

- 괴롭힘은 간접적일 수도 직접적일 수도 있으며, 사회적, 신체적 또는 언어적일 수 있다. 사람들이 인터넷, 휴대전화, 그리고 다른 디지털 기술을 이용하여 다른 사람들을 괴롭히는 사이버 괴롭힘이 최근 뉴스에서 주목을 받고 있다.
- 대학생이 경험하는 가장 대표적인 피해는 절도다.
- 특히 폭력적 피해를 경험하는 대학생들은 종종 위험한 생활양식과 일상활동(예: 대학 파티문화, 폭음, 혼자 그리고 밤늦게 행사장에 가는 것)에 관여한다.
- '잔 클레리 캠퍼스 보안정책 및 캠퍼스 범죄통계 공개법'은 대부분 대학이 폭넓게 접근 가능한 캠퍼스 범죄보고서를 작성하고, 범죄 일지를 보관하고, 범죄 위협에 대한 경고를 전달하며, 캠퍼스에서 발생한 성폭력으로 기소된 피고인과 피해자의 권리를 보호하도록 요구한다.
- 캠퍼스는 또한 캠퍼스 경찰이나 보안 요원을 고용하고 학생들에게 다른 안전 예방책과 프로그램을 제공함으로써 범죄의 위협에 대응해왔다.
- 젊은 성인과 어린이는 직장에서 피해당할 위험이 적은 반면, 폭력적이고 치명적인 피해를 딩힐 위험이 가장 큰 연령대는 25-44세이다.
- 직장 폭력의 유형론은 사건을 범죄자, 손님/고객, 근로자 대 근로자, 개인적 관계 사건으로 분류한다.
- 절도는 가장 흔한 유형의 직장 피해다. 남성과 백인 근로자들은 여성과 비백인 근로자들보다 직장 피해의 비율이 더 높다.
- 치명적 직업 상해 조사 프로그램은 직장에서 발생하는 모든 사망 사례를 추적한다.
- 택시 운전사들은 직장 살인율이 가장 높고, 법 집행관들은 치명적이지 않은 직장 피해율이 가장 높다.
- 야간에, 혼자, 돈을 가지고, 대중과 함께, 범죄율이 높은 지역에서, 장소를 옮기며, 지역사회에서 일하는 것은 사람들을 직장 피해의 위험에 처하게 한다.
- 직장 피해는 성희롱의 형태를 취할 수도 있다. '대가성'과 '적대적 업무 환경'이 성희롱의 두 가지 유형이다. 여성은 남성보다 성희롱의 피해자가 될 가능성이 더 높다.
- 직장 범죄/사고 예방 지침의 표준 세트는 없지만, 모든 직원에게 안전한 작업 환경을 제공하는 것은 고용주의 책임이다(예: 고용 전 잠재적 직원의 선별, 물리적 작업 공간이 유해 물질이나 신체적 해를 끼칠 수 있는 어떤 것으로부터 안전하게 할 것 등).

● 학교 피해와 매우 유사하게, 언론의 주목을 받을 수 있는 가장 극단적인 직장 사망 사례는 흔하지 않다. 개인 소지품에 대한 절도가 직장 총격이나 다른 신체적 폭력 행위보다 더 발생하기 쉽다.

토의 문제

1. 당신이 대학에서 피해당할 위험을 평가하라. 위험부담이 큰가? 왜 그런가? 혹은 왜 그렇지 않은가? 당신은 피해당할 위험을 어떻게 줄여왔는가?
2. 직장 폭력에 대해 읽은 내용을 바탕으로, 당신의 현재 또는 이전 직장(또는 학교)에서의 피해 위험을 평가하라. 만약 당신이 일을 하지 않는다면, 당신 부모님의 직장을 고려해보라. 당신의 직업은 폭력의 위험 요소를 가지고 있는가? 그렇다면 왜 그런가? 어떻게 당신의 직장이 그 위험을 줄일 수 있을 것인가?
3. 왜 남성이나 소수민족이 여성이나 비소수계 노동자들보다 직장 피해 비율이 더 높다고 생각하는가?
4. 당신은 경찰이나 택시 운전사로 고용될 가능성이 있는가? 그 두 집단의 상이한 직장 피해 위험에 대해 연구는 어떻게 설명하고 있는가?
5. 대인 절도가 직장에서 가장 흔한 형태의 피해라면, 스스로 직장에서 소지품을 보호하는 것이 얼마나 중요한가? 직장에서의 당신의 일상활동이 어떻게 당신이 절도 피해자가 되는 것에 기여하거나 예방할 수 있는가?

주요 용어

학교 피해(school victimization)
괴롭힘(bullying)
직접적인 괴롭힘(direct bullying)
물리적 괴롭힘(physical bullying)

언어적 괴롭힘(verbal bullying)

간접적인 괴롭힘(indirect bullying)

사이버 괴롭힘(cyberbullying)

총기 없는 학교법(Gun-Free Schools Act, 2004)

무관용 정책(zero-tolerance policies)

잔 클레리 캠퍼스 보안정책 및 캠퍼스 범죄통계 공개법(Jeanne Clery Disclosure of Campus Security Policy and Campus Crime Statistics Act, 20 USC 1092f)

직장 피해(workplace victimization)

범죄 의도가 있는 사건(criminal intent incidents)

손님/고객 사건(customer/client incidents)

근로자 대 근로자 사건(worker-on-worker incidents)

개인적 관계 사건(personal relationship incidents)

대가성 성희롱(quid pro quo sexual harassment)

적대적 업무 환경 성희롱(hostile work environment sexual harassment)

환경 설계(environmental design)

조직 및 관리적 통제(organizational and administrative controls)

행동적 전략(behavioral strategies)

직업안전보건청(Occupational Safety and Health Administration: OSHA)

인터넷 자원

팩트 시트: 직장 충격 사건:

http://www.bls.gov/iif/oshwc/cfoi/osar0014.htm

노동통계국 웹사이트는 올해의 사망, 부상, 질병에 대한 통계치를 포함한 직장 총기난사 사건 현황표를 제공한다. 차트는 직장별로 충격 사건을 구분한다. 이 페이지의 링크는 직장 폭력피해자들에게 그들의 손실에 대한 보상과 혜택을 받는 방법에 관한 정보를 제공한다.

괴롭힘 없는 복도:

http://history.aauw.org/files/2013/01/harassment_free.pdf

이 글은 학교에서 성희롱을 예방할 수 있는 방법에 대해 논한다. 학생, 학부모, 학교 관계자에게 정보를 제공한다. 그것은 또한 당신이 성희롱의 피해자가 되었는지 여부를 알기 위해 당신이 답할 수 있는 간단한 설문조사를 포함한다.

올위어스 괴롭힘 방지 프로그램:

http://www.olweus.org/public/index.page

이 웹사이트는 기술의 발전에 따라 진화하는 괴롭힘의 유형을 이해하는 데 도움이 되는 도구다. 학교 피해로 영향을 받을 수 있는 교사, 부모, 학생들을 위한 많은 정보와 다양한 주에서 발생한 괴롭힘에 관한 헤드라인 뉴스 비디오가 있다. 이 웹사이트는 학교 피해에 대한 사실과 가혹한 현실뿐만 아니라, 미래에 그것을 막을 수 있는 조언과 증언도 가지고 있다.

사이버 괴롭힘 방지:

http://www.stopcyberbullying.org/index2.html

이 웹사이트는 기술적으로 발달된 형태의 괴롭힘이 얼마나 심각한지에 대한 귀중한 정보를 제공하며, 이런 유형의 괴롭힘이 신고될 때 법이 대응하는 방식을 설명한다. 이것은 피해자들과 그들에게 도움을 주고자 하는 사람들에게 할 수 있는 일을 설명하는 "행동" 웹사이트에 가깝다. 이 사이트는 또한 사이버 괴롭힘이 어떻게 작용하는지 그리고 왜 사람들이 그렇게 쉽게 그것을 하는지를 설명한다.

직장 폭력:

https://www.osha.gov/SLTC/workplaceviolence

미국 노동부의 직업안전보건청 웹페이지에는 직장/사무실 폭력에 대한 기준, 규칙 및 규정이 정의되어 있으니 이에 대한 개요가 나와 있다. 이 웹 사이트가 제공하는 핵심 자원은 직장/위험 인식에 대한 자세한 참조 목록이다. PDF

의 장황한 목록은 당신을 폭력의 적절한 대상으로 만들 수 있는 직장에서의
일과와 피해 예방에 관한 정보를 제공한다.

제11장

재산 및 개인정보 절도 피해

제11장

재산 및 개인정보 절도 피해

지금까지 우리는 주로 폭력이나 대인 범죄피해에 대해 논의해 왔다. 이것들은 뉴스를 살인, 강간, 폭행, 아동학대 등으로 장식하게 만드는 피해 유형들이다. 우리는 피해라는 단어를 듣게 되면 흔히 이런 범죄를 떠올리는 경향이 있다. 그러나 이것들은 가장 흔한 유형의 피해가 아니다. 오히려 가장 흔한 유형은 재산피해다. 특히 절도다! 비록 이것이 저녁 뉴스에서 빈번히 볼 수 있는 유형의 피해는 아니지만, 만약 당신이 불행히 범죄피해자가 된다면 당신에게 일어날 가능성이 큰 범죄이다. 물론, 다른 유형의 재산피해도 있고, 우리는 그것들에 대해서도 논의할 것이다. 그리고 작금의 세계에서는 범죄자들도 혁신적인 방법으로 행동하고 있다. 당신에게 피해를 주기 위해 범죄자가 더는 당신 면전에 있을 필요는 없다. 기실, 인터넷은 당신이 돈을 빼앗기고, 사생활이 침해되고, 심지어 당신의 신상정보가 도용될 수 있는 수많은 통로를 열어주었다. 이 장에서 우리는 일반적으로 피해자학 분야에서 주목을 덜 받지만, 그럼에도 불구하고 매년 수많은 사람에게 악영향을 끼치는 이 두 유형의 피해에 대해 논한다.

재산피해

피해는 일반적으로 대인피해와 재산피해의 두 가지 범주로 구분된다. 국가범죄피해조사(NCVS)는 대인피해로서 단순폭행, 가중폭행, 강간 및 성폭행, 강도를 측정하고, 재산피해로는 절도, 자동차절도, 가구 침입절도를 측정한다. 물론 다른 유형의 재산피해도 있지만, 우리는 이 장에서 이들 세 가지 유형의 재산피해로 논의를 제한할 것이다.

절도

절도(theft 또는 larceny)를 연방수사국(Federal Bureau of Investigation, 2009)은 "타인 소유(또는 준 소유)의 재산을 불법적으로 취하거나, 옮기거나, 이끌거나, 타고 가버리는 행위"로 정의한다. 절도로 분류되기 위해서는 그 물품이 강압, 폭력, 사기로 취해져서는 안된다. 이처럼, 만일 물품이 횡령, 신용 사기, 수표 사기, 위조를 통해 취해진다면, 그것은 절도로 간주되지 않는다. 그럼, 이런 유형의 행위들을 배제한다면, 무엇을 절도로 간주할 것인가? 자전거 훔치기, 가게 들치기, 소매치기, 또는 어떤 물건이나 재산을 훔치는 것은 언급한 바와 같이, 강압이나 폭력, 사기를 통해 달성하지 않는 한, 절도이다(FBI, 2009).

절도의 정도

절도는 미국인들이 경험하는 가장 흔한 범죄피해다. 이것은 표준범죄보고서(UCR)와 NCVS의 통계치에 의해 입증된다. UCR에 따르면, 2015년에는 570만 건이 넘는 절도가 발생했는데, 이는 미국 인구 10만 명당 1,775.4건의 비율이다(FBI, 2015s). 절도는 2015년에 발생한 모든 재산 범죄 중 71%를 차지했다(FBI, 2015s). 절도의 발생 정도는 NCVS에서도 파악된다. 2015년 NCVS는 (미수 및 기수의 소매치기를 제외한) 절도의 발생 건수(11,142,310건)를 UCR 자료 대비 2배가 넘는 것으로 추정하였다. 절도는 NCVS에서 전체 피해의 57%를 차지했다(Truman & Morgan, 2016). 당신은 왜 NCVS의 절도 추정치가 UCR의 추정치보다 훨씬 더 크다고 생각하는가?

절도의 특성

UCR과 NCVS는 또한 미국에서 발생하는 절도의 특징을 설명해준다. UCR에 따르면, 절도는 평균적으로 929달러의 비용을 피해자에게 초래하므로, 2015년 모든 절도 사건으로 인한 총손실은 53억 달러에 달한다(FBI, 2015s). NCVS에 따른 절도 건당 손실액은 다소 낮으며, 평균 손실액은 403달러이다(Bureau of Justice Statistics [BJS], 2007). 당신은 아마도 대부분의 절도가 경찰에 신고되지 않는다는 사실에 놀라지 않을 것이다. 실제로 2015년에는 모든 절도피해 중 29%만 경찰에 신고되었다(Truman & Morgan, 2016). 낮은 신고율은 아마도 도난당한 재산의 낮은 회수율에 기인할 것이다. NCVS에서 보고된 절도피해의 86% 이상에서 피해자는 자신의 재산 중 어느 것도 회수되지 않았다고 말했다(BJS, 2007).

사람들이 가장 많이 훔치는 물건이 무엇인지 궁금할 것이다. 경찰에 신고된 절도의 약 4분의 1(UCR은 경찰이 알게 된 범죄만 포함함을 기억하라)이 자동차 부품, 액세서리, 기타 내용물의 절도였다(FBI, 2009). NCVS에서 도난당한 것이 무엇인지 물어봤을 때는 거의 34%가 휴대용 전자제품, 사진 장비, 보석, 옷과 같은 개인 소지품을 가져갔다고 말했다(BJS, 2007).

절도피해자는 누구인가?

사실상 어떤 소유물도 도난당할 수 있지만, 가구의 특성에 따라 절도율은 다르다. 절도율은 백인이 가장인 가구에서 가장 높은 반면, 히스패닉계는 비히스패닉계보다 피해당할 가능성이 더 크다. 19세 이하의 젊은 가장의 가구는 고령 가장의 가구에 비해 더 높은 절도 피해율을 보고한다. 연간 총소득이 7,500달러 미만인 가구가 가장 높은 절도 피해율을 보인다(BJS, 2007). 또한, 가구원의 수가 증가함에 따라 절도의 위험도 증가한다. 실제로 6인 이상 가구의 경우 1인 가구보다 절도 발생률이 3배 높았다(Truman & Rand, 2010).

절도피해의 위험인자

절도는 적어도 피해의 맥락에서는 너무나 흔해서, 위험은 어디에나 있고, 절도는 당신의 재산을 잘보던 시사에 잘못된 장소에 두는 것 이상에 지니지 않는 것처럼 보일 수도 있다. 그러나 연구자들은 종종 개인의 생활양식과 일상활동으로 인해 피해의 위험을 어떤 특질과 특성들에 연결해 왔다는 사실을 기억해야 한다. 절도피해 역시 이런 관점을 이용해서 설명되어 왔다. 실제로, 코헨과 펠슨(Lawrence Cohen and Marcus Felson, 1979)은 그들의 일상활동이론에서 재산 범죄의 증가를 상품을 더 작고, 더 오래가며, 더 옮기기 쉽게 만드는 생산기술의 발전과 연관시켰다. 개인 수준에서는 일탈자나 범죄자에 노출되는 것이 절도피해자가 될 위험을 높인다. 대학생들을 대상으로 한 연구에서, 엘리자베스 머스테인과 리처드 툭스버리(Elizabeth Mustaine and Richard Tewksbury, 1998)는 마리화나를 피우면 경미한 절도피해의 위험이 증가하는 반면, 총으로 또는 무기 없이 다른 사람을 위협하면 경미하고 중대한 절도피해의 위험이 증가한다는 사실을 발견했다. 범죄가 빈발하거나 시끄러운 동네에 사는 것도 사소한 피해의 위험에 정적인 영향을 미쳤다. 가용한 보호력을 갖는 것은 도난의 가능성을 줄였다. 집에 개를 키우거나 농촌 지역에 사는 대학생들은 경미한 절도피해를 경험할 가능성이 작았다. 여분의 자물쇠를 설치하는 것도 대학생들의 절도피해 가능성을 줄였다(Mustaine & Tewksbury, 1998).

대학생들은 또한 절도에 적절한 대상으로 여겨질 수 있다. 자주 외식을 하는 학생들은 다른 학생들보다 가벼운 절도피해를 당할 위험이 더 큰데, 이는 아마도 그 학생들이 많은 사람에게 자신을 노출시키고 지갑과 돈을 과시하고 있었기 때문일 것이다. 공부를 위해 집을 자주 나온 학생들도 다른 학생들보다 절도피해자가 될 가능성이 높았는데, 이는 그들이 자기 물품을 예비 범죄자들에게 노출시키고 있었기 때문일 가능성이 크다(Mustaine & Tewksbury, 1998). 대학생들의 일상활동과 절도피해에 관한 이러한 연구를 넘어, 일부 사람들이 절도피해자가 되는 이유에 대해서는 충분히 탐구되지 않았다. 당신은 왜 특정 사람들이 자신의 소유물을 도둑맞는지 그 이유를 설명할 수 있는 다른 이론이나 설명을 생각할 수 있는가?

자동차 절도

승용차를 가진 사람은 누구나 **자동차 절도**(motor vehicle theft) 피해에 대해 생각해보았을 것이지만, 승용차 외 스포츠 유틸리티 차량, 트럭, 버스, 오토바이, 모터 스쿠터, 다목적 차량, 스노모빌 등 육지에서 운행하는 다른 모든 자체추진 차량도 도난당할 수 있다(FBI, 2009). 우리가 자동차 절도를 말하면, 그것은 차량 자체의 절도 또는 절도 미수를 의미한다. 예컨대, 누군가가 자동차에 침입해서 그 내용물을 가져간다면, 그것은 절도지, 자동차 절도가 아니다. 자동차 절도가 무장한 범인에 의한 차량 탈취와 관련될 경우는 **자동차 강탈**(carjacking)이라고 한다. 이 장에서는 비폭력적인 자동차 절도 피해로 논의를 한정한다.

자동차 절도피해의 정도

2015년에는 707,758건의 자동차 절도사건이 경찰에 신고되었다. 이 신고 건수는 미국 인구 10만 명당 220.2건의 자동차 절도율을 의미한다(FBI, 2015t). 자동차 도난의 경우, UCR의 데이터(경찰에 신고한 건수)와 NCVS의 추정치가 크게 다르지 않다. NCVS에 따르면, 2015년에 564,160건의 자동차 절도사건이 발생했다 (Truman & Morgan, 2016). 이처럼 자동차 절도 추정치는 같은 절도임에도 불구하고 일반 절도 추정치와는 매우 다르게 UCR과 NCVS가 비슷한데, 그 이유는 무엇인가? 그 대답은 아마도 피해의 성격에 달려 있을 것이다. 만약 당신의 차가 도난당한다면, 당신은 그것을 경찰에 신고할 가능성이 매우 높다고 생각하지 않는가? 당신은 차를 찾기 위해 그 사건에 경찰을 투입하고 싶을 것이다. 또한 보험처리를 하기 위해서도 경찰보고서가 필요하다. 이러한 이유가 UCR과 NCVS 간 유사한 추정치를 가져올 가능성이 크다.

자동차 절도피해의 특성

자동차가 도난당하는 정도를 아는 것과 더불어, 우리는 미국에서 발생하는 자동차 절도의 특징에 대해서도 일부 알고 있다. 자동차 도난과 관련된 비용은 높다. 도난 차량 대당 평균 가격은 UCR에서는 7,001달러로(FBI, 2015t), NCVS는 평균 6,286달러로 추산한다(BJS, 2007). 국가 전체로 볼 때, 자동차 절도는 연간 49억 달러에 가까운 비용을 유발한다(FBI, 2015t). 하지만 자동차가 도난당했을 때 피해자들이 부담하는 것은 금전적 비용뿐만이 아니다. 자동차 절도사건으로 최소 1일 이상 결근한 피해자가 5분의 1 이상이다(BJS, 2007).

앞서 언급한 바와 같이, 자동차 절도사건은 경찰에 적극적으로(69%) 신고되고 있다(Truman & Morgan, 2016). 자동차 절도피해자의 절반가량은 그들의 모든 재산 (이 경우, 차량)이 회수되었다고 보고한다(Truman & Langton, 2015). 자동차 도난은 밤에, 피해자의 집 근처(BJS, 2007) 및 도시지역(FBI, 2009)에서 발생할 가능성이 가장 높다. 자동차 절도사건의 거의 절반은 피해자가 자고 있을 때 발생한다(BJS, 2007).

하지만, 당신이 상상할 수 있듯이, 모든 차량이 도둑맞을 가능성은 동일하지 않다. 국가보험범죄국(National Insurance Crime Bureau: NICB)은 경찰보고서에 근거한 국가범죄정보센터 데이터를 이용하여 도난 가능성이 가장 높은 자동차목록을 작성한다(Insurance Information Institute, 2011). 2015년에 가장 빈번히 도난당한 차량의 목록을 표 11.1에서 보라(National Insurance Crime Bureau,, 2016). 목록을 검토해 보면, 도난당한 차들이 별로 비싼 차들이 아니라는 것을 알 수 있다. 고속도로 손실 데이터 연구소(Highway Loss Data Institute)는 보험금 청구율과 보험금 지급 규모를 함께 고려하여, '포드 F-250 Crew 4WD'가 미국에서 2010-2012년 승용차 부문 절도 보험청구율이 가장 높고, 그다음이 '쉐보레 Silverado 1500 Crew', '쉐보레 Avalanche 1500', 'GMC Sierra 1500 Crew'의 순이라는 것을 확인해 주었다(Insurance Institute for Highway Safety, 2013). 포드 F-250 Crew 4WD의 청구당 평균 손실액은 7,060달러였다. 도난 차량의 수와 손실 관련 비용을 합산하여 보험에 가입된 각 제조사 및 모델별 차량수와 비교해 볼 때, 차량의 도난은 보험 업계로

표 11.1 2015년에 가장 빈번히 절도당한 승용자동차 탑 10

순위	메이커 및 모델
1	혼다 어코드
2	혼다 시빅
3	포드 픽업(풀사이즈)
4	쉐보레 픽업(풀사이즈)
5	토요다 캠리
6	램 픽업(풀사이즈)
7	토요다 코롤라
8	닛산 알티마
9	닷지 카라반
10	쉐보레 임팔라

SOURCE: Reprinted by permission of the National Insurance Crime Bureau.

사진 11.1 캐딜락 에스컬레이드는 미국에서 1~3년 된 승용차
중 도난 손실률이 가장 높았다.

하여금 가장 큰 비용을 지불하게 만든다. 이러한 비용은 차량 내용물의 가치도 고려하므로 단순 차량 비용만이 아니다.

특정 유형의 자동차가 범행의 주요 표적이 되는 것과 함께, 특정 도시들은 다른 도시들에 비해 자동차 절도율이 훨씬 높을 수 있다. NICB가 집계한 자료에 따르면, 2015년에는 미국 캘리포니아주 모데스토(Modesto)가 1인당 자동차 절도율이 가장 높았다(National Insurance Crime Bureau,, 2015). 자동차 절도율이 가장 높은 10대 도시들은 모두 미국 서부 지역에 있다. 표 11.2의 목록을 참조하라.

표 11.2 2015년 자동차 절도율이 가장 높은 미국 10대 대도시 지역

순위	대도시 통계 지역	절도 당한 자동차 수	비율
1	Modesto, CA	4,072	756.33
2	Albuquerque, NM	6,657	733.71
3	Bakersfield, CA	6,000	680.14
4	Salinas, CA	2,934	676.20
5	San Francisco-Oakland-Hayward, CA	30,554	656.21
6	Stockton-Lodi, CA	4,656	641.23
7	Pueblo, CO	983	600.89
8	Merced, CA	1,605	597.87
9	Riverside-San Bernardino-Ontario, CA	25,001	556.92
10	Vallejo-Fairfield, CA	2,352	539.34

SOURCE: Reprinted by permission of the National Insurance Crime Bureau.

누가 자동차 절도피해자인가?

누구나 차를 도둑맞을 수 있다. 당신 주변에 이런 일을 당한 사람이 있는가? 그 사람이 "전형적인" 차량 절도피해자의 공통적 특성을 가지고 있는가? 이 질문에 대한 답을 다음에서 찾을 수 있다. 34세 이하 가장의 가구들이 자동차 절도율이 가장 높다. 흑인 또는 다인종 가장의 가구는 다른 가구들보다 자동차 절도 비율이 더 높다. 연간 총소득이 7,500달러 이하이며, 2인 이상이 거주하는 임대 가구는 다른 가구보다 자동차 도난 비율이 더 높다. 이에 비해 1인 가구는 자동차 절도율이 가장 낮다(Truman & Rand, 2010).

자동차 절도피해의 위험인자

일상활동이론은 왜 어떤 차량은 도난당하고 또 다른 차량은 정당한 소유자의 소유로 남아있는지를 이해하기 위한 훌륭한 근거를 제공한다. 이 이론적 시각을 구성하는 세 가지 주요 개념이 동기화된 범죄자, 적절한 범행대상, 그리고 가용한 보호력의 부재였던 것을 기억하라. 동기화된 범죄자는 상수로 가정된다. 하지만 무엇이 차량을 적절한 범행대상으로 만드는가? 훔치기 쉬운 차량은 훔치기 어려운 차량보다 더 적절한 대상으로 판단될 것이다. 재래식 시동 키를 사용하는 차량은 확실히 적절한 대상이다. 마찬가지로 문이 잠기지 않은 차량은 잠긴 차량보다 더 적합하다. 조명이 좋지 않은 거리에 주차된 차들은 적절한 표적이 되는 반면, 잠긴 차고에 주차된 차들은 적절한 표적이 아니다. 또한, 사람들이 왜 차를 훔치도록 내몰리는지를 생각해보라. 한 가지 이유는 부품을 팔기 위해서다. 그렇다면 적절한 범행대상은 부품이 팔리기 쉬운 차량일 것이다. 부품의 재판매 시장이 있다는 점에서 적합한 차량은 인기 있는 모델이 될 것이다. 대중적 차량은 거리에서 보기 힘든 희귀한 모델보다 부품을 판매하는 것이 더 쉬울 것이다. 또한, 창문에 차량 식별 번호(vehicle identification numbers: VINs)가 새겨져 있지 않은 차량은 이 번호가 새겨진 차량보다 더 적합한 대상이다. 도둑들은 차량을 훔친 후에 창문을 교체하고 싶지는 않을 것이다.

가용한 보호력도 고려해야 할 중요한 개념이다. 차량을 지키는 것은 절도에 대한 물리적 보호력(physical guardianship)을 제공하는 어떤 것이 될 수 있다. 자동차의 경우, 이것은 잠금장치, 스티어링 휠 막대 고정장치, 차량 알람, 점화 차단시스템 및 전자 추적 장치가 될 수 있다. 사람들은 어느 시점에는 자동차와 떨어질 수밖에 없기 때문에, 차량에 사회적 보호력(social guardianship)을 제공하는 것은 좀 더 어렵다. 그래서 개인 소지품과 전자제품이 보이지 않게 보관된 상태에서 차량을 항상 잠그고 다녀야 하는 것이다.

자동차 절도를 이해히고 예방하는 방법을 찾기 위해 일상활동이론에 기초한 추가적인 요인들이 사용되었다. 즉, 감시자(watchers), 활동 노드(activity nodes), 위치(location), 조명(lighting) 및 보안(security) 등 5가지 상황적 요인(WALLS)이 확인되었다. '감시자'는 자동차 절도가 행해지는 장소에서 가용한 보호력이고, '활동 노드'는 합법적이거나 불법적인 활동이 많이 일어나는 장소이고, '위치'는 특정 차량을 적절한 범행대상으로 만드는 위치의 특성을 말하고, '조명'은 자동차 도난 장소 근처 조명의 품질과 양을 말하고, '보안'은 자동차 절도행위를 단념시키는 환경적 단서를 말한다(Levy & Tartaro, 2010).

자동차 절도에 대한 반응

앞서 논의한 바와 같이, 자동차 절도는 모든 범죄 중 신고율이 가장 높은 것 중 하나이다. 그럼에도 불구하고, 자동차 절도 사건 중 13%만 경찰에 의해 해결된다(FBI, 2015m). 경찰이 사건을 해결했다는 것은 범인을 체포했거나 사건을 예외적으로 해결했다는 뜻이다. 어떤 사건을 예외적으로 해결하려면 경찰관서가 범인이 누구인지 알고, 체포를 지원할 수 있고, 범인의 소재를 알고 있지만, 체포를 할 수 없고, 고소를 접수해야 한다(FBI, 2015m). 이러한 낮은 해결률(clearance rates)은 많은 자동차 절도범이 체포되지 않고 있음을 시사한다. 경찰의 조치 외에도, 자동차 절도 피해를 줄이기 위한 다른 노력도 이루어져 왔다.

몇 가지 핵심적인 연방 법률이 자동차 절도 사건을 다루기 위해 통과되었다. **자동차 절도방지법 집행법**(Motor Vehicle Theft Law Enforcement Act, 1984)은 자동차에서 도난당한 부품의 추적을 용이하게 하기 위하여 제조사가 절도율이 높은 주요 승용차 라인의 부품에 식별 번호(VIN)를 찍도록 요구하였다. 이 번호를 바꾸거나 없애는 행위에 대한 벌칙도 강화되었다. 수사관들은 차량 부품의 표시를 요구하는 것이 부품이나 차량을 훔친 사람들이 체포에 도움이 된다고 믿는다(Finn, 2000). 이 법은 또한 도난 차량의 주간(interstate) 거래를 연방 공갈법으로 처벌할 수 있게 만들었다(Insurance Information Institute, 2011). 1992년 **자동차 절도방지법**(Anti−Car Theft Act, 1992)은 자동차 강탈을 연방 범죄로 규정하고, 모든 주의 자동차 부서를 연결하기 위해 자금을 제공했다. 이 기금은 도난 차량의 소유와 등록을 어렵게 하기 위해, 주 정부들이 소유권, 등록, 구난 정보를 서로 공유할 수 있을 것이라는 희망에서 조성되었다. 이는 국가 자동차 소유권 정보시스템(National Motor Vehicle Title Information System)의 개발로 이어졌다. 이 법은 또한 부품 식별 번호 표시 요건을 절도율이 높은 승용자동차 라인 이상의 것까지 포함하도록 확대했다. 즉, 평균 이상의 절도율을 갖는 밴 및 유틸리티 차량과 평균 이하의 절도율을 갖는 승용차, 밴, SUV의 절반도 주요 부품(엔진, 트랜스미션, 기타 12개 주요 부품)에 식별 번호를 표시하도록 하였다(History of Auto−Theft Legislation, n.d.). 2년 후에는 폭력 범죄 통제 및 법 집행법(Violent Crime Control and Law Enforcement Act)의 일부인 1994년 **자동차 절도방지법**(Motor Vehicle Theft Prevention Act of 1994)이 국가적인 자발적 자동차 절도방지 프로그램의 개발을 승인하였다. 참여를 희망하는 사람은 자기 차는 예컨대 '오전 1시에서 5시 사이에는 운행하지 않는다'는 것을 경찰에게 알리는 전사물(decal)을 차량 위에 올려둘 수 있다(Federal Grants Wire, 2011). 주 및 연방정부가 차량의 도난 여부를 판단하는 능력은 **자동차 절도방지 개선법**(Anti−Car Theft Improvements Act of 1996)에 의해 강화되었다. 이 법은 소유권 정보를 포함하는 주의 자동차 부서 데이터베이스를 업그레이드하는 데 도움이 되었다(History of Auto−Theft Legislation, n.d.).

연방의 법제가 자동차 절도피해를 막는 유일한 방법은 아니다. 많은 주에서 법 집행 기관, 보험 회사, 소비자들로 구성되는 자동차 절도방지 단체들이 결성되었다. 이 단체들은 자동차 도난에 대한 인식을 증진시키고, 자동차 절도를 줄이기 위한 주 및 지역 법안을 통과시키기 위해 상호 협력한다(Insurance Information Institute, 2011). 많은 주가 그러한 단체들에 자금을 지원하기 위해 자동차를 등록하거나 보험 가입 시 수수료를 붙인다. 예컨대, 미시간주에는 자동차 보험을 통해 자금을 지원하는(보험 약정당 1$) '자동차 절도 근절 도움'(Help Eliminate Auto Theft: HEAT)이라는 프로그램이 있는데, 이 프로그램은 사람들에게 도난과 "춉샵"사건(chop shop operations: 훔친 차를 분해해 그 부품을 불법으로 비싸게 파는 장사)을 신고하기 위한 핫라인을 제공한다. 이 프로그램은 25년 동안 4,200대 이상의 차량을 회수하는 데 도움을 주었다(Insurance Information Institute, 2011).

자동차 절도를 줄이기 위한 다른 방법은 표적 강화 접근법에 초점을 맞춘다. **표적 강화**(target hardening)는 범행대상을 범죄자가 공격하기 어렵게 만드는 과정 이다. 이러한 접근은 자동차 절도 감소에 성공할 가능성이 높다. 실제로 "가장 유 망한 예방적 접근은 보다 안전한 차량의 제조를 통한 것"이라고 주장된다(Clarke & Harris, 1992, p. 1). 자동차 문을 잠그고 보안장치를 설치하는 것은 자동차 도난을 줄이는 데 상당한 도움이 될 수 있다. 또한, 클럽과 같은 핸들 막대 잠금장치를 설 치해도 자동차 도난의 가능성을 줄일 수 있다. 차를 도난당해도 전자 추적장치를 갖추면 차를 회수할 가능성을 높일 수 있다. 로잭(LoJack)이라고 불리는 그러한 장 치 중 하나는 무선 송신기를 사용한다. 만약 당신의 차가 도난당했다면, 경찰은 무 선 신호를 통해 당신의 차를 추적하여 위치를 파악할 수 있다. 로잭(2011)은 이 시 스템을 장착한 도난 차량에 대해 90% 회수율을 보고한다. 컴퓨터-암호화된 키로 활성화하기 전에는 점화, 시동기 및 연료 시스템을 비활성화하는 전자 이모빌라이 저도 사용될 수 있다(Linden & Chaturvedi, 2005). 캐나다와 호주에서 실시된 연구에 따르면, 이러한 전자 이모빌라이저 시스템은 상당히 성공적인 것으로 나타났다. 이러한 시스템이 장착된 차량의 도난 비율은 상당히 낮은 것으로 나타났다(Potter & Thomas, 2001; Tabachneck, Norup, Thomason & Motlagh, 2000).

주거 침입절도

아마도 당신이 생각할 수 있는 가장 무서운 일 중 하나는 당신이 혼자 집에 있을 때 어떤 침입자가 무기를 들고 들어와서 그가 원하는 것을 훔치고 당신을 위 협할 때일 것이다. 만약 이런 일이 발생한다면, 당신은 가구 또는 주거 침입절도의 피해자가 될 것이다. FBI(2015u)는 **침입절도**(burglary)를 "중범죄나 절도를 저지르 기 위한 구조물의 불법 침입"이라고 규정한다. 이 정의를 이해하려면 구조물을 구 성하는 것이 무엇인지 이해해야 한다. FBI의 정의는 구조물을 주택, 아파트, 주거 트레일러, 영구 주거지로 사용되는 주거 보트, 창고, 사무실, 철도 차량, 선박, 마 구기을 포함하는 것으로 인정하고 있다. 또한 중요한 것은 구조물에 진입하는 것 이 강제적으로 이루어질 필요는 없다는 점이다. 진입은 (1) 강제 진입 또는 (2) 무 력을 동반하지 않은 불법 진입을 통해 달성될 수 있다. 강제 진입에는 창문을 깨거나 문을 강제로 여는 것 등이 포함되는 반면, 무력이 동반되지 않은 불법 진입은 범죄자가 구조물에 진입하기 위해 잠금 해제되거나 열린 문을 사용하는 경우에 해당한다. 구조물에 대한 강제 진입 미수 또한 침입절도를 구성할 수 있다. 주거 또는 가구 침입절도(즉, 사람이 살고 있는 구조물에의 침입절도)는 2012년 경찰에 신고된 모든 침입절도의 74%를 차지한다(FBI, 2013).

당신은 또한 가구 침입절도를 지칭할 때 사용되는 **가택 침입**(home invasion)이라는 말을 들어 본 적 있을 것이다. 이 용어는 방금 제시된 예와 같이, 누군가가 집에 있고 범죄자가 거주자에게 해를 입히거나 폭력을 행사하려고 할 때와 같은 유형의 주거 침입절도를 지칭하는 것으로 일반적으로 사용된다. 전형적으로 가택 침입은 강제 침입을 포함한다. *가택 침입*이라는 용어는 일부 주법에 편입되었는데, 이 경우 그러한 위반은 어떤 구체적인(specific) 범죄에 해당한다. 예를 들어, 플로리다주에서 가택 침입 '강도'는 어떤 사람이 집 안에 있는 사람에게 강도를 저지를 의도로 가택에 들어가서 실제로 강도를 행할 때 발생한다(Fla. Stat. § 812.135). 그러나 보다 일반적으로, 가구 침입절도의 경우 거주자에게 해를 입히거나 강탈하려는 가해자측의 의도는 요구되지 않는다. 가해자는 단지 중죄나 절도를 저지르기 위해 주거에 들어가는 것이다.

주거 침입절도의 정도

UCR에 따르면 2015년에 1,579,527건의 침입절도가 발생했는데, 이 중 1,130,941건은 주거 침입절도였다(FBI, 2015d). 그해 발생한 모든 재산 범죄 중 거의 20%가 침입절도(비주거 침입절도 포함)였다. 대부분의 가구 침입절도는 낮 시간에 발생했는데, 그것은 아마도 낮에는 사람들이 직장에 있고 그들의 집이 보호되지 않고 있기 때문일 것이다. 우리는 나중에 다시 이 문제를 다룰 것이다. 각 주거 침입절도는 평균적으로 2,316 달러의 손실을 초래했고, 침입절도 피해자들의 총 손실액은 36억 달러에 달했다. 그러나 제2장에서의 논의한 대로, UCR은 법 집행 기관에 알려진 범죄에 대한 정보만 포함한다는 것을 기억하라. 전체 범죄의 절반 정도가 신고되지 않고 있으며, 침입절도도 절반을 약간 넘는 수준(51%)만 경찰에 신고되고 있다(Truman & Morgan, 2016년). 이처럼 UCR은 미국에서 발생하는 범죄 피해의 실상을 과소평가하고 있다. 또한, UCR은 범죄, 범죄자, 피해자에 대한 제한된 정보만 제공한다. 경찰에 신고하지 않은 피해자도 파악하고 피해 사건의 패턴과 특성을 이해하기 위해서 우리는 흔히 NCVS를 이용한다. 따라서 NCVS의 통계를 사용하여 주거 침입절도를 살펴보기로 한다.

NCVS에 따르면, 2015년에는 2,904,570건의 가구 침입절도가 발생했는데, 여기에는 누군가가 강력범죄의 피해자가 되거나 위협을 받은 사건들은 포함되지 않았다(Truman & Morgan, 2016). NCVS의 분류 규칙상 그러한 사건은 구체적 사건(강간/성폭행, 단순 폭행 등)에 따라 대인피해로 분류된다. 만약 가구 침입절도가 발생하였으나 집에 아무도 없었거나 다치거나 위협받지 않았다면, 그것은 재산피해로 분류될 것이다. 그러나 두 가지 유형의 사건을 모두 조사하는 것이 흥미로우며, 그래서 사법통계국(BJS)은 가구 침입절도 사건 중에 발생한 피해를 분석한 보고서를 발간했다(Catalano, 2010). 모든 가구 침입절도를 계산할 때, 2011년에는 거의 340만 건의 침입절도가 발생한 것으로 추정된다. 침입절도가 성공하면, 대부분 가전제품이나 휴대용 전자기기를 도난당한다. 2011년에 침입절도로 최소 1달러 이상의 손실을 본 가구 중, 도난당한 물품과 현금의 중간(median) 가치는 600달러였다(Walters, Moore, Berzofsky, & Langton, 2013년).

주거 침입절도의 특성

1994년부터 2011년까지 대부분의 가구 침입절도는 강제 침입보다는 잠금 해제되거나 열린 문 또는 창문을 통한 불법 진입으로 이루어졌다(Walters et al., 2013). 강제 진입이 이루어지거나 시도되었을 때는 가장 일반적으로 문이나 창문의 유리창이 손상되거나 제거되었다. 가구 침입절도의 약 28%에서는 사건 당시 집에 누군가가 있었고, 침입절도를 당한 가구의 7%는 그 범죄의 결과로 누군가가 부상을 입었다. 가장 일반적으로 발생한 폭력의 유형은 단순 폭행(15%)이었고, 그다음은 강도(7%), 강간/성폭행(3%)의 순이었다. 집에 아무도 없을 때 발생한 침입절도의 경우, 피해자의 4분의 1이 당시 직장에 있었다고 답했고, 4분의 1이 약간 안 되는 수는 집 밖에서 여가활동을 하고 있었다고 답했다. 약 40%의 가구 침입절도는 오전 6시에서 오후 6시 사이에 발생했다. 집에 아무도 없을 때 발생한 사건이 집에 누군가 있을 때 발생한 사건보다 더 많았다. 침입절도는 낯선 사람이 저지르는 범죄로 보일 수 있지만, 폭력을 수반한 가구 침입절도 중 거의 3분의 2(65%)는 피해자에게 알려진 사람에 의해 저질러졌다(Catalano, 2010).

어떤 가구가 침입절도를 당하는가?

만약 침입절도범이 어떤 집에 들어갈 작정이라면, 과연 어느 집을 고를까? 무작위로 선택할까, 아니면 체계적으로 선택할까? 글쎄, 어떤 집들은 다른 집들보다 침입절도에 더 취약해 보인다. 자녀가 없는 기혼 부부로 이루어진 가구는 가장 낮은 침입절도율을 보인다. 자녀가 있는 가구를 조사했을 때는 여성 가장 가구가 가장 높은 침입절도율을 보였다(Walters et al., 2013).

인종, 소득, 연령, 주택 유형 등도 침입절도의 위험 요인이다. 혼혈 가장을 갖는 가구들이 가장 높은 침입절도율을 보였고, 그다음은 아메리칸 인디언/알라스카 원주민 또는 흑인 가장을 갖는 가구들이 그 뒤를 이었다. 저소득층(소득 14,999달러 이하) 가구와 청년층(19세 이하) 가구가 고소득층이나 고령층 가구보다 더 높은 침입절도율을 보였다. 마지막으로, 임대 부동산에 거주하는 가구는 가장 높은 침입절도율을 보였다(Walters et al., 2013).

주거 침입절도의 위험인자

대부분의 피해 유형과 마찬가지로, 연구자들은 왜 일부 가구가 다른 가구들에 비해 침입절도 피해를 당할 가능성이 더 큰지 그 이유를 밝혀내려고 시도했다. 이러한 연구는 주로 침입절도범들의 의사결정, 예컨대, 왜 그들이 특정 집은 선택하고 다른 집은 선택하지 않는가 하는 것에 초점을 맞추었다. 이 연구들은 적어도 어느 정도로는, 가구 침입절도범들이 가용한 보호력을 결여하는 적절한 타겟을 선택한다고 결론지었다(Cromwell, Olson & Avary, 1991; Tunnell, 1992; R. T. Wright & Decker, 1994). 즉, 일상활동이론이 침입절도 피해에 대한 실용적인 설명으로 보인다. 제2장에서 본 바와 같이, 일상활동이론은 동기화된 범죄자, 적절한 범행대상, 가용한 보호력의 부재가 특정한 시간과 공간에서 수렴할 때 피해가 발생하기 쉽다는 것을 시사한다. 이런 관점에서 가구 침입절도를 생각해보자.

일상활동이론에 따르면 동기화된 범죄자는 따로 설명할 필요가 없다(Cohen & Felson, 1979). 기회가 주어진다면, 동기화된 범죄자들은 주거 침입범죄를 행할 것이다. 수택을 선정하는 것은 흥미로운 것이다. 무엇이 특정 집을 적절한 대상으로 만드는가? 침입절도범들에 대한 인터뷰를 통해 수행된 민속지학적 연구는 그들이 중산층이나 고소득층 근린을 타겟으로 하는 경향이 있다는 것을 보여준다(Rengert & Wasilchick, 1985). 그리고 침입절도를 예측하는 양적 연구는, 다른 요인들을 통제하지 않은 상태에서, 저소득층 가구가 침입절도의 가능성이 더 크다는 것을 보여주는(Catalano, 2010) NCVS 통계치들과는 달리, 고가 주택들이 침입절도 당할 가능성이 가장 크다는 것을 보여준다(Fishman, Hakim & Shachmurove, 1998). 타겟은 또한 그것이 주요 간선도로를 따라 익숙한 경로에 놓여 있을 때 침입절도범에게 더 적절한 것으로 판단된다(Rengert & Wasilchick, 1985).

연구의 초점

우리는 흔히 대학생들이 강간이나 성폭행과 같은 매우 심각한 형태의 피해위험에 처해 있다고 생각한다. 그러나 조사결과 그들은 또한 재산피해를 경험할 위험에도 직면해 있는 것으로 나타났다. 한 대학에 등록된 481명의 대학생들을 대상으로 한 최근 조사에서, 조셉 가델라(Joseph Gardella)와 동료들은 학생들 중 21%가 재산피해를 경험했다는 것을 발견했다. 그들은 또한 신입생과 2학년생들이 3, 4학년생들보다 재산 범죄의 피해자가 될 가능성이 더 낮다는 것을 발견했다. 또한 어떤 결사체나 친목 조직에 소속된 학생들은 다른 학생들보다 덜 위험했다.

SOURCE: Gardella, J. H. et al. (2014). Beyond Clery Act statistics: A closer look at college victimization based on self-report data. Journal of Interpersonal Violence. doi:10.1177/0886260514535257

가용한 보호력을 결여한 가구도 침입절도 당하기 십상이다. 예를 들어, 집은 사람들이 직장에 가 있는 낮에 침입절도 당할 가능성이 가장 크며, 대부분의 침입절도는 집에 아무도 없을 때 발생한다(Catalano, 2010). 침입절도범들이 빈집을 찾아내기 때문에, 연구는 당신의 집이 침입절도 당할 가능성을 줄이는 한 가지 방법은 집에 누군가가 있는 것처럼 보이게 하는 것이라는 점을 시사한다. 이렇게 하는 방법은 차량을 진입로에 주차하고, 집 내외부에 불을 켜 두고, 집에 사람이 없어도 텔레비전이나 라디오를 켜 두는 것이다(Fishman et al., 1998).

노하, 소유한 주택가에 위치한 집은 다른 집에 비해 침입절도 당하기 더 쉬운(Fishman et al., 1998) 반면, 고밀도 지역의 가구는 침입절도 피해 가능성이 오히려 낮은 경향이 있다(Catalano, 2010). 조용한 거리의 집은 감시하는 눈이 적으며, 침입 절도범은 성공적으로 범죄를 저지르고 도망칠 수 있다고 느낄 수 있다. 비록 집의 위치를 바꾸기는 어렵지만, 단순히 도난 경보기만 설치해도 집이 도난당할 가능성 은 줄어든다(Fishman et al., 1998). 또한 NCVS의 조사 결과에 따르면, 게이트 또는 벽으로 둘러싸인 커뮤니티에 위치한 주택은 그러한 지역사회에 있지 않은 주택보 다 침입절도율이 낮다고 한다. 또한 주목할 것으로, 경비실 또는 초소가 있는 것과 같이 출입이 제한된 주택은 출입이 제한되지 않은 다른 주거에 비해 침입절도범들 의 표적이 덜 되었다(Walters et al., 2013).

개인정보 절도

기술이 발전함에 따라 다른 사람의 돈과 재산을 빼앗는 수법도 달라진다. 특 히 컴퓨터의 폭넓은 사용과 그것에 대한 접근의 용이함으로 요즘은 과거 그 어느 때보다 다른 사람의 돈에 불법적으로 접근하기가 더 쉽다. 범죄자들은 주요 정보 를 확인함으로써 당신의 신원을 추정할 수 있고 당신의 기존 계정에 접근하거나 당신의 이름으로 새로운 계정을 개설할 수도 있다. 종합적으로, 이러한 행위를 개 인정보(신원) 도용이라고 하며, 이 절에서는 그것의 발생, 영향 및 형사사법체계의 대응을 설명한다.

일반적으로 **개인정보 절도 또는 신원 도용**(identity theft)은 어떤 사람이 특정 종류의 사기를 획책하기 위해 다른 사람의 신분 정보를 이용하는 것으로 정의된다 (Federal Deposit Insurance Corporation [FDIC], 2004). FDIC에 따르면, 이것은 가장 빠르게 증가하는 소비자 사기의 한 유형이다. 개인정보 절도는 **신원 도용 및 추정 억제법**(Identity Theft and Assumption Deterrence Act)이 1998년에 통과되면서 연방 범죄가 되었다.

이 법은 누구든지 연방 법을 위반하거나 해당 주 나는 시방 법에 의거 중 죄를 구성하는 어떠한 불법행위를 저지르거나 돕거나 교사할 의도를 가지고,

다른 사람을 식별하는 수단을 합법적 권한 없이 고의로 양도하거나 사용하는 것을 범죄로 규정한다(2004, pp. 4-5).

신원 도용은 다른 사람의 기존 계정을 접수하거나(**계정탈취**, account hijacking), 신규 계정을 생성하거나, 또는 서비스나 혜택을 부정하게 획득하기 위해 가짜 신원을 만드는 것을 포함한다(FDIC, 2004).

신원 도용이 이루어지는 일반적인 방식은 무엇인가? 컴퓨터는 범죄자들이 당신의 정보에 쉽게 접근할 수 있도록 해주지만, 범죄자들이 당신의 개인정보를 훔치기 위해 반드시 컴퓨터가 필요한 것은 아니다. 그들이 당신의 정보를 훔칠 수 있는 한 가지 방법은 **어깨 서핑**(shoulder surfing)을 하는 것이다. '어깨 서핑'은 당신이 신용카드 정보와 같은 번호를 입력하는 동안 범죄자들이 어깨 넘어 엿보는 것 등을 의미한다. 또한, 범죄자들은 당신이 물건을 주문하거나 여행을 예약하기 위해 신용카드 번호를 전화로 알려주는 동안 그것을 엿들을 수도 있다(U.S. Department of Justice, n.d). 계좌번호는 그 번호를 포함하여 패스워드, 계좌정보, 기타 자료를 기록하는 현금자동입출금기(ATM)에 부착한 **스키밍**(skimming) 장치를 통해서도 유출할 수 있는데, 유출된 정보는 새로운 카드를 만들고 돈을 인출하는 데 사용될 수 있다(S. Berg, 2009).

당신의 물리적 메일 또한 당신의 신분을 훔치고 싶어하는 범죄자들에게는 귀중한 자료다. 범죄자들은 계좌번호가 적힌 서류, 수표, 은행 및 신용카드 명세서를 찾기 위해 각종 **쓰레기통 뒤지기**(dumpster dive)를 할 수 있다. 범죄자들은 당신의 쓰레기나 우편함에서 당신의 이름으로 청구될 수 있는 사전 승인된 신용카드 오퍼를 발견할 수도 있다. 당신은 다른 사람들이 당신 명의로 사용하고 있는 오픈 크레딧 라인이 있다는 것을 알아차리지조차 못할 수 있다.

인터넷도 신원 도용에 널리 이용된다. 계정탈취를 실행하는 한 가지 흔한 방법은 **피싱**(phishing)을 통해서이다. 피싱은 속임수 이메일이나 가짜 웹사이트를 이용하여 피해자가 사용자 ID, 비밀번호, 때로는 계정번호를 제공하도록 유도하는데, 그러면 가해자는 이 정보를 사용하여 피해자의 계정에 엑세스할 수 있다(FDIC, 2004). 예컨대, 당신의 계정에 어떤 문제가 있으니 아래 하이퍼링크를 통해 계정에로그인하라는 내용의 이메일이 어떤 사람에게 보내진다. 불행히도 그 하이퍼링크는 그 사람을 가짜(spoofed) 웹사이트로 데려간다. 실제로, 그 사람이 하이퍼링크를 통해 그 사이트에 가서 자신의 사용자 ID와 비밀번호를 입력하면 그 정보는 수집되고 결국 그 계정은 탈취될 수 있다(FDIC, 2004). 당신

사진 11.2 이 ATM에는 PIN 코드를 훔치기 위해 미니 카메라가 설치되었다.

은 아마도 피싱이 얼마나 자주 일어나는지 궁금할 것이다. 2006년에는 미국에서 1억 9백만 명 이상의 성인들이 피싱 이메일을 받았다고 보고했다(Gartner, 2006). 해당 피싱 메일을 받은 사람 중 5%(FDIC, 2004)에서 22%(Gartner, 2006)가 그것에 응답한다(FDIC, 2004). 계정탈취는 또한 해커가 금융기관이나 서비스 제공업체를 해킹하여 고객의 정보에 접근할 때도 발생할 수 있다(FDIC, 2004). 계정은 또한 사람들의 컴퓨터에서 정보를 수집하는 **스파이웨어**(spyware)라고 불리는 악성 소프트웨어에 의해서도 탈취될 수 있다. 이 소프트웨어는 사용자가 이메일 첨부 파일을 열거나 팝업 광고를 클릭할 때 은밀하게 로드된다. 그러면 소프트웨어는 입력된 키와 사용자 이름, 암호, 계정 등의 정보를 추적하고 그것을 사기범에게 보낸다(S. Berg, 2009). 그러나 계정을 가로채는 데는 정교한 소프트웨어가 필요하지 않을 수도 있다. 신분 도용의 65%~70%는 민감한 개인 데이터에 접근할 수 있는 직원이 저지르는 것으로 추정된다(FDIC, 2004).

개인정보 절도피해의 정도

미국에서 매년 신원 도용 피해가 얼마나 발생하는지 정확히 알기는 매우 어렵다. 사람들은 개인정보를 도둑맞고도 인식하지 못할 수도 있고, 만약 알게 되었다 하더라도, 그것은 발생한 지 몇 주, 몇 달, 심지어 몇 년이 지난 후일 수도 있다. 신원이 도용된 것을 알았더라도, 경찰에 알리지 않았을 수도 있다. 그리고 UCR은 신원 도용을 깔끔하게 측정하지 않는다. 신원 도용은 FBI가 연례 보고서에 포함하

는 8가지 지표 범죄 중 하나가 아니다. 개인정보 절도의 범위와 특성을 파악하기 위해 NCVS는 2008년에 처음으로 신원 도용 피해를 부록에 포함하였다. 그러나 NCVS 본조사와는 달리 16세 이상만 조사에 참여했으며, 이전 2년 동안 경험한 신원 도용 경험에 대해 질문하였다(Langton & Planty, 2010). 즉, 연령 요건의 차이를 제외하면, (부록) **신원 도용편**(Identity Theft Supplement: ITS)을 완료하는 사람들도 NCVS에 참여하는 사람들이었다. 2014년 ITS의 최종 샘플에는 64,287명이 포함되었다(Harrell, 2015).

ITS는 타인의 기존 계정의 사용 또는 사용의 시도(계정탈취), 신규 계정을 개설하기 위해 타인의 정보 사용, 기타 부정한 목적의 개인정보 오용 등에 관한 데이터를 수집했다. 어떤 사람이 탈취할 수 있는 기존 계정은 신용카드 계좌, 저축 계좌, 주택담보 대출 계좌, 대출 계좌 또는 당좌 예금 계좌를 포함한다. 사람들은 일자리를 구하거나 의료보호를 받거나 법 집행기관과 상호작용하거나 아파트를 임대하거나 정부로부터 지원을 받기 위해 개인정보를 사용할 수 있다(Harrell, 2015). 2014년 ITS 조사결과에 익하면, 지난 12개월 동안 모두 1,760만 명(16세 이상 전체 인구의 7%)이 신원 도용 피해를 당했던 것으로 추정됐다. 그들 중 5분의 2가 약간 넘는 수가 한 건 이상의 신원 도용사건을 경험했다. 피해자의 86%가 기존의 신용카드 계좌나 은행 계좌정보가 오용되었거나 누군가 오용하려 했다고 보고했는데, 이는 약 1,640만 명의 피해자에 해당하는 수치였다. 약 860만 명이 누군가 새로운 계정을 만들기 위해 자신의 정보를 부정하게 사용했다고 보고했으며, 약 150만 명은 자신의 개인정보가 다른 부정한 목적을 위해 사용되었다고 말했다(Harrell, 2015). 사람들이 신원 도용 피해를 당하는 정도를 평가하는 다른 방법들도 있다. 이들 중 하나는 사람들이 그들의 피해를 신고하는 기관들을 찾는 것이다. 연방무역위원회(Federal Trade Commission: FTC)는 FTC와 다른 기관들 − 인터넷 범죄 고발 센터(Internet Crime Complaint Center), 더 나은 사업국(Better Business Bureau), 캐나다의 폰 버스터스(Canada's Phone Busters), 미국 검사국(United States Inspection Service), 신원도용지원센터(Identity Theft Assistance Center), 국가사기정보센터(National Fraud Information Center) 등 − 이 사기와 신원 도용에 대해서 접수한 고충과 민원들을 집계한 '소비자 센티넬 네트워크 데이터 북(Consumer Sentinel Network Databook)'이런 보고서를 출간하였다. 이 보고서에서 신원 도용은 2014년에 FTC가 받은 모든 고충 민원 중 13%로 가장 많았으며, 건수로는 332,646건에 달하였다. 이들 불만 사항 중 39%는 정부 문서/급부금 사기였으며 17%는 신용카드 사기였다(FTC, 2015).

개인정보 절도피해의 특성

신원 도용 피해에 있어서 한 가지 흥미로운 점은 사람들이 자신이 피해당한 것을 잘 모르는 경향이 있다는 것이다. 일부는 가해자가 자신에게 피해를 주는 방법에 대해 어떠한 생각도 하지 못하는 경우도 있다. 가해자가 자신의 개인정보를 훔치는 방법을 모르면 그것에 대한 예방을 어렵게 할 수 있다. ITS에서는 피해자들에게 신원 도용이 어떻게 일어났는지 알고 있느냐는 질문을 한다. 약 32%의 피해자들은 그들의 신원이 어떻게 도둑맞았는지 알고 있다고 말했다. 이들 피해자 4명 중 1명은 그들의 신원이 어떤 구매나 거래과정에서 도용됐을 것이라고 생각했다. 대부분(90% 이상)의 신원 도용 피해자들이 가해자가 누구인지 알지 못한다고 하는 것은 놀랄 일이 아닐 것이다(Harrell, 2015).

개인정보 절도 피해자들은 자신의 신원이 도용된 사실을 깨닫고 나면 무엇을 하는가? ITS의 조사결과에 따르면, 신원도용 피해자의 8%만이 이 사건을 사법기관에 통보했다. 피해자들은 개인정보를 오용당한 경우(35%)와 가해자가 그들의 이름으로 새로운 계정을 만든 경우(20%)에는 기존의 은행 계좌를 이용하려 한 경우(8%)에 비해 그 사건을 경찰에 더 많이 신고하는 경향을 보였다. 피해자가 경찰에 신고하지 않으면, 다른 곳에는 알릴까? ITS의 결과는 그들이 종종 사건을 공개한다는 것을 보여준다. 피해자의 약 87%가 그들의 계좌나 개인정보가 오용되었다고 신고하기 위해 신용카드 회사나 은행에 연락했고, 8%는 신용국에 통보했다(Harrell, 2015).

누가 개인정보 절도피해를 당하는가?

신원 도용은 누구에게나 일어날 수 있지만, ITS의 결과는 신원 도용이 가장 일어나기 쉬운 대상에 대해 알려준다. 남성과 여성은 신원 도용 피해의 위험이 비슷하다(Harrell & Langton, 2013). 젊은 사람들(12~34세)이 대부분의 재산 및 대인 범죄에서 전형적인 피해자라는 사실을 기억하라(Truman, Langton & Planty, 2013). 사실, 젊은 사람들은 25세에서 64세 사이의 사람들보다 신원 도용 피해를 경험할 가능성이 작다. 실제로, 일단 신용카드 소유 정도를 고려하면, 18세에서 24세 사이

의 사람들이 자기 신용카드가 오용되었다고 신고할 가능성은 사실상 가장 낮다
(Harrell, 2015). FTC에의 신고 데이터 또한 나이 든 사람들이 젊은 사람들보다 신
원 도용 피해를 더 많이 경험한다는 것을 보여준다. FTC에 접수된 민원의 약 4분
의 1은 29세 이하, 그리고 39%는 50세 이상에 의해 제기되었다(FTC, 2015). 인종
및 민족 집단 간 차이 또한 ITS에서 발견되었다. 혼혈인들은 다른 인종들(9%)보다
신원 도용을 경험했다고 신고할 가능성이 더 컸다. 비히스패닉계 백인들이 히스패
닉계나 비히스패닉계 흑인들보다 신원 도용을 더 많이 경험했다. 경험한 신원 도
용의 유형에도 차이가 있었다. 소득도 신원 도용 피해의 가능성과 관련이 있다. 가
구 소득이 증가함에 따라 그 사람의 피해 가능성도 증가한다. 소득이 75,000달러
이상인 가구에 사는 사람들은 다른 사람들보다 신원 도용 피해자가 될 가능성이
더 높았다(Harrell, 2015). 신원 도용 신고율은 지역에 따라 달랐다. 2014년에 신원
도용 신고율이 가장 높은 주는 플로리다, 워싱턴, 오리건주였다(FTC, 2015). 표
11.3은 2014년 FTC에 신고된 애리조나주의 신원 도용 유형별 민원 건수와 비율을
보여준다.

표 11.3 애리조나주의 신원정보 절도 신고, 2014

순위	신원정보 절도 유형	고발건수	백분율
1	정부 문서 또는 수익 사기	2,011	31
2	신용카드 사기	927	14
3	고용관련 사기	855	13
4	전화 또는 유틸리티	678	11
5	은행 사기	497	8
6	대여 사기	236	4
	기타	1,674	26
	미수	236	4

SOURCE: Federal Trade Commission (2015, p. 24).
NOTE: 고발건수 n = 6,460.

개인정보 절도피해의 위험인자

일상활동이론은 누가 신원 도용에 취약한지를 이해하는 데 도움이 된다. 동기화된 범죄자들은 정의상 상존하는 것이다. 신원 도용이 일어날 가능성이 높은 시점은 동기화된 범죄자들이 가용한 보호력이 부재한 시간과 공간에서 적절한 표적과 접촉하게 될 때이다. 적절한 대상은 쉽게 피해당하는 사람들일 가능성이 크다. 왜 어떤 사람이 신원 도용의 쉬운 대상이 되는가? 가해자들이 특정인의 신원을 도용하는 메커니즘을 생각해보라. 쓰레기통에 개인 식별 정보가 있는 서류를 그대로 버리고, 개인정보를 주고받기 위해 공공장소에서 전화를 하며, 개인 계좌에 접속하기 위해 공영 인터넷에 연결하는 것 등은 모두 특정인을 적절한 표적으로 만든다. 인터넷 초보자나 인터넷 사이트의 복잡한 작동 방식을 이해하지 못하는 사람은 야만적인 인터넷 사용자보다 적절한 표적이 될 가능성이 더 클 것이다. 특히, 위험을 알고 있는 사람들조차 여전히 위험에 처할 가능성이 있다. 인터넷을 통해 이루어지는 신원 도용에서 흥미로운 점은 잠재적 피해자들이 피해를 두려워하더라도 인터넷 사용을 줄이거나 줄일 수 없다는 것이다. 그렇다면, 가용한 보호력이 특히 온라인 계정, 사용자 ID 및 비밀번호를 고려할 때 신원 도용에 특히 중요한 개념이 된다. 보호력은 흔히 경고 이메일, 바이러스 백신 소프트웨어, 방화벽의 형태로 제공된다(Cox, Johnson, & Richards, 2009). 하지만 단순히 은행 계좌, 신용카드 계좌, 그리고 사회보장번호를 갖고 있는 것만으로도 당신은 이 개인정보를 도둑맞을 위험에 처하게 된다. 이러한 이유로, 나중에 뒷 장에서 논의되는 바와 같이, 모든 사람은 이러한 정보 조각을 보호하기 위한 예방 조치를 취해야 한다.

개인정보 절도의 결과

신원 도용 피해의 신고 여부와 무관하게, 그러한 피해는 일정한 재정적 비용을 초래한다. 이 비용은 직접적일 수도 간접적일 수도 있다. **직접적 비용**(direct costs)은 돈과 재화 및 용역이 갖는 가치를 의미한다. **간접적 비용**(indirect costs)은 법적 고지서, 전화통화, 부도수표, 공증수수료와 같은 것들로 구성된다(Langton & Planty, 2010). ITS는 신원 도용에 의한 비용이 2014년에 총 154억 달러인 것으로 추산하였다. 직·간접적 손실을 입은 피해자들의 평균 피해비용은 1,343달러였고,

14%는 변제되지 않는 현금 손실도 입었다. 경제적 비용 외에도, 약 9%의 피해자들은 신원 도용이 초래한 문제들을 해결하기 위해 한 달 이상의 시간을 허비해야 했다고 지적했다. 그러나 피해자의 절반 이상은 하루만에 문제를 해결할 수 있었다(Harrell, 2015).

마지막으로, 신원 도용은 다른 유형의 피해와 마찬가지로 피해자들에게 정서적 피해를 줄 수도 있다. ITS에서 신원 도용 피해자의 36%는 다소 심각한 정서적 스트레스를 경험했으며, 3%는 이 사건으로 가족이나 친구와의 관계에 큰 문제가 발생했다고 보고했으며, 1%는 피해의 결과로 직장이나 학교에서 중대한 문제를 경험했다고 보고했다(Harrell, 2015). 물론 폭력 범죄의 피해자들과 비교하면, 신원 도용 피해자가 직장과 학교에서 관계 문제와 심각한 정서적 고통을 겪었다고 보고하는 경우는 많지 않지만, 그래도 신원 도용이 많은 피해자에게 부정적 결과를 가져온다는 사실은 분명히 해야 한다.

개인정보 절도피해에 대한 대응

본 장의 첫 부분에서 언급했듯이, 1998년 '신원 도용 및 추정 억제법'은 연방 형법전에 신원 도용을 포함토록 하였다.

2003년에 제정된 **새로운 공정하고 정확한 신용거래법**(New Fair and Accurate Credit Transactions Act of 2003)은 신원 도용을 줄이고 신원 도용 피해자를 돕기 위한 몇 가지 규정들을 포함했다. 이 법은

- 3대 신용 보고국이 12개월에 한 번씩 소비자에게 신용보고서의 사본을 무료로 제공하도록 의무화한다.
- 자기가 신원 도용의 피해자이거나 피해자가 될 것이라고 합리적으로 의심하는 사람이나 군에서 현역으로 복무 중인 사람이 자신의 신용 파일에 대해 경고를 받을 수 있도록 신청할 수 있는 국가 사기 경보 시스템(National Fraud Alert System)을 만들었다.
- 신용카드 영수증의 계좌 번호를 더 짧게 만들었고, 금융기관과 채권자들에게 적용할 민감한 신용보고서 정보처리를 위한 규칙을 마련했다.
- 어떤 사람이 신원 도용의 피해자가 되었다고 판단하는 경우, 신용 보고기관

이 부정한 계좌정보를 보고하는 것을 중단토록 규정하였다.

- 채권자와 기업은 피해자들이 자신의 피해 사실을 입증할 수 있도록 그들과 관련된 부정한 계좌와 거래 기록의 사본을 제공해야 한다는 것을 확실히 하였다.

- 피해자들이 신원 도용의 영향을 받은 계좌를 채권자에게 직접 보고할 수 있도록 하였다(FTC, 2004)

2003년의 CAN-SPAM 법 또한 신원 도용 문제를 다루었다. 이 법은 특정 상황 하에서 스팸 이메일을 보내는 것을 연방 범죄로 규정했다. 이 법의 자세한 내용은 박스 11.1을 참조하라. 또한, **신원도용처벌강화법**(Identity Theft Penalty Enhancement Act, 2004)이 통과되어 가중 신원 도용죄를 만들었는데, 이는 특정한 중죄와 관련한 또는 중죄를 범하는 중의 불법 신원 도용으로 유죄를 선고받은 사람에 대해 형량을 2년 가중하였다. 이 법은 또한 테러행위와 관련된 불법 신원 도용에 대해 추가로 5년의 징역을 가중하였다. 이러한 연방법 외에도, 50개 주와 워싱턴 DC는 각자 신원 도용을 다루는 법을 별도로 가지고 있다. 참고로 일리노이주의 법을 박스 11.2에서 보라.

박스 11.1 2003년 CAN-SPAM 법

일반적으로, 누군가 주 간 또는 국가 간 통상에 의도적으로 영향을 미치기 위해,
1. 보호받는 컴퓨터에 허가 없이 접근하고, 그러한 컴퓨터로부터 또는 컴퓨터를 통해 복수의 상업성 전자 메일 메시지 전송을 의도적으로 개시하거나,
2. 그러한 메시지의 출처에 관하여, 수신인 또는 어떤 인터넷 접속 서비스를 속이거나 오도할 목적으로, 복수의 상업성 전자 메일 메시지를 중계하거나 재전송하기 위해 보호받는 컴퓨터를 사용하거나,
3. 복수의 상업성 전자 메일 메시지에서 헤더 정보를 실질적으로 위조하고, 의도적으로 그러한 메시지의 전송을 개시하거나,
4. 5개 이상의 전자 메일 계정이나 온라인 사용자 계정 또는 2개 이상의 도메인에 대해 실제 등록지의 신원을 위조한 정보를 사용하여 등록하고, 이러한 계정이나 도메인의 조합으로부터 복수의 상업성 전자 메일 메시지의 전송을 의도적으로 개

시하거나,

5. 5개 이상의 인터넷 프로토콜 주소의 등록자에 대해 자신을 관심 있는 등록자 또는 적법한 승계자로 가장하며, 해당 주소로부터 복수의 상업성 전자 메일 메시지를 의도적으로 전송하거나, 이를 공모할 경우, (b)항에 규정된 대로 처벌될 것이다.

SOURCE: Federal Trade Commission (2004).

박스 11.2 일리노이주의 개인정보 절도법

어떤 사람이 신용, 돈, 상품, 서비스 또는 기타 재산을 부정하게 획득하기 위해 타인의 개인 식별 정보나 문서를 고의로 사용하는 경우, 그 사람은 신원 도용의 범죄를 저지른 것이다. 신원 도용에 대한 처벌은 훔친 정보의 가치에 따라 달라진다.

신용, 돈, 상품, 서비스 또는 기타 재산의 가치가 300달러 미만일 경우, 그 범죄는 4급 중죄로, 1~3년의 징역과 최고 25,000달러의 벌금으로 처벌받을 수 있다. 그 이후의 범죄는 이전에 침입절도, 절도, 사기 등 특정 범죄로 유죄판결을 받았던 사람에 대한 처벌과 마찬가지로, 징역 2년에서 5년으로 처벌되는 3급 중죄로 격상된다. 만약 금액이 300달러에서 2,000달러 사이라면, 그것은 3급 중죄이고, 2천 달러에서 1만 달러는 2급 중죄이며, 1만 달러에서 10만 달러는 4년에서 15년 형으로 처벌할 수 있는 1급 중죄이다. 그리고 10만 달러 이상은 6년에서 30년 형으로 처벌 가능한 X급 중죄다.

만약 피해자가 미국 또는 외국에서 복무 중인 일리노이주 방위군의 현역 군인이거나 예비군일 경우 처벌은 한 단계 증가된다(X급 중죄는 제외).

SOURCE: Reprinted by permission of the National Conference of State Legislatures.

법이 신원 도용의 발생을 줄일 수 있지만, 개인들도 자신의 신원을 도용당할 가능성을 줄이기 위해 할 수 있는 일들이 많다. 멀리 여행을 갈 때는 우편물을 우체국에서 보관되도록 하거나, 신뢰할 수 있는 친구나 가족에게 우편함에서 우편물을 제거하도록 부탁해야 한다. 공공장소에서 당신의 말을 엿들을 수 있고 정보를 가로챌 수 있는 사람들 근처에서는 전화로 개인정보(주소, 전화번호, 사회보장번호 등)를 언급하지 말아야 한다. 당신이 거래하는 은행의 직원 또는 당신이 계좌를 가지

고 있는 사업체의 직원이라고 말하며 당신에게 전화한 사람에게 개인정보를 말해서는 안된다. 만약 그들이 실제로 이 사업체의 직원이라면, 그들은 이미 당신의 정보를 가지고 있어야 한다. 하지만, 만약 당신이 그들에게 전화한 경우라면, 당신이 신원을 증명해 주어야 할 것이다. 개인 수표에는 가능한 최소한의 개인정보만 표시해야 한다. 사회보장번호나 전화번호를 수표에 표시하지 마라. 당신이 놀라운 경품에 당첨되었으니 그것을 받기 위해 당신의 사회보장번호, 신용카드번호, 은행 계좌번호를 알려달라고 하는 전화는 대부분 사기이다. 이러한 제안이 있다면 서면으로 보내 달라고 하라(U.S. Department of Justice, n.d). 당신의 계정번호나 개인정보를 노출시키는 모든 문서는 버리기 전에 파쇄하라.

당신도 알 수 있듯이, 기술이 발전함에 따라, 당신의 재산과 물품을 도둑맞는 방법 또한 다양해진다. 피해의 가능성을 줄이기 위해서는 새로운 예방 전략이 필요할 것이다. 그럼에도 불구하고, 재산피해의 유형과 개인과 집을 위험에 빠뜨리는 요인 사이의 관련성은 명백하다. 재산 범죄가 항상 뉴스가 되는 것은 아니지만, 이러한 유형의 범죄는 당신이 경험할 가능성이 가장 높은 범죄들이다.

요 약

- 절도는 2015년 국가범죄피해조사(NCVS)에서 신고된 재산 범죄의 절반 이상을, 그리고 표준범죄보고서(UCR)에서의 전체 재산 범죄의 71%를 차지했다.
- 가구의 특성이 재산 범죄피해의 가능성에 기여한다. NCVS에 따르면, 총소득이 7,500달러 미만인 백인 및 청년 가장의 가구에 사는 사람들이 가장 높은 절도 피해율을 갖는다.
- 특정 차량을 피해에 취약하게 만드는 어떤 특성이 있다.
- 침입절도나 다른 형태의 재산피해에 특별히 취약한 인종이 있다.
- 자동차 절도에 대한 논의에서, 일상활동이론은 일부 차량이 다른 차량보다 더 적합한 표적이 됨을 제시한다.
- 자동차 절도는 경찰에 가장 많이 신고되는 범죄 중 하나이다.
- 많은 사동차 절도범이 체포되지 않는다는 사실에 대응하여, 연방법이 잠재적 피해

자와 이미 희생된 사람들을 감소 및 보호하기 위해 통과되었다.

- 표적의 강화는 위반자가 대상을 공격하기 더 어렵게 만드는 과정이다.
- 가구 침입절도가 항상 강제 침입으로 이루어지는 것은 아니며, 불법 침입으로 이루어질 수도 있다.
- 대부분의 가구 침입절도는 낮에 집에 아무도 없을 때, 불법 침입으로, 그리고 피해자에게 알려진 사람에 의해 저질러진다.
- 일상활동이론은 왜 어떤 가구는 도둑맞고 다른 가구는 도둑맞지 않는지를 설명하기 위해 사용할 수 있다. 경비가 잘 이루어지는 집은 다른 집들보다 도난당할 가능성이 적다. 적절한 대상으로 여겨지는 주택은 침입절도 당할 가능성이 크다.
- 기술의 발달로 범죄자들이 다른 사람의 신원을 훔치기 쉬워졌다.
- 신원 도용의 일반적인 방법으로는 어깨 서핑, 스키밍, 덤프스터 다이빙(쓰레기통 뒤지기), 피싱, 스파이웨어 사용 등이 있다.
- UCR은 신원 도용을 깔끔하게 측정하지 못하지만, 연방무역위원회와 NCVS의 신원 도용 부록은 사람들의 신원이 도용되는 정도를 측정해 준다.
- 개인의 나이, 소득, 인종은 신원 도용 가능성을 나타내는 지표들이다. 수입이 더 많은 사람이 범죄자들에게 더 적합한 대상이다.
- 다른 형태의 피해와 마찬가지로 신원 도용은 단순한 금전적 손실 이상의 문제를 초래할 수 있다. 신원 도용의 피해자들은 종종 정신적 스트레스를 겪기도 한다.
- 신원 도용의 피해자가 될 가능성을 줄이려면 개인정보가 담긴 어떤 것이라도 함부로 쓰레기통에 버리지 말고, 오래된 메일과 신용정보를 파기하는 등 일정한 예방 조치를 취해야 한다.
- 경찰에 범죄사실을 신고하지 않는 사람도 많지만, NCVS는 그들이 신용국 등 다른 단체에 피해를 신고하기도 한다는 것을 알려준다.
- 신원 도용에 관한 법 규정이 연방 형법전에도 포섭됐다는 사실은 많은 사람을 괴롭히고 있는 이 문제의 심각성이 커가고 있음을 의미한다. 처벌의 엄격성 제고는 현재 2003년의 CAN-SPAM 법에서 다뤄지고 있다.

토의 문제

1. 가장 많이 도난당하는 10대 승용차는 무슨 이유로 그러한가?
2. 자동차 절도율이 가장 높은 미국의 10대 대도시 지역은 왜 그렇게 절도율이 높은가? 미국 서부 지역은 또 자동차 절도율이 왜 그렇게 높은가?
3. 2014년에 신원 도용 신고율이 가장 높은 3개 주는 왜 그러한가?
4. 자신의 집을 도둑맞기 어려운 곳으로 만들기 위해 할 수 있는 일은 무엇인가?
5. 무엇이 사람을 신원 도용의 적절한 대상으로 만드는가?

주요 용어

절도(theft / larceny)

자동차 절도(motor vehicle theft)

자동차 강탈(carjacking)

자동차 절도방지법 집행법(Motor Vehicle Theft Law Enforcement Act, 1984)

자동차 절도방지법(Anti-Car Theft Act, 1992)

자동차 절도방지법(Motor Vehicle Theft Prevention Act of 1994)

자동차 절도방지 개선법(Anti-Car Theft Improvements Act of 1996)

표적 강화(target hardening)

침입절도(burglary)

가택 침입(home invasion)

개인정보 절도 또는 신원 도용(identity theft)

신원 도용 및 추정 억제법(Identity Theft and Assumption Deterrence Act of 1998)

계정탈취(account hijacking)

어깨 서핑(shoulder surfing)

스키밍(skimming)

쓰레기통 뒤지기(dumpster dive)

피싱(phishing)

스파이웨어(spyware)

신원 도용편(Identity Theft Supplement: ITS)

직접적 비용(direct costs)

간접적 비용(indirect costs)

새로운 공정하고 정확한 신용거래법(New Fair and Accurate Credit Transactions Act of 2003)

CAN-SPAM 법(CAN-SPAM Act of 2003)

신원도용처벌강화법(Identity Theft Penalty Enhancement Act of 2004)

인터넷 자원

자동차 절도:

http://www.iii.org/media/hottopics/insurance/test4

보험정보원 웹사이트에는 도난 가능성이 가장 높은 차종에 관한 연방수사국 표준범죄보고서의 통계가 나와 있다. 그리고 도시별, 주별로 도난 가능성이 가장 높은 차종과 도난 가능성이 가장 낮은 차종에 대한 자료도 있다. 이 웹사이트는 또한 오토바이 도난과 관련된 정보도 제공한다. 연혁에 관한 섹션에서는 도난 방지법들도 다룬다.

단독 가구에 대한 침입절도:

http://www.popcenter.org/problems/burglary_home

문제 지향 치안 센터(Center for Problem-Oriented Policing)는 침입절도 사건을 주제로 한 웹페이지를 제공한다. 이 웹 가이드는 침입절도, 위험에 처한 주택의 유형, 침입절도의 위험 인자 및 가장 많이 도난당하는 물품의 유형 등에 대한 정보를 제공한다. 침입절도범에 관한 논의도 있다.

에드먼드 인사이드 라인(Edmunds Inside Line):

http://www.insideline.com

이 웹사이트는 인기 있는 자동차 도난 사건에 대한 정보를 제공하고 있다. 이 사이트에는 최신 차량뿐만 아니라 구매자들이 예상할 수 있는 문제와 불만 사항도 나열되어 있다. 자동차 도난 방지 신기술 등 최근 뉴스 기사도 부각되고 있다.

신원 도용과의 전쟁:

http://www.ftc.gov/bcp/edu/microsites/idtheft

연방무역위원회의 신원 도용 웹사이트는 소비자, 기업, 법 집행관 및 군인을 위한 신원 도용에 관한 소개 정보를 제공한다. 그것은 또한 신원 도용 피해 신고 방법을 포함한다. 신원 도용에 관한 자료와 이를 방지하는 방법도 논의 된다.

자동차 도난 방지:

http://www.geico.com/information/safety/auto/preventing−auto−theft

이 게이코 웹 페이지는 당신이 자동차 절도의 다음 희생자가 되는 것을 막기 위한 몇 가지 팁을 제공한다. 그 팁은 도둑들이 가장 일반적으로 목표로 하는 차종과 사용 가능한 도난 방지시스템의 종류와 그 시스템이 하는 일 등에 대한 것이다.

제12장

특별한 인구집단의 피해

제12장

특별한 인구집단의 피해

2011년 2월 1일, 스위스의 한 사회복지사가 114명의 장애 아동과 성인들을 성폭행했다고 자백한 사실이 언론에 보도되었다. 심리치료사로 일하던 이 남자는 28년 동안 9개의 다른 기관에서 사람들을 폭행했다. 그는 이 사람들을 성적으로 학대했다고 자백했는데, 이들은 모두 정신적 장애가 있었다. 그들 중 72명은 18세 미만이었고, 한 명은 겨우 1살이었다! 그는 18건의 사건을 비디오테이프로 녹화하거나 사진을 찍기까지 했다(CNN Wire Staff, 2011). 여러분은 도대체 무엇이 이 사람으로 하여금 자기 보호 하에 있는 사람들에게 몹쓸 짓을 하게 만들었는지 궁금할 것이다. 하지만 여기서 피해자들을 한번 생각해 보라. 이들은 정신적 장애가 있어서 기관에 수용된 사람들이다. 이러한 사람들은 다른 사람의 보살핌을 필요로 하고 그들의 감퇴한 정신력을 감안할 때 특별히 피해에 취약했을 것이다.

이 장은 이런 취약한 피해자들에 관한 것이다. 이 장은 장애가 있는 사람들에 대한 논의에서 시작해서 정신질환자에 대한 논의로 옮겨간다. 또한, 교정시설에 구금된 사람들의 피해도 이후에 다룬다. 당신은 왜 구금된 피해자들이 정신 장애 및 질환을 가진 피해자들과 같은 장에서 다루어지는지 궁금할 것이다. 그러나 곧 알게 되겠지만, 이 세 집단은 공히 그들의 지위와 독특한 취약성 때문에 특별한 피해의 위험에 처해 있다.

장애를 가진 사람들의 피해

범죄피해에 특별히 취약한 또 다른 집단은 장애를 가진 사람들이다. 수감된 사람들의 피해를 다루는 장에서 장애인의 피해를 함께 논하는 것이 처음에는 이상하게 보일 수 있다. 하지만 그들의 지위에 비추어 볼 때, 두 집단이 공히 잠재적 범죄자들의 표적이 되기 쉬운 것은 사실이다. 생활양식 및 일상활동이론에 대해 우리가 알고 있는 지식을 고려할 때, 취약한 대상이 되는 것은 어떤 개인의 피해 위험에 있어서 핵심적인 요소이다. 일부 수감자들에게 있어서, 그들의 개인적 특성은 수감 중에 희생당할 특별한 위험에 자신들을 처하게 할 것이다. 교도소에서 약탈자들과 범죄자들은 서로를 표적으로 삼을 것이다. 장애가 있는 사람들도 마찬가지다. 약탈자와 범죄자들은 다양한 이유로 그들을 손쉬운 표적으로 볼 것이다. 이 때문에 희생되는 장애인은 특별한 관심을 받을 만하다.

장애인의 정의

당신은 이 섹션을 처음 읽을 때, 장애를 가진 사람들에 대한 어떤 이미지가 떠올랐을 수 있다. 그 이미지는 신체적 장애나 지적 장애가 있는 사람에 대한 것일 수 있다. 두 가지 모두 사실 대표적인 장애의 예이다. 하지만 그 용어들이 의미하는 것은 무엇일까? 신체적 장애는 사람이 걷기, 계단 오르기, 목욕하기, 옷 입기, 몸 관리하기 등 일상 활동에 지장이 있을 때를 말한다. 지적 장애는 **발달 장애**(developmental disability)라는 큰 범주 아래에 포함된다. 발달장애에는 뇌성마비, 간질, 중증 학습 장애, 지적 장애, 자폐성 스펙트럼 장애 등이 포함된다(Petersilia, 2001). 일반적인 발달장애에 대한 설명은 표 12.1을 참조하라. 발달장애는 대개 22세 이전에 발현해서 오랫동안 지속하며, 자기 관리, 언어, 학습, 이동성, 독립생활 능력 등 5가지 활동영역 중 적어도 3개에서 심각한 손상을 유발한다(Centers for Disease Control and Prevention, 2010a). 이 절에서 우리는 삶의 어느 지점에서나 발생할 수 있는 신체적 장애를 가진 사람들과 발달장애가 있는 사람들에 대해 주로 논한다. 참고하는 연구나 자료가 발달상애와 신체장애를 구별하지 않는 경우는, 그냥 장애라는 용어를 사용하기로 한다.

장애인 피해의 정도

대부분의 피해 유형과 마찬가지로, 우리가 피해의 정도를 파악하기 위해 가장 먼저 참고하는 자료는 국가범죄피해조사(NCVS)이다. 장애인의 경우도 이와 다르지 않다. 1998년 장애인 범죄피해자 인식법(Crime Victims With Disabilities Awareness Act)은 NCVS가 장애인의 피해에 관한 정보를 수집하도록 의무화했다. 이에 NCVS 는 조사대상자들에게 청각 제한(limitation), 시력 제한, 인지 제한, 보행 제한, 자기 관리 제한, 또는 독립적인 생활 제한을 갖고 있는지 묻는 질문을 추가하였다(Harrell, 2014). 예컨대, "당신은 신체적, 정신적, 또는 감정적 상태 때문에 집중하고 기억하고 결정하는데 심각한 어려움을 겪고 있습니까?"라고 질문한다(Harrell, 2014, p. 10). 만약 응답자가 그런 증상이 있다고 답하면, 그 사람은 장애를 겪고 있는 것으로 간주될 것이다. NCVS의 장애의 정의에는 행동 및 상호작용에 대한 광범위한 제한들이 포함된다는 점을 주목하라.

이 정의에 기반한 2013년 NCVS 조사결과에 따르면, 모두 1,299,500건의 장애인 대상 폭력범죄가 있었다(Harrell, 2014). 가장 흔한 유형의 피해는 단순 폭행과 절도였는데, 이는 장애가 없는 사람들의 경우와 다르지 않았다. NCVS에서 장애인의 피해율을 비장애인의 피해율과 비교해 보면 장애인의 경우가 더 높다는 것을 알 수 있다. 2014년 장애인의 피해율은 1,000명당 31.7명으로, 비장애인의 12.5명보다 높았다(Harrell, 2016).

물론 NCVS가 장애인 피해통계의 유일한 출처는 아니다. 그러나 그것은 미국에서 국가 수준의 조사에 의한 추정치의 유일한 출처이다. 물론, 그보다 작은 표본을 갖는 그리고 다른 나라에서 수행된 연구들도 있다. 이러한 연구의 대부분은 1980년대와 1990년대 초에 이루어졌다. 이들 추정치는 신뢰도도 낮지만, 다른 연구들만큼 많은 관심을 받지도 못했다는 점에 유의해야 한다. 또한 중요한 것은 이러한 연구의 대부분이 대표성 없는 표본에 기초하기 때문에, 그 결과를 얼마나 일반화할 수 있을지는 말하기 어렵다. 사실, 이들 연구의 방법론적 취약점을 감안하면, 장애를 가진 사람들이 장애가 없는 사람들보다 피해당할 가능성이 얼마나 더 큰가에 대해서는 논쟁의 여지가 있다(Marge, 2003).

이들 연구로부터 장애인의 피해 정도에 대한 다른 그림들이 드러났다. 호주에서는 통계청이 지적 장애가 있는 성인들을 대상으로 범죄피해조사를 실시했다. 이 조사에서는 지적 장애인들이 지적 장애가 없는 사람들보다 비해율이 더 높은 것으로 나타났다(Petersilia, 2010). 자주 인용되는 칼린 윌슨과 닐 브루어(Carlene Wilson and Neil Brewer, 1992)의 연구는 남호주의 지적 장애 성인 174명을 대상으로 하였고, 폭력피해의 상대적 위험성이 이들 가운데서 가장 높다는 것을 발견하였다. 예컨대, 지적 장애인은 비장애인 대비 강도 피해의 가능성이 12.8배, 성폭력 피해의 가능성이 10.7배, 그리고 폭행 피해의 가능성은 2.8배 더 높았다(Petersilia, 2001에서 인용). 다른 연구는 장애를 가진 사람들이 그들을 돌봐주는 사람들에 의해 피해당할 위험이 있다는 것을 발견했다(Ulicyn, White, Bradford & Matthews, 1990).

공식적 데이터 출처 또한 장애인 대상 학대에 관한 정보를 수집하는 데 사용될 수 있다. 한 연구에서 매카트니와 빈센트 캠벨(McCartney and Vincent Campbell, 1998)은 미국 6개 주의 23개 기관 시설에 사는 지적 장애 남녀 9,400명의 기록을 검토했다. 그들은 기관에 수용된 사람 중 5%가 22개월 동안 직원들의 학대를 받았다는 사실을 발견했다. 피해자들은 대부분 방치되거나 신체적 학대를 받았었다.

표 12.1 주요 발달장애 유형

뇌성마비	뇌와 신경계의 기능 관련 질환이다. 뇌성마비 환자는 근육의 긴장에 관여하는 뇌의 부위가 손상되어 움직임과 균형, 자세에 어려움을 겪는다.
간질	일반적으로 다양한 자연 발작을 유발하는 뇌의 장애이다.
심각한 학습 또는 지적 장애	일상적 기능(예: 커뮤니케이션, 자기 관리, 학습 및 교육 과정)을 수행하는 능력이 제한되고, 평균 이하의 정신 능력 또는 지능 점수를 보인다.
자폐성 스펙트럼 장애	생후 3년 이내에 나타나고 뇌 발달에 부정적 영향을 미친다. 사회적 및 의사소통 기술의 발달을 저해한다.

SOURCE: Centers for Disease Control and Prevention (2010a).

누가 피해를 당하는가?

NCVS에서 조사된 장애인들은 남녀가 비슷한 폭력피해율을 보였다. 장애가 있는 흑인, 백인, 히스패닉계는 폭력피해 패턴은 서로 다르지만, 폭력피해를 경험하는 정도는 서로 비슷한 경향이 있었다. 흑인들은 전반적으로 높은 폭력피해율을 갖는다. 전체적으로, 인종 집단(백인, 흑인, 기타 인종)을 세분화하고 히스패닉계와 비히스패닉계를 분리해도, 장애가 있는 사람은 장애가 없는 사람보다 더 높은 폭력피해율을 보였다. 특히 장애가 있는 12~19세 사이의 사람들이 가장 높은 폭력피해율을 보였다(Harrell, 2016).

장애 유형별로 분리해서 분석해보면, 모든 장애가 유사한 피해 위험을 유발하는 것은 아닌 것 같다. 인지 장애가 있는 사람이 NCVS에서 측정한 다른 유형의 장애에 비해 폭력피해율이 가장 높다. 즉, 심각한 폭력 범죄와 단순 폭행의 비율은 다른 유형의 장애를 가진 사람에 비해 인지 장애자에게서 유의미하게 높았다. 청각 장애가 있는 사람들은 폭력피해율이 가장 낮았다. 시력 장애는 남성보다 여성에게서 폭력 범죄의 위험을 더 증가시켰다(Harrell, 2016).

장애 여성에 대한 폭력

장애가 있는 여성에 대해서는 연구자들이 특별한 관심을 가져왔다. 개인 도우미가 있는 신체장애 여성들에 대한 연구에서, 로리 파워스와 동료들(Laurie Powers et al., 2002)는 이 여성들이 광범위한 학대를 경험했다는 사실을 발견했다. 많은 장애 여성이 개인 도우미가 그들의 돈이나 물건을 훔쳐갔으며(35.5%), 그들의 수표가 오용되거나 위조된 적도 있다(30%)고 보고했다. 또 방치와 물리적 학대도 당하였는데, 그들 중 19.5%는 신체적 욕구가 무시되었고, 14%는 신체적 학대를 경험했으며, 11%는 원치 않는 성적 접촉을 당했다고 보고하였다. 다른 연구들은 장애(신체적, 정신적 또는 정서적) 여성의 2%가 지난 1년 동안 신체적 학대를 받은 적이 있고(S. L. Martin et al., 2006), 신체 장애 여성의 10%는 지난 1년 이내에 학대를 경험했으며(McFarlane et al., 2001), 36%의 장애 여성이 그들의 생애 동안에 신체적 폭행과 학대를 경험한 적 있는 것으로 추정하였다(M. E. Young, Nosek, Howland, Chanpong, & Rintala, 1997).

우리가 여성의 피해를 논할 때는 당연히 강간과 성적 피해에도 관심을 가져야 한다. 다른 여성들과 마찬가지로 장애 여성들도 성적 피해를 당할 위험이 있다. 발달장애 여성은 일반 여성에 비해 성폭행 피해를 당할 가능성이 4배에서 10배 높다(National Council on Disability, 2007). 강간만 조사하면, 미국에서는 매년 15,000명에서 19,000명의 발달장애인이 강간당한다(Sobsey, 1994). 장애가 있는 여성의 80% 이상이 평생 한 번 이상 성폭행당할 것으로 추정된다(Wisconsin Coalition Against Sexual Assault, 2003). 개인 지원서비스를 이용하는 여성들에 대한 연구는 그들이 이러한 서비스 기관에 고용된 사람들에 의해 학대를 당할 수 있다는 사실을 밝혀 냈다. 사실, 파워스와 동료들(2002)은 신체적 장애가 있는 여성과 신체적 및 지적 장애를 모두 가진 사람들이 일반적으로 개인 지원서비스 기관에 고용된 사람들에 의해 성적 학대를 당했다고 보고할 가능성이 더 높다는 것을 발견했다.

장애 여성의 성적 피해에 관한 연구는 대부분 그 발생 정도를 확인하는 기술적(descriptive) 연구였다. 즉, 장애가 있는 특정 여성들을 위험에 빠뜨리는 요인들을 확인하는 연구는 거의 없었다. 그러나 더 젊고, 백인이 아니며, 결혼하지 않은, 고용된, 그리고 덜 교육받은 여성들은 장애(활동을 제한하는 신체적, 정신적 혹은 정서적 문제)를 가진 다른 여성들보다 성폭행을 당할 가능성이 더 높은 것으로 보인다(S. L. Martin et al., 2006). 또한 중요한 것으로, 장애 여성들에 대한 연구는 성적 피해가 반복되는 것 또한 꽤 흔한 일이라는 것을 보여준다. 성적 피해자인 발달장애 여성의 절반 가까이가 평생 동안 최소 10건의 사건을 경험할 것으로 추정하는 연구도 있다(Valenti–Hein & Schwartz, 1995). 과거의 성적 피해 이력 또한 이 인구집단이 성폭행당할 가능성을 2.5배 증가시키는 것으로 나타났다(Nannini, 2006). 본 장에서는 여성 피해자를 주로 언급하고 있지만, 장애가 있는 남성도 성폭행을 경험할 위험이 있다. 한 연구에서는 발달장애를 가진 남성의 32%가 친밀한 파트너에게 성폭행을 당했다고 보고했다(I. Johnson & Sigler, 2000).

성적 피해의 위험과 함께, 장애 여성들은 그들의 친밀한 파트너에 의해 폭력 피해를 당할 위험에 처하기도 한다. 그들은 조사에서 친밀한 파트너 폭력에 관해 특별한 우려를 나타내며, 이를 그들의 5대 관심사 중 하나로 지목했다(Grothaus, 1985). 장애 여성들 가운데서 친밀한 파트너 폭력이 만연하고 있다는 점을 감안할 때, 이러한 우려가 근거 없는 것으로 보이지는 않는다. 캐나다 여성 대상의 한 연구는 장애(가정, 학교, 직장 또는 기타 활동을 제한하는 장기적인 신체적, 정신적 또는 건강상의 문제)가 있는 여성이 장애가 없는 여성보다 직전 5년 이내에 친밀한 파트너 폭력을 경험했을 가능성이 39% 더 높다는 것을 발견했다(Brownridge, 2006). 매튜 브라이딩과 브라이언 아머(Matthew Breiding and Brian Armour, 2015)는 전국 친밀한 파트너 및 성폭력 조사(National Intimate Partner and Sexual Violence Survey, 제7장 참조)의 자료를 사용하여, 장애 여성들이 지난 12개월 동안 친밀한 파트너 폭력(강간, 기타 성폭력, 신체적 폭력, 스토킹, 심리적 공격, 생식이나 성욕에 대한 통제)을 경험했을 가능성이 더 크다고 보고하였다. 남성의 경우, 장애를 가지는 것은 두 가지 형태 – 스토킹과 심리적 공격 – 의 친밀한 파트너 폭력의 위험을 증가시켰다. 캐나다에서 남녀 모두를 연구한 결과도 이 발견을 뒷받침한다. 활동에 지장을 갖는 것은 남성과 여성 모두에게서 피해자가 될 위험을 증가시켰다. 그러나 연구자들은 활동 제한이 남성보다 여성에게서 더 큰 친밀한 파트너 폭력 유발 요인이라는 것을 발견했다(Brownridge et al., 2016). 정신건강 관련 활동의 어려움 또한 친밀한 파트너 폭력피해의 위험 요인이 될 수 있다(Du Mont & Forte, 2014).

연구의 초점

캐나다 주민을 대상으로 한 일반사회조사(General Social Survey)의 자료를 이용한 최근 연구는 정신건강 관련 활동의 제한(심리적, 감정적 또는 정신건강 상태로 인해 가정, 직장, 학교 또는 기타 영역에서 일상 활동이 제한됨)도 여성에게 위험 요소가 될 수 있다는 것을 보여준다. 빈번하게 정신건강 관련 활동을 제한당한 여성들은 폭력적, 정서적, 재정적인 친밀한 파트너 피해의 비율이 다른 여성들보다 더 높았다. 왜 정신건강 관련 활동의 제한이 이렇게 IPV와 관련 있을까?

SOURCE: Du Mont, J. & Forte, T. (2014). Intimate partner violence among women with mental health–related activity limitations: A Canadian population based study. BMC Public Health, 14.

장애 청소년의 피해

장애가 있는 아이들은 특히 피해에 취약할 수 있다. 일반적으로 아이들은 자신을 방어할 수 없어서 매력적인 표적이 될 수 있으며, 따라서 피해의 위험에 처한다. 장애아를 돌보는 노부모는 신체고교에 이이들에게 더 짜전하고 그들에게 감정적 애착이 덜하기 쉽다. 장애아들은 또한 학교에서 또래들의 표적이 될 수 있다. 이런 등의 이유로, 장애아들의 피해 패턴이 조사되있다. 성애 청소년을 위해 일하는 전문가들은 지적 장애가 있는 아이들이 그렇지 않은 아이들보다 학대 피해의 비율이 더 높다고 생각한다(Verdugo, Bermejo, & Fuertes, 1995). 공식 학교 기록
도 이러한 주장을 뒷받침한다(Sullivan & Knutson, 2000). 최근 홍콩의 청소년에 대
한 연구에서도 이와 유사한 결과가 나왔는데, 장애아들은 폭력피해를 경험할 가능
성이 더 높았다(Chan, Emery, & Ip, 2016).

괴롭힘은 그것이 반드시 범죄로 간주되는 수준은 아니더라도 장애 청소년들
이 직면하는 문제일 수 있다. 제10장에서 자세히 논의되었던 괴롭힘은 청소년들을
겨냥한 유해행동으로서, 대개 수차례 발생하며 힘의 불균형으로 특징지워진다
(Olweus, 1993a).

일반 아이들과 장애 아이들을 비교한 한 연구는 장애아들이 일반 아이들보다
학교에서 괴롭힘을 당할 가능성이 더 높다는 것을 발견했다. 예컨대, 장애아 중 절
반이 학기 중에 괴롭힘을 당했다고 보고했다(Dawkins, 1996). 유사하게, 아스퍼거
증후군이나 다른 비언어적 학습장애가 있는 자녀를 가진 어머니들에게 자녀가 또
래에 의한 피해를 경험한 적 있느냐는 질문을 했을 때는 90% 이상이 그렇다고 대
답했다(Little, 2002). 우리는 이미 많은 아이가 또래들로부터 괴롭힘과 피해를 당한
다는 사실을 알고 있지만, 장애를 가진 아이들은 특별히 취약한 것 같다.

장애아동의 피해 중 특히 문제가 되는 피해 유형은 성적 학대이다. 장애아들
은 성적으로 학대당할 가능성이 일반 인구보다 4배에서 10배 정도 높은 것으로
추정된다. 노라 발라데리안(Nora Baladerian, 1991)이 지적한 것처럼, 전체 여성 중
25%나 되는 많은 인구가 성인이 되기 전에 어떤 형태든 성적 피해를 당한다는 점
에서, 장애를 가진 소녀들은 특별히 취약할 것으로 생각된다. 또한, 발달장애를 가
진 소년은 16%에서 32%가 18세 이전에 성적 학대를 받을 위험이 있는 것으로 추
정된다(Badgley et al., 1984; Hard, 1986).

피해의 패턴

NCVS는 장애인을 대상으로 발생하는 각 피해사례에 대한 흥미로운 정보를
제공한다. 사람들에게 장애 때문에 피해당했다고 생각하는지 질문했을 때, 장애가
있는 폭력 범죄피해자들의 약 15%가 그렇게 생각한다고 답했다 반면, 장애 피해
자의 약 3분의 1은 그들이 장애 때문에 피해당했는지 확실하지 않다고 말했다. 피
해자들은 또한 그들이 사건 당시에 피해를 막거나 저항하기 위해 무언가(신고, 도움

의 요청 등)를 하였는지 질문받았다. 장애가 있는 사람들은 그렇지 않은 사람들에 비해 폭력적 피해가 이루어지는 동안에 어떠한 방식이든 저항을 시도할 가능성이 적었다(Harrell & Rand, 2010). 피해자의 저항에 대해서는 나중에 다시 보기로 하고, 지금은 저항의 사용 또는 그것의 결여가 범죄자들의 피해자 선택에 어떤 영향을 미칠 수 있는지를 생각해 보자.

장애인에 대한 폭력적 가해는 일반적으로 무기를 포함하지 않으며(20%만 해당), 장애 피해자의 약 4분의 1이 부상을 입는다(Harrell & Rand, 2010). 장애가 있는 폭력 범죄피해자의 절반 정도가 경찰에 자신의 피해를 신고했는데, 이는 일반적인 폭력 범죄피해자와 비슷한 결과다. 그러나 이들은 장애가 없는 폭력 범죄피해자보다 피해자 옹호 기관에 도움을 청할 가능성은 더 컸다(Harrell, 2016). 장애를 가진 재산 범죄피해자들은 그들의 피해를 경찰에 신고할 가능성이 적었다(Harrell & Rand, 2010).

누가 이런 피해를 저지를 것 같은가? 장애인 피해의 독특한 특징 중 하나는 그들이 지원과 보살핌을 위해 대개 다른 사람들에게 의존한다는 것이다. 성인들은 친구와 가족으로부터 보호를 받거나 공식적인 개인 돌봄 서비스를 받을 수도 있다. 그런데, 피해자-가해자 관계는 논의할 가치가 있다. 그것은 이런 유형의 피해에서는 동기화된 가해자에 대한 노출이 다른 잠재적 피해자들의 경우와는 다를 가능성이 있기 때문이다. 많은 연구가 특정 유형의 가해자들에 대해서만 배타적으로 연구해왔기 때문에, 장애가 있는 피해자를 누가 공격할 가능성이 가장 큰지 정확하게 말하기는 어렵다. 즉, 일부 조사는 보호 제공자로부터 피해당했는지 여부만 명시적으로 질문하고 다른 유형의 가해자에 대해서는 질문하지 않은 반면, NCVS와 같은 연구들은 일반적인 가해자 범주들을 사용한다. 우리는 NCVS로부터 장애인은 비장애인에 비해 잘 알려져 있거나 일상적인 지인에게 피해를 당할 가능성이 가장 크고, 낯선 사람에게 피해를 입을 가능성은 작다는 것을 알고 있다(Harrell, 2015). 예컨대, 한 연구는 캘리포니아에서 가정 내 지원서비스를 받는 중증 인지 장애인들과 그러한 장애가 전혀 없는 사람들을 비교하였다. 심각한 장애가 있는 사람들은 방임, 부상, 고함, 절도 의심, 보호자에 의한 위협, 신체적 학대, 성희롱 피해의 확률이 유의미하게 높았다(Matthias & Benjamin, 2003). 또 다른 연구에서, 연구자들은 미국 6개 주의 23개 주거 시설에 수용된 9,400명의 지적 장애 남녀의 기록을 검토했다. 그들은 수용자의 약 5%가 22개월 동안 시설 직원에게 어떤 형태든 학대를 경험했다는 것을 발견했다(McCartney & Campbell, 1998). 다른 연구들은 가해자에 대한 질문을 포함하였고, 공식 기록에서 가해자가 어느 기관의 누구인지 찾아냈다. 이러한 연구는 장애인들이 가족 구성원, 친밀한 파트너, 개인 지원 또는 의료 제공자에 의해 피해당할 가능성이 가장 크다는 것을 보여주었다(McFarlane et al., 2001; National Council on Disability, 2007).

장애인 피해의 위험인자

장애인이 피해의 위험에 처하는 데는 여러 가지 이유가 있다. 피해의 위험을 더 잘 이해할 수 있도록 이러한 요인들을 좀 더 자세히 논의해보자. 첫째로, 장애가 있는 사람들은 특히 그들이 다른 사람의 보살핌을 받는다면 취약해 보이기 쉽다. 그들은 필요에 따라 다른 사람이 그들의 돈, 은행 계좌, 당좌 예금, 그리고 다른 금융 기록에 접근하는 것을 허용할 수 있다. 당연히, 그렇게 하는 것은 그들의 절도피해 위험을 높이게 된다. 가정 내에 건강 관리 및 개인 조력자를 두는 것은 낯선 사람이 그들의 집과 자산에 접근하는 것을 허락할 것을 요구한다. 일상활동 이론에 따르면, 이 사람들은 가용한 보호력을 제공할 수도 있지만, 대신에 동기화된 범죄자가 될 수도 있다.

둘째로, 지적 장애나 발달장애가 있는 사람들은 위험을 인식하고 처리할 수 없을 수도 있다. 그들은 자신을 보호하기 위해 모든 "옳은" 일을 하고 있음에도 불구하고, 자신들이 잘못된 장소에 잘못된 사람들과 함께 있다는 것을 깨닫지 못할 수도 있다. 불행히도, 그들은 또한 피해가 발생했다는 것을 깨닫지 못할 수도 있다. 설사 깨닫는다고 해도, 일부 조사가 보여주듯이, 그들은 다른 피해자들보다 피해를 경찰에 신고할 가능성이 낮다. 신고하지 않기로 하는 결정은 몇 가지 요인의 결과일 수 있다. 그들의 의사소통 기술이 대개 제한적이기 때문에 신고하는 것을 어렵고 무서운 일로 만들 수 있다(Nettelbeck & Wilson, 2002). 그들이 일상적으로 자신의 재정을 통제하지 않는다면, 돈을 빼앗겼다는 것을 모를 수도 있다. 그들이 한 번도 성교육을 받아 본 적 없다면, 자신에게 일어난 성행위가 부적절하고 불법적이라는 것을 모를 수도 있다(Petersilia, 2001). 또한, 가해자가 가족 성원이거나 자신을 돌보고 있는 사람일 경우 신고는 불가능할 수 있다. 피해자들은 신고에 대한 보복을 두려워할 수 있다(National Council of Disability, 2007). 신고는 피해자를 더욱더 제한적인 생활 상황으로 몰리게 한다는 것을 의미할 수도 있는데, 이것은 결과적으로 아무 말도 하지 않는 것보다 그들에게 더 나쁜 선택일 수 있다. 친밀한 파트너 폭력피해자의 경우, 그들은 장애인을 수용하는 보호소에 접근할 수 없거나 혹은 다른 친밀한 파트너 폭력피해자와 유사하게, 관계를 청산할 재원이 부족하다고 느낄 수도 있다(Petersilia, 2001).

셋째, 장애를 가진 사람은 장애가 없는 사람들보다 가난하게 살 가능성이 더 크다. 장애가 있는 성인 3명 중 적어도 1명은 연간 총소득이 15,000달러 미만인 가구에 살고 있다. 전체적으로, 장애가 없는 사람은 12%만이 이 소득 범주의 가구에서 살고 있다(Petersilia, 2001). 가난한 사람은 경찰이 부지런히 순찰하는 안전한 지역보다는 범죄로 가득한 동네에서 살 가능성이 높다는 점에서 가난은 피해의 위험인자이다.

넷째, 장애인의 피해, 특히 장애를 가진 아이들의 피해는 **의존성 – 스트레스 모델**(dependency – stress model)과 연계되어 있다. 즉 장애가 있는 아이들은 다른 아이들보다 부모와 간병인에게 더 의존적인 경향이 있기 때문에, 스트레스를 더 많이 발생시켜 부모와 간병인이 자신의 책임에 대한 스트레스를 적절하게 감당하지 못하면 학대를 유발할 수 있다. 일부는 피해자 – 비난 모델과 무관하게, 장애인이 피해를 촉진할 수 있는 행동을 보인다고 주장해 왔다. 장애인들은 사회적 단서를 잘못 이해하고, 다른 사람을 기쁘게 하고 싶어하며, 사람들이 그들의 친구가 되기를 원한다고 생각할 수 있다(Petersilia, 2001). 이런 식으로, 그들은 부적절한 요구에 응하며 피해를 초래할 수 있다(Nettelbeck & Wilson, 2002). 게다가, 장애가 있는 피해자들은 그들의 행동으로 공격적인 반응을 불러일으킬 수도 있다. 한편, 나이, 지능, 적응적 행동에 따라 짝을 지어 피해자와 비피해자를 비교한 연구에서, 칼렌 윌슨 등(Carlene Wilson, Ronald Seaman, and Ted Nettelbeck, 1996)은 피해자들이 비피해자들보다 낯선 사람과의 일상적 상황에서 부적절하게 분노나 공격으로 반응할 가능성이 더 크다는 사실을 발견하였는데, 이는 지적 장애보다 오히려 사회적 역량의 부족(대인 간 상호작용에서 분노나 공격성을 보이는 것)이 피해에 더 기여하는 요소라는 점을 시사한다.

장애인 피해자에 대한 반응

많은 연구가 장애가 있는 피해자들은 경찰에게 도움을 청할 가능성이 별로 없다는 것을 보여주었다(Focht–New, Clements, Barol, Faulkner & Service, 2008). 이렇게 낮은 수준의 신고는 몇 가지 이유 때문일 것이다. 그들은 특히 재산피해를 당한 경우에(Petersilia, 2001) 또는 적절한 성교육을 받지 못해서 범죄가 발생했다는 사실을 모를 수 있다(Nosek, 1996). 게다가, 장애가 있는 사람들은 특히 사건을 저지른 사람에게 의존할 수 있기 때문에, 범죄를 신고하는 것이 그들의 일상생활을 더 어렵게 만들 수 있다(Nosek, 1996). 장애인 범죄피해자가 사건을 신고하더라도, 경찰이 다른 피해자가 신고할 때와 똑같이 사건을 처리하는 것을 주저할 수 있다는 증거도 있다. 이들 피해자는 저하된 지적 능력 때문에 적법하지 않고 신뢰할 수 없는 증인으로 간주될 수 있다. 법 집행기관은 지적 장애와 자폐성 스펙트럼 장애를 가진 사람들이 기억력이 좋고 신뢰할 수 있는 증인이 될 수 있다는 사실을 깨닫지 못할 수 있다(Petersilia, 2010). 실제로 조앤 피터실리아(Joan Petersilia, 2001)는 발달장애 범죄피해자(주로 아이들)에 대한 선행 연구들을 검토하면서, 지적 장애가 있는 사람들이 지적 장애가 없는 사람들과 비슷한 비율로 정보를 잊어버리고 또한 비슷한 정확도로 기억을 한다는 점을 지적하였다. 그러나 지적 장애가 있는 아이들은 매우 감수성이 예민하고 남의 호감을 사려고 애쓴다. 따라서 조사관과 변호사는 형사 사법 환경에서 특별한 주의를 기울여야 한다(Petersilia, 2001). 검찰도 이와 비슷한 이유로 이들 사건을 처리하기를 주저할 수 있다.

성적 학대를 당한 장애인에 대한 연구가 특히 교훈적이다. 그것은 피해자들이 거의 신고하지 않는다는 것을 보여주었다. 설사 피해자가 신고를 하더라도, 가해자들은 거의 기소되지 않는다. 이것은 여러 가지 이유 때문일 수 있는데, 그 중 하나는 가해자들이 흔히 지인이자 친밀한 파트너라는 것이다(Wacker, Parish, & Macy, 2008). 한 연구에서는 성적 학대로 기소된 22%의 용의자 중 38%만이 최종적으로 유죄판결을 받았다(Sobsey & Doe, 1991). 이러한 신고, 기소, 유죄판결의 부족이 비단 장애 피해자만의 문제는 아니지만, 장애 여성 성범죄 피해자들에게는 그 비율이 특히 낮은 것으로 보인다.

장애 피해자가 직면하는 어려움을 인식하여, 1998년에는 연방의 **장애 범죄피**

해자 인식법(Crime Victims with Disabilities Awareness Act of 1998)이 통과되어, NCVS를 통해 장애인 피해에 관한 통계를 수집하도록 하였다. 또한, 1998년에는 캘리포니아주의 장애 범죄피해자 법이 제안되었는데, 이는 법 집행기관에의 학대 신고를 의무화하고, 경찰, 검사, 강간 위기 상담자 및 의료 제공자 대상의 교육훈련을 제공하고, 장애 피해자를 보호하기 위한 피해자-증인 원조 프로그램을 요구하고, 장애 피해자들과 함께 하기 위한 지속적인 개혁을 요구하였다(Assembly Bill 2038). 연방의 법안(2008년 장애 범죄피해자법)은 당시 상원의원이었던 조셉 바이든(Joseph Biden)에 의해 재발의되었으나, 2017년 5월 현재까지 재도입되지 않았다.

신고와 피해자 지원을 명하는 연방 법률이 없는 상태에서도 일부 주에서는 특별히 장애 피해자의 문제를 다루었다. 예컨대, 오하이오주는 "정신지체나 발달장애를 가진 사람이 학대나 방임의 합리적 결과로 보이는 어떠한 상처, 부상, 장애 또는 조건을 당했거나 당할 상당한 위험에 직면했다고 믿을 만한 근거를"(RAINN, 2017) 발견한 신고 의무자는 반드시 신고할 것을 요구하는 의무 신고법이 있다. 표 12.2는 오하이오주 법률의 세부사항을 보여준다. 다른 주에서는 인지 장애인이 법정에서 증언할 때 비디오 녹화나 폐쇄회로 TV를 통한 증언, 증언 중 휴식시간의 사용, 법정 내 지원자 출석 허용, 법정 내 좌석 배치의 조정 등 아동에게 제공되는 것과 유사한 보호조치를 취할 수 있도록 형법을 개정했다(Petersilia, 2001).

법률이 없더라도, 피해자 서비스 제공자들은 이미 장애를 가진 피해자들의 요구를 해결해야 하는 문제에 직면해 있다. 그들은 일반적으로 피해자들이 적절한 거처를 찾고, 피해 보상을 신청하고, 상담을 받고, 법률 서비스를 받고, 법정에 출석하고, 형사절차를 통과하는 데 있어서 장애를 가진 피해자들을 도울 수 있어야 한다(National Council on Disability, 2007). 피해자 서비스 외에도, 장애인 범죄피해자에 대한 대응을 준비하는 법 집행 및 다른 형사사법 전문가들이 이용할 수 있는 훈련 비디오, 강의, 팜플렛 등도 있다. 그러나 대부분의 훈련은 주로 다음 절에서 논의되는 정신질환 피해자들에 초점을 맞추었다.

표 12.2 오하이오주의 발달장애 범죄피해자를 위한 강제 신고법

누가 장애자인가?	정신 또는 지체 장애나 정신/지체 장애의 조합으로 인한 심각한 만성 장애를 가진 사람(단순한 정신질환으로 인한 정신적 또는 신체적 장애는 제외)으로서, 22세 이전에 발현되며, 무기한 지속되어 어린이의 경우 발달이 지체되거나 위험이 확립될 가능성이 있다. 또한, 주요 생활 활동의 최소 3개 영역에서의 실질적인 기능적 제한으로 인해, 개별적으로 계획되고 조정되는 장기간의 일련의 특수한, 다영역간 또는 기타 유형의 관리, 치료나 서비스의 제공을 필요로 한다.
누가 강제신고 의무자인가?	모든 의사(병원 인턴 또는 레지던트 포함); 치과의사; 소아과 의사; 지압사; 병원 관리자 또는 직원; 면허 간호사; 보행 의료 시설 직원; 가정 보건 기관 직원; 성인 보호시설 직원; 지역 정신 보건시설 직원; 학교 교사 및 당국; 사회복지사; 심리학자; 변호사; 평화관(peace officer); 검시관; 주민 권리 옹호자; 카운티 발달장애위원회의 관리자, 위원 또는 직원; 주거 시설의 관리자, 위원 또는 직원; 정신지체자 또는 발달장애자에게 서비스하는 공공 또는 민간 서비스 제공기관의 관리자, 위원 또는 직원; MR/DD 직원; 발달장애부서의 하부기관에 설립된 시민자문위원회의 회원; 장애인에 대한 전문적 서비스를 제공하는 직책에 고용된 자; 장애인에 대한 전문적 서비스를 제공하는 직책에 고용되어 조직된 종교 교리에 따라 기도로 영적인 치료를 제공하는 성직자
누구에게 신고하는가?	- 법 집행기관 또는 카운티 발달장애위원회 - 당사자가 주 교정기관의 수감자일 경우 주 고속도로 순찰대 - 법 집행기관이나 발달장애부서에서 운영하는 시설의 거주자와 관련된 신고일 경우는 바로 그 기관이나 부서 - 오하이오 발달장애부서의 핫라인(866-313-6733) 또는 카운티 발달장애위원회의 홈페이지(https://doddportal.dodd.ohio.gov/reportabuse)
인지 기준	장애가 있는 사람이 부상, 상해, 장애 또는 그 사람에 대한 학대나 방임이 있었음을 합리적으로 나타내는 조건을 겪었거나 겪을 실질적 위험에 직면했다고 믿을 만한 이유

SOURCE: Reprinted by permission of RAINN, Rape, Abuse and Incest National Network.

정신질환을 가진 사람들의 피해

장애인들이 자신을 위험에 처하게 하는 것과 같은 이유로, 정신질환 또한 개인을 피해의 위험에 놓이게 할 수 있다. 하지만 무엇이 정신질환을 구성하는가?

정신질환은 단순히 몸이 쇠약해지는 것으로 생각할 수 있는데, 때로는 그럴 수도 있다. 그러나 많은 사람이 정신질환을 가지고 산다. 정신질환이 있는 사람도 직장에 가고 학교에 간다. 그들은 어느 모로 보나 사회의 생산적인 구성원이다. 하지만 일부는 심각한 도전에 직면해 있다. 그들에게 이러한 도전 중 하나는 증가된 피해의 가능성이다. 이 위험에 대한 논의를 시작하기 전에, 먼저 정신질환이 무엇인지 알아보자.

정신질환의 정의

정신질환과 피해 간 연관성을 조사하는 많은 연구가 심각한 정신질환을 가진 사람들에게 초점을 맞추었다. 심각한 정신질환을 가진 사람들은 종종 "현실 테스트 장애, 흐트러진 사고 과정, 충동성, 열악한 계획, 그리고 빈약한 문제 해결"의 증상을 보인다(Teplin, McClelland, Abram, & Weiner, 2005, p. 911). 조작화한다면, 심각한 정신질환은 흔히 '장기간(예컨대, 2년) 정신 활성의 약물을 복용했거나 정신과적 사유로 입원한 경우'로 특정화된다(Teplin et al., 2005). 그러나 사람들은 이러한 기준에 맞지 않는 정신질환을 겪을 수 있다. 그리고 심각한 정신질환을 그렇게 분류하는 것이 정신장애 진단의 유형을 식별하는 것은 아니다. 물론, 다양한 종류의 정신질환이 있다. 피해와 관련하여 연구되어온 가장 일반적인 정신질환 중 몇 가지는 표 12.3에서 찾을 수 있다. 알코올이나 마리화나 의존성과 같은 약물남용의 문제도 미국정신의학협회(American Psychiatric Association)가 발간하는 진단 매뉴얼인 진단통계편람(Diagnostic and Statistical Manual: DSM-IV-TR)에서 확인되는 정신장애들이다. 이 매뉴얼은 정신건강 전문가들이 실제로 환자를 진단하고 치료하기 위해 사용하는 것이다.

표 12.3 일반적인 정신질환, DSM-IV-TR의 정의 및 진단기준

장애	정의	진단기준
우울	다음 증상 중 5개 이상이 동일한 2주 동안 발생했거나 이전과는 다른 기능이나 결과를 나타낸다. 그 증상 중 적어도 하나는 (1) 우울증 또는 (2) 관심이나 즐거움의 상실이다.	• 사회적, 직업적 또는 기타 중요한 기능 영역에서 임상식으로 중대한 고통 또는 손상을 야기함 • 어떤 약물의 직접적인 생리적 영향

	• 거의 하루 종일, 거의 매일 침체된 기분 • 거의 하루 종일, 거의 매일 (거의) 모든 활동에 대한 관심이나 즐거움이 눈에 띄게 감소함 • 다이어트나 체중 조절을 하지 않았음에도 상당히 체중이 감소함 • 거의 매일 불면증 또는 과다수면 • 거의 매일 정신 운동의 동요 또는 지연 • 거의 매일 피로 또는 에너지 손실 • 거의 매일 무가치함 또는 과도하거나 부적절한 죄책감(망상일 수 있음)의 느낌 • 거의 매일 사고력과 집중력의 감퇴 또는 우유부단함 • 죽음에 대한 반복적인 생각, 특정한 계획이 없는 반복적인 자살 생각, 자살 시도 또는 자살 계획	또는 일반적인 의료 상태 때문은 아님 • 사별로 더 잘 설명되지 않음 • 2개월 이상 지속하거나, 뚜렷한 기능적 손상, 가치 없는 일에 대한 병적인 집착, 자살 관념, 정신병적 증상 또는 정신 운동 지연으로 특징지어짐
근심	지나친 걱정으로 특징되지만, 그런 걱정은 실제 상황에 대한 지나친 우려로서 경험한다는 점에서 강박관념과 구별된다.	직장을 잃는 것에 대한 걱정에서부터 신(God)이 거꾸로 발음하면 개(Dog)가 된다는 불쑥 끼어드는 고통스러운 생각 등 다양함
정신분열형 장애	정신분열형 장애의 본질적 특징은 두 가지 차이점을 제외하고는 정신분열증의 특징과 동일하다. 즉, 질환의 총 지속기간(전구증상단계, 활동단계, 잔존단계 포함)이 1개월 이상 6개월 미만이며, 질환의 일부분 동안 손상된 사회적 또는 직업적 기능이나 결과는 요구되지 않는다.	• 일상적인 행동이나 기능이 처음 눈에 띄게 바뀐 후 4주 이내에 두드러진 정신병 증상이 발생 • 정신질환이 한창일 때 혼란 또는 당혹감 • 증상 발현 전에는 우수한 사회적, 직업적 기능성을 보임 • 퉁명스러움 또는 단조로운 정서의 부재

SOURCE: Data from American Psychiatric Association (2000).

정신질환자의 피해 정도와 유형

형사사법기관이 처음 정신질환자에게 관심을 가졌을 때, 그것은 그들의 피해에 대한 우려 때문이 아니었다. 오히려, 정신질환자들은 피해자가 아닌 폭력 번지자로 인식되었다(E. Silver, Arseneault, Langley, Caspi, & Moffitt, 2005). 그러나 여러 연구에서 정신질환자는 가해자보다 폭력의 피해자가 될 가능성이 더 컸다(A. Levin, 2005). 정신질환자가 피해를 당하는 정도와 관련해서는 연구들의 방법론에 유의하는 것이 중요하다. 어떤 연구는 시설에 있거나 시설에 있었던 사람들의 피해를 조사한 반면, 다른 연구는 지역사회에 살고 있는 사람들로부터 표집된 샘플을 사용했다. 우리는 시설에 수용된 사람들보다 지역사회에 살고 있는 사람들 간 피해율의 차이를 발견하기를 기대한다.

지역사회 속에서 정신장애가 있는 사람들을 정신장애가 없는 사람들과 비교해 보면, 정신장애가 피해의 위험인자라는 사실이 명백해진다. 심각한 정신질환을 가진 사람들을 일반 인구와 비교하면, 정신질환자들은 폭력피해를 당할 가능성이 2.5배 더 높다(Hiday, Swartz, Swanson, Borum, & Wagner, 1999). 실제로, 정신장애를 가진 사람들에 대한 연구는 그들의 일관되게 높은 피해율 −8%(심각한 정신질환이 있는 남성들의 지난 1년간 성폭행 피해; Goodman et al., 2001)에서 50% 이상(심각한 정신질환이 있는 여성들의 지난 1년간 신체적 학대; Goodman et al., 1999)의 피해 추정치 −을 발견해왔다.

정신병을 가진 사람들이 실제로 피해당하기 쉬운지를 판단하는 한 가지 방법은 그들의 피해율을 일반 인구의 그것과 비교하는 것이다. 한 가지 풍부한 국가 차원의 데이터 출처는 당신도 알다시피 NCVS이다. 그것은 연구자들이 도출한 추정치를 국가 데이터나 소규모 도시지역 데이터와 비교할 수 있는 자료를 제공한다. 예컨대, 린다 테플린 등(Linda Teplin, Gary McClelland, Karen Abram, and Dana Weiner, 2005)은 1997년 1월 31일부터 1999년 10월 4일까지 시카고에서 정신과 치료를 받고 있던 중증 정신질환자의 피해 경험을 NCVS 도구를 사용하여 측정하고, 피해 발생과 만연 정도를 NCVS와 비교하였다. 그들은 표본에서 심각한 정신질환을 앓고 있는 사람 중 4분의 1 이상이 지난 1년 동안 기수 혹은 미수의 폭력 범죄를 경험했다는 것을 발견했다. 이는 NCVS의 피해율보다 11.8배 높은 수치다. 만약 이 발견을 미국에서 심각한 정신질환을 가진 인구 전체에 적용했다면, 거의 300만 명의 심각한 정신질환자가 매년 폭력피해를 당하는 셈이 된다! 게다가, 연구자들은 NCVS에서 나타난 수치보다 약 4배 높은 거의 28%가 재산 범죄를 경험했다는 사실도 발견했다. 또한 중요하게도, 연구자들은 심각한 정신질환을 가진 여성들이 심각한 정신질환을 가진 남성들보다 기수의 폭력피해, 강간/성폭행, 내인 절도, 자동차 절도 등을 경험할 가능성이 더 크다는 것을 발견했다. 반면에, 심각한 정신질환을 가진 남성들은 심각한 정신질환을 가진 여성들보다 더 높은 비율로 강도를 경험했다. 일부 유형의 피해에 있어서는 아프리카계 미국인들이 더 높은 비율을 보였지만, 모든 인종과 민족 집단의 피해율이 일반적으로 비슷하고 높았다.

정신질환자의 피해 위험이 더 높다는 이러한 연구결과는 미국에만 국한되지 않는다. 뉴질랜드 듀네딘(Dunedin)에서 태어난 남녀 출생 코호트를 조사한 연구에서, 에릭 실버 등(Eric Silver, Louise Arseneault, John Langley, Avshalom Caspi, and Terrie E. Moffitt, 2005)은 어떤 종류든 정신장애를 가진 사람들이 정신장애가 없는 사람들보다 전년도 동안 신체적 폭행을 더 많이 당했다는 사실을 발견했다(34% 대 21%). 그들은 또한 정신장애를 구체적인 유형별로 검토했는데, 정신분열형 장애를 가진 사람들이 신체적 폭행과 폭행 위협을 당할 가능성이 가장 높았다. 불안장애가 있는 사람들은 성폭행 피해의 위험이 가장 컸다. 반복 피해를 다룬 제4장에서 언급했듯이, 우리는 또한 정신질환이 있는 사람들이 반복 피해를 경험할 위험이 있다는 것을 알고 있다. 특히 정신병원에 입원해 심각한 정신장애 치료를 받아온 사람 가운데서 반복 피해의 위험이 크다. 피해를 당한 사람들의 경우, 거의 3분의 2가 일 년 중 어느 시기에 또 다른 피해를 경험했다(Teasdale, Daigle, & Ballard, 2013). 실버와 동료들의 연구에서와 유사하게, 여러 유형의 장애를 겪는 것은 사람들을 반복적인 피해의 위험에 처하게 한다는 것이 밝혀졌다. 조울증 또는 정신분열형 스펙트럼 장애를 진단받은 사람들은 반복 피해의 궤적이 편평한 반면, 약물남용 장애나 심각한 우울증을 진단받은 사람들은 감소하는 궤적을 보였다(Teasdale et al., 2013).

정신질환자는 왜 피해에 취약한가?

1950년대부터 미국은 정신장애자를 위한 많은 기관을 폐쇄하고 그들을 지역사회로 돌려보내는 **탈수용화**(deinstitutionalization) 정책을 시행했다(E. Silver, 2002). 비용 절감뿐만 아니라 보다 인간적 관리방식을 의도한 것이었지만, 탈수용화는 부정적인 결과를 가져왔다 예컨대, 침상 수가 부족해져서 입원 치료를 통해 혜택을 받을 수 있는 사람들에게도 침대가 제공되기 어려운 경우가 생겼다. 1970년에는 시민 10만 명당 200개의 병상이 있었지만, 그나마 1992년에 이르러 그 수가 50개 이하로 줄어들었다("Deinstitutionalization," 2011). 침상이 부족하여 입원치료를 받을 때는 평균 10일 미만으로 입원 기간이 짧아졌다(Teplin et al., 2005). 결과적으로, 심각한 정신장애가 있는 사람들조차도 필요한 치료나 약을 제때 받기 어려웠다. 치료나 약이 없으면 피해 위험은 증가한다. 연구에 따르면, 실제로 외래 환자 입원 명령에 의해 다행이 수용되었던 사람들은 (필요한 치료나 약을 먹기 때문에) 풀려나도 범죄피해를 당할 가능성이 적었다고 한다(Hiday, Swartz, Swanson, Borum & Wagner, 2002).

정신장애가 있는 사람들은 노숙(Teasdale, 2009), 빈곤(Hudson, 2005), 약물 남용(Teasdale, 2009)의 비율 또한 높은데, 이 모두가 피해의 위험 인자들이다. 이러한 요인들은 정신장애가 있는 사람들을 다른 사람들의 경우와 유사한 방식으로 피해의 위험에 처하게 한다. 그들은 가용한 보호력을 결여한 손쉬운 타겟이 된다. 정신병을 앓고 있는 사람은 또한 자기의 피해를 법 집행기관에 신고할 가능성이 낮은데, 그것은 신고를 해도 경찰이 자기 말을 믿지 않거나 심각하게 받아들이지 않을 것을 두려워하기 때문이다. 만약 그렇다면, 동기화된 범죄자들은 발각 및 체포될 가능성이 더 낮다고 믿기 때문에 그들을 타겟으로 삼을 수 있다(E. Silver et al., 2005).

가용한 보호력을 갖지 못하는 것에 더해, 정신장애를 가진 사람은 자신의 환경 속에서 덜 부지런하며, 의미 있고 효과적인 자기 보호에 덜 관여할 수 있다. 또한, 잠재적 범죄자들은 정신질환자들이 자신을 방어할 능력이 떨어진다는 것을 인지할 수 있다(E. Silver et al., 2005). 이것은 시설에 수용된 정신질환자가 위험에 처하는 이유 또한 설명해 줄 수 있다. 지금까지 우리는 주로 지역사회에 거주하는 정신질환자의 피해에 대해 논의해 왔지만, 요양시설이나 병원에 있는 것도 사람들을 위험에 빠뜨릴 수 있다. 시설 내에서의 폭력피해율은 "대개 지역사회에서의 그것보다 높거나 비슷하다"(Petersilia, 2010, p. 2). 그들의 고유한 취약성과 인지된 또는 실제적 방어능력 부재를 감안할 때, 시설에 수용된 사람들은 피해의 위험이 매우 클 수 있다. 또한, 이러한 기관에서 제공하는 관리에 대한 감독도 거의 없을 수 있다. 게다가 환자 대 환자 간 학대도 발생할 수 있다.

동기화된 범죄자에 대한 노출 또한 사람들을 피해의 위험에 처하게 한다. 성

신장애를 가진 사람들은 정
신장애가 없는 사람들보다
폭력을 행사할 가능성이 크
기 때문에 동기화된 범죄자
들에게 매우 잘 노출될 수
있다(Arseneault, Moffitt, Caspi,
Taylor, & Silva, 2000). 이것은
우리가 폭력적인 생활방식
을 가진 사람들에게 일반적
으로 기대하는 것 ―폭력적

사진 12.1 한 정신질환자가 도시공원의 벤치에서 자고 있다. 명백
히 피해에 취약해 보인다.

인 사람들은 역시 폭력적인 사람들로 둘러싸여 있을 가능성이 크다― 과 유사하
다. 또한, 사람들은 자신의 공격적이고 폭력적인 행동이 타인의 공격적이고 폭력
적인 반응을 불러일으킨다는 것을 알 수 있다.

정신병을 앓고 있는 사람들이 왜 더 폭력적인가? 그들은 원래 공격적인가?
연구는 폭력과 피해가 **증상학**(symptomology)과 연관되어 있다는 것을 시사한다.
망상이나 환각과 같은 심리적 증상을 보이는 것은 폭력적 행동과 관련이 있다
(Appelbaum, Robbins, & Monahan, 2000; Link, Monahan, Stueve, & Cullen, 1999). 사람
들이 이러한 증상을 보일 때는, 상대방도 공격적이고 폭력적인 방식으로 그들의
증상에 대응할 수 있기 때문에 그들의 피해 가능성이 증가한다. 요컨대, 그들은 다
른 사람들에게서 유사한 반응을 불러일으킬 가능성이 있는 것이다(Teasdale, 2009).

다른 연구자는 정신질환자가 강화된 증상을 보이면, 상대방이 어떻게 반응해
야 할지 몰라서 이상한 방식으로 행동할 수도 있다고 주장했다(Hiday, 1997). 사람
들은 정신장애가 있는 사람을 통제하기 위해 행동할 수 있는데, 이 행동이 피해를
줄 수도 있다. 이런 식으로, 정신장애를 가진 사람들은 서로 상충하는 관계에 있는
자신을 발견할 수 있다. 정신장애자를 돌보는 것이 얼마나 스트레스를 줄 수 있는
지 생각해보라! 비록 누군가를 학대하는 것은 용서할 수 없지만, 정신질환자를 돌
보는 것은 종종 인내하기 어려운 일일 수 있다. 이를 뒷받침하기 위해, 일부 연구
는 갈등적 관계에 빠지는 것이 정신장애와 폭력피해 사이의 관계를 매개한다는 것
을 발견했다(E. Silver, 2002). 이것은 사람을 위험에 빠뜨리는 것이 정신장애 그 자

체가 아니라, 정신장애가 있는 사람들이 종종 결과적 피해를 낳는 갈등적 관계에 관여한다는 사실을 암시한다.

정신질환을 가진 피해자에 대한 대응

정신병을 앓고 있는 피해자들은 특별한 어려움에 직면할 가능성이 높다. 앞서 지적한 바와 같이, 그들은 경찰이 자신의 말을 믿지 않거나 진지하게 받아들이지 않을 것을 두려워하여 피해를 신고할 가능성이 더 낮을 수 있다. 여성의 경우 이러한 위험은 특히 적절할 수 있다. 정신질환이 있는 여성들은 그들의 말이 경찰 등으로부터 진지하게 받아들여지지 않을 수도 있고, 스스로 자신의 피해에 연루되어 있다고 비난받을 수도 있다(Salasin & Rich, 1993).

이러한 신고의 결여는 특히 문제가 되는데, 왜냐하면 피해가 정신병을 앓고 있는 사람들에게 특히 큰 충격을 줄 수 있는 심리적 비용을 유발할 가능성이 있기 때문이다. 정신질환의 심각성과 증상이 피해에 의해 악화될 수 있다. 이처럼, 정신질환은 피해의 원인일 수도, 그 결과일 수도 있다. 정신질환자의 피해와 약물 남용 사이의 상관관계는 이러한 약물을 대처 메커니즘으로 사용할 가능성을 나타내는 것일 수 있다(Goodman et al., 2001). 다시 말해서, 약물 남용은 피해의 위험 요인임과 동시에 피해의 결과일 가능성이 있다. 앞서 지적한 바와 같이, 치료 제공자와 피해자 서비스 기관은 정신질환을 앓고 있는 피해자들의 반복 피해 가능성을 줄이기 위해 특별한 관리, 치료 및 서비스가 필요할 수 있다는 것을 알아야 한다. 피해자의 보상금 수령과 정신건강 사이의 관련성을 조사하는 과정에서 이러한 주의의 필요성이 강조되었다. 한 연구에서는 정신건강 장애 판정을 받은 피해 보상 신청자가 다른 사람들보다 피해 보상을 거부당할 가능성이 더 큰 것으로 나타났다(Daigle, Guastaferro, & Azimi, 2016).

또한 흥미로운 것은 폭넓고 다양한 프로그램이 정신건강 문제와 장애를 가진 범죄자들의 요구(예컨대, 정신건강 및 약물 법원, 법 집행관 대상의 위기개입 훈련, 일부 정신건강 치료 등)를 해결하는데 특별히 맞춰져 있다는 점이다. 물론 이런 프로그램이 풍부한 이유는 그 프로그램에의 참여와 자금지원이 법적으로 의무화되어 있기 때문이겠지만, 한편으로 정신병을 앓고 있는 범죄피해자들의 실질적 요구에 대해서는 현재까지 이와 유사한 관심이 주어지지 않았다.

구금된 사람들의 피해

구금은 정의상 처벌이다. 그것은 자유, 존엄성, 이성 관계의 박탈 또는 상실을 포함한다. 구금되어 있는 동안 재소자들에게 발생하는 피해는 교도소 수감 생활의 예정된 부분이 아니다. 즉, 피해당하는 것은 처벌의 일부가 아니다. 실제로 주 또는 연방정부는 구금시설의 직원이나 다른 수감자가 범할 수 있는 모든 유형의 가해로부터 수감자를 보호해야 한다. 구치소나 교도소 환경을 안전하게 유지하는 것은 실제로 교정행정 당국과 교정 직원의 임무이다. 그렇다면, 왜 이 장에서 구금된 사람들의 피해를 다루고 있는가? 왜냐하면, 안전을 유지해야 하는 교정 당국과 직원들의 의무에도 불구하고, 교정시설은 사실 위험한 장소이기 때문이다. 이 절에서는 교정시설 수감자에 대한 피해의 발생 정도, 전형적인 피해의 유형, 피해의 위험인자, 피해에 대한 대응 등을 논의한다.

구치소 및 교도소에 수감된 사람들의 피해의 정도

구치소와 교도소에서 얼마나 많은 피해가 발생하는지 파악하기는 어렵다. 많은 피해가 신고되지 않고 지나간다. 재소자들은 신고에 따른 보복을 두려워할 수 있고, 가해자가 직원일 때는 신고하는 것을 두려워할 수 있으며, 설사 신고를 해도 아무런 조치가 이루어지지 않을 것으로 생각할 수도 있다. 결과적으로, 공식 데이터 출처는 실제 발생하는 피해의 규모를 과소평가할 수 있다. 대신에 조사 데이터가 범죄의 어두운 모습을 드러내는 더 나은 정보 출처가 될 수 있다.

조사결과, 피해는 일반 인구에서보다 교도소에서 더 많이 발생하는 것으로 나타났다(Wolff, Shi, & Siegel, 2009b). 오하이오주의 3개 교도소에 수용된 재소자들을 대상으로 한 연구에서는 전체 수감자의 절반이 지난 6개월 동안 어떤 종류든 피해를 경험한 것으로 밝혀졌다. 다른 유형의 피해 또한 별도로 조사될 수 있다. 이 연구에서 재소자의 10%는 신체적 폭행을 당한 적이 있었다(Wooldredge, 1998). 12개의 성인 남성 교도소와 1개의 성인 여성 교도소에 수감된 7,500여 명의 재소자들을 대상으로 한 훨씬 더 큰 연구에서, 낸시 울프 등(Nancy Wolff, Jing Shi, and Jane Siegel, 2009a)은 재소자의 34%가 지난 6개월 동안 신체적 피해를 경험했다는 것을 발견했다. 물론, 철창 뒤에서 일어날 수 있는 가장 심각한 유형의 신체적 피해는 살인이다. 2007년에는 지방 구치소에 수감된 3명의 재소자(Noonan, 2010a)와 주 교도소에 수감된 57명의 재소자가 살해되었다(Noonan, 2010b). 구치소의 경우, 살인은 가장 큰 구치소에서, 가장 폭력적인 범죄자들에게, 그리고 입감 후 7일 이내에 일어날 가능성이 가장 컸다(Noonan, 2010a). 교도소의 경우는 살인율이 남성(피해자의 99%)과 백인(46%)에게서 가장 높았다(Noonan, 2010b). 그러나 신체적 폭행이 수감자들이 겪는 유일한 종류의 피해는 아니다. 재소자들은 또한 다른 개인적 피해를 입을 수도 있다. 오하이오주 교도소를 대상으로 한 위의 연구에서는 수감자의 20%가 지난 6개월 동안 절도 피해를 신고한 것으로 조사되었으며(Wooldredge, 1998), 재산피해를 다룬 다른 연구에서는 재소자의 4분의 1이 지난 12개월 동안 재산피해를 경험한 것으로 나타났다(Lahm, 2009). 성적 피해 역시 교도소에서 발생하지만, 그 문제는 나중의 절에서 별도로 논의한다.

누가 피해를 당하는가?

재소자들이 수감 중에 피해당할 위험이 있다는 것을 전제한다면, 과연 누가 가장 위험할까? 위험의 측면에서 남녀 재소자를 비교하는 연구는 거의 이루어지지 않았지만, 남성 수감자가 여성 수감자에 비해 더 큰 비율로 신체적 피해를 경험하는 것으로 보인다. 또한, 여성이 신체적 피해를 당할 때는 남성과는 달리 다른 수감자에 의해 희생될 가능성이 더 크다. 반면, 남성들은 직원에 의해 피해당할 가능성이 더 크다(Wolff et al., 2009a). 그리고 젊은 백인 재소자들은 직원보다 다른 수감자에 의한 신체적 피해를 경험할 가능성이 더 크다(Wolff et al., 2009b). 그러나 백인이 아닐 경우는 직원에 의한 신체적 폭행의 위협이 증가하였다(Lahm, 2009; Wolff et al., 2009b). 다른 연구에서는 멕시코계 미국인 재소자들이 백

사진. 12.2 재소자들은 그들의 인구학적 특성 때문에 피해의 위험에 처할 수 있다. 두 명의 재소자가 휴식을 취하고 있다.

인 또는 흑인 수감자들에 비해 대인 및 재산 범죄의 피해자가 될 가능성이 더 크다는 것이 밝혀졌다. 교육 및 소득도 피해 위험의 측면에서 검토되었다. 저소득층 재소자들은 폭행 피해의 위험이 더 크지만, 고소득층, 고등 교육을 받은 수감자들은 절도 피해의 위험이 더 크다(Wooldredge, 1998).

구금시설에서의 피해 위험인자

성별, 나이, 인종 등 인구학적 특성은 교정시설 내 폭행의 전형적 피해자가 갖는 특성을 묘사해 주지만, 직원과 관리자들이 시설 내에서 누가 위험에 처할 수 있는지 사전 식별하는 데 도움을 줄 수 있는 추가적인 위험 인자를 확인하여 주지는 않는다. 이러한 위험 인자들은 일반적으로 **개인특성**(importation)과 **박탈**(deprivation)이란 두 가지 관점 중 하나로 분류될 수 있다. '개인특성'의 관점에 따르면, 재소자들은 그들을 피해의 위험에 처하게 하는 특징을 가지고 있다. 이러한 요소들은 이전의 피해 이력, 신장 또는 인성과 같은 것일 수 있다. 반면, 박탈의 관점은 교도소 환경이 박탈적이고, 이런 박탈적 환경이 피해를 양산한다는 것을 시사한다. 예컨대, 특정 시설의 위험성(예: 보안 수준)은 재소자의 피해 위험 여부에 영향을 미칠 수 있다. 이제 문헌에서 연구된 위험 요소들을 살펴보자.

이전의 피해 이력

제2장에서 본 바와 같이, 피해의 위험 요소 중 하나는 과거의 피해 이력이고, 많은 피해자가 실제로 재피해당한다는 것을 기억하라. 이것은 재소자들에게도 해당된다. 구금된 사람들은 그들이 과거에 신체적 피해를 당한 적이 있다면, 다시 신체적 피해를 당할 가능성이 크다(Wolff et al., 2009b). 울프와 동료들(2009a)의 연구에서는, 과거 교도소에서 피해를 당한 적이 있는 전체 재소자의 약 3분의 2가 18세 이전에 재차 신체적 피해를 당했다. 18세 이전에 피해당한 적 있는 사람 중 절반가량이 지난 6개월 동안 교도소에서 재피해를 당했는데, 이는 과거의 피해와 교도소에서의 피해 사이에 일정한 관계가 있음을 시사한다. 교도소에서의 성적 피해와 이전의 성적 피해 이력 사이의 관계도 발견되었다. 구체적으로, 피해 이력을 가지고 교도소에 수감된 사람은 다른 수감자보다 교도소에서 재피해를 당할 가능성이 더 크다(Wolff et al., 2009a).

정신질환

취약한 사람들은 교도소에서 쉬운 타겟으로 비춰질 수 있다. 심각한 정신질환을 갖는 것은 사람들의 인지능력과 행동에 영향을 미칠 수 있으며, 이것은 그들을 피해 당하기 쉽게 만들 수 있다(Baskin, Sommers, & Steadman, 1991). 게다가, 그들이 우울증, 불안증 또는 외상 후 스트레스 장애와 같은 정서적 장애를 갖는다면, 위축되거나 소극적인 방식으로 행동할 수 있으므로, 그 결과 피해 위험은 더 증가한다(Wolff et al., 2009b). 일부 교도소에서는 심각한 정신질환을 가진 재소자들은 치료를 받을 수 있도록 하기 위해 분리해서 수용한다. 그렇게 함으로써 얻을 수 있는 이점 중 하나는 그들에게 해를 끼칠 수 있는 다른 죄수들과 격리될 수 있다는 것이다.

위험 감수/자기 통제

피해를 설명하기 위해 사용되는 범죄학 이론 중 하나는 마이클 갓프레드슨과 트래비스 허쉬(Michael Gottfredson and Travis Hirschi, 1990)의 **낮은 자기통제이론** (theory of low self-control)이다. 이 이론에서 저자들은 자기통제력이 낮은 사람들은 비행, 범죄 그리고 다른 유사한 행동에 연루될 가능성이 있다고 제안한다. 제2장에서 당신은 크리스토퍼 슈렉(Christopher Schreck, 1999)이 자기통제력을 사용하여 피해를 설명하는 것에 대해 읽었다. 이 작업을 바탕으로 켄트 컬리 등(Kent Kerley, Andy Hochstetler, and Heith Copes, 2009)은 교도소 내 피해를 설명하기 위해 자기통제이론을 사용하였다. 낮은 자기통제력에 대한 이론(자기통제력은 6개의 구성물을 포함한다는 것을 기억하라)을 부분적으로 지지하면서, 그들은 위험을 무릅쓰는 것을 좋아하는 수감자들이 다른 수감자들보다 피해당할 가능성이 더 높다는 것을 발견하였다.

제도적 요인

수감자의 범죄 유형, 형량, 보안 수준, 비백인 재소자의 비율, 생활양식과 같은 제도적 삶의 측면도 피해의 위험에 영향을 미친다. 형기 초기의 수감자들은 다른 재소자들보다 재산 범죄의 피해자가 될 가능성이 더 높다(Wooldredge, 1998). 성범죄로 복역 중인 수감자들은 동료 재소자들에게 피해당할 위험이 높은 반면, 폭력 범죄로 복역 중인 수감자들은 특히 직원들에 의해 폭행당할 위험이 있다(Wolff et al., 2009b). 보안 수준도 중요하다. 가장 위험한 수감자 중 일부는 그들 범죄의 심각성과 형기 때문에 최고 보안 시설에 수용되지만, 이들 시설에 수용된 재소자들은 오히려 신체적, 재산상 피해를 경험할 가능성이 적다. 인종 구성도 중요하다. 교도소에서 비백인 재소자의 비율이 증가함에 따라, 재산 및 대인피해를 경험할 가능성도 증가한다(Lahm, 2009). 추측이지만, 이러한 결과는 수용자의 인종구성을 균형 있게 유지하지 못하는 즉, 교도소 관리의 부실 때문일 수 있다. 교도소의 성별 구성은 폭력피해의 위험에 중요하다. 남자 교도소에 수용된 재소자들은 여자 교도소에 수용된 재소자들보다 폭력피해의 가능성이 높다(Teasdale, Daigle, Hawk, & Daquin, 2015). 마지막으로, 수감자들이 다른 재소자들과 직원들에 대해 갖는 감정 또한 피해의 위험에 영향을 미칠 수 있다. **사회적 거리**(social distance)는 신체 및 절도 피해의 위험을 증가시킨 반면, 시설에서 친구의 수는 대인 범죄피해의 위험을 감소시켰다. 사회적 거리를 유지하는 것은 자신은 교도소 문화에 빠지고 싶지 않다는 의사를 나타낼 수 있으며, 이는 다른 재소자들에게 그 사람이나 그 사람의 재산이 피해를 당해도 다른 사람들이 보호해주지 않을 것이라는 신호를 보낼 수 있다(Wooldredge, 1998). 재소자들이 교도관들에 대한 불만을 많이 신고하는 기관들은 다른 시설에 비해 신체적 피해의 비율이 더 높았다(Wolff 등, 2009b). 교도관들의 공정성에 대한 지각도 피해 위험의 측면에서 중요한 것으로 보인다. 수감자들이 교도관을 불공평하다고 인식할 경우, 그들의 피해 위험은 더 높다(Wooldredge & Steiner, 2013).

생활양식과 일상활동

　생활양식 및 일상활동 시각은 교도소에서의 피해를 설명하는데도 유용하다. 수감자들이 교도소에서 일상적으로 하는 활동과 다른 재소자들과의 관계에서 느끼는 사회적 거리감에 바탕하여, 누가 피해당할 가능성이 더 큰지 확인할 수 있을 것이다. 한 연구에서, 교육 프로그램에 더 많은 시간을 보내고 더 많은 시간을 공부하는 수감자들은 폭력피해를 당할 가능성은 낮았지만, 절도 피해자가 될 가능성이 더 높았다 운동/오락 시간을 많이 쓰고 면회가 잦을수록 신체적 폭행 피해의 위험이 증가한다. 운동/오락으로 보낸 시간은 절도 피해와도 정적으로 관련되었다

(Wooldredge, 1998). 이러한 구조화된 활동에 시간을 보내는 것이 왜 위험을 증가시키는가? 생활양식 및 일상활동이론에 대해 생각해 보면 이해할 수 있을지 모른다. 이러한 활동으로 시간을 보내는 것은 잠재적 범죄자들의 면전에서 자기 소유물을 취약하고 가용한 보호력이 부재한 상태로 내버려 두는 것이 된다.

특별한 사례: 수감자의 성적 피해

2003년에 **교도소 강간 예방법**(Prison Rape Elimination Act of 2003)이 통과되면서 신체 피해나 재산 피해보다는 재소자에 대한 성폭행과 강간에 더 많은 관심이 쏠리고 있다. 이 법은 법무부의 연구 기관인 사법통계국(Bureau of Justice Statistics)이 매년 모든 주, 카운티 및 연방 교도소의 최소 10%와 시립 교도소의 대표성 있는 표본에서 교도소 강간의 발생률과 영향을 통계적으로 분석할 것을 요구한다. 이는 교도소 강간의 발생과 결과에 관한 데이터가 매년 전국적으로 8,700개 이상의 교정시설에서 수집되고 분석되어야 한다는 것을 의미한다. 이 데이터에 기반하여 교도소 강간사건의 맥락에서 교정기관들을 열거하고 식별하는 보고서가 매년 제출된다. 이것은 각 기관이 최고가 되기를 원치 않는 불명예스러운 목록이다!

이 법이 데이터의 수집을 강제했기 때문에, 이제 우리는 교도소와 구치소에서 얼마나 많은 성적 피해가 발생하는지 더 잘 파악할 수 있게 되었다. 사법통계국의 **국가 재소자 조사**(National Inmate Survey)는 성인 재소자 대상의 자기보고식 조사이기 때문에, 수감자들의 기관 당국에 대한 공식적인 피해 신고에 의존하지 않았다. 대신, 터치스크린과 헤드폰을 통해 전달되는 지침을 사용하는 오디오 컴퓨터 지원 자기 면접(audio computer−assisted self−interview)을 통해 피해조사가 이루어졌다(Beck & Harrison, 2010).

이 자료에서 2011−2012년에는 교도소 재소자의 4%와 구치소 재소자의 3.2%가 지난 12개월 동안 또는 수감된 이후에 다른 재소자나 시설에서 일하는 사람에 의해 성적 피해를 당한 것으로 밝혀졌다. 다른 재소자들에게 성적 피해를 당한 수보다 직원으로부터 성적 피해를 당한 수가 약간 더 많았다(Beck, Berzofsky, Caspar & Krebs, 2013).

누가 성적 피해를 당하는가?

교도소 밖의 성범죄 피해와 비슷하게, 여성 수감자들은 남성 수감자들보다 성적 피해를 당할 가능성이 더 크다. 국가 재소자 조사의 결과에 따르면, 여성 교도소 수감자의 6.9%, 여성 구치소 수감자의 3.6%가 지난 12개월 동안 또는 입소 이후 다른 수감자에 의해 성적 피해를 당한 것으로 나타났다(남성의 경우 1.7%와 1.4%). 이러한 비율은 남자 수감자들이 경험한 재소자 간 성적 피해 수치의 두 배 이상이다. 남성들이 성적 피해를 당할 때는 직원들에 의해 당할 가능성이 더 크다. 남성 교도소 수감자의 약 2.4%와 남성 구치소 수감자의 2%가 직원에 의한 성적 피해를 신고했다(직원과의 합의에 의한 성행위는 피해로 간주되지 않는다). 이는 여성 교도소 수감자의 2.3%와 여성 구치소 수감자의 1.4%가 직원에 의한 피해인 것과 비교된다. 백인 및 다인종 교도소와 구치소 수감자들은 흑인 수감자들보다 다른 재소자에 의해 성적 피해를 당할 가능성이 더 컸지만, 흑인 구치소 수감자들은 직원에 의한 성적 피해를 당할 가능성이 더 컸다. 성별과 인종 외에 교육과 연령도 성적 피해 경험과 관련된 요인들이다. 더 많이 교육받은 수감자들은 덜 교육받은 수감자들보다 다른 재소자 및 직원들에 의한 성적 피해를 더 많이 신고한다. 55세 이상의 교도소 수감자들은 젊은 수감자들보다 다른 재소자들에게 성적 피해를 당할 위험이 더 큰 반면에, 35세 이상의 구치소 수감자들은 위험이 상대적으로 낮았다. 직원들이 교정기관 수감자들에게 저지른 성폭행을 조사하면, 35세 이상의 위험이 가장 낮았다. 동성애 수용자들은 다른 사람들보다 높은 수준의 성적 피해를 보고했는데, 동성애 교도소 수용자의 12.2%와 구치소 수용자의 8.5%가 성적 피해를 당했다. 조사된 또 다른 잠재적 위험 요소는 신체의 크기였다. 과체중인 재소자들은 정상 체중 또는 저체중의 재소자들에 비해 성적 피해의 위험이 낮았다(Beck et al., 2013).

그러나 수감자는 성인만이 아니다. 청소년들도 교정시설에 수감될 수 있다. 교정시설 청소년의 잠재적 성적 피해 또한 교도소 강간 예방법의 요건으로 연구되고 있다. 2008년부터 2009년까지, 사법통계국은 제1차 **국가 보호시설 청소년 조사**(National Survey of Youth in Custody: NSYC)를 완료했다(Beck, Harrison, & Guerino, 2010). 이 조사는 최소 90일 이상의 수감처분을 받은 청소년을 수용하는 주 소유

의 또는 주가 운영하는 166개의 시설과 지역 또는 민간이 운영하는 29개 시설을
대상으로 하였다.

2012년에는 제2차 NSYC가 실시되었다. 이 연구에서는 326개 시설에 수용된
8,707명의 청소년들이 시설에서 발생한 성적 피해에 대한 조사를 완료하였다. 연
구결과, 이들 시설의 청소년 중 2.5%가 다른 청소년에 의한 성적 피해를 경험했
고, 7.6%는 지난 12개월 동안 또는 입소 이후 직원의 손에 의해 성적 피해를 경험
한 것으로 밝혀졌다. 성인 재소자들이 보이는 패턴과 비슷하게, 청소년들은 다른
수감자들보다 직원들에 의해 피해당할 가능성이 더 컸다. 남자 청소년이 여자 청
소년보다 직원에 의한 피해를 보고할 가능성이 더 컸고(8.1% 대 2.9%), 남자 청소년
보다 더 많은 수의 여자 청소년이 다른 수감자들과 원치 않는 성행위를 했다고 말
했다(5.4% 대 2.2%). 백인 청소년은 흑인 또는 히스패닉 청소년보다 다른 청소년에
의한 성폭행을 더 많이 경험했고, 흑인 청소년은 백인 청소년보다 직원에 의한 성
적 피해를 더 많이 보고하였다(Heaton et al., 2016).

교정시설 내 성적 피해의 위험인자

인구학적 특성 외에 다른 특성들도 수감자들이 성적 피해의 대상이 될 위험을
높이는 것으로 보인다. 이러한 위험 인자 중 하나는 현 구금시설 이전의 성적 피
해 경험 여부이다. 국가 재소자 조사에서는 현 시설에 오기 전에 성적 피해를 경
험한 재소자가 이전의 성적 피해 전력이 없는 재소자보다 직원과 다른 수용자들에
의해 성적 피해를 당할 가능성이 더 높았다(Beck et al., 2013). 다른 연구에서도 이
전의 성적 피해 전력과 시설 내 성적 피해 사이에 유사한 연관성이 발견되었다
(Wolff et al., 2009a). 이러한 연구 결과는 재피해 위험을 다룬 연구들이 발견한 것
―즉, 개인의 삶에서 어느 한 시점에 피해를 당하면 나중에 재피해당할 위험이
있다― 과 유사하다.

또 다른 성적 피해 위험 인자는 성적 지향성이다. 구체적으로, 이성애와는 다
른 성적 지향을 가진 수용자는 이성애 수용자보다 성적 피해의 대상이 되는 경우
가 많다(Beck et al., 2013; Hensley, Koscheski, & Tewksbury, 2005). 취약한 것 또한 수
감자들을 위험에 빠뜨릴 수도 있다. 예컨대, 신장이 작은 것은 일부 연구에서 교도
소 내 성적 피해의 위험 요인으로 확인되었다(Chonco, 1989; N. E. Smith, & Batiuk,

1989; Toch, 1977). 정신장애를 앓고 있는 재소자 역시 수감 중 성적 피해를 경험할 가능성이 높으며, 나아가 정신장애를 가진 여성은 정신장애를 가진 남성보다 성적 피해의 가능성이 3배나 높았다(Wolff, Blitz, & Shi, 2007).

교도소 내 피해에 대한 대응

수감자의 대응

수감 생활 동안 피해당할 가능성이 매우 실제적일 때는 그에 따른 어떠한 부정적 결과가 수반된다. 많은 수감자가 이런 잠재적 위협을 두려워하며 교도소에서 나날을 보낸다. 이러한 두려움 때문에 일부 재소자는 **보호수감**(protective custody)을 요청하기도 하는데, 이는 운동/오락 및 샤워 시간 외에는 하루 24시간 동안 안전한 독방에 수용되는 것을 의미한다(McCorkle, 1992). 보호수감은 재소자들이 교육, 치료, 직업훈련과 같은 프로그램에 참여하는 것을 더욱 방해한다. 그러면 해당 재소자 자신에게는 좋을지 몰라도, 그것이 기관의 정책을 위반한 재소자에 대한 처벌 수단으로도 사용되는 것이기 때문에 공평해 보이지는 않는다.

다른 수감자들은 위험하다고 생각하는 교도소 내 특정 구역에는 가지 않는 것과 같은 회피적 전략을 사용할 수도 있다(Irwin, 1980). 연구에 따르면, 강탈당한 적 있는 수감자들과 두려움을 느끼는 수감자들은 실제로 교도소 내 특정 구역과 활동을 회피하기 위해 더 많은 시간을 자기 방에서 보낼 가능성이 크다. 더욱 위험한 것은 재소자들이 다른 수감자들의 공격으로부터 자신을 보호하거나 자기보다 강한 사람을 공격하기 위한 수단으로서 손으로 만든 조잡한 "칼"(shank)을 가지고 다닐 수 있다는 것이다. 게다가, 다른 재소자로부터 공격, 위협, 강도를 당해서 두려움을 느끼게 되면 거친 태도를 보이거나 체중을 높이거나 무기를 곁에 두는 것과 같은 공격적 예방행위의 사용 가능성을 증가시킨다(McCorkle, 1992).

기관의 대응

수감자들을 피해의 위험에 처하게 하는 요인들이 많은 것만큼, 기관들이 안전과 보안을 강화하기 위해 하는 일도 많다. 이러한 것 중 일부는 사법적 명령과 헌법적 요건에 대한 대응으로 행해지며, 다른 것은 교도소에 내재하는 위험을 인식해서다. 먼저 법률적, 헌법적 요건에 대해 논의해보자.

잔인하고 특이한 처벌을 금지하는 미국의 제8차 수정헌법은 대법원에 의해 죄수에 대한 비인간적 처우를 금지하는 것으로 해석되어왔다. 법원이 *파머 대 브 레넌*(Farmer v. Brennan) 사건(1994년)에서 지적한 바와 같이, 교정공무원들은 수감 자에게 인간적인 환경을 제공해야 할 뿐만 아니라, 수감자의 건강이나 안전에 대 해 **고의적으로 무관심**(deliberate indifference)하거나 수감자가 심각한 피해의 위험 에 처했다는 것을 알고도 그것을 멈추기 위한 합당한 조치를 하지 않음으로써 그 위험을 무시할 경우 교정공무원들은 그 책임을 지게 될 수 있다(이 사건과 사실에 대 한 논의는 박스 12.1을 참조하라).

박스 12.1 Farmer v. Brennan 사건

파머는 여성적 특징을 가진, 수술하지 않은 성도착자로서 남자 연방 교도소에 수감 되어 있었다. 수감기간 동안 그는 자주 격리를 당했다. 그는 일반 교정기관에서 심각 한 범죄자들이 수감되는 상위 보안 시설로 이송되었다. 이송 이후 그는 일반 재소자 속에 배치되었다. 그는 결국 다른 죄수들에게 구타당하고 강간당했다. 그는 피해 구 제와 추가 감금에 대한 법원의 금지명령을 추구하였다. 대법원이 결국 이 사건을 심 리하였고, "교도관이 수감자에 대한 심각한 피해의 실체적 위험을 고의로 무시한 것 은 제8차 수정헌법을 위반한 것이다"라고 판시하였다. 모든 죄수에게 인간적인 환경 을 제공하는 것은 제8차 개정안에 따른 교정공무원의 의무다. 인간적인 환경이란 적 절한 음식, 옷, 피난처, 의료, 그리고 다른 죄수들에 의한 폭력으로부터의 보호를 포 함한다.

SOURCE: FindLaw (n.d.−b).

이러한 법적 요건 외에도, 교도소들은 피해를 줄이기 위한 정책도 시행하고 있다. 재소자들이 서로 접촉하지 않으면 물리적 피해의 가능성이 낮아지기 때문 에, 피해를 줄일 수 있는 한 가지 방법은 효과적인 분류를 통해서이다. **분류** (classification)는 범죄자들을 선별하여 그들의 필요와 특성에 맞는 시설에 배치하 는 과정이다. 예를 들어, 약물 남용 문제가 있는 죄수는 이론적으로 약물 남용 치 료를 제공하는 시설에 수용되어야 한다. 마찬가지로 분노조절 문제가 있고, 충동 을 억제할 능력이 없으며, 이전에 수감된 교도소에서 직원과 재소자에게 피해를

입힌 적이 있는 죄수는 최고 보안 시설이나 폭력 재소자들에게 효과적으로 대응할
수 있는 곳에 배치해야 한다.

일단 수감되면, 관리자와 직원은 교도소 내에서의 이동과 죄수 간 상호작용을
줄임으로써 피해가 발생할 기회를 줄일 수 있다. 더욱이 인종이 피해의 위험 요인
으로 보이고 교도소의 인종구성이 피해율과 관련 있기 때문에, 일부 교도소는 각
사동에 수용된 백인과 비백인 재소자의 수를 추적하여 특정한 균형을 유지하려고
노력한다(Lahm, 2009).

수감자들이 직면하는 이성 관계의 박탈에 대해 교도소가 대응하는 한 가지 방
식은 부부의 방문을 통해서이다. **부부간 방문**(conjugal visits)이란 결혼한 수감자가
보통 트레일러나 별채 주택에서 그의 파트너와 하룻밤 또는 주말을 함께 보낼 수
있도록 허락하는 것을 말한다. 이러한 방문시간 동안에 수감자는, 비록 규칙적으
로 점검받지만, 평상시 허용받는 것보다 더 많은 사생활을 허용받는다. 그러나 현
재 6개 주만이 부부간 방문을 허용하고 있으며, 이러한 방문은 권력과 통제를 행
사할 목적의 성행위는 줄이지 못하고, 이성 관계에 대한 접근 결여에서 비롯되는
시설 내에서의 합의된 성행위 및 강제적 성행위만을 줄이는 역할을 하고 있다
(Knowles, 1999). 이처럼, 부부간 방문은 강간과 성적 피해를 줄이기 위한 효과적인
전략이 될 것 같지는 않다. 게다가, 많은 성적 피해가 다른 수감자가 아니라 교도
소 직원들에 의해서 저질러진다는 것을 기억하라. 이처럼, 교도소 직원들은 심사
받고, 보직도 순환되며, 윤리와 법에 대한 교육을 받을 필요가 있다. 교정공무원들
에 대한 한 연구는 그들이 재소자들의 성적 피해와 관련하여 피해자를 비난하는
경향이 있음을 밝힘으로써, 그들에 대한 지속적인 교육의 필요성을 시사했다
(Eigenberg, 1989). 이상은 교도소 직원들과 관리자들이 교정시설에서의 피해를 줄
이기 위해 시도할 수 있는 방법의 일부에 불과하다. 당신이 상상할 수 있듯이, 교
도소의 독특한 문화와 환경을 고려할 때, 피해를 의미 있게 줄이는 것은 단순히
수감자에게만 초점을 맞추는 것이 아니라, 수감자와 직원 간 관계를 포함하는 교
도소 문화 그 자체를 개선하는 것일 수 있다. 그러나 이것은 그렇게 쉽게 달성되
는 일이 아니다.

많은 사람이 피해당할 위험에 처해 있지만, 어떤 사람들은 그들이 가지고 있
는 특성 때문에 피해에 더 취약하다. 이 장에서는 장애자, 정신질환자, 구금된 자

가 모두 그들의 지위로 인해 피해에 취약하기 때문에 함께 논의하였다. 특별히 피해에 취약한 사람들에 대해 우리가 어떠한 책임을 져야 하는지 생각해 보라. 이 사람들을 보호하기 위해 우리는 무엇을 해야 하는가?

요 약

- 1998년 장애인 범죄피해자 인식법은 장애인의 피해에 대한 정확한 측정치를 얻기 위해 국가범죄피해조사(NCVS)가 장애인의 피해에 관한 정보를 수집하도록 의무화했다.
- 연구에 의하면 장애인은 장애가 없는 사람보다 피해당할 가능성이 더 크다.
- 장애인은 그들의 취약성을 알고 있는 다양한 사람들의 보살핌을 받는 경우가 많다는 사실이 그들을 폭력의 타겟으로 만든다.
- 장애가 있는 여성은 특별한 피해 위험에 직면한다. NCVS에 따르면, 장애를 가진 여성은 남성들보다 그들의 친밀한 파트너에 의해 피해당할 가능성이 더 크다고 한다. 성적 피해도 만연해 있다. 발달장애 여성은 일반 인구의 여성보다 성폭행을 당할 확률이 4배에서 10배 정도 높은 것으로 추산된다.
- 정신장애 피해자는 자신의 피해에 대해 확신이 없으므로 지원을 받지 못할 수 있다.
- 장애가 있는 아동과 청소년도 피해에 취약하다. 그들은 괴롭힘, 학대, 성적 학대의 증가하는 위험에 직면해 있다.
- 장애인의 피해를 유발하는 위험 요인으로는 도움을 위해 다른 사람에게 의존하는 것(일상활동/생활양식이론), 위험을 인식, 처리 및 대응할 수 없는 것, 가난하게 사는 것, 그리고 의존에 따른 스트레스 등이 있다.
- 형사사법체계에서 정신장애를 처음 고려했을 때는 정신장애를 가진 사람을 범법자가 될 것으로 예상하였고, 일반적으로 피해자가 될 것으로는 예상하지 않았다.
- 정신병환자의 피해 가능성이 더 높은지를 알아내는 검증 가능한 방법은 일반 인구의 피해와 비교하는 것이다. 이러한 연구의 결과는 정신질환이 폭력 및 재산피해의 위험 증가와 관련이 있다는 것을 암시한다.
- 정신질환의 심각성으로 인해 피해 및 재피해의 가능성이 높아질 수 있다

- 탈수용, 노숙, 빈곤, 약물 남용은 정신질환자의 피해에 기여한다. 증상학 또한 정신병을 가진 사람들의 피해 위험 증가와 관련이 있다.
- 일부에서는 모든 재소자의 최대 절반이 피해당하는 것으로 추정하고 있다.
- 남성, 젊은, 비백인 수감자가 교도소에서 피해당할 위험이 가장 큰 것으로 보인다.
- 이전의 피해, 정신질환, 낮은 자기통제력이 교도소에서의 피해 위험을 증가시킨다. 제도적 요인 또한 교도소 피해에 영향을 미친다.
- 교도소 피해의 상당 부분이 수감자의 신고에 따른 후환의 두려움 때문에 신고되지 않는다.
- 수감자는 그들의 형량, 성적 지향, 체구, 나이, 생활양식, 범죄 유형 등에 따라 성적 피해에 적절한 대상이 될 수도 있고 그렇지 않을 수도 있다.
- 성범죄로 복역 중인 수감자들은 동료 재소자들에게 피해당할 위험이 높은 반면, 폭력 범죄로 복역 중인 수감자들은 특히 직원들에 의해 폭행당할 위험이 있다.
- 교도소에서의 피해와 두려움에 대한 대응은 "거친" 태도, 몸집 키우기, 무기 소지와 같은 공격적인 예방 행동일 가능성이 크다.
- 더 취약하고 피해의 가능성이 있는 수감자들을 일반 수감자들과 분리하는 것이 교정 당국의 의무다. 이렇게 해서 교도소 내의 범죄를 줄여야 한다.

토의 문제

1. 동기화된 범죄자에 대한 노출이 장애인과 정신질환자의 직접적인 피해 원인임을 고려할 때, 당신은 범죄자들이 처음부터 동기화된다고 생각하는가, 아니면 그들이 이러한 특수한 인구집단이 얼마나 취약한지를 알게 된 이후에 동기화된다고 생각하는가? 코헨과 펠슨은 뭐라고 말할까?

2. 정신질환 피해자와 장애 피해자는 형사사법 전문가와 기관으로부터 어떤 특별한 서비스를 필요로 하는가? 우리는 현재 그들의 특별한 요구를 해결할 충분한 자원을 가지고 있는가? 범죄피해자들을 돕는 다른 사회복지기관들은 어떤가?

3. 파머 대 브레넌 사건(1994년)을 생각해 보라. 당신은 일반 교도소에서는 피해당할 가능성이 큰 성적 소수자(LGBTQ) 공동체 성원을 위한 특별한 조건의 교도소

가 필요하다고 생각하는가?

4. 미국인을 위한 법이 바뀜에 따라, 우리의 교도소 공동체도 미국 헌법에 규정된 인간적인 생활 조건을 제공할 수 있도록 진화할 필요가 있는가?

5. 당신을 수감된 피해자의 입장에 놓아라. 교도소에서 피해당하는 것이 당신을 계속해서 피해자로 만들 것인가, 아니면 다른 대처 전략을 사용할 것인가? 교도소 피해의 결과는 무엇인가?

주요 용어

발달 장애(developmental disability)

의존성－스트레스 모델(dependency－stress model)

장애 범죄피해자 인식법(Crime Victims with Disabilities Awareness Act of 1998)

탈수용화(deinstitutionalization)

증상학(symptomology)

개인특성(importation)

박탈(deprivation)

낮은 자기통제이론(theory of low self－control)

사회적 거리(social distance)

교도소 강간 예방법(Prison Rape Elimination Act of 2003)

국가 재소자 조사(National Inmate Survey)

국가 보호시설 청소년 조사(National Survey of Youth in Custody; NSYC)

보호수감(protective custody)

고의적 무관심(deliberate indifference)

분류(classification)

부부간 방문(conjugal visits)

인터넷 자원

질병통제예방센터:

http://www.cdc.gov

이 웹사이트는 개인을 적절한 피해 대상으로 만드는 발달장애와 그 증상에 대한 완전한 정의를 제공한다. 이 사이트는 발달장애를 가진 사람들의 부모와 간병인들을 위한 몇 가지 안전 및 건강 정보를 제공한다. 가장 도움이 되는 것은 웹사이트에 나열된 비상 대비와 대응 주제들이다.

장애인 범죄피해자를 위한 봉사활동:

http://www.ovc.gov/publications/infores/ServingVictimsWithDisabilities_bulletin/crime.html

범죄피해자사무국의 홈페이지에는 피해의 유형과 대응방식이 정리돼 있다. 보호자나 피해자를 위한 자원이 나열되어 있어 피해를 예방할 수 있다. 이러한 유형의 피해가 얼마나 자주 발생하는지에 대한 통계와 장애인의 피해를 막기 위한 법 집행기관과의 조정을 위한 권고사항이 있다.

미국의 주:

http://www.stateoftheusa.org/content/44-percent-of-prison-inmates-s.php

이 웹사이트는 교도소 수감자의 피해에 관한 보고서를 사법 통계국의 통계와 함께 제공한다. 이 웹사이트의 차트는 실제로 보고된 사건을 바탕으로 어떤 유형의 교도소 피해들이 발생하는지에 대한 심층적인 분석을 제공한다. 이 페이지는 또한 수감자들의 피해를 둘러싼 다양성과 상황에 대한 자료를 제공한다. 교도소 시설이 수감자들의 피해 신고에 기초해 순위가 매겨진다.

폭력과 정신질환: 사실:

http://www.dhcs.ca.gov/services/MH/Documents/ViolenceandMentalIllnes
sTheFacts.pdf

이 웹 페이지는 폭력과 관련된 정신건강 문제가 있는 사람들에 관한 일반적인
낙인과 고정관념에 대한 매우 구체적인 정보 출처이다. 이 페이지는 폭력과
정신질환 사이의 연관성에 대한 일반적인 잘못된 인식을 잘 설명한다. 정신질
환을 앓고 있는 사람들이 항상 폭력적인 상황에서 용의자라고 믿는 것은 그들
의 피해를 막는 데 도움이 되지 않는다.

제13장

비교적 시각에서 본 피해자학

제13장

비교적 시각에서 본 피해자학

제2장에서 폴리(Polly)에게 일어났던 일을 다시 상기해 보자.

그날 밤은 폴리에게 여느 때와는 다른 밤이었다. 그날은 평소처럼 도서관에서 공부하는 대신 동네 술집에서 친구 둘을 만나기로 했다. 그들은 맥주를 마시며 저녁 시간을 즐겁게 보낸 후 각자 집으로 향하였다. 폴리는 술집에서 가까운 거리에 살았기 때문에 친구들과 작별한 후 집으로 걸어가기 시작했다. 밖은 어두웠고 비록 큰 도시의 범죄가 많은 지역이었지만, 그녀는 전에 이웃에서 문제에 봉착한 적이 없었기 때문에, 비교적 안전하다고 느꼈다.

폴리가 골목길을 지나갈 때, 전에 보지 못했던 두 명의 젊은 남자가 다가왔고, 그 중 한 명이 그녀의 팔을 잡고 그녀에게 지갑, 노트북, 열쇠, 전화기가 들어있는 가방을 달라고 요구했다. 폴리가 거부하자, 다른 남자가 그녀를 밀쳤으며, 그 순간 첫 번째 남자가 그녀의 가방을 낚아챘다. 폴리가 최대한 꽉 붙잡고 있었지만, 남자들은 가방을 빼앗아 어둠 속으로 달아났다. 순간 망연자실했던 폴리는 마음을 가라앉히려고 그 자리에 서 있었다. 전화기와 열쇠가 든 가방을 잃은 그녀는 집으로 계속 걸어가서 룸메이트가 그녀를 들여보내 주기를 바라는 것 외에는 달리 할 수 있는 일이 거의 없다고 느꼈다.

만약 이 시나리오가 한 가지 중요한 세부사항을 빠뜨렸다면, 예컨대, 폴리가 해외 유학 중이어서, 그 피해가 그녀의 고국에서가 아니라 그녀가 영주권자나 시민이 아닌 방문자 신분이었던 외국에서 발생했다면 어떠한가? 피해의 발생 위치가 중요한가? 이런 상황에서 그녀는 무엇을 해야 하는가? 그녀는 누구에게 연락해야 하는가? 누가 그녀를 도울 수 있을까? 그녀에게 무슨 권리라도 있는가? 이것들은 우리가 이 장에서 탐구하는 질문들이다. 이 장에서 우리는 해외에서 진행되는 피해자학의 발전을 추적하고, 국제적인 관점에서 피해자의 권리와 지원 프로그램들을 조망한다.

글로벌 피해자학

제1장에서 다루었듯이, 피해자학의 탄생이 서로 다른 나라 학자들인 독일 범죄학자 한스 폰 헨티그와 루마니아계 변호사 벤자민 멘델손의 초기 연구 덕분이라는 점을 고려하면, 지난 30년 동안 피해자학이 세계적인 연구 주제가 되어왔다는 것을 쉽게 알 수 있다(Kirchhoff, 2010). 그러나 피해자학 분야가 국가별로 균등하게 발전해온 것은 아니다(Fattah, 2010). 예컨대, 세계의 일부 지역에서는 피해자학이 범죄학의 하위 분야로 간주되는 반면, 다른 지역에서는 피해자학이 별개의 학문분과로 인정되어 학생들은 피해자학 또는 피해자연구 학위를 받을 수 있다. 마찬가지로 일부 국가에서는 피해자 조사가 실시되는 반면, 다른 국가에서는 그렇지 않다. 우리는 이 장에서 이러한 조사 몇 가지를 논할 것이다. 또한, 일부 국가에서는 피해자들이 잘 개발되고 포괄적인 피해자 지원 프로그램의 혜택을 받고 있으나, 다른 국가에서는 이러한 유형의 프로그램이 심각하게 부족하거나 존재하지 않는다는 점에 유의해야 한다(Lehner–Zimmerer, 2011). 우리는 이 프로그램 중 일부를 간략히 설명하면서 이 장을 끝맺을 것이다.

미국 이외의 지역(주로 유럽)에서는 피해자학 분야의 발전이 대개 협력적으로 이루어지는데, 세계피해자학회, 막스 플랑크 국제형법연구소, 틸버그 국제피해자학연구소(INTERVICT) 등 몇몇 연구 조직이 핵심적인 역할을 하고 있다. 이들 각 조직과 피해자학 연구에 대한 그들의 공헌이 아래에서 간단히 논의된다.

세계피해자학회(World Society of Victimology: WSV)는 1973년 이스라엘에서 열린 제1차 국제 피해자학 심포지엄에서 착안되었다. 이 심포지엄은 창립 이래, "피해자를 위한 연구, 서비스, 인식의 확대"라는 사명을 가지고 세계 각지에서 3

년마다 WSV에 의해 개최되었다(World Society of Victimology [WSV], 2014). WSV 웹사이트에 따르면, 조직의 5대 목표는 "(1) 피해자학 및 피해자의 요구에 대한 연구 촉진, (2) 피해자 서비스 제공자 및 피해자학자를 위한 서비스 제공, (3) 교육과 훈련의 제공, (4) 피해자 옹호 및 권리 증진, (5) 회원에게 기회 제공"이다(WSV, 2014).

이 학회는 다양한 기관에 소속된 다양한 학문적 배경을 가진 회원들을 자랑한다. WSV의 국제성은 많은 나라의 정부기관 및 유엔과의 적극적인 네트워킹과 협력을 가능하게 한다. WSV는 연구와 프로그램 개발을 통해, '범죄 및 권력남용 피해자를 위한 정의의 기본원칙 선언(Declaration of Basic Principles of Justice for Victims of Crime and Abuse of Power)'과 같은 개혁을 성공적으로 주창했는데, 그것은 본질적으로 '피해자 권리 헌장'과 같다. WSV는 유엔과는 별도로, 유럽의회, 미국의 범죄피해자지원조직(National Organization for Victim Assistance: NOVA), 영국의 피해자 지원(Victim Support in the United Kingdom) 등과의 협력을 통해 활발한 사업을 펼치고 있다. 2014년 현재 WSV는 전 세계 기관 및 정부와 제휴하여, 피해자에 대한 국제적인 옹호와 자문을 제공하고 정책 입안자와 실무자들을 위한 다양한 교육 훈련 활동을 후원하고 있다.

독일에 소재한 **막스 플랑크 국제형법연구소**(Max Planck Institute for Foreign and International Criminal Law; [역자 주] 2020년 3월에 명칭이 Max Planck Institute for the Study of Crime, Security and Law로 변경되었음)는 형법학과와 범죄학과로 구성되어 있으며, 둘 다 유럽 전역에서 다양한 학자들을 활용한 연구를 활발히 수행하고 있다. 이 연구소의 시작(iteration)은 1930년대 후반에 아돌프 쇤케(Adolf Schönke) 박사의 업적에서 비롯되었다(Max Planck Institute for Foreign and International Criminal Law, 2015). 원래 "외국 및 국제 형법 세미나"라는 명칭이 붙여졌던 이 연구소는 1947년에 외국 및 국제 형법 연구소로 개칭되었고, 1966년에 막스 플랑크 협회(연구 기관)의 지부로 바뀌었다.

연구소의 일차적 관심은 비교법이지만, 1990년대 초 이후로 다음 관심사를 포함하여 피해자학적 연구도 추진하고 있다.

특정 국가에서 피해자 권리의 유형, 범위 및 적용과 보상을 관리하는 규정에 대해 어떤 정보를 이용할 수 있는가?

형사소송 관련 각 당사자들(피해자, 판사, 검사)이 형사소송의 목적, 피해자의 상황, 보상관련 규정에 대해 갖는 태도에 관해 어떤 정보가 존재하는가?(Würger, 2013)

막스 플랑크 연구소처럼 **틸버그 국제피해자학연구소**(International Victimology Institute Tilburg: INTERVICT)도 비교 연구를 수행하지만, 형법에 주로 초점을 맞추고 있는 막스 플랑크 연구소와는 달리, INTERVICT는 피해자학의 연구와 발전에만 전념하고 있다. 네덜란드 틸버그 대학에 있는 INTERVICT의 임무는 "범죄 및 권력남용의 피해자를 위한 권한 부여와 지원에 관한 종합적이고 증거 기반한 지식 형성에 기여할 수 있는 학제간 연구를 촉진하고 실행하는 것"(International Victimology Institute Tilburg, 2014)이다.

글로벌 피해의 측정과 정도

앞에서 본 바와 같이 피해자학의 뿌리는 상당히 세계적이다. 그러나 그 연구는 꽤 최근에 와서야 비교론적 성격을 갖게 되었다. 조셉 엘더(Joseph Elder, 1976)에 따르면, 비교 연구(comparative research)는 "두 국가 이상에서 수집된 자료 간 유사점과 차이점을 조사함으로써 사회적 실재를 알아가는 접근법"이다(p. 210). 비교 피해자학 연구는 국제범죄피해조사와 같은 형태로, 글로벌 사회에서 발생하는 피해를 측정하고 이해하기 위한 수단을 우리에게 제공해준다.

제2장에서 논의한 바와 같이, 피해 연구는 다양한 형태를 취할 수 있다. 우리는 피해연구가 비교론적 관점에서 취할 수 있는 형태를 강조한다. **국제적 피해 연구**(international victimization studies)는 여러 국가의 모집단에 대해 대표성을 갖는 무작위 표본을 사용한다(H. J. Schneider, 2001). 국제범죄피해자조사(International Crime Victims Survey: ICVS)와 국제자기보고식비행연구(International Self-Report

Delinquency Study: ISRD)가 우리가 이 장에서 논의하는 국제적 피해 연구의 대표적 예다. 국제적 피해 연구는 국가 간 비교를 가능하게 해준다. **국가적 피해 연구**(national victimization studies) 역시 대표성 있는 무작위 표본을 사용한다는 점에서 국제적 피해 연구와 유사하다. 그러나 국가별 피해조사는 단지 한 국가에서만 데이터를 수집한다. 이러한 조사는 안달루시아(스페인), 호주, 잉글랜드와 웨일즈, 프랑스, 이탈리아, 네덜란드, 스코틀랜드, 스웨덴, 스위스, 미국을 포함한 많은 나라에서 매년 실시된다(H. J. Schneider, 2001). 채택된 정의와 방법론의 차이로 인해, 국가 간 비교를 위해 국가별 피해조사를 사용하는 것은 일반적으로 불가능하다. **지역적 피해 연구**(local victimization studies)는 특정 지역이나 도시의 인구에 한정되는 조사를 의미한다. 마지막으로, 피해 연구는 성폭력이나 여성에 대한 폭력과 같은 특정한 유형의 피해에 초점을 맞출 수도 있다. 예컨대, 여성이 남성 파트너에게 당하는 폭력을 중점적으로 측정하기 위해 고안된 국제여성폭력피해조사(International Violence Against Women Survey)를 보라. 이러한 유형의 연구는 **전문화된 피해 연구**(specialized victimization studies)라고 불린다(H. J. Schneider, 2001).

국제범죄피해자조사

한 가지 자주 인용되는 국제적 피해조사는 **국제범죄피해자조사**(International Crime Victims Survey: ICVS)인데, 이것은 범죄피해자의 경험을 국가별로 비교하기 위한 표준화된 조사 도구를 제공하기 위해 만들어졌다(van Dijk, van Kesteren, & Smit, 2008). 제1차 조사는 1989년에 실시되었고, 이후 1992, 1996, 2000, 2004－2005년에 반복 조사되었다. 모두 합쳐서, 78개국 이상에서 총 34만 명 이상이 ICVS 프로그램의 일환으로 조사를 받았다. 응답자들은 차량 절도, 자동차 내부의 돈/물건 도난, 오토바이 절도, 자전거 절도, 침입절도(기수 또는 미수), 성적 피해(강간 및 성폭행), 협박, 폭행, 강도, 개인 재산 절도 등 10가지 유형의 범죄에 대한 피해 경험 여부를 질문받는다(van Dijk et al., 2008). 만약 조사대상자가 이러한 범죄를 경험했다고 응답하면, 그 사람은 사건 관련 후속 질문들에 대한 응답을 요청받는다. 이 조사는 세계의 많은 나라와 지역에서 발생한 범죄피해의 정도를 추정해왔다. 또한, 범죄피해자와 사건의 특성에 관한 정보도 이러한 조사에서 산출되었다. 완료된 마지막 조사의 결과에 따르면, 30개 참가국 인구의 거의 16%가 범죄의 피해자였다(van Dijk et al., 2008).

국제 자기보고식 비행연구

국제 자기보고식 비행연구(International Self-Report Delinquency Study: ISRD)는 당초 주로 유럽에 거주하는 청소년들의 비행에 관한 비교 데이터를 수집하기 위해 계획되었지만, 피해 관련 질문들을 추가하기 위해 확장되었다. ISRD는 세 차례의 데이터 수집이 이루어졌다. 1차 조사(ISRD-1)는 1990년부터 1991년까지 유럽 12개국과 미국에서 실시되었다. 2차 조사(ISRD-2)는 2006년부터 2008년까지 실시되었으며 31개국이 포함되었다. ISRD의 세 번째 조사는 2014년 봄에 완료되었다.

ISRD는 7, 8, 9학년 청소년들을 대상으로 설문지에 본인이 직접 기입하거나 컴퓨터를 통해 전자적으로 답하게 하는 방식으로 시행된다(Marshall & Maljevic, 2013). 총 67,883개의 설문지가 ISRD-2 조사를 통해 수집되었다(Junger-Tas et al., 2010). ISRD-1은 피해에 관한 질문을 포함하지 않았던 반면, ISRD-2 설문에는 피해 관련 4개의 질문이 추가되었다. 학생들은 지난 12개월 동안 자신에게 일어났던 피해 경험을 상기하도록 요청받는다. 질문은 다음과 같다:

지난 12개월 동안, 다음 중 어떤 일이 당신에게 일어났는가?

- 누군가가 당신에게 돈이나 다른 물건(시계, 신발, 휴대폰)을 요구했고, 그것을 주지 않을 때 당신을 위협했는가?
- 누군가가 당신을 심하게 때려 병원에 가야 할 만큼 다치게 했는가?
- 당신은 어떤 물건(책, 돈, 휴대전화, 스포츠 장비, 자전거 등)을 도난당했는가?
- 당신은 학교에서 괴롭힘(다른 학생들이 당신을 모욕하거나 놀리거나 때리거나 발로 차거나 그룹에서 제외하는 등)을 당하였는가?

SOURCE: Reprinted from Gruszczynska, B., Lucia, S. & Killias, M. (2012).

ISRD-2의 연구결과는 수사된 30개국 인구의 거의 3분의 1이 강도, 폭행, 절도, 괴롭힘을 경험했다는 것을 보여준다. 절도(20%)와 괴롭힘(14%)이 강도(약 4%)

와 폭행(4%)보다 더 흔했다. 대부분의 나라에서 남학생은 여학생보다 폭력피해를 경험할 위험이 더 컸다. 다만, 괴롭힘은 일부 국가에서 여학생들에게 더 자주 영향을 미쳤다. 피해 위험의 감소는 가족의 유대감, 건전한 이웃, 학교에서의 질서와 관련이 있었다(Gruszczynska, Lucia, & Killias, 2012).

연구의 초점

청소년 피해에 관한 ISRD-2 데이터를 이용한 주요 연구결과는 다음과 같다:
- 조사된 4가지 유형의 피해(강도, 폭행, 절도, 괴롭힘)는 30개국 조사대상 인구의 거의 3분의 1에 영향을 미쳤다.
- 절도(20%)와 괴롭힘(14%)의 피해자가 가장 많았고, 강도(4%)와 폭행(4%) 피해는 적었다.
- 대부분 국가에서 남학생은 여학생보다 폭력과 절도 피해가 더 많았다. 예외는 괴롭힘이었다; 일부 국가에서는 괴롭힘이 소녀들에게 더 자주 영향을 미쳤다.
- 피해 위험 감소와 관련된 요인으로는 가족 간 유대감, 건전한 이웃, 학교 질서가 포함되었다.

SOURCE: Reprinted from Gruszczynska, B., Lucia, S. & Killias, M. (2012).

ISRD-3 설문지에는 피해와 관련된 7가지 질문이 포함되었다. 이들 질문 중 3개는 ISRD-2에서 가져온 것이고(누군가가 당신에게 돈이나 물건을 요구했고, 당신이 그것을 주지 않으면 당신을 위협했는가; 누군가가 당신을 심하게 때려 병원에 가야 할 만큼 다치게 했는가; 당신은 어떤 물건을 도난당했는가), 4개의 질문은 추가된 것이다. 이 새로운 질문들은 증오 범죄, 사이버 왕따와 괴롭힘, 아동학대를 측정하기 위한 것이다. 다음은 네 가지 새로운 질문이다:

- 누군가가 당신의 종교, 언어, 피부색, 사회적 또는 민족적 배경 또는 이와 유사한 이유로 당신을 폭력으로 위협하거나 폭력을 가한 적이 있는가?
- 누군가가 이메일, 메신저, 채팅룸, 웹사이트 또는 휴대폰에 보낸 문자메시지를 통해 당신을 놀리거나 마음에 상처를 준 적이 있는가?

- 당신의 어머니나 아버지(또는 계모나 계부)가 당신을 때리거나 밀친 적이 있는가?
- 당신의 어머니나 아버지(또는 계모나 계부)가 당신을 어떤 물건이나 주먹으로 때리거나, 발로 차거나 한 적이 있는가?

ISRD-3의 결과는 곧 나올 것이다.

영국범죄조사 / 잉글랜드 및 웨일즈 범죄조사

NCVS 및 ICVS와 유사하게, 영국범죄조사(British Crime Survey: BCS)는 잉글랜드 및 웨일즈에서 피해의 규모와 특성을 측정하기 위해 실시된다. BCS는 잉글랜드 및 웨일즈에 사는 16세 이상의 사람들을 대상으로 한 국가피해연구의 한 형태이다. 1982년부터 시작한 BCS는 2001년까지 2년마다 실시되었는데, 2001년 이후부터는 직전 12개월 동안의 피해를 조사하는 것으로 변경되었다. 2012년 4월 1일부터 BCS는 그 명칭을 잉글랜드 및 웨일즈 범죄조사(Crime Survey for England and Wales: CSEW)로 바꾸었다. 2010-2011 CSEW는 컴퓨터 지원 대인 면접을 사용하여 51,000명을 조사하였는데, 이 중 47,000명은 성인이고, 4,000명은 10-15세 어린이다. 사람들은 자신과 그들의 가구가 경험한 피해에 대해 질문받았다. 표본을 채우기 위해 각 경찰 관할구역에서 1,000여 건의 인터뷰가 진행됐다. 조사대상자가 특정 피해에 관한 화면 질문에 "예"라고 대답한 경우, 그들은 사건에 관한 상세한 질문이 포함된 피해자 모듈을 완성하게 되었다. 2010-2011년 CSEW의 조사 결과에 따르면, 조사대상 가구와 16세 이상 가구원에게 모두 640만 건의 범죄가 발생한 것으로 나타났다. 피해자 중 23%는 2건 이상의 피해를 경험한 것으로 나타났다(Office for National Statistics, 2015).

국제여성폭력피해조사

국제여성폭력피해조사(International Violence Against Women Survey: IVAWS)는 미국에서 행해지는 전국여성폭력피해조사(National Violence Against Women Survey: NVAWS)와 유사하게, 여성 대상 폭력에 관한 구체적 정보를 수집하기 위해 고안된 또 다른 국제적 조사다. UN 지역 간 범죄 및 사법연구소(UN Interregional Crime and Justice Research Institute), 유럽 범죄예방 및 통제연구소(European Institute for Crime Prevention and Control), 캐나다 연방통계청(Statistics Canada)이 공동 시행하는 IVAWS는 조사대상 여성들과 남성 파트너들의 배경정보를 포함하여, 여성들이 남성으로부터 당한 폭력피해의 세부사항과 피해의 결과에 대한 자료를 수집한다(H. Johnson, Ollus, & Nevala, 2008). IVAWS는 1997년에 시작되었고, 이후 11개국이 참가해왔다.

피해에 대한 사법체계의 반응

피해자와 UN

유엔은 제2차 세계대전을 계기로 국가 간 평화와 안전을 증진하고 우의를 강화하기 위해 1945년 10월 24일에 창설되었다. 유엔은 그 회원 국가들이 경제적, 사회적, 인도주의적 문제를 해결하도록 돕기 위해 고안되었다. 초기에는 51개국이 가입했지만, 지금은 그 수가 193개 주권국가로 확대되었다.

1985년 11월 29일, 유엔 회원국들은 범죄피해자와 만연한 범죄의 위험과 그 영향에 대해 논의하기 위해 만났다. 회원국들은 피해자의 권리를 보호하는 국제법과 국가 단위의 법을 만들어 전 세계 피해자들의 안전과 안녕을 증진하겠다고 서약했다. 그 후 유엔은 '**범죄와 권력 남용 피해자들을 위한 정의의 기본원칙 선언**(Declaration of Basic Principles of Justice for Victims of Crime and Abuse of Power)'을 채택했다. 이 선언은 범죄피해자들을 어떻게 처우해야 하는지에 대한 기본적 기준을 만들게 했다. 이 선언문은 피해자를 "회원국 내에서 작동하는 형법과 권력의 남용을 금하는 법을 위반하는 행위나 부작위(omissions)에 의하여, 개인적으로나 집단적으로 신체적 또는 정신적 손상, 정서적 고통, 경제적 손실 또는 기본권의 상당한 손상 등의 피해를 입은 사람들"로 정의한다(United Nations, 1985).

이 선언 하에서, 피해자들은 법 규정에 따른 공정한 대우와 참된 정의를 적용받을 수 있는 보편적 권리를 갖는다. 선언은 또한 무고한 피해자들을 위해 정의를 구현하기 위한 몇 가지 이상(ideal)을 세웠다. 이러한 이상에는 배상, 보상, 피해자 지원 프로그램이 포함되었다. 배상(restitution)은 정의의 균형을 맞추기 위해 가해자가 피해자에게 일정한 방식의 변상을 해야 한다는 개념이다. 이것은 정부가 국민에게 해를 입히고 피해자를 만들어 낼 때도 포함한다. 보상(compensation)은 가해자가 피해자에게 금전적 배상을 할 수 없을 때 정부가 피해자에게 이를 제공하도록 노력해야 한다는 원칙이다. 피해자 지원 프로그램(victim assistance programs)은 피해자의 회복을 돕기 위해 민관유관 단체들이 의료적, 정신적, 사회적 지원을 주도록 유도하기 위해 만들어졌다. 이들 프로그램은 피해자의 회복을 돕기 위해 이용 가능하고 접근 가능해야 한다.

유엔은 피해자 서비스 프로그램들의 개발에 도움을 주기 위해 **정의에 관한 핸드북**(Handbook on Justice)을 만들었다. 그것은 또한 피해자들과 접촉하는 사법체계 종사자들을 위한 정책의 수립에도 도움을 주었다. 이 정책들은 범죄로 인해 영향을 받는 모든 피해자들의 안녕을 보장하기 위한 것이기에 피해자들의 요구에 민감하게 반응한다. 또한, 이 정책들이 목표로 하는 종사자들은 법원 직원, 법 집행관, 의사, 교도소 직원, 심지어 성직자들까지도 포함한다.

국제사법재판소

1945년 유엔은 네덜란드 헤이그(Hague)에 국제사법재판소(International Court of Justice: ICJ)를 창설했다. ICJ는 두 가지 주요 목적을 가지고 있다: (1) 유엔 관할권 내 국가들이 제출한 문제를 해결하는 것, (2) 유엔의 여러 지부나 다른 특정 기관들의 요청에 법적 의견의 형태로 지원을 제공하는 것. 만일 어떤 국가가 유엔의 관할이 아닌 경우, 그 국가는 ICJ에 사건을 제출하지 않을 수 있다. 게다가 ICJ에 사건을 가져가는 나라들은 재판에 앞서 재판소가 내릴 수 있는 모든 판결에 승복해야 한다. 마지막으로 ICJ는 특정 개인은 기소할 수 없으며, 국가만 기소할 수 있다(International Court of Justice, n.d.).

ICJ의 조직, 재판 및 자문 프로세스와 관련된 몇 가지 요점을 알아둘 필요가 있다. 구조와 관련해선, 유엔 총회 및 안전보장이사회에서 선출된 총 15명의 판사(각국 출신)로 구성되며, 판사들의 임기는 9년(재선 가능)이다. 더욱이 판사들은 출신 국과는 독립적으로 기능하여 편견 없는 의견과 판결을 세상해야 한다. ICJ의 재판 절차를 보면, 첫 번째 단계는 당사국들이 서로에게 서면의 탄원서를 제출하는 것이다. 탄원 후에는 구술 절차가 진행되며, 그 후 최종 결정이 재판소에 의해 내려진다. ICJ가 내리는 자문 의견과 관련해서는, 재판소가 취하는 첫 번째 단계는 당면한 문제에 대한 정보와 지식을 가지는 특정 국가 및 기관을 파악한 후, 질의와 관련된 서면 정보를 얻는 것이다. 비록 기밀로 여겨지지만, 당사국이 ICJ에 제공한 서면 진술은 일반적으로 자문 의견과 함께 공개된다. 그러한 의견은 어디까지나 자문이기 때문에 반드시 구속력이 있는 것도 아니며 준수를 요구하는 것도 아니다 (International Court of Justice, n.d).

재판소의 일반적인 특징, 절차적 측면, 그리고 피해자들이 ICJ에 의해 영향을 받는 방식은 모두 매우 중요하다. 피해자들이 ICJ에 의해 영향을 받는 방식을 잘 보여주는 대표적인 예는 채드(Chad: 아프리카 중북부의 공화국) 출신의 전 독재자 히센 하브레(Hissene Habré)의 경우가 있다. 1980년대 내내 집권하던 동안, 하브레는 수천 명의 사람들을 고문하고 죽이는 데 관여했다고 인정되었다. 벨기에는 2005년 이후 여러 차례 송환을 요청했으나 거부되었으며, 하브레는 1990년대 초 이후 세네갈에 망명해 있다. 2012년 ICJ는 하브레를 벨기에로 인도하거나 세네갈에서 즉시 재판을 받아야 한다고 명시하면서, 벨기에(세네갈을 상대로 소송을 제기한 국가)에 유리한 판결을 내렸다. 이 판결은 범죄인 인도나 즉각적 재판을 통해 전 독재자에게 신속한 정의를 가하도록 함으로써, 하브레의 피해자들에게 정의의 출발점을 제공하는 것이다(Human Rights Watch, 2012).

국제형사재판소

네덜란드 헤이그에 위치한 국제형사재판소(International Criminal Court: ICC)는 국가 간에 발생하는 중대한 국제범죄를 다루는 지배적이고 독립적인 법적 기구로서 기능해 왔다. ICC는 로마 법령으로 표기된 국제 조약의 채택(1998년)과 이후 비준(2002년)에 따라 존재하게 되었다. 로마법은 ICC가 (1) 대량학살, (2) 반인륜 범죄, (3) 전쟁범죄, (4) 침략 범죄 등 4가지 중대한 국제범죄에 대해 특정 개인을 기소할 수 있음을 시사했다(자세한 내용은 표 13.1 참조). 단, 개인을 기소하기 위해서는 두 가지 조건이 충족되어야 하는데, 그것은 첫째, 범인이 로마법을 비준한 국가의 시민이어야 하고, 둘째는 관할권을 범인의 출신 국가가 허가해야 한다는 것이다.

ICC의 일반적인 특징과는 별도로, 재판소에 관한 몇 가지 중요한 세부사항들이 강조되어야 한다. 첫째, ICC는 국제법적 기구로서의 역할을 하지만, 유엔의 지배를 받지는 않는다. 둘째, ICC는 재판소장 회의(the Presidency), 재판부(the Chambers: Judicial divisions), 검찰국(Office of the Prosecutor), 서기국(the Registry)의 4개 분과로 구성되어 있다. 이들 중 앞의 3개 분과는 행정(재판소장 회의), 사법처리(재판부), 기소(검찰국) 등 법원의 사법적 측면에 집중하고, 마지막 분과는 법원을 지원하는 일(서기국)에 주력한다. 셋째, 재판부는 상소 재판(재판장 포함 5명의 판사로 구성), 1심 및 예심 재판(둘 다 6명 이하의 판사로 구성) 단계를 포함하는 부서들로 세분될 수 있다. 넷째, ICC가 현재 중점을 두고 있는 영역은 (1) 우간다, 다르푸르, 케냐, 말리, 콩고민주공화국 등 수사 중인 상황과 (2) 콜롬비아, 나이지리아, 조지아, 이라크, 아프가니스탄 등에 대한 예비 조사로 세분될 수 있다.

ICC는 또한 법정 환경에서 피해자의 역할에 대한 정보를 제공해왔다. 2005년에 ICC는 하부 조직으로 '피해자 지원 공공변호사 사무소(Office of Public Counsel for Victims: OPCV)'를 설치했는데, 이것은 피해자들에게 두 가지 형태의 지원을 제공하였다. 첫째, 사무소는 재판 절차의 모든 부분에서 피해자의 참여를 늘리려 하고 있으며, 일부에서는 피해자가 자유롭게 법적 대리인을 선택할 수 있도록 허용한다. 둘째로, 사무소는 피해자들에게 보상금을 적극적으로 제공하는데, 여기에는 피해와 관련된 과거와 미래의 문제뿐만 아니라 재활을 위한 금전적 보상도 포함될 수 있다. 더욱이 보상금은 사건에 의해 영향을 받은 복수의 피해자들에게도 지급될 수 있다. 이러한 피해자에 대한 금전적 보상은 피해자신탁기금(Trust Fund for Victims: TFV)에서 나올 수 있는데, 이는 민간기업, 국가, 각종 몰수금, 과징금 등으로부터의 자금을 포함한다. 전체적으로, TFV는 현재 약 8만 명의 피해자를 돕고 있다. OPCV가 제공하는 두 가지 형태의 지원(인

사진 13.1 조치 취하기 … 보스니아 이슬람교도들이 1995년 스레브레니차(Srebrenica) 학살 당시 필요한 보호를 받지 못했다고 네덜란드 정부를 상대로 소송을 제기하고 있다.

적 지원과 금전적 보상)을 받는 피해자의 수는 2006년에 65명이었으나 2010년 7월에는 1,252명으로 극적으로 증가하였다.

표 13.1 로마 법령에 따른 국제범죄

범 죄	정 의
인종학살	로마 법령은 인종학살의 범죄를 국가, 민족, 인종 또는 종교 집단의 전체 또는 일부를 파괴할 의도를 가지고 저지른 다음 행위 중 하나로 정의하고 있다. • 집단 구성원을 살해하는 것 • 집단 구성원에게 심각한 신체적 또는 정신적 피해를 초래하는 것 • 집단의 삶의 조건의 전부 또는 일부를 물리적으로 파괴하기 위해서 계산된 고의의 가해를 하는 것 • 집단 내에서 출산을 막기 위한 조치를 강제하는 것 • 집단의 자녀들을 강제로 다른 집단으로 이전하는 것
인간성에 대한 범죄	인간성에 반하는 범죄는 공격을 인식하면서 어떤 민간인들에 대한 광범위하거나 체계적인 공격의 일환으로 자행되는 다음 행위 중 하나로 정의된다. • 살인 • 말살 • 노예로 삼음 • 인구의 강제 추방 또는 이송 • 국제법의 기본적 규칙을 위반하는 감금 또는 기타 신체적 자유의 심각한 박탈 • 고문 • 강간, 성 노예, 강제 매춘, 강제 임신, 강제 불임 또는 유사한 심각성을 갖는 다른 형태의 성폭력 • 국제법상 허용할 수 없는 것으로 보편적으로 인식되는 정치, 인종, 국가, 민족, 문화, 종교, 성별 또는 기타 이유로 어떤 식별 가능한 집단이나 집단성에 대해 박해를 가하는 것 • 강제 실종 • 인종 격리 범죄 • 의도적으로 신체나 정신 또는 육체적 건강에 큰 고통을 주거나 심각한 부상을 입히는 유사한 성격의 다른 비인간적인 행위들
전쟁범죄	로마 법령에 따르면, 전쟁범죄는 1949년 8월 12일 제네바 협약을 위반하는 어떤 사람 또는 재산에 가하는 다음과 같은 위반이다. • 고의적인 살인

- 생물학적 실험을 포함한 고문 또는 비인간적 처우
- 신체나 건강에 고의로 큰 고통이나 심각한 부상을 초래함
- 군사적 필요성에 의해 정당화되지 않고 불법적이고 불필요하게 수행되는 광범위한 파괴 및 재산 전용
- 전쟁 포로나 기타 보호받는 자에게 적대적 세력의 군대에 복무하도록 강요하는 것
- 전쟁 포로나 기타 보호받는 자에게서 공정하고 정상적인 재판을 받을 권리를 고의로 박탈하는 행위
- 불법 추방 및 이송 또는 불법 감금
- 인질 납치

SOURCE: Reprinted from Eberhardt, S. (n.d.). *Core crimes defined in the Rome Statute of the International Criminal Court. Coalition for the International Criminal Court.* Retrieved from http://www.iccnow.org/documents/FS−CICC−CoreCrimesinRS.pdf

피해자 권리 및 지원 프로그램

국경을 넘는 피해자(cross−border victim)는 "피해자가 사는 나라와는 다른 나라에서 발생한 범죄로 직접 피해를 본 사람"(Victim Support Europe, 2014)이다. 국경을 넘는 피해자로서, 개인은 일정한 권리를 부여받고, 지원을 받기 위해 의지할 수 있는 기관들이 있다. 이 장은 이러한 조직들을 강조하고, 세계 여러 나라의 혁신적인 피해자 권리 프로그램에 관해 설명한다.

유럽 연합

유럽 연합(EU)은 세계 인구의 약 7%를 차지하고 유럽이란 테두리에 묶이는 28개 국가로 구성된다. 유럽 연합은 회원국 간 자유롭고 안전한 이동을 보장하기 위해 피해자의 권리 보호에 중점을 두어왔다. 따라서 EU는 피해자들이 존엄성을 인정받고, 가해자에 의한 추가 피해와 협박으로부터 보호받고, 형사사법 절차에 참여할 때 겪을 수 있는 이차적 고통으로부터 보호받고, 필요한 지원을 받으며, 정의와 적절한 보상에 접근할 수 있도록 보장하기 위해 행동한다(European Union, 2014).

추가로, EU는 피해자들이 "국적이나 거주 국가와 상관없이, 범죄의 심각성 및

신고 여부와 무관하게, 피해자 자신 또는 가족 여부와 상관없이, 유럽 연합 전체에 걸쳐" 이러한 권리로부터 혜택을 받도록 보장한다(European Commission, n.d).

　　EU 내에서 피해자는 '범죄피해자의 권리, 지원과 보호에 관한 최소한의 기준 수립을 위한 지령(Directive Establishing Minimum Standards on the Rights, Support and Protection of Victims of Crime)', '형사소송절차 상 피해자의 입장에 관한 EU의 기본 결정(EU Framework Decision on the Standing of Victims in Criminal Proceedings)', '범죄 피해자 보상 관련 위원회 지침(Council Directive 2004/80/EC Relating to Compensation to Crime Victims)' 등 몇 가지 주요 문서에 명기된 일정한 권리를 부여받는다. 이들 문서에 따르면, 범죄피해자는 존중과 인정, 청문, 정보, 경비 보상, 보호, 지원, 훈련된 전문가의 조력, 국경과 무관한 지원을 받을 권리를 갖는다.

피해자 지원 유럽

　　만약 당신이 EU 회원국 내에서 범죄의 피해자가 된다면, **피해자 지원 유럽**(Victim Support Europe)의 도움을 받을 수 있는데, 이 조직은 지난 30년 이상 동안 피해자 지원 서비스를 제공해왔다. 이 조직은 유럽의 모든 국가 피해자 지원 단체들의 모체 네트워크다. 그 멤버들은 범죄의 종류에 상관없이 모든 범죄피해자에게 보편적인 지원 서비스를 제공한다. 피해자 지원 유럽의 멤버인 피해자 지원 조직들은 다음과 같은 유형의 도움을 제공할 수 있다.

- 피해자 권리에 대한 정보
- 형사재판과정 이전, 도중 및 이후의 정서적 지원
- 피해에 따른 재정적, 현실적 문제를 해결하기 위한 지원
- 재판 준비 및 출석을 위한 지원
- 피해에 대한 국가 보상신청 지원
- 의료, 가정 보안, 고용, 개인 정보, 금융, 교육 및 지원 서비스와 관련된 정보 및 조언(VSE, 2014 재인쇄)

지역마다 다른 접근 방식

피해자 권리 운동은 호주, 캐나다, 독일, 영국, 미국과 같은 서구 국가를 제외한 다른 나라들에서는 그다지 큰 관심을 받지 못했다. 예를 들어, 프랑스는 피해자들에게 금전적 배상을 제공한 오랜 역사를 가지고 있다. 1977년 프랑스는 최초로 피해 보상법을 제정한 국가 중 하나가 되었다(Kastsoris, 1990). 비록 이 초기의 제도(incarnation)가 단지 피해자들이 가해자에 대한 고소를 통해 재정적 해결책을 찾는 것만 허락했지만, 최근의 노력은 프랑스 피해자들의 피해보상에 대한 접근을 실질적으로 증가시켰다(Max Planck Institute for Foreign and International Criminal Law, 2015: Ministére de la Justice, n.d). 현재 프랑스인이나 유럽 연합(EU) 시민인 범죄피해자들은 독립된 재판소에 소송을 제기함으로써 국가가 후원하는 보상을 신청할 수 있다. 피해자들이 받는 보상금 액수는 범죄의 심각성에 따라 달라진다. 심각한 폭력 범죄의 피해자들은 전체 보상을 받을 자격이 있는 반면, 절도 같은 덜 심각한 범죄의 피해자들은 부분적인 보상만 받을 수 있다(Ministére de la Justice, n.d).

피해자의 권리를 위한 프랑스의 헌신은 피해자가 직접 피해 보상을 신청하지 않아도 된다는 점에서 더욱 강조된다. 즉, 경찰기관이 피해자를 대신하여 지원할 수 있다(Advocates for Human Rights, 2010). 이것을 허용함으로써, 프랑스의 피해자들은 자금을 받기 위해 직접 법정에 출두할 필요가 없기 때문에 2차 피해에 노출될 가능성이 적다.

일부 국가에서는 사람들이 범죄피해자가 될 경우, 그들을 보호하는 구체적인 법안이 통과되었다. 호주에서는 각 주와 준주(territoty)가 피해자들에게 그들의 정보가 비밀로 유지되고, 형사사법시스템에 의해 공평하게 처우되며, 2차 피해 가능성의 차단을 보장하는 등 다수의 기본권을 제공하는 법안을 통과시켰다(Victim Support Australia, 2003). 무엇보다도, 호주 전역의 피해자들은 상담, 법률적 도움, 복지, 의료와 같은 가용한 피해자 서비스를 적시에 통보받을 권리가 있다. 그들은 또한 가해자의 체포 여부, 범인의 이름, 기소된 죄명, 그리고 보석신청 여부 등 범죄사건의 상태에 대해 계속 통지받을 권리가 있다. 만약 사건이 재판에 회부될 경우, 검찰은 피해자에게 재판과정을 설명하고, 법정에 출두해야 하는지 여부와 시기를 알려주고, 범죄자의 최종 처분과 형량에 대해서도 알려줄 책임이 있다.

사망이나 상해를 초래한 강력 범죄의 피해자들은 추가적인 권리를 부여받는다. 이들 피해자에게는 (물론 일부 사법권에서는 비폭력 범죄의 피해자도 포함함) 수감된 범죄자의 상태를 계속 파악할 수 있게 해주는 데이터베이스인 피해자 등록부에 가입한 기회가 주어진다. 이 정보에는 범죄자의 형량이 얼마인지, 탈옥 여부, 출소 예정 일자 등이 포함된다. 퀸즐랜드 등 일부 주에서는 범죄자의 가석방 심리 때 피해자가 발언할 기회도 허용하고 있다(Victims of Crime Assistance Act, 2009).

호주 전역에서는 폭력 범죄의 피해자들이 가해자에 대한 유죄판결과 양형 단계 사이에 법원에 제출할 피해영향진술서를 작성할 수 있고, 의료비, 정신과 치료, 경제적 손실을 커버하는 피해보상을 받을 수도 있다. 피해보상금 수령에 필요한 요건은 주나 지역에 따라 다르며, 범죄의 심각성에 따라 달라지는 경우가 많다. 예를 들어, 빅토리아주의 경우, 주요 피해자는 최대 6만 달러(State Government of Victoria, 2013)를 받을 수 있는 반면, 웨스턴 오스트리아 주 출신의 피해자는 7만 5천 달러까지 받을 수 있다(Department of the Attorney General, 2006).

캐나다에서는 스티븐 하퍼(Stephen Harper) 총리가 2014년 4월 3일, 범죄피해자가 형사사법시스템에 보다 효과적으로 목소리를 낼 수 있도록 하기 위해 고안된 새로운 법안을 발표했다. **피해자 권리 법안**(Victims Bill of Rights)은 캐나다 역사상 처음으로 범죄피해자를 위한 명확한 연방법적 권리를 규정한 역사적인 법률이다(박스 13.1 참조). 본 법률은 정보, 보호, 참여, 배상에 대한 피해자의 법적 권리를 설정하고, 이러한 권리의 위반에 대한 고소 절차를 보장한다.

각 지방에서는 폭력 범죄피해자들이 재정적 지원을 받을 방법을 마련했다. 지원은 피해자에 의해 신청되어야 한다. 그것은 자동적인 보상이 아니다. 본 법률의 목적상, 폭력 범죄의 피해자는 형법, 소년형법, 인권 및 전쟁 범죄법에 규정된 범죄로 인해 신체적 또는 정서적 위해, 경제적 손실을 입은 개인으로 정의된다. 이 정의는 또한 약물 및 마약 통제법과 이민 및 난민 보호법에 따른 일부 범죄에도 적용된다. 제안된 권리는 캐나다에 거주하는 피해자, 캐나다 영주권자 또는 캐나다 시민에게만 제공된다. 피해자 권리 법안은 또한 명확하게 정의된 개인들이 사망하거나 자신을 위해 행동할 수 없는 피해자를 대리하여 행동할 수 있니고 규정하고 있다. 이러한 개인은 다음과 같이 정의된다: "피해자의 배우자나 피해자가 사망하기 전 적어도 1년 동안 부부관계에서 피해자와 동거한 사람, 피해자의 친척 또는 피부양자, 그리고 피해자 또는 피해자의 피부양자를 보호하고 있는 사람"(S. Harper, 2014).

박스 13.1 캐나다의 피해자 권리 법안

스티븐 하퍼 총리는 2014년 4월 3일, 연방 차원에서 범죄피해자에 대한 권리를 명확히 규정함으로써 형사사법 제도를 변화시켜나갈 캐나다 피해자 권리 법률의 제정을 캐나다 역사상 처음으로 발표했다. 이 법안은 범죄피해자에 대한 다음과 같은 법적 권리를 창출할 것이다.

- 정보의 권리: 피해자는 형사사법체계와 가용한 피해자 서비스 및 프로그램에 관한 일반적 정보와 함께, 가해자에 대한 수사와 기소, 판결과 관련된 정보를 포함한 사건의 진행 상황에 관한 구체적인 정보를 알 권리가 있다.
- 보호받을 권리: 피해자는 형사사법 절차의 모든 단계에서 그들의 보안과 사생활을 배려받고, 협박과 보복으로부터 그들을 보호하기 위해 합리적이고 필요한 조치를 받고, 그들의 신원이 공개되지 않고 보호받을 권리를 갖게 될 것이다.
- 참여의 권리: 피해자는 형사사법 관료들이 내리는 결정에 대해 그들의 의견을 전달하고, 형사사법 절차의 여러 단계에서 그들을 고려하게 하고, 피해영향진술을 제시할 권리를 갖게 될 것이다.
- 배상받을 권리: 피해자는 법원이 금전적 손실을 계산하기 쉬운 모든 범죄에 대해 배상 명령을 내리는 것을 고려하도록 요구할 권리가 있다.

SOURCE: Harper, S. (2014, April 3). "PM announces historic legislation to create a Canadian Victims Bill of Rights." Retrieved from http://www.pm.gc.ca/eng/news/2014/04/03/pm−announces−historic−legislation−create−canadian−victims−bill−rights#sthash.XxHkKWsX.dpuf

---

앞서 논의한 바와 같이, '**피해자 지원**(Victim Support)'은 기관 목표의 조정, 피해자 자원의 증대, 피해자 지원 방법의 기준 설정을 목표로 하는, 유럽 대륙 전역에 있는 기관들의 네트워크이다(Victim Support, 2014). '피해자 지원'은 유럽 전역에서 서비스를 제공한다. 예컨대, 영국에 있는 '피해자 지원'은 특별히 영국, 웨일즈, 북아일랜드를 포함하며, 형사 재판에서 증거를 세시하는 개인에 대해 증인 보호 서비스도 제공한다. 이 단체는 스스로 국가 자선단체로 분류하며, 피해자와 증인에게 무료

로 비밀 서비스를 제공한다. '피해자 지원'은 형사사법시스템에 공식적으로 속하지는 않지만, 형사사법기관들 사이에서 큰 영향력을 행사하고 있다. 피해자에게는 법률 자문이나 상담이 아닌 옹호적 조언을 제공한다. 여기에는 주거를 돕고, 다른 서비스 중에서도 피해자와 경찰 간 연락책 역할을 하는 것이 포함된다(Dunn, 2004).

'피해자 지원'의 최초의 형태는 1974년 사우스 잉글랜드의 브리스톨에서 현지 보호관찰관과 경찰관에 의해 목격됐다. 이 조직은 현재 374개의 다른 사무소에 소속된 1,000명 이상의 직원과 4,000명 이상의 자원봉사자들을 자랑하고 있다. 자원봉사자는 40시간의 기초교육을 이수한 후, 수개월에 걸쳐 보다 전문화된 훈련(예: 가정폭력)을 계속해야 한다(Dunn, 2004). '피해자 지원'은 현재 영국, 웨일즈, 북아일랜드에서만 연간 100만 명 이상의 피해자와 20만 명에 가까운 증인을 돕고 있다(Victim Support, 2014). 2004년 현재, 추천된 피해자의 절반 이상이 재산 범죄피해자였고, 대략 4분의 1은 강력범죄피해자였다. 대부분 피해자는 경찰에 의해 추천되지만, 조직의 목표는 범죄를 경찰에 신고하지 않는 피해자들도 빠뜨리지 않기 위해 다른 기관에서 온 의뢰도 수용하는 것이다(Dunn, 2004).

세계 각지에서 피해자 서비스는 대개 폭력의 희생자가 된 여성과 어린이를 위한 전문 서비스의 제공을 통해 그들의 활동을 시작한다(Lindgren & Nikolić-Ristanović, 2011). 보스니아 헤르체고비나 공화국도 그러한 경우인데, 이곳에서는 피해자 권리 운동이 상당히 최근의 현상이며, 주로 그 나라의 어려웠던 과거에 기인한다. 이 나라에서 최초의 피해자 서비스는 전쟁 난민과 폭력의 희생자인 여성들과 어린이들의 요구를 충족시키기 위해 여성단체 활동가들에 의해 설립되었다. 메디카 제니카(Medica Zenica)를 예로 들어보자. 1990년대 잔혹한 갈등 속에서 만들어진 메디카 제니카는 보스니아 헤르체고비나에서 최

사진 13.2　2014년 3월 28일 어배우 안젤리나 졸리(Angelina Jolie)와 영국 외교부 장관 윌리엄 헤이그(William Hague)가 메디카 제니카를 방문했다.

초로 오랫동안 운영되고 있는 비정부기구 중 하나로서, 전쟁과 전후 폭력에 의한 여성 희생자들에게 서비스를 제공하는 데 헌신하고 있다. 여기에는 전쟁 강간과 전쟁 고문 피해자, 성폭력 피해자, 가정폭력 피해자, 인신매매 피해자들이 포함된다(Medica Zenica, 2014). 메디카 제니카가 제공하는 서비스로는 위기개입, 임시 피난처 및 관련 서비스, 개인 및 단체 상담, 직업 요법과 경제 권한 부여, 법률 지원, 의료 지원, 긴급 전화 핫라인 등이 있다.

인도 남부의 타밀 나두주는 여성 범죄피해자들을 돕는 다소 혁신적인 접근법을 채택했다. 타밀 나두의 대부분 구역에 "여성 도우미" 부대라고 불리는 여성 전문 경찰서가 세워졌다. 이들 여성 전문 부서들은 혼전 문제, 부부 문제, 일반적 문제와 관련된 사건(이 사건들의 성격에 대해서는 표 13.2 참조)을 담당하며, 주된 목적은 "법정에 가기 전에 당사자 간 화해를 도모하는 것"이다(Natarajan, 1996, p. 67).

표 13.2 여성 전문 경찰에 의해 처리되는 사건의 성격

사건 유형	사 례

혼전 문제	• 허위 결혼 약속
	  – 성적 친밀감이 있는 경우
	  – 어떠한 불법적 친밀감도 없는 경우
	• 약혼 위반

부부 문제	• 남편, 시댁, 아내 사이의 부적응
	• 혼인지참금 요구 없는 남편과 시댁에 의한 괴롭힘
	  – 신체적, 정신적 괴롭힘
	• 혼인지참금 괴롭힘
	• 혼외 관계
	  – 이중 결혼
	  – 내연의 처
	• 일시적 별거
	  – 아동 유괴
	• 남편에 의한 유기
	• 생활비
	• 지참금 반환

일반적 문제	• 사소한 다툼 • 속임 • 민사 분쟁

요 약

- 비교 피해자학은 전 세계의 피해를 측정하고 이해하는 방법을 알려준다.
- 피해자학은 지난 30년 동안 다양한 국가로 확대되었지만, 이 연구 노선은 모든 국가에 동등하게 분포되지 않았다.
- 미국 밖에서의 피해자학은 세계피해자학회, 막스 플랑크 국제형법연구소 및 틸버그 국제피해자학연구소의 영향을 크게 받았다.
- 세계피해자학회는 범죄피해자에 대한 지지, 연구, 교육 및 서비스를 국제적 차원에서 장려하고자 한다.
- 막스 플랑크 국제형법연구소는 피해자에 대한 태도, 권리, 보상 등 피해자 연구에 대한 적절한 수준의 관심을 제공한다.
- 틸버그 국제피해자학연구소는 오로지 피해자학적 연구를 수행하는 데 집중한다.
- 비교적 시각에서, 피해조사는 3가지 수준 - (1) 국제적, (2) 국가적, (3) 지역적 - 에서 실시할 수 있다.
- 국제피해조사에는 (1) 국제범죄피해자조사(ICVS)와 (2) 국제 자기보고식 비행연구(ISRD, 특히 ISRD-2)가 포함되며, 두 조사 모두 국가 간 폭력 및 재산 범죄를 조사한다.
- 국가피해조사의 한 예로 잉글랜드 및 웨일즈 범죄조사(CSEW; 2012년 4월 영국범죄조사[BCS]에서 이름이 변경됨)가 있는데, 이는 가구 및 개인의 피해를 측정한다. 이 조사는 표본의 약 23%가 지난 한 해에 피해를 경험했다는 것을 발견했다.
- 일반적인 피해조사와는 별도로, 특정 유형의 피해를 대상으로 하는 전문화된 피해연구가 있는데, 그 예로 국제여성폭력피해조사(IVAWS)는 여성에 대한 폭력을 조사하는 것이다.
- 유엔(UN)의 일부인 다양한 국제사법체계의 대응이 있다. 국제사법재판소(ICJ)와 국제형사재판소(ICC)가 대표적이다.
- 유엔은 배상 및 보상을 포함한 피해자 지원 프로그램들의 이념을 확인해왔다.
- 국제사법재판소(ICJ)는 UN의 일부로서 창설되어 기능하고 있으며, (1) 관할 하에 있는 국가 간의 문제를 해결하고 (2) 법적 문제에 관한 의견을 제공하는 두 가지 목적에 봉사하고 있다.
- 국제형사재판소는 로마 법령의 비준으로 성립된 독립된 국제법정이다. 구체적으로

4가지 국제범죄에 초점을 맞추고 있는 한편, ICC는 피해자 지원 공공변호사 사무소(OPCV)를 통해 피해자를 법률적으로 지원하고, 피해자 신탁기금(TFV)을 통해서는 재정적 지원을 한다.

- 피해자의 권리는 국가별로 크게 다르며, 서구 국가(예: 호주, 캐나다, 독일, 영국 및 미국)에서는 이러한 권리가 상대적으로 잘 보장된다.
- 프랑스에서는 다양한 유형의 범죄피해자에 대한 금전적 보상이 30년 이상 이루어졌으며, 피해자를 대신하여 피해자 가족 또는 경찰이 신청할 수도 있다.
- 호주에서 범죄피해자는 폭력피해자에 대한 기타 특정한 권리와 함께, 개인 정보의 비밀이 준수되고, 피해자 서비스와 재판 절차에 대해 통지받으며, 가해자의 수감 및 석방 관련한 정보를 받는다.
- 캐나다에서 피해자 권리 법안은 (연방 수준에서) 피해자에게 (1) 정보, (2) 보호, (3) 참여, (4) 배상의 권리를 제공했다.
- 영국에서 '피해자 지원'은 범죄피해자들에게 주택 지원과 같은 다양한 유형의 지지를 제공한다.
- 보스니아 헤르체고비나에서는 메디카 제니카(비정부기구)와 같은 특수 피해자 지원 프로그램이 있어서 전쟁 관련 폭력피해자들을 돕는다.
- 인도의 특정 지역에서는 여성범죄피해자들이 여성 전담 경찰의 도움을 받는다.

토의 문제

1. 피해자에 대한 서비스와 지원을 형사사법 체계의 세 가지 주요 영역(법 집행, 법원, 교정) 다음의 제4 영역으로 보아야 하는가? 이것은 형사사법제도의 의무적인 부분이 되어야 하는가? 왜 그런가? 혹은 왜 그렇지 않은가?

2. ICVS와 ISRD 중 어느 것이 국가별 피해 발생에 대한 더 포괄적인 정보를 제공하는가? 청소년들을 조사하는 데는 어느 것이 더 좋을까? 피해자의 여러 유형을 조사하는 데는 어느 것이 더 좋을까?

3. 인도의 특정 지역에서 기술된 모델, 즉 여성 피해와 관련된 문제들을 다루기 위해 여성 전담 경찰 부서를 두는 것을 미국의 특성 지역에서 사용하는 것이 합리적일

까? 왜 그런가? 혹은 왜 그렇지 않은가? 미국에서 사용한다면 이 모델의 장점과
단점은 무엇일까?

주요 용어

세계피해자학회(World Society of Victimology: WSV)

막스 플랑크 국제형법연구소(Max Planck Institute for Foreign and International
 Criminal Law)

틸버그 국제피해자학연구소(International Victimology Institute Tilburg: INTERVICT)

국제적 피해 연구(international victimization studies)

국가적 피해 연구(national victimization studies)

지역적 피해 연구(local victimization studies)

전문화된 피해 연구(specialized victimization studies)

국제범죄피해자조사(International Crime Victims Survey: ICVS)

국제 자기보고식 비행연구(International Self-Report Delinquency Study: ISRD)

국제여성폭력피해조사(International Violence Against Women Survey: IVAWS)

범죄와 권력 남용 피해자들을 위한 정의의 기본원칙 선언(Declaration of Basic
 Principles of Justice for Victims of Crime and Abuse of Power)

정의에 관한 핸드북(Handbook on Justice)

국경을 넘는 피해자(cross-border victim)

피해자 지원 유럽(Victim Support Europe)

피해자 권리 법안(Victims Bill of Rights)

피해자 지원(Victim Support)

인터넷 자원

국제범죄피해자조사(ICVS):

http://www.unicri.it/services/library_documentation/publications/icvs

국제범죄피해자조사는 70개국 이상의 30만에 달하는 사람들에 대한 20년 이
상의 데이터 수집 노력을 포함한다. ICVS는 폭력 및 재산피해와 별도로 성적
피해도 측정한다.

틸버그 국제피해자학연구소(INTERVICT):

http://www.tilburguniversity.edu/research/institutes – andresearch –
groups/intervict

틸버그 국제피해자학연구소는 피해자학적 조사에만 집중하는 대표적인 연구
기관 중 하나이다. 더구나 피해자학의 다면적 성격을 바탕으로 피해조사에 학
제 간 노력을 집중한다.

스레브레니카의 어머니들:

http://www.haguejusticeportal.net/index.php? id=9659

헤이그시가 관리하는 '스레브레니카의 어머니들'은 1995년 스레브레니카 인종
학살을 겪은 약 6,000명의 여성들을 대신하여 접수한 민사소송에 대한 설명을
제공한다.

피해자 지원 유럽:

http://victimsupport.eu

피해자 지원 유럽은 유럽 내에서 피해자 서비스 및 권리의 증진을 통한 피해
자 지원에 초점을 맞추고 있다.

세계피해자학회:

http://www.worldsocietyofvictimology.org and www.world−society−vict
imology.de

세계피해자학회는 국제 피해자 학계의 선두 주자의 하나이다. 이 학회는 피해
자들에 대한 지원을 증진시키기 위해 국가 간 비교 연구와 협력을 촉진하는
비정부기구로서의 역할을 한다.

제14장

피해자학의 현대적 이슈들
증오범죄, 인신매매, 테러리즘의 피해자들

제14장

피해자학의 현대적 이슈들
증오범죄, 인신매매, 테러리즘의 피해자들

신디(Cindy)는 중국의 시골에 살고 있었다. 그녀가 가나(Ghana)에 있는 식당에서 일할 기회를 제안받았을 때 그녀는 학교에 다니고 있었다. 그 식당은 그녀 이웃의 친구와 남편이 운영하는 것이었다. 신디는 학교를 그만두고, 이 부부와 함께 가나로 갔다. 그러나 식당에서의 일은 고사하고, 결국 중국계 성 인신매매 조직의 피해자가 되었다. 그녀는 사창가 집에서 기거하도록 끌려갔고, 여권과 귀국행 항공 티켓은 빼앗겼다. 그녀는 매춘을 하도록 강요당했고, 거부하면 폭행을 당했다. 매춘으로 번 돈은 인신매매업자에게 빼앗겼다. 심지어 그녀가 입국시 여행경비와 생활비를 빚졌으니 그것을 갚아야 한다는 말까지 들었다(U.S. Department of State, 2010).

불행히도 신디에게 일어난 것과 같은 일은 우리가 알고 있는 것보다 더 자주 발생한다. 인신매매는 피해자학 분야에서 새롭게 등장한 이슈이다. 이것은 남성 또는 여성이 서비스, 노동, 또는 섹스를 제공할 수 있기 때문에 범죄의 타겟이 되는 피해 형태이다. 최근에 중요하게 인식되고 있는 또 다른 형태의 피해는 가해자의 증오 또는 편견 때문에 발생하는 범죄이다. 테러리즘 또한 특정한 집단 또는 사람을 해치려고 하는 욕구 때문에 피해자를 만들어낸다. 이 장은 이처럼 피해자학에서 새롭게 등장하는 이슈들을 다룬다.

증오 범죄의 피해자들

어떤 피해자들은 그들이 가진 특성 때문에 범행 대상이 된다. 즉, 그들이 제공할 수 있는 서비스, 노동, 또는 섹스 때문이 아니라, 가해자가 그들에 대해 가지고 있는 증오 또는 편견 때문에 공격하고 싶기 때문이다. 가해자가 대상으로 하는 특성은 성적 지향, 인종 혹은 종교이다. 피해자가 이러한 조건에 의해 범행의 대상이 될 때, 그들은 **증오 범죄**(hate crime) 또는 **편견 범죄**(bias crime)의 피해자로 분류된다.

증오 범죄피해란?

1990년 **증오 범죄 통계법**(Hate Crime Statistics Act of 1990)의 통과로 미 법무부 장관은 인종, 종교, 성적 지향, 또는 민족성에 기반하여 범해지는 증오 범죄에 대한 데이터를 수집할 의무가 있다. 이 요건은 1994년 폭력 범죄 통제 및 법 집행법(Violent Crime Control and Law Enforcement Act)에 의해 장애를 이유로 한 증오 범죄를 포함시키도록 확대되었다. 또한, 2009년에는 의회가 '**매튜와 제임스 증오 범죄 예방법**(Matthew Shepard and James Byrd Jr. Hate Crime Prevention Act)'을 통과시키면서, 젠더 및 성적 정체성에 대한 편견으로 인해 발생하는 범죄와 청소년에 의해/대해 행해지는 범죄를 증오 범죄 데이터 수집 대상으로 포함시켰다. 이런 의무를 이행하기 위하여 법무부 장관은 FBI에게 이 업무를 담당토록 하였다(Harlow, 2005). 그렇게 함으로써, FBI는 증오나 편견에 기반한 살인, 고살, 강간, 가중 폭행, 단순 폭행, 협박, 방화, 재물 파손과 손괴에 대한 데이터를 법 집행기관들로부터 확보하게 되었다. 현재 FBI는 방금 언급된 범죄나 인종, 종교, 성적 지향, 민족성, 장애, 젠더 및 성적 정체성에 기반하여 저질러지는 범죄를 증오 범죄라고 규정한다(FBI, 2010). 법 집행 기관들은 표준범죄보고서(UCR)나 국가 사건기반 보고시스템(National Incident-Based Reporting System)의 자료수집 프로그램을 통해 증오 범죄에 대해 보고한다. 그렇다면, 경찰은 어떤 범죄가 증오 범죄로 처리되어야 하는지를 어떻게 알 수 있는가? 분명히, 경찰에 신고된 범죄는 UCR 데이터 수집을 통하여 FBI에 보고되는데, 이때 통계에 포함되는 것으로 상정된다. 그러나 특정 사건을 증오 범죄로 분류할 것인지 아닌지를 결정하는 것은 경찰관서의 재량이다. 즉, 법 집행기관은 사건을 분류하는 데 있어서 재량권을 행사한다. 피해자가 인종적으로나 민족적으로 보호받는 집단에 속한다는 것만으로는 충분하지 않다. 증오 범죄 여부를 결정하기 위해 법 집행기관은 수사 정보뿐만 아니라 피해자와 증인에 관한 정보도 사용한다. 법 집행기관이 고려하는 정보는 다음 내용을 포함한다(Nolan, McDevitt, Cronin, & Farrell, 2004):

- 가해자의 증오 발언
- 가해자가 남긴 증오의 상징적 표식(예, 유대 회당에 그려진 나찌문양 등)
- 사건의 발생 시간이 피해자 또는 용의자 집단에 대해 갖는 중대성
- 피의자의 증오 범죄 전력 또는 증오 관련 단체의 멤버 여부
- 현재 사건 발생 지역 또는 주변의 증오 범죄 사건 역사
- 피해에 대한 다른 확실한 동기의 부재

우리는 아래에서 FBI가 수집한 자료에 기반하여 증오 범죄의 정도를 살펴볼 것이다. 그러나 그 전에 국가범죄피해조사(National Crime Victimization Survey: NCVS)에서 다루고 있는 증오 범죄의 개념에 대해서 살펴본다.

당신도 알다시피, NCVS는 사람들에게 지난 6개월 동안의 범죄피해에 대하여 설문하는 것이다. 2000년 7월 조사부터, 사람들은 사건보고에서 그들의 인종, 민족성, 종교, 성적 지향, 그리고 장애 등한 가장 이상의 개인적 특성 때문에 피해를 당했다고 의심하는지에 대해 질문받았다(Harlow, 2005). 이 문항은 증오 범죄를 걸러 내는 스크린 질문의 역할을 하였다. 만일 '예'라고 응답한다면, 조사대상자들은 그 사건이 증오, 신앙 또는 편견에 의한 범죄니는 어떤 증거가 있는지에 대하여 질문을 받는다. 증

사진 14.1 1998년 10월 6~7일 밤, 매튜 셰퍼드(Matthew Shepard)는 와이오밍주 라라미(Laramie)에서 두 남자에게 구타와 권총-채찍질, 강탈을 당하고 나무에 묶였다. 그는 1998년 10월 12일 부상으로 사망했다. 재판에서 그는 성적 취향을 이유로 표적이 된 것으로 밝혀졌다. 2009년에는 '매튜와 제임스 증오 범죄 예방법'이 통과되었다.

거로는 다음과 같은 것들이 포함될 수 있다. 가해자가 사용한 모욕적인 언사, 가해자가 남긴 표식, 또는 증오 범죄가 발생하였다고 경찰이 확인한 경우 등이다(p. 2). 조사대상자가 증오 범죄 판별 문항(screen question)에 '예'라고 응답을 하고, 증오, 신앙 또는 편견의 증거 여부에 대한 질문에도 '예'라고 대답을 한 경우에 그 사건은 증오 범죄피해로 분류되었다.

> **연구의 초점**
>
> 캘리포니아 새크라멘토에 사는 동성애자, 양성애자, 레즈비언 147명에 대한 조사 자료와 이들 중 45명에 대한 인터뷰 내용을 토대로 한 연구에서, 그레고리 헤렉과 동료들(Gregory Herek et al., 1997)은 연구대상자의 41%가 16세 이전에 편견과 관련된 희생을 경험했다는 사실을 발견했다. 그들 중 거의 10%는 16세 이후에 편견 관련 피해를 경험했다. 편견 관련 피해를 경험한 사람들은 우울증, 불안, 분노, 외상 후 증상과 같은 높은 수준의 정신적 또는 정서적 문제를 가지고 있었다.
>
> --------------------
> SOURCE: Herek, G. H., Gillis, J. R., Cogan, J. C., & Glunt, E. K. (1997). Hate crime victimization among lesbians, gay, and bisexual adults: Prevalence, psychological correlates, and methodological issues. *Journal of Interpersonal Violence*, 12, 195-215.

증오 범죄피해의 정도

2015년에 FBI가 집계한 통계에 의하면, 미국 내에서 증오 범죄의 피해자는 7,173명이었다(FBI, 2015n). 다른 피해 자료와 유사하게, UCR 자료와 NCVS 자료를 비교하면 다른 점이 있다. UCR 통계치는 법집행기관들의 보고에 기초하여 FBI가 집계한 공식 데이터를 반영한다는 점에 유의하여야 한다. 즉, 경찰은 사건을 FBI에 보고하기 전에 그것이 증오 범죄 인지 여부를 자체적으로 결정한다. 이에 비해, NCVS 자료는 사건이 편견에 근거하여 발생했는지에 대한 피해자의 평가에 의존한다. 중요한 차이점 중의 하나는 두 자료가 파악하고 있는 증오 범죄피해의 정도이다. NCVS에 따르면 2012년에 미국에서는 293,800건의 치명적이지 않은 증오 범죄피해가 있었다. 비록 NCVS가 경찰에 신고된 피해와 신고되지 않은 피해 모두를 측정한다고 하더라도, 사실상 이들 사건 중 약 40%만 경찰에 신고되었다는 것을 시사하였다(M. M. Wilson, 2014).

누가 증오 범죄피해자인가?

개인적 특성들

NCVS 자료로부터 발견한 한 가지 흥미로운 사실은 증오 범죄피해율이 인구학적 집단에 따라 큰 차이가 없다는 것이다. 그러나 2012년 조사에서 나타난 한 가지 차이는 히스패닉계가 백인이나 흑인들보다 폭력적 증오 범죄피해를 더 많이 경험했다는 것이다. 증오 범죄피해율은 교육수준에 따라서는 다르지 않다. 그러나 증오 범죄피해 위험을 증가시키는 몇 가지 특성들은 있다. 젊은(17세 이하, 18-24세) 사람들은 25-34세 또는 나이가 더 많은 사람들보다 더 높은 수준의 증오 범죄피해율을 갖는다(M. M. Wilson, 2014).

경험된 증오 범죄피해의 유형

UCR에 신고된 피해 중에서 범죄의 가장 흔한 동기는 피해자의 인종/민족성/조상이었다. 사실, 모든 증오 범죄피해자의 절반 이상(59%)이 이 특성 때문에 표적이 되었다. 다음으로 흔한 동기는 피해자의 종교적 신념(20%), 성적 지향(18%), 성적 정체성(2%), 그리고 장애(1%)의 순이었다(FBI, 2015a).

이들 범주 내에서 FBI 자료는 표적이 되는 피해자의 특성을 자세히 보여준다. 인종적으로 동기화된 편견 범죄의 맥락에서, 압도적인 다수(52%)의 피해자는 가해자의 반-흑인 편견 때문에 표적이 되었다. 19%의 피해자는 가해자 측의 반-백인 편견 때문에 대상이 되었다. 표적이 된 피해자의 자세한 비율에 대해서는 표 14.1을 보라. 반-종교적 이유로 대상이 된 피해자 중에서 대부분은 반-유대주의 편견 때문이었다. 사실, 반종교적 증오 범죄피해자의 52%가 이 이유로 피해를 당했다. 표 14.1에서 보듯이, 다른 피해자들은 반-이슬람(무슬림) 편견, 반-카톨릭 편견, 반-동양 정교 편견, 반-개신교 편견, 그리고 기타 종교들에 대한 편견 때문에 표적이 되었다. 성적 지향성 때문에 대상이 된 피해자는 가장 흔히 반 남성 동성애 편견의 결과였다.

표 14.1 증오 범죄피해의 이유, UCR 2015

편견의 유형	경험한 피해자의 %	편견의 유형	경험한 피해자의 %
가해자의 인종/민족/조상 편견 (n = 4,216)		반-힌두교 편견	0.4
반-흑인 편견	52.2%	반-시크교 편견	0.4
반-백인 편견	18.7	반-여호와의 증인 편견	0.1
반-히스패닉/라틴계 편견	9.3	반-불교 편견	0.1
혼혈 집단에 대한 편견	3.8	반-무신론/불가지론 편견	0.1
반-아메리칸 인디언/알래스카 토착민 편견	3.3	다른 종교에 대한 편견	7.6
반-아시안 편견	3.2	**가해자의 성적 지향 편견 (n = 1,263)**	
반-아랍인 편견	1.1	반-남자동성애자 편견	62.2%
반-토착 하와이인/기타 태평양 섬 주민 편견	0.1	반-기타 성적소수자 편견	19.6
반-기타 인종/민족/조상 편견	8.1	반-여자동성애자 편견	13.5
가해자의 종교적 편견 (n = 1,402)		반-양성애자 편견	2.8
반-유대교 편견	52.1%	반-이성애자 편견	1.9
반-이슬람/무슬림 편견	21.9	**가해자의 다른 편견 (n = 240)**	
반-카톨릭 편견	4.3	반-성전환자 편견	n=76
다른 종교 집단들에 대한 편견	4.1	반-신체장애자 편견	n=52
반-동양 정교(러시안, 그리스, 기타) 편견	3.6	반-성적 비순응자 편견	n=46
반-개신교 편견	3.4	반-정신장애자 편견	n=36
반-기타 기독교 편견	1.3	반-여성 편견	n=22
반-모르몬교 편견	0.6		

SOURCE: FBI (2015n).

표 14.1은 피해자가 범행 대상이 되는 다른 일반적인 이유도 보여준다. 피해자의 3분의 1에 약간 못 미치는 수가 반-성전환자 편견에 기인하여 표적이 되었고, 21%는 반-신체장애 편견 때문에 대상이 되었다.

NCVS 데이터는 민족성이 증오 범죄피해의 가장 흔한(사건의 51%) 동기였음을 시사한다. 두 번째로 흔한 동기는 인종(46%)이었다. 다음으로 흔한 이유는 어떤 특성을 가진 사람들과의 교제 때문이었다. 34%의 사건에서 이 이유가 확인되었다. 28%의 사건에서는 피해자의 종교가 피해를 촉발하였다. 4건 중 약 1건의 증오 범죄피해에서 성별이 언급되었으며, 8건 중 약 1건은 성적 지향에 의해 동기화되었다(M. M. Wilson, 2014).

특별한 사례: 성적 지향성 편견에 따른 증오 범죄피해

FBI의 UCR자료와 NCVS자료 모두 성적 지향성 편견에 따른 피해 경험에 관한 정보를 가지고 있지만, 사람들이 그들의 성적 지향성 또는 성적 정체성 때문에 피해를 당하는 정도와 이런 특수한 형태의 증오 범죄가 피해자들에게 끼치는 영향을 확인하기 위한 다른 노력들도 이루어지고 있다. 이러한 유형의 증오 범죄피해에 대한 중요한 정보출처 중의 하나는 '국가 폭력방지 프로그램 연합(National Coalition of Anti-Violence Programs [NCAVP], 2010)'이다. 이것은 38개의 반-폭력 단체 네트워크로부터 데이터를 수집하는데, 이들은 "증오 및 가정폭력, HIV 관련 폭력, 인신매매, 강간, 성폭행, 그리고 성적 소수자(lesbian, gay, bisexual, transgendered, and queer: LGBTQ) 공동체에 영향을 미치는 다른 형태의 폭력들을 모니터링하고 대응하며 근절하기 위해 일하는 단체들이다"(p. 1). 이들 반-폭력 단체와 접촉하고 피해를 신고하는 사람들은 나중에 **반-성적소수자 증오 폭력**(anti-LGBTQ hate violence)에 대한 NCAVP 보고서에 포함될 것이다. 이 보고서에 따르면 2015년에는 1,253명의 반-성적소수자 증오폭력 피해자가 발생하였다(Waters, Jindasurat, & Wolfe, 2016). NCAVP에 따르면, 같은 해에 성적 소수자(LGBTQ)와 HIV 감염자들에 대한 24건의 증오폭력 살인도 있었다. 이 두 통계치 모두 UCR에서 보여주는 증오 범죄 통계보다 더 높다. 설문 데이터를 사용한 다른 연구는 약 20%의 게이, 레즈비언, 그리고 양성애자들이 평생동안 그들의 성적 지향 때문에 피해를 경험한다고 추정한다(한 예를 박스 14.1에서 보라)(Herek, 2009). 이 연구는 성적소수자 성인의 성국적 확률표집에 기반하여, 게이 남성이 다른 성적소수자보다 반-게이 폭력을 당할 가능성이 더 크다는 것을 발견하였다(Herek, 2009). 표본에서 절반 이상의 게이 남성과 레즈비언(각각 63%, 55%)이 그들의 성적 지향성 때문에 언어 학대를 당한 것으로 보고하였다(Herek, 2009).

박스 14.1 반-성적소수자 피해를 경험한 타라(Tara)의 이야기

타라, 24세, 백인, 성적소수자, 비-성전환 여성

나는 매주 업무 미팅 때문에 커뮤니티 센터에 간다. 그날도 언제나 나를 노려보면서 "나를 똑바로 봐(turn me straight)"라고 고함지르던 남자가 거기 서 있었다. 미팅을 마치고 난 뒤, 나는 차가 있는 곳으로 가고 있었는데, 그 남자가 따라와서 나를 강간하였다. 강간하는 동안 그는 나에게 여자이면 여자답게 행동하라고 계속 말했다. 이후 나는 NCAVP에 도움을 요청하였는데, 일하러 갈 때마다 그날의 악몽이 되살아나 공황 상태에 빠졌기 때문이다. 그들은 나에게 지지와 격려를 보내 주었고, 상담사를 연결해 주었다. 상담사는 그 악몽으로부터 나를 치유하고, 내가 일을 계속할 수 있도록 도와주었다.

SOURCE: National Coalition of Anti-Violence Programs (2010).

증오 범죄피해의 특성들

2015년에 경찰이 인지한 증오 범죄피해 중 32%는 대인 범죄였다. 이들 중 41%는 협박, 38%는 단순 폭행, 그리고 20%는 가중 폭행이었다. 18건의 살인과 13건의 강간 증오 범죄만이 경찰에 신고되었다. 재산 범죄 중에서는 72%가 파괴, 훼손, 손괴 행위였다(FBI, 2015n).

NCVS 자료 또한 증오 범죄가 대부분 폭력피해와 관련 있다는 것을 보여준다. 강간과 성폭행, 강도, 그리고 폭행이 2012년에 발생한 증오 범죄피해의 63%를 차지하였다. 증오 범죄피해는 비-증오 범죄피해보다 폭력피해일 가능성이 더 컸다. 모든 증오 범죄피해의 절반 이상이 단순 폭행이었다(M. M. Wilson, 2014).

NCVS에서 자기가 증오 범죄피해를 경험했다고 답한 사람은 그 사건을 경찰에 신고했는지 여부에 대해 질문받았다. 증오 범죄피해의 약 40%는 경찰에 신고되었다(M. M. Wilson, 2014). 증오 범죄피해의 신고에 관한 연구는 소수계 피해자들이 비소수계들보다 증오 범죄피해를 신고할 가능성이 더 낮다는 것을 보여준다(Zaykowski, 2010). 전체적인 신고율은 피해자-가해자 관계와 연관이 있다. 폭력적 증오 범죄피해의 10건 중 약 4건이 낯선 사람에 의해 범해졌다(M. M. Wilson, 2014). 모든 연구에서 증오 범죄피해 신고율과 비-증오 범죄피해 신고율이 동등한 것으로 나타난 것은 아니다. 캘리포니아주 새크라멘토에서, 성적 지향에 기반한 증오 범죄피해를 비-증오 범죄피해와 비교했을 때, 증오 범죄는 경찰에 신고되는 경우가 적었다(Herek, Gillis, & Cogan, 1999). 이러한 저조한 신고는 피해자가 경찰로부터 받는 반응 때문일 수 있다. NCAVP 보고에서 경찰에 신고한 피해자의 대다수는 경찰의 반응이 친절하지도 정중하지도 않았다고 한다. 경찰의 반응을 부정적으로 평가한 이들 중 33%는 언어적 학대를 경험했다고 보고하였고, 16%는 경찰이 물리적 폭력을 사용하였다고 말했으며, 8%는 경찰이 비방과 함께 편견이 담긴 언어를 사용하였다고 말했다. 경찰에 신고를 한 사람들의 거의 40%는 경찰이 적대적이었다고 말했다(Waters et al., 2016).

증오 범죄피해의 위험 요인들

증오 범죄피해가 의미하는 바를 감안하면, 특정 집단들은 그들의 특성 때문에 위험한 것이 분명하다. 사실 증오 범죄를 동기화하는 것은 인종, 성적 지향, 종교, 성적 정체성 등 가해자가 인식하는 개인적 특성들이다. 예컨대, 한 연구는 게이 남성, 레즈비언, 양성애자, 그리고 동성 파트너가 있는 사람들이 일반 인구보다 폭력을 경험할 가능성이 1.5배에서 2배 더 높다는 것을 발견했다(A. L. Roberts, Austin, Corliss, Vandermorris, & Koenen, 2010). 또한, 반-성소수자(anti-LGBTQ) 증오 범죄에 대해서는, 가해자가 성소수자들은 제도적 차별 때문에 경찰에 피해를 신고하지 않을 것이라고 인식하기 때문에 이들이 범행의 표적이 될 수 있다는 점이 주목되었다(National Coalition of Anti-Violence Programs, 2010).

그러나 증오 범죄 관련 법에서 규정하고 있는 특성을 가진 사람 모두가 피해를 당할 위험이 높은 것은 아니다. 일상활동 및 생활양식 이론이 왜 어떤 사람들은 피해자가 되고, 다른 사람들은 그렇지 않은지를 이해하는데 도움을 준다. 이 관점에 따르면, 동기화된 범죄자는 어디든 존재하고, 따라서 그들의 행위는 설명할 필요가 없다(Cohen & Felson, 1979; Hindelang, Gottfredson, & Garofalo, 1978). 가용한 보호력을 결여하고 적절한 타겟이 되면 피해의 위험이 높아진다. 가해자가 '증오하는' 특성을 갖는 사람은 이미 동기화되어 있는 가해자를 움직이게 할 가능성이 있다. 증오 범죄에서 동기화된 범죄자는 피해자를 단순히 자기가 싫어하는 특성을 가지고 있는 사람으로 바라본다. 이러한 타겟이 적절한 보호력을 결여한다면, 증오 범죄피해는 발생할 가능성이 높다.

개인적 위험 요인 외에도, 증오 범죄는 개인의 영역 또는 자산에 대한 침해, 신성한 것에 대한 침해, 지위에 대한 위반과 같은 지각된 위협(perceived threat)에 대한 반응일 수도 있다(Ehrlich, 1990). 이러한 위협에 의한 설명과 함께, 소수계에 의한 경제적 경쟁이 인종적으로 그리고 민족적으로 동기화된 증오 범죄를 발생시키는 이유로서 제안되어왔다(Finn & McNeil, 1987). 이외에도 지역사회 수준에서의 증오 범죄피해 관련 요인이 있을 수 있다. 예컨대, 크리스토퍼 라이언스(Christopher Lyons, 2007)는 반-흑인 증오 범죄는 안정된 지역사회에서 발생할 가능성이 높은 반면, 반-백인 증오 범죄는 불안정한 지역사회에서 발생할 가능성이 높다고 하였다. 따라서 개인이나 집단을 증오 범죄피해의 위험에 처하게 하는 것은 개인적 특성이나 일상활동 그 자체가 아닐 수도 있다. 오히려 그것보다는 문화적 또는 구조적 조건들일 수 있다.

증오 범죄피해의 결과들

우리는 다양한 유형의 피해에 뒤따르는 셀 수 없는 결과들을 검토해 왔다. 그러나 증오 범죄의 경우 피해자들이 흔히 스스로 바꿀 수 없는 특성으로 인하여 범행 대상이 된다는 점에서 그 피해의 결과는 특별히 검토되어야 마땅하다. 자신들에 대한 증오 때문에 피해를 당한다고 하는 피해자의 생각에는 의심의 여지가 없다. 이것을 속으로 삭이고 살아가야 하는 것이 얼마나 힘들지 생각해보라. 이들에게 세상은 특별히 적대적이고 안전하지 못한 곳으로 여겨질 것이다. 더구나 이런 피해는 특별히 용서하기가 더 어려울 수 있다(West & Willey-Cordone, 1999). 증오의 동기 때문에, 지역사회 또한 특이한 결과에 시면한다.

개인적 결과

증오 범죄피해는 피해자에게 막중한 대가를 치르게 한다. 증오 범죄는 비－증오 범죄보다 더 폭력직이라는 점에 유의할 필요가 있다. 증오 범죄의 20%에서 피해자들은 상해를 입었다고 한다(M. M. Wilson, 2014). 요컨대, 증오 범죄피해는 빈번히 신체적 피해를 수반한다.

이러한 신체적 손상과 함께, 증오 범죄피해자는 일반적으로 심리적 충격도 경험한다. 주지하듯이, 피해자들은 그들이 공격의 대상이 되게 하는 특성을 바꿀 수가 없다. 그래서 그들은 반복해서 피해당하는 것을 두려워하고, 후속 공격을 예방하기 위해 할 수 있는 것이 거의 없다고 느낀다. 두려움은 피해자가 경험하는 전부가 아닐 수 있다. 증오 범죄피해는 우울, 스트레스, 분노와 같은 증상과 연관되어 있다(A. L. Roberts et al., 2010). 예컨대, 편견 범죄피해를 경험한 레즈비언, 게이 남성, 그리고 양성애자는 비－증오 범죄피해자 또는 비－피해자들과 비교해서 높은 수준의 두려움 및 지각된 취약성을 보이고, 타인의 호의를 잘 믿지 못했다(Herek et al., 1999). 성적 지향에 기반한 증오 범죄피해에 있어서 또 다른 결과는 외상 후 스트레스 장애(PTSD)이다. 사실, 폭력피해를 당한 적 있는 게이 남성, 레즈비언, 양성애자는 일반적인 사람들보다 PTSD를 경험할 확률이 두 배 높다(A.L. Roberts et al., 2010). 다른 연구들도 게이, 레즈비언, 양성애자들의 편견 관련 피해와 우울증, 근심, 노여움, 외상 후 스트레스 장애와 같은 정신적, 정서적 문제 사이의 관련성을 입증하였다(Herek, Gillis, Cogan, & Glunt, 1997). 이처럼, 게이, 레즈비언, 양성애자들이 증오 범죄피해에 대해 민감한 반응을 보이는 것은 그들의 성적 지향이 자존감의 중요한 부분인 동시에 그들이 피해를 당하는 이유라는 사실에 기인할 수 있다(Herek et al., 1999).

지역사회의 결과

증오 범죄피해가 발생할 때 특히 그 사건이 공개되면, 피해자의 특성을 공유하는 지역사회의 다른 구성원들은 그들 또한 피해자가 될 것이라는 생각에 두려워할 수 있다. 이러한 두려움은 사람들로 하여금 자신의 행동을 바꾸게 하고, 활동을 제약할 수 있나. 사람들이 자신을 피해자와 동일시하는 정도에 따라 이차적 피해를 경험할 수 있고, 따라서 직접 피해자의 경우와 유사한 심리적 결과를 겪게 된다.

증오 범죄사건이 공개되고 나면 그 지역사회는 사람들이 이사하거나 여행자가 방문하기를 꺼리는 곳이 되고, 부동산의 가치는 폭락하게 된다(West & Wiley-Cordone, 1999).

증오 범죄피해에 대한 대응

입법

증오 범죄피해가 형사사법체계와 언론의 주목을 받은 것은 1980년대 들어서이다. 증오 범죄에 특별히 관심을 가진 이익집단들이 증오 또는 편견에 의해 동기화되었다고 인식한 피해를 입증하기 시작함에 따라, 증오 범죄를 한 가지 특별한 범주의 범죄로 인식하는 움직임이 나타났다. 부분적으로 이러한 움직임은 증오 범죄의 형량을 높이고 관련 데이터의 수집을 의무화하는 법률의 통과를 가져왔다.

앞에서 언급한 바와 같이, 특별히 증오 범죄를 다루는 최초의 연방 법률은 '증오 범죄 통계법(Hate Crime Statistics Act)'이었고, 이 법은 인종, 종교, 성적 지향, 또는 민족성에 기반한 증오 범죄에 대한 데이터의 수집을 의무화하였다. 위에서 살펴보았듯이, 이 요건은 1994년의 '폭력 범죄 통제 및 법 집행법(Violent Crime Control and Law Enforcement Act)'에 의해 장애에 기반한 증오 범죄를 포함하도록 확대되었다. 이 법은 또한 미국양형위원회(U.S. Sentencing Commission)로 하여금, 판사가 합리적 의심을 넘어선 증오 범죄라고 인정한 범죄에 대해서는 위반 및 처벌 수준을 최소한 3단계 높이도록, 연방 양형기준을 수정하게 하였다. 그렇다면 1990년 이전에는 연방 법원에서 증오 범죄가 어떻게 처리되었는가? 그때는 증오 범죄를 다루는 특정한 연방법이 없었다. 다만, 미국 헌법 제18장 제245절이 "학교에 출석하거나, 배심원으로 참석하거나, 주 또는 지방정부가 주관하는 활동이나 프로그램에 참여하거나, 공공시설의 후원자로서 참여하는 등 연방적으로 보호되는 활동을 하는 동안에, 사람들을 인종, 피부색, 종교, 또는 민족적 출신을 이유로, 폭력을 사용하거나 폭력으로 위협하면서 고의로 해치고, 협박하고, 방해"한 사람에게 그 책임을 묻기 위해 사용되었다. 비록 그것이 특정 부류의 사람들을 보호하는 역할을 했으나, 범행의 발생 시점에 연방적으로 보호되는 행위가 있지 않았다면, 다른 연방의 이해가 관련되지 않는 한 연방정부가 개입할 근거는 없었다. 그러나 이러한 한계는 '매튜와 제임스 증오 범죄 예방법(Matthew Shepard and James Byrd Jr. Hate

Crime Prevention Act)'의 통과로 제거되었다. 이로써 피해자가 연방적으로 보호되는 활동에 참여하고 있었다는 사실을 입증해야 할 정부의 의무를 면제한 연방의 증오 범죄법이 만들어졌다. 대신에, 연방정부가 관할권을 가지는 범죄들(예를 들어, 가해자가 피해자를 데리고 주 경계를 넘는 경우)이 포함되었다. 1996년의 **교회 방화 예방법** (Church Arson Prevention Act)같이 편견에 근거한 범죄를 예방하기 위한 다른 연방 법률도 있다. 이 법은 어떤 자산이 갖는 종교적, 인종적, 민족적 특성을 이유로 그 자산에 해를 입히는 것과 종교적 신념을 행사하는 사람을 폭력이나 폭력을 위협함으로써 방해하려는 시도를 금지한다.

이러한 연방 법률 외에, 각 주 또한 주 내에서 발생하는 행위를 범죄화하는 증오 범죄 법률을 자유롭게 제정할 수 있다. 그래서 2009년경에는 4개 주를 제외한 모든 주가 개인적 특성에 기반한 범죄를 포함하는 증오 범죄 입법을 하였다 (National Center for Victims of Crime, 2008). 캘리포니아주의 증오 범죄 법 규정의 일부는 박스 14.2를 보라.

박스 14.2 캘리포니아의 증오 범죄 법 규정들, Cal Pen Code §422.6

누가 보호되는가?
실제 또는 인식된 "인종, 피부색, 종교, 조상, 민족적 출신, 장애, 성별, 또는 성적 지향" 때문에, 상해를 입거나, 협박당하거나, 자산 손실을 당한 사람

처벌은 무엇인가?
위에 기술한 증오 범죄를 범한 사람은 1년 이하의 징역형 또는 $5,000 이하의 벌금, 또는 징역형과 벌금의 병과로 처벌될 것이다. 이 외에 법원은 400시간 이하의 지역 사회 봉사활동을 부과할 수 있다. 이 경우 기간은 대상자의 직장 또는 학교 출석을 고려하여 350일을 초과할 수 없다.

SOURCE: FindLaw (n.d.–a).

형사사법 시스템의 대응

형사사법 시스템 또한 이런 특별한 유형의 범죄피해를 나누기 위해 준비되어이

있다. 언급한 바와 같이, 경찰은 증오 범죄가 발생하면 해당 범죄를 기록하고 보고하여야 한다. 증오 범죄 통계법(Hate Crime Statistics Act)의 순응 정도에 관한 연구의 결과는 다소간 놀랍다. 라이언 킹(Ryan King, 2007)은 법 요건에 대한 경찰의 순응도가 흑인 거주자가 많은 지역에서 다소 낮게 나타났다고 보고하였다. 인종적으로 동기화된 증오 범죄가 이들 지역에서 발생하기 더 쉽다는 사실과 연계하여 생각하면 이런 현상은 특히 두드러진다. 그는 특히 미국 남부 지역에서는 흑인 인구의 규모와 증오 범죄 통계법상 신고 요건에 대한 경찰의 순응도 간 상관관계가 더욱 부적(−)이라는 것을 발견하였다(King, 2007). 경찰은 왜 이들 지역에서 연방의 보고 요건을 잘 준수하지 않는가? 이들 지역사회가 지니는 함의는 무엇일까?

　대부분 주는 증오 범죄를 특별한 처벌을 받아 마땅한 특별한 형태의 범죄로 규정하는 일정한 형태의 증오 범죄 법률을 가지고 있다. 그러나 증오 범죄 법률이 없다고 하더라도, 그러한 행위는 범죄행위이기 때문에, 경찰이 정당한 이유로 범죄자를 체포해야 하는 상황이라면 증오 범죄 법령이 반드시 요구되는 것은 아니다. 증오 범죄를 다루기 위해 일부 경찰서는 특별부서를 두고 있다. 1978년에 보스턴은 증오나 편견에 의한 범죄를 포함하여 지역사회의 무질서에 대응하기 위해 경찰에 특별부서를 만든 최초의 도시가 되었다. 1980년에는 뉴욕시도 유사한 부서를 창설하였다. 오늘날 많은 다른 사법권도 증오 범죄를 다루기 위해 유사한 부서를 설치하였으며, 증오 범죄에 긍정적인 결과를 내고 있다(B. Levin & Amster, 2007).

　일단 어떤 범죄가 편견에 의한 것으로 밝혀지면, 검사는 그 사건을 증오 범죄로 기소할 것인지 여부를 임의적으로 결정한다. 일부 연구에 의하면, 검사가 다른 사건에서 기소 결정을 할 때와 마찬가지로, 이러한 중요한 결정을 할 때도 재량권을 행사한다고 한다. 사실, 연구결과는 검사가 해당 범죄가 명백하게 편견에 의한 경우일 때 그리고 증거가 명백히 편견이라는 것을 나타낼 때만 편견 범죄로 기소한다는 것을 보여준다(Bell, 2002; Phillips, 2009). 편견이 단순히 하나의 동기뿐일 때에는 편견 범죄로 잘 기소되지 않는다. 편견이 유일한 동기인 사건 즉, "명확한 (clean)" 사건만이 검사에 의해 편견 범죄로 기소된다(Maroney, 1998). 따라서 경찰이 먼저 해당 범죄가 증오 범죄인지 여부를 결정해야 하고(이 경우도 피해자가 신고를 결정한 이후에 가능하나), 다음으로 검사가 그것을 증오 범죄로 기소할지 여부를 결정해야 한다(이 경우도 경찰이 혐오 범죄로 판단하고 난 이후에 가능하다)는 점을 고려할 때, 아주 적은 수의 증오 범죄만이 실제로 형사사법 시스템에서 증오 범죄로 정식 기소된다는 사실은 충분히 이해할 수 있다.

사건이 공식적으로 기소되지 않는다고 하더라도, 증오 범죄피해자는 다른 자원으로부터 지원을 받을 수 있다. 증오 범죄피해자도 범죄피해자를 위해 마련된 전통적인 서비스에 접근할 수 있다. 즉, 그들은 적격성 요건을 충족하면 피해자 보상을 받을 수 있으며, 피해자-증인 원조 프로그램(Victim-Witness Assistance Programs)으로부터 서비스를 받을 수도 있고, 피해자-가해자 중재/화해 프로그램 참여에 동의할 수도 있으며, 그들이 피해당한 사법권역에서 부여하는 어떠한 권한도 행사할 수 있다. 이러한 전통적인 서비스와 함께, 그들은 특별한 이익집단들로부터 원조를 받을 수도 있다(예, 캔사스 시의 반-폭력 프로젝트).

인신매매의 피해자

인신매매는 지난 20년 동안 국내뿐만 아니라 국제적으로 중요한 주제가 되어 왔다. 흥미롭게도, 언론과 정부의 관심이 이 기간 동안 크게 증가하였지만, 인신매매는 그 뿌리가 노예제에 있다는 점에서 새로운 피해는 아니다. 역사를 통해 우리는 다양한 형태의 노예제를 볼 수 있으며, 미국 역시 이 관행의 예외가 아니다. 비록 미국에서는 1863년에 노예제를 폐지하는 법이 통과되었지만, 이 법이 다른 나라에서 매춘을 위하여 사람을 착취하는 문제는 해결하지 못했고, 아프리카계 미국인들을 팔거나 빚을 상환하기 위해 강제로 노역하게 하는 것을 끝내지는 못했다. 달리 말해서, 인종에 기반한 노예제는 비난받았지만, 다른 형태의 노예화와 인신매매는 계속 진행 중이고 근절되지 않았다(Logan, Walker, & Hunt, 2009).

인신매매는 무엇인가?

인신매매는 2000년 전까지는 연방 범죄가 아니었다. 그러나 다른 법률에서는 범죄로 규정되어 왔다. 2000년에 제정된 '인신매매 피해자 보호법(Trafficking Victims Protection Act)'은 인신매매를 다음과 같이 규정한다.

(1) 폭력, 기망 또는 강요에 의해 상업적 성행위를 하게 되는 경우 또는 그러한 행위를 하도록 유인된 사람이 18세에 달하지 않는 경우의 성매매
(2) 비자발적 노역, 채무 속박 또는 노예 상태에 예속시킬 목적으로 폭력, 기망 또는 강요를 통해 사람을 모집, 은닉, 운송, 제공 또는 취득하는 것

그러나 이것이 인신매매의 유일한 정의는 아니다. 2000년에 제정된 '사람 특히 여성과 아동의 매매를 예방, 억제, 처벌하기 위한 유엔 의정서(the United Nations Protocol to Prevent, Suppress, and Punish Trafficking in Persons, Especially Women and Children, United Nations, 2000)'는 인신매매를 다음과 같이 정의한다.

> 착취할 목적에서, 위협, 폭력, 강요, 유괴, 사기 또는 속임수, 권한 남용, 피해자의 취약한 지위 남용 등의 수단을 사용하거나 돈이나 혜택을 주어 타인에 대한 통제권을 갖는 사람의 동의를 구함으로써 사람을 충원, 수송, 이전, 은닉 또는 인수하는 것. 착취는 최소한 타인이 번 화대의 착취 또는 다른 형태의 성적 착취, 강요된 노동이나 봉사, 노예 상태 또는 이와 유사한 상태, 또는 장기의 적출을 포함한다(제3조, 용어).

성적 착취와 관련된 인신매매 유형은 **성 인신매매**(sex trafficking)로 불린다. 노동력을 착취하기 위한 인신매매 유형은 **노동 인신매매**(labor trafficking)로 불린다. 인신매매를 하기 위해 반드시 국경을 넘어서 사람을 운송할 필요는 없다. 인신매매는 국내에서도 이루어진다. 국내에서 발생하는 인신매매를 **국내 인신매매**(domestic human trafficking)라고 하고, 사람이 국경을 넘어 다른 나라로 이송되면 **국제 인신매매**(transnational human trafficking)가 된다. 그러나 인신매매가 이루어지는데 반드시 실제적인 운송(transport)이 있을 필요는 없다. 사람은 자신의 집 안에서도 인신매매의 피해자가 될 수 있다. 만일 누군가가 자신의 집에서 자신의 의지에 반하여 구금되고 타인들이 집에 들어와서 성행위를 강제한다면 그 사람은 성인신매매의 피해자가 될 수 있다.

이제 좀 더 가까이서 다른 유형의 인신매매를 살펴보자. 성 인신매매는 사람

이 강제, 강요 또는 기망을 당하여 매춘행위를 할 때 발생한다. 만일 매춘에 참여하는 처음 결정에 피해자가 동의하였더라도, 그 사람이 계속하도록 강요 또는 강제당한다면, 그 사람은 성 인신매매의 피해자이다 (U.S. Department of State, 2010). 즉, 처음에 매춘행위에 대한 합의가 있었더라도, 그 사람이 그만두기를 원하는데도 계속하도록 강제된다면, 성 인신매매 피해자의 범주에서 배제되지 않는다. 사람들은 섹스클럽에서 일하도록, 스트립클럽에서 춤추도록, 마사지실에서 일하도록, 또는 다른 형태의 상업적 성 관련 일(길거리 매춘, 포르노그래피 등)을 하도록 강요당할 수 있다. 연령은 성 인신매매 여부를 결정하는 중요한 고려사항이다. 미국에서는 피해자가 18세 미만이면 성 인신매매가 성립하기 위하여 강제, 강요 또는 기망이 필요 없다. 피해자가 단순히 18세 미만이고 상업적 성행위를 위하여 고용, 보유, 운송, 취득되면 성 인신매매가 성립하기에 "충분"하다(Shared Hope International, 2011). 성 인신매매는 빚에 의한 속박에 의해서도 발생할 수 있다. 다른 형태의 인신매매는 아래에서 살펴본다.

노동 인신매매는 몇 가지 유형으로 구분될 수 있다. 즉, 속박 상태의 노동, 강제 노역, 비자발적 가사노동으로 분류된다. **속박 상태의 노동**(bonded labor)은 **빚에 의한 속박**(debt bondage)으로도 표현되는데, 이는 피해자를 노예로 만드는 가장 흔한 수법이다(U.S. Department of Health and Services [DHHS], 2011b). 이러한 유형의 노동 인신매매는 어떤 사람이 진 빚을 노동으로 갚아 나가기 위해 예속되지만, 그 기간이나 상황 조건 등이 사전에 고지되지도 적정하게 규정되지도 않을 때, 또는 피해자가 제공하는 서비스나 노동이 합리적인 방식으로 계산되지 않고 오히려 빚으로 계산될 때 성립한다. 노동 인신매매의 두 번째 유형은 **강제 노역**(forced labor)이다. 이는 피해자가 폭력 또는 처벌의 위협 하에서 노동을 강요당하고, 자유를 제한당하며, 피해자에 대한 일정 정도의 소유권이 행사될 때 성립한다(DHHS, 2011b). 세 번째 유형의 노동 인신매매는 **비자발적 가사노동**(involuntary domestic servitude)이다. 이 유형의 인신매매는 피해자가 가사 노동자로서 일을 강요당할 때 해당한다. 이들 피해자는 흔히 사유 재산에서 고립되어 일하는데, 이는 사법 당국이 해당 지역에 진입하여 조사하는 것을 어렵게 만들기 때문에 그들의 상황을 발견하기가 어렵나(U.S. Department of State, 2010) 이 상의 첫 부분에서 살펴본 신디의 사례를 돌이켜 보라. 그녀는 어떠한 종류의 인신매매를 경험하였는가? 어떻게 알 수 있는가?

인신매매의 정도

미국 내에서 그리고 국제적으로 사람이 인신매매되는 정도를 정확히 알기는 매우 어렵다. 일반적으로, 대부분의 인신매매는 발각되지 않기 때문에, 공식자료는 인신매매의 정도를 과소평가할 가능성이 아주 높다. 대부분의 인신매매가 발각되지 않는 이유는 다양하다. 첫째, 인신매매는 그 본질상 은밀하고 숨겨진다(Schauer & Wheaton, 2006). 그것은 대부분 사람의 시야 밖에서 발생하는 피해 유형이고, 따라서 발견하기 어렵다. 둘째, 많은 나라가 인신매매를 심각하게 다루지 않고, 일부 국가에서는 경찰 등 공무원들이 적극적으로 인신매매에 참여하기도 한다. 셋째, 대부분의 피해자가 피해를 당국에 신고하지 않는다. 많은 피해자가 신고를 할 수 없거나 신고하는 것을 꺼린다. 피해자들은 흔히 자신들을 도울 수 있는 사법 당국이나 관련 단체들을 두려워하도록 교육받는다(U.S. Department of State, 2010). 그들은 만일 당국에 신고한다면 보복을 당할 것이라는 협박을 받는다. 넷째, 피해자들은 이동하며 생활하는 경우가 많다. 그들은 빈번하게 이 지역에서 저 지역으로 옮겨진다. 따라서 이들의 숫자를 계산하는 것은 어렵다(Schauer & Wheaton, 2006). 다섯째, UN에서 인신매매의 개념을 공식적으로 정의하였음에도 불구하고, 사법권마다 인신매매를 구성하는 정의가 명확하지 않다(Gozdziak & Collett, 2005). 또한 모든 나라가 그들 나라에서 발생하는 인신매매 피해자의 수에 관한 데이터를 수집하는 것은 아니다.

이런 어려움에도 불구하고, 인신매매의 정도를 파악하기 위한 노력이 있었다. 미국 국무부는 2013년 이래 매년 '인신매매 보고서(Trafficking in Persons Report: TIP Report)'를 발간하는데, 이 보고서는 미국 대사관, 정부 관료, NGO와 국제기구의 자료, 연구보고서, 보고서에 포함된 지역의 현장연구, 국무부의 이메일 주소로 제출된 정보 등을 활용하여 전 세계에서 발생하는 인신매매에 관한 정보를 제공해준다. 이 보고서에 의하면, 전 세계적으로 1,230만 명의 사람들이 강제 노역, 속박 노역, 강제 매춘을 당하고 있으며, 2백만 명의 아동이 상업적 성 거래 상태에 있는 것으로 추정된다(U.S. Department of State, 2010). 매년 600,000명에서 4백만 명의 사람이 전 세계적으로 인신매매되고 있다고 추산된다(McCabe & Manian, 2000).

2015년에만 77,823명의 피해자가 TIP보고서에서 확인되었다. TIP보고서에 따르면, 인신매매를 둘러싼 많은 관심이 성매매에 관한 것이지만, 실제로는 상업적 성의 목적보다 강제 노역을 목적으로 한 인신매매가 더 많았다(U.S. Department of State, 2016a). 사실, 강제 노역을 당한 사람이 9대 1 정도로 강제 매춘을 당한 사람보다 많은 것으로 추정된다(U.S. Department of State, 2015). TIP보고서는 또한 인신매매와 관련한 기소 및 유죄판결에 대한 정보도 제공한다. 이 보고서에 의하면, 2015년에는 18,930명이 기소되었고, 6,609명이 유죄를 선고받았다(U.S. Department of State, 2016a).

미국의 국내 인신매매도 조사되고 있다. 2005년 '인신매매 피해자 보호 재인증법(Trafficking of Victims Protection Reauthorization Act)'에 의해 매 2년마다 인신매매에 대한 보고가 요구된다. 이 요건에 따라 미국 법무부는 '인신매매 보고시스템(Human Trafficking Reporting System)'을 만들었다. 이 시스템은 연방정부의 자금지원을 받는 인신매매 특별팀(task force)에 의해 공개된 수사 정보를 제공한다. 이렇게 수집된 데이터에 근거하여, 2008년 1월부터 2010년 6월까지 2,515건의 수사 정보가 공개되었는데, 그 중 389건(527명의 피해자)이 인신매매사건인 것으로 확인되었다(Banks & Kyckelhahn, 2011). 이들 사건의 대부분(82%)은 성 인신매매사건이었다. 보다 최근에 UCR 프로그램은 국가사건기반보고시스템(NIBRS)과 요약보고시스템(Summary Reporting System)에서 인신매매 데이터의 수집을 시작하였다(FBI, 2014b). 이러한 데이터는 주 및 지역 법집행기관에 알려진 범죄와 체포 데이터를 반영한다. 모든 주 및 지역 기관들이 참여하는 것은 아니다. 이 보고서에 의하면, 2014년에는 443건의 인신매매사건이 경찰에 알려졌고, 952명이 체포되었다. 경찰에 알려진 범죄 및 체포 중에서는 상업적 성행위가 목적인 경우가 강제 노역의 목적보다 더 많았다(FBI, 2014b).

누가 인신매매 당하는가?

인신매매가 발생하는 정도를 알기 어려운 것과 같은 이유로 어떤 사람이 '전형적인' 인신매매 피해자가 되는지도 알기 어렵다. 결과적으로 누가 가장 인신매매 피해자가 되기 쉬운지에 대한 설명은 활용할 수 있는 자료만큼만 신뢰할 수 있다. 그럼에도 불구하고, 여성이 전 세계 모든 인신매매 피해자의 56%를 차지하는 것

으로 추정된다(U.S. Department of State, 2010). 미국에서 남성은 인신매매 특별팀의
보고로 확인된 인신매매 범죄자의 대부분을 차지한다. 특별팀의 보고에 의하면,
여성이 미국 내 성 관련 인신매매 피해자의 대부분(94%)을 차지하는데, 이는 노동
인신매매(69%)의 경우보다 많다(Banks & Kyckelhahn, 2011). 미국에서 어떤 사람이
인신매매되는가 하는 맥락에서 통계자료를 살펴보면, 그 대부분이 이민자인 것을
알 수 있다(Logan et al., 2009). 전 세계적으로 인신매매 피해자의 약 절반이 18세
미만이다(McCabe & Manian, 2010). 인신매매는 세계의 특정 지역에서 많이 발생하
는 것으로 보인다. 전 세계적으로 인구 1,000명당 1.8명이 인신매매를 당하는 것
으로 추정되는 반면, 아시아와 태평양 지역에서는 이보다 많아, 인구 1,000명 당
3명이 인신매매를 당하는 것으로 추정된다(U.S. Department of State, 2010).

러시아가 성 인신매매를 위한 여성과 소녀의 대부분을 공급한다. 이는 러시아
가 성 인신매매의 주된 **공급 국가**(source country)라는 의미이다. 소비에트 연합에
속했던 다른 나라 또한 성 관련 인신매매 산업의 주요 공급 국가이다. 인신매매
피해자를 받는 나라를 **도착지 국가**(destination country)라고 한다. 독일이 여성과
소녀 인신매매의 최고 도착지 국가이다. 미국은 두 번째 도착지 국가이며, 대부분
의 피해자가 아시아, 멕시코, 이전 소비에트 연합 국가들로부터 들어온다. 도착지
국가로 유명한 다른 나라는 이탈리아, 네덜란드, 일본, 그리스, 인도, 태국, 그리고
호주이다(Schauer & Wheaton, 2006). 또한, 누구나 노동 인신매매의 피해자가 될 수
있다. 피해자는 아동일 수도 성인일 수도 남성일 수도 여성일 수도 있다. 그렇지만
여성과 아동이 노동 인신매매의 피해자가 될 가능성이 상대적으로 더 크다. 피해
자들은 가사, 공장, 건설 등 정당한 일을 할 수도 있지만, 마약 판매와 같은 불법
적 활동에 연루될 수도 있다(U.S. DHHS, 2011b).

인신매매의 위험 요인들

개인적 위험 요인

사람을 인신매매의 위험에 빠뜨리는 가장 잘 알려진 요인 중의 하나는 극도의
빈곤이다. 일부 국가의 사람들은 취업의 기회가 거의 없고, 이들 국가의 여성들은
특히 경제적, 사회적 억압에 직면한다(Schauer & Wheaton, 2006). 극도의 빈곤 상태
에서 생활하거나 억압받는 사람은 다른 나라에서 일할 수 있다는 꾐에 잘 넘어간

다. 그 일은 대개 목적 국가에 도착하자마자 빚에 의한 속박 상태로 강요되고 바로 노동 인신매매로 변질된다. 일에 대한 이러한 욕구는 여성들이 자발적으로 인신매매 업자와 동행하여 외국에 가게 만든다. 그리고 외국에 입국하는데 사용된 허위 문서를 위해 엄청난 돈을 업자에게 빚지게 되었다는 것을 나중에 알게 된다. 그들은 또한 자신에게 가능한 일은 성노동(sex work)뿐이라는 것을 뒤늦게 깨닫게 된다(E. Miller, Decker, Silverman, & Raj, 2007).

국가적 위험 요인

개인이 인신매매의 피해자가 되도록 선택을 강요하거나 인신매매의 적절한 대상이 되게 하는 개인적 수준의 위험 요인이 있을 뿐만 아니라, 국가의 특성들 또한 인신매매를 다소간 가능하게 한다. 예컨대, 잦은 시민 소요와 폭력으로 특징지어지는 국가는 자국 내에서 인신매매 조직이 쉽게 운영될 수 있다(Logan et al., 2009). 유사하게, 사회적 이동의 기회가 적고, 경제적 기회가 거의 없는 나라는 인신매매 피해자가 많다(U.S. DHHS, 2011b). 게다가, 일부 국가들은 인신매매에 대한 수용도가 높고, 정부도 이 문제를 해결하려 들지 않을 뿐만 아니라, 때로는 인신매매를 용이하게 하거나 인신매매 업자들을 처벌하지도 않는다(Logan et al., 2009). 심지어 일부 국가에서는 정부 관리와 경찰관이 부패하여 쉽게 매수당하고, 인신매매 업자는 이들을 쉽게 이용할 수 있다. 예를 들어, 보스니아와 헤르체고비나에서는 피해자가 인신매매에 실제 참여하고 있는 경찰관을 신고한 경우가 있는데, 이 사건에서 인신매매 업자는 국경 경찰에게 "무언가(뇌물)"를 건네주었다(Rathgeber, 2002). 많은 나라에서 여성의 역할이 인신매매 피해의 가능성을 높이는데 기여하기도 한다. 여성의 정당한 취업기회를 가로막으면서 여성을 거부하고 낙인찍는 문화 속에 살고 있는 여성은 존중받으면서 정당한 취업기회를 누릴 수 있는 문화 속에서 사는 여성들보다 인신매매의 피해자가 될 가능성이 높은 것이다(Schauer & Wheaton, 2006).

인신매매 피해의 결과

인신매매 당한 적이 있는 사람은 명백히 신체 건강상의 피해를 입는다. 자신의 의지에 반하여 구금되는 동안에 종종 신체적 손상을 입는다. 게다가, 노동을 위하여 인신매매된 피해자들은 열악한 조건에서 장기간 노동을 강요당한다. 그것은 신체에 부담일 수밖에 없다. 이러한 신체적 영향은 즉각적이면서 오랜 기간 지속된다. 노동 인신매매의 피해자는 아주 위험한 노동환경에 노출된다. 결과적으로 허리 통증, 청력 상실, 심혈관 질환과 호흡기 문제, 그리고 신체 절단과 같은 건강상의 문제로 고통받는다(U.S. DHHS, 2011b).

건강상의 피해는 성 관련 인신매매 피해자에게도 동일하게 발견된다. 유럽에서 성 착취로 진료받은 여성들에 대한 연구에서는 피해자의 90%가 인신매매되는 동안에 성폭력을 경험하였고, 76%는 신체적 학대를 경험하였다고 한다. 이들 192명의 여성과 사춘기 소녀들 대부분은 폭력피해 외에, 연구 시점 이전 2주 동안 두통, 현기증, 요통, 기억력 감퇴, 위장 장애, 골반 통증, 부인과 증상을 경험하였다고 보고하였다(Zimmerman et al., 2008). 성 인신매매 피해자에 대한 다른 연구는 강제적인 약물 남용 또는 알코올 사용을 보고하였다(Zimmerman et al., 2008).

신체 건강상의 피해 외에, 인신매매 피해자의 정신건강에 대한 조사도 이루어졌다. 노동 인신매매 피해자들은 수치심, 불안장애, PTSD, 공황 장애, 공황 발작, 우울증 등의 심리적 결과를 보고하였다(U.S. DHHS, 2011b). 성 착취를 위해 인신매매된 여성과 소녀들은 높은 수준의 우울, 불안, 적대감, PTSD, 자살 망상, 자살 기도를 보고하였다(Zimmerman et al., 2003, 2008).

인신매매 피해자에 대한 대응

국제적 대응

2000년에 UN은 '사람 특히 여성과 아동을 매매하는 것을 예방하고, 억제하며, 처벌하기 위한 유엔 의정서,' 일명 **팔레르모 규약**(Palermo Protocol)을 제정하였다. 이 국제 규약은 인신매매를 범죄화하고, 각 정부가 인신매매 문제에 어떻게 대응해야 할지 그 가이드라인을 정하기 위한 것이다. 특히, 팔레르모 규약은 각국 정부가 예방(prevention), 형사 기소(criminal prosecution), 그리고 피해자 보호(victim protection)라는 정부 대응의 "3P" 패러다임을 채택하도록 요구하였다(U.S. Department of State, 2010). 그러나 팔레르모 규약이 채택된 지 10년이 지났음에도 불구하고, 15%의 국가들은 어전히 인신매매범을 처벌하지 않고 있다(U.S. Department of State, 2015). 게다가, 2015년에는 36개의 국가만이 TIP 보고서상 제1그룹(Tier 1)으로 평가되었는데, 이는 인신매매 피해자 보호법(Trafficking Victims Protection Act)의 최소 기준을 완전히 준수하는 국가를 의미한다(U.S. Department of State, 2016a). 다음은 이들 국가를 열거한 것이다.

Armenia	Italy
Australia	Korea, South
Austria	Lithuania
The Bahamas	Netherlands
Belgium	New Zealand
Canada	Norway
Chile	Philippines
Colombia	Poland
Cyprus	Portugal
Czech Republic	Slovakia
Denmark	Slovenia
Finland	Spain
France	St. Maarten
Georgia	Sweden
Germany	Switzerland
Iceland	Taiwan
Ireland	United Kingdom
Israel	United States of America

외국을 여행하는 피해자는 또한 그들의 출입국 지위와 관련해서 특별한 니즈를 갖는다. 팔레르모 규약에 따라, 각국 정부는 인신매매 피해자가 불법체류자로 밝혀지더라도 그들을 단순히 추방하지 못하도록 하고 있다. 이러한 의무에도 불구하고, 2009년에 104개 국가에서는 그러한 추방을 예방하기 위한 법률, 정책, 또는 규정을 두지 않고 있다(U.S. Department of State, 2010). 그러면 각 국가는 외국에 있

는 인신매매 피해자를 어떻게 처우하여야 하는가? 한 가지 방법은 외국인 피해자를 **송환**(repatriation)하는 것이지만, 이는 피해자에게 최상의 이익이 되는 경우만 허용되어야 한다. 피해자가 인신매매되던 당시의 맥락과 조건이 유지되는 상태에서 고국으로 돌려보내는 것은 그들을 폭행 또는 죽음에 직면하게 할 가능성이 있다(U.S. Department of State, 2010).

미국 정부 및 사법 당국의 대응

미국은 미국 시민이 아니면서 인신매매된 사람은 이민 및 시민권과 관련하여 특별한 니즈가 있다는 것을 인식하고 있다. 이 문제를 다루기 위하여 피해자는 **인증**(certified)을 받을 수 있고, 이 경우 일반적으로 난민(refugees)에게 제공되는 연방 및 주 프로그램으로부터 동일한 혜택과 서비스를 받을 수 있다(U.S. DHHS, 2011a). 인증을 받기 위해서 인신매매 피해자는 3가지 기준을 충족하여야 한다: (1) 2000년에 제정된 인신매매 피해자 보호법(Trafficking Victims Protection Act)에 따라 심각한(severe) 형태의 인신매매 피해자여야 한다. (2) 인신매매 사건에 대한 수사와 기소에 협조하여야 한다(신체적, 심리적 외상이 심할 경우 못할 수 있다). (3) T 비자 신청을 완료하거나, 인신매매범의 기소에 도움을 주기 위해 국토안보부(Department of Homeland Security)로부터 '체류 연장 (continued presence)'을 받아야 한다. **T 비자(T visa)**는 인신매매 피해자에게 미국에서 임시로 거주할 수 있는 자격을 부여하는 것이다. 3년 후에 T 비자 소지자는 영주권을 받을 수 있다(U.S. DHHS, 2011a).

미국이 시행하는 한 가지 인신매매 대응 방법은 공식적인 법 집행 특별팀과 조사부서의 도입을 통해서다. 예컨대, 미국과 해외에서 인신매매를 분쇄하기 위한 FBI의 노력(initiative)이 2004년에 시작되었다. FBI는 미국 내에서 활동하는 71개 이상의 인신매매 특별부서와 협업한다. 2004년 이후 FBI는 공개적인 인신매매 조사 건수를 2배로 늘렸고, 기소와 유죄판결 수치도 4배로 늘렸다(FBI, n.d.−b). 인신매매 특별팀에 대한 연구 결과, 이 팀이 있는 지역에서는 적발률이 더 높고, 인신매매범에 대한 기소 성공률도 더 높게 나타났다(A. Farrell, McDevitt, & Fahy, 2008). FBI는 또한 인신매매 피해자가 필요로 하는 법적 지원과 자녀 양육, 출입국 문제, 고용, 교육, 직업훈련과 같은 다른 서비스를 제공하기 위하여 피해자 전문가들을 고용하고 있다(FBI, n.d.−b).

때때로 법 집행관들은 매춘과 같이 피해자가 관여한 범죄에 대하여 피해자를 체포해야만 하는 경우가 있다. 그렇게 하는 것이 피해자를 안전하게 지키고, 범죄자로부터 피해자를 자유롭게 해주는 것이라고 하더라도, 이렇게 피해자의 행위를 범죄화하는 것은 피해자를 공식적인 형사사법 절차에 끌어넣는 것이므로 심각한 결과를 초래할 수 있다. 예를 들어, 피해자의 체포는 사실상 그가 누릴 수 있는 피해자 보상과 같은 일부 서비스를 받지 못하게 한다. 이러한 문제를 해결하기 위하여 일부 주는 미성년자는 매춘으로 기소할 수 없는 법을 통과시켰다. 이는 미성년자가 타인에 의하여 매춘을 강요당했다는 것을 전제로 한다(Shared Hope International, 2011). 미국 법률에 따라, 피해자는 자발적으로 인신매매 범죄에 대한 수사와 기소에 협조하는 한, 구속되지 않을 권리와 인신매매 관련 범죄로 기소당하지 않을 권리를 가진다. 그러나 만약 피해자가 사법 당국의 절차에 협조하지 않는다면, 그 사람은 기소되거나 추방될 수 있다(Logan et al., 2009).

인신매매 피해자들의 요구를 해결하기 위해 고안된 법안도 통과되었다. 2000년 인신매매 피해자 보호법(Trafficking Victims Protection Act)은 1961년 해외 원조법(Foreign Assistance Act)을 개정하여, 미국으로부터 원조를 받는 국가들이 인신매매에 대항하기 위해 하였던 노력에 대해 보고하도록 요구하였다. 또한, 이 법에 의거하여 '인신매매를 감시하고 그것과 싸우기 위한 대통령 통합 특별위원회(President's Interagency Task Force to Monitor and Combat Trafficking)'가 만들어졌으며, 미국 국내와 세계에서 인신매매와 싸우기 위한 주도권을 확립하게 되었다. 이 법은 또한 다른 나라의 피해자들이 안전하게 재통합되고 재정착할 수 있도록 보호와 지원을 제공하였으며, 미국에서는 입증될 수 없는 피해자들을 위해 서비스를 확대하고 기금을 지원하였다. 2015년, 의회는 인신매매 피해자들에게 영향을 미치는 또 다른 법안을 통과시켰다. 2015년 **인신매매 피해자 정의법**(Justice for Victims of Trafficking Act of 2015)은 인신매매 관련 범죄와 아동에 대한 성적 학대나 착취로 유죄판결을 받은 모든 법인에 대해 $5,000의 평가액을 지불할 것을 요구한다. 평가액은 이 법에 의해 새로 만들어진 '국내 인신매매 피해자 기금(Domestic Trafficking Victims' Fund)'에 귀속되는데, 이 기금은 인신매매 및 아동 포르노그래피 피해자 지원, 인신매매 퇴치, 아동학대 수사 및 기소 프로그램 개발 및 시행에 사용될 것이다.

피해자 서비스

인신매매 문제에 대한 국가의 대응이 증가함과 동시에 피해자를 위한 다양한 자원들이 개발되고 관련 기관들이 만들어지고 있다. 인신매매 피해자는 대개 다른 유형의 범죄피해자보다 높은 수준의 고통을 경험한다. 그것은 그들이 발견되어 도움을 구할 때 그들이 얻을 수 있는 것은 거의 없고, 있다손 치더라도 그들 자신의 것밖에 없기 때문이다. 이러한 니즈에도 불구하고 인신매매 피해자들은 다른 범죄 피해자보다 이용할 수 있는 자원이 훨씬 적다(Logan et al., 2009).

피해자에게 이용 가능한 옵션 중의 하나는 보호 쉼터에 들어가는 것이다. 그러나 모든 피해자가 이용하기에는 공간이 턱없이 부족하다. 예컨대, 미국에는 18세 미만의 성 인신매매 피해자를 처우하기 위해 전문화된 시설들은 정원이 100명 미만이다(Shared Hope International, 2011). 다른 나라의 보고서 또한 안전 가옥의 수용 능력이 부족한 것을 보여준다. 예를 들어, 보스니아와 헤르체고비나에서는 여성 피해자들이 조사받는 동안에 안전 가옥에서 밤을 보내는 것이 아니라, 경찰서 의자에서 잠을 자야 했다. 또한, 여성 피해자는 인신매매 피해자에 대한 대응을 위하여 특별히 훈련된 여성 경찰관으로부터 조사를 받도록 배려하는 것이 중요하다. 미국과 해외에서 피해자는 법정에서 증언할 때 전문상담사나 변호인을 제공받아야 한다(Rathgeber, 2002). 인신매매가 세계적으로 심각한 문제로서 계속 관심을 받는 한, 피해자가 이용할 수 있는 자원은 그들의 독특한 니즈를 충족시킬 수 있도록 지속적으로 확대되어야 할 것이다.

테러리즘의 피해자들

아마도 지난 20여 년 동안 2001년 9월 11일에 발생한 테러공격보다 더 미국인들에게 심대한 충격을 준 피해사건은 없을 것이다. 9/11 사건은 여러 대의 민항기를 납치하여 국제무역센터(World Trade Center)와 미 국방부 건물(Pentagon)에 충돌시켜 약 3,000명의 목숨을 앗아간 사건이다(National Commission on Terrorist Attack upon the United States, 2004). 나행히 이처럼 대격변적인 심각한 사건은 자주 발생하지 않는다. 그러나 잘 알려지지 않은 사건이더라도, 사람들은 테러로 인해 충격을 많이 받는다. 이 장에서는 테러 피해가 발생하는 정도, 누구를 대상으로 발생하는지, 그것이 주는 충격의 정도, 그리고 테러 피해자를 어떻게 지원할 것인지 등에 대하여 살펴본다.

테러리즘 피해의 정도

2008년 1월 10일, 파키스탄 펀잡의 라호르 고등법원 외곽에서 한 자살 폭탄 테러범이 시위진압 경찰에 접근하여 몸에 두르고 있던 사제 폭발물을 폭발시켰다. 이 단일 사건으로 17명의 경찰관과 8명의 시민이 사망하였다. 80여 명은 부상당했고, 적어도 6대의 차량이 파괴되었다(National Counterterrorism Center [NCTC], 2009). 이런 심각성에도 불구하고 이 사건을 아는 사람은 많지 않다. 그것은 같은 해에 발생한 비전투원(시민)에 대한 많은 테러공격 중의 하나였기 때문이다.

전 세계적으로 테러에 의해 사람들이 입는 피해의 정도가 어느 정도인지 정확히 알기는 어렵다. 모든 사건이 기록되거나 보고되지는 않기 때문이다. 많은 사건이 세계의 외진 지역에서 발생한다. 세계에서 발생하는 테러 사건에 관하여 활용할 수 있는 가장 포괄적인 자료는 '국가 대테러 센터(National Counterterrorism Center: NCTC)'의 보고 자료이다. 국가 대테러 센터는 미 국무부에 테러 사건에 관한 통계 자료를 취합하여 보고하여야 한다. 즉, 직전 연도에 테러리스트 집단에 의하여 사망, 부상, 또는 유괴된 사람의 수를 개방된 미디어에 보고된 것과 같이 보고하여야 한다(NCTC, 2012, p. v). 2016년도 보고서에 따르면, 2015년

사진 14.2   9/11 세계무역센터 공격의 여파

에 세계적으로 11,774건 이상의 테러가 발생하였다. 이 공격으로 92개국에서 모두 35,320명의 사상자가 발생하였는데, 이는 하나의 테러로 다수의 사상자가 발생했다는 것을 의미한다(NCTC, 2016b). 2015년에 미국 시민은 테러로부터 비교적 안전하였다. 전 세계적으로 19명의 시민이 살해당했고, 22명이 부상당했다(NCTC, 2016a).

누가 테러리즘의 피해자인가?

2015년에 테러로 피해를 입은 75,837명(사망 28,328명, 부상 35,320명, 납치 또는 인질 12,189명) 중 약 4분의 1은 테러의 가해자였다. 즉, 테러범도 테러를 감행하는 동안 사망하였다. 모든 사건에서 피해자들이 어떤 사람인지 정확히 알기는 어렵지만, 자료에 의하면, 민간인과 사유 재산이 가장 흔한 표적이었고(모든 타겟의 37%), 다음은 경찰관이 표적의 18%를 차지하였다(NCTC, 2016b). 그 외에 일반적으로 타겟이 되는 사람은 정부 관료로서, 이들은 전체 테러 피해자의 약 11%를 차지하였다(NCTC, 2016b).

다른 출처들로부터 수집된 데이터를 검토한 연구자들도 테러 피해자가 될 가능성이 큰 사람들의 특성을 확인하려고 노력하였다. 우루과이, 북아일랜드, 스페인, 독일, 이탈리아, 그리고 키프러스에서 발생한 테러에 관한 연구에서는 대부분의 피해자가 20~39세, 남성, 그리고 보안 관련 업무 종사자였다(Hewitt, 1988). 북아일랜드의 테러 피해자에 대한 연구는 대부분의 피해자가 남성이라는 이 발견 사실을 확인해 주었다(Fay, Morrissey, & Smyth, 1999). 이스라엘에서 1993년 9월부터 2003년 말 사이에 발생한 일련의 테러로 사망한 이스라엘 민간인들을 조사한 다른 연구도 피해자의 대다수가 남성이라는 사실을 발견하였다. 게다가 이스라엘에서는 테러로 인한 전체 사망자 중 30%가 17세에서 24세인 것으로 나타났는데, 이는 이 연령대의 인구가 14%인 것과 비교하면 놀라운 것이다(Feniger & Yuchtman-Yaar, 2010). 이스라엘에서 사망자의 대부분은 유대인이었다. 이 발견은 2012년 NCTC 보고서와는 상반되는데, 이 보고서에 의하면, 적어도 2012년에는 무슬림이 가장 피해자가 많은 집단이었다.

테러리즘 피해의 특성

2015년에 대부분의 테러는 무장 공격, 폭탄, 폭발을 통해 실행되었다(NCTC, 2016a). 테러는 전 세계에서 발생하지만, 일부 지역에서는 특별히 많은 테러가 발생한다. 2015년에는 모든 테러공격의 절반 이상이 단지 5개 국가에 집중되었다(NCTC, 2016a). 이라크 한 나라에서만 2,418건의 공격으로 6,932명이 사망하였다. 이라크에서는 2015년에 가장 많은 테러 사건과 가장 많은 사망자가 발생했다(NCTC, 2016a). 대조적으로, 북미에서는 테러로 볼 수 있는 공격이 단지 60건 남짓 발생하였다(Global Terrorism Database, 2016). 테러 사망자가 가장 많은 10개 국가의 정보를 표 14.2에서 보라.

표 14.2 2015년 테러에 의한 사망자 수: 최상의 10개 국가

국 가	사망자 수
이라크	6,932
아프가니스탄	5,292
나이지리아	4,886
시리아	2,748
파키스탄	1,081
이집트	656
리비아	462
인도	289
필리핀	258
방글라데시	75

흥미롭게도, 테러 데이터의 분석 대상 기간을 1970년부터 2006년까지 확대하면 다소가 다른 양상이 나타난다. 라틴 아메리카가 치명적이거나 비치명적인 공격을 가장 많이 경험한 지역이고, 다음이 서부 유럽이었다(LaFree, Morris, & Dugan,

2010). 게다가, 자료에 의하면, 테러리즘은 1970년대에 성장하여 1992년과 2006년에 최고치에 달하였음을 알 수 있다(Dugan, LaFree, Cragin, & Kasupski, 2008).

테러리즘 피해의 위험 인자

테러와 관련하여 가장 두려운 것 중의 하나는 예측 불가능이다. 일부 테러는 특정한 집단 또는 개인을 겨냥하지만, 다른 테러 활동은 보다 일반적으로 "적대적인" 집단들을 대상으로 한다. 이런 유형의 테러는 무차별적이어서, 어떤 그룹에 속하는 것으로 보이는 익명의 개인을 타겟으로 하고, 그 개인의 정확한 정체는 중요하지 않다. 그러나 일부 사람들은 그들이 적대적인 것으로 확인된 집단에 속하기 때문에, 다른 사람들보다 피해를 당할 가능성이 확실히 높다. 또한 사람들이 공공 장소에서 보내는 시간의 양이 테러 특히 무차별 테러의 피해위험과 상관이 있다(Feniger & Yuchtman-Yaar, 2010).

이러한 요인들은 일상활동이론의 관점을 볼 때 상식에 부합한다. 적절한 타겟이 되는 사람(즉, 적대적 집단에 속하는 것으로 보이는 사람)과 가용한 보호력을 결여하는 사람은 특정 시간과 공간에서 동기화된 범죄자와 접촉하게 될 때 테러의 피해자가 될 가능성이 크다. 유사하게, 적절한 타겟이 있고 가용한 보호력이 없는 '장소'도 표적이 될 가능성이 높다. NCTC(2010) 보고서에서 보듯이, 미국은 9/11 이후 동기화된 범죄자를 추적하고, 표적을 강화하고, 가용한 보호력을 확대하는 전략을 실행해왔다. 물론 정치 세력과 같은 다른 요인들이 여전히 테러 활동에 영향을 미치고 있지만, 미국은 9/11 이후 아직까지는 심각한 공격을 받지 않고 있다.

테러리즘이 피해자에 끼치는 결과

인명 손실은 논쟁의 여지가 없는 테러의 가장 명백한 결과이다. 테러는 피해자에게 막대한 충격을 주며, 이는 테러에 노출되었지만 직접적으로 피해를 입지 않은 사람에게도 마찬가지이다. 신체적 부상과 함께 피해자는 그 경험으로 인하여 심리적으로도 충격을 받는다. 피해자가 가지고 있는 세상에 대한 기본적인 가정이 바뀐다. 그들은 더는 세상이 안전하다고 믿지 않는다. 이전의 세상은 선한 사람들에게 선한 일이 일어나는 곳이었지만, 이제는 악한 일이 선한 사람들에게 일어날 수 있고, 또 실제로 일어난다는 것을 깨닫는다(Gonzalez, Schofield, & Gillis, 2001).

사람들의 세계관에 대한 충격에 더해, 생존자들은 PTSD, 불안장애(North et al., 1999), 중증 우울증, 공황 발작 그리고 광장 공포증으로 고통받을 수 있다(Gabriel et al., 2007).

2008년 11월, 인도 뭄바이에서 테러로 164명이 사망하고, 308명이 다쳤다. 공공의료기관에 입원한 피해자들을 대상으로 급성 스트레스 장애에 대한 평가가 이루어졌다. 74명의 피해자 중에서 30%는 급성 스트레스 장애를 겪는 것으로 밝혀졌다(Balasinorwala & Shah, 2009). 1995년 오클라호마시 폭탄 테러의 생존자들도 부정적인 외상 후 증상을 경험하였다. 50명의 생존자들을 대상으로 한 연구에서는 22%가 폭발 관련 PTSD를 경험한 것으로 나타났다(Tucker et al., 2010). 2004년 3월 11일 마드리드에서 발생한 테러로 부상을 당한 사람들은 테러 발생 2달 후에 PTSD가 발생하였는데, 그 유병률이 테러 이전 스페인 성인 인구의 PTSD 유병률보다 40배 이상이나 높았다(Gabriel et al., 2007).

테러 행위는 직접 피해를 입지 않은 사람에게도 영향을 미친다. 사람들은 대중매체를 통해 테러에 대해 듣거나 부상당한 누군가를 알 수도 있다. 9/11을 생각해 보면, TV를 켜면 매일 그 사건에 대한 뉴스나 추가 보도를 보지 않을 수 없었다. 유익한 측면도 있을 수 있지만, 이러한 노출은 대개 해로운 영향을 미치기 쉽다(Slone & Shoshani, 2008). 실제로 연구들은 테러 피해에 직접 관련되지 않은 사람들도 이후에 심리적 트라우마를 경험할 수 있다고 보여준다. 9/11 테러공격 이후의 미국인들에 대한 연구는 사건 이후 3일에서 5일 사이에 조사된 사람의 44%가 심각한 스트레스 반응을 보였다고 한다. 예컨대, 반복되는 기억 장애, 망상, 악몽, 주의 집중 곤란 등이다(Schuster et al., 2001). 9/11 충격을 조사한 추가 연구는 조사된 사람 중 거의 6%가 공격이 있은 6개월 후에 PTSD 증상을 보고하였음을 보여주었다(R. C. Silver, Holman, McIntosh, Poulin, & Gil-Rivas, 2002). 테러는 아이들에게도 간접적인 충격을 준다. 오클라호마 폭탄 테러 후에 아이들을 조사한 연구에서는 중학교 및 고등학교 학생의 34%가 2개월 후에 자신과 가족의 안전에 대하여 걱정을 하는 것으로 밝혀졌다(Gurwitch, Pfefferbaum, & Leftwich, 2002).

테러공격으로부터 사랑하는 이를 잃은 사람은 충격이 특별히 더 크다. 흔한 반응은 테러리스트에게 복수하고자 하는 욕망이나, 그러나 실제 그러한 행동을 취하는 경우는 아주 드물다. 더 흔한 반응은 취약성의 느낌과 두려움의 감정인데, 이는 또한 소외, 일상생활의 변화, 경보장치 설치, 혼자 있는 것이나 야간에 외출하는 것에 대한 거부, 무기 휴대 등의 반응을 가져온다. 그들은 '생존자의 죄책감(survior's guilt)'을 갖거나 그들이 테러를 어떻게 하든지 예측해서 사랑하는 사람을 지켰어야 한다고 느낀다. 이들은 식욕을 잃거나, 불면증, 위장 장애, 심장 질환, 불안, 그리고 우울증으로 고통받기도 한다(Miller L., 2004).

테러리즘 피해자에 대한 반응

테러로 피해를 입은 사람도 다른 유형의 범죄피해자가 이용할 수 있는 동일한 종류의 많은 서비스에 접근할 수 있다. 그러나 이들은 전통적인 범죄피해자와 자신을 동일하게 보지 않을 수 있다. 예컨대, 그들은 가구침입 강도를 경험한 사람들이 하는 것과 같은 방식으로 대응하지는 않을 것 같다. 그럼에도 불구하고, 테러 피해자들은 특별한 니즈를 가지며 또한 관심을 받을 권리가 있다는 것을 인식하여야 한다.

미국에서 테러는 연방 범죄이다(Reno, Marcus, Leary, & Turman, 2000). 따라서 연방정부는 테러 피해자를 위한 다양한 자원을 개발해왔다. 그중 하나는 입법에 집중하는 것이다. 1979년 말의 이란 인질 사태를 기화로 피해자 회복을 위한 두 가지 법이 통과되었다. 그 중 하나인 **인질 구호법**(Hostage Relief Act of 1980)은 피해자, 배우자, 그리고 피부양 자녀에게 의료 비용 보상, 세금 또는 벌금의 납부연기, 학비 및 직업훈련비용 상환 등을 혜택으로 제공했다. 그러나 납치 기간 중의 임금 손실에 대한 보상은 하지 않았다. 이 문제를 해소하기 위하여 레이건 대통령은 **테러 피해자 보상법**(Victims of Terrorism Compensation Act of 1986)을 제정하였다.

1990년에는 **항공 보안 강화법**(Aviation Security Improvement Act)과 같이 특수한 테러 행위에 대응하는 법들도 통과되었다. 그러나 역시 테러리즘을 다루는 가장 광범위한 법은 9/11 테러에 대응해서 제정된 것이다. **테러 피해자 세금감면법**(Victims of Terrorism Tax Relief Act of 2001)이 그 중 하나인데, 이 법은 '인증된 재난(qualified disaster)' 피해자의 가족에게는 지출이 확인된 재난 관련 경비에 대해서 세금을 부과하지 않는 것을 의무화한다. 나아가, 오클라호마 폭탄 테러, 9/11 테러, 2001년 9월 11일과 2002년 1월 1일 사이의 탄저병 관련 공격의 결과로 피해자가 사망에 이르렀다면, 사망 보상금은 과세 대상 소득으로 산입할 수 없다. **항공**

안전 및 시스템 안정화법(Air Transportation Safety and System Stabilization Act of 2001)에 따라 9/11 테러 피해자와 가족에게는 일반 범죄피해보상금도 지급되었다. 또한, 이 법에 따라, 살해당하거나 신체 상해를 입은 피해자를 위한 보상 기금이 설치되어, 본인, 배우자, 그리고 피부양 자녀가 지원을 받을 수 있게 되었다. 보상 금은 개인과 가족에 따라 다양하며(보상은 미래 기대 수입의 손실에 기반하기 때문), 피해자가 자기 주에서 손해배상 청구를 통해 보상받을 수 있는 경세적 손실만이 대상이 된다. 또한, 비경제적 피해의 추정치는 사망자 1인당 $250,000, 배우자와 미성년 자녀 1인당 $100,000로 정해져 있다. 평균적으로 각 가족은 185만 달러를 보상받을 것으로 예측된다(R. Levin, 2002). 9/11 테러 피해자와 그 가족에 대한 연구에 의하면, 총 87억 달러가 9/11 테러에서 중상을 입은 민간인과 사망한 민간인의 가족들에게 지급된 것으로 본다. 이 중에서 약 6백만 달러는 보상 규모가 25만 달러에서 710만 달러 사이인 '피해자 보상기금'에서 출연되었다(Dixon & Stern, 2004). 다른 사람들도 응급 구호단체와 기업들로부터 보상을 받았고, 보험회사나 자선 단체와 같은 곳에서도 피해자를 지원하였다. 한편, 다른 나라에서 발생한 테러의 피해자 또한 여러 권리와 보호를 받는다. '테러 피해자 보호법에 대한 유럽의회 가이드라인(Council of Europe's Guidelines on the Protection of Victims of Terrorist Acts, 2005, Kilchling, n.d.에서 인용됨)'은 직접적인 신체적, 심리적 손상에 대한 시기적절한 보상이 테러 피해자와 그 가족에게 이루어져야 한다고 강조하였다. 나아가 EU는 테러 피해자와 그 가족이 형사절차 동안 보호되어야 하고, 보상이 제공되어야 한다고 규정하였다. 이스라엘은 테러 피해자에게 재산피해와 신체 손상에 대해 보상하고 있다. 테러로 사망한 사람의 가족도 보상받을 수 있다(Kilchling, n.d.).

피해자학 분야에는 현재 다른 이슈들도 있지만, 인신매매 피해, 증오 범죄피해, 테러 피해는 미국에서 뿐만 아니라 전 세계적으로 충격을 주는 새로운 연구 영역이다. 이들 영역이 더 많은 관심을 받으면서, 각 유형의 피해가 발생하는 정확한 규모를 파악할 수 있는 방법론을 개발하는 것이 당면 과제가 되었다. 피해의 실상을 확인하는 것은 정책을 개발하고 피해자를 돕기 위한 서비스를 실행하는데 있어서 매우 중요하다.

요 약

- 피해자가 인종, 종교, 성적 지향에 기반한 증오 또는 편견 때문에 공격 대상이 될 때, 이를 증오 범죄라고 한다.
- 일반적으로 피해의 유형에 따라서 성별, 인종, 민족성 간 차이가 존재하지만, 증오 범죄피해자의 경우는 그렇지 않다.
- 증오 범죄는 때로 가해자가 피해자로부터 위협을 인지하기 때문에 발생할 수 있다
- 증오 범죄의 피해자는 그들이 표적이 되게 하는 특성을 바꿀 수가 없기 때문에 반복 피해에 대한 실제적인 두려움이 있다.
- 증오 범죄가 지역사회에 공개되면 여행객이 방문하지 않는 등 공동체의 피해가 있을 수 있다.
- 형사사법 당국, 특히 검사는 해당 범죄가 증오 범죄인지 여부를 결정하는 데 있어서 재량을 발휘한다.
- 인신매매의 2가지 주요 유형은 성 인신매매와 노동 인신매매이다. 인신매매는 국내적일 수도 국제적일 수도 있다.
- 다른 형태의 성적 피해와 마찬가지로, 성 인신매매는 피해자의 연령을 고려한다. 미국에서 18세 미만은 성 인신매매가 성립되기 위하여 강요 또는 강제가 요구되지 않는다.
- 노동 인신매매는 가장 흔한 형태의 인신매매이고, 강제 노역과 빚에 의한 속박을 포함한다.
- 여성의 문화적 젠더 역할에 따라 어떤 나라는 다른 나라보다 인신매매에 더 취약하다.
- 정부 관료가 때로는 인신매매에 참여하기도 한다. 많은 나라가 인신매매를 심각하게 보지 않는다. 인신매매는 때로 발견하기 어렵고, 발생 정도에 대한 추정은 그 문제를 과소평가하기 쉽다.
- 미국에서 출판되는 인신매매 보고서는 전 세계에서 발생하는 인신매매의 정도에 대한 추정치를 제공해준다.
- 여성은 남성보다 인신매매의 피해자가 되기 쉽다. 빈곤은 인신매매의 대표적인 위험 인자 중 하나이다.
- 시민 소요의 폭력 수순이 높은 나라에는 내부에서 작동하는 인신매매 조직이 있기

쉽다. 사회 계층 간 이동 기회가 적은 나라 또한 인신매매 문제가 있을 가능성이 높다.

- 인신매매 피해자는 신체적 건강 문제뿐만 아니라, 수치심, 불안장애, PTSD, 공포증, 공황발작, 우울증과 같은 정신건강 문제도 겪는다.
- 인신매매에 대한 국제적 대응으로 '3P' 패러다임 – 예방(prevention), 형사기소(criminal prosecution), 피해자 보호(victim protection) – 이 개발되었다.
- 외국인 인신매매 피해자와 관련된 중요 이슈는 그들을 고국으로 돌려보내는 것이 반복 피해의 위험에 빠뜨리는 것이라는 점이다.
- 특정 기준을 충족하는 피해자는 인증되고, 미국에서 임시거주 자격을 허용하는 T 비자를 취득할 수 있다.
- 몇몇 국가는 인신매매되는 동안에 피해자가 저지른 범죄로 인해 체포된 피해자를 보호하는 법을 가지고 있다.
- 인신매매 피해자를 위한 쉼터에는 공간이 부족하다(예컨대, 미국은 인신매매 피해자를 수용하는 시설에서 18세 미만 피해자를 위한 시설은 정원이 100명 미만이다).
- 2011년에 세계적으로 약 1만 건의 테러공격이 있었다.
- 2012년에 대부분의 테러 사건은 무장 공격, 폭탄 그리고 납치를 통해 자행되었다.
- 명백히 어떤 사람은 '적'에 해당하는 집단에 속하는 등의 특성으로 인하여 다른 사람에 비하여 테러 피해를 당할 위험이 높다. 게다가, 사람들이 공적 공간에서 보내는 시간의 양이 테러 피해위험과 연계되어 있다. 특히 무차별 테러의 경우 더 그렇다.
- 신체적 부상과 함께, 테러 피해자는 심리적 충격을 받을 가능성이 크다. 피해자는 PTSD. 우울, 불안, 광장 공포증, 공황 장애를 경험할 수 있다.
- '항공 안전 및 시스템 안정화법'의 제정으로 테러 피해자에게 그들의 손실에 대한 보상을 해줄 수 있게 되었다.
- 다른 나라에서도 테러 피해자는 권리와 보호를 제공받는다.

토의 문제

1. 여성을 인신매매 피해의 위험에 빠뜨리는 국가 수준의 요인은 무엇인가? 그들 국가에서 여성의 역할이 어떻게 그들을 보호하거나 그들이 인신매매 당하게 하는가?
2. 정부가 인신매매 피해자인 미성년자를 보호하기 위한 방법은 무엇인가?
3. 증오 범죄의 신고와 관련하여, 표준범죄보고(UCR)의 추정치가 '국가 폭력방지 프로그램 연합'의 추정치와 다른 이유는 무엇인가?
4. 일부 연구에서는 소수계 피해자가 비-소수계 피해자보다 증오 범죄 신고를 더 잘하는 것으로 보는데, 이에 대한 당신의 생각은 어떠한가?
5. 보안 인력의 구성원이 되면 테러 피해의 위험이 더 커진다는 주장이 있는데, 당신은 동의하는가? 그 이유는 무엇인가?

주요 용어

증오 범죄(hate crime)

편견 범죄(bias crime)

증오 범죄 통계법(Hate Crime Statistics Act of 1990)

매튜와 제임스 증오 범죄 예방법(Matthew Shepard and James Byrd Jr. Hate Crime Prevention Act)

반-성적소수자 증오 폭력(anti-LGBTQ hate violence)

교회 방화 예방법(Church Arson Prevention Act)

성 인신매매(sex trafficking)

노동 인신매매(labor trafficking)

국내 인신매매(domestic human trafficking)

국제 인신매매(transnational human trafficking)

속박 상태의 노동(bonded labor)

빚에 의한 속박(debt bondage)

강제 노역(forced labor)

비자발적 가사노동(involuntary domestic servitude)

공급 국가(source country)

도착지 국가(destination country)

팔레르모 규약(Palermo Protocol)

송환(repatriation)

인증(certified)

T 비자(T visa)

인신매매 피해자 정의법(Justice for Victims of Trafficking Act of 2015)

인질 구호법(Hostage Relief Act of 1980)

테러 피해자 보상법(Victims of Terrorism Compensation Act of 1986)

항공 보안 강화법(Aviation Security Improvement Act of 1990)

테러 피해자 세금감면법(Victims of Terrorism Tax Relief Act of 2001)

항공 안전 및 시스템 안정화법(Air Transportation Safety and System Stabilization Act of 2001)

인터넷 자원들

증오 범죄통계 2014: 피해자:

https://www.fbi.gov/about－us/cjis/ucr/hate－crime/2014/topic－pages/in cidentsandoffenses_fina

미국 법무부는 '표준범죄보고서'를 사용하여 증오 범죄피해자에 대한 최근 통계치(인종, 연령, 종교적 신념, 성적 선호 등)를 작성한다. 2014년에 발생한 증오 범죄의 유형과 이러한 범죄를 묘사하는 통계표를 이 웹사이트에서 볼 수 있다. 일반적으로 증오 범죄를 저지르는 범죄자들의 유형도 상세히 제시된다.

미국에서의 증오 범죄:

http://www.civilrights.org/hatecrimes/united−states

민권 리더십 콘퍼런스 웹사이트는 미국의 증오 범죄에 대한 자세한 정보를 제공한다. 증오 범죄의 정도에 대한 정보는 일반적으로 찾을 수 있지만, 이 웹사이트에서는 노숙자, 이민자, 아동, 특정 종교 신자 등 특정 집단에 대한 증오 범죄에 관한 통계와 설명도 제공한다. 다른 자원에 대한 링크도 제공된다.

폴라리스 프로젝트, 인신매매:

https://polarisproject.org/human−trafficking

이 웹사이트는 인신매매가 무엇인지, 생존자 이야기, 정책, 그리고 자원에 대한 정보를 제공한다. 그것은 또한 사람들이 인신매매에 대한 정보를 얻기 위해 전화할 수 있는 자원 센터 핫라인을 제공한다. 폴라리스가 지원하는 여러 캠페인과 독창적 프로그램이 상세하게 설명되어 있다.

테러리즘:

http://www.fema.gov/pdf/areyouready/terrorism.pdf

연방재난관리청(FEMA) 웹사이트는 테러, 폭발, 위협, 국토 안보에 관한 일반적인 정보를 제공한다. 피해자들을 위한 비상 연락처 링크도 있다. 재난 생존자에 대한 부분은 테러 피해를 경험한 사람들에게 가장 도움이 될 것이다. 미국 정부가 국토 안보에 관여하고 대중을 안전하게 보호하고 있다는 것을 이 웹사이트를 통해 분명히 알 수 있다.

미국 국무부:

http://www.state.gov

이 웹사이트는 현재 미국의 안보뿐만 아니라 미국이 동맹을 맺고 있는 다른 나라의 보안 프로토콜에 대해서도 자세한 정보를 제공한다. 또한 대테러에 관한 정보와 함께 테러활동 및 대응에 관한 국가 보고서도 포함되어 있다. 미국의 안보에 영창을 미치는 분쟁, 테러 및 기타 국제 문제에 대한 정보를 보려면 여기를 방문하시오.

참고문헌

이 QR코드를 스캔하면 피해자학 원서
(*Victimology: The Essentials, 2ⁿᵈ Ed., Sage Publications*)의
참고문헌을 열람할 수 있습니다.

찾아보기

(ㄴ)

(ㅅ)

(ㅇ)

(ㅈ)

(ㅊ)

(ㅌ)

(ㅍ)

(ㅎ)

저자 소개

Leah E. Daigle은 조지아주립대학교(Georgia State University) 앤드류 영 정책연구학부 (Andrew Young School of Policy Studies)의 형사사법 및 범죄학 교수이다. 그녀는 2005년 신시내티대학교(University of Cincinnati)에서 형사사법 박사 학위를 받았다. 그녀의 가장 최근 연구는 피해와 반복되는 피해의 상관관계 및 결과에 중점을 두었다. 그녀의 다른 연구 관심 분야에는 전 생애에 걸친 가해 및 피해의 발전과 지속이 포함된다.

그녀는 *Victimology: A Text/Reader*(2nd ed.)의 저자이자, *Criminals in the Making: Criminality Across the Life Course*(2nd ed.) 및 *Unsafe in the Ivory Tower: The Sexual Victimization of College Women*의 공동 저자이다. 이 후자의 책은 2011년 형사 사법 과학 아카데미(Academy of Criminal Justice Sciences)에서 우수 도서상을 수상했다. 그녀는 또한 *Justice Quarterly*, *Journal of Quantitative Criminology*, *Journal of Interpersonal Violence*, *Victims and Offenders*와 같은 저널에 많은 논문을 게재하였다. 2014년에는 앤드류 영 정책연구학부에서 우수 강의상을 수상했다.

역자 소개

이민식

(현) 경기대학교 경찰행정학과 교수
미국 Purdue Univ. 사회학박사(범죄사회학 전공)
미국 Pennsylvania State Univ. 교환교수
한국셉테드학회 회장 역임
대한범죄학회 회장 역임
한국피해자학회 이사
한국형사정책연구원 부연구위원

피해자학

초판발행   2022년 2월 25일

지은이   Leah E. Daigle
옮긴이   이민식
펴낸이   안종만·안상준

편 집   우석진
기획/마케팅   정연환
표지디자인   이현지
제 작   고철민·조영환

펴낸곳   (주) **박영사**
               서울특별시 금천구 가산디지털2로 53, 210호(가산동, 한라시그마밸리)
               등록 1959. 3. 11. 제300-1959-1호(倫)

전 화   02)733-6771
f a x   02)736-4818
e-mail   pys@pybook.co.kr
homepage   www.pybook.co.kr
ISBN   979-11-303-1501-0   93350

copyright©이민식, 2022, Printed in Korea

* 파본은 구입하신 곳에서 교환해 드립니다. 본서의 무단복제행위를 금합니다.
* 옮긴이와 협의하여 인지첩부를 생략합니다.

정 가   28,000원